Prof. Dr. Dr. h.c. Adolf Gerhard Coenenberg

Kostenrechnung und
Kostenanalyse

DR. DR. H.C. ADOLF GERHARD COENENBERG
o. Prof. der Betriebswirtschaftslehre an der Universität Augsburg
unter Mitarbeit von Dr. Jochen Cantner, Prof. Dr. Thomas Fischer, Dipl.-Kfm. Stephan Jakoby, Dipl.-Kfm. Georg Klein, Dr. Jochen Schmitz

Kostenrechnung und Kostenanalyse

4., aktualisierte Auflage

verlag moderne industrie

Die Deutsche Bibliothek – CIP-Einheitsaufnahme

Coenenberg, Adolf Gerhard:
Kostenrechnung und Kostenanalyse / Adolf G. Coenenberg. Unter Mitarbeit von Jochen Cantner ... – 4., aktualisierte Auflage – Landsberg/Lech : Verl. Moderne Industrie, 1999
ISBN 3-478-39394-9
1.–2. Auflage unter Mitarbeit von Dr. Christian Bridts, Prof. Dr. Thomas Fischer, Prof. Dr. Edeltraud Günther, Dr. Frank Henes

4., aktualisierte Auflage 1999
3., überarbeitete und erweiterte Auflage 1997
2. Auflage 1993
1. Auflage 1992

Umschlag: Gruber & König, 86150 Augsburg
Satz: Fotosatz H. Buck, 84036 Kumhausen
Druck und Bindung: Himmer Druck, 86167 Augsburg
Printed in Germany 390394/0199405
ISBN 3-478-39394-9

Inhaltsübersicht

Inhaltsverzeichnis

Vorwort

a) Konzeption des Buches

Die Kostenrechnung gehört neben dem Jahresabschluß zu den Grundpfeilern betriebswirtschaftlichen Denkens und Handelns. Dieses Lehrbuch ist als Lerngrundlage zur Einarbeitung in das Gebiet der Kostenrechnung und ihrer Anwendungen gedacht. Es umfaßt diejenigen Aspekte und Anwendungen der Kostenrechnung, die zum Pflichtbestandteil jeder betriebswirtschaftlichen Ausbildung im akademischen wie im außerakademischen Bereich gehören sollten. Dementsprechend wendet sich das Buch nicht nur an Studierende der Wirtschaftswissenschaften in Universität und Hochschule. Es richtet sich vielmehr auch an Studierende bzw. Absolventen anderer Disziplinen, insbesondere der Natur- und Ingenieurwissenschaften, die im Rahmen der akademischen oder außerakademischen Aus- bzw. Weiterbildung in das Gebiet der Kostenrechnung eindringen oder ihre Kenntnisse auf diesem Gebiet vertiefen wollen.

Der Titel »Kostenrechnung und Kostenanalyse« soll das Anliegen des Buches zum Ausdruck bringen, neben den verrechnungstechnischen Grundlagen insbesondere die Auswertungsmöglichkeiten der Kostenrechnung für Planung und Kontrolle hervorzuheben. Die verrechnungstechnischen Grundlagen der Kostenrechnung bilden den Kern des ersten Teils. Ohne eine Kenntnis der Ziele und Verfahren von Kostenarten-, Kostenstellen- und Kostenträgerrechnung, der informatorischen Zusammenhänge dieser Teilsysteme sowie von Grenzkosten- und Vollkostenrechnung fehlt es für die Auswertung von Kosteninformationen für Planung und Kontrolle am notwendigen Fundament. Für das Verständnis wichtig erscheint auch eine Darstellung der spezifischen Aufgaben der Kostenrechnung im Zusammenhang mit den Aufgaben des gesamten betrieblichen Rechnungswesens zur Lösung strategischer, operativer und finanzwirtschaftlicher Planungs- und Kontrollaufgaben.

Die Auswertungsmöglichkeiten der Kostenrechnung für Planung und Kontrolle und daraus initiierte Weiterentwicklungen und Anwendungen stehen im zweiten bis fünften Teil des Buches im Vordergrund. Der zweite Teil beschäftigt sich mit Weiterentwicklungen und Anwendungen der Vollkostenrechnung, der dritte Teil mit Weiterentwicklungen und Anwendungen der Grenz- bzw. Teilkostenrechnung. In beiden Teilen geht es in erster Linie um Kostenanalysen für Zwecke der Kalkulation und Planung der Kosten.

Auf dem Hintergrund der Formen der Plankostenrechnung und der Abweichungssystematik befaßt sich der vierte Teil mit der Kostenanalyse für Zwecke der Kontrolle. Neben der kostenstellen- und kostenträgerbezogenen Abweichungsanalyse wird auch auf die Kostenkontrolle für Projekte eingegangen. Im fünften Teil werden die Werkzeuge des Kostenmanagements vorgestellt und diskutiert, die als unverzichtbarer Bestandteil des Controllings anzusehen sind. Im sechsten Teil schließlich werden Aspekte der kostenorientierten Planung und Kontrolle bei divisionalisierter Organisationsstruktur behandelt.

Die Grundkonzeption von »Kostenrechnung und Kostenanalyse« ist bereits in der im Jahre 1992 erschienenen Erstauflage gelegt worden. An ihrer Entstehung haben meine damaligen Mitarbeiter Dr. Christian Bridts, Prof. Dr. Thomas Fischer, Prof. Dr. Edeltraud Günther und Dr. Frank Henes mitgewirkt. Sie waren deshalb in den ersten beiden Auflagen als Mitarbeiter im Titel des Buches genannt.

b) Anmerkungen zur 3. und 4. Auflage

Das Lehrbuch wurde mit der 3. Auflage in allen Teilen gründlich überarbeitet und an die neuen Entwicklungen der Diskussion in Wissenschaft und Praxis angepaßt. Darüber hinaus wurden eine Reihe von Erweiterungen vorgenommen:

- Die Kostenrechnung ist längst nicht mehr ausschließlich ein Instrument privatwirtschaftlich geführter Unternehmen, sondern findet immer stärkere Verbreitung auch in Unternehmen und Einrichtungen der öffentlichen Hand. Dem wurde in der Neuauflage dadurch Rechnung getragen, daß im 6. Kapitel nunmehr neben der Kalkulation öffentlicher Aufträge (öffentliche Hand als Auftraggeber) auch ausführlich die Kalkulation öffentlicher Leistungen (öffentliche Hand als Auftragnehmer) behandelt wird.
- Die Kostenrechnung ist in den letzten Jahren – vor allem in der Unternehmenspraxis – immer mehr um Systeme des Kostenmanagements ergänzt worden. Der neue fünfte Teil des Lehrbuches, der den Titel »Kostenmanagement« trägt, wurde deshalb um zwei zusätzliche Kapitel ergänzt. Im neuen Kapitel 17 wird das Target Costing als System des marktorientierten Kostenmanagements behandelt und im Zusammenspiel mit ergänzenden Konzepten wie Life Cycle Costing und Benchmarking diskutiert. Im neuen 18. Kapitel wird die Steuerung der Qualität durch Qualitätskosten und durch qualitätsbezogene Kennzahlen erörtert.
- Neue Aspekte ergeben sich auch im Zusammenhang mit den Steuerungsinstrumenten zur Erfolgsbeurteilung, die im 20. Kapitel (bisheriges 18. Kapitel) zur Diskussion stehen. Hier wird insbesondere zusätzlich auf den Zusammenhang von in Geldeinheiten gemessenen Erfolgsmaßen zu nicht-finanziellen Kennzahlen sowie auf den Zusammenhang zu unternehmenswertorientierten Erfolgsmaßstäben eingegangen.

Für die tatkräftige Mitwirkung an der Überarbeitung des gesamten Buches sowie an den zahlreichen Erweiterungen bin ich dem Team meines Betriebswirtschaftlichen Lehrstuhls an der Universität Augsburg zu Dank verpflichtet. Die Herren Dr. Jochen Cantner, Prof. Dr. Thomas Fischer, Dipl.-Kfm. Stephan Jakoby, Dipl.-Kfm. Georg Klein und Dr. Jochen Schmitz haben besonderen Anteil am Entstehen der 3., überarbeiteten und erweiterten Auflage. Sie sind deshalb nunmehr als Mitarbeiter im Titel genannt. Für fachliche Anregungen danke ich darüber hinaus Herrn Kollegen Thomas Günther sowie Herrn Dipl.-Kfm. Egon Morper. Für die redaktionelle Unterstützung gilt mein Dank insbesondere den Herren Dipl.-oec. Michael Riketta und Dipl.-Kfm. Michael Zapf.

Mit der nun vorgelegten 4. Auflage wurde der Gesamttext auf Genauigkeit und Klarheit durchgesehen und um neuere Literatur aktualisiert. Herrn Dipl.-Kfm. Stephan Jakoby bin ich für seine Unterstützung zu Dank verpflichtet. Für die redaktionelle Unterstützung gilt mein Dank Herrn cand. rer. pol. Robert Fischer.

Augsburg, Januar 1999 A. G. Coenenberg

Erster Teil: System der Kostenrechnung

1. Kapitel: Aufgaben und Systeme des Rechnungswesens – ein Überblick

Die Kosten- und Leistungsrechnung, kurz: Kostenrechnung, ist ein Kernbestandteil des betriebswirtschaftlichen Rechnungswesens. Zu den anderen Teilsystemen des betriebswirtschaftlichen Rechnungswesens bestehen intensive Verknüpfungen im Hinblick auf die verwendeten Rechengrößen und die verfolgten Ziele. Die Kostenrechnung hat aber auch deutlich abgrenzbare eigenständige Aufgaben und daraus ableitbare Ausgestaltungsformen. Im ersten Kapitel des Lehrbuchs zur Kostenrechnung erscheint es deshalb wichtig, zunächst einen kursorischen Überblick über das Gesamtsystem des Rechnungswesens und seine Teilsysteme zu geben. Damit wird zugleich die Stellung der Kostenrechnung im System des Rechnungswesens deutlich. Außerdem sollen die Unterschiede in den Rechengrößen verdeutlicht werden, die den verschiedenen Teilsystemen des Rechnungswesens zugrunde liegen.

A. Begriff und Zwecke des Rechnungswesens

I. Rechnungswesen als Abbildung wirtschaftlichen Geschehens

Begriff des Rechnungswesens

Unter dem Begriff Rechnungswesen versteht man allgemein ein System zur quantitativen, vorwiegend mengen- und wertmäßigen Ermittlung, Aufbereitung und Darstellung von wirtschaftlichen Zuständen in einem bestimmten Zeitpunkt und von wirtschaftlichen Abläufen während eines bestimmten (meist äquidistanten) Zeitraums (vgl. Busse von Colbe [1994]). Das Rechnungswesen wird in zwei Teilbereiche untergliedert: Das volkswirtschaftliche Rechnungswesen beschäftigt sich mit über alle Wirtschaftssubjekte aggregierten gesamtwirtschaftlichen Wertvorgängen (insbes. im Rahmen der Volkswirtschaftlichen Gesamtrechnung und der Zahlungsbilanz). Das im folgenden näher betrachtete betriebswirtschaftliche Rechnungswesen befaßt sich mit solchen wertmäßigen Vorgängen in einzelnen Unternehmen.

Erkenntnisobjekt des betriebswirtschaftlichen Rechnungswesens

Erkenntnisobjekt des betriebswirtschaftlichen Rechnungswesens ist die Einzelwirtschaft, die in eine »unternehmerische« und eine »betriebliche« Sphäre untergliedert wird. Der unternehmerische Bereich umfaßt dabei das rechtlich selbständige oder wirtschaftlich einheitliche betriebswirtschaftliche Gesamtsystem, während der betriebliche Bereich nur die Funktionen der Produktionsfaktorenbereitstellung (Beschaffung), der eigentlichen Leistungserstellung (Produktion) und der Leistungsverwertung (Absatz) beinhaltet. Innerhalb der betrieblichen Sphäre erfolgt die Umwandlung der von der Außenwelt bezogenen Güter zu fertigen Erzeugnissen, die in der Endphase des betrieblichen Leistungsprozesses am Markt gegen Entgelt veräußert werden. Den Abläufen in der Realgütersphäre der Unternehmen stehen die Vorgänge im Nominalgüterbereich (= Zahlungsströme) gegenüber, die entweder durch Realgütertransaktionen direkt ausgelöst werden oder aber auch rein finanzieller Art sein können und dann kein Äquivalent im Realgüterbereich besitzen. Das Unternehmen ist folglich Bestandteil eines zirkulären Systems von Realgüter- und Nominalgüterströmen, wie Abbildung 1.1 darstellt (vgl. Eilenberger [1995]).

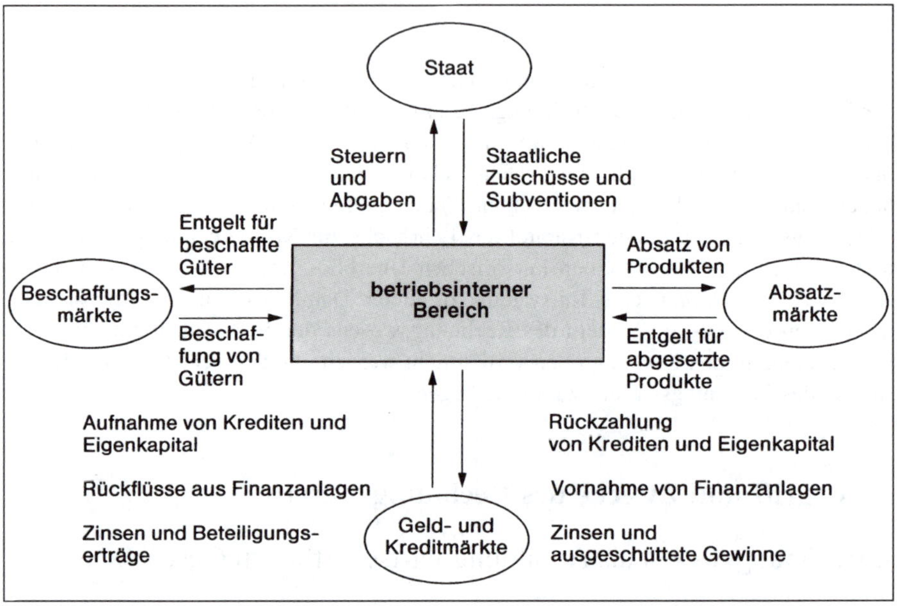

Abb. 1.1: Stellung des Unternehmens im Gütersystem

Alle Mengen- und Wertbewegungen sowie alle zusätzlichen wirtschaftlich relevanten Daten (z.B. über technische Eigenschaften der Betriebsmittel) sowohl im Innenbereich des Unternehmens als auch zum Außenbereich hin werden, soweit sie quantifizierbar sind, durch das betriebswirtschaftliche Rechnungswesen erfaßt und abgebildet.

Finanz- oder Geschäftsbuchhaltung (externes Rechnungswesen)

Aufgabe der **Finanz- oder Geschäftsbuchhaltung** ist es, die Geschäftsvorfälle zwischen Unternehmen und Außenwelt zahlenmäßig zu erfassen. Sie wird jeweils am Ende einer längeren Periode (meist ein Jahr) mit dem gesetzlich normierten Jahresabschluß abgeschlossen, der, da er insbesondere alle für die Beurteilung der gesamten Situation des Unternehmens relevanten Daten verarbeitet, neben seiner Informationsfunktion für die Unternehmensleitung eine zentrale Informationsquelle für alle am Unternehmen interessierten außenstehenden Parteien (Eigentümer, Gläubiger, Arbeitnehmer, Staat) darstellt. Dieser Rechnungskreis wird wegen seiner starken Ausrichtung an deren Informationsbedürfnissen auch als **externes Rechnungswesen** bezeichnet.

Betriebsbuchhaltung (internes Rechnungswesen)

Demgegenüber bezieht sich die **Betriebsbuchhaltung** als wesentlicher Bestandteil des **internen Rechnungwesens**, die in kürzeren Zyklen (meist Wochen oder Monate) innerhalb der Kosten- und Leistungsrechnung abgeschlossen wird, überwiegend auf den Bereich des mengen- und wertmäßigen Güterverzehrs zum Zwecke der eigentlichen betrieblichen Leistungserstellung und -verwertung sowie auf die Überwachung der Aufrechterhaltung der hierfür erforderlichen Betriebsbereitschaft. Zusätzlich zur Kosten- und Leistungsrechnung sind der interne Jahresabschluß, Liquiditätsrechnungen, die Betriebsstatistik und verschiedene Planungsrechnungen wesentliche Komponenten des internen Rechnungswesens. Hauptadressat der Informationen dieses Rechnungskreises sind folglich die betrieblichen Entscheidungsträger.

II. Planung, Kontrolle und Dokumentation als Zwecke des Rechnungswesens

Zwecke des betriebswirtschaftlichen Rechnungswesens

Betrachtet man die Zwecke des betriebswirtschaftlichen Rechnungswesens, so lassen sich drei grundlegende Rechnungskategorien unterscheiden (vgl. Coenenberg [1976]), die prinzipiell in allen Teilsystemen des betriebswirtschaftlichen Rechnungswesens vorkommen:

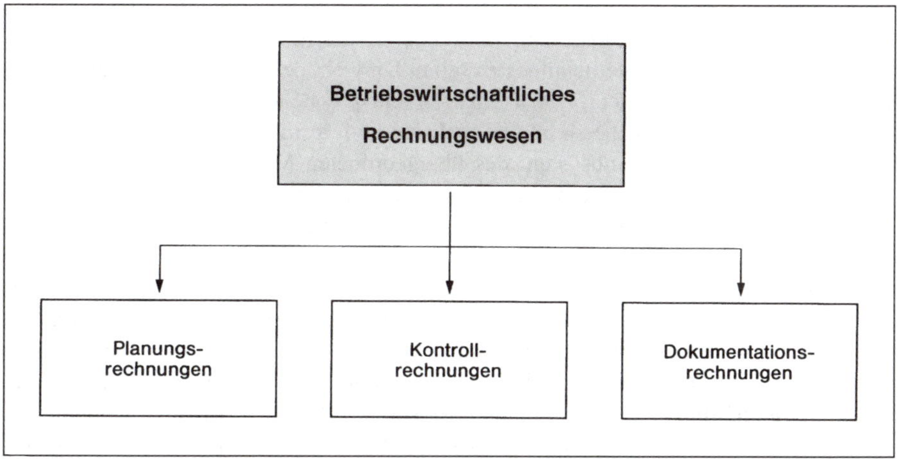

Abb. 1.2: Zwecke des betriebswirtschaftlichen Rechnungswesens

Planungsrechnungen

Planungsrechnungen dienen sowohl als Grundlage für die Entscheidungsfindung als auch für den Entscheidungsvollzug, indem sie die künftigen Auswirkungen bestimmter Handlungsalternativen auf den unternehmerischen Zielerreichungsgrad bestimmen sowie Ziele und Handlungsrahmen für Entscheidungsträger im Unternehmen festlegen.

Kontrollrechnungen

Kontrollrechnungen beziehen sich auf vergangene Geschehnisse. Sie dienen der Information über tatsächliche Abläufe und Zustände und durch Vergleich mit entsprechenden Planwerten der Überwachung der tatsächlichen Zielerreichung. Durch Analyse von Plan-Ist-Abweichungen sollen einerseits Informationen für künftige Entscheidungen und Maßnahmen generiert werden, andererseits soll durch den Kontrollprozeß von vornherein ein hohes Maß an Zielerreichung sichergestellt werden. Überall da, wo im Rechnungswesen mit Planungsrechnungen gearbeitet wird, gehören Kontrollrechnungen in Form von Ist-Rechnungen und gegebenenfalls von Abweichungsanalysen unverzichtbar zum Instrumentarium des Rechnungswesens (vgl. Kap. 14).

Dokumentationsrechnungen

Dokumentationsrechnungen resultieren entweder aus gesetzlichen Verpflichtungen (z.B. handels- und steuerrechtlicher Art) oder aus vertraglichen Vereinbarungen (z.B. bei Kredit- und Lizenzverträgen) und dienen somit der rechtlich gesicherten Ermittlung von Ergebnissen, an die sich Ansprüche knüpfen können. Der Dokumentationsaufgabe sind in besonderem Maße die Finanzbuchhaltung und ihre Abschlußinstrumente Bilanz und Gewinn- und Verlustrechnung gewidmet. Aber auch der Kostenrechnung stellen sich Dokumentationsaufgaben, z.B. im Zusammenhang mit der bilanziellen Herstellungskostenermittlung für fertige und unfertige Erzeugnisse sowie für Eigenleistungen, ferner im Zusammenhang mit der Kalkulation öffentlicher Aufträge gemäß den Leitsätzen für die Preisermittlung aufgrund von Selbstkosten (vgl. Kap. 6).

Informationssystem

Das betriebswirtschaftliche Rechnungswesen kann folglich als ein spezielles **Informationssystem** innerhalb eines Unternehmens charakterisiert werden, dessen Funktion in der vorwiegend mengen- und wertmäßigen Erfassung von ökonomisch relevanten Daten über vergangene, gegenwärtige und zukünftige wirtschaftliche Tatbestände und Vorgänge im Betrieb sowie über zurückliegende, bestehende und zukünftige wirtschaftliche Beziehungen des Unternehmens zu seiner Umwelt, deren Speicherung auf Datenträgern, der nachfolgenden Transformation entsprechend den zugrundeliegenden Zwecken und der Weitergabe an interne und externe Informationsbenutzer besteht. Das Rechnungswesen ist als Subsystem des übergeordneten Managementinformationssystems in die Gesamtorganisation Unternehmen integriert und dient der Unternehmensführung als Instrument zur Steuerung und Überwachung des jeweiligen unternehmerischen Zielerreichungsgrades.

Unternehmensrechnung

In Erweiterung der traditionellen Betrachtungsweise des Rechnungswesens als ein Abbildungs- und Lenkungsmodell des Gütersystems kann man ein umfassenderes Informationsinstrument, für welches der Einbezug zusätzlicher Informationen im Rahmen sog. sach-, sozial- und potentialzielbezogener Rechnungen kennzeichnend ist, als »**Unternehmensrechnung**« bezeichnen (vgl. Küpper [1989]). Diese Erweiterung erscheint notwendig, da sich nicht alle unternehmerischen Ziele auf mengen- und wertmäßige Dimensionen zurückführen lassen (z.B. ökologische Ziele: green accounting, Sozialziele: social accounting) und die Veränderung aller entscheidungsrelevanten Potentiale eines Unternehmens (z.B. des Humanvermögens: human resource accounting) nur durch solche zusätzlichen Informationen erfaßbar sind. Damit einher geht die Erweiterung der Aufgaben der Unternehmensrechnung auf die Entwicklung strategischer Frühwarn- und Fortschrittskontrollsysteme (z.B. in Form von betriebswirtschaftlichen Kennzahlen) (vgl. Reichmann [1997]) sowie Angaben über den Fortgang von Forschungs- und Entwicklungsprojekten (vgl. Kap. 16), die in das bestehende Informationssystem zu integrieren sind. Die Unternehmensrechnung soll folglich neben dem gesamten Ressourceninput auch den gesamten erwirtschafteten Output unter Beachtung der Entwicklung sämtlicher Leistungspotentiale des Unternehmens erfassen (vgl. Bleicher [1987]).

Grundrechnungen und Sonderrechnungen

Das System setzt sich zusammen aus einem institutionalisierten Teil, in dem, aufbauend auf die grundlegenden Zwecke des Rechnungswesens, laufend wiederkehrende Rechnungen (**Grundrechnungen**) durchgeführt werden (z.B. Buchhaltung und Kalkulation), sowie aus spezifischen **Sonderrechnungen**, die nur für bestimmte außergewöhnliche Zwecke durchgeführt werden (z.B. bei der Berechnung der Kosten einer Neuorganisation).

B. Systematisierung des Rechnungswesens nach den betriebswirtschaftlichen Zielen

Kriterien zur Klassifizierung verschiedener Rechnungstypen

Die dargestellten Zwecke des Rechnungswesens determinieren maßgeblich die verschiedenen Rechnungszweige innerhalb des gesamten Rechnungssystems. Zu deren Operationalisierung werden bestimmte Kriterien formuliert, die eine Klassifizierung der betrachteten Rechnungstypen ermöglichen. Neben den bereits angeführten Kriterien der Informationsrichtung und des Wiederholungscharakters sind dies insbesondere der sachliche Bezugsrahmen, der zeitliche Bezugsrahmen sowie die erfaßten Wertekategorien. Eine bestimmte Rechnung läßt sich daher immer als eine Kombination verschiedener, von den jeweiligen Rechnungszielen abhängiger Kriterienausprägungen charakterisieren (vgl. Männel [1981]).

Abb. 1.3: Kriterien zur Gliederung des Rechnungswesens

Bestimmungsfaktoren zur Gliederung des Rechnungswesens:

Im folgenden werden als grundlegende Bestimmungsfaktoren zur Gliederung des Rechnungswesens die **betriebswirtschaftlichen Ziele** eines Unternehmens aufgegriffen, die sich nach der zeitlichen Reichweite und den zugrundeliegenden Maßgrößen in drei Bereiche unterteilen lassen (vgl. Gälweiler [1976]), nämlich **Liquidität, Erfolg** und **Erfolgspotential**. Traditionell standen die monetär meßbaren Ziele Liquidität und Erfolg im Mittelpunkt des Interesses der Unternehmenssteuerung durch das Management. Infolge einer immer zunehmenderen Komplexität der Umwelt und einer damit einhergehenden Erhöhung der Unsicherheit über das zukünftige unternehmerische Umfeld gewinnt jedoch eine dritte, nicht geldmäßig ausdrückbare Zielgröße, das Erfolgspotential eines Unternehmens, immer mehr an Bedeutung.

– Liquidität

Als grundlegendes unternehmerisches Ziel ist die Liquidität zu betrachten, da ohne die Aufrechterhaltung der Zahlungsbereitschaft des Unternehmens trotz ansonsten guter Leistungseigenschaften (z.B. Personal, Technologie, Management) ein Fortbestand nicht möglich ist. Allerdings reicht i.d.R. eine Unternehmenssteuerung nur über die Überwachung der Liquidität nicht aus. Insbesondere ist zu beachten, daß eine Zurechnung der Zahlungsströme auf einzelne Teilprojekte im Unternehmen infolge bestehender Interdependenzen nicht exakt möglich ist und daß die Liquiditätswirkungen der einzelnen Projekte zusätzlich nicht über deren gesamte Lebensdauer prognostizierbar sind.

– Erfolg

Als weitere Zielgröße ist somit der Unternehmenserfolg zu betrachten, der als periodisierte Größe für das gesamte Unternehmen eine Vorsteuerungsfunktion für die Liquidität einnimmt, ohne jedoch die Aufgabe der Liquiditätssteuerung selbst lösen zu können, da seine Bestimmungsfaktoren oftmals nur mit zeitlichen Differenzen für die Liquiditätssituation des Unternehmens relevant werden. Neben die reine Geldsteuerung (Liquidität) tritt die güterwirtschaftliche Steuerung (Erfolg).

– Erfolgs-potential

Analog dazu wirkt das Erfolgspotential als Vorsteuerungsgröße für den Periodenerfolg, indem es als wesentliche Zielgröße des strategischen Planungssystems ungünstige Einflüsse auf die nachgelagerten Ziele als eine Art Frühwarnindikator anzeigt und so die Möglichkeit des problemadäquaten Ergreifens von Gegenmaßnahmen ermöglicht. Da jedoch auch zwischen diesen Größen gegenläufige Tendenzen möglich sind, ersetzt auch die Steuerung des Erfolgspotentials nicht die Überwachung des Erfolgsziels. Das Erfolgspotential eines Unternehmens läßt sich als ein Bündel nachhaltig wirksamer Wettbewerbsvorteile beschreiben, die im Kontext umweltlicher Chancen und Risiken sowie unternehmerischer Stärken und Schwächen rechtzeitig aufgebaut werden müssen, um in nachfolgenden Perioden Gewinne erzielen zu können. Während die ersten beiden geldmäßigen Zielgrößen folglich eher kurz- und mittelfristiger Natur sind, beinhaltet die Zielgröße Erfolgspotential vor allem eine langfristige Perspektive.

Rechengrößen und Teilsysteme

Betrachtet man die den geldmäßig darstellbaren Zielen Liquidität und Erfolg zugrundeliegenden **Rechengrößen**, so lassen sich die vier Begriffspaare Einzahlungen und Auszahlungen, Einnahmen und Ausgaben, Erträge und Aufwendungen sowie Leistungen und Kosten voneinander abgrenzen. Die darauf aufbauenden Rechenwerke sind Finanz- und Finanzierungsrechnungen sowie Bilanz, Gewinn- und Verlustrechnung und Kosten- und Leistungsrechnung incl. kalkulatorischer Vermögensrechnung. Die Zuordnung von Zielgrößen, Rechengrößen und Teilsystemen des Rechnungswesens ist in Abbildung 1.4 verdeutlicht.

Zielgröße	Rechengrößen	Teilsysteme des Rechnungswesens
Liquidität	Einzahlungen Auszahlungen	Finanzrechnung
	Einnahmen Ausgaben	Finanzierungsrechnung
Erfolg	Erträge Aufwendungen	Gewinn- und Verlustrechnung, Bilanz
	Leistungen Kosten	Kosten-/Leistungsrechnung, kalkulatorische Vermögensrechnung

Abb. 1.4: Zusammenhang zwischen Zielgrößen, Rechengrößen und Teilsystemen des Rechnungswesens

Strategieorientiertes Rechnungswesen

Das Rechnungswesen ist mit seinen vier Teilsystemen also unmittelbar auf die Abbildung der monetär meßbaren Zielgrößen Liquidität und Erfolg gerichtet. Die strategieorientierte Zielgröße Erfolgspotential kann sich nicht ausschließlich auf die Daten des Rechnungswesens stützen. Sie bedarf vielmehr eines (nicht monetären) Informationssystems, das relative Stärken und Schwächen des Unternehmens mißt. Da andererseits Erfolgspotentiale zu künftigen Erfolgs- und Liquiditätswirkungen führen sollen, kann das Erfolgspotentialziel nicht losgelöst von den Plan- und Ist-Daten des Rechnungswesens geplant und gesteuert werden. Die Erfolgspotentialzielsetzung stellt deshalb spezifische Anforderungen an die Teilsysteme des Rechnungswesens. Soweit das Rechnungswesen sich bemüht, diesen Anforderungen gerecht zu werden, kann von einem strategieorientierten Rechnungswesen gesprochen werden.

Die Abbildung 1.5 verdeutlicht die Zusammenhänge zwischen den betriebswirtschaftlichen Zielen und den Teilsystemen des Rechnungswesens.

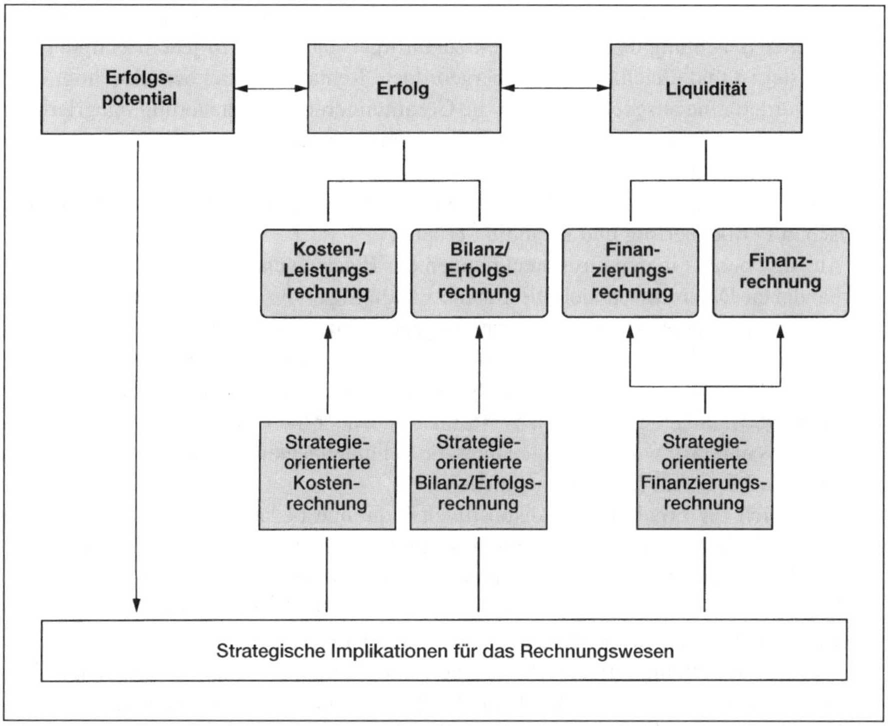

Abb. 1.5: Systematisierung des betriebswirtschaftlichen Rechnungswesens

C. Finanzrechnung und Finanzierungsrechnung

I. Aufgaben von Finanzrechnung und Finanzierungsrechnung

Aufgaben

Ein Unternehmen gilt dann als ausreichend liquide, wenn es in der Lage ist, jederzeit den eingegangenen Zahlungsverpflichtungen nachzukommen. Der Liquiditätssteuerung kommt daher eine zentrale Bedeutung für das Fortbestehen eines Unternehmens zu, da insbesondere in ökonomischen Krisensituationen rechtliche Konsequenzen (Vergleich, Konkurs) einer unzureichenden Liquiditätssituation des Unternehmens zu beachten sind. Es bedarf daher, abgeleitet aus den grundlegenden Zwecken des Rechnungswesens, einer **stromgrößenorientierten** Liquiditätsrechnung, deren Hauptaufgaben die Sicherung der kurz-, mittel- und langfristigen Liquidität sowie die Ermittlung des jeweils korrespondierenden Kapitalbedarfs unter Beachtung von Rentabilitäts- und Risikoaspekten sind. Ziel der finanziellen Unternehmensführung muß es folglich sein, die Zahlungsströme so aufeinander abzustimmen, daß die Zahlungsfähigkeit des Unternehmens unter Beachtung der Unsicherheit zukünftiger Zahlungen zu jedem Zeitpunkt gewährleistet ist und gleichzeitig das übergeordnete Rentabilitätsziel berücksichtigt wird. Dies erfordert eine ausgebaute und in die Gesamtunternehmenssteuerung integrierte Finanz(ierungs)rechnung, die neben der Betrachtung der auch aus der Bilanz ersichtlichen Höhe des Liquiditätssaldos zusätzliche Aussagen über dessen Quellen und Bestimmungsfaktoren und deren detaillierte Planung sowie über Ursachen des Unterschieds zwischen Periodenerfolg und Liquidität erlaubt.

Dispositive vs. strukturelle Liquidität

Aus den bereits in den Grundrechnungen der Finanzbuchhaltung (Bilanz und GuV) vorhandenen Daten lassen sich die für die (zukünftige) dispositive Liquidität des Unternehmens relevanten Informationen nicht generieren. Da die genaue zeitliche Struktur der Fälligkeit der Bilanzpositionen nicht exakt abgebildet wird und die Repräsentativität der Situation am Bilanzstichtag für Folgeperioden nicht gegeben ist, liefern bilanzielle Deckungsrechnungen nur unpräzise Informationen über die Liquiditätssituation des Unternehmens und lassen nur Aussagen über die Schuldendeckungsfähigkeit und damit die strukturelle Liquidität des Unternehmens zu.

Strukturelle Liquidität als Beurteilungskriterium

Zusätzlich zur Erhaltung der dispositiven Liquidität bedarf es jedoch auch der Planung und Steuerung dieser strukturellen Liquidität, als weiterer Bestandteil des finanziellen Gleichgewichts des Unternehmens, und damit der Schaffung von Kapitalstrukturen, die langfristig eine reibungslose Abwicklung der betrieblichen Tätigkeiten gewährleisten. Es müssen ausreichende strukturelle Finanzierungsspielräume bestehen, die die Verwirklichung strategischer Pläne ermöglichen, da Finanzstrukturkennzahlen von externen Kapitalgebern oftmals als Richtlinien für die Beurteilung des Unternehmens herangezogen werden (vgl. Vormbaum [1995]).

II. Einzahlungen, Auszahlungen, Einnahmen, Ausgaben

Einzahlungen/ Auszahlungen, Einnahmen/ Ausgaben

Finanz- und Finanzierungsrechnungen bilden das liquiditätsorientierte Teilsystem des betriebswirtschaftlichen Rechnungswesens. Sie werden in der Regel für das gesamte Unternehmen oder für Teilbereiche als Periodenplanungen durchgeführt. Die vergangenheitsbezogenen Ist-Finanz(ierungs)rechnungen dienen sowohl der Dokumentation und Rechenschaftslegung als auch der Kontrolle der Planrechnungen (Finanzpläne), die der Prognose von Zahlungsüber- und -unterdeckungen und damit der Aufrechterhaltung des finanziellen Gleichgewichts dienen. Während **Finanzrechnungen** auf den Wertgrößen Ein- und Auszahlungen, definiert als Veränderungen des Fonds der liquiden Mittel, aufbauen, beruhen die **Finanzierungsrechnungen** auf den Größen Einnahmen und Ausgaben, die als Veränderungen des Fonds der liquiden Mittel zuzüglich Forderungen abzüglich Schulden definiert werden.

Unterschiede

Die Finanzrechnung verfolgt damit eine eigene, auf die ermittelbare Barliquidität abgestellte Perspektive. Die Finanzierungsrechnung ist dagegen an einer – je nach Fristigkeit der einbezogenen Forderungen und Verbindlichkeiten – umfassenderen, längerfristigen Liquiditätsperspektive orientiert. Der dem zugrundeliegende Unterschied zwischen den Rechengrößen Einzahlungen/Auszahlungen und Einnahmen/Ausgaben sei anhand eines vereinfachten Bilanzschemas in Abbildung 1.6 verdeutlicht.

Indirekte Ermittlung der Veränderung des Zahlungsmittelbestandes
– partiell
– total

Neben dieser direkten Ermittlung der Veränderung des Zahlungsmittelbestands ist auch deren indirekte Ableitung aus den Daten eines erstellten Jahresabschlusses möglich, indem die darin enthaltenen periodisierten erfolgswirksamen Größen in unperiodisierte liquiditätswirksame Zahlungsgrößen zurückentwickelt werden. Diese Umformung kann entweder nur für den betrieblichen Leistungsbereich (partiell) vorgenommen werden, indem etwa der **Cash Flow** als Maßgröße für den während einer Periode aus dem laufenden betrieblichen Prozeß erwirtschafteten Zahlungsüberschuß ermittelt wird, oder aber gesamtunternehmensbezogen (total) durchgeführt werden, indem eine **Kapitalflußrechnung** als eine Bewegungsrechnung erstellt wird, in der die Darstellung der Herkunft und Verwendung aller liquiditätswirksamen Mittel während einer Periode (meist zusammengefaßt in einem Fonds) erfolgt. Durch die Zusammenführung einer aus zwei Bilanzen ermittelten Veränderungsbilanz und der GuV können Periodisierungsschnitte und Bewertungsvorgänge rückgängig gemacht werden, so daß prinzipiell

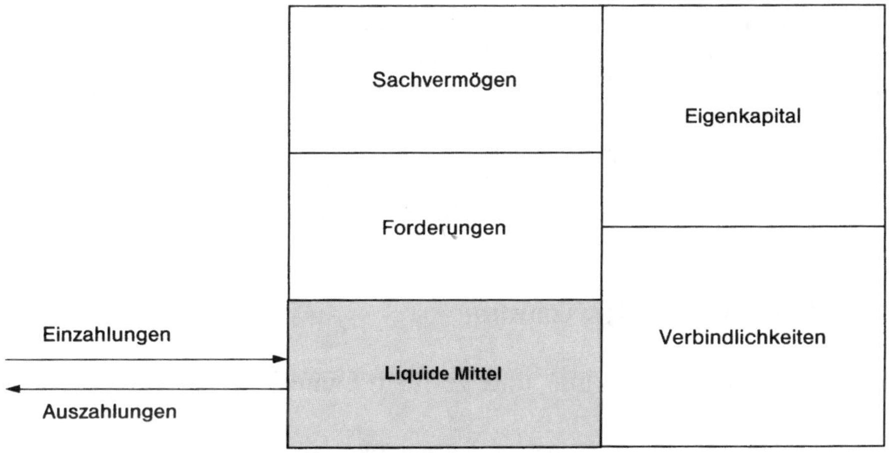

Finanzrechnung:
Veränderungen des Fonds »Liquide Mittel«

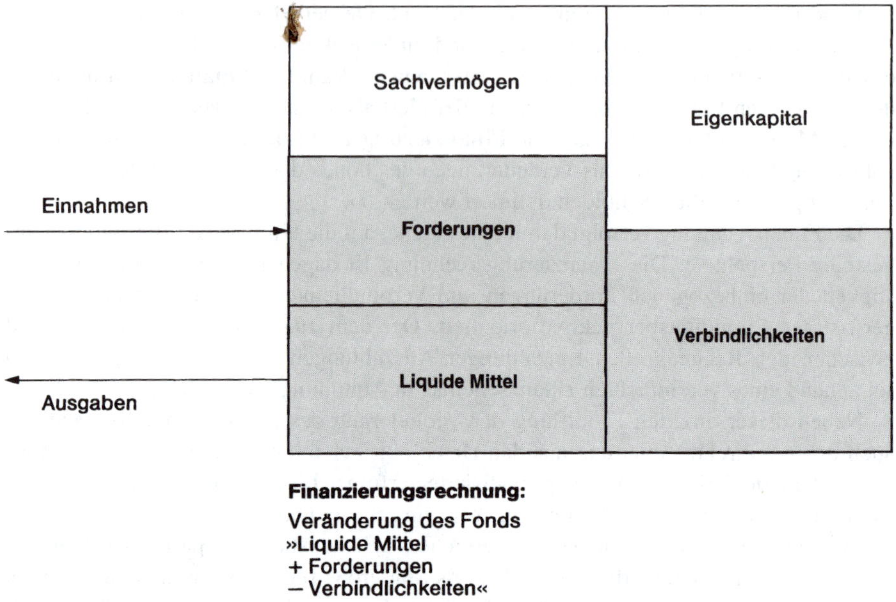

Abb. 1.6: Einzahlungen, Auszahlungen, Einnahmen, Ausgaben

nur noch alle liquiditätswirksamen Vorgänge berücksichtigt werden und sich alle nur erfolgswirksamen Vorgänge kompensieren. Diesen Zusammenhang zeigt nochmals Abbildung 1.7 (vgl. Chmielewicz/Caspari [1985]).

Investitionsrechnungen

Ebenfalls auf Zahlungsgrößen beruhen die Investitionsrechenverfahren, unter denen alle Methoden zur Beurteilung von Investitionsvorhaben bezüglich quantifizierbarer Unternehmensziele subsumiert werden. Es handelt sich um mehrperiodige Planungsrechnungen, in denen die zeitliche Struktur des Zahlungsstroms durch Diskontierung auf den Beginn bzw. Aufzinsung auf das Ende des Planungshorizonts in die Kalküle einfließt (sog. dynamische Verfahren der Investitionsrechnung). Werden zusätzlich bestehende Interdependenzen mit dem Finanzierungs- und Produktionsbereich in die Rechnung einbezogen, so geschieht dies mittels **Simultanmodellen**, während die Berücksichtigung unsicherer Erwartungen, die für Planungsrechnungen charakteristisch sind, mittels der Verfahren der **Sensitivitäts- oder Risikoanalyse** erfolgt.

D. Bilanz und Erfolgsrechnung

I. Aufgaben von Gewinn- und Verlustrechnung und Bilanz

Aufgaben

Die aus der Finanzbuchhaltung abgeleiteten Rechenwerke Bilanz und GuV bilden den Jahresabschluß von Kaufleuten (§ 242 Abs. 1 HGB), der für Kapitalgesellschaften noch um den Anhang ergänzt wird (§ 264 Abs. 1 HGB). Traditionell werden als Hauptaufgaben des Jahresabschlusses neben der Dokumentation der Geschäftsvorfälle die

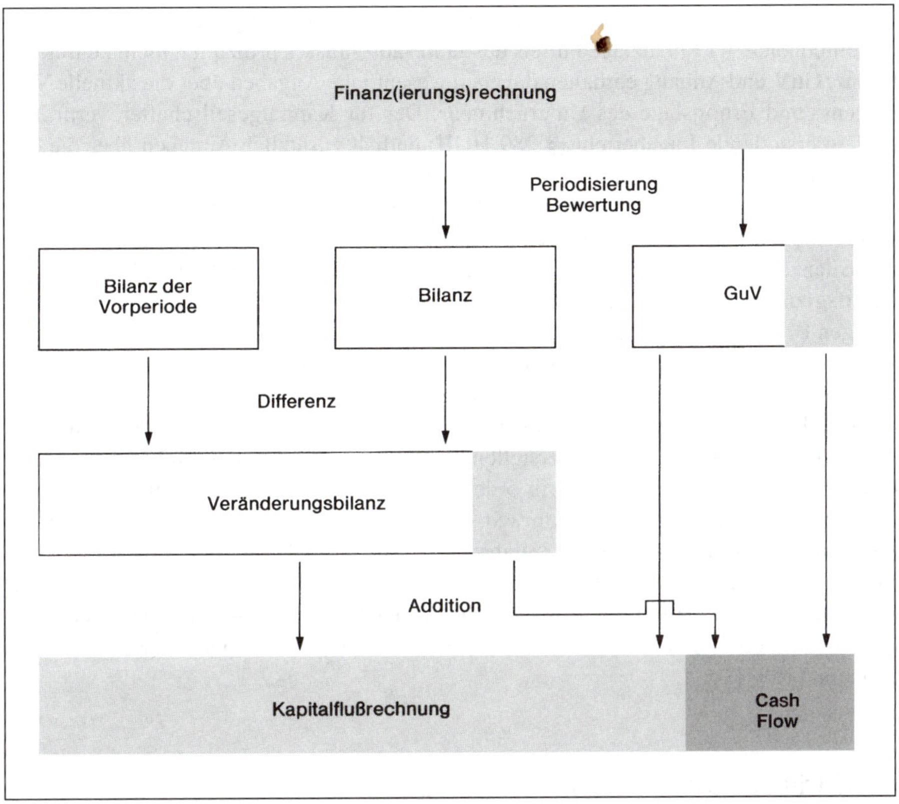

Abb. 1.7: Zusammenhang zwischen Finanz(ierungs)rechnung, Cash Flow und Kapitalflußrechnung

Rechnungslegung der Unternehmensleitung gegenüber den am Unternehmen beteiligten Gruppen und die Ermittlung des ausschüttbaren Periodengewinns angesehen.

Einblick in die Vermögens-, Finanz- und Ertragslage

Infolge der Interessenvielfalt und -gegensätze der am Unternehmen beteiligten Gruppen kann nur ein gesetzlich normiertes Instrument eine zufriedenstellende Abwägung der widerstreitenden Informationsbedürfnisse gewährleisten. Dementsprechend sollen die auf den an Objektivität und Vergleichbarkeit orientierten Bestimmungen des HGB und den Grundsätzen ordnungsmäßiger Buchführung und Bilanzierung (GoB) beruhenden handelsrechtlichen Jahresabschlüsse prinzipiell einen allen Interessenten genügenden Einblick in die Vermögens-, Finanz- und Ertragslage des Unternehmens gewähren. Betrachtet man wiederum die grundlegenden betriebswirtschaftlichen Ziele des Unternehmens, so bedarf der Einblick in die Ertragslage vor allem der Darstellung des Erfolgs und des Erfolgspotentials des Unternehmens. Die Finanzlage stellt dagegen direkt auf das Liquiditätsziel ab. Die Vermögenslage stellt ein Bindeglied zwischen der Ertrags- und Finanzlage dar und kann als globale Abbildung aller drei betriebswirtschaftlichen Teilbereiche betrachtet werden. Während die Darstellung der Finanzlage mit Hilfe der bestandsorientierten Deckungsanalyse nur Aussagen über die Finanzierungsstruktur des Unternehmens zuläßt, sind Angaben über die (künftige) Liquidität als zweite Komponente der Finanzlage mittels des Jahresabschlusses prinzipiell nicht zu treffen. Bilanz, GuV und Anhang enthalten dagegen wesentliche Angaben über die aktuelle Vermögens- und Ertragslage des Unternehmens. Der für Kapitalgesellschaften verpflichtend zu erstellende Lagebericht (§ 289 HGB) enthält zusätzlich Angaben über die zukünftigen Erfolgsaussichten des Unternehmens.

Systematisierung der Bilanzen im weiteren Sinne

Subsumiert man im folgenden unter dem Begriff Bilanz sowohl die eigentliche Beständebilanz als auch die Erfolgsrechnung (Bilanz i.w.S.), so lassen sich die verschiedenen Bilanzarten wie folgt systematisieren. Nach den die Bilanzerstellung bedingenden **Rechtsgrundlagen** lassen sich gesetzlich vorgeschriebene von vertraglichen oder freiwilligen Bilanzen unterscheiden. Erstere lassen sich nach den Teilrechtsnormen und der Regelmäßigkeit der Aufstellung weiter untergliedern. Laufende (ordentliche), auf Wirtschaftsrecht beruhende Bilanzen sind in regelmäßigen Zeitabständen (Geschäftsjahren) aufzustellen (Einzel- und Konzernbilanzen), während außerordentliche Sonderbilanzen nur zu besonderen Anlässen zu erstellen sind (z.B. Umwandlung, Konkurs). Analog können steuerrechtliche Bilanzen in ordentliche (Vermögens- und Gewinnsteuerbilanzen) und außerordentliche (z.B. UmwSt-Bilanzen) unterteilt werden. Laufende Bilanzen können auch für unterjährige Zeitabschnitte (auf freiwilliger oder vertraglicher Basis) in Betracht kommen. Die Börsenzulassungsverordnung sieht z.B. eine halbjährliche Zwischenberichterstattung, allerdings nicht zwingend durch eine formelle Bilanz und GuV vor. Abbildung 1.8 zeigt nochmals die Gliederung der Bilanzen i.w.S. (vgl. Federmann [1994]).

II. Erträge, Aufwendungen

Notwendigkeit der Periodisierung

Da Unternehmen prinzipiell gegründet werden, um für eine unbegrenzte Dauer den Beteiligten zur Erfüllung ihrer Interessen zu dienen, genügt es nicht, erst am Ende der Betriebstätigkeit eine auf Zahlungen beruhende Totalerfolgsrechnung durchzuführen. Die dargestellten Zwecke bedingen vielmehr Rechnungen, die sich auf zeitlich begrenzte Teilperioden beziehen.

Erträge und Aufwendungen

Die Finanzbuchhaltung ist daher generell als Zeitabschnittsrechnung konzipiert, die für eine bestimmte Abrechnungsperiode und das gesamte Unternehmen alle Zu- und Abgänge von Gütern mit deren zu ermittelnden Werten erfaßt. Erträge und Aufwendungen lassen sich folglich als periodisierte, erfolgswirksame Zahlungen oder als gesamte Wertentstehung und gesamter Werteverzehr einer Periode definieren. Wertentstehung bzw. Werteverzehr können sich dabei auf Nominalgüter (liquide Mittel, Forderungen, Verbindlichkeiten) oder auf Realgüter (Sachvermögen) beziehen. Daraus wird deutlich, daß Erträge und Aufwendungen sich von Einnahmen und Ausgaben dadurch unterscheiden, daß auf die Veränderung eines Fonds abgestellt wird, der außer den liquiden Mitteln zuzüglich Forderungen abzüglich Verbindlichkeiten zusätzlich das Sachvermögen miterfaßt. Die Erfolgsrechnung läßt sich deshalb als eine im Vergleich zur Finanzierungsrechnung umfassendere Fondsrechnung beschreiben, die auf die Veränderung des Fonds »Reinvermögen« oder – was dasselbe besagt – des Fonds »Eigenkapital« abstellt (vgl. Abb. 1.9).

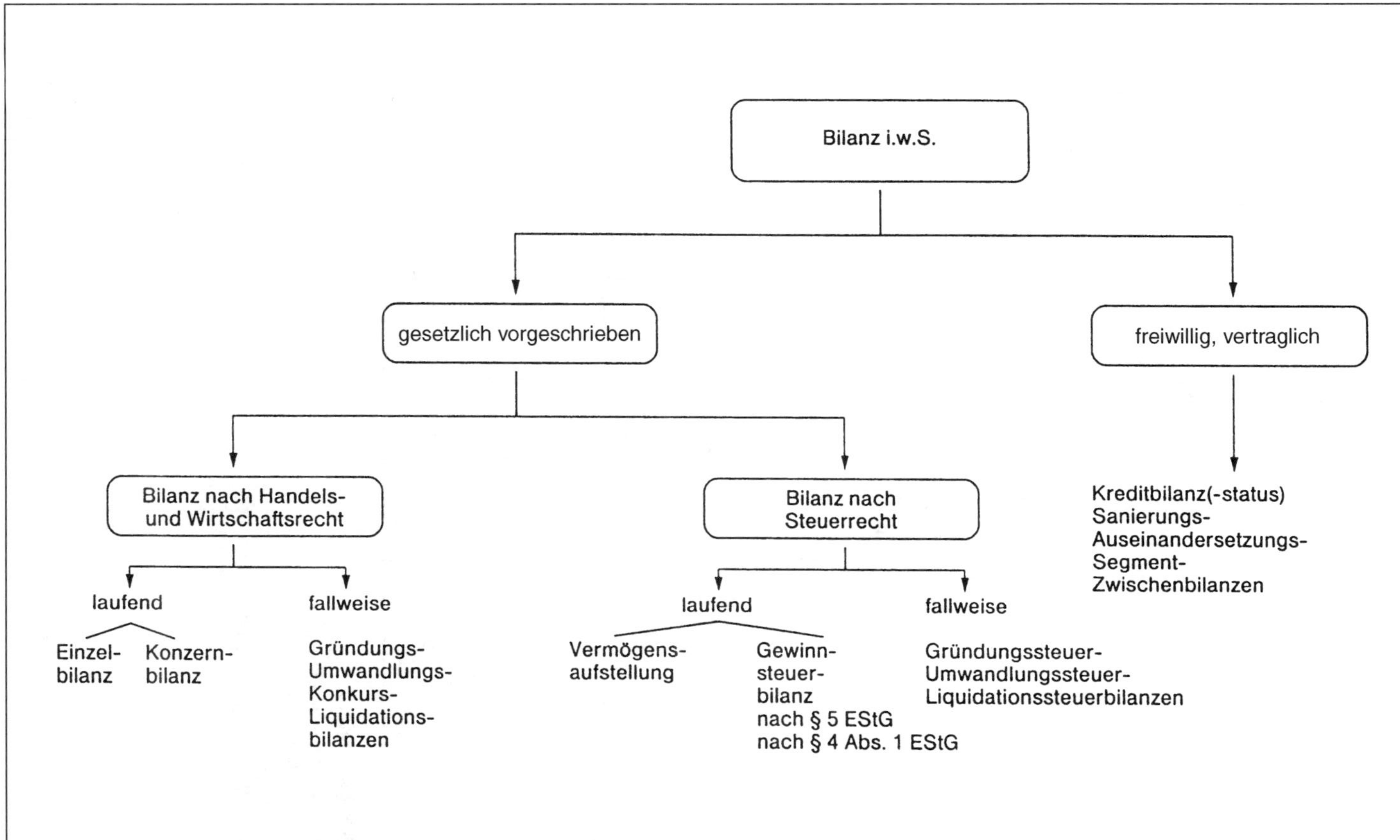

Abb. 1.8: Gliederung der Bilanzen i.w.S.

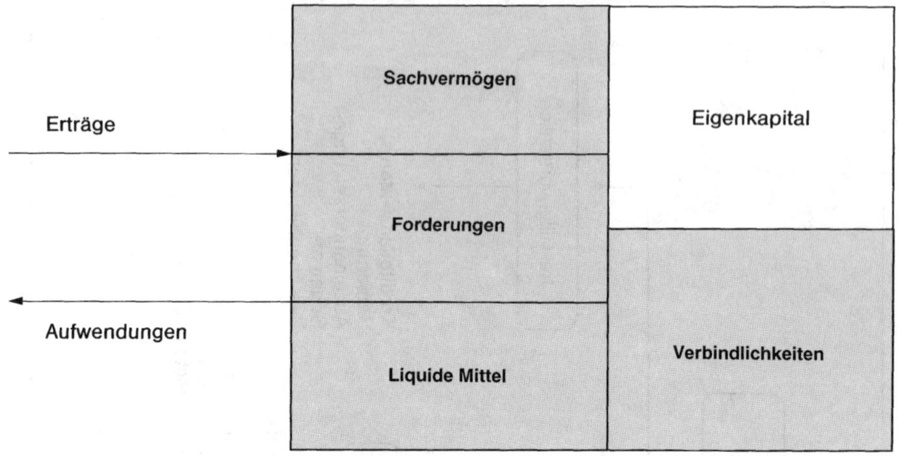

1) Erfolgsrechnung:
Veränderungen des Fonds »Reinvermögen«

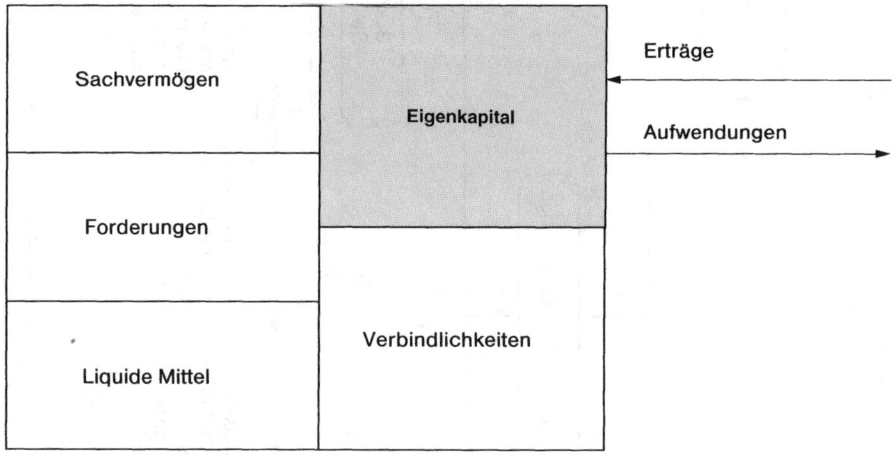

2) Erfolgsrechnung:
Veränderung des Fonds »Eigenkapital«

Abb. 1.9: Erträge, Aufwendungen

Die Saldierung der Wertgrößen erfolgt in der **zeitraumbezogenen** Erfolgsrechnung, die somit den anhand gesetzlicher Normierungen ermittelten Gewinn oder Verlust ausweist. In der **zeitpunktbezogenen** Bilanz werden die Vermögensbestände, die erst in nachgelagerten Perioden zu Aufwand und Ertrag führen, sowie sämtliche Kapitalbestände aufgezeichnet, wobei sich hier der Periodenerfolg als Veränderung der Differenz zwischen Vermögen und Fremdkapital ergibt (vgl. Eisele [1993]). Da die Bilanz sowohl den Liquiditäts- als auch den Erfolgssaldo jeweils als globale Größen enthält, fungiert sie als Bindeglied zwischen diesen beiden Rechnungen.

Saldierung der Wertgrößen in GuV und Bilanz

E. Kosten- und Leistungsrechnung

I. Aufgaben der Kosten- und Leistungsrechnung

Aufgaben

Die Kosten- und Leistungsrechnung dient der zieladäquaten Steuerung der innerbetrieblichen Faktorkombinationsprozesse. Während die **internen Aufgaben** der Kosten- und Leistungsrechnung sich aus der Notwendigkeit der Bereitstellung entscheidungsrelevanter Daten zu Planungs- und Kontrollzwecken ergeben, resultieren die **externen Aufgaben** aus der Dokumentationsfunktion des Rechnungswesens. Aufgaben der intern orientierten, institutionalisierten Rechnungen sind zum einen die Kontrolle der Wirtschaftlichkeit des Produktionsprozesses durch den Vergleich von aus den Plankosten abgeleiteten Soll-Kosten mit den (in den Kostenstellen) angefallenen Ist-Kosten anhand von Abweichungsanalysen und durch Zeitvergleiche und zum anderen die Kontrolle des betrieblichen Erfolgs, indem für bestimmte Bezugsobjekte (Produkte, Kunden, Absatzgebiete) und in kürzeren Zeitabständen als bei der externen Rechnungslegung der erwirtschaftete Erfolg als Leistung minus Kosten ermittelt wird. Dabei bleiben betriebs- oder periodenfremde sowie außerordentliche Bestandteile unberücksichtigt.

Funktionale Gliederung der Aufgaben

Die Aufgaben der situationsbezogenen Rechnungen lassen sich funktional anhand der innerbetrieblichen Teilbereiche Beschaffung, Produktion, Absatz sowie deren integrativen Betrachtung untergliedern. Im Beschaffungsbereich sind insbesondere die Wahl zwischen verschiedenen Bezugsquellen und Beschaffungswegen sowie die Ermittlung optimaler Bestellmengen und von Preisobergrenzen für die Einsatzfaktoren durch die Bereitstellung relevanter Daten zu fundieren. Im Produktionsbereich sind Informationen über die effizientesten Produktionsmöglichkeiten und damit über die Wahl der optimalen Produktionsverfahren sowie optimaler Los- bzw. Seriengrößen und Fertigungsreihenfolgen bereitzustellen. Im Absatzbereich sind Preisuntergrenzen für die hergestellten Produkte zu ermitteln und die Beurteilung bestimmter Absatzgebiete und -wege sowie Kunden(-gruppen) anhand relevanter Daten zu ermöglichen.

Zusätzlich existieren Aufgaben für die Kosten- und Leistungsrechnung, die die integrative Betrachtung der Funktionsbereiche erfordern. So gehen für die Entscheidung zwischen Eigenfertigung und Fremdbezug (make or buy) und die Festlegung des gewinnoptimalen Produktprogramms sämtliche im betrieblichen Bereich angefallenen Informationen in das Kalkül ein. Diese Rechnungen dienen somit insbesondere der Fundierung von Entscheidungen im Zusammenhang mit der Optimierung der Produktionstiefe und der Kapazitätsplanung im Unternehmen.

Externe Aufgaben

Extern vorgegebene Aufgaben der Kosten- und Leistungsrechnung resultieren aus handels- und steuerrechtlichen Vorschriften über die Ermittlung von Herstellungskosten (besser: -aufwendungen) zur Aktivierung von Eigenleistungen und Bestandsveränderungen (§ 255 Abs. 2 HGB, R 33 EStR) sowie der Ermittlung von Konzernverrechnungspreisen, die aufgrund der Fiktion der rechtlichen Einheit des Konzerns keine unrealisierten Gewinne bzw. Verluste enthalten dürfen (§ 304 Abs. 1 HGB). Weiterhin sind bei der Kalkulation öffentlicher Aufträge die Vorschriften der Verordnung über die Preise bei öffentlichen Aufträgen (VO PR) und der Leitsätze über die Preisermittlung aufgrund von Selbstkosten (LSP) zu beachten, anhand derer (im Falle des Fehlens von Marktpreisen) ein Selbstkostenpreis zu ermitteln ist, der Grundlage der Abrechnung mit dem staatlichen Auftraggeber ist (vgl. Kap. 6).

Trennung von Datenerfassung und -auswertung

Aus Wirtschaftlichkeitsüberlegungen ist eine Trennung von Datenerfassung und -auswertung anzustreben, um gleiche Kosten- und Leistungsdaten durch Neukombination und Ergänzung für verschiedene Entscheidungen nutzen zu können. Eine derartige rechnungszweckneutrale Erfassung der Kosten und Leistungen in einer sog. Grundrechnung wird insbesondere in der Einzelkosten- und Deckungsbeitragsrechnung von RIEBEL postuliert (vgl. Riebel [1994], vgl. auch Kap. 10).

Abbildung 1.10 zeigt nochmals die Aufgaben der Kosten- und Leistungsrechnung (vgl. Kloock/Sieben/Schildbach [1993]).

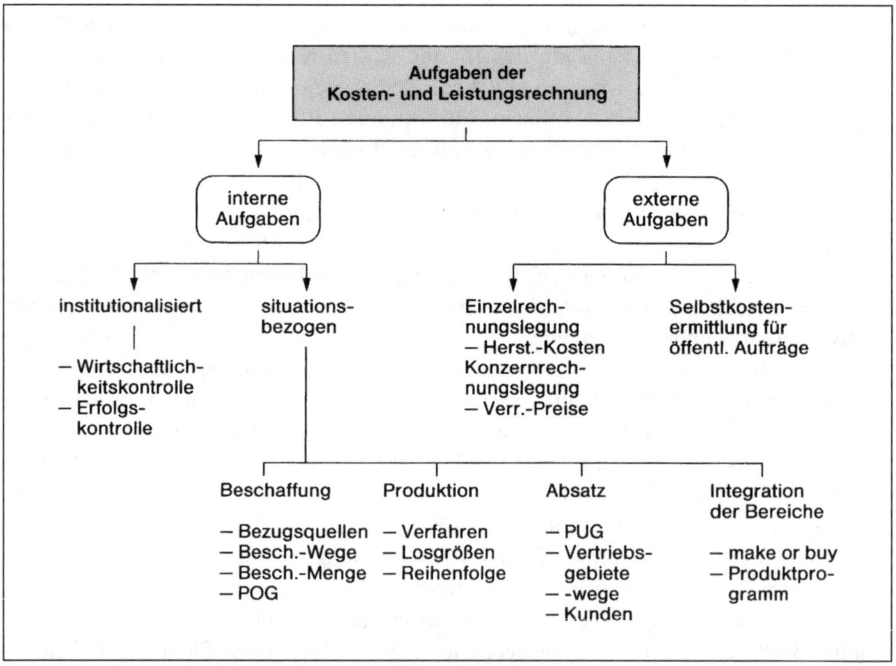

Abb. 1.10: Aufgaben der Kosten- und Leistungsrechnung

II. Leistungen, Kosten

Leistungen und Kosten

Leistungen und Kosten als der Kosten- und Leistungsrechnung zugrundeliegende Wertgrößen lassen sich als bewertete(r) sachzielbezogene(r) Gütererstellung bzw. Güterverbrauch definieren. Aus dieser Definition ist bereits erkennbar, daß zwischen den Rechengrößen der Kostenrechnung (Leistungen/Kosten) und den Rechengrößen der Gewinn- und Verlustrechnung (Erträge/Aufwendungen) Gemeinsamkeiten, aber auch Unterschiede bestehen (vgl. auch Kap. 2). Das ist in der folgenden Abbildung 1.11 veranschaulicht (vgl. Kloock/Sieben/Schildbach [1993]).

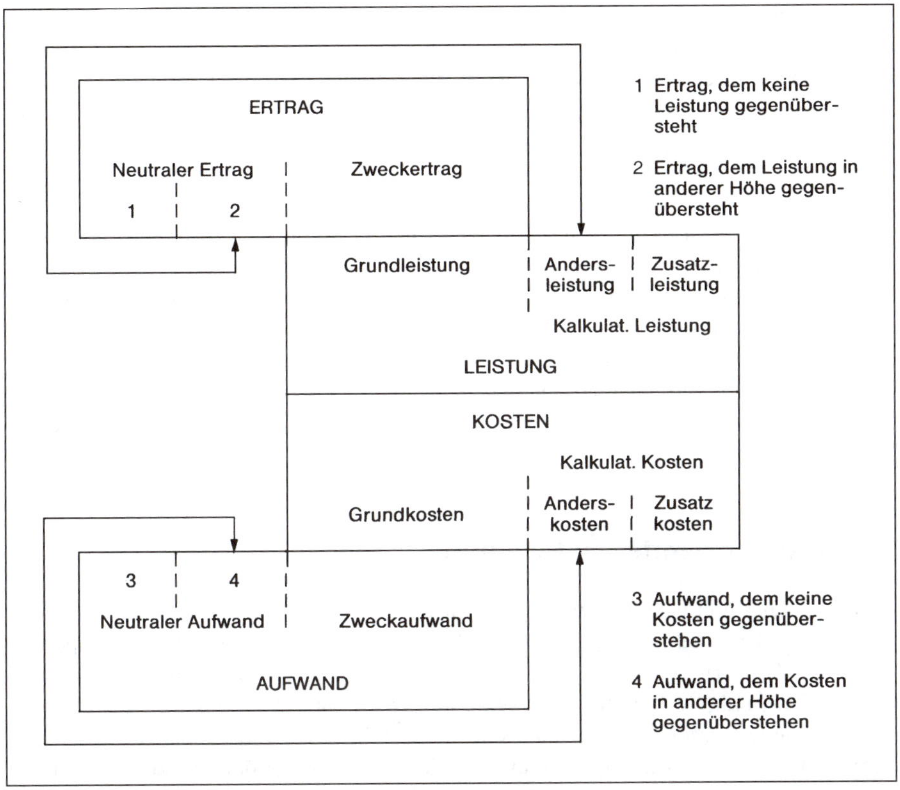

Abb. 1.11: Abgrenzung von Leistung/Kosten und Ertrag/Aufwand

Grundleistung/ Grundkosten

Gemeinsamkeiten und Unterschiede in den Rechengrößen beider Teilsysteme des Rechnungswesens resultieren aus den Gemeinsamkeiten bzw. Unterschieden in der Zielsetzung beider Systeme. Sowohl die Kostenrechnung als auch die Gewinn- und Verlustrechnung dienen u.a. der Ermittlung eines Periodenerfolgs. Dementsprechend wird in beiden Systemen bewertete Güterentstehung (Ertrag/Leistung) dem bewerteten Güterverzehr (Aufwand/Kosten) gegenübergestellt. Ein großer Teil der Erträge und Aufwendungen (= Zweckertrag und Zweckaufwand) wird deshalb zugleich als Leistung und Kosten (= Grundleistung und Grundkosten) in der Kostenrechnung erfaßt.

Neutrale Erträge/ Aufwendungen

Im Gegensatz zur Kostenrechnung ist die Gewinn- und Verlustrechnung eine globale, umfassendere Rechnung, in der der Erfolg des gesamten Unternehmens ermittelt wird. Die Konsequenz ist, daß in der GuV neben den sachzielbezogenen Erträgen und Aufwendungen auch alle betriebsfremden Erfolgskomponenten erfaßt werden, während sich die Kostenrechnung ausschließlich auf die sachzielbezogenen Wertentstehungen und Werteverzehre bezieht. Dieser Teil der neutralen Erträge und neutralen Aufwendungen hat dementsprechend kein Pendant im Bereich der Kostenrechnung.

Andersleistungen/ Anderskosten

Des weiteren werden in der GuV auch periodenfremde und außerordentliche Erträge und Aufwendungen erfaßt, die aus der unterschiedlichen Zielsetzung der Kostenrechnung heraus dort keinen Platz haben und deshalb in der Kostenrechnung als Andersleistungen oder Anderskosten mit zeitlich oder mengenmäßig normalisierten Ansätzen verrechnet werden. Die Finanzbuchhaltung ist gesetzlich normiert. Sie ist für die Bewertung von Ertrag und Aufwand an das Realisations- und Anschaffungswertprinzip gebunden. Die Kostenrechnung ist hingegen eine gesetzlich freie, betriebswirtschaftlichen Grundsätzen folgende Rechnung. Sie kann deshalb im Rahmen von Andersleistungen und Anderskosten vom Realisationsprinzip abweichende Bewertungsgrundlagen wählen.

Zusatzleistungen/ Zusatzkosten

Die gesetzliche Normierung der Finanzbuchhaltung kann auch zur Folge haben, daß für betriebswirtschaftlich als Leistungsentstehung bzw. Leistungsverzehr zu interpretierende Vorgänge der Ertrag bzw. Aufwand nicht verrechnet werden darf. So ist z.B. für ein selbsterstelltes, immaterielles Gut wegen des Aktivierungsverbots ein Ertrag nicht ansetzbar und für den Einsatz der knappen Ressource Eigenkapital sind in der GuV keine Aufwendungen verrechenbar. Die Kostenrechnung kann in solchen Fällen im Rahmen der kalkulatorischen Leistung bzw. Kosten entsprechende Verrechnungspositionen (= Zusatzleistung und Zusatzkosten) ansetzen.

F. Strategieorientiertes Rechnungswesen

Die Planung und Überwachung des Erfolgspotentials als wesentliche Zielgröße der strategischen Unternehmensführung dient der systematischen Vorsteuerung der operativen Zielgrößen Erfolg und Liquidität. Da die Umsetzung von strategischen Entscheidungen über konkrete Investitionsprojekte kurzfristig zu Lasten des Erfolgsziels geht und finanzielle Ressourcen verzehrt, sind die Erfolgs- und Liquiditätswirkungen bestimmter Geschäftsfeldstrategien zu untersuchen. Das stellt besondere, aus der strategischen Betrachtung resultierende Anforderungen an Finanzierungsrechnung, Bilanz und Erfolgsrechnung sowie Kostenrechnung, auf die – wenn auch nur kursorisch – zum Abschluß dieses Einführungskapitels hingewiesen werden soll.

I. Strategieorientierte Finanzierungsrechnung

Aufgaben

Strategieorientierte Finanzierungsrechnungen dienen der Untersuchung bestimmter Geschäftsfeldstrategien im Hinblick auf die mit diesen verbundenen Finanzmittelbedarfe oder -überschüsse und deren Abstimmung mit dem über den Planungshorizont verfügbaren Finanzierungspotential des Unternehmens. Diese Abstimmung soll gewährleisten, daß der Aufbau und die Erhaltung langfristig verteidigbarer Wettbewerbspositionen nicht durch im Zeitablauf eintretende Finanzmittelunterdeckungen gefährdet wird. Daraus ist die Forderung nach einem hinsichtlich Mittelbeanspruchung und -freisetzung ausgewogenen **Geschäftsfeldportfolio** ableitbar, dessen Überwachung die eigentliche Aufgabe des Portfolio-Managements darstellt. Die Ermittlung der aus der Durchführung bestimmter Wettbewerbsstrategien resultierenden finanziellen Auswirkungen erfolgt anhand geschäftsfeldbezogener strategischer Finanzierungsrechnungen, aus denen durch Aggregation und den zusätzlichen Einbezug sämtlicher nicht auf einzelne Geschäftsfelder zurechenbarer Zahlungsströme eine gesamtunternehmensbezogene Rechnung entsteht. Diese dient als ein Instrument zur zentralen Planung und Kontrolle des sich aus den defensiven oder offensiven Geschäftsstrategien ergebenden aggregierten Finanzmittelsaldos als Maßgröße für das Innenfinanzierungspotential des Unternehmens (vgl. Mansch/Wysocki (Hrsg.) [1996]).

Wird zusätzlich das strategische Außenfinanzierungspotential in die Rechnung einbezogen, so dient dies der Überwachung des langfristigen finanziellen Unternehmensgleichgewichts, in dem sich die unternehmerischen Zielvariablen Finanzierungsrisiko, Rentabilität und Wachstum in einem Ausgleich befinden. Das Finanzierungsrisiko resultiert insbesondere aus dem time-lag zwischen notwendigen Investitionsausgaben und unsicheren zukünftigen Rückflüssen aus diesen Investitionen. Gewöhnlich wird dieses Risiko durch bestimmte Bilanzstrukturkennzahlen gemessen, die als Normvorgaben die Überprüfung der Durchführbarkeit von strategischen und operativen Plänen ermöglichen, indem aus ihnen sowohl der erforderliche Mindest-Cash Flow als auch das erforderliche Mindestergebnis abgeleitet werden, die eine Einhaltung der Normen gewährleisten (vgl. Kap. 20).

II. Strategieorientierte Bilanz und Erfolgsrechnung

Strategien erfordern i.d.R. hohe Vorlaufausgaben (z.B. eigene Forschungs- und Entwicklungsaufwendungen, Markterschließungsaufwendungen, Aufwendungen zur Verbesserung des Humankapitals), die in den gesetzlich normierten Jahresabschlüssen nicht aktiviert werden dürfen. Es werden daher immer wieder Überlegungen angestellt, für derartige strategiebedingte Aufwendungen eine Aktivierung zuzulassen.

Ökonomischer Gewinn als untaugliche Größe für externe Rechnungen

Um den sich aus der traditionell periodenbezogenen Leistungsmessung anhand jährlicher Ergebnisgrößen ergebenden Nachteil, daß die Veränderung der strategischen Leistungsfähigkeit des Unternehmens nicht adäquat abgebildet wird, zu vermeiden, ist die Leistungsmessung grundsätzlich anhand des Barwerts der zukünftigen Zahlungsströme als Maßgröße für die gegenwärtige Leistungsfähigkeit und den zukünftigen Wert der erreichten Wettbewerbsposition des Unternehmens vorzunehmen. Diese Überlegungen liegen prinzipiell auch dem Konzept des ökonomischen Gewinns zugrunde, das ebenfalls auf vollkommener Zahlungsprognose und Diskontierung beruht (vgl. Coenenberg [1997], Kap. 14). Konzeptionelle Schwierigkeiten bei der Ermittlung der zukünftigen Zahlungen und die Beachtung des Objektivierungsgrundsatzes lassen dieses Konzept jedoch untauglich für externe Rechnungen erscheinen. Folglich muß im Rahmen externer Rechnungen im Anhang und im Lagebericht Raum für die Erläuterung strategischer Vorhaben gegeben werden.

Lösungsansätze interner Rechnungen

Für interne Jahresabschlüsse werden verschiedene Überlegungen angestellt, wie die Veränderung des strategischen Potentials des Unternehmens abgebildet werden kann. Zum einen wird vorgeschlagen, an der konventionellen Form des Jahresabschlusses festzuhalten, wobei dann zusätzlich die Aufwendungen in der GuV in operative und strategische sowie die Investitionen in der Bilanz in produktionsnotwendige und strategische zu unterteilen sind. Zum anderen werden Überlegungen angestellt, die konventionellen Beurteilungsmaßstäbe Ergebnis und Finanzmittelsaldo für jede Geschäftseinheit durch jährliche **Shareholder Value-Rechnungen** zu ergänzen (vgl. Kap. 20). Damit wird wiederum der Überlegung Rechnung getragen, daß sich der ökonomische Wert einer Investition aus dem mit den durchschnittlichen Kapitalkosten diskontierten zukünftigen Zahlungsstrom ergibt, wobei dieser Ansatz nunmehr auch auf Geschäftsstrategien als Bündel von produkt-markt-orientierten Investitionen und das gesamte Unternehmen als ein Portfolio solcher Strategien übertragen werden kann (vgl. Rappaport [1986]).

III. Strategieorientierte Kostenrechnung

Strategic Management Accounting

Die Tatsache, daß insbesondere strategische Entscheidungen wesentlichen Einfluß auf die zukünftige Wettbewerbsfähigkeit eines Unternehmens haben und Unternehmenspotentiale langfristig binden, führte zur Forderung einiger Autoren (vgl. Bromwich [1990]; Simmonds [1989]) nach einer Neuorientierung der traditionell »datenorientierten« Kostenrechnung, in der intern vorgegebene Daten unabhängig vom erzielbaren Nutzen standardisiert verarbeitet werden, hin zum »informationsorientierten« **Strategic Management Accounting**, das bestimmte, für die Lösung von strategischen Problemsituationen als relevant identifizierte, interne und externe Informationen entsprechend den sich aus der Struktur des Entscheidungsprozesses ergebenden Anforderungen erfaßt und verarbeitet. Insbesondere sind von einer solchen unternehmensstrategie-orientierten Kostenrechnung Informationen über relative Kosten und Preise, Absatzmengen, Marktanteile etc. der einzelnen Geschäftsfelder zu ermitteln und im Vergleich zu den charakteristischsten Wettbewerbern zu präsentieren. Der Einbezug wettbewerbsorientierter Informationen bei der Auswahl strategischer Handlungsalternativen ermöglicht dann eine systematische Untersuchung der eigenen Wertschöpfungsaktivitäten im Hinblick auf mögliche Wettbewerbsvorteile.

Life Cycle Costing

Eine weitere Konsequenz der Strategieorientierung der Kostenrechnung ist das sog. **Life Cycle Costing**. Infolge neuer Produktionstechnologien (insbesondere sog. flexibler Fertigungssysteme) bestehen in den traditionellen Rechnungssystemen zunehmend zeitliche Diskrepanzen zwischen Kostenverursachung und -erfassung, da bereits in der Gestaltungsphase eines Projekts dessen gesamte Kosten weitgehend (bis zu etwa 95 %) festgelegt werden und die Möglichkeiten der Beeinflussung der Kosten im eigentlichen Produktionsprozeß entsprechend zurückgehen. Trotzdem wird nur ein untergeordneter Teil der Kosten (ca. 10–15 %) in dieser Vorlaufphase kostenrechnerisch erfaßt. Dies bedeutet, daß für langfristige Projekte von den traditionellen Systemen der Kostenrechnung keine entscheidungsrelevanten Informationen geliefert werden und darauf beruhende Kontrollrechnungen nicht diejenigen Mitarbeiter zu einem kostenoptimalen Verhalten anregen, die diese maßgeblich bestimmen. Es bedarf daher bei langfristigen Projekten lebenszykluskostenorientierter Rechnungen (vgl. Kap. 17), die die Leiter der kostendeterminierenden Abteilungen zu einem zieladäquaten Verhalten (durch Senkung der gesamten Projektkosten infolge »produktgerechten Konstruierens«) motivieren und durch den Einbezug von erst beim Kunden anfallenden Kosten zu einer besseren Marktsegmentierung und damit effizienteren Produktpositionierung führen.

Prozeßkostenrechnung

Schließlich ist als Ergebnis der stärkeren Strategieorientierung der Kostenrechnung die Entwicklung der sog. Prozeßkostenrechnung zu nennen. Die Schaffung und Verteidigung von nachhaltigen Wettbewerbsvorteilen (mit den Grundtypen Kosten- oder Nutzenvorteile gegenüber den Konkurrenten) erfordern die genaue Kenntnis der »richtigen« betrieblichen Kosten als Schlüsselfaktoren für die erfolgreiche Durchführung der Geschäftsstrategien. Im Zeitablauf eingetretene Veränderungen sowohl in der Wertschöpfungs- (höhere Variantenvielfalt und Fertigungsflexibilität) als auch in der Kostenstruktur (stark gestiegener Anteil der Gemeinkosten an der betrieblichen Leistung) in den Unternehmen bewirkten, daß die nur auf volumenorientierten Bezugsgrößen aufbauenden konventionellen Kostenrechnungssysteme durch die Fehlverrechnung von Gemeinkosten zunehmend zu suboptimalen Ergebnissen in der Produktkalkulation gelangen. Ziel der Prozeßkostenrechnung ist es, durch die Ermittlung und Verrechnung der Kosten der zur Herstellung der betrieblichen Erzeugnisse notwendigen **Aktivitäten** eine strategieorientierte Gestaltung des Produktionsprogramms zu ermöglichen. Auf die Überlegungen zur Prozeßkostenrechnung wird weiter unten (vgl. Kap. 8) ausführlich eingegangen.

Abkürzungsverzeichnis

EStG	Einkommensteuergesetz
EStR	Einkommensteuerrichtlinien
GoB	Grundsätze ordnungsmäßiger Buchführung und Bilanzierung
GuV	Gewinn- und Verlustrechnung
HGB	Handelsgesetzbuch
LSP	Leitsätze für die Preisermittlung aufgrund von Selbstkosten
POG	Preisobergrenze
PUG	Preisuntergrenze
UmwSt-Bilanz	Umwandlungssteuer-Bilanz
VO PR	Verordnung über die Preisfindung bei öffentlichen Aufträgen

Kontrollfragen

1) Grenzen Sie die Finanzbuchhaltung von der Betriebsbuchhaltung im Hinblick auf Aufgaben und primäre Informationsempfänger ab!
2) Welche Real- und Nominalgüterströme bilden das Umfeld der eigentlichen betrieblichen Leistungserstellung?
3) Welche Zwecke erfüllt das betriebswirtschaftliche Rechnungswesen und wie lassen sich darauf aufbauend die verschiedenen Rechnungsarten kategorisieren?
4) Welche spezifischen Aufgaben kommen dem Informationssystem »Rechnungswesen« innerhalb des Gesamtsystems Unternehmen zu?
5) Welches sind die grundlegenden betriebswirtschaftlichen Ziele eines Unternehmens und in welcher Beziehung stehen diese zueinander?
6) Grenzen Sie die grundlegenden Rechengrößen Einzahlungen/Auszahlungen, Einnahmen/Ausgaben, Erträge/Aufwendungen und Leistungen/Kosten voneinander ab!
7) Nennen Sie die auf diesen Rechengrößen beruhenden Teilsysteme des betriebswirtschaftlichen Rechnungswesens!
8) Welche Funktionen sollen Finanz- und Finanzierungsrechnungen erfüllen?
9) Welche Funktionen sollen Bilanz und Gewinn- und Verlustrechnung erfüllen?
10) Nach welchen Kriterien können Bilanzen i.w.S. unterteilt werden?
11) Welche internen und externen Aufgaben soll die Kosten- und Leistungsrechnung erfüllen?
12) Welche Aufgaben werden strategieorientierten Finanzierungsrechnungen zugeordnet und welche Implikationen ergeben sich hieraus für die Unternehmensleitung?
13) Auf welche Weise können Veränderungen strategischer Potentiale in die externe Rechnungslegung einbezogen werden?
14) Charakterisieren Sie die wesentlichsten Ansätze, die einen stärkeren Einbezug strategischer Überlegungen in die Kostenrechnung ermöglichen sollen!

Literaturhinweise

Bleicher, K. (1987): Grenzen des Rechnungswesens für die Lenkung der Unternehmensentwicklung, in: Die Unternehmung 1987, S. 380–397.

Busse von Colbe, W. (1994): Rechnungswesen, in: Busse von Colbe, W. (Hrsg.) (1994): Lexikon des Rechnungswesens, 3. Aufl., München 1994, S. 522–525.

Bromwich, M. (1990): The Case for Strategic Management Accounting: The Role of Accounting Information for Strategy in Competitive Markets, in: Accounting, Organizations and Society 1990, S. 27–46.

Mansch, H./Wysocki, K. v. (Hrsg.) (1996): Finanzierungsrechnung im Konzern, Düsseldorf/Frankfurt 1996.

Chmielewicz, K./Caspari, B. (1985): Zur Problematik von Finanzierungsrechnungen, in: Die Betriebswirtschaft 1985, S. 156–169.

Coenenberg, A. G. (1976): Ziele, Systeme und Hauptproblembereiche kosten- und leistungsorientierter Planungs- und Kontrollrechnungen, in: Coenenberg, A. G. (Hrsg.) (1976): Unternehmensrechnung – Betriebliche Planungs- und Kontrollrechnungen auf der Basis von Kosten und Leistungen, München 1976, S. 1–7.

Coenenberg, A. G. (1997): Jahresabschluß und Jahresabschlußanalyse, 16. Aufl., Landsberg am Lech 1997.

Eilenberger, G. (1995): Betriebliches Rechnungswesen, 7. Aufl., München 1995.

Eisele, W. (1993): Technik des betrieblichen Rechnungswesens, 5. Aufl., München 1993.

Federmann, R. (1994): Bilanzierung nach Handels- und Steuerrecht, 10. Aufl., Berlin 1994.

Gälweiler, A. (1976): Unternehmenssicherung und strategische Planung, in: Zeitschrift für betriebswirtschaftliche Forschung 1976, S. 362–379.

Kloock, J./Sieben, G./Schildbach, T. (1993): Kosten- und Leistungsrechnung, 7. Aufl., Düsseldorf 1993.

Küpper, H.-U. (1989): Rechnungswesen und Allgemeine Betriebswirtschaftslehre, in: Kirsch, W./Picot, A. (Hrsg.) (1989): Die Betriebswirtschaftslehre im Spannungsfeld zwischen Generalisierung und Spezialisierung, Wiesbaden 1989, S. 215–233.

Männel, W. (1981): Rechnungswesen, in: Albers, W./Born, K. E./Dürr, E./Hesse, H./Kraft, A./Lampert, H./Rose, K./Rupp, H.-H./Scherf, H./Schmidt, K./Wittmann, W. (Hrsg.) (1981): Handwörterbuch der Wirtschaftswissenschaft, Band 6, Stuttgart u.a. 1981, S. 456–478.

Rappaport, A. (1986): Creating Shareholder Value, New York 1986.

Reichmann, T. (1997): Controlling mit Kennzahlen und Managementberichten, 5. Aufl., München 1997.

Riebel, P. (1994): Einzelkosten- und Deckungsbeitragsrechnung, 7. Aufl., Wiesbaden 1994.

Simmonds, K. (1989): Strategisches Management Accounting, in: Controlling 1989, S. 264–269.

Vormbaum, H. (1995): Finanzierung der Betriebe, 9. Aufl., Wiesbaden 1995.

2. Kapitel: Kostenartenrechnung

Aufgaben der Kostenrechnung

Der Güterverzehr für die betriebliche Leistungserstellung wird im Rahmen der Kostenrechnung erfaßt und einzelnen Perioden, Teileinheiten und Produkten zugerechnet. Im Gegensatz zur Finanzbuchhaltung beschränkt sich die Kostenrechnung sowohl als Grundrechnung als auch in entscheidungsbezogenen Sonderrechnungen auf eine Analyse und Steuerung der Vorgänge im Betrieb und ignoriert betriebsfremde Aktivitäten des Unternehmens und damit zusammenhängende Aufwendungen und Erträge bspw. aus Finanzanlagen. Kosten sind daher ausschließlich bewertete Faktoreinsätze für den **betrieblichen** Leistungserstellungsprozeß (vgl. Kap. 1).

Gliederung der Kostenrechnungssysteme

Kostenrechnungssysteme gliedern sich in die drei Teile Kostenarten-, Kostenträger- und Kostenstellenrechnung. Jede Teilrechnung vermittelt Kosteninformationen unter einem speziellen Aspekt und ermöglicht bei entsprechender Ausgestaltung damit zugleich auch spezifische Kontrollmöglichkeiten.

Diese drei Teilbereiche der Kostenrechnung repräsentieren unabhängig vom jeweils gewählten Kostenrechnungssystem die wesentlichen Ansatzpunkte und Auswertungsstufen des innerbetrieblichen Rechnungswesens.

Elementare Zurechnungsprinzipien:

Entsprechend der jeweiligen Teilaufgabe stellt sich auch in jeder dieser drei Auswertungsstufen die Frage nach der richtigen Zurechnung von Kosten unter einem anderen Gesichtspunkt. Die elementaren **Zurechnungsprinzipien** für alle Stufen der Kostenrechnung sind jedoch das Verursachungsprinzip und das Durchschnittsprinzip.

– Verursachungsprinzip

1) Verursachungsprinzip

Da Kosten bewerteten Güter- und Leistungsverzehr zur Erstellung der betrieblichen Leistung darstellen, sollten sie, soweit möglich, der Kostenstelle, dem Kostenträger und der Periode zugerechnet werden, die ursächlich für die Kostenentstehung sind.

Die zentrale Bedeutung dieses Grundsatzes für die Kostenrechnung ist offensichtlich, dennoch gewährt das Verursachungsprinzip oder Kausalprinzip nur als »Verursachungsprinzip im engeren Sinne« (Ursache-Wirkungs-Zusammenhang) operationale Zurechnungsvorgaben, da in finaler Betrachtung (Mittel-Zweck-Zusammenhang) alle Kosten sachzielbezogen anfallen und die Interdependenzen des betrieblichen Leistungserstellungsprozesses nicht beliebig entflochten werden können (Verursachungsprinzip i.w.S. oder »Veranlassungsprinzip«, vgl. Hummel/Männel [1986]).

– Durchschnittsprinzip

2) Durchschnittsprinzip

Kosten, die nicht bzw. nur schwerlich unmittelbar einzelnen Kostenstellen (z.B. Vorstandsgehalt), Kostenträgern (z.B. Meistergehalt) oder Perioden (z.B. Abschreibungen) verursachungsgerecht zugerechnet werden können, weil sie für eine Gesamtheit von Stellen, Leistungen oder Perioden und nur indirekt abhängig von der betrieblichen Leistungserstellung anfallen, müssen hilfsweise nach dem Durchschnittsprinzip auf die jeweilige Grundgesamtheit umgelegt werden. Kennzeichnend für dieses Verfahren ist die Proportionalisierung solcher Kosten anhand bestimmter Bezugsgrößen.

Weitere Zurechnungsprinzipien

Die vorstehenden Definitionen sind relativ weit gewählt. Darin kommt zum Ausdruck, daß die Trennung der Kosten nach solchen, die verursachungsgerecht, und solchen, die nur hilfsweise nach dem Durchschnittsprinzip zurechenbar sind, weder exakt noch ohne Ansehen der spezifischen Fragestellung vorgenommen werden kann. Weitere, in der Literatur verbreitete Zurechnungsprinzipien können auf diese beiden Grundsätze zurückgeführt werden. So basiert das Prinzip der Kosteneinwirkung und das Identitätsprinzip auf dem Verursachungsgedanken, das Tragfähigkeitsprinzip und allgemein die Zurechnung von Kosten anhand von Wertschlüsseln können als besondere Ausprägung der Durchschnittskostenbetrachtung verstanden werden.

Die gängigen Kostenrechnungssysteme unterscheiden sich insbesondere durch die jeweilige Gewichtung von Verursachungsprinzip und Durchschnittsprinzip. Die Möglichkeiten einer verursachungsgerechten Zurechnung von Kosten werden in der Praxis nicht nur durch die dargestellten Zurechnungsprobleme beschnitten, sondern auch durch den **Grundsatz der Wirtschaftlichkeit**, wonach Kosten und Nutzen der Information in einem angemessenen Verhältnis stehen sollten.

Unter diesem Aspekt sind in vielen Teilschritten der Kostenerfassung und -verrechnung gewisse Abstriche bzgl. Genauigkeit und Aktualität der Kostenrechnung unerläßlich.

Aufgaben der Kostenartenrechnung

Die Kostenartenrechnung bildet den Ausgangspunkt der Kostenrechnung. Ihr fällt im Rahmen des Kostenrechnungssystems die Aufgabe der systematischen Erfassung, Bewertung und Klassifikation der entstandenen Kosten zu (vgl. Abb. 2.1).

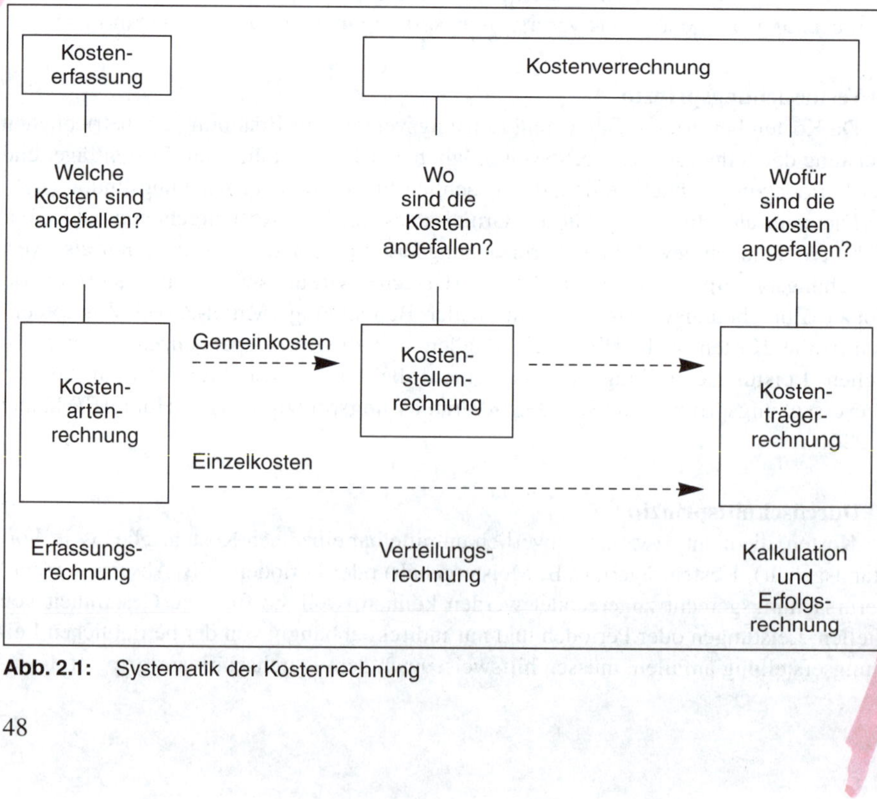

Abb. 2.1: Systematik der Kostenrechnung

Da die Differenziertheit der Erfassung einerseits die Möglichkeiten der Weiterverarbeitung von Kosteninformationen weitgehend determiniert, andererseits aber auch mit erheblichem Aufwand verbunden ist, kann die Kostenartenrechnung als »Flaschenhals« der Kostenrechnung bezeichnet werden (vgl. Weber [1997], S. 141).

Aus Gründen der Wirtschaftlichkeit gilt prinzipiell, d.h. so weit möglich und sinnvoll, der Grundsatz der Einmalerfassung von Faktorverbräuchen in Kostenrechnung und Finanzbuchhaltung. Dennoch treten Abweichungen zwischen beiden Rechenwerken sowohl in der Berücksichtigung bestimmter Verbräuche als auch bzgl. ihrer Bewertung auf.

Für die Kostenrechnung sind ausschließlich Kosten (Grundkosten bzw. Zweckaufwand, Anderskosten und Zusatzkosten, vgl. Kap. 1) relevant. Kosten entstehen nur in Höhe des Verzehrs von Gütern und Diensten für die betriebliche Leistungserstellung. Neutrale Aufwendungen werden nicht berücksichtigt, sondern bei der Erfassung der Kostenarten herausgefiltert.

A. Differenzierung von Kostenarten

Eine geeignete Klassifikation gibt Einsicht in Natur und Struktur der Kosten und vermittelt somit über die Angabe der betragsmäßigen Höhe der Kosten hinaus wichtige zusätzliche Informationen.

Die Definition von Kostenarten kann sich nach verschiedenen Kriterien richten.

Kostenart

Eine **Kostenart** ist i.w.S. eine Kategorie von Kosten, die hinsichtlich des zugrunde gelegten Kriteriums die gleiche Merkmalsausprägung besitzt. Die Differenzierung kann sich nach unterschiedlichen Kriterien richten, von denen in der Folge die wesentlichsten dargestellt werden sollen.

I. Differenzierung nach der Art der verbrauchten Güter und Leistungen

Kostenarten-hauptgruppen

Diese Differenzierung bildet üblicherweise das Grundgerüst und den Ausgangspunkt der Kostenerfassung. Unterschieden wird im wesentlichen nach folgenden Kostenartenhauptgruppen:

- Personalkosten und Sozialkosten (»Arbeitskosten«):
  Fertigungslöhne, Hilfslöhne, Gehälter, Provisionen, gesetzl. und freiwill. soziale Abgaben, Erfolgsbeteiligungen, kalkulatorischer Unternehmerlohn,
- Sachkosten (»Stoffkosten«, »Materialkosten«):
  - Anlagen und Betriebsmittel,
    Betriebs- und Geschäftsausstattung, Werkzeuge,
  - Roh-, Hilfs- und Betriebsstoffe,
    Rohstoffe: Einsatzmaterial, bezogene Vorprodukte,
    Hilfsstoffe: unwesentliche Bestandteile des Endprodukts,
    Betriebsstoffe: Verbrauchsstoffe der Fertigung, die nicht in das Produkt eingehen,
  - Energiekosten,
  - Verpackungsmaterial,

- Kapitalkosten:
  kalkulatorische Zinsen, kalkulatorische Abschreibungen,
- Kosten für bezogene Dienstleistungen:
  Instandsetzung, Prüfung und Beratung, Post, Frachten usw.,
- Kosten für Fremdrechte:
  Lizenzen, Patente, Konzessionen, Leasing usw.,
- Öffentliche Abgaben und Steuern (»Gemeinschafts- und Umweltkosten«):
  - Kostensteuern: Besitz-, Verbrauch-, Verkehrsteuern (VSt, KfzSt, USt usw.),
  - Abgaben,
  - Gebühren und Beiträge,
- Versicherungskosten und kalkulatorische Wagniskosten.

II. Differenzierung nach der Zurechenbarkeit zu einer Bezugsgröße

Einzelkosten vs. Gemeinkosten

Nach der verursachungsgerechten Zurechenbarkeit auf einzelne Verrechnungseinheiten (Kostenträger, Produktlinien, Projekte, Kostenstellen, Perioden) differenziert die Kostenrechnung zwischen Einzelkosten und Gemeinkosten. In diesem weiten Sinne ist die Zurechenbarkeit einzelner Kostenfaktoren von der Wahl der Verrechnungseinheit abhängig und somit relativ.

– *Einzelkosten*

Werden die einzelnen betrieblichen Leistungen als Verrechnungseinheit gewählt, so sind **Einzelkosten** (EK) all jene Kosten, die sich direkt bzw. verursachungsgerecht diesen Leistungen zuordnen lassen (z.B. Einzelmaterial, fremdbezogene Produktkomponenten, Akkordlöhne).

– *Gemeinkosten*

Als **Gemeinkosten** (GK) werden demgegenüber solche Kosten bezeichnet, die sich nur bedingt einzelnen betrieblichen Leistungen zurechnen lassen (z.B. Vorstandsgehalt). In finaler Betrachtung können zwar alle Kosten auf die betriebliche Leistungserstellung zurückgeführt werden, das Verursachungsprinzip im engeren Sinne kann für die Verrechnung dieser Kosten jedoch nicht in Anspruch genommen werden. Gemeinkosten müssen daher im Sinne des Durchschnittsprinzips indirekt anhand von Bezugsgrößen verrechnet werden.

– *unechte Gemeinkosten*

Unechte Gemeinkosten sind Kosten, die einzelnen betrieblichen Leistungen eigentlich direkt, d.h. als Einzelkosten, zurechenbar wären, bei denen jedoch aus Wirtschaftlichkeits- und Vereinfachungsgründen auf eine gesonderte Erfassung und Zurechnung zugunsten einer Verrechnung als Bestandteil der Gemeinkosten verzichtet wird. Üblich ist diese Verfahrensweise bei der Verrechnung von Hilfs- und Betriebsstoffen (z.B. Schrauben, Nägel, Nieten, Lacke, Leim, Lötzinn und -fett, Säuren, Farben, Schmiermittel usw.).

Die Differenzierung in EK und GK hängt in jedem Fall vom jeweiligen Kontext, d.h. der gewählten Verrechnungsbasis, ab, was durch folgende Darstellung verdeutlicht werden soll:

<table>
<tr><td colspan="2">Perioden-EK</td><td colspan="2">Perioden-GK</td></tr>
<tr><td>Kostenträger-EK</td><td colspan="3">echte und unechte
Kostenträger-GK</td></tr>
<tr><td></td><td colspan="2">Kostenstellen-EK</td><td>echte und unechte
Kostenstellen-GK</td></tr>
</table>

Abb. 2.2: Differenzierung von Kosten nach der Zurechenbarkeit

Sonderkosten

Sonderkosten sind Kosten, die unmittelbar einzelnen Aufträgen zugerechnet werden können. Je nach Zurechenbarkeit der Sonderkosten auf eine einzelne Auftragsleistung oder auf mehrere Leistungseinheiten können diese Sonderkosten als Sondereinzelkosten oder als Sondergemeinkosten behandelt werden.

Typische **Sonderkosten der Fertigung** sind Kosten für:

Sonderbetriebsmittel:	Spezialwerkzeuge, spezielle Meß- und Prüfgeräte, Modelle, Schablonen usw.
Sonderanlagevermögen:	Spezialmaschinen, Lizenzen, Patente usw.
Sonstige Sonderkosten:	Entwicklungs- und Versuchskosten, zerstörende Güteprüfung, spezielle Sicherheitskosten bei Fertigung militärischer Güter usw.

Sonderkosten des Vertriebs können insbesondere für Verpackung, Frachten, Transportversicherungen, Provisionen, Ausfuhrzölle, auftragsbezogene Finanzierungskosten usw. anfallen.

III. Differenzierung nach dem Verhalten bei der Variation eines Kosteneinflußfaktors

Wesentliche kostenbestimmende Faktoren sind

- Beschäftigung (Ausbringung, Leistungsintensität),
- Losgrößen, Seriengrößen, Auftragsgrößen,
- Preise der Produktionsfaktoren,
- Qualität der Produktionsfaktoren,
- Unternehmensgröße, Produktionskapazitäten,
- Produktionsprogramm.

Die Einschätzung der Wirkung dieser Einflußgrößen auf die betrieblichen Kosten setzt zumindest die ungefähre Kenntnis der Kostenfunktionen des Betriebs voraus, wobei theoretisch alle Faktoren gleichzeitig zu beachten wären.

Differenzierung nach Verhalten bei Variation der Beschäftigung

Im Rahmen der traditionellen Kostenrechnung werden Kosten vereinfachend nach der Abhängigkeit von Kapazität und Unternehmensgröße sowie nach ihrem Verhalten bei einer Variation der Beschäftigung wie folgt differenziert:

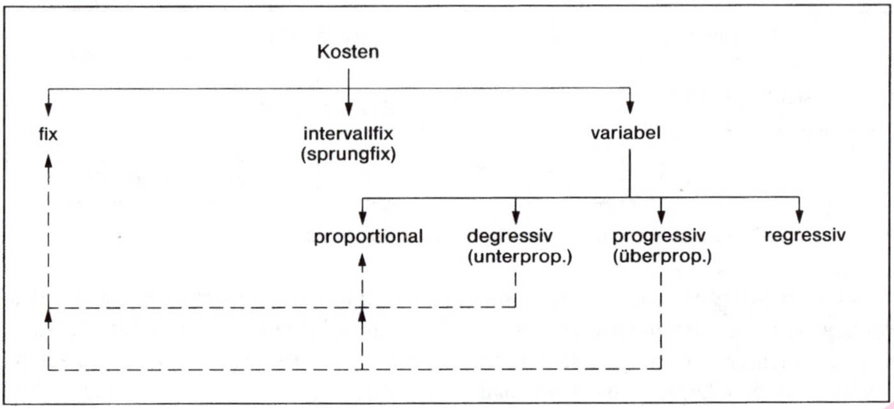

Abb. 2.3: Fixe und variable Kosten

Überproportionale und unterproportionale Kostenverläufe lassen sich weitgehend auf die Grundformen proportionaler und fixer Kosten reduzieren bzw. als Mischform dieser Varianten interpretieren (»semivariable Kosten«, vgl. Schweitzer/Küpper [1998]). Für die Praxis ist daher die Kostenauflösung in proportionale und fixe Bestandteile ausreichend.

Kostenverläufe

In einer graphischen Darstellung ergeben sich in Abhängigkeit von der Beschäftigung (B) damit folgende grundsätzliche Kostenverläufe:

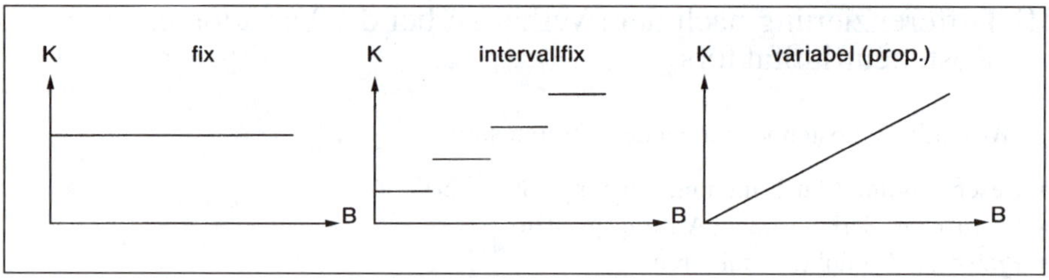

Abb. 2.4: Kostenverläufe in Abhängigkeit vom Beschäftigungsgrad

1. Begriffliche Abgrenzung

Fixe Kosten

Fixe Kosten sind solche, die unabhängig von der Beschäftigung bzw. Ausbringung in konstanter Höhe anfallen und lediglich kapazitätsabhängig oder zeitproportional sind und für die Aufrechterhaltung von Betriebs- und Leistungsbereitschaft entstehen (»Kosten der Betriebsbereitschaft, Kapazitätskosten, Periodenkosten«), wie z.B. Zeitabschreibungen, kalkulatorische Zinsen, Gehälter.

Intervallfixe Kosten

Intervallfixe Kosten bleiben innerhalb bestimmter Beschäftigungsintervalle unverändert, steigen (fallen) jedoch an der Grenze dieser Intervalle sprunghaft auf das nächsthöhere (-niedrigere) Fixkostenniveau. Sprungfixe Kosten sind darauf zurückzuführen, daß Anlagen, Betriebsmittel, aber auch die menschliche Arbeitskraft nicht beliebig teilbar sind, sondern nur in ganzen Einheiten verändert werden können.

Variable Kosten

Variable Kosten sind grundsätzlich abhängig von der Beschäftigung, wobei Grad und Art der Abhängigkeit variieren können. Intensitätsänderungen, wie bspw. Veränderungen der Arbeitsgeschwindigkeiten von Maschinen (Drehzahl, Schnittgeschwindigkeit usw.) bzw. die Beschleunigung oder Verlangsamung von Prozeßabläufen, können dazu führen, daß die Ausbringungsmenge alleine als Maß der Beschäftigung unzureichend wird. Die Kostenabhängigkeiten in der industriellen Fertigung werden in weiten Bereichen jedoch durch proportionale, d.h. linear von der Beschäftigung abhängige Kostenverläufe ausreichend gekennzeichnet (vgl. Kilger [1987]; Weber [1997]).

»Vorleistungskosten«

Einige Kostenarten lassen sich schlüssig weder als beschäftigungsfix noch als beschäftigungsvariabel einordnen (vgl. Kilger [1987]; Wahle [1989]). Insbesondere Kosten für Forschung und Entwicklung, Kosten für Werbung sowie Kosten für die Weiterbildung der Mitarbeiter sind nach Zeitpunkt und Höhe des Anfalls von der Politik der Unternehmensleitung abhängig. Aufgrund ihres Charakters als unerläßliche Kosten zur Erhaltung und Schaffung von Zukunftspotentialen bezeichnet KILGER sie als »**Vorleistungskosten**« (Kilger [1987]).

Einzelkosten/ Gemeinkosten vs. fixe/variable Kosten

Typischerweise sind Kostenträger-Einzelkosten auch beschäftigungsvariabel. Gleichzeitig sind jedoch auch bestimmte Gemeinkosten durchaus von der Produktion abhängig und somit den variablen Kosten zuzurechnen (z.B. Kraftstoff- und Energiekosten für Maschinen und Anlagen).

Die Begriffspaare fixe vs. variable und Einzel- vs. Gemeinkosten beziehen sich somit auf grundsätzlich unterschiedliche Kriterien.

Die Zusammenhänge zwischen beiden lassen sich wie folgt darstellen:

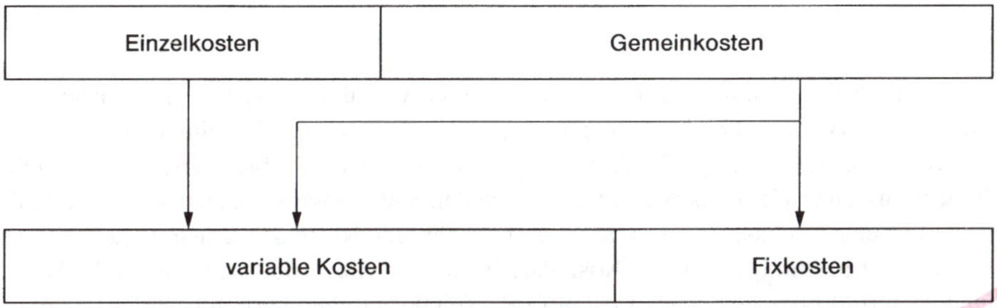

Abb. 2.5: Zusammenhang zwischen fixen/variablen Kosten und Einzelkosten/Gemeinkosten

Einzelkosten sind i.a. immer auch variable Kosten. Fixkosten sind grundsätzlich Gemeinkosten. Beide Aussagen sind jedoch nicht umkehrbar, da Gemeinkosten auch variabler Natur sein können.

Auch die Differenzierung in variable und fixe Kosten ist als **relativ** zu bezeichnen:

Einflußfaktoren

1. Sie hängt entscheidend von der Fristigkeit der Betrachtung ab: Bei langfristiger Betrachtung sind alle Kosten als variabel zu betrachten, da durch geeignete unterneh-

merische Dispositionen auch die Kapazitäten an die Beschäftigung angepaßt werden können.
Umgekehrt sind in sehr kurzfristiger Betrachtung auch Teile der Einzelkosten fix, da die kostenrelevanten Entscheidungen für sehr kurze Perioden die Kosten weitgehend unabhängig von der Beschäftigung determinieren (Intervallabhängigkeit, Abbaufähigkeit der Kosten, vgl. Seicht [1997]; Weber [1997]).
In der Praxis wird die Kostenauflösung in variable und fixe Bestandteile daher jeweils nur für eine bestimmte Periode, i.d.R. ein Jahr, vorgenommen.
2. Sie hängt zudem von der betrachteten kostenverursachenden Einheit ab (Verrechnungsumfang): So können fertigungslosfixe, auftragsfixe, spartenfixe Kosten usw. unterschieden werden (siehe auch Kap. 9).
3. Unter Controllingaspekten ist die Differenzierung in variable und fixe Kosten auch von der Entscheidungskompetenz der betrachteten Einheit abhängig.
4. Ein und dieselbe Kostenart kann für die eine Kostenstelle variabel sein und für die andere fix. Die Kostenauflösung muß also innerhalb der Kostenstellenrechnung für jede Kostenstelle gesondert vorgenommen werden.
5. Auch sog. variable Kosten sind nicht immer in beiden Richtungen einer Beschäftigungsänderung gleich variabel. So ist bspw. im Bereich der üblicherweise als variabel angesehenen Fertigungslöhne der Kostenabbau aufgrund vertraglicher Bindungen schwieriger als der Aufbau (Phänomen der Kostenremanenz) bzw. kann nur mit einiger Verzögerung realisiert werden (vgl. Ahlert/Franz [1992]; Weber [1997]). Neben rechtlichen gibt es jedoch auch unternehmens- und personalpolitische Aspekte, die eine beschäftigungsvariable Kostenanpassung nach unten nicht opportun erscheinen lassen.

2. Kostenauflösung

Kostenauflösung

Die im Rahmen einer Teilkostenrechnung notwendige Differenzierung nach beschäftigungsfixen und beschäftigungsvariablen Kosten erfordert bei einigen Gemeinkostenarten eine Aufspaltung oder Auflösung nach fixen und variablen Bestandteilen. Die Zurechnung einer Gemeinkostenart zu den beiden Kategorien kann sich auch innerhalb eines Betriebs durchaus ändern und ist deshalb für jede Kostenstelle neu vorzunehmen.

Schwierigkeiten

Während bestimmte primäre Kostenarten relativ einfach den variablen (z.B. Fertigungsmaterial) oder den fixen Kosten (z.B. Zeitabschreibungen) zugerechnet werden können, existieren auch gemischte Kostenarten, die einen fixen Sockelbetrag aufweisen und gleichzeitig mit der Beschäftigung variieren (z.B. Reparaturkosten, Transportkosten, Energiekosten, kalk. Abschreibungen). Teilweise werden auch diese Kostenarten zum Zwecke der Vereinfachung definitorisch gänzlich den fixen oder in voller Höhe den variablen Kosten zugeschlagen, wobei Zuordnungsunschärfen bewußt in Kauf genommen werden.

Diese Probleme ähneln den Schwierigkeiten, degressive bzw. progressive Kosten zuzuordnen. Auch in diesem Fall muß eine vereinfachte Verteilung in Kauf genommen werden, bspw. werden stark degressive Kosten als fix betrachtet, mäßig degressive sowie progressive Kosten als variabel.

Neben den genannten Einschränkungen gilt weiter, daß aufgrund von Kostenremanenzen eigentlich eine zweifache Kostenauflösung vorzunehmen wäre, nämlich einmal für den Fall steigender Beschäftigung und zum anderen für eine sinkende Beschäftigungsentwicklung. Auch hierauf wird in der Praxis häufig verzichtet.

Angesichts der Komplexität der Kosteneinflüsse stellt eine verfeinerte **Kostenspaltung bzw. -auflösung** eines der zentralen Probleme einer Teilkostenrechnung dar.

Methoden der Kostenauflösung:

Zum Zwecke der Ermittlung der Kostenfunktion für einzelne Kostenarten existieren im wesentlichen folgende Methoden (vgl. Kilger [1993]; Schweitzer/Küpper [1998]; Wahle [1989]; Wilkens [1996]):

– buchtechnische Methode

a) Buchtechnische Methode

Die einfachste Form der Kostenauflösung ist in der buchtechnischen Trennung nach fixen und variablen Kosten zu sehen. Die Differenzierung richtet sich nach Erfahrungswerten bzw. bekannten Verbrauchs- und Kostenfunktionen.

– mathematische Methode

b) Mathematische Methode

Mathematisch kann die Kostenauflösung mit Hilfe des »Zweipunktverfahrens« (»Hoch-Tiefpunkt-Verfahren«) vorgenommen werden, wobei ein linearer (proportionaler) Kostenverlauf unterstellt wird. Die Kostenspaltung wird nach dieser Methode anhand der Informationen über die entstandenen Gesamtkosten bei zwei unterschiedlichen Beschäftigungsgraden rechnerisch wie folgt abgewickelt:

$$K_i = K_f + k_v \times x_i$$

mit:

x_i = Beschäftigungsgrad i
k_v = variable (proportionale) Kosten
K_f = fixe Kosten
K_i = Kosten beim Beschäftigungsgrad i

Zwei Kosten-/Beschäftigungspunkte ermöglichen die Bestimmung der proportionalen Kosten, indem die Kostenspanne durch die Beschäftigungsspanne dividiert wird:

$$k_v = \frac{K_1 - K_0}{x_1 - x_0}$$

als fixe Kosten ergeben sich dann:

$$K_f = K_0 - k_v \times x_0$$

– statistische Methode

c) Statistische Methode

Die statistische Methode ist der mathematischen Zweipunktmethode, die relativ grobe und zufällige Ergebnisse erbringt, vorzuziehen. Anstatt lediglich zweier bekannter Kostenpunkte werden zur näherungsweisen Bestimmung der Kostenfunktion eine Vielzahl von Kosten-/Beschäftigungskombinationen vergangener Perioden in ein Streupunktdiagramm eingetragen. Mit Hilfe dieses Diagramms kann sodann näherungsweise eine Regressionsgerade bestimmt werden. Eine exakte Lösung ergibt sich bei Anwendung z.B. der Kleinste-Quadrate-Methode. Auch dieses Verfahren unterstellt einen zur Beschäftigung (B) proportionalen Kostenverlauf:

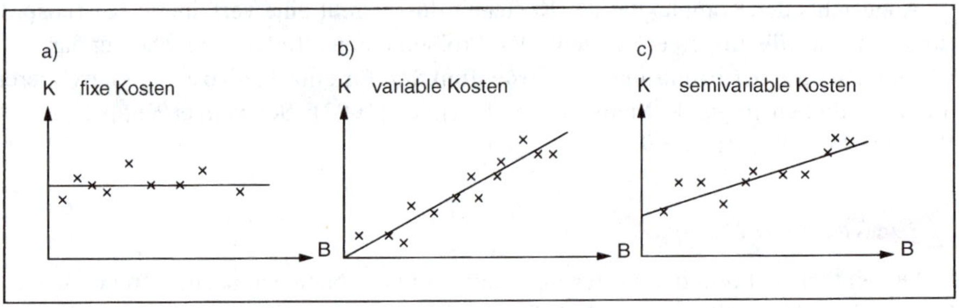

Abb. 2.6: Statistische Kostenauflösung

Verläuft die zu legende Gerade parallel zur Abszisse (vgl. Abb. 2.6 a), so handelt es sich bei der betrachteten Kostenart um eine rein fixe.

Verläuft die Gerade hingegen durch den Ursprung (vgl. Abb. 2.6 b), so ist die Kostenart rein variabler Natur.

Schneidet die durch das Diagramm zu legende Gerade die Ordinate nicht im Nullpunkt und verläuft auch nicht parallel zur Abszisse (Abb. 2.6 c), so ist eine semivariable Kostenart gegeben.

Sowohl das mathematische wie auch das statistische Verfahren führen letztlich zur Fortschreibung von Kostenstrukturen der Vergangenheit, weshalb die Ergebnisse im Rahmen einer Plankostenrechnung auf ihre Extrapolierfähigkeit geprüft werden müssen. Fehler (Fehlkontierungen) sowie preis- und verbrauchsbedingte Kostenabweichungen (Faktorpreise, Unwirtschaftlichkeiten) gehen in die Bestimmung der Kostenfunktion ein, ohne beschäftigungsabhängig zu sein.

Die Anwendung des statistischen Verfahrens setzt zudem voraus, daß der Beschäftigungsgrad in ausreichendem Maße variiert, da andernfalls durch die starke Ballung von Diagrammpunkten die Rechenbarkeit des Verfahrens in Frage gestellt wird.

– *planmäßige Kostenauflösung*

d) Planmäßige Kostenauflösung

Für Zwecke der Plankostenrechnung kann die Kostenauflösung in analytischer Form auch planmäßig erfolgen. Für jede Kostenstelle und Kostenart wird hierbei gesondert entschieden, welche Teile den fixen und welche den variablen Kosten zuzurechnen sind. Im Rahmen der Plankostenrechnung wird dabei nicht so sehr darauf abgestellt, wie sich die Kosten in Fortschreibung der empirischen Kostenverläufe verhalten werden, als vielmehr, wie sie sich angesichts bestimmter unternehmerischer Dispositionen verhalten sollten (vgl. Kilger [1987], S. 202). Demzufolge wird die planmäßige Kostenauflösung durch zukunftsgerichtete Entscheidungen und in Zusammenhang damit durch den zeitlichen Planungshorizont beeinflußt. Sinnvollerweise sollte sich dieser Zeitrahmen mit dem der kurzfristigen Produktions- und Absatzplanung decken.

KILGER weist darauf hin, daß die Tendenz, Kosten als fix und damit »vorgegeben« einzustufen, naturgemäß zunimmt, je kürzer der Planungszeitraum gewählt wird. Zu diesen Kosten gehören insbesondere die Personalkosten sowie weitere Kosten, die durch vertraglich vereinbarte Laufzeiten für gewisse Intervalle unveränderbar sind. Bei längeren Planungsintervallen würde hingegen eher die Notwendigkeit gesehen, auch im Bereich der Fixkosten Anpassungen an die aktuelle Entwicklung vorzunehmen.

Planungszeitraum

Die planmäßige Kostenauflösung löst sich durch den Entscheidungsbezug vielfach von der Reduktion auf die Kosteneinflußgröße »Beschäftigung« und berücksichtigt zusätzliche Variablen (z.B. Losgrößen, Erfahrungseffekte usw.).

Berücksichtigung zusätzlicher Variablen

Die unter Abschnitt A.I.–A.III. dieses Kapitels angesprochenen Differenzierungsmöglichkeiten von Kosten sind für Zwecke der Kostenartenrechnung – auch in dieser Reihenfolge – die entscheidenden.

Für eine Kostenrechnung auf Vollkostenbasis sind dabei die Differenzierungskriterien A.I. (funktionale Differenzierung) und A.II. (Differenzierung nach Einzel- und Gemeinkosten) ausreichend. Sämtliche Kosten werden in diesem System auf die Kostenträger verrechnet, die Einzelkosten unmittelbar und verursachungsgerecht, die Gemeinkosten undifferenziert und damit gemäß dem Durchschnittsprinzip mittels geeigneter Schlüssel.

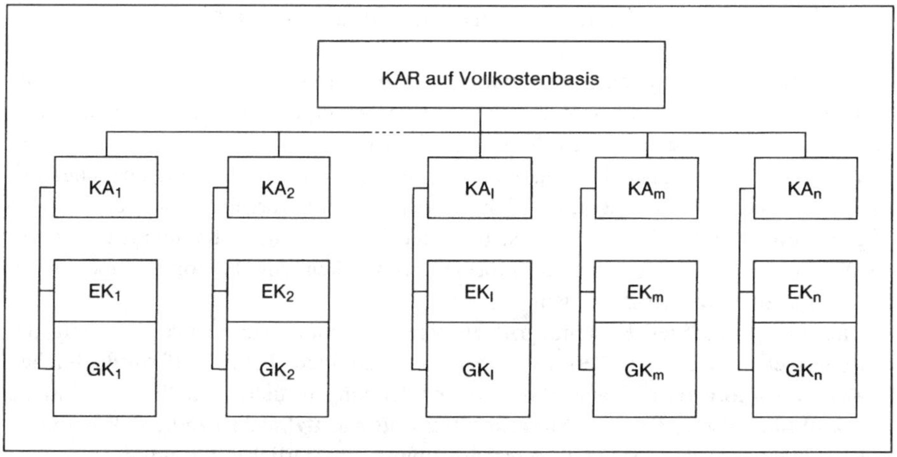

Abb. 2.7: Kostendifferenzierung in einer Vollkostenrechnung

Wird eine Grenzkostenrechnung durchgeführt, so findet eine weitergehende Differenzierung nach Kriterium A.III. (variable vs. fixe Kosten) statt. Neben den Einzelkosten werden nur die beschäftigungsvariablen Gemeinkosten auf die Kostenträger verrechnet. Eine Verteilung auch der fixen Kosten wird – da im Widerspruch zum Verursachungsprinzip – hingegen abgelehnt. Statt dessen werden die fixen Kosten gesondert erfaßt und analysiert.

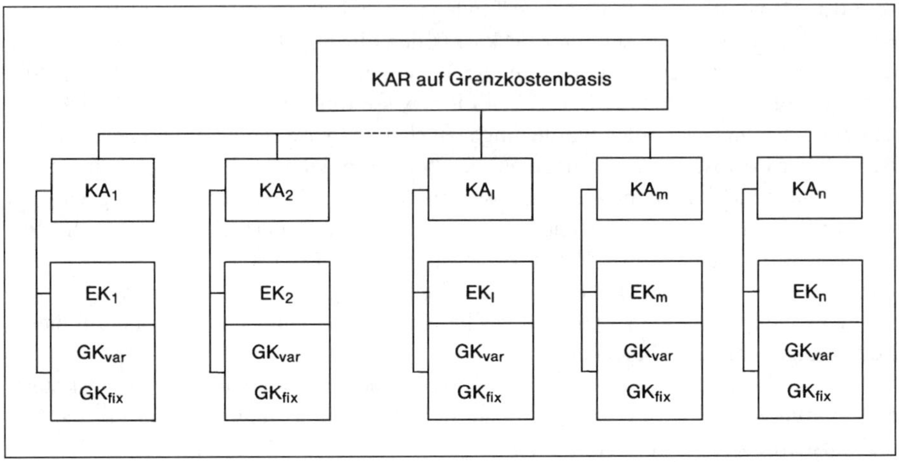

Abb. 2.8: Kostendifferenzierung in einer Grenzkostenrechnung

IV. Differenzierung nach der Herkunft der Kostendaten

Die Differenzierung nach Quelle und Bewertung der erforderlichen Kosteninformationen bezieht sich auf Unterschiede, die aus Zweckdivergenzen zwischen Finanzbuchhaltung und Kostenrechnung herrühren (vgl. Kap. 1).

Pagatorische vs. wertmäßige Bewertung

Während der Finanzbuchhaltung aufgrund ihrer externen Ausrichtung eine pagatorische Bewertung zugrunde liegt, die sich aus den Zahlungsvorgängen bei der Beschaffung der Produktionsfaktoren ableitet, bewertet die traditionelle Kostenrechnung entsprechend den jeweils verfolgten Informationszwecken den Faktorverbrauch wertmäßig, d.h. zu Nutzenvorstellungen.

Wertmäßige Kostenbewertung

Diesem wertmäßigen Kostenbegriff zufolge sind zum Zwecke der Erfassung des vollständigen betrieblichen Werteverzehrs in einigen Fällen über die **aufwandsgleichen Kosten (Grundkosten)** hinaus in der Kostenrechnung in unterschiedlichem Umfang auch **kalkulatorische Kosten (Anderskosten und Zusatzkosten)** zu berücksichtigen.

Grundkosten = Zweckaufwand

Ein erheblicher Teil der für die Kostenrechnung erforderlichen Grundinformationen über Verbrauchsmengen und -preise kann dennoch aus der Finanzbuchhaltung (bspw. aus Fremdrechnungen) oder den **betrieblichen Nebenrechnungen** (Anlagenabrechnung, Materialabrechnung, Lohn- und Gehaltsabrechnung) entnommen werden. Als **Grundkosten** (Zweckaufwand) werden Kosten bezeichnet, die sowohl dem Wesen als auch der Höhe nach in Finanzbuchhaltung und Kostenrechnung in gleicher Weise verrechnet werden (z.B. Fremdreparaturen).

Selbst Verbräuche, die in Finanzbuchhaltung und Kostenrechnung sachlich auf die gleiche Weise abgegrenzt werden, können gleichwohl durch eine unterschiedliche zeitliche Abgrenzung in beiden Rechenwerken unterschiedlich erfaßt werden.

Aktualität

Da der Wert der Kostenrechnung insbesondere im Bereich der kurzfristigen Ergebnisrechnung in entscheidendem Maße von der kurzfristigen Verfügbarkeit der relevanten Zahlen abhängt und diese Verfügbarkeit aufgrund der kürzeren (monatlichen) Abrechnungszeiträume schwieriger zu gewährleisten ist als in der GuV, arbeitet die Praxis in der kurzfristigen Ergebnisrechnung und im Rahmen der operativen Steuerung auch in unterschiedlichem Umfang mit geschätzten oder normalisierten Zahlen bzw. mit festen Verrechnungspreisen. Organisatorisch bedingte Verzögerungen der Abrechnung bzw. rechentechnischer Arbeitsaufwand sollen die **Aktualität** der Information nicht gefährden. Zahlen, die in der GuV problemlos als Ist-Zahlen verrechnet werden können, müssen deshalb in der kurzfristigen Erfolgsrechnung teilweise (z.B. ab dem 20. des jeweiligen Monats) oder gänzlich geschätzt bzw. standardisiert (über Verrechnungspreise) und normalisiert werden.

Substanzerhaltung

Eine abweichende Bewertung von Kosten bei gleichem Mengengerüst wie in der Finanzbuchhaltung kann zudem bei der Erfassung des Materialverbrauchs sinnvoll sein. So wird bspw. mit dem Ansatz von Tagespreisen bzw. Wiederbeschaffungspreisen anstelle von Einstandspreisen versucht, kalkulatorisch die Substanzerhaltung zu gewährleisten.

Steuerung und Kontrolle

Zudem erleichtert die **Standardisierung und Normalisierung** bestimmter Kosten die Kontrolle und Steuerung des betrieblichen Geschehens, da so vermieden werden kann, daß zufällige, unregelmäßige und außerordentliche Kosten den Blick auf die Entwicklung des betrieblichen Erfolgs im engeren Sinne verstellen. Die Normalisierung bestimmter Kosten eliminiert störende Zufälligkeiten (Wartung, Werbung) und saisonale Schwankungen (Urlaubskosten, Feiertagslöhne) und verbessert somit die zeitliche Vergleichbarkeit der Kosteninformationen.

Zwischenbetriebliche Vergleichbarkeit

Wenn tatsächliche Kosten durch kalkulatorische Werte ersetzt werden, kann gleichzeitig eine verbesserte zwischenbetriebliche Vergleichbarkeit bspw. zwischen mehreren Unternehmen eines Konzerns erreicht werden. Der Ansatz von kalkulatorischen Kosten kann hier bewirken, daß Unterschiede in Finanzierung, Kapitalstruktur und Rechtsform den Vergleich nicht mehr beeinträchtigen.

Kalkulatorische Kosten treten als Anderskosten und als Zusatzkosten auf (vgl. Abschn. B dieses Kap.).

Anderskosten

Anderskosten (unechte Zusatzkosten) sind solche Kosten, die dem Wesen nach auch in die Finanzbuchhaltung Eingang finden, für die Zwecke der Kostenrechnung jedoch mit anderen Wertansätzen, Mengenansätzen bzw. in anderer zeitlicher Verteilung übernommen werden und an die Stelle der entsprechenden Aufwendungen treten.

Zusatzkosten

Kommen in der Kostenrechnung auch Kosten zum Ansatz, die auch ihrer Natur nach kein Pendant in der Finanzbuchhaltung haben bzw. deren Ansatz in der an gesetzliche Vorschriften gebundenen Finanzbuchhaltung unzulässig wäre, so spricht man von **Zusatzkosten**. Da diese Kosten ausschließlich aus Bewertungsvorgängen resultieren, fallen Erfassung und Bewertung in diesem Bereich regelmäßig zusammen.

V. Differenzierung nach der Ökologieorientierung

Ökologiekosten

Die zunehmende Bedeutung ökologischer Zielsetzungen in der Unternehmenssteuerung legt eine Differenzierung von ökologiebedingten Kosten von allen anderen (nicht ökologiebedingten) Kosten nahe. Ökologiebedingte Kosten bestehen einerseits aus den internen betrieblichen Ökologiekosten und andererseits aus den i.a. schwer meßbaren externen betrieblichen Ökologiekosten. Interne Ökologiekosten können definiert werden als die Gesamtheit der durch den Verbrauch ökologisch knapper Rohstoffe und Energien sowie durch die Vermeidung, Verringerung, Substitution, Verwertung und Beseitigung verursachter Kosten (vgl. Kloock [1993]).

Externe Ökologiekosten entstehen einerseits durch Verbrauch ökologisch knapper Rohstoffe und Energien und andererseits durch Emissionen. Gemeinsames Merkmal ist, daß sie zur Nutzenminderung Dritter führen, die durch den Preismechanismus nicht erfaßt werden, und daß das betroffene Wirtschaftssubjekt auf die Höhe der Kosten nicht steuernd eingreifen kann.

Die folgende Tabelle gibt eine zusammenfassende Übersicht über die ökologiebedingten Kosten:

	Betriebliche Ökologiekosten	
	Interne betriebliche Ökologiekosten	**Externe betriebliche Ökologiekosten**
Inputorientierte Seite	Durch betrieblich verursachten Verbrauch ökologisch knapper Rohstoffe und Energien (Rohstoff- und Energiekosten)	Durch betrieblich verursachten Verbrauch ökologisch knapper Rohstoffe und Energien (externe Kosten)
Outputorientierte Seite	Durch Vermeidung, Verringerung, Verwertung und Beseitigung von betrieblich verursachten stofflichen und energetischen Emissionen (betriebliche Umweltschutzkosten)	Durch betrieblich verursachte stoffliche und energetische Emissionen an Luft, Wasser und Boden (externe Kosten, potentielle zukünftige zu internalisierende Umweltschutzkosten)

Abb. 2.9: Differenzierung betrieblicher Ökologiekosten

VI. Weitere gängige Kriterien zur Differenzierung von Kosten

In der Literatur finden sich über die angesprochenen Kategorien hinaus je nach Auswertungsziel weitere Unterscheidungsmöglichkeiten für Kostenarten.

Differenzierungskriterien

Die zugrunde gelegten Kriterien werden jedoch entweder erst im Rahmen der Kostenstellenrechnung relevant, so die Unterscheidung nach **betrieblichen Funktionsbereichen** (Beschaffung, Fertigung, Verwaltung, Vertrieb) oder nach der **Entstehung** der Kosten (primäre Kosten bzw. extern bezogene Güter und Leistungen vs. sekundäre Kosten aufgrund von innerbetrieblichen Leistungen bzw. dem Verbrauch innerbetrieblich erstellter Güter und Leistungen).

Darüber hinaus beziehen sich einige Trennkriterien auf alle Stufen der Kostenrechnung, wie die Differenzierung nach dem **Zeitbezug** (Ist-Kosten, Normalkosten, Plankosten), nach dem zugrundeliegenden **Erhaltungskonzept** (nominale Kapitalerhaltung, d.h. pagatorische Kostenbewertung; Substanzerhaltung, d.h. Kostenbewertung zu Wiederbeschaffungswerten) oder nach der **Verbrauchsursache** (willentlicher Verbrauch, Zwangsverbrauch).

Im Rahmen einer entscheidungsorientierten Kostenrechnung ist schließlich die Trennung in entscheidungsrelevante und -irrelevante Kosten ausschlaggebend.

B. Kalkulatorische Kosten

Kalkulatorische Kosten resultieren aus einem Nutzenkalkül. Entscheidend für Ansatz und Bewertung sind entweder

- die Kosten der nächstgünstigsten Verwendungsalternative oder der entgangene Nutzen **(Opportunitätskosten)** oder
- die Kosten, die für alternative Faktoren hätten aufgebracht werden müssen, wenn auf den Einsatz der gewählten Faktorart verzichtet worden wäre **(Alternativkosten)**.

Opportunitätskosten

Alternativkosten

Zu den kalkulatorischen Kostenarten zählen üblicherweise:

Kalkulatorische Kostenarten

(1) kalkulatorische Kosten im Sinne von Anderskosten:
- kalkulatorische Abschreibungen (zeitlich und abnutzungsbedingt),
- kalkulatorische Zinsen auf Fremdkapital,
- kalkulatorische Wagnisse,

(2) kalkulatorische Kosten im Sinne von Zusatzkosten:
- kalkulatorischer Unternehmerlohn,
- kalkulatorische Miete,
- kalkulatorische Zinsen auf Eigenkapital.

I. Kalkulatorische Abschreibungen

Der betriebsbedingte Verzehr an begrenzt nutzbaren betriebsnotwendigen Anlagewerten wird über die gesamte Nutzungsdauer durch planmäßige **kalkulatorische Abschreibungen** erfaßt.

Kalkulatorische Abschreibungen

Die Bemessung der kalkulatorischen Abschreibung richtet sich im Gegensatz zur bilanziellen Abschreibung ausschließlich nach internen Erfordernissen, d.h. nach den Informationsinteressen des Managements.

Für Zwecke der Kostenrechnung ist daher das gewählte Verfahren der bilanziellen Abschreibung unbeachtlich. Die kalkulatorische Abschreibung wird grundsätzlich als lineare Abschreibung vorgenommen. Ebensowenig ist die Kostenrechnung an das handels- und steuerrechtliche Anschaffungswertprinzip gebunden, vielmehr können die betriebsnotwendigen Anlagen auch vom Tageswert oder vom Wiederbeschaffungswert abgeschrieben werden. Durch den Ansatz von Wiederbeschaffungswerten wird angestrebt, die zur Leistungserstellung verzehrten Vermögenswerte zeitgerecht zu bewerten und somit rechnerisch zu gewährleisten, daß die Mittel für eine Wiederbeschaffung bis zum Ersatzzeitpunkt aus dem Umsatzprozeß zurückgewonnen werden (Erhaltung der Betriebssubstanz).

Unbeachtlichkeit der bilanziellen Abschreibungsmethode

Kalkulatorische Abschreibungen können zudem auch verrechnet werden, wenn der betreffende Vermögensgegenstand bilanziell bereits abgeschrieben wäre, jedoch noch weiter betrieblich genutzt wird (Abschreibung »unter Null«). Eine falsche Einschätzung der Nutzungsdauer bzw. eine Fehleinschätzung des Leistungspotentials und damit eine zu hohe Abschreibungsbemessung in den Vorperioden soll sich durch die »Abschreibung unter Null« nicht in einer unzureichenden Berücksichtigung der eingesetzten Produktionsmittel für die betrachtete Periode niederschlagen. Mehr- bzw. Minderabschrei-

Abschreibung »unter Null«

bungen aufgrund einer Fehleinschätzung der Nutzungsdauer bzw. Kapazität werden häufig jedoch auch im Rahmen des Anlagewagnisses als kalkulatorische Wagniskosten erfaßt (vgl. Kap. 6 und Kloock/Sieben/Schildbach [1993]).

Keine Berücksichtigung reiner Außenwertminderungen

Für den Fall, daß sich auch die kalkulatorische Abschreibung am Anschaffungswertprinzip orientiert, bleiben reine Außenwertminderungen von Vermögensgegenständen (bspw. sinkende Marktpreise) unberücksichtigt, da keine Einschränkung der Leistungsabgabe eintritt. Erzwungener Werteverzehr durch Katastrophen wird üblicherweise über die kalkulatorischen Wagniskosten berücksichtigt.

Kalkulatorische Abschreibungen können, je nachdem, ob sie Zeitabschreibungen oder Gebrauchsabschreibungen darstellen, fixer oder variabler Natur sein. Eine Aufschlüsselung auf beide Komponenten dürfte in den meisten Fällen jedoch kaum sinnvoll durchführbar sein (vgl. Mayer/Liessmann/Mertens [1997], S. 130 ff.; Schoenfeld/Möller [1995], S. 120).

II. Kalkulatorische Zinsen

Opportunitätskostencharakter

Während Kosten i.a. einen bewerteten betrieblichen Güter**verzehr** repräsentieren, stellen Kapitalkosten eher den Gegenwert für den entgangenen Nutzen durch die Bereitstellung des Kapitals für betriebliche Zwecke dar und haben damit Opportunitätskostencharakter (vgl. Mayer/Liessmann/Mertens [1997]). Auch die Erfassung der Kapitalkosten in der Kostenrechnung weicht somit von der Verfahrensweise in der Finanzbuchhaltung ab. Statt aufwandsgleicher Zinsen werden kalkulatorische Zinsen verrechnet.

Da die Kostenrechnung nur auf betriebsbedingte Kosten abstellt, werden Zinsen nur auf das **durchschnittlich gebundene betriebsnotwendige Kapital** in Ansatz gebracht. Kapital, das in nicht betriebsnotwendigen Teilen des Anlage- und Umlaufvermögens gebunden ist, wird deshalb kalkulatorisch nicht verzinst.

Im Gegensatz zur Finanzbuchhaltung werden in der Kostenrechnung unterschiedslos Zinsen für **betriebsnotwendiges Fremdkapital und Eigenkapital** verrechnet, da nicht die Herkunft, sondern die Höhe des eingesetzten Kapitals kalkulationsrelevant ist.

Berechnung anhand der betrieblichen Aktiva

Die kalkulatorischen Zinsen werden nicht von den die Mittelherkunft anzeigenden Passiva, sondern von den das investierte Kapital repräsentierenden Aktiva her berechnet. Die kalkulatorischen Zinsen auf das betriebsnotwendige Anlagevermögen werden bspw. anhand der Anlagenkartei ermittelt.

Diese konzeptionell bedingte Vorgehensweise erleichtert somit auch die Zurechnung der kalkulatorischen Zinsen auf die Kostenstellen entsprechend ihrem Anteil am betriebsnotwendigen Kapital.

Kalkulatorische Zinsen = Zusatzkosten

In Höhe der kalkulatorischen Zinsen auf das eigenfinanzierte Vermögen werden echte Zusatzkosten verrechnet, da hierfür in der GuV kein Aufwand erfaßt werden kann. Diese kalkulatorischen Eigenkapitalzinsen stellen den Kapitalertrag dar, den der Eigenkapitalgeber bei einer anderweitigen Anlage seiner Mittel außerhalb des Betriebs erzielen könnte. Da diese Opportunitätskosten kaum generell bestimmt werden können, wird

Bestimmung des kalkulatorischen Zinssatzes

aus Vereinfachungsgründen als **kalkulatorischer Zinssatz** häufig der Zins für Staatsanleihen ggf. zuzüglich eines Risikoaufschlags zugrunde gelegt oder aber der Zinssatz des teuersten Kredits als »Grenzzins« verwendet. Der Grenzzins repräsentiert die Kosten, die bei einer weiteren Erhöhung des betriebsnotwendigen Kapitals vermutlich für neue Fremdmittel aufzuwenden wären oder die bei einer Reduzierung zunächst einsparbare Zinsbelastung.

Eine weitere Frage ist, ob der Zinssatz in Höhe des Nominalzinses oder in Höhe des um einen Inflationsabschlag bereinigten Realzinses anzusetzen ist. Das ist davon abhängig zu machen, wie der Wertansatz des betriebsnotwendigen Kapitals erfolgt. Die Verzinsung eines mit Zeitwerten bewerteten betriebsnotwendigen Kapitals würde bei Verwendung eines Nominalzinssatzes zu einem doppelten Inflationsausgleich führen. Unter Substanzerhaltungsgesichtspunkten ist deshalb entweder die Kombination »Nominalzinssatz i.V.m. historischen Anschaffungs-/Herstellungskosten des betriebsnotwendigen Kapitals« oder die Kombination »Realzins i.V.m. Zeitwerten des betriebsnotwendigen Kapitals« zu empfehlen.

Das **betriebsnotwendige Kapital** wird in folgenden Schritten berechnet:

Ermittlungsschritte:

– Ermittlung des betriebsnotwendigen Vermögens

1) Ermittlung des betriebsnotwendigen Vermögens

a) Die Errechnung erfolgt prinzipiell anhand der bilanziellen Aufstellung der notwendigen Vermögensteile.
b) Rechnerische Eliminierung der nicht betriebsnotwendigen Teile des gesamten Bilanzvermögens, z.B.:
   - aktivierter Geschäftswert (vgl. auch LSP Nr. 45),
   - ausstehende Einlagen auf das gezeichnete Kapital,
   - Finanzanlagen, insbesondere nicht betriebsnotwendige Beteiligungen,
   - ungenutzte bzw. fremdgenutzte Grundstücke,
   - fremdgenutzte Bauten,
   - vermietete und verpachtete Anlagen,
   - Anlagen im Bau,
   - stillgelegte Anlagen,
   - unbrauchbare oder überhöhte Bestände,
   - eigene Aktien, Aktien von Obergesellschaften,
   - überhöhte liquide Mittel,
   - Rechnungsabgrenzungsposten.
c) Hinzurechnung von betriebsnotwendigen Vermögenswerten, die nicht der Bilanz zu entnehmen sind (z.B. bilanziell voll abgeschriebene, aber noch genutzte Vermögensgegenstände, zu denen auch die geringwertigen Wirtschaftsgüter zählen).
d) Bewertung der notwendigen Vermögensteile zu kalkulatorischen Restbuchwerten (Anlagevermögen) bzw. kalkulatorischen Mittelwerten der Rechnungsperiode (Umlaufvermögen). Durch die kalkulatorische Bewertung werden die bilanziellen Wertansätze weitgehend durch Tageswerte ersetzt und somit stille Reserven aufgedeckt. Der kalkulatorische Restwert eines Anlagegegenstands errechnet sich folglich als:

$$\text{kalk. RW} = \text{WBW} - \Sigma \text{ kalk. Abschreibungen der Vorperioden}$$

e) Die Ermittlung des während der Abrechnungsperiode durchschnittlich gebundenen Vermögens erfolgt anhand der Formel:

$$\varnothing \text{ BNV} = \frac{AB_{BNV} + EB_{BNV}}{2}$$

Bei größeren Schwankungen im Laufe eines Geschäftsjahres kann auch ein verfeinerter Durchschnitt aus den Monatswerten errechnet werden:

$$\varnothing \text{ BNV} = \frac{\sum_{t=1}^{12} BNV_t}{12}$$

– Verringerung um das Abzugskapital

2) Verringerung des betriebsnotwendigen Vermögens um das Abzugskapital

Als Abzugskapital werden i.a. zinslos zur Verfügung gestellte Kapitalien wie Kundenanzahlungen und Lieferantenschulden gewertet (vgl. Däumler/Grabe [1996], S. 180; Mayer/Liessmann/Mertens [1997], S. 123 f.). Eine Verzinsung dieser Mittel bleibt i.d.R. nicht aus, sondern erfolgt verdeckt, bspw. indem die Zinsen in den jeweiligen Preiskalkulationen ihren Niederschlag finden. Aus diesem Grunde wird die Qualifizierung der angesprochenen Finanzmittel als »Abzugskapital« vielfach bemängelt (vgl. z.B. Seicht [1997], S. 116).

	Gesamtvermögen
–	neutrales/betriebsfremdes Vermögen
+	nicht bilanzielles Vermögen
=	betriebsnotwendiges Vermögen
–	Abzugskapital
=	betriebsnotwendiges Kapital

Abb. 2.10: Schrittweise Ermittlung des betriebsnotwendigen Kapitals

Ableitung aus der Bilanz

Aus der Bilanz läßt sich das betriebsnotwendige Kapital anhand der folgenden Positionen ableiten:

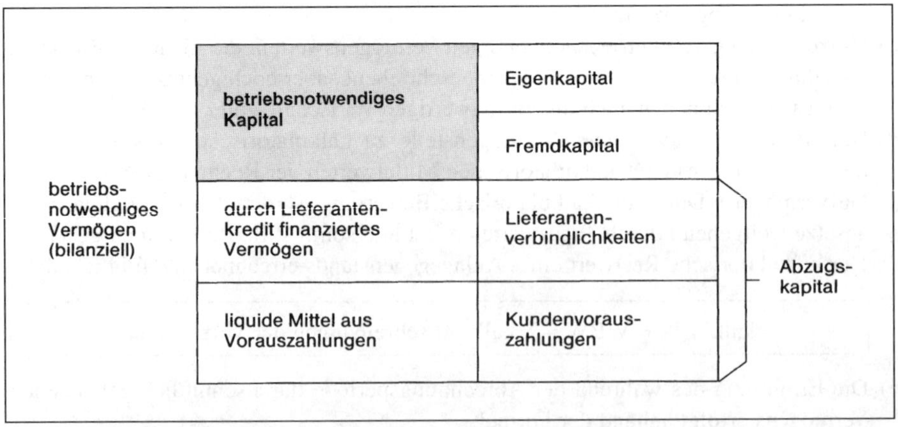

Abb. 2.11: Ermittlung des betriebsnotwendigen Kapitals anhand der Bilanz

Nunmehr können die kalkulatorischen Zinsen anhand der folgenden Formel errechnet werden:

Berechnung der kalkulatorischen Zinsen

$$\text{Zinskosten}_{\text{kalk}} = \text{Zinssatz}_{\text{kalk}} \times \text{betriebsnotwendiges Kapital}$$

Die so ermittelten kalkulatorischen Zinsen sind als Gemeinkosten in der Kostenstellenrechnung auf die Kostenstellen entsprechend ihrem Anteil am betriebsnotwendigen Kapital aufzuteilen, z.B.:

Aufteilung auf die Kostenstellen

- Zinsen auf Anlagevermögen gem. Anlagenkartei:
  → Gebäude nach qm,
  → Maschinen, Werkzeuge und Anlagen zur jeweiligen Fertigungskostenstelle im Herstellungsbereich,
- Zinsen auf Konzessionen, Patente, Lizenzen zum Forschungs- und Entwicklungsbereich,
- Zinsen auf Marken und ähnliche Rechte zum Vertriebsbereich,
- Zinsen auf Materialien (korrigiert um Lieferantenkredite) zum Materialbereich,
- Zinsen auf Bestände an Halbfabrikaten (korrigiert um Kundenanzahlungen) zum Fertigungsbereich,
- Zinsen auf Bestände an Fertigfabrikaten (korrigiert um Kundenanzahlungen) zum Vertriebsbereich,
- Zinsen auf liquide Mittel zum Verwaltungsbereich.

III. Kalkulatorische Wagnisse

Durch die Berücksichtigung **kalkulatorischer Wagnisse** soll im Sinne einer »Selbstversicherungsprämie« besonderen betrieblichen Einzelrisiken Rechnung getragen werden. Wagniskosten stellen letztlich eine Sammelposition für alle diejenigen Kosten dar, die sich im Zweckaufwand und in anderen kalkulatorischen Aufwandsarten nicht bzw. nicht in ausreichender Höhe berücksichtigen lassen, zum Zwecke einer vollständigen Erfassung des tatsächlichen Güterverzehrs jedoch in die Kalkulation einbezogen werden müssen.

Wagniskosten als Sammelposition

Dem Ansatz von Wagniskosten liegt eine Durchschnittsbetrachtung zugrunde, er bewirkt eine Glättung bzw. Normalisierung unregelmäßig anfallenden Zwangsverzehrs (Zerstörung) bzw. unproduktiven Verzehrs (Ausschuß, Ausfallzeiten) über mehrere Abrechnungsperioden. Die Höhe dieser kalkulatorischen Abgrenzungen bemißt sich daher weitgehend nach Erfahrungswerten bzw. nach durchschnittlichen Ergebnisbelastungen im Zeitablauf.

Durchschnittsbetrachtung

Zu den kalkulatorisch zu erfassenden Einzelwagnissen werden insbesondere gerechnet:

Beispiele

- Arbeitswagnis (Ausfallzeiten wegen Krankheit),
- Beständewagnis (Schwund, Veralten, Verderben, Programmänderungen, Modeschwankungen usw.),
- Anlagenwagnis (Störungen, technische und wirtschaftliche Veraltung, Katastrophen, Fehleinschätzung der Nutzungsdauer),

- Entwicklungswagnis (erfolglose Anstrengungen im Bereich Forschung und Entwicklung),
- Mehrkostenwagnis bzw. Fertigungswagnis wegen Ausschuß und Nacharbeiten (Konstruktions-, Material- und Arbeitsfehler),
- Gewährleistungswagnis (Kulanzen, Preisnachlässe, Haftung),
- Debitorenwagnis, Vertriebswagnis (Forderungsausfälle, Kursverluste, Konventionalstrafen).

Allg. Unternehmerwagnis ≠ Wagniskosten

Nicht unter den Wagniskosten erfaßt wird das **allgemeine Unternehmerwagnis**, also das Risiko, daß sich das vom Unternehmer eingesetzte Kapital nicht verzinst bzw. gar verloren geht. Zum allgemeinen Unternehmerwagnis rechnen auch Verlustgefahren aufgrund von evtl. Vertragsstrafen sowie aufgrund von Fixpreisverträgen bzw. Preisgleitlimitierungen (siehe auch Kap. 6). Diesen allgemeinen Verlustrisiken stehen entsprechende Gewinnchancen gegenüber, sie müssen daher auch über den kalkulatorischen Gewinnzuschlag abgegolten werden.

Versicherte Wagnisse

Ebensowenig werden **versicherte Wagnisse** durch kalkulatorische Wagniskosten berücksichtigt, wie bspw. versicherte Feuerrisiken, Wasserschäden, Diebstahl-, Unfall- und Transportrisiken. Die Versicherungsprämien gehen vielmehr direkt als Grundkosten in dic Kostenrechnung ein (vgl. Abb. 2.12).

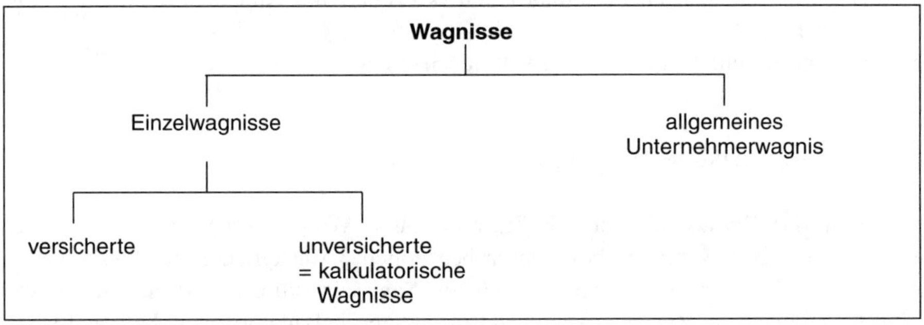

Abb. 2.12: Systematisierung von Wagnissen

Verrechnung kalkulatorischer Wagniskosten

Die kalkulatorischen Wagniskosten können je nach ihrem Charakter auf verschiedene Weise verrechnet werden:

- als Zuschläge für die verursachenden Kostenstellen (bspw. Anlagenwagnis gem. Anlagenkartei),
- als Sonder-Gemeinkosten oder Sonder-Einzelkosten auf eine Kostenträgergruppe oder einen Einzelauftrag (bspw. bei Vertriebswagnissen).

IV. Kalkulatorischer Unternehmerlohn und kalkulatorische Mieten

Kalkulatorischer Unternehmerlohn = Zusatzkosten

Als reine Zusatzkostenart wird von Personengesellschaften **kalkulatorischer Unternehmerlohn** verrechnet.

Im Gegensatz zu Kapitalgesellschaften können Personengesellschaften und Einzelunternehmen diese Kosten in der Finanzbuchhaltung nicht gewinnmindernd als Aufwendungen (Grundkosten) verrechnen. Die Arbeitsentgelte der Geschäftsführer sind gemäß handels- und steuerrechtlichen Vorschriften vielmehr aus dem Gewinn zu dekken. Für Zwecke der Kalkulation müssen im Sinne eines Opportunitätskostenkalküls jedoch anteilige Beträge angesetzt werden. Durch den Ansatz kalkulatorischer Unternehmerlöhne wird die Kalkulation somit auch rechtsformneutral.

Bewertung

Als Richtwerte für die Bemessung sollten die Gehälter angesetzt werden, die in der jeweiligen Branche und Region für vergleichbare Tätigkeiten im Angestelltenverhältnis gezahlt würden (vgl. Mayer/Liessmann/Mertens [1997]; Schoenfeld/Möller [1995]).

Kalkulatorische Mieten = Zusatzkosten

Ebenfalls aus Opportunitätskostenerwägungen können Personengesellschaften, die in Geschäftsräumen eines Gesellschafters arbeiten, **kalkulatorische Mieten** als Zusatzkosten in Höhe derjenigen Mietaufwendungen ansetzen, die für vergleichbare Räumlichkeiten ortsüblich anfallen würden, wenn die Gebäude angemietet worden wären (vgl. Mayer/Liessmann/Mertens [1997], S. 13). Kalkulatorische Mieten bzw. Raumkosten im Sinne von Anderskosten fallen dann an, wenn die tatsächlich anfallenden Kosten für betriebliche Räumlichkeiten in der Kostenrechnung durch ortsübliche Raumkosten substituiert werden.

Kalkulatorische Mieten = Anderskosten

C. Kostenartenplan – Kontenrahmen

I. Allgemeine Kriterien

Kostenartenplan

Ein strukturierter Katalog aller im Unternehmen auftretenden Kostenarten wird als Kostenartenplan bezeichnet. Die Zusammenstellung dieses Katalogs kann weitgehend an unternehmensindividuellen Erfordernissen ausgerichtet werden, hat jedoch neben dem bereits mehrfach erwähnten **Grundsatz der Wirtschaftlichkeit** bestimmten Grundprinzipien zu gehorchen.

Beurteilungskriterien:
- *Vollständigkeit*
- *Eindeutigkeit*

Zunächst muß er eine geordnete und vollständige Erfassung der entstehenden Kosten erlauben **(Kriterium der Vollständigkeit)**. Darüber hinaus sind die einzelnen Kostenarten eindeutig zu definieren **(Kriterium der Eindeutigkeit)**. Nur so kann gewährleistet werden, daß jeder betriebliche Güterverzehr überschneidungsfrei erfaßt wird.

Aus dem Kriterium der Eindeutigkeit leitet sich auch das Verbot der Doppelverrechnung von Kosten ab, wonach gleiche Kosten nicht gleichzeitig in verschiedenen Perioden bzw. unter verschiedenen Kostenarten berücksichtigt werden dürfen – dies geschähe z.B., wenn auch sekundäre Kosten in der Kostenartenrechnung erfaßt und mit den primären vermengt werden würden.

- *Stetigkeit*

Als Grundanforderung an jedes Informationssystem ist ferner das **Kriterium der Stetigkeit** zu nennen. Im Bereich der Kostenrechnung ist eine im Zeitablauf stetige Erfassung und Bewertung des Güter- und Leistungsverzehrs zu fordern.

- *Flexibilität*

Schließlich sollte sich die Erfassungsmethode einigermaßen flexibel an neue organisatorische und verfahrenstechnische Entwicklungen anpassen lassen **(Kriterium der Flexibilität)**.

II. Industriekontenrahmen (IKR)

IKR als Rahmenwerk

Der 1971 veröffentlichte IKR ist wie der Gemeinschaftskontenrahmen (GKR) von 1951 lediglich als Rahmenwerk anzusehen, das keineswegs im einzelnen verbindlich ist. Der IKR stellt eine Fortentwicklung des GKR unter zwei zentralen Gesichtspunkten dar.

Im IKR werden Finanzbuchhaltung und Kosten- und Leistungsrechnung klar in zwei getrennten Rechnungskreisen untergebracht, die nicht ineinander integriert sind, sondern gliederungsmäßig nebeneinander stehen.

Vergleich GKR und IKR

Während im Einkreissystem des Gemeinschaftskontenrahmens Finanzbuchhaltung und Kostenrechnung als Rechnungskreise integriert und dabei Produktionsprozeß- und Abschlußgliederungsprinzip als Gliederungsprinzipien vermengt werden, folgt der IKR in beiden Rechnungskreisen jeweils konsequent einem Prinzip: für die Finanzbuchhaltung dem Abschlußgliederungsprinzip der handelsrechtlichen Bilanz und GuV (Rechnungskreis I), für die Kostenrechnung dem Prozeßgliederungsprinzip (Rechnungskreis II).

Vorteile des IKR gegenüber dem GKR

Die Strukturierung des IKR (vgl. Abb. 2.13) ist aus folgenden Gründen der des GKR vorzuziehen:

- Der IKR stellt aufgrund internationaler Gepflogenheiten eine bessere Grundlage für die Harmonisierung des Rechnungswesens dar.
- Es wird deutlich zwischen Bestandskonten (0–4) und Erfolgskonten (5–7) getrennt. Die Eröffnungs- und Abschlußkonten finden sich in Kontenklasse 8.
- Gleichzeitig werden Kosten- und Leistungsrechnung (Klasse 9) einerseits und Finanzbuchhaltung (Klasse 0–8) andererseits klarer als im GKR voneinander getrennt. Beide Bereiche stehen gleichberechtigt nebeneinander, während die Verknüpfung beider Rechnungskreise im GKR letztlich zu einer überwiegenden Ausrichtung an der Finanzbuchhaltung führte.

<table>
<tr><td colspan="3">Rechnungskreis I</td><td colspan="2">Rechnungskreis II</td></tr>
<tr><td colspan="3">Kontenklassen 0–8
Finanzbuchhaltung
Dokumentation</td><td colspan="2">Kontenklasse 9
Betriebsbuchhaltung
Kosten- und Leistungsrechnung</td></tr>
<tr><td colspan="3">Abschlußgliederungsprinzip</td><td colspan="2">Produktionsprozeßgliederungsprinzip</td></tr>
<tr><td>Bestandsrechnung
Kontenklasse
0–4</td><td>Erfolgsrechnung
Kontenkl.
5–7</td><td rowspan="2">Eröffnung
Abschluß
Kontenkl.
8</td><td>Abgrenzungsrechnung
Kontengruppen
90–92</td><td>Kosten- und Leistungsrechnung
Kontengruppen
93–98</td></tr>
<tr><td>Bilanz</td><td>GuV</td><td>Abgrenzungs ergebnis</td><td>Betriebsergebnis</td></tr>
<tr><td colspan="3">Gesamtergebnis</td><td colspan="2">Gesamtergebnis</td></tr>
<tr><td colspan="5">Abstimmung</td></tr>
</table>

Abb. 2.13: Aufbau des IKR (Quelle: Mayer/Liessmann/Mertens [1997])

Die beiden letztgenannten Aspekte bewirken gleichzeitig eine größere Übersichtlichkeit und eine konzeptionelle Vereinfachung des betrieblichen Rechnungswesens. Die Kostenrechnung wird im IKR auch gliederungsmäßig aus der Klammer der Finanzbuchhaltung befreit und kann unternehmensindividuell und entscheidungsbezogen ausgestaltet werden. Der IKR läßt für diesen Zweck mehr Spielraum als das System des GKR. Andererseits steigt der Kontierungsaufwand durch die Herauslösung der Kostenrechnung aus der Finanzbuchhaltung (vgl. BDI [1986]; Haberstock [1987]; Mayer/Liessmann/Mertens [1997], S. 95 ff.; Wilkens [1996], S. 119 ff.).

Die Kostenrechnung wird gemäß den Vorschlägen des BDI in der Kontenklasse 9 für gewöhnlich in tabellarischer Form durchgeführt und gliedert sich wie folgt (vgl. BDI [1986]):

9	Kosten- und Leistungsrechnung
90	Unternehmensbezogene Abgrenzungen (betriebsfremde Aufwendungen und Erträge)
91	Kostenrechnerische Korrekturen
92	Kostenarten und Leistungsarten
93	Kostenstellen
94	Kostenträger
95	Fertige Erzeugnisse
96	Interne Lieferungen u. Leistungen sowie deren Kosten
97	Umsatzkosten
98	Umsatzleistungen
99	Ergebnisausweise

Abb. 2.14: Kontenklasse 9 des IKR (Vollkostenrechnung)

9	Kosten- und Leistungsrechnung
90	Unternehmensbezogene Abgrenzungen (betriebsfremde Aufwendungen und Erträge)
91	Kostenrechnerische Korrekturen
92	Kostenarten und Leistungsarten
93	Verrechnete Kostenstellenfixkosten
94	Verrechnete Erzeugniseinzelkosten
95	Fertige Erzeugnisse
96	Eigenleistungen
97	Deckungsbeitrag der Erzeugnisse
98	Deckungsbeitrag der Stellen
99	Ergebnisrechnung

Abb. 2.15: Kontenklasse 9 des IKR (Teilkostenrechnung)

Abgrenzungs-rechnung

Die Abstimmung der Kostenrechnung mit der Finanzbuchhaltung erfolgt im IKR in der **Abgrenzungsrechnung** (90–92) in folgenden Schritten:

1. Ausgangspunkt ist das Gesamtergebnis lt. Finanzbuchhaltung, d.h. die Aufwendungen und Erträge der Kontenklassen 5–7 des IKR.
2. In Kontenklasse 90 wird dieses Ergebnis um die sog. **unternehmensbezogenen Abgrenzungen** korrigiert. Die Aufwendungen und Erträge der GuV werden also um alle betriebsfremden, außerordentlichen und periodenfremden Erfolge bereinigt (»qualitative Abgrenzung«).
3. In Kontenklasse 91 werden in mehreren Schritten rein **kostenrechnerische Korrekturen** durchgeführt:
   - In Kontenklasse 911 werden diejenigen außerordentlichen Aufwendungen und Erträge, die zugleich betriebsbezogen sind, in die Kostenrechnung übernommen.
   - Kontenklasse 912 erfaßt solche Korrekturen, die ihre Ursache in unterschiedlichen Mengen- und Wertansätzen in Finanzbuchhaltung und Kostenrechnung haben. Hierzu zählt die Berücksichtigung typischer kalkulatorischer Kosten, aber auch bspw. die Umbewertung von Erfolgen auf Wiederbeschaffungswerte oder Verrechnungswerte (»quantitative Abgrenzung«).
   - In der Kontenklasse 913 werden schließlich spezielle Korrekturen aufgrund einer unterschiedlichen Periodenabgrenzung in Kostenrechnung und Finanzbuchhaltung vorgenommen. Diese Korrekturen sind in der unterschiedlichen Periodenlänge der GuV und der kurzfristigen Erfolgsrechnung begründet (»quantitative Abgrenzung«).
4. Die Kontenklasse 92 faßt als Ergebnis der Abgrenzungsrechnung alle Kosten- und Leistungsarten für die nachfolgenden Stufen der Kosten- und Leistungsrechnung zusammen.

Über die Kontengruppen 93–99 wird – wie aus Abbildung 2.13 ersichtlich – die Betriebsabrechnung durchgeführt.

Abkürzungsverzeichnis

AB	Anfangsbestand
B	Beschäftigung
BDI	Bundesvereinigung der deutschen Industrie
BNV	betriebsnotwendiges Vermögen
EB	Endbestand
EK	Einzelkosten
FIBU	Finanzbuchhaltung
GK	Gemeinkosten
GKR	Gemeinschaftskontenrahmen
GuV	Gewinn- und Verlustrechnung
IKR	Industriekontenrahmen
K	Kosten
KA	Kostenart
KAR	Kostenartenrechnung
K_f	fixe Kosten
KfzSt	Kraftfahrzeugsteuer
K_i	Kosten beim Beschäftigungsgrad i
k_v	variable (proportionale) Kosten
LSP	Leitsätze für die Preisermittlung aufgrund von Selbstkosten
RW	Restwert
USt	Umsatzsteuer
VSt	Vermögensteuer
WBW	Wiederbeschaffungswert
x_i	Beschäftigungsgrad i
Ø	durchschnittlich

Kontrollfragen

1) In welche Teilbereiche lassen sich Kostenrechnungssysteme generell unterteilen?
2) Erläutern Sie die beiden elementaren Kostenzurechnungsprinzipien im Rahmen eines Kostenrechnungssystems!
3) Nennen Sie weitere, auf diesen beiden zentralen Prinzipien aufbauende Zurechnungsprinzipien!
4) Welche Kostenkategorien ergeben sich bei einer Differenzierung nach
   - der Art der verbrauchten Güter,
   - der Zurechenbarkeit zu einer Bezugsgröße,
   - dem Verhalten bei der Variation eines Kosteneinflußfaktors,
   - der Herkunft der Kostendaten?
5) Grenzen Sie die Begriffspaare Einzel- und Gemeinkosten sowie fixe und variable Kosten voneinander ab!
6) Charakterisieren Sie die wesentlichen Methoden der Kostenauflösung nach fixen und variablen Bestandteilen!
7) Grenzen Sie die Begriffe Grundkosten, Anderskosten und Zusatzkosten voneinander ab!
8) Nennen Sie kalkulatorische Kostenarten im Sinne von Anderskosten sowie solche im Sinne von Zusatzkosten!
9) Welche Schritte sind bei der Ermittlung des betriebsnotwendigen Kapitals durchzuführen?
10) Nennen Sie Beispiele für kalkulatorische Einzelwagnisse!
11) Auf welchem Wege wird das allgemeine Unternehmerwagnis im Rahmen der Kostenrechnung erfaßt?
12) Welche besonderen kalkulatorischen Kostenarten sind nur für Personengesellschaften und Einzelunternehmen relevant?
13) Wie sind solche kalkulatorischen Kosten betragsmäßig zu ermitteln?
14) Welche Anforderungen sind an einen Kostenartenplan zu stellen?
15) Welchen prinzipiellen Aufbau hat der Industriekontenrahmen (IKR) von 1971?
16) Auf welche Weise erfolgt im IKR die Abstimmung der Kostenrechnung mit der Finanzbuchhaltung?

Literaturhinweise

Ahlert, D./Franz, K.-P. (1992): Industrielle Kostenrechnung, 5. Aufl., Düsseldorf 1992.

Bundesverband der Deutschen Industrie (BDI) e.V. (1986): Industrie-Kontenrahmen – IKR, 2. Aufl., Köln 1986.

Däumler, K. D./Grabe, J. (1996): Kostenrechnung 1 – Grundlagen, 7. Aufl., Herne/Berlin 1996.

Haberstock, L. (1987): Kostenrechnung I – Einführung, 8. Aufl., Hamburg 1987.

Hummel, S./Männel W. (1986): Kostenrechnung 1, 4. Aufl., Wiesbaden 1986.

Kilger, W. (1987): Einführung in die Kostenrechnung, 3. Aufl., Wiesbaden 1987.

Kilger, W. (1993): Flexible Plankostenrechnung und Deckungsbeitragsrechnung, Bearbeitet durch Kurt Vikas, 10. Aufl., Wiesbaden 1993.

Kloock, J. (1993): Neuere Entwicklungen betrieblicher Umweltkostenrechnungen, in: Wagner, G. R. (Hrsg.) (1993): Betriebswirtschaft und Umweltschutz, Stuttgart 1993, S. 179–206.

Kloock, J./Sieben, G./Schildbach, T. (1993): Kosten- und Leistungsrechnung, 7. Aufl., Düsseldorf 1993.

Mayer, E./Liessmann, K./Mertens, H. W. (1997): Kostenrechnung – Grundwissen für den Controllerdienst, 7. Aufl., Stuttgart 1997.

Schoenfeld, H.-M./Möller, H. P. (1995): Kostenrechnung, 8. Aufl., Stuttgart 1995.

Schweitzer, M./Küpper, H.-U. (1998): Systeme der Kosten- und Erlösrechnung, 7. Aufl., München 1998.

Seicht, G. (1997): Moderne Kosten- und Leistungsrechnung – Grundlagen und praktische Gestaltung, 9. Aufl., Wien 1997.

Wahle, O. (1989): Kostenrechnung II für Studium und Praxis – Ist- und Normalkostenrechnung, 3. Aufl., Bad Homburg vor der Höhe 1989.

Weber, J. (1997): Einführung in das Rechnungswesen II – Kostenrechnung, 5. Aufl., Stuttgart 1997.

Wilkens, K. (1996): Kosten- und Leistungsrechnung, 8. Aufl., München 1996.

3. Kapitel: Kostenstellenrechnung im System der Vollkostenrechnung

A. Aufgaben der Kostenstellenrechnung

Bindeglied

Die Kostenstellenrechnung schafft bei Mehrproduktunternehmen die Voraussetzung für eine Weiterverrechnung der erfaßten Gemeinkosten auf die hergestellten Kostenträger und stellt insofern das Bindeglied zwischen Kostenarten- und Kostenträgerrechnung dar (vgl. Abb. 3.1).

Um zu klären, für welche Kostenträger die in der Kostenartenrechnung ermittelten Gemeinkosten angefallen sind, ist zunächst zu untersuchen, an welchen Stellen im Unternehmen die Kosten entstanden sind, da verschiedene Produkte die betrieblichen Produktionsfaktoren i.d.R. auch in unterschiedlichem Maße beanspruchen.

Auf die Kostenstellenrechnung als Voraussetzung für eine Nachkalkulation könnte verzichtet werden, wenn der betrachtete Betrieb lediglich ein Produkt herstellt. Die Stückkosten ergeben sich in diesem Fall, indem im Wege einer Divisionskalkulation die gesamten Kosten der Periode durch die Zahl der produzierten Erzeugnisse dividiert werden (vgl. Kap. 4).

Eigenständige Bedeutung:

Der Kostenstellenrechnung kommt jedoch auch eine eigenständige – von der Kostenträgerrechnung unabhängige – Bedeutung zu. Durch die Verrechnung der Kostenarten auf die Orte ihrer Entstehung werden die Grundlagen geschaffen für

– Wirtschaftlichkeitskontrolle
– Bewertung

1. eine Wirtschaftlichkeitskontrolle einzelner Verantwortungsbereiche anhand des Vergleichs der entstandenen Periodenkosten mit Vergangenheits- oder Planwerten und
2. die Bewertung von unfertigen und Fertigerzeugnissen.

Die Kostenzurechnung zu diesem Zweck kann bis zur letzten durchlaufenen Stelle des Produktionsprozesses erfolgen. Neben der Bewertung des Vorratsvermögens ermöglicht erst die Kostenstellenrechnung auch qualifizierte Make-or-buy-Entscheidungen (Eigenfertigung oder Fremdbezug).

B. Festlegung von Kostenstellen

Kostenstelle

Die Durchführung der Kostenstellenrechnung setzt voraus, daß das gesamte Unternehmen in geeignete Abrechnungseinheiten untergliedert wird. Jede Abrechnungseinheit, für die Kosten gesondert geplant, erfaßt und kontrolliert werden, wird als **Kostenstelle** bezeichnet (vgl. Hummel/Männel [1986], S. 190). Art und Tiefe der Aufgliederung richten sich insbesondere nach dem Produktionsprogramm und der Aufbau- bzw. Ablauforganisation.

Kriterien für den Aufbau des Kostenstellenplans

Da die Kostenstellen zum Zwecke der Kalkulation am betrieblichen Produktionsprozeß ausgerichtet werden müssen, aus Kontrollzwecken aber auch einzelne Verant-

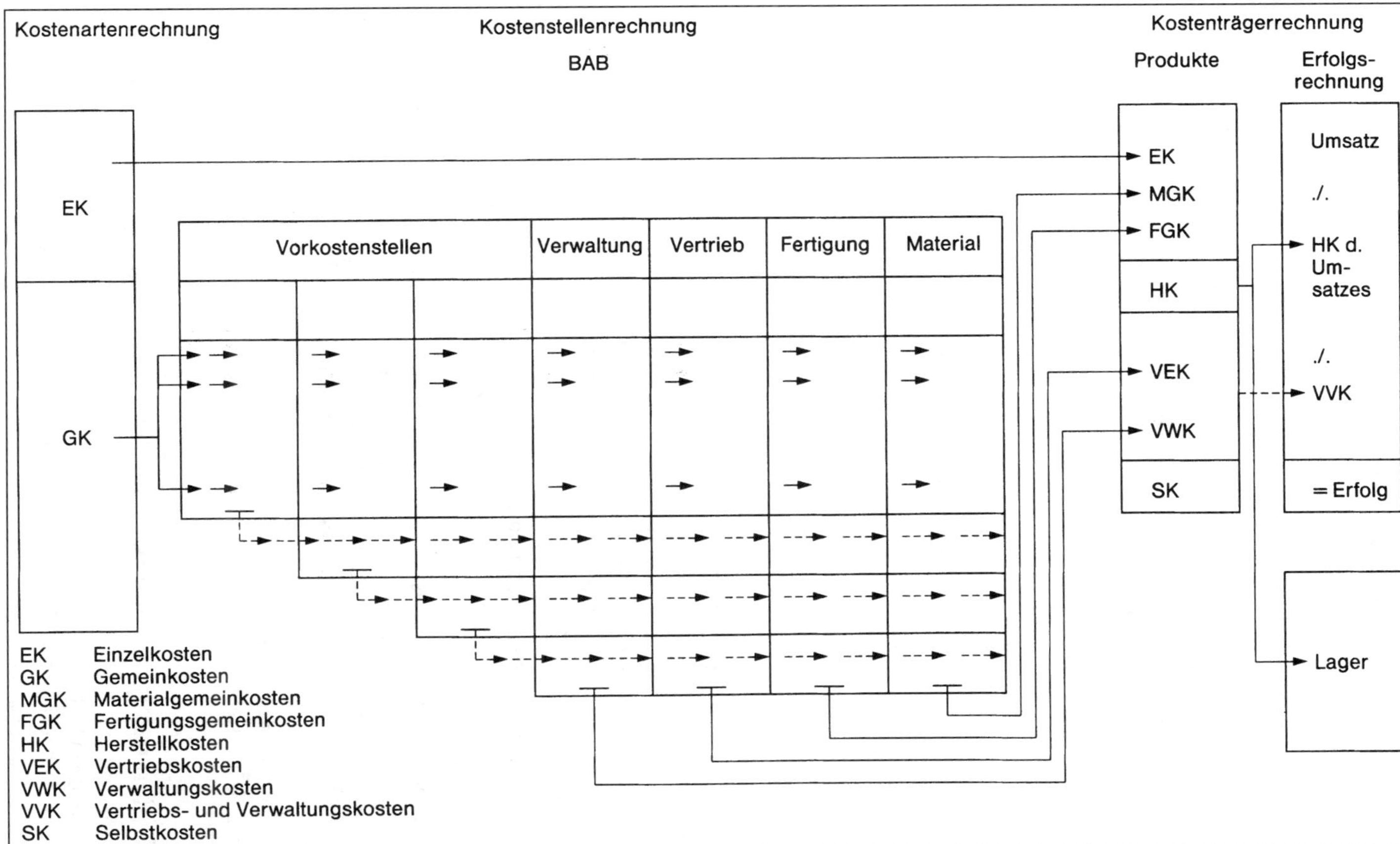

Abb. 3.1: Stellung und Aufbau der Kostenstellenrechnung im System der Vollkostenrechnung

wortungsbereiche darstellen sollten, bestimmen in erster Linie organisatorische und funktionale Kriterien den Aufbau des Kostenstellenplans. Unabhängig davon, nach welchen Kriterien sich die Differenzierung der Kostenstellen im Einzelfall richtet, ist es notwendig, klare Abgrenzungen zu schaffen, um Doppelverrechnungen oder Zurechnungsunschärfen durch die Ungleichbehandlung bestimmter Kosten im Zeitablauf zu vermeiden.

Platzkostenrechnung

Für den Fall, daß betriebliche Einheiten innerhalb gleicher Funktions- bzw. Verantwortungsbereiche stark heterogene Kostenstrukturen aufweisen (z.B. unterschiedlich leistungsfähige Maschinen, die jedoch denselben Zweck erfüllen – einmal NC-gesteuert, einmal von Hand), empfiehlt sich eine weitere Aufgliederung der Teilbereiche nach rechnungstechnischen Gesichtspunkten. Demnach werden jeweils diejenigen Teileinheiten zusammengefaßt, die sich in der Kostenstruktur ähneln. Dieser Gedanke führt, weitergedacht, zur Platzkostenrechnung, wobei ein Kostenplatz die elementare Abrechnungseinheit darstellt, bspw. einen Arbeitsplatz oder eine Maschine. Nur auf diese Weise können möglichst proportionale Beziehungen zwischen den angefallenen Kosten und den jeweiligen Leistungen hergestellt werden (vgl. Abb. 3.2).

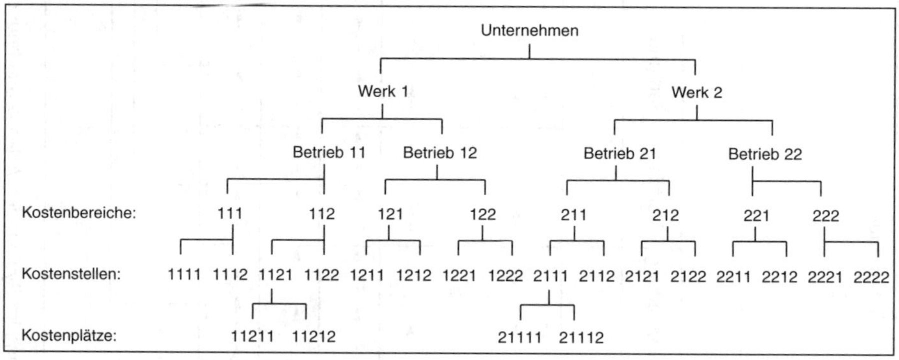

Abb. 3.2: Schema eines Kostenstellenplans

Wirtschaftlichkeit

Andererseits gerät das Bestreben nach weitgehender Homogenität der Gemeinkosten-Verursachung in den Abrechnungseinheiten letztlich mit den Erfordernissen der Wirtschaftlichkeit sowie der sinnvollen Informationsverdichtung in Konflikt. Deshalb sollte die Differenzierung der Abrechnungseinheiten in sinnvoller Weise begrenzt werden.

Differenzierungsmöglichkeiten:

Für Zwecke der Kostenstellenrechnung werden die gemäß den obigen Kriterien gebildeten Kostenstellen nach unterschiedlichen Gesichtspunkten differenziert.

I. Differenzierung nach betrieblichen Funktionen

– nach betrieblichen Funktionen

- Fertigungsstellen
  Stellen, in denen unmittelbar an den Produkten gearbeitet wird, z.B. Dreherei, Montage, Prüfstelle usw.

- Fertigungshilfsstellen
  Stellen, die nicht unmittelbar an den Produkten arbeiten, sondern andere Leistungen erbringen, diese Leistungen aber ausschließlich an die Fertigung abgeben, z.B. Instandhaltung, Fertigungsplanung und -steuerung, Werkzeugmacherei, Arbeitsvorbereitung, Filmstelle.

- Materialstellen
  Stellen, die mit der Beschaffung, Annahme, Kontrolle, Lagerung und Verwaltung der Roh-, Hilfs- und Betriebsstoffe befaßt sind, z.B. Einkauf, Materialeingangsprüfung, Materialausgabe.

- Verwaltungsstellen
  Stellen, die alle administrativen Funktionen umfassen, z.B. Unternehmensleitung, allgemeine Verwaltung, Unternehmensplanung, Buchhaltung, Statistik, Personal, Kalkulation.

- Vertriebsstellen
  Stellen, die mit dem Absatz der erzeugten Produkte und damit zusammenhängenden Funktionen befaßt sind, z.B. Fertigwarenlager, Verkauf, Versand, Kundendienst, Werbung, Marktforschung, Auftragsabteilung.

- Allgemeine (Hilfs-)Stellen
  Betriebsabteilungen, deren Leistungen von allen oder fast allen anderen Kostenstellen in Anspruch genommen werden, z.B. Energieversorgung, Kantine, soziale Dienste, Grundstücke und Gebäude, Druckerei, Transport, Instandhaltung, allgemeine Sicherheitskosten.

- Forschung und Entwicklung
  Zu diesem Bereich zählen neben den Forschungs- und Entwicklungsabteilungen im engeren Sinne auch Konstruktion, Musterbau, Erprobung u.ä.

- Entsorgung/Recycling
  Hierzu gehören alle Einrichtungen zur Entsorgung von Abfall, Abwasser und Abluft sowie zur Bereitstellung von Sekundärrohstoffen. Die Bildung eigener Kostenstellen für Entsorgung und Recycling entspricht der zunehmenden Bedeutung ökologieorientierter Zielsetzungen für die Unternehmenssteuerung.

II. Differenzierung nach produktionstechnischen Gesichtspunkten

– nach produktionstechnischen Gesichtspunkten

- Hauptkostenstellen
  In diesen Kostenstellen werden die Hauptprodukte bearbeitet. Hauptkostenstellen sind daher ausschließlich Fertigungsstellen.

- Nebenkostenstellen
  erfassen die Bearbeitung von absatzfähigen Nebenprodukten (Kuppelprodukten) oder die Verwertung von Abfallprodukten.

- Hilfskostenstellen
  Als Hilfskostenstellen werden all jene Kostenstellen bezeichnet, die nicht bzw. nur

indirekt zur Produktion beitragen und eher unterstützende Funktionen ausüben. Zu den Hilfskostenstellen gehört somit die Mehrzahl der Kostenstellen eines Unternehmens.

III. Differenzierung nach rechentechnischen Gesichtspunkten

– nach rechentechnischen Gesichtspunkten

- Vorkostenstellen
  sind solche, die nicht direkt an Endprodukten arbeiten, sondern für die übrigen Kostenstellen Leistungen erbringen und deren Kosten auf andere Vorkostenstellen und auf Endkostenstellen umgelegt werden, sich also im Betriebsabrechnungsbogen auflösen.

- Endkostenstellen
  sind solche, deren Kosten direkt auf die Kostenträger umgelegt werden. Üblicherweise zählen hierzu die Kostenstellen Material, Fertigung, Verwaltung und Vertrieb.

Grundsätze

Auch die Kostenstellenrechnung sollte neben den Grundsätzen der Wirtschaftlichkeit und der Übersichtlichkeit dem Grundsatz der Eindeutigkeit gehorchen. Die Definition der Abrechnungseinheiten ist deshalb in klarer Weise und ohne Überschneidungen vorzunehmen.

C. Ablauf der Kostenstellenrechnung im Betriebsabrechnungsbogen (BAB)

Betriebsabrechnungsbogen

Die Bildung geeigneter Kostenstellen stellt die Voraussetzung für die Verrechnung der Kostenarten auf die Orte der Entstehung dar. Diese Verrechnung kann in tabellarischer und in kontenmäßiger Form vorgenommen werden. Im sog. **Betriebsabrechnungsbogen (BAB)** wird die Kostenstellenrechnung tabellarisch und in zwei Stufen abgewickelt:

Funktionen

1. Zurechnung bzw. Aufgliederung der primären Gemeinkosten auf die Kostenstellen (Primärkostenverrechnung),
2. Verrechnung der innerbetrieblichen Leistungen (Sekundärkostenverrechnung).

Aufbau

Der Betriebsabrechnungsbogen (BAB) fungiert als »Kostenverteilungsblatt« (Schoenfeld/Möller [1995], S. 131), in dem die zeilenweise aufgelisteten Kostenarten den spaltenweise eingetragenen Kostenstellen belastet werden. Aus Gründen der Übersichtlichkeit der Darstellung ist es erforderlich, den BAB auf die wesentlichen Kostenstellen und Kostenarten zu beschränken. Um gleichwohl eine ausreichend tief gegliederte Zurechnung vornehmen zu können, werden neben dem BAB meist sog. Kostenstellen-Grundblätter geführt. In diesen Grundblättern werden die einzelnen Kostenarten und Kostenstellen für Zwecke der Verrechnung weiter untergliedert, um sodann zusammengefaßt in den BAB übernommen zu werden. Der BAB ermöglicht auch eine formale Richtigkeitskontrolle dergestalt, daß die Summe aller in der Kostenartenrechnung erfaßten primären Gemeinkosten der Summe der auf die Endkostenstellen verrechneten Gesamtkosten entsprechen muß.

Behandlung der Einzelkosten

Wenngleich die Einzelkosten aus der Kostenartenrechnung direkt in die Kostenträgerrechnung übernommen werden könnten, werden zum Zwecke der Vollständigkeit der Darstellung in den ersten Zeilen des BAB vielfach auch die Einzelkosten aus der Kostenartenrechnung aufgeführt.

I. Primärkostenverrechnung

Verursachungsprinzip

Die Aufgliederung der in der Kostenartenrechnung erfaßten primären oder originären Kostenarten auf die Kostenstellen sollte sich soweit möglich nach dem Verursachungsprinzip richten. Auch in der Kostenstellenrechnung erlangt deshalb die Unterscheidung zwischen Einzelkosten und Gemeinkosten besondere Bedeutung.

Kostenstellen-Einzelkosten

Die Differenzierung der Kosten nach Einzelkosten und Gemeinkosten richtet sich in der Kostenartenrechnung nach der Zurechenbarkeit zu einzelnen Produkteinheiten. So verstandene Kostenträger-Gemeinkosten können jedoch aus Sicht der Kostenstelle Einzelkosten für die Kostenstelle darstellen. Den Kostenstellen sind zunächst nur diese **Kostenstellen-Einzelkosten** direkt zurechenbar, bspw. Personalkosten anhand von Gehaltslisten und Lohnzetteln, Fremdreparaturen anhand von Rechnungen, Energiekosten, die durch Stromzähler stellenweise ermittelt werden usw.

Kostenstellen-Gemeinkosten

Kostenstellen-Gemeinkosten, also Kosten, die sinnvoll nur mehreren Kostenstellen zugerechnet werden können, müssen hingegen über geeignete Schlüssel auf die einzelnen Kostenstellen verteilt werden. Durch spaltenweise Addition ergeben sich die primären Kosten der Kostenstellen.

II. Sekundärkostenverrechnung

Definition

Im Rahmen der Sekundärkostenverrechnung werden die Kosten für innerbetriebliche Leistungen verrechnet. Im Gegensatz zur Verteilung der primären Kosten auf die Kostenstellen geht es hier um die Überwälzung der Kosten sog. sekundärer oder derivativer Güter und Leistungen, also materieller und immaterieller Güter, die im Unternehmen selbst erstellt wurden (»Wiedereinsatzgüter«). Die Verrechnung innerbetrieblicher Leistungen in diesem Sinne wird bspw. erforderlich bei:

Beispiele

- Fertigung von Werkzeugen für den Eigengebrauch,
- Selbstverbrauch von fertigen und unfertigen Erzeugnissen,
- Selbsterzeugung von Energie (z.B. Wasserdampf, Strom),
- Instandhaltungs-, Transport-, Sozialleistungen.

Die genannten Leistungen lassen sich wie folgt unterscheiden:

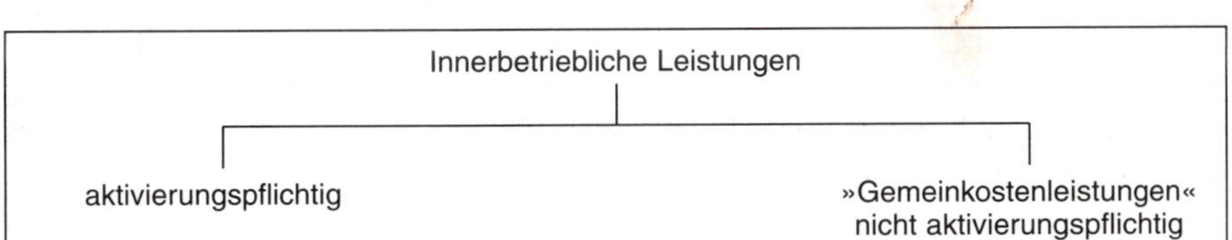

Abb. 3.3: Innerbetriebliche Leistungen und ihre Verrechnung

Aktivierungspflichtige innerbetriebliche Leistungen

Die aktivierungspflichtigen innerbetrieblichen Leistungen – selbsterstellte Anlagen, Werkzeuge – sind wie andere Kostenträger zu Herstellkosten zu kalkulieren und belasten in der Folge lediglich in Höhe ihrer Abschreibungen das Betriebsergebnis. Die Abschreibungen werden dann als primäre Kosten der Periode in der Kostenrechnung berücksichtigt.

Gemeinkostenleistungen

Nur die typischen innerbetrieblichen Leistungen (Gemeinkostenleistungen) – wie Reparaturdienste, Transportdienste, soziale Dienste (Kantine) – werden in der Kostenstellenrechnung als nicht aktivierbare Faktorverbräuche normalerweise unmittelbar auf die Endkostenstellen verrechnet. Zu diesem Zweck werden üblicherweise jeweils für bestimmte Gruppen innerbetrieblicher Gemeinkostenleistungen Vorkostenstellen im BAB eingerichtet.

Abgrenzungsprobleme

Innerbetriebliche Leistungen können aber auch ausnahmsweise in Endkostenstellen erzeugt werden (z.B. Erstellung von Werkzeugen durch die Fertigung). Eine gänzlich überschneidungsfreie Differenzierung in Vorkosten- und Endkostenstellen ist in der Praxis kaum möglich, die Abgrenzung folgt daher auch immer bestimmten Konventionen.

Verrechnung entlang der innerbetrieblichen Leistungsverflechtung

Die Verrechnung sekundärer Kosten richtet sich grundsätzlich nach Art und Umfang der innerbetrieblichen Leistungsverflechtung. Sofern innerbetriebliche Leistungen ausschließlich von Vorkostenstellen erbracht worden sind, wie allgemeine Stellen und Fertigungshilfsstellen, entspricht die Sekundärkostenverrechnung im wesentlichen der Umlage der Kosten der Vorkostenstellen auf die Endkostenstellen. Die primären Kosten der Vorkostenstellen werden dann zu sekundären Kosten der empfangenden Stellen.

Dieser Zusammenhang ist in Abbildung 3.4 veranschaulicht:

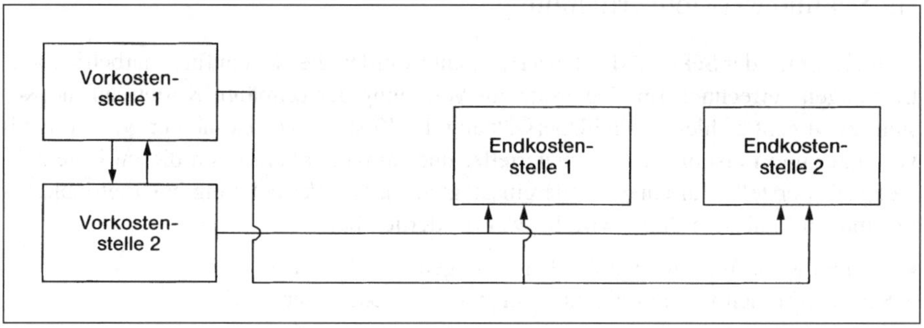

Abb. 3.4: Verrechnung sekundärer Kosten

Wirtschaftlichkeit

Neben Art und Umfang der innerbetrieblichen Leistungsverflechtung sind auch Wirtschaftlichkeitserwägungen entscheidend für den Umfang der Sekundärkostenverrechnung. Verursachungsgerechtigkeit und Wirtschaftlichkeit der Kostenzurechnung sind konkurrierende Zielgrößen, weshalb beide Teilziele den Präferenzen entsprechend gegeneinander abzuwägen sind.

1. Anbauverfahren

Aus Gründen der Vereinfachung beschränkt sich die Verrechnung innerbetrieblicher Leistungen häufig auf die Leistungen der Vorkostenstellen. Innerbetriebliche Leistungen von Endkostenstellen werden in diesem Fall nicht gesondert erfaßt und verrechnet. *Anbauverfahren*

Zudem wird bisweilen darauf verzichtet, Leistungen, die von Vorkostenstellen für andere Vorkostenstellen erbracht wurden, durch geeignete Kostenumlagen bei den empfangenden Vorkostenstellen zu berücksichtigen, d.h. die Kosten der Vorkostenstellen werden nur auf die Endkostenstellen verrechnet. Diese vereinfachte Form der Sekundärkostenverrechnung wird als Anbauverfahren bezeichnet (vgl. Abb. 3.5).

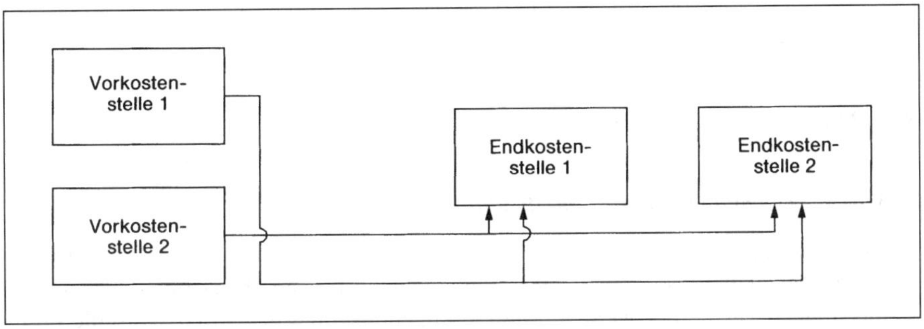

Abb. 3.5: Anbauverfahren

Die Effekte aus gegenseitigen Leistungsverflechtungen einzelner Vorkostenstellen oder aber von Leistungen von Endkostenstellen an andere Kostenstellen gehen somit aufgrund der bewußt in Kauf genommenen Rechnungsunschärfen nicht in die Kostenstellenrechnung ein.

2. Stufenleiterverfahren

Auch im sog. »Stufenleiterverfahren« der Kostenstellenrechnung werden nur einseitige Leistungsbeziehungen der Kostenstellen erfaßt. Darüber hinaus existierende gegenseitige Leistungsverflechtungen werden bewußt außer acht gelassen. *Stufenleiterverfahren*

Um den damit in Kauf genommenen Rechenfehler so gering wie möglich zu halten, wird jedoch versucht, die Sekundärkostenverrechnung in einer Reihenfolge vorzunehmen, die gewährleistet, daß bei sukzessiver Umlage der Kosten der Vorkostenstellen auf die nachfolgenden Stellen der Umfang der nicht erfaßten gegenläufigen Leistungsströme der nachgeordneten Stellen an vorgelagerte Stellen so gering wie möglich ist.

Sukzessive Verrechnung

Begonnen wird daher mit den Vorkostenstellen, die nur Leistungen an andere Stellen abgegeben haben, selbst jedoch keine Leistungen empfangen haben. Danach werden in der Reihenfolge fortschreitend die primären und sekundären Kosten derjenigen Vorkostenstellen auf die Endkostenstellen umgelegt, die Leistungen von anderen Vorkostenstellen erhalten haben. Auf diese Weise werden die Vorkostenstellen nacheinander per Gutschrift von ihren Kosten entlastet (»negatives Vorzeichen« im BAB), die empfangenden Kostenstellen dementsprechend mit sekundären Kosten in Höhe der Kostenumlagen belastet (»positives Vorzeichen« im BAB). Siehe hierzu Abbildung 3.6 und das Zahlenbeispiel 3.2:

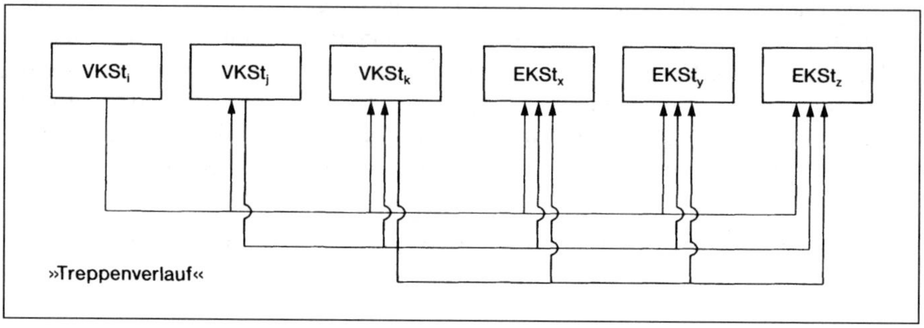

Abb. 3.6: Stufenleiterverfahren

3. Kostenverrechnung anhand von Standardsätzen

Standardisierte Verrechnungssätze

Die Verrechnung der Leistungen von Vorkostenstellen kann weiter dadurch vereinfacht werden, daß standardisierte Verrechnungssätze für innerbetriebliche Gemeinkostenleistungen verwendet werden. Die Gesamtentlastung einer Vorkostenstelle ergibt sich dann als Produkt der Summe der Leistungseinheiten und dem spezifischen Verrechnungssatz.

Behandlung von Abweichungen

Die aus Abweichungen der tatsächlichen von den verrechneten Kosten entstehenden Über- oder Unterdeckungen werden in diesem Fall ohne weitere Zurechnung in die Periodenerfolgsrechnung übernommen (vgl. Seicht [1997], S. 152).

4. Lineare Gleichungssysteme zur Kostenverrechnung

Matrixverfahren

Wenn die durch das Stufenleiterverfahren erforderliche Hierarchisierung der Kostenstellen aufgrund erheblicher gegenseitiger Leistungsverflechtungen nicht sinnvoll durchführbar ist oder die Nichtberücksichtigung gegenläufiger Leistungsbeziehungen zu große Unschärfen erwarten läßt, so kann durch Verwendung eines **linearen Gleichungssystems** auf simultanem Wege auch eine exakte Kostenverrechnung der Kostenstellen untereinander vorgenommen werden (»Matrixverfahren«, vgl. Kloock/ Sieben/Schildbach [1993], S. 122 ff.).

Gleichungssystem

Die Gleichungen für jede Kostenstelle gehorchen dabei folgendem Muster:

Kostenentlastung der leistenden KSt	=	Kostenbelastung der empfangenden Kostenstellen
Anteilige primäre GK sowie sekundäre GK für innerbetriebliche Leistungen der KSt	=	Σ sekundäre GK der empfangenden KSt

$$
\begin{aligned}
x_1 \times V_1 &= K_{p1} + a_{11} \times V_1 + a_{21} \times V_2 + \ldots + a_{n1} \times V_n \\
x_2 \times V_2 &= K_{p2} + a_{12} \times V_1 + a_{22} \times V_2 + \ldots + a_{n2} \times V_n \\
&\vdots \\
x_n \times V_n &= K_{pn} + a_{1n} \times V_1 + a_{2n} \times V_2 + \ldots + a_{nn} \times V_n
\end{aligned}
$$

mit:

K_{pi} = primäre Kosten der Kostenstelle i
x_i = erstellte Leistungseinheiten der Kostenstelle i
a_{ji} = Leistung von Stelle j an Stelle i
V_i = Verrechnungssatz für eine Leistungseinheit der Kostenstelle i
V_j = Verrechnungssatz für eine Leistungseinheit der Kostenstelle j
$i, j = 1, \ldots, n$

Zahlenbeispiel 3.1: Sekundärkostenverrechnung *Beispiel*

In einem Betrieb existieren drei Vorkostenstellen, die untereinander innerbetriebliche Leistungen austauschen. Die Endkostenstellen treten nur als Empfänger dieser Leistungen auf. Die Leistungsbeziehungen, die zu verrechnenden Primärkosten und die resultierenden Verrechnungssätze ergeben sich aus nachfolgender Tabelle:

	Energieversorgung		Kantine		Reparaturstelle	
	kWh	DM	Personen	DM	Rep.-Std	DM
Primäre GK		15 000		10 000		100 000
Energieversorgung	200	1 656	3	192	150	7 980
Kantine	150	1 242	8	513	20	1 064
Reparatur	150	1 242	14	897	80	4 256
Σ Endkostenstellen	2 500	20 700	175	11 216	1 750	93 100
	3 000	24 840	200	12 818	2 000	106 400
Verrechnungssatz	8,28		64,09		53,20	

Ausgangsgleichungen für die Sekundärkostenverrechnung:

(1) $3\,000\,V_1 = 15\,000 + 200\,V_1 + 3\,V_2 + 150\,V_3$
(2) $200\,V_2 = 10\,000 + 150\,V_1 + 8\,V_2 + 20\,V_3$
(3) $2\,000\,V_3 = 100\,000 + 150\,V_1 + 14\,V_2 + 80\,V_3$

Auf simultanem Wege werden nach dieser Methode sowohl die gesamten primären und sekundären Kosten jeder Kostenstelle als auch die kostenstellenspezifischen Umlagesätze für verrechnete innerbetriebliche Leistungen ermittelt.

Probleme

Diese Art der Kostenverrechnung ist komplex und trotz der möglichen Unterstützung durch EDV mit erheblichem Aufwand verbunden, da die für die rechnerische Umlage erforderlichen Basisinformationen (Charakter und Umfang der Leistungsverflechtung) zu erheben sind (vgl. Hummel/Männel [1986], S. 122 ff.; Kloock/Sieben/Schildbach [1993]; Schweitzer/Küpper [1998]).

Die spaltenweise Addition der primären und sekundären Gemeinkosten ergibt nach

Durchführung der Kostenstellenrechnung die gesamten Kosten jeder Endkostenstelle, die im Rahmen der Kostenträgerrechnung weiter ausgewertet werden können.

Schema der Kostenstellenrechnung

Die Kostenstellenrechnung stellt sich damit schematisch wie folgt dar:

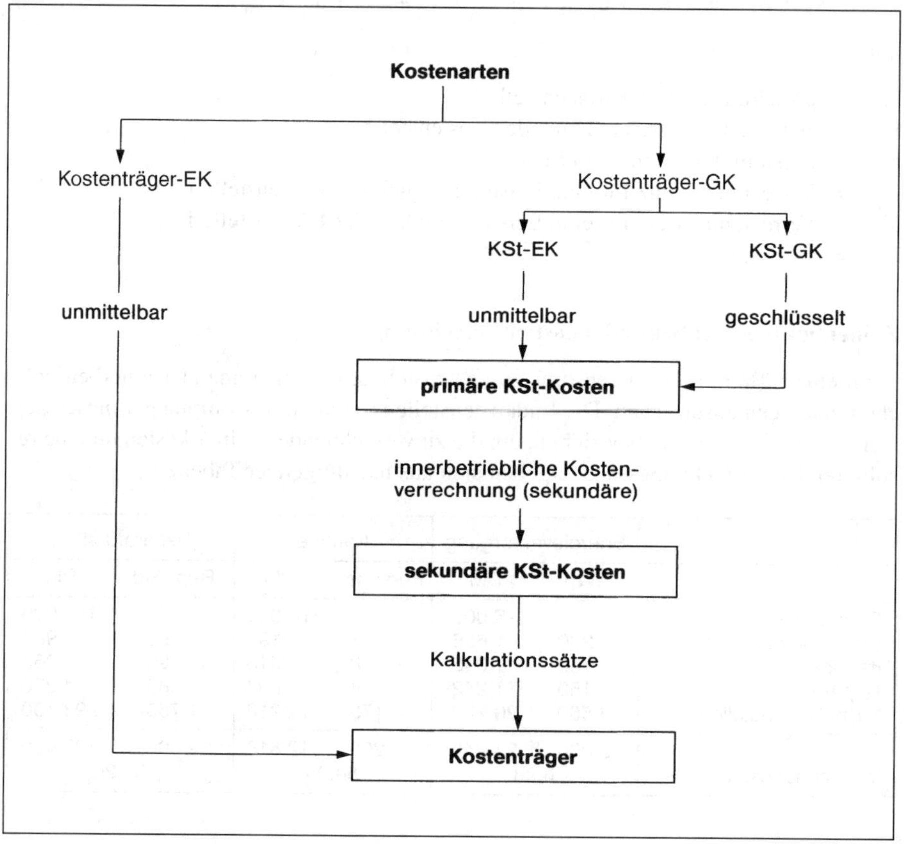

Abb. 3.7: Systematik der Kostenstellenrechnung

III. Kostenschlüssel, Kostengliederungszahlen

Bezugsgrößen

Sowohl im Rahmen der Primärkostenverrechnung als auch bei der Sekundärkostenverrechnung sind Gemeinkosten mittels geeigneter Bezugsgrößen näherungsweise verursachungsgerecht auf die Kostenstellen zu verrechnen.

Da es sich bei dieser Verrechnung um ein Näherungsverfahren handelt, sollte aus Vereinfachungsgründen hierbei möglichst nur ein Schlüssel für jede Kostenart verwendet werden. Dabei wird allerdings eine unterschiedliche Kostenintensität für verschiedene innerbetriebliche Leistungen einer Kostenstelle ignoriert.

Für den Fall, daß mit der Wahl nur einer Bezugsgröße aufgrund der Heterogenität der Leistungsabgabe einer Kostenstelle zu große Unschärfen in der Kostenverrechnung zu erwarten sind, empfiehlt es sich, die Kostenstelle in Kostenplätze zu unterteilen und jedem Kostenplatz eine gesonderte Bezugsgröße zuzuweisen.

Die gebräuchlichen Kostenschlüssel lassen sich grob differenzieren nach Mengen- und Wertschlüsseln (vgl. Schweitzer/Küpper [1998]; Wilkens [1996]):

Mengenschlüssel

a) Mengenschlüssel
- Zählgrößen (Stückzahl, Kopfzahl),
- Zeitgrößen (min, h, Tage, Maschinenstunden usw.),
- Längenmaße, Flächenmaße, Raumgrößen,
- Gewichtsgrößen,
- Leistungsgrößen, andere technische Größen.

Wertschlüssel

b) Wertschlüssel
- Kostengrößen,
  pagatorische: Lohn, Gehalt, Materialkosten,
  kalkulatorische: Fertigungs-, Herstell- bzw. Selbstkosten,
- Umsatz,
- Einsatzwerte, Durchsatzwerte, Produktionswerte,
- Vermögenswerte.

Mengenschlüssel weisen grundsätzlich den Vorteil auf, daß sie eine technisch meßbare Proportionalität wiedergeben und als Verrechnungsgrundlage unabhängig von Preisentwicklungen sind.

Bei proportionalen Kostenfunktionen kann bspw. die Kostenumlage einer Vorkostenstelle anhand einer Bezugsgröße durch einfache Divisionsrechnung erfolgen:

Gesamtkosten	:	Bezugsgröße (Leistungseinheit)	=	Kostensatz pro Einheit der innerbetrieblichen Leistung

Beispiele für Mengenschlüssel

Beispiele für Mengenschlüssel:

Kosten der Kantine	:	Anzahl der Beschäftigten je Kostenstelle
Heizungskosten	:	m^3 der beheizten Räume
Kosten für Grundstücke u. Gebäude	:	m^2 der beanspruchten Fläche
Transportkosten	:	Gewicht/Raum/Entfernung
Reparaturleistungen	:	Arbeitsstunden

Während Mengenschlüssel insbesondere im Fertigungsbereich naheliegen, können für Vertrieb, Verwaltung und Materialbereich i.d.R. kaum sinnvolle Mengenschlüssel als Bezugsgröße gefunden werden (vgl. dagegen die Möglichkeiten der Prozeßkostenrechnung in Kap. 8). Aus diesem Grund muß gerade in diesen Bereichen behelfsmäßig auf Wertschlüssel zurückgegriffen werden.

Beispiele für Wertschlüssel

Beispiele für Wertschlüssel:

Verwaltungskosten	:	HK der erzeugten Produkte
Vertriebskosten	:	HK der abgesetzten Produkte

Zahlenbeispiel 3.2: Betriebsabrechnung als Vollkostenrechnung

Kostenstelle / Kostenarten	Σ Kostenarten	Vorkostenstellen Reparatur	Transport	Endkostenstellen Material	Fertigung I (Teilefert.)	Fertigung II (Montage)	Verwaltung	Vertrieb
A) Einzelkosten:								
1. Fertigungsmaterial	118 000							
2. Fertigungslohn	90 000				40 000	50 000		
B) Gemeinkosten:								
3. Gehälter	70 000	3 000	2 000	7 000	3 000	7 000	28 000	20 000
4. Energie	20 000	1 000	1 000	900	5 000	10 600	1 000	500
5. Versicherungen	10 000	500	1 000	1 000	2 500	2 500	2 000	500
6. Abschreibungen	100 000	8 000	5 000	7 000	25 000	46 000	8 000	1 000
7. andere GK	70 000	15 500	6 000	14 500	12 500	14 500	5 000	2 000
8. Σ primäre GK	270 000	28 000	15 000	30 400	48 000	80 600	44 000	24 000
9. Umlage Reparatur			→ 1 000	2 000	7 500	9 000	3 500	5 000
10. Umlage Transport				→ 3 000	4 500	7 000	500	1 000
11. Σ primäre u. sek. GK	270 000			35 400	60 000	96 600	48 000	30 000
12. Bezugsbasis				Mat.-EK	Fert.-Lohn	Fert.-Lohn	HK	HK
13. Zuschlagssatz				30 %	150 %	193,2 %	12 %	7,5 %

Informationen zur Verrechnung innerbetrieblicher Leistungen von Vorkostenstellen an Endkostenstellen

Leist. Stelle / Empf. Stelle	Bezugsgröße	Reparaturwerkstatt	Transportstelle	Einkauf und Materiallager	Fertigung I Teilefert.	Fertigung II Montage	Verwaltung	Vertrieb	Gesamtleist. der VKSt
Reparaturwerkstatt	Std.	–	10	20	75	90	35	50	280
Transportstelle	m^3	–	–	300	450	700	50	100	1 600

Verrechnungssätze für die Leistungen der Vorkostenstellen

⇒ Verrechnungssatz für eine Reparaturstunde: 28 000 : 280 = 100,– DM/Std.

⇒ Verrechnungssatz für einen Kubikmeter Transportleistung:

Gesamtkosten der Transportstelle:	15 000,– DM (primäre Kosten)
	+ 1 000,– DM (sekundäre Kosten)
	= 16 000,– DM
	16 000 : 1 600 = 10,– DM/m^3

Zuschlagssätze für die Kalkulation

Kostenart	Bezugsbasis	Zuschlagssatz
MGK	MEK	30,0 %
FGK I	FL	150,0 %
FGK II	FL	193,2 %
Verw.-GK	HK	12,0 %
Vertr.-GK	HK	7,5 %

Da Wertschlüssel dem Verursachungsprinzip regelmäßig nicht gerecht werden, sollten sie nur mangels geeigneterer Alternativen zur Anwendung kommen. Zu beachten ist außerdem, daß Wertschlüssel inflationsempfindlich sind. Preisänderungen erzwingen daher eine Anpassung der Zuschlagssätze, sofern nicht innerhalb einer Rechnungsperiode aus Vereinfachungsgründen ohnehin mit Standardwerten gerechnet wird.

Abkürzungsverzeichnis

a_{ii}	Eigenverbrauch der Kostenstelle i
a_{ji}	Leistung von Kostenstelle j an Kostenstelle i
BAB	Betriebsabrechnungsbogen
EDV	Elektronische Datenverarbeitung
EK	Einzelkosten
EKSt	Endkostenstelle
FGK	Fertigungsgemeinkosten
FL	Fertigungslöhne
GK	Gemeinkosten
HK	Herstellkosten
K_{pi}	primäre Kosten der Kostenstelle i
KSt	Kostenstelle
KStR	Kostenstellenrechnung
MEK	Materialeinzelkosten
MGK	Materialgemeinkosten
NC	numeric control
SK	Selbstkosten
VEK	Vertriebskosten
Vertr.-GK	Vertriebs-Gemeinkosten
Verw.-GK	Verwaltungs-Gemeinkosten
V_i, V_j	Verrechnungssatz für eine Leistungseinheit der Kostenstelle i, j
VKSt	Vorkostenstelle
VVK	Vertriebs- und Verwaltungskosten
VWK	Verwaltungskosten
x_i	erstellte Leistungseinheiten der Kostenstelle i

Kontrollfragen

1) Nehmen Sie Stellung zu der Aussage: Die Kostenstellenrechnung bildet das Bindeglied zwischen Kostenarten- und Kostenträgerrechnung!
2) Welche eigenständigen Aufgaben kommen der Kostenstellenrechnung zu?
3) Nach welchen Kriterien sollte die Einteilung eines Unternehmens in einzelne Kostenstellen erfolgen?
4) Welche prinzipiellen Differenzierungsmöglichkeiten für Kostenstellen sind im Rahmen der Kostenstellenrechnung anwendbar?
5) Grenzen Sie Hilfskostenstellen von Hauptkostenstellen sowie Vorkostenstellen von Endkostenstellen ab!
6) Charakterisieren Sie Aufbau und Funktionen eines Betriebsabrechnungsbogens!
7) Auf welche Weise lassen sich Kostenstellen-Einzelkosten und Kostenstellen-Gemeinkosten auf die einzelnen Kostenstellen zurechnen?
8) Welche Unterschiede bestehen zwischen der Primär- und der Sekundärkostenverrechnung in der Kostenstellenrechnung?
9) Grenzen Sie das Anbauverfahren, das Stufenleiterverfahren und die Kostenverrechnung anhand linearer Gleichungssysteme bezüglich Anwendungsbereich und Vorgehensweise voneinander ab!
10) Welche Kategorien von Kostenschlüsseln werden üblicherweise unterschieden? Nennen Sie für jede Kategorie einige Beispiele!
11) Welche spezifischen Vor- und Nachteile weisen Mengen- und Wertschlüssel zur Kostenverrechnung auf?

Literaturhinweise

Biethahn, J. (1981): Kostenstellen und Leistungsstellen, in: Kosiol, E./Chmielewicz, K./Schweitzer, M. (Hrsg.) (1981): Handwörterbuch des Rechnungswesens, 2. Aufl., Stuttgart 1981, Sp. 1090–1097.

Börner, D. (1981): Kostenverteilung, in: Kosiol, E./Chmielewicz, K./Schweitzer, M. (Hrsg.) (1981): Handwörterbuch des Rechnungswesens, 2. Aufl., Stuttgart 1981, Sp. 1105–1114.

Bundesverband der Deutschen Industrie (BDI) e.V. (Hrsg.) (1991): Empfehlungen zur Kosten- und Leistungsrechnung, Band 1, 3. Aufl., Bergisch-Gladbach 1991.

Freidank, C.-C. (1997): Kostenrechnung, 6. Aufl., München 1997.

Haberstock, L. (1987): Kostenrechnung I – Einführung, 8. Aufl., Hamburg 1987.

Hummel, S./Männel, W. (1986): Kostenrechnung 1, 4. Aufl., Wiesbaden 1986.

Kilger, W. (1987): Einführung in die Kostenrechnung, 3. Aufl., Wiesbaden 1987.

Kloock, J./Sieben, G./Schildbach, T. (1993): Kosten- und Leistungsrechnung, 7. Aufl., Düsseldorf 1993.

Schoenfeld, H.-M./Möller, H. P. (1995): Kostenrechnung, 8. Aufl., Stuttgart 1995.

Schweitzer, M./Küpper, H.-U. (1998): Systeme der Kosten- und Erlösrechnung, 7. Aufl., München 1997.

Seicht, G. (1997): Moderne Kosten- und Leistungsrechnung – Grundlagen und praktische Gestaltung, 9. Aufl., Wien 1997.

Wilkens, K. (1996): Kosten- und Leistungsrechnung, 8. Aufl., München 1996.

4. Kapitel: Kostenträgerrechnung im System der Vollkostenrechnung

Aufbauend auf Kostenartenrechnung und Kostenstellenrechnung kann die Kostenträgerrechnung durchgeführt werden, wobei zwei Varianten bzw. Auswertungsformen zu unterscheiden sind:

Varianten der Kostenträgerrechnung

1. Kostenträgerstückrechnung (Kalkulation der Herstellkosten und Selbstkosten),
2. Kostenträgerzeitrechnung (Betriebsergebnisrechnung).

Kostenträger ist ganz allgemein jede selbständige Leistungs- bzw. Produkteinheit. Grundsätzlich können also neben zur Veräußerung bestimmten Leistungen auch die zu aktivierenden innerbetrieblichen Leistungen (Anlagen, Werkzeuge, Maschinen u.ä.) als Kostenträger fungieren. Die Abgrenzung von Kostenträgern bereitet i.d.R. keine Schwierigkeiten, wenngleich naturgemäß je nach Branchenzugehörigkeit die unterschiedlichsten Leistungseinheiten definiert werden können.

Kostenträger

Beispiele für Kostenträger:

Beispiele

- Einzelauftrag,
- hergestellte Produkteinheit (Los, Produktgruppe),
- Beratungsleistung,
- Forschungsleistung, Vertriebsleistung usw.,
- bereitgestellte Kapazitäten, z.B. Fluglinie, Speditions-LKW.

A. Kostenträgerstückrechnung (Kalkulation)

Die **Problematik der Zurechnung** von Gemeinkosten wird im Rahmen der Kostenrechnung auf drei Stufen relevant:

Zurechnungsproblematik

- im Rahmen der Primärkostenverrechnung,
- bei der Sekundärkostenverrechnung
- und schließlich bei der Bildung von Gemeinkosten-Zuschlägen im Rahmen der Kostenträgerstückrechnung.

In der Kostenträgerstückrechnung bzw. Kalkulation wird ermittelt, welche Kosten für die Herstellung einer Produkteinheit oder Leistungseinheit angefallen sind. Im Rahmen der Vollkostenrechnung interessieren dabei nur die vollen Herstell- bzw. Selbstkosten jeder Einheit.

Aufgabe der Kalkulation

In der Literatur werden i.a. folgende Kalkulationsverfahren behandelt:

Kalkulationsverfahren

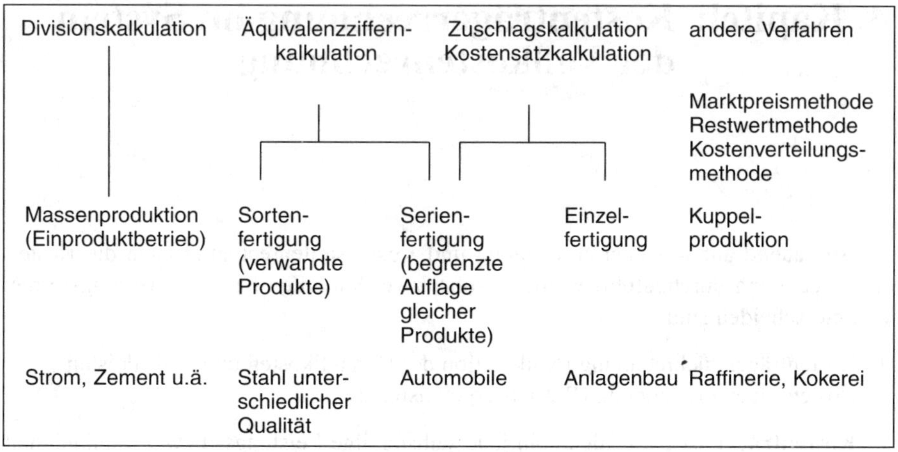

Abb. 4.1: Kalkulationsverfahren und ihre Anwendungsbereiche

Als grundlegende Verfahren der Kostenträgerstückrechnung können von den vorgenannten insbesondere zwei bezeichnet werden, die

1. Divisionskalkulation und die
2. Zuschlagskalkulation (bzw. Kostensatzkalkulation).

I. Divisionskalkulation

Während die reine Divisionskalkulation auf einen relativ engen Anwendungsbereich zugeschnitten ist, tritt das Grundprinzip dieser Methode auch in anderen Verfahren hervor und soll deshalb näher dargestellt werden.

Einstufige Divisionskalkulation

Der **Divisionskalkulation** liegt eine Durchschnittsbetrachtung zugrunde. In der einfachsten Form, der einstufigen Divisionskalkulation, werden die gesamten angefallenen primären Kosten durch die Menge der hergestellten Produkte bzw. Leistungen dividiert, um den Stückkostensatz zu ermitteln:

$$k = \frac{K}{x}$$

mit:

k = Stückkosten
K = Gesamtkosten
x = Produktionsmenge

Einstufige Fertigung

Dieses Verfahren führt immer dann zu gleichen Lösungen wie eine Verteilung nach dem Verursachungsprinzip, wenn das Unternehmen als Einproduktbetrieb nur ein homogenes Massenprodukt hergestellt hat (**einstufige Fertigung**) und Lagerhaltung entweder nicht möglich ist (z.B. Energieversorgung) oder die Bestände sich in der betrachteten Periode nicht verändert haben. In diesem Fall kann die Kalkulation unmittelbar an die Kostenartenrechnung angehängt werden. Der gesamte Betrieb wird in diesem Fall als **eine** Kostenstelle angesehen.

Treten bei einstufiger Fertigung Bestandsänderungen an fertigen Erzeugnissen auf, die zu Herstellkosten zu bewerten sind, so sind die Vertriebskosten lediglich auf die abgesetzten Produkteinheiten umzulegen, während die übrigen Kosten auf die produzierten Einheiten verrechnet werden.

Bestandsänderungen

Schema einer zweistufigen Divisionskalkulation (vgl. Vormbaum [1977], S. 62):

Zweistufige Divisionskalkulation

$$k = \frac{K_H}{x_P} + \frac{K_V}{x_A}$$

mit:

k = Kosten je Einheit
K_H = Herstellkosten
K_V = Vertriebskosten
x_P = Produktionsmenge
x_A = Absatzmenge

Zahlenbeispiel 4.1: Zweistufige Divisionskalkulation

Beispiel

Abgesetzte Menge	1) 12 000 t	2) 18 000 t
Produzierte Menge	15 000 t	
Gesamtkosten:	900 000,– DM	
Vertriebskosten:	90 000,– DM	

$$1)\ k = \frac{810\,000}{15\,000} + \frac{90\,000}{12\,000}$$

$$= 54 + 7{,}50 = 61{,}50 \text{ DM/t}$$

$$2)\ k = 54 + \frac{90\,000}{18\,000} = 59{,}\text{– DM/t}$$

Die Kalkulation und die Bestandsbewertung werden erschwert, sobald **mehrstufige Produktionsprozesse** vorliegen, die auch zu Beständen an unfertigen Erzeugnissen führen können.

Mehrstufige Produktionsprozesse

Die Gesamtkosten sind bei Bestandserhöhungen auf die fertigen Erzeugnisse und die unfertigen Erzeugnisse aufzuteilen. Im Falle von Bestandsverminderungen bei unfertigen Erzeugnissen sind den Kosten der Periode die Kosten der verbrauchten Bestände aus Vorperioden hinzuzurechnen, um zu den richtigen Stückkosten für die Endprodukte zu gelangen.

Die Herstellkosten der Bestandsveränderungen jeder Produktionsstufe sind gesondert zu kalkulieren, so daß eine mehrstufige Divisionskalkulation durchzuführen ist (vgl. Kloock/Sieben/Schildbach [1993]; Schoenfeld/Möller [1995]).

Mehrstufige Divisionskalkulation

Die unfertigen Erzeugnisse werden entsprechend ihrem Fertigstellungsgrad bzw. ihrer zuletzt durchlaufenen Produktionsstufe mit Einzel- und Gemeinkosten belastet. Auf jeder Stufe werden somit die gesamten dieser Stufe zuzurechnenden Kosten durch Division auf die in dieser Stufe bearbeiteten Einheiten umgelegt. Auf dieser Stufe verbleibende Bestände können somit ebenso bewertet werden wie die Kosten, die auf nachfolgende Stufen des Produktionsprozesses weitergewälzt werden müssen.

Kennzeichnend für die Divisionskalkulation ist der grundsätzliche Verzicht auf eine weitere Differenzierung der Kostenzurechnung nach der Art der Kosten und der Grundlage der Weiterverrechnung.

Kennzeichen

Schema

Schema der mehrstufigen Divisionskalkulation:

1. Stufe: $k_1 = K_1 : x_1$
2. Stufe: $k_2 = (k_1 \times mx_1 + K_2) : x_2$

.

.

n-te Stufe: $k_n = (k_{n-1} \times mx_{n-1} + K_n) : x_n$

mit:

$K_1, \ldots, K_n$ = Gesamtkosten der Periode auf den Stufen 1, …, n

$x_1, \ldots, x_n$ = hergestellte Mengen der Periode auf den Stufen 1, …, n

$k_1, \ldots, k_n$ = Kosten je Einheit der auf der Stufe 1, …, n erzeugten (Vor-)Produkte

$mx_1, \ldots, mx_{n-1}$ = Vorproduktmengen der Stufen 1, …, (n – 1), die in der betreffenden Periode auf den nachfolgenden Stufen weiterverarbeitet werden

$k_1 \times mx_1, \ldots, k_{n-1} \times mx_{n-1}$ = Wert des von der Vorstufe übernommenen Materialeinsatzes auf der Stufe 2, …, n

Beispiel

Zahlenbeispiel 4.2: Mehrstufige Divisionskalkulation (nach Vormbaum [1977])

Kalkulation in einer Zementfabrik mit 5stufiger Fertigung

1. Stufe: 10 800 t Rohmaterial werden gefördert und aufbereitet; Gesamtkosten: 21 600,– DM.
2. Stufe: aus den 10 800 t Rohmaterial entstehen 10 000 t Rohmehl; Mengenschwund: 800 t; Gesamtkosten auf dieser Stufe: 25 000,– DM.
3. Stufe: aus 7 500 t Rohmehl werden 5 000 t Klinker gebrannt; Lageraufbau: 2 500 t Rohmehl; Gesamtkosten dieser Stufe: 75 000,– DM.
4. Stufe: 5 700 t Klinker und 300 t Gips werden zu 6 000 t Zement verarbeitet; Lagerabbau Klinker aus Beständen der Vorperioden: 700 t; Gesamtkosten dieser Stufe incl. Materialkosten für Gips: 30 000,– DM.
5. Stufe: 7 000 t Zement werden abgepackt; Gesamtkosten dieser Stufe: 14 000,– DM.

Für die vom Lager genommenen Bestände werden die gleichen Kosten unterstellt wie für Material der lfd. Produktion.

Stufenweise Kalkulation:

1. Stufe: Kosten je t Rohmaterial

$$\frac{21\,600}{10\,800} = 2,\text{– DM/t}$$

2. Stufe: Kosten je t Rohmehl

$$\frac{(10\,800 \times 2) + 25\,000}{10\,000} = 4{,}66 \text{ DM/t}$$

3. Stufe: Kosten je t Klinker

$$\frac{7\,500 \times 4{,}66 + 75\,000}{5\,000} = 21{,}99 \text{ DM/t}$$

4. Stufe: Kosten je t Zement

$$\frac{5\,700 \times 21{,}99 + 30\,000}{6\,000} = 25{,}89 \text{ DM/t}$$

5. Stufe: Kosten je t verkaufsfertigem Zement

$$\frac{7\,000 \times 25{,}89 + 14\,000}{7\,000} = 27{,}89 \text{ DM/t}$$

II. Zuschlagskalkulation

Anwendungsbereich

Für Unternehmen mit Serienfertigung oder auftragsbezogener Einzelfertigung kann die Divisionskalkulation aufgrund der relativ groben Durchschnittsbetrachtung nicht mehr zu befriedigenden Ergebnissen führen, da die Produkte zu heterogen sind und gleichzeitig die Komplexität des Produktionsprozesses eine Untergliederung in wenige Stufen nicht mehr zuläßt.

Kennzeichen

Die Stückkostenermittlung sollte in diesen Bereichen deshalb durch **Zuschlagskalkulation** erfolgen. Kennzeichnend für dieses Verfahren ist eine Differenzierung nach Einzel-, Sondereinzel- und Gemeinkosten. Gleichzeitig wird im Gegensatz zur einstufigen Divisionskalkulation eine Kostenstellenrechnung erforderlich. Die Einzel- und Sondereinzelkosten können den Leistungs- bzw. Produkteinheiten direkt und verursachungsgerecht zugerechnet werden.

Differenzierte Zuschlagskalkulation

Die gesamten Gemeinkosten werden bei einer differenzierten Zuschlagskalkulation zunächst nach Art und Herkunft getrennt, im BAB auf die Kostenstellen verrechnet und sodann über Zuschläge zu den Einzelkosten näherungsweise verursachungsgerecht auf die Kostenträger umgelegt.

Vorgehensweise

Diese aufwendigere Vorgehensweise wird erforderlich, weil heterogene Produkte/Leistungen eines Mehrproduktunternehmens dem Betrieb nicht nur unterschiedliche Einzelkosten sondern auch in unterschiedlichem Maße Gemeinkosten verursachen. Aufbauend auf den Ergebnissen der Kostenstellenrechnung werden die Gemeinkosten daher stufenweise anhand der jeweils sinnvollsten Bezugsgrößen auf die Leistungseinheiten verrechnet.

Bezugsgrößen

Im allgemeinen werden folgende Proportionalitäten zwischen Einzel- und Gemeinkosten unterstellt:

1. Material-GK-Zuschlag auf Fertigungsmaterial,
2. Fertigungs-GK-Zuschlag auf Fertigungslöhne (evtl. mit mehreren Fertigungsstellen),
3. Verwaltungskosten-Zuschlag auf Herstellkosten der Fertigung (der **produzierten** Produkte),
4. Vetriebs-GK-Zuschlag auf Herstellkosten des Umsatzes (der **abgesetzten** Produkte).

<table>
<tr><td>Fertigungsmaterial (EK)
Material-GK</td><td>Material-
kosten</td><td rowspan="2">Herstell-
kosten</td><td rowspan="3">Selbst-
kosten</td></tr>
<tr><td>Fertigungslohn (EK)
Fertigungs-GK
Sonder-EK der Fert.</td><td>Fertigungs-
kosten</td></tr>
<tr><td colspan="2">GK Forschung und Entwicklung
Verwaltungs-GK
Vertriebs-GK
Sonder-EK des Vertriebs</td><td>F + E-,
Verwaltungs-
und
Vertriebskosten</td></tr>
</table>

Abb. 4.2: Schema der mehrstufigen Zuschlagskalkulation

Wertbezogene Zuschlagssätze

Nach diesem in der Praxis weitverbreiteten Verfahren werden folglich ausschließlich Wertschlüssel für die Berechnung der Zuschlagssätze ermittelt. Der Zuschlagssatz je Einheit Z errechnet sich dabei wie folgt:

$$Z = \frac{GK}{S} \times 100$$

mit:

GK = auf die Schlüsselgröße zu verrechnende Gemeinkosten (in DM)
S = Gesamtsumme der Schlüsseleinheiten
Z = Zuschlagssatz je Einheit

Die Gemeinkosten je Kostenträgereinheit GK_K ergeben sich als prozentuale Zuschläge auf bestimmte Einzelkosten (Material) oder Kostensummen (Herstellkosten):

$$GK_K = s \times Z$$

mit:

GK_K = Gemeinkosten je Kostenträgereinheit (in DM)
s = Anzahl der Schlüsseleinheiten je Kostenträgereinheit

Verfeinerungen

Das im vorstehenden Tableau lediglich nach sekundären Gemeinkostenarten gegliederte Kalkulationsschema kann beliebig verfeinert werden, indem bspw. innerhalb des **Materialbereichs** verschiedene Gemeinkosten-Zuschläge auf Rohstoffe, Hilfsstoffe, fremdbezogene Teile usw. verrechnet werden und innerhalb des **Fertigungsbereichs** auf eine kostenstellenweise bzw. kostenplatzweise Gliederung übergegangen wird (differenzierte Zuschlagskalkulation, Kostenstellenzuschlagskalkulation). Die dargestellten Rechenschritte sind in diesem Fall für jede Kostenstelle des Fertigungsbereichs durchzuführen.

Schema

Eine mehrstufige Zuschlagskalkulation auf Vollkostenbasis zum Zwecke der Selbstkostenpreisermittlung folgt damit nachstehendem Schema:

Fertigungsmaterial
+ Mat.-GK-Zuschlag
= Materialkosten
+ Fertigungslöhne I
+ Fert.-GK-Zuschlag I
+ Fertigungslöhne II
+ Fert.-GK-Zuschlag II
= Fertigungskosten
+ Sonder-EK der Fertigung
= Herstellkosten
    + Zuschlag für GK der Forschung und Entwicklung (auf HK)
    + Verw.-GK-Zuschlag (auf HK)
    + Vertriebs-GK-Zuschlag (auf HK)
    + Sonder-EK des Vertriebs
    = Selbstkosten
        + kalkulatorischer Gewinnzuschlag (auf SK – So-EK d. Vertriebs)
        = Selbstkostenpreis

Abb. 4.3: Schema für die Selbstkostenkalkulation

Kritik

Es bleibt festzuhalten, daß die vorgestellte Form der Zuschlagskalkulation über Wertschlüssel i.d.R. dem Grundsatz der verursachungsgerechten Kostenzurechnung nicht gerecht werden kann. Es kann z.B. weder schlüssig begründet werden, warum für teurere Materialien grundsätzlich auch höhere Bestell-, Prüf- und Lagerungsgemeinkosten anfallen, noch warum die Gemeinkosten im Fertigungsbereich – man denke z.B. an kalkulatorische Abschreibungen auf Maschinen und kalkulatorische Zinsen – grundsätzlich proportional zu den Fertigungslöhnen entstehen, was durch die Lohnzuschlagskalkulation letztlich vorausgesetzt wird. Ebensowenig plausibel ist die grundsätzliche Unterstellung, daß die für ein Produkt anfallenden Verwaltungskosten (Rechnungswesen, Unternehmensleitung etc.) von der Höhe der Herstellkosten abhängig sein sollen.

Zahlenbeispiel 4.3: Mehrstufige Zuschlagskalkulation

Beispiel

1) Zuschlagssätze

Kostenstelle	Zuschlagsbasis	Gemeinkosten	Zuschlagssatz
Einkauf- und Materiallager	Material 118 000	35 400	30,0 %
Teilefertigung	Fert.-Lohn 40 000	60 000	150,0 %
Montage	Fert.-Lohn 50 000	96 600	193,2 %
Verwaltung	gesamte HK 400 000[a)]	48 000	12,0 %
Vertrieb	gesamte HK 400 000[a)]	30 000	7,5 %

zu [a]: **Ermittlung der gesamten Herstellkosten (HK):**

	Materialkosten:	
	MEK	118 000,–
+	MGK (30 %)	35 400,–
	Fertigungskosten:	
	FL I	40 000,–
+	FGK I (150 %)	60 000,–
	FL II	50 000,–
+	FGK II (193,2 %)	96 600,–
	Σ Herstellkosten	400 000,–

2) Informationen zur Selbstkostenkalkulation

Der Betrieb produziert zwei verschiedene Fahrradmodelle: Modell Standard und Modell Luxus. Von beiden Modellen werden jeweils 500 Stück produziert.

Die Material-EK für das Modell Standard betragen 44 000,– DM, für das Modell Luxus 74 000,– DM. An Löhnen fallen in der Teilefertigung für beide Modelle jeweils 20 000,– DM an. In der Montage entstehen für Modell Standard 20 000,– DM, für Modell Luxus 30 000,– DM Lohnkosten.

3) Kalkulation auf Vollkostenbasis

Kostenart		Standard	Luxus
	1. Fertigungsmaterial	88,–	148,–
	2. Material-GK (30 % auf 1)	26,40	44,40
=	3. Materialkosten (1 + 2)	114,40	192,40
	4. Fertigungslohn		
	a) Teilefertigung	40,–	40,–
	b) Montage	40,–	60,–
	5. Fertigungs-GK		
	a) Teilefertigung (150 % auf 4a))	60,–	60,–
	b) Montage (193,2 % auf 4b))	77,28	115,92
=	6. Fertigungskosten (4 + 5)	217,28	275,92
=	7. Herstellkosten (3 + 6)	331,68	468,32
	8. Verwaltungskosten (12 % auf 7)	39,80	56,20
	9. Vertriebskosten (7,5 % auf 7)	24,88	35,12
=	10. Selbstkosten (7 + 8 + 9)	396,36	559,64

Kritik

Angesichts der unter Verursachungsaspekten unbefriedigenden Kalkulation auf der Basis von Wertschlüsseln und der Tatsache, daß die potentiellen »Zurechnungsfehler« dieser Methode um so gewichtiger werden, je geringeren Anteil die Einzelkosten und je höheren Anteil die umzulegenden Gemeinkosten einnehmen, ist das klassische Verfahren der Zuschlagskalkulation verbesserungsbedürftig.

Verantwortlich für diese Scherenwirkung sind insbesondere der steigende Anteil von Gemeinkostenlöhnen und Gehältern, die zunehmende Anlagenintensität und der beträchtliche Anteil fertigungsfremder Gemeinkosten, wie Verwaltungskosten, Logistikkosten etc. in vielen Branchen.

Maschinensatzkalkulation

Insbesondere im Bereich der Fertigung besteht die Möglichkeit, wesentliche Teile der Fertigungsgemeinkosten über Maschinenstundensätze und damit anhand mengenmäßiger Schlüssel auf einzelne Kostenträger zu verrechnen (**Maschinensatzkalkulation**, Verrechnungssatzkalkulation, vgl. Hummel/Männel [1986]; Schweitzer/Küpper [1998]).

Vorgehensweise

Zu diesem Zweck werden nach dem Muster der Divisionskalkulation die gesamten einer Maschine zurechenbaren Kosten (Abschreibungen, Zinsen, Instandhaltung, Werkzeuge, Energiekosten, Wagniskosten bzw. Versicherungen, Raumkosten usw.) durch die Maschinenlaufzeit dividiert. Als Ergebnis errechnet sich ein fester Kostensatz pro Maschinenstunde.

Vergleich mit Zuschlagskalkulation

Damit wird der Problematik ausgewichen, die Gemeinkosten über wertmäßige Schlüssel (z.B. Fertigungseinzelkosten) umzulegen, die nur ausnahmsweise die tatsächliche Kostenverursachung wiedergeben. Die Zuschlagskalkulation führt vor allem dann zu einer nicht verursachungsgerechten Kostenzurechnung, wenn mehrere Produkte die Anlagen einer Kostenstelle in unterschiedlichem Maße in Anspruch nehmen, ohne dabei zum Maschineneinsatz proportionale Lohneinzelkosten zu verursachen.

»Restgemeinkosten«

Die nicht maschinenabhängigen Gemeinkosten einer Kostenstelle (»Restgemeinkosten«) werden auch bei diesem Verfahren unverändert als Zuschlag auf die Einzelkosten verrechnet. Es ergibt sich damit in aller Regel ein Nebeneinander von konventioneller Zuschlagskalkulation und Maschinensatzkalkulation. Angesichts der zunehmenden Anlagenintensität, d.h. der zunehmenden Ersetzung von menschlicher Arbeitsleistung durch Maschineneinsatz in der eigentlichen Fertigung, kommt dieser Kalkulationstechnik immer mehr Bedeutung zu (vgl. Kloock/Sieben/Schildbach [1993]; Schmidt/Wenzel [1989]; Schweitzer/Küpper [1998]; Vormbaum [1977]).

Voraussetzungen

Dieses Verfahren setzt allerdings eine sehr detaillierte Kostenplatzgliederung (Maschine = Kostenplatz) und Gemeinkostenerfassung (Abschreibungen, Raumkosten, Instandhaltung, Wartung, Energie) voraus.

Die Zuordnung von Kostenarten zu den maschinenabhängigen Gemeinkosten einerseits und den Restgemeinkosten andererseits kann nicht immer trennscharf erfolgen. Üblicherweise werden zu den Restgemeinkosten vor allem die Umlage der Fertigungssteuerung, Hilfslöhne, Gehälter und davon abhängige Sozialkosten gerechnet.

Kalkulationsschema

Damit stellt sich das Kalkulationsschema im Bereich der Fertigungskosten wie folgt dar:

Fertigungseinzelkosten (Fertigungslöhne)
\+ Maschinenabhängige Fertigungs-GK (Maschinenstundensatz × Maschinenlaufzeit/Einheit)
\+ Restfertigungs-GK (in % der Fertigungslöhne)

= Fertigungskosten

==

Beispiel

Zahlenbeispiel 4.4: Maschinensatzkalkulation

Fertigungsstelle 1

Fertigungslöhne		1 200
100 Maschinenstunden zu 15,– DM	1 500	
200 Maschinenstunden zu 8,– DM	1 600	
75 % Restgemeinkosten auf Fertigungslohn	900	4 000
Σ Fertigungskosten		5 200

Erweiterungen

Das Grundprinzip einer an Mengenschlüsseln statt an Wertschlüsseln orientierten Zuschlagskalkulation kann auch auf andere Bereiche ausgedehnt werden, wie den Materialbereich sowie den Verwaltungs- und Vertriebsbereich. Die Gemeinkosten des Materialbereichs können bspw. auf Bestell-, Prüf- und Lagervorgänge usw. umgelegt werden. Generell geht es darum, diejenigen Prozesse und Aktivitäten zu identifizieren, die ursächlich für die Entstehung von Kosten sind und die ihrerseits Produkten zurechenbar sind. Solche Erweiterungen des Kostenrechnungssystems, die unter der Bezeichnung »Prozeßkostenrechnung« diskutiert werden, sind Gegenstand eines gesonderten Kapitels (vgl. Kap. 8).

III. Abgeleitete Kalkulationsverfahren

Äquivalenzziffernkalkulation

Die **Äquivalenzziffernkalkulation** leitet sich auf einfache Weise aus der Divisionskalkulation ab:

Die Divisionskalkulation ist eine Äquivalenzziffernkalkulation, bei der alle Kostenträger die gleiche Äquivalenzziffer tragen (vgl. Vormbaum [1977], S. 63). Äquivalent in diesem Sinne sind verwandte Produkte, die nach vergleichbaren Verfahren, aber mit unterschiedlichen Kosten hergestellt werden. Die Äquivalenzziffernkalkulation kann daher auch im Bereich der Serienfertigung zum Einsatz kommen, sofern die Kostenverhältnisse einzelner Ausführungstypen hinreichend klar bestimmbar und stabil sind.

Vorgehensweise

Die Unterschiede in der Kostenverursachung werden durch die Gewichtung mit Äquivalenzziffern zum Ausdruck gebracht, dergestalt, daß bspw. ein Produkt mit der Äquivalenzziffer 1,5 um 50 % teurer ist als eines mit einer Äquivalenzziffer von 1. Durch Multiplikation der hergestellten Produktmengen mit ihren jeweiligen Äquivalenzziffern kann somit die Menge eines rechnerischen Einheitsprodukts ermittelt werden. Mit dieser Mengengröße ist es sodann möglich, eine einfache Divisionskalkulation durchzuführen, die den Kostensatz pro Einheitsprodukt ergibt. Wird dieser Satz mit der jeweiligen Äquivalenzziffer multipliziert, so errechnen sich die Gesamtkosten des betreffenden Kostenträgers.

Differenzierte Äquivalenzziffernkalkulation

Auch die Äquivalenzziffernkalkulation kann in differenzierter Form durchgeführt werden, indem für verschiedene Kostenbereiche (Herstellkosten, Verwaltungskosten, Vertriebskosten) jeweils gesonderte Äquivalenzziffern bestimmt werden, um einer evtl. unterschiedlichen Kostenintensität der Produkte auf jeder dieser Stufen Rechnung zu tragen (vgl. BDI (Hrsg.) [1991], S. 68 f.).

Zahlenbeispiel 4.5: Äquivalenzziffernkalkulation *Beispiel*

1) Produktion von vier Biersorten; gesamte Herstellkosten: 528 000,– DM

Biersorte	Nr. i	Äquivalenzziffer a_i	Prod. Flascheneinheiten x_i	Recheneinheiten $a_i \times x_i$
Vollbier Hell »Blondi«	1	0,6	400 000	240 000
Vollbier Dunkel »Uralt«	2	0,9	200 000	180 000
Weizenbier »Die Weiße«	3	1,0	280 000	280 000
Bockbier »Eliminator«	4	1,5	120 000	180 000
Summe	–	–	1 000 000	880 000

2) Herstellkosten pro Recheneinheit:

$$HK_{RE} = 528\,000 : 880\,000 = 0{,}60 \text{ DM/RE}$$

3) Herstellkosten pro Flascheneinheit:

HK/Einheit:	$HK_i = a_i \times HK_{RE}$	Gesamte HK jeder Sorte: $HK_i \times x_i$
»Blondi«:	$0{,}6 \times 0{,}60 = 0{,}36$ DM	$0{,}36 \times 400\,000 = 144\,000$,– DM
»Uralt«:	$0{,}9 \times 0{,}60 = 0{,}54$ DM	$0{,}54 \times 200\,000 = 108\,000$,– DM
»Die Weiße«	$1{,}0 \times 0{,}60 = 0{,}60$ DM	$0{,}60 \times 280\,000 = 168\,000$,– DM
»Eliminator«	$1{,}5 \times 0{,}60 = 0{,}90$ DM	$0{,}90 \times 120\,000 = 108\,000$,– DM
		528 000,– DM

Die dargestellten Kalkulationsarten schließen einander gegenseitig nicht aus.

Die Divisionskalkulation ist methodisch die Grundlage sowohl für die Zuschlagskalkulation als auch für die Äquivalenzziffernkalkulation. Gegebenenfalls läßt sich auch die Äquivalenzziffernkalkulation sinnvoll in die Zuschlagskalkulation mit einbeziehen, wenn bspw. die Kosten einzelner Zwischenprodukte in einem festen Verhältnis zueinander stehen.

Kuppelproduktion

Bei verbundener Produktion ist eine Zuweisung der Kosten auf Haupt- und Nebenprodukte besonders schwierig, da die Kuppelprodukte notwendigerweise miteinander entstehen und jeder Versuch, bestimmte Kosten schlüssig einzelnen Produkten des Kuppelprozesses zuzuweisen, zwangsläufig scheitert. Die **Kalkulation dieser Kuppelprodukte** wird deshalb mehr oder weniger willkürlich mit behelfsmäßigen Methoden vorgenommen und ist nicht eigentlich als eigenständige Kalkulationsform anzusehen. Der Kostenansatz der komplementären Nebenprodukte leitet sich – sofern vorhanden – aus ihren Marktpreisen ab. Üblich sind folgende Verfahren:

Kalkulationsverfahren

- Marktpreisproportionale Zuordnung der Kosten (»Marktwertrechnung«): Dieses Verfahren verwendet die Marktpreise als Grundlage für eine Äquivalenzziffernkalkulation. Zugrunde liegt das Prinzip der **Kostentragfähigkeit**, wonach der Preis der Produkte ausschlaggebend dafür ist, wieviele Kosten sie »tragen« können.
- Proportionale Kostenverrechnung auf der Grundlage technischer Merkmale: Anstelle des Marktpreises kann auch eine gemeinsame technische Eigenschaft (z.B. Heizwert)

als Grundlage für eine Äquivalenzziffernkalkulation der Kuppelprodukte herangezogen werden.

- Marktwertgutschrift (»Restwerterechnung«): Diese Methode setzt voraus, daß klar zwischen Haupt- und Nebenprodukten differenziert werden kann. In diesem Fall werden von den Kosten des Kuppelprozesses die Erlöse aus der Verwertung der Nebenprodukte abgezogen, die verbleibende Differenz wird als Kosten des Hauptprodukts interpretiert. Existieren mehrere Hauptprodukte, so ist zur Verteilung dieser Residualkosten ein weiteres Verfahren heranzuziehen.
- Existiert kein Marktpreis, so werden die Kosten des gesamten Fertigungsprozesses in Ermangelung anderer Zurechnungskriterien nach dem Durchschnittskostenprinzip auf Haupt- und Nebenprodukte verteilt (vgl. BDI (Hrsg.) [1991]; Kloock/Sieben/Schildbach [1993]; Vormbaum [1977]).

IV. Zwecke der Vollkostenkalkulation

Zwecke der Vollkostenkalkulation

Eine Kalkulation auf Vollkostenbasis kann folgenden Zwecken dienen:

- Ermittlung und Präsentation der vollen Selbstkosten gemäß den Leitsätzen für die Preisermittlung bei öffentlichen Aufträgen (vgl. Kap. 6),
- Ermittlung der vollen Selbstkosten als Richtwert zur Preisbildung bei privater Auftragsfertigung,
- (Näherungsweise) Kalkulation von Preisgeboten auf Beschaffungsmärkten,
- Betriebsvergleiche zwischen Konzernunternehmen oder verschiedenen Fertigungsstätten,
- Vergleich von Vor- und Nachkalkulation bei langfristiger Auftragsfertigung,
- Bildung von Verrechnungspreisen in divisionalisierten Unternehmen und Konzernen (vgl. Kap. 19),
- Erfolgsermittlung für Aufträge, Produkte, Produktgruppen oder Sparten,
- Bewertung der fertigen und unfertigen Erzeugnisse in Handels- und Steuerbilanz.

B. Kostenträgerzeitrechnung (Ergebnisrechnung)

I. Funktion

Definition

Die Kostenträgerzeitrechnung stellt im Gegensatz zur Kostenträgerstückrechnung nicht auf die Kosten der produzierten Einheit, sondern auf die Kosten der Rechnungsperiode ab. Gleichzeitig geht sie über die Kostenrechnung im engeren Sinne hinaus und verknüpft – meist auf Monatsbasis – als **kurzfristige Erfolgsrechnung** Kosten- und Leistungsrechnung (vgl. Abb. 4.4).

Ziele

In Analogie zur Kostenträgerstückrechnung besteht ein wesentliches Ziel der Kostenträgerzeitrechnung in der Ermittlung der Kostenstrukturen und – in Zusammenhang mit den Erlösen der Periode – in der Analyse der Erfolgsquellen. Zielt die Kalkulation auf die Überprüfung der Profitabilität einzelner Kostenträger, so dient die kurzfristige Erfolgsrechnung der laufenden Kontrolle der Wirtschaftlichkeit des gesamten Unternehmens.

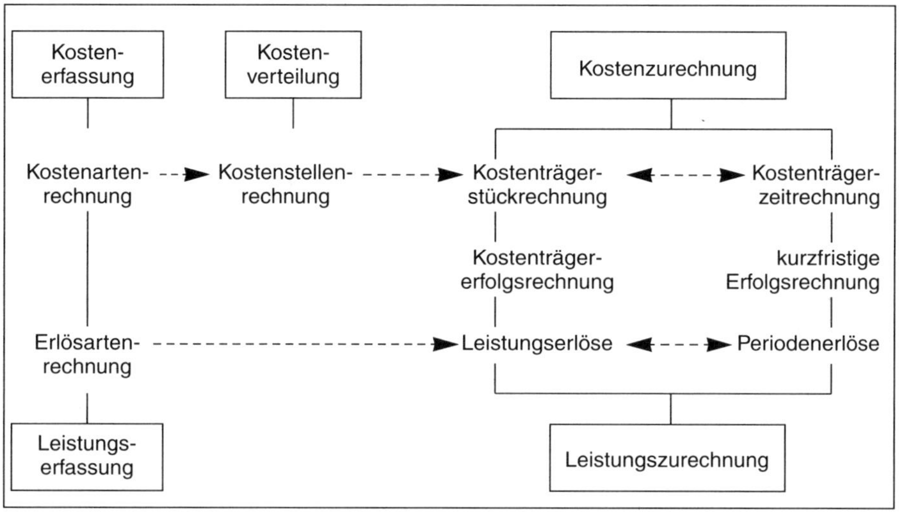

Abb. 4.4: Ausbau der Kostenträgerrechnung zur Kosten- und Leistungsrechnung

Betriebsergebniskonto

Die kurzfristige Erfolgsrechnung wird über das Betriebsergebniskonto durchgeführt. Die Sollseite dieses Kontos erfaßt alle Kosten, gesondert nach Einzelkosten, Sondereinzelkosten und Gemeinkosten, während die Habenseite diesen Kosten die Leistungen der Periode gegenüberstellt.

Vergleich mit GuV

Die Unterschiede der kurzfristigen Erfolgsrechnung zur handels- bzw. steuerrechtlichen GuV sind vor allem im kürzeren Abrechnungszeitraum – i.d.R. ein Monat – und in der Beschränkung auf den betrieblichen Erfolg zu sehen. Schließlich verwendet die kurzfristige Erfolgsrechnung Kostengrößen, die sich z.T. erheblich von den pagatorischen Aufwendungen der GuV unterscheiden.

Normalisierungen

Bedingt durch den unterjährigen Abrechnungszeitraum weisen kurzfristige Betriebsergebnisse in vielen Branchen typische saisonale Schwankungen hinsichtlich Umsatz, Leistung und Kosten auf. Gleichzeitig nimmt der ergebnismäßige Einfluß unregelmäßig anfallender Kostenkomponenten potentiell mit abnehmender Periodenlänge zu. Um die kurzfristige Ergebnisrechnung von derartigen temporären Einflüssen freizuhalten, werden in der Praxis in unterschiedlichem Umfang Normalisierungen vorgenommen, d.h. saisonal anfallende Kosten werden geglättet, unregelmäßige Kostenkomponenten werden über das gesamte Geschäftsjahr verteilt.

Standardisierungen

Um ferner die Auswirkungen reiner Faktorkostenverschiebungen von dispositionsabhängigen Kostenentwicklungen zu trennen, kann unterjährig mit standardisierten Werten gearbeitet werden. Die Verwendung von standardisierten Kosten, Preisen, Verrechnungssätzen und Verbrauchsmengen ermöglicht gleichzeitig eine beschleunigte Abrechnung (vgl. Schweitzer/Küpper [1998]). Da die kurzfristige Ergebnisrechnung gerade für die Steuerung von besonderer Bedeutung ist, wird der schnellen Verfügbarkeit der Informationen im Einzelfall häufig der Vorzug vor einer genauen, aber zeitaufwendigeren Ermittlung gegeben.

Abweichungsergebnis

Die Verwendung normalisierter bzw. standardisierter Werte in der Kostenrechnung führt aber auch regelmäßig zu Abweichungen gegenüber den tatsächlichen Ist-Kosten.

Auch dieses Abweichungsergebnis muß im Rahmen der Ergebnisabgrenzung berücksichtigt werden.

Beispiel

Zahlenbeispiel 4.6: Betriebsergebnisrechnung auf Vollkostenbasis
(Fortführung des Zahlenbeispiels 4.3)

Der Fahrradhersteller stellt von beiden Typen jeweils 500 Einheiten her, die auch alle in der gleichen Periode verkauft werden. Der Preis für das Modell »Standard« beträgt 440,– DM, der Preis für das Modell »Luxus« beträgt 550,– DM.

Umsatz	500 × 440 + 500 × 550 = 495 000
– Σ Kosten	478 000
= Ergebnis	17 000

Dieses Gesamtergebnis teilt sich wie folgt auf die beiden Produkte auf:

Standard:	Preis	440,–	Luxus:	Preis	550,–
	– Selbstkosten	396,36		– Selbstkosten	559,64
	= Gewinn	43,64		= Verlust	9,64

Gewinn Standard:	500 × 43,64 =	21 820
– Verlust Luxus:	500 × 9,64 =	4 820
= Gesamtgewinn		17 000

II. Berücksichtigung von Bestandsveränderungen

Aktivierte Eigenleistungen/ Bestandsveränderungen

Für die Kostenträgerzeitrechnung ergeben sich Besonderheiten, wenn Produktion und Absatz der Periode auseinanderfallen und somit die Auswirkungen von aktivierten Eigenleistungen und/oder Bestandsveränderungen unfertiger und fertiger Produkte zu berücksichtigen sind. Werden aktivierte Eigenleistungen aus der Betrachtung ausgeklammert, so ergibt sich folgende Beziehung:

Absatz > Produktion = Bestandsminderung
Absatz < Produktion = Bestandsmehrung

Zur Berücksichtigung von Bestandsänderungen existieren zwei alternative Vorgehensweisen: das Umsatz- und das Gesamtkostenverfahren.

1. Umsatzkostenverfahren (UKV)

Vorgehensweise beim UKV

Das Umsatzkostenverfahren ermittelt den Betriebserfolg, indem den Umsatzerlösen der Periode die Herstellkosten der **abgesetzten** Produkte und Leistungen zuzüglich der nicht zu den Herstellkosten zählenden Gemeinkosten (Forschung und Entwicklung, Verwaltung und Vertrieb) gegenübergestellt werden (vgl. Kloock/Sieben/Schildbach

[1993]). Bei Verwendung des Umsatzkostenverfahrens müssen daher zunächst für alle abgesetzten Güter und Leistungen die Herstellkosten des Umsatzes durch eine Kostenträgerstückrechnung ermittelt werden.

Bei Bestandserhöhungen wird von den gesamten Herstellkosten nur der Teil erfolgswirksam, der auf den Umsatz entfällt, die auf Lagerzugänge entfallenden Kosten werden aus der Ergebnisrechnung ferngehalten. Umgekehrt sind bei Bestandsminderungen den Herstellkosten der Periode auch die Herstellkosten der umgesetzten Produkte früherer Fertigungsperioden hinzuzurechnen.

Schemata

Schematisch stellt sich die Ergebnisrechnung nach dem Umsatzkostenverfahren wie folgt dar:

Erfolg = Umsatzerlöse – umsatzbezogene Kosten

Betriebsergebniskonto (UKV)	
HK der abgesetzten Produkte (nach Produktarten) Forschungs- und Entwicklungskosten Verwaltungskosten Vertriebskosten	Umsatz (nach Produktarten)
Betriebsgewinn	Betriebsverlust

Abb. 4.5: Betriebsergebniskonto nach dem UKV (Kontoform)

	Umsatz
–	HK der abgesetzten Produkte
=	Bruttoergebnis
–	Forschungs- und Entwicklungskosten
–	Verwaltungskosten
–	Vertriebskosten
=	Betriebserfolg

Abb. 4.6: Betriebsergebniskonto nach dem UKV (Staffelform)

Differenzierungsmöglichkeiten

Vorstehende Schemata führen zu einem reinen Verkaufsergebnis und lassen sich deshalb **horizontal** in geeigneter Weise (bspw. nach Produkten – Produktgruppen, Handelswaren – Erzeugnissen, Branchen – Kundengruppen – Kunden, Regionen) beliebig untergliedern. Nur zum Zwecke einer vereinfachten Darstellung wurde auch auf eine weitere **vertikale** Differenzierung der Ergebnisrechnung (bspw. im Bereich der Herstellkosten) verzichtet. Dadurch könnten bspw. die Auswirkungen von Änderungen bestimmter Kostengruppen (Löhne, Material usw.) auf das Ergebnis der einzelnen Produktgruppen relativ schnell abgeschätzt werden.

2. Gesamtkostenverfahren (GKV)

Vorgehensweise beim GKV

Bei Verwendung des Gesamtkostenverfahrens ist die Ermittlung der Kosten der Periode insoweit vereinfacht, als zum Zwecke der Ergebnisermittlung die gesamten primären Kosten der Periode dem Umsatz gegenübergestellt werden. Sofern keine Bestandsveränderungen auftreten, kann das Betriebsergebnis nach dem GKV somit ohne den Umweg über eine Kostenstellenrechnung ermittelt werden.

Weichen Umsatz und Produktion der Periode voneinander ab, so stellt das GKV nicht mehr ausschließlich auf den Umsatz ab, sondern ermittelt die Gesamtleistung der Periode, um Kosten und Leistung der Periode vergleichbar zu halten. Liegt die Produktion einer Periode über dem Absatz, so ist der Umsatzerlös um die zu Herstellkosten bewerteten Bestandserhöhungen und evtl. aktivierte Eigenleistungen zu ergänzen. Umgekehrt sind aus dem gleichen Grunde die Kosten der Periode um zu Herstellkosten bewertete Bestandsminderungen zu erhöhen, wenn mehr Mengeneinheiten umgesetzt werden, als in der Periode produziert wurden. Auch das GKV setzt zur Ermittlung der Herstellkosten der Bestände folglich eine Kostenträgerstückrechnung voraus.

Schemata

Erfolg = Gesamtleistung – Gesamtkosten

Betriebsergebniskonto (GKV)	
Gesamtkosten (nach Kostenarten) Bestandsminderungen (nach Produktarten)	Umsatz (nach Produktarten) Bestandserhöhungen (nach Produktarten) Aktivierte Eigenleistungen
Betriebsgewinn	Betriebsverlust

Abb. 4.7: Betriebsergebniskonto nach dem GKV (Kontoform)

	Umsatz
+/–	Bestandserhöhungen/-minderungen
+	aktivierte Eigenleistungen
=	Gesamtleistung
–	Materialkosten
–	Personalkosten
–	Abschreibungen
=	Betriebserfolg

Abb. 4.8: Betriebsergebniskonto nach dem GKV (Staffelform)

Kennzeichen

Die Ergebnisrechnung nach dem GKV erlaubt aufgrund der primären Gliederung der Kostenarten – ähnlich wie die GuV – eine unkomplizierte Kostenstrukturanalyse und ermöglicht es, relativ schnell abzuschätzen, wie sich die absolute und relative Entwicklung einzelner Kostenarten auf das Gesamtergebnis auswirkt.

3. Kritische Würdigung

Vergleich UKV und GKV

Sowohl das Umsatzkostenverfahren als auch das Gesamtkostenverfahren ermitteln das gleiche Betriebsergebnis, folgen dabei jedoch unterschiedlichen Wegen:

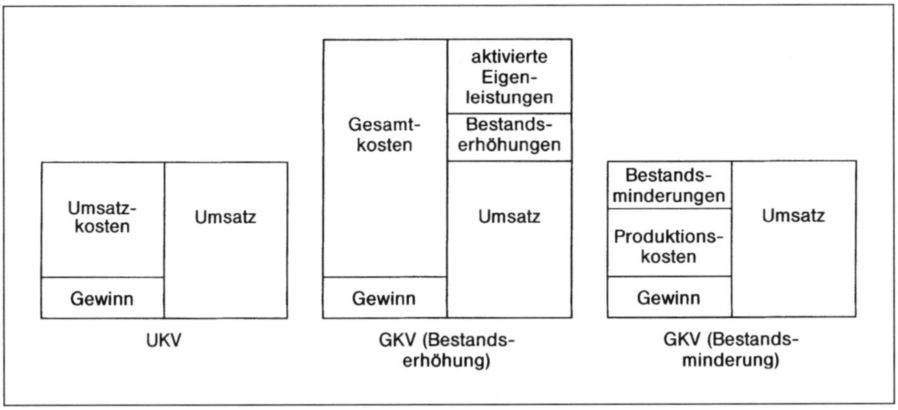

Abb. 4.9: Vergleich Umsatz- und Gesamtkostenverfahren

Ausweisalternativen

Wie diese Schemata deutlich machen, besteht der Unterschied in erster Linie im formalen Ausweis der Bestandserhöhungen und Bestandsminderungen bei fertigen und unfertigen Erzeugnissen (sowie aktivierten Eigenleistungen), durch die das Mengengerüst des Umsatzes und das Mengengerüst der Kosten aufeinander abgestimmt werden. Dies macht auch das folgende Schema noch einmal deutlich, das in der Praxis der amerikanischen Berichterstattung häufig anzutreffen ist (vgl. Horngren/Foster/Datar [1997], S. 38):

Umsatz (sales)

Herstellkosten der Produktion (costs of goods manufactured)
– Herstellkosten der Bestandserhöhung
\+ Herstellkosten der Bestandsminderung

Herstellkosten des Umsatzes (costs of goods sold)

Bruttogewinn (gross margin)

F + E-Kosten (research and development costs)
Verwaltungskosten (administrative expenses)
Vertriebskosten (selling expenses)

Betriebsergebnis (operating income)

Abb. 4.10: Kombinierter Ausweis von Bestandsveränderungen und sekundär gegliederten Kosten

Kostengliederung

Andererseits sind mit dem GKV und mit dem UKV auch Unterschiede in der Darstellung der Kosten verbunden. Das GKV gliedert die Kosten typischerweise nach primären Kostenarten, während nach dem UKV die Kosten i.a. in sekundärer Gliederung erscheinen. Beide Gliederungstypen sind mit unterschiedlichen Einblicksmöglichkeiten für die Kostenanalyse verbunden:

- Die Primärkostengliederung hat den Vorteil, daß sie den Einfluß externer Datenänderungen (z.B. Tarifverhandlungen, Preisänderungen) und den Anteil einzelner Produktionsfaktoren an der Gesamtleistung unmittelbar erkennen läßt. Auf diese Weise werden Kostenstruktur- und Produktivitätsanalysen ermöglicht.
- Die sekundäre Kostengliederung hat andererseits den Vorteil, daß sie die Kostenintensität einzelner betrieblicher Funktionsbereiche (z.B. Fertigung, Verwaltung, Vertrieb) erkennen läßt.

Kombinationsmöglichkeiten

Allerdings ist die Gliederungssystematik nach primären bzw. sekundären Kosten nicht zwingend mit der Gestaltung der Ergebnisrechnung nach dem GKV bzw. nach dem UKV verbunden. So ist durchaus denkbar, daß auch in einer Gesamtkostenrechnung die Kosten der Periode sekundär, d.h. nach Kostenstellen, gegliedert werden. Umgekehrt läßt sich auch in der Umsatzkostenrechnung eine Kostenartengliederung nach primären Kostenkategorien durchführen. Eine derartige Primärkostenrückgliederung in Kalkulation und Ergebnisrechnung ist in vielen Unternehmen üblich.

Ein gewisser Vorteil des UKV wird vielfach im Ausweis des Bruttogewinns gesehen, der als Indikator der operativen Profitabilität gilt.

Im Hinblick auf die Wahl zwischen GKV und UKV mag für viele Unternehmen insbesondere auch die Einheitlichkeit von externer und interner Rechnungslegung bedeutsam sein.

Überführung

Die Überführung einer Ergebnisrechnung nach dem GKV in eine Umsatzkostenrechnung soll Beispiel 4.7 veranschaulichen.

Zahlenbeispiel 4.7: Überführung eines Ergebnisses nach GKV in ein Ergebnis nach UKV (nach VCI [1979])

I) GKV	TDM
Bruttoerlös	1 000
Erlösminderungen	100
Nettoerlös	900
Bestandsveränd. FE	+ 50
Akt. Eigenleistungen	+ 10
Gesamtleistung	960
Materialverbrauch	500
Personalaufwand	200
Energieverbrauch	50
Instandsetzung	50
Kalk. Kosten	50
Sonstige Aufw.	50
Gesamtaufwand	900
Betriebsergebnis	60

II) Umrechnungsmatrix

1. Korrektur der Gesamtleistung

	Fertigung	Vertrieb	Forschung	Verwaltung
Bestandsveränd. FE	– 50			
Akt. Eigenleistungen	– 10			
Gesamtleistung	– 60			

2. Umrechnung prim. Kosten (GKV) in sek. Kosten (UKV)

	Fertigung	Vertrieb	Forschung	Verwaltung
Materialverbrauch	460	20	10	10
Personalaufwand	100	40	30	30
Energieverbrauch	50	–	–	–
Instandsetzung	45	3	1	1
Kalk. Kosten	40	3	3	4
Sonstige Aufw.	10	10	10	20
Gesamtaufwand	705	76	54	65
Betriebsergebnis	645	76	54	65

III) UKV	
Bruttoerlös	1 000
Erlösminderungen	100
Nettoerlös	900
Herstellkosten	645
Vertriebskosten	76
Forschungskosten	54
Verwaltungskosten	65
Umsatzkosten (SK)	840
Betriebsergebnis	60

C. Ökologieorientierte Kostenträgerstück- und -zeitrechnung

Die zunehmende Bedeutung ökologieorientierter Zielsetzungen für die Unternehmenssteuerung legt im Bereich der Kostenartenrechnung die getrennte Erfassung ökologiebedingter Kosten (vgl. Kap. 2.A.V.) und im Bereich der Kostenstellenrechnung die Bildung eigener Kostenstellen für Entsorgung und Recycling (vgl. Kap. 3.B.I.) nahe.

Ökologieorientierte Kostenträgerrechnung

Für die Kostenträgerstück- und -zeitrechnung erscheint es deshalb empfehlenswert, die Transparenz im Hinblick auf die Ökologiekosten konsequent fortzusetzen. Die grundsätzliche Vorgehensweise ist in der folgenden Abbildung 4.11 veranschaulicht (vgl. Günther [1994], S. 226).

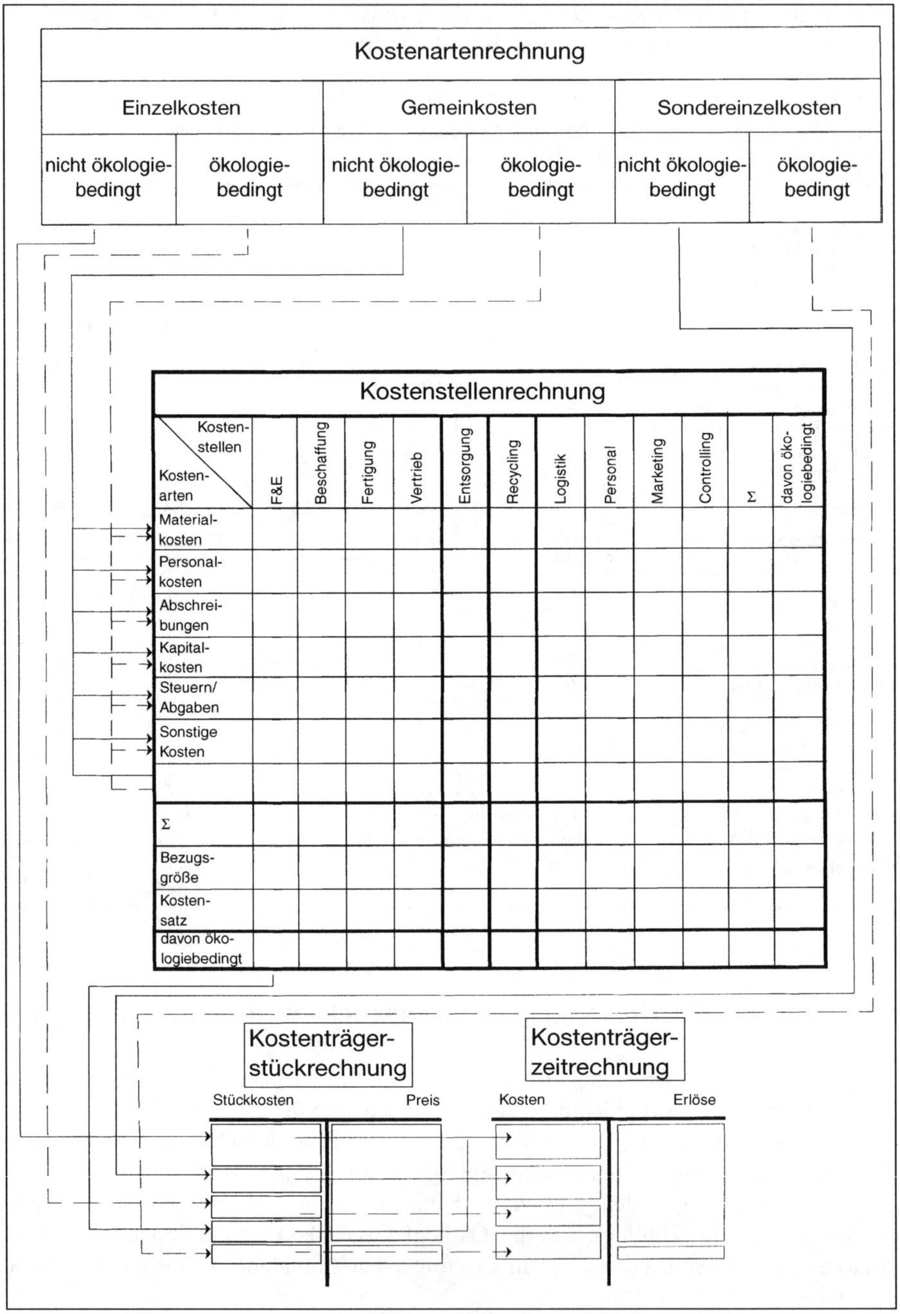

Abb. 4.11: Ökologieorientiertes Kostendurchlaufschema

Abkürzungsverzeichnis

a_i	Äquivalenzziffer
$a_i \times x_i$	Recheneinheiten
BAB	Betriebsabrechnungsbogen
EK	Einzelkosten
F+E	Forschung und Entwicklung
FE	Fertigerzeugnisse
FGK	Fertigungs-GK
FL	Fertigungslöhne
GK	Gemeinkosten
GKV	Gesamtkostenverfahren
GuV	Gewinn- und Verlustrechnung
HK_i	Herstellkosten pro Produktionseinheit
HK	Herstellkosten
K	Gesamtkosten
k	Stückkosten
$k_1 \times mx_1, \ldots,$ $k_{n-1} \times mx_{n-1}$	Wert des von der Vorstufe übernommenen Materialeinsatzes auf der Stufe 2, . . . , n
$K_1, \ldots, K_n$	Gesamtkosten der Periode auf den Stufen 1, . . . , n
$k_1, \ldots, k_n$	Kosten je Einheit der auf der Stufe 1, . . . , n erzeugten (Vor-)Produkte
K_H, HK	Herstellkosten
K_V	Vertriebskosten
MEK	Material-EK
MGK	Material-GK
$mx_1, \ldots, mx_{n-1}$	Vorproduktmengen der Stufen 1, . . . , (n – 1), die in der betreffenden Periode auf den nachfolgenden Stufen weiterverarbeitet werden
RE	Recheneinheit
s	Anzahl der Schlüsseleinheiten je Kostenträgereinheit
S	Gesamtsumme der Schlüsseleinheiten
SK	Selbstkosten
So-EK	Sonder-Einzelkosten
UKV	Umsatzkostenverfahren
x	Produktionsmenge
$x_1, \ldots, x_n$	hergestellte Mengen der Periode auf den Stufen 1, . . . , n
x_A	abgesetzte Menge
x_i	Produktionseinheit
x_P	produzierte Menge
Z	Zuschlagssatz je Einheit

Kontrollfragen

1) Charakterisieren Sie die Stellung und die Aufgaben der Kostenträgerrechnung innerhalb der Kostenrechnung!
2) Systematisieren Sie die verschiedenen Arten von Kostenträgern!
3) Nennen Sie die wesentlichen Kalkulationsverfahren und deren spezifischen Anwendungsbereiche!
4) Auf welche Weise wird im Rahmen einer Vollkostenrechnung bei der einstufigen Divisionskalkulation der Stückkostensatz ermittelt?
5) Welche Modifikationen sind bei der einstufigen Divisionskalkulation im Falle von Bestandsänderungen vorzunehmen?
6) Beschreiben Sie die Vorgehensweise bei der mehrstufigen Divisionskalkulation!
7) Welche Vorgehensweise liegt der mehrstufigen Zuschlagskalkulation zugrunde?
8) Welche Bezugsgrößen finden innerhalb der Zuschlagskalkulation Anwendung?
9) Nehmen Sie kritisch zur Aussagefähigkeit der mehrstufigen Zuschlagskalkulation anhand von Wertschlüsseln Stellung!
10) Welche Entwicklungen sind für die zurückgehende Relevanz der Zuschlagskalkulationsverfahren verantwortlich?
11) Was versteht man unter einer Maschinensatzkalkulation?
12) Welche Kosten werden im Rahmen der Maschinensatzkalkulation mit dem Begriff »Restgemeinkosten« belegt?
13) Welches sind die Anwendungsvoraussetzungen für die Äquivalenzziffernkalkulation?
14) Welche Vorgehensweise liegt der differenzierten Äquivalenzziffernkalkulation zugrunde?
15) Was versteht man unter Kuppelprodukten und welche Kalkulationsverfahren existieren prinzipiell für solche Produkte?
16) Welche Zwecke erfüllt die Kalkulation auf Vollkostenbasis?
17) Erläutern Sie die unterschiedlichen Zielsetzungen von Kostenträgerstück- und Kostenträgerzeitrechnung?
18) Erläutern Sie die Unterschiede zwischen dem Umsatzkosten- und dem Gesamtkostenverfahren innerhalb der kurzfristigen Ergebnisrechnung!
19) Welche Vor- und Nachteile sind mit den beiden Ausweisalternativen (UKV und GKV) verbunden?

Literaturhinweise

Berger, K.-H. (1981): Kostenplatzrechnung, in: Kosiol, E./Chmielewicz, K./Schweitzer, M. (Hrsg.) (1981): Handwörterbuch des Rechnungswesens, 2. Aufl., Stuttgart 1981, Sp. 1061–1067.

Bretzke, W.-R. (1981): Äquivalenzziffernkalkulation, in: Kosiol, E./Chmielewicz, K./Schweitzer, M. (Hrsg.) (1981): Handwörterbuch des Rechnungswesens, 2. Aufl., Stuttgart 1981, Sp. 43–50.

Bundesverband der Deutschen Industrie (BDI) e.V. (Hrsg.) (1991): Empfehlungen zur Kosten- und Leistungsrechnung, Band 1, 3. Aufl., Bergisch-Gladbach 1991.

Freidank, C.-C. (1997): Kostenrechnung, 6. Aufl., München 1997.

Gümbel, R. (1981): Kalkulationsverfahren und Beschäftigung, in: Kosiol, E./Chmielewicz, K./Schweitzer, M. (Hrsg.) (1981): Handwörterbuch des Rechnungswesens, 2. Aufl., Stuttgart 1981, Sp. 856–875.

Günther, E. (1994): Ökologieorientiertes Controlling – Konzeption eines Systems zur ökologieorientierten Steuerung und empirische Validierung, München 1994.

Haberstock, L. (1987): Kostenrechnung I – Einführung, 8. Aufl., Hamburg 1987.

Horngren, C. T./Foster G./Datar, S. M. (1997): Cost Accounting – A Managerial Emphasis, 9. Aufl., Englewood Cliffs, New Jersey 1997.

Hummel, S./Männel W. (1986): Kostenrechnung 1, 4. Aufl., Wiesbaden 1986.

Kilger, W. (1987): Einführung in die Kostenrechnung, 3. Aufl., Wiesbaden 1987.

Kloock, J./Sieben, G./Schildbach, T. (1993): Kosten- und Leistungsrechnung, 7. Aufl., Düsseldorf 1993.

Kosiol, E. (1972): Kostenrechnung und Kalkulation, 2. Aufl., Berlin 1972.

Mayer, E./Liessmann, K./Mertens, H. W. (1997): Kostenrechnung – Grundwissen für den Controllerdienst, 7. Aufl., Stuttgart 1997.

Reichmann, T. (1981): Zuschlagskalkulation, in: Kosiol, E./Chmielewicz, K./Schweitzer, M. (Hrsg.) (1981): Handwörterbuch des Rechnungswesens, 2. Aufl., Stuttgart 1981, Sp. 1854–1870.

Schmidt, H./Wenzel, H. H. (1989): Maschinenstundensatzrechnung als Alternative zur herkömmlichen Zuschlagskostenrechnung, in: Kostenrechnungspraxis 1989, S. 147–158.

Schoenfeld, H.-M./Möller, H. P. (1995): Kostenrechnung, 8. Aufl., Stuttgart 1995.

Schweitzer, M./Küpper, H.-U. (1998): Systeme der Kosten- und Erlösrechnung, 7. Aufl., München 1998.

Verband der Chemischen Industrie (VCI) e.V. (1979): Kurzfristige Ergebnisrechnung, Frankfurt am Main 1979.

Vormbaum, H. (1977): Kalkulationsarten und Kalkulationsverfahren, 4. Aufl., Stuttgart 1977.

Zahn, E. (1981): Kalkulation, in: Kosiol, E./Chmielewicz, K./Schweitzer, M. (Hrsg.) (1981): Handwörterbuch des Rechnungswesens, 2. Aufl., Stuttgart 1981, Sp. 841–856.

5. Kapitel: Kostenstellenrechnung und Kostenträgerrechnung im System der Grenzkostenrechnung

Die Grenzkostenrechnung stellt eine Variante einer Teilkostenrechnung dar. Die Teilkostenrechnung unterscheidet sich von der Vollkostenrechnung durch den Umfang der Kostenzurechnung, da jeweils nur bestimmte Teile der Gesamtkosten auf die Kostenträger verrechnet werden.

Systeme der Teilkostenrechnung

Als Systeme einer Teilkostenrechnung werden in der Literatur außer der Grenz(plan)kostenrechnung vor allem das Direct Costing, die stufenweise Fixkostendeckungsrechnung (vgl. Kap. 9) und die Rechnung mit relativen Einzelkosten (vgl. Kap. 10) vorgestellt.

Die folgenden Ausführungen beziehen sich weitgehend auf die Grenzkostenrechnung in der Form einer Ist-Kostenrechnung, sie sollen die Grundgedanken einer Teilkostenrechnung veranschaulichen.

Grenzkosten

Neben den bekannten Kategorien der variablen Kosten und der Einzelkosten sind zum Zwecke der begrifflichen Abgrenzung die Grenzkosten zu definieren. Der Begriff der **Grenzkosten** leitet sich gedanklich aus einer Infinitesimal-(Grenz-)Betrachtung ab und bezeichnet diejenigen Kosten, die zusätzlich entstehen (entfallen), wenn die Ausbringungsmenge um eine Einheit erhöht (vermindert) wird. In der Grenzkostenbetrachtung findet das Verursachungsprinzip somit seinen besonderen Ausdruck.

Grenzkosten vs. variable/ proportionale Kosten

Die Grenzkosten entsprechen immer dann den durchschnittlichen variablen bzw. proportionalen Kosten einer Leistungseinheit, wenn lineare Kostenverläufe (konstante Grenzkosten) unterstellt werden und gleichzeitig von vorgegebenen, d.h. konstanten, Kapazitäten ausgegangen wird. Unterschiede zwischen Grenzkosten und proportionalen Kosten treten daher bei progressiven oder degressiven Verbrauchsfunktionen oder dem Vorhandensein intervallfixer Kosten auf.

Unveränderbare Kapazitäten

Die Annahme kurzfristig unveränderbarer Kapazitäten und damit vorgegebener fixer Kosten rechtfertigt ein Rechnen mit variablen Kosten (Grenzkosten, direkten Kosten) je Produkteinheit und die Behandlung von fixen Kosten als Periodenkosten.

Die Teilkostenrechnung auf der Basis variabler Kosten verzichtet damit auf die Proportionalisierung fixer Kosten, nicht aber auf die Schlüsselung von Gemeinkosten, soweit sie variabel sind.

Vorteilhaftigkeit

Speziell für die kurzfristig orientierte Betriebsergebnisrechnung weist eine so konzipierte Kostenrechnung wesentliche Vorteile auf und ist in vielen Entscheidungssituationen eher als die Vollkostenrechnung geeignet, die relevanten Informationen zu liefern.

A. Kostenstellenrechnung

Funktionen

Die Kostenstellenrechnung auf Grenzkostenbasis erfüllt im wesentlichen dieselben Funktionen, wie sie bereits für die Kostenstellenrechnung im Rahmen einer Vollkostenrechnung dargestellt wurden. Auch als Grenzkostenrechnung wird die Kostenstellenrechnung im System des IKR in der Kontengruppe 93 zusammengefaßt (vgl. Kap. 2). Eine Übersicht über den Ablauf gibt die folgende Abbildung 5.1.

Vorgehensweise

Die Kostenträger-Gemeinkosten werden in der Grenzkostenrechnung nach Möglichkeit als Kostenstellen-Einzelkosten am Ort ihrer Entstehung erfaßt und durch Kostenauflösung in ihre fixen und variablen Bestandteile zerlegt. Soweit sie Kostenstellen-Gemeinkosten darstellen, ist ihre Schlüsselung auf die Kostenstellen auf der Grundlage geeigneter Bezugsgrößen vorzunehmen.

Kennzeichen

Charakteristisch für die Teilkostenrechnung auf der Basis von variablen Kosten ist, daß auf die Kostenstellen lediglich die variablen Kostenträger-Gemeinkosten verrechnet werden. Die fixen Anteile der Gemeinkosten werden zwar durch die Kostenstellenrechnung mitgeführt und in der Primärkostenrechnung stellenbezogen erfaßt, sie gehen aber nicht in die Kalkulation, sondern lediglich in das Betriebsergebnis ein.

Sekundärkostenverrechnung

Konsequenterweise werden auch bei der Umlage der Kosten von Vorkostenstellen auf Endkostenstellen (Sekundärkostenverrechnung, Kostenumlage, vgl. Kap. 3) nur diejenigen Anteile weiterverrechnet, die aus Sicht der leistenden Kostenstelle als beschäftigungsvariabel gelten können. Auch innerbetriebliche Leistungen werden somit nur variabel bewertet.

Zuschlagssätze

Die durchgängige Kostenauflösung führt nach Fertigstellung der Betriebsabrechnung dazu, daß die Zuschlagssätze der jeweiligen Endkostenstellen nur auf der Basis variabler Gemeinkosten gebildet werden:

$$\text{Zuschlagssatz pro Bezugsgrößeneinheit} = \frac{\text{variable Kosten}}{\text{Bezugsgröße}}$$

Behandlung fixer Kosten

Die aus dem BAB ausgesonderten fixen Kosten werden als Block in die Ergebnisrechnung übernommen.

Da die Fixkosten nach dem Verständnis der Grenzkostenrechnung Periodenkosten für die Bereitstellung der Kapazitäten und die Aufrechterhaltung der Betriebsbereitschaft darstellen, sind sie dann nicht entscheidungsrelevant, wenn der Entscheidungshorizont nur die laufende Planungsperiode umfaßt und die bestehenden Kapazitäten als vorgegeben angesehen werden. Unter dieser Voraussetzung kann sich die Betrachtung auf die produktions- bzw. umsatzabhängigen Kosten beschränken. Nur diese Kosten werden daher direkt den Produkten und Leistungen zugerechnet. Durch diese Differenzierung sollen gleichermaßen die Kostenplanung und Kostenkontrolle für die Kostenstellen verbessert wie auch eine verursachungsgerechtere Gemeinkostenzuweisung auf Produkteinheiten sowie auf Halb- und Fertigbestände erreicht werden (vgl. Schweitzer/Küpper [1998], S. 415 ff.).

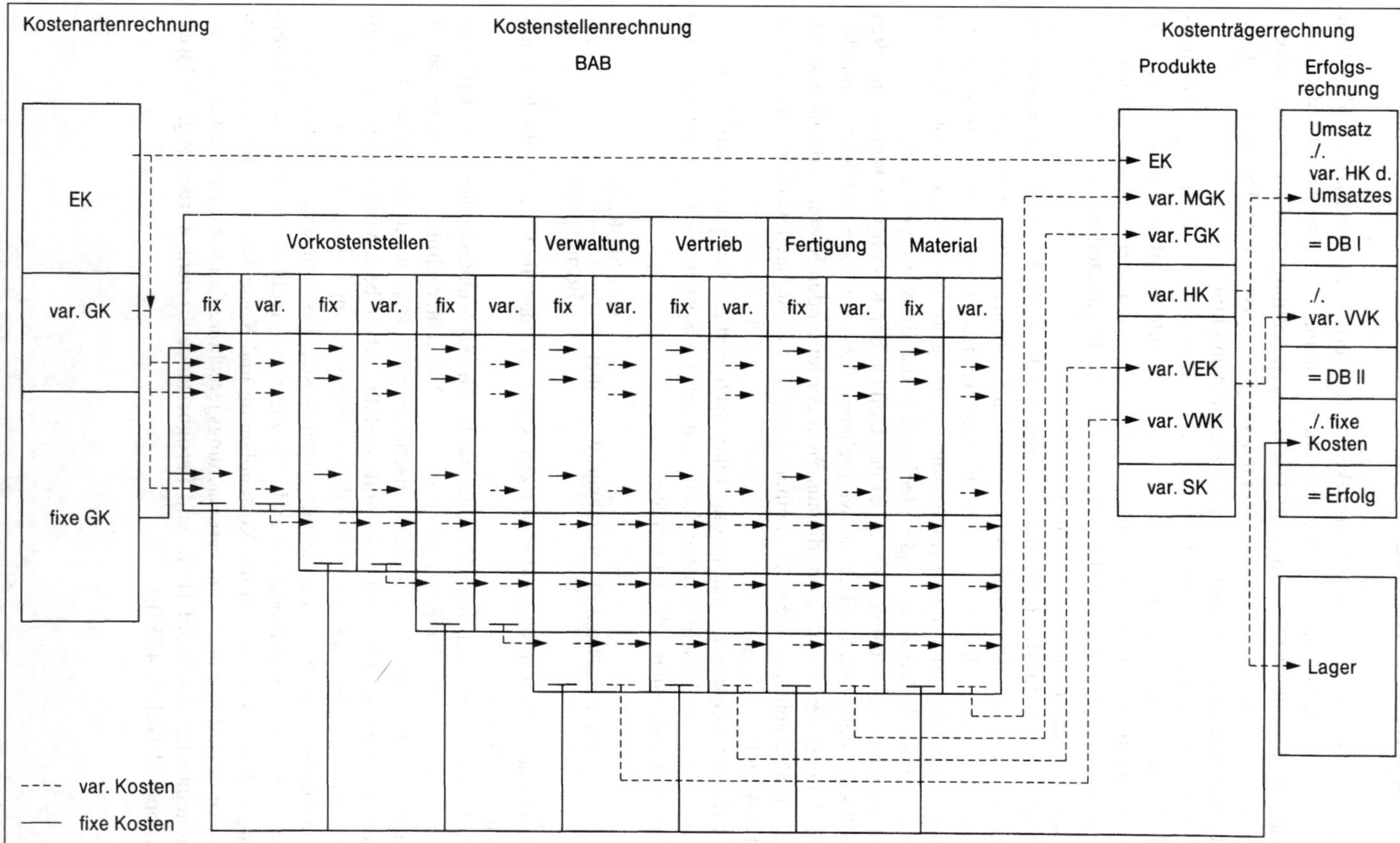

Abb. 5.1: Schema der Kostenstellenrechnung im System der Grenzkostenrechnung

Zahlenbeispiel 5.1: Betriebsabrechnung als Grenzkostenrechnung: *Beispiel*

Kostenstelle / Kostenarten	Σ Kosten-arten	Vorkostenstellen: Reparatur f	Reparatur v	Transport f	Transport v	Endkostenstellen: Material f	Material v	Fertigung I (Teilefert.) f	Fertigung I v	Fertigung II (Montage) f	Fertigung II v	Verwaltung f	Verwaltung v	Vertrieb f	Vertrieb v
A) Einzelkosten:															
1. Fertigungsmaterial	118 000						118 000								
2. Fertigungslohn	90 000								40 000		50 000				
B) Gemeinkosten:															
3. Gehälter	70 000	3 000	–	2 000	–	7 000		3 000	–	7 000	–	28 000	–	20 000	–
4. Energie	20 000	100	900	–	1 000	800	100	1 000	4 000	1 000	9 600	800	200	200	300
5. Versicherungen	10 000	500	–	1 000	–	1 000		2 500	–	2 500	–	2 000	–	500	–
6. Abschreibungen	100 000	8 000	–	5 000	–	7 000		25 000		46 000	–	8 000	–	1 000	–
7. andere GK	70 000	5 200	10 300	3 400	2 600	3 900	10 600	7 600	4 900	9 900	4 600	400	4 600	1 500	500
8. Σ primäre GK	270 000	16 800	11 200	11 400	3 600	19 700	10 700	39 100	8 900	66 400	14 200	39 200	4 800	23 200	800
9. Umlage Reparatur				→ –	400	200	600	700	2 300	1 000	2 600	300	1 100	–	2 000
10. Umlage Transport						→ 250	500	125	1 000	550	1 200	25	100	50	200
11. Σ primäre u. sek. GK	270 000	16 800		11 400		20 150	11 800	39 925	12 200	67 950	18 000	39 525	6 000	23 250	3 000
12. Bezugsbasis	–	keine Umlage	–	keine Umlage	–	keine Umlage	Mat.-EK	keine Umlage	var. Fert.-Lohn	keine Umlage	var. Fert.-Lohn	keine Umlage	var. HK	keine Umlage	var. HK
13. Zuschlagssatz	–						10 %		30,5 %		36 %		2,4 %		1,2 %

Informationen zur Verrechnung innerbetrieblicher Leistungen von Vorkostenstellen an Endkostenstellen

Leist.-Stelle / Empf. Stelle	Bezugs-größe	Reparatur-werkstatt f	Reparatur-werkstatt v	Transport f	Transport v	Einkauf und Materiallager f	Einkauf und Materiallager v	Fertigung I Teilefert. f	Fertigung I Teilefert. v	Fertigung II Montage f	Fertigung II Montage v	Verwaltung f	Verwaltung v	Vertrieb f	Vertrieb v	Ges.-Leist. d. Vorkostenst.
Reparatur-werkstatt	Std.	–	–	–	10	5	15	17,5	57,5	25	65	7,5	27,5	–	50	280
Transportstelle	m³	–	–	–	–	100	200	50	400	220	480	10	40	20	80	1 600

Verrechnungssätze für die Leistungen der Vorkostenstellen

Verrechnungssatz für eine Reparaturstunde: 11 200 : 280 = 40,– DM/Std.

Verrechnungssatz für einen m^3 Transportleistung:

Gesamtkosten der Transportstelle: 3 600,– DM (primäre variable Kosten)
\+ 400,– DM (sekundäre Kosten)
= 4 000,– DM
4 000 : 1 600 = 2,50 DM/m^3

B. Kostenträgerrechnung

I. Kostenträgerstückrechnung (Kalkulation)

Entscheidungsrelevanz

Für unternehmenspolitische Entscheidungen im Rahmen feststehender Kapazitäten und damit feststehender Fixkostenlasten muß die Vollkostenkalkulation durch eine Kalkulation auf Grenzkostenbasis ergänzt werden, da Grenzkosten als Kosten einer zusätzlich produzierten Einheit in diesen Situationen die entscheidungsrelevanten Kosten wiedergeben. Erst die Kalkulation mit Grenzkosten läßt im Rahmen der Preispolitik eine Aussage darüber zu, ob ein Produkt Gewinn abwirft, lediglich einen Beitrag zur Dekkung der fixen Kosten leistet oder nicht einmal seine variablen Kosten decken kann, und erlaubt somit eine differenziertere Beurteilung der jeweiligen Erfolgsbeiträge.

Entscheidungen

Insbesondere folgende Entscheidungen werden durch die Grenzkostenbetrachtung ermöglicht:

- Produktprogrammentscheidungen im Rahmen vorgegebener Kapazitäten,
- Aussonderung unprofitabler Produkte,
- Preispolitik im Mehrproduktunternehmen,
- Ermittlung kurzfristiger Preisuntergrenzen,
- Bestimmung von Verrechnungspreisen im Konzern,
- Fertigungsverfahrensvergleiche,
- »Make or buy«-Entscheidungen: Eigenfertigung bzw. -leistung vs. Fremdbezug,
- Break-even-Analysen sowie kostenorientierte Sensitivitätsanalysen,
- differenzierte stufenweise Deckungsbeitragsanalysen.

Vorgehensweise:

Als Grenzkosten können i.a. die variablen Kosten der zuletzt hergestellten Produkteinheit angesehen werden. Der formale Aufbau der verschiedenen Kalkulationsverfahren ändert sich durch die Rechnung mit variablen Kosten nicht. Inhaltlich unterscheidet sich die Grenzkostenkalkulation von der Vollkostenkalkulation durch den Verzicht auf die Proportionalisierung der Fixkosten.

– Divisionskalkulation

Bei der **Divisionskalkulation** werden die Gesamtkosten in variable und fixe Teile aufgespalten und lediglich die variablen Kosten durch die Menge der hergestellten Produkte dividiert (vgl. Schweitzer/Küpper [1998]).

– Zuschlagskalkulation

Bei der **Zuschlagskalkulation** ergibt sich grundsätzlich folgendes Schema:

	Fertigungsmaterial
+	Grenz-Materialgemeinkosten-Zuschlag
=	Grenz-Materialkosten
+	Fertigungslöhne
+	Grenz-Fertigungsgemeinkosten-Zuschlag
+	Sonder-Einzelkosten der Fertigung
=	Grenz-Fertigungskosten
=	Grenz-Herstellkosten
+	Grenz-F+E-Kosten
+	Grenz-Verwaltungsgemeinkosten-Zuschlag
+	Grenz-Vertriebsgemeinkosten-Zuschlag
+	Sonder-Einzelkosten des Vertriebs
=	Grenz-Selbstkosten

Abb. 5.2: Kalkulation auf Grenzkostenbasis

Zahlenbeispiel 5.2: Zuschlagskalkulation auf der Basis variabler Kosten (Fortführung des Zahlenbeispiels 4.3)

Beispiel

1) Ermittlung der Zuschlagssätze

Kostenstelle	Zuschlagsbasis		variable GK	Zuschlagssatz
Einkauf- und Materiallager	Material	118 000	11 800	10,0 %
Teilefertigung	Fert.-Lohn	40 000	12 200	30,5 %
Montage	Fert.-Lohn	50 000	18 000	36,0 %
Verwaltung	variable HK	250 000[a)]	6 000	2,4 %
Vertrieb	variable HK	250 000[a)]	3 000	1,2 %

zu [a)]: Ermittlung der variablen HK:

	Materialkosten:	
	MEK	118 000
+	var. MGK (10,0 %)	11 800
	Fertigungskosten:	
	FL I	40 000
+	var. FGK (30,5 %)	12 200
	FL II	50 000
+	var. FGK (36,0 %)	18 000
	Σ var. HK	250 000

2) Selbstkostenkalkulation auf Grenzkostenbasis

	Kostenart	Standard	Luxus
	1. Fertigungsmaterial	88,–	148,–
	2. Material-GK (10 % auf 1)	8,80	14,80
=	3. Materialkosten (1 + 2)	96,80	162,80
	4. Fertigungslohn		
	a) Teilefertigung	40,–	40,–
	b) Montage	40,–	60,–
	5. Fertigungs-GK		
	a) Teilefertigung (30,5 % auf 4a))	12,20	12,20
	b) Montage (36 % auf 4b))	14,40	21,60
=	6. Fertigungskosten (4 + 5)	106,60	133,80
=	7. Herstellungskosten (3 + 6)	203,40	296,60
	8. Verwaltungskosten (2,4 % auf 7)	4,88	7,12
	9. Vertriebskosten (1,2 % auf 7)	2,44	3,56
=	10. Selbstkosten (7 + 8 + 9)	210,72	307,28

II. Kostenträgerzeitrechnung (Ergebnisrechnung)

1. Ermittlungsschemata

Vorgehensweise

Die Fixkosten werden im Rahmen der einstufigen Kostenträgerzeitrechnung auf Grenzkostenbasis als ein Block gesondert erfaßt und der Summe der Deckungsbeiträge gegenübergestellt. Üblicherweise wird die kurzfristige Ergebnisrechnung auf Grenzkostenbasis aufgrund des höheren Informationswerts nach dem Umsatzkostenverfahren durchgeführt.

Schemata gem. UKV

Die kurzfristige Erfolgsrechnung auf Grenzkostenbasis und nach dem UKV folgt dem nachstehenden Schema:

	Σ Umsatzerlöse
–	Σ Erlösschmälerungen
=	Σ Nettoerlöse
–	Σ variable SK der abgesetzten Produkte
=	Deckungsbeitrag (DB)
–	Σ Fixkosten
=	Betriebsergebnis

Abb. 5.3: Kurzfristige Erfolgsrechnung gem. UKV im System der Grenzkostenrechnung (Staffelform)

mit Σ variable Selbstkosten:

- variable HK,
- variable F+E-Kosten,
- variable Verwaltungskosten,
- variable Vertriebskosten

und Σ Fixkosten:

- Fixkosten der Fertigung,
- Fixkosten des Materialbereichs,
- Fixkosten der F+E,
- Fixkosten der Verwaltung,
- Fixkosten des Vertriebs.

Darstellung in Kontoform:

Fixkosten	Umsatzerlöse (Produktart 1 . . . . Produktart n)
Variable SK der abgesetzten Produkte (Produktart 1 . . . . Produktart n)	
Betriebsgewinn	

Abb. 5.4: Kurzfristige Erfolgsrechnung gem. UKV im System der Grenzkostenrechnung (Kontoform)

Die kurzfristige Erfolgsrechnung auf Grenzkostenbasis und nach dem GKV folgt dem nachstehenden Schema:

Schemata gem. GKV

	Σ Umsatzerlöse
–	Σ Erlösschmälerungen
=	Σ Nettoerlöse
+	aktivierte Eigenleistungen zu variablen HK
+	Bestandserhöhungen fertige und unfertige Erzeugnisse zu variablen HK
–	Bestandsminderungen fertige und unfertige Erzeugnisse zu variablen HK
–	Σ variable SK der hergestellten Produkte
=	Deckungsbeitrag (DB)
–	Σ Fixkosten
=	Betriebsergebnis

Abb. 5.5: Kurzfristige Erfolgsrechnung gem. GKV im System der Grenzkostenrechnung (Staffelform)

Darstellung in Kontoform:

Fixkosten	Umsatzerlöse
Variable SK der hergestellten Produkte (Kostenart 1 . . . . Kostenart n)	+ aktivierte Eigenleistungen zu variablen HK + Bestandserhöhungen – Bestandsminderungen zu variablen HK
Betriebsgewinn	

Abb. 5.6: Kurzfristige Erfolgsrechnung gem. GKV im System der Grenzkostenrechnung (Kontoform)

Während die Betriebsergebnisrechnung auf Vollkostenbasis das Modell »Luxus« als Verlustbringer identifiziert und damit nahelegt, dieses Produkt aus dem Programm zu nehmen, macht die Ergebnisrechnung auf Grenzkostenbasis deutlich, daß dieses Modell einen höheren Deckungsbeitrag erwirtschaftet als das Modell »Standard«. Ein Verzicht auf die Produktion und den Absatz des Modells »Luxus« würde sich somit im Rahmen der vorhandenen Kapazitäten nachteilig auf das Unternehmensergebnis auswirken.

Zahlenbeispiel 5.3: Betriebsergebnisrechnung auf Grenzkostenbasis
(Fortführung des Zahlenbeispiels 5.2)

Beispiel

	Umsatz:	500 × 440 + 500 × 550	=	495 000
–	Σ Kosten			478 000
=	Ergebnis			17 000

Dieses Gesamtergebnis teilt sich wie folgt auf die beiden Produkte auf:

Standard:	Preis	440,–	Luxus:	Preis	550,–
	– variable SK	210,72		– variable SK	307,28
	= Deckungsbeitrag	229,28		= Deckungsbeitrag	242,72

	Σ DB Standard	500 × 229,28	= 114 640
+	Σ DB Luxus	500 × 242,72	= 121 360
=	Gesamt-DB:		236 000
–	Fixkosten:		
	Reparaturwerkstatt		16 800
	Transportstelle		11 400
	Einkauf u. Materiallager		20 150
	Teilefertigung		39 925
	Montage		67 950
	Verwaltung		39 525
	Vertrieb		23 250
			219 000
=	Gewinn		17 000

2. Einfluß der Verfahrenswahl auf das Betriebsergebnis

Einfluß von Bestandsveränderungen:

Die Ergebnisrechnung auf Vollkostenbasis führt nur dann zum selben Ergebnis wie die Ergebnisrechnung auf Grenzkostenbasis, wenn keine Bestandsveränderungen auftreten. Andernfalls gelten folgende Beziehungen:

Bestandserhöhung: $\text{Ergebnis}_{\text{Voll-KR}} > \text{Ergebnis}_{\text{Grenz-KR}}$

Bestandsverminderung: $\text{Ergebnis}_{\text{Voll-KR}} < \text{Ergebnis}_{\text{Grenz-KR}}$

– bei Grenzkostenrechnung

Bei Anwendung des GKV auf Grenzkostenbasis werden die Bestandsveränderungen bei fertigen und unfertigen Erzeugnissen sowie die aktivierten Eigenleistungen zu Grenzkosten bewertet. Die fixen Kosten gehen in voller Höhe in das Ergebnis der Abrechnungsperiode ein.

– bei Vollkostenrechnung

Abweichend davon werden bei einer Vollkostenrechnung nur diejenigen fixen Herstellkosten in das Betriebsergebnis übernommen, die auf die abgesetzten Produkte entfallen, während die den Bestandsveränderungen zurechenbaren Fixkosten ergebnisneutral abgegrenzt werden.

– Vergleich

Durch die Erfassung der Bestandserhöhungen zu variablen Kosten ist der Periodenerfolg in der Grenzkostenrechnung unabhängig von den Lagerbestandsveränderungen und wird ausschließlich vom Umsatz bestimmt. In der Vollkostenrechnung nach dem GKV wirkt sich durch die Proportionalisierung der fixen Kosten demgegenüber auch die Fertigungsmenge auf den Periodenerfolg aus. Wird mehr hergestellt als abgesetzt, so entsteht – gegenüber der Grenzkostenrechnung – ein zusätzlicher Gewinnausweis in Höhe der anteiligen Fixkosten der Bestandserhöhung et vice versa.

Zahlenbeispiel 5.4: Bestandserhöhung bei Grenzkostenbewertung

Beispiel

In Abwandlung der für die vorhergehenden Beispiele gültigen Annahme, daß die von jedem Modell produzierten 500 Einheiten auch vollständig abgesetzt werden, soll nunmehr gelten, daß jeweils nur 400 Einheiten verkauft werden können und somit von jedem Modell 100 Einheiten auf Lager gehen.

Zu Vergleichszwecken werden die Ergebnisse für den Fall des Lagerzugangs und für den Fall des vollständigen Absatzes sowohl bei Voll- als auch bei Grenzkostenbewertung einander gegenübergestellt.

Als Ermittlungsschema liegt dem Beispiel das GKV zugrunde.

	Variante I : jew. 500		Variante II: jew. 400	
	Voll-KR	Grenz-KR	Voll-KR	Grenz-KR
Umsatz	495 000	495 000	396 000	396 000
Bestandserhöhung zu HK				
– Standard	–	–	33 168	20 340
– Luxus	–	–	46 832	29 660
– gesamt	–	–	80 000	50 000
Gesamtleistung	–	–	476 000	446 000
HK	400 000	250 000	400 000	250 000
DB I		245 000		196 000
Verwaltung	48 000	6 000	48 000	6 000
Vertrieb	30 000	3 000	30 000	3 000
DB II		236 000		187 000
Σ Fixkosten		219 000		219 000
Ergebnis	17 000	17 000	–2 000	–32 000

Zur Bestandsbewertung:

Zu Vollkosten: $HK_{Standard} = 331{,}68$ DM; $HK_{Luxus} = 468{,}32$ DM

$HK_{ges} = 331{,}68 \times 100 + 468{,}32 \times 100$

$= 33\,168 + 46\,832 = 80\,000{,}–$ DM

Zu Grenzkosten: variable $HK_{Standard} = 203{,}40$ DM; variable $HK_{Luxus} = 296{,}60$ DM

$HK_{ges} = 203{,}40 \times 100 + 296{,}60 \times 100$

$= 20\,340 + 29\,660 = 50\,000{,}–$ DM

Der Ergebnisunterschied zwischen Variante I und II ist auf den unterschiedlichen Absatz zurückzuführen. Der Ergebnisunterschied zwischen Voll- und Grenzkostenrechnung bei Variante II ergibt sich ausschließlich aufgrund der unterschiedlichen Bestandsbewertung. Er gleicht sich in den Perioden aus, in denen die auf Lager produzierten Einheiten abgesetzt werden.

Produktbezogene Ergebnisrechnung

Die Grenzkostenkalkulation führt, weitergedacht, zur **produktbezogenen Ergebnisrechnung** und wird auch regelmäßig dahingehend ausgebaut. Der Überschuß des Ertrags einer Kostenträgereinheit über ihre variablen Kosten wird als Deckungsbeitrag bzw. als Bruttostückgewinn bezeichnet (= Beitrag zur Deckung der – zunächst nicht beachteten – fixen Kosten).

Einstufige Deckungsbeitragsrechnung

Die Kostenträgerzeitrechnung auf Grenzkostenbasis kann durch die Einbeziehung der Erlösseite bereits als **einstufige Deckungsbeitragsrechnung** bezeichnet werden, da nur ein Deckungsbeitrag ermittelt wird, der den Überschuß der gesamten Umsatzerlöse über die gesamten variablen Kosten angibt. Dieser Deckungsbeitrag kann horizontal nach Produktgruppen gegliedert werden.

Eine einstufige Deckungsbeitragsrechnung kann auch vertikal gegliedert werden, wenn als Deckungsbeitrag 1 der Überschuß der Umsatzerlöse über die variablen Herstellkosten ermittelt wird, von dem zur Ermittlung des Deckungsbeitrags 2 schließlich noch die variablen Verwaltungs- und Vertriebskosten abgezogen werden.

Kennzeichen

Kennzeichnend für diese Form der Kostenträgerzeitrechnung ist, daß die Fixkosten in einer rein periodenbezogenen Sichtweise noch undifferenziert in einem Block zusammengefaßt werden. Durch diese vereinfachende Differenzierung nach der Abhängigkeit der Kosten von der Beschäftigung wird die einfache Deckungsbeitragsrechnung bzw. die einfache Grenz- oder Direktkostenrechnung dem höchst unterschiedlichen Charakter verschiedener Fixkostenbestandteile jedoch nicht gerecht.

Der Übergang zu einer **differenzierten** Fixkostenbetrachtung, bspw. in Form der stufenweisen Fixkostendeckungsrechnung, ist insbesondere bei einer produktbezogenen Betrachtung fließend (siehe Kap. 9).

C. Vollkostenrechnung und Grenzkostenrechnung als sich ergänzende Systeme

Vergleich

Vollkostenrechnung und Grenzkostenrechnung weisen jeweils spezifische Vorteile, aber auch Nachteile auf:

- Die Kenntnis der Vollkosten ist für einige Zwecke unabdingbar, die verursachungsgerechte Schlüsselung von Fixkosten jedoch nur begrenzt möglich, weshalb die Rechnung mit Vollkosten zu Fehlentscheidungen führen kann.
- Die Teilkostenrechnung bringt neue Informationen für bestimmte Entscheidungen im Rahmen vorgegebener Kapazitäten, sie birgt jedoch die Gefahr in sich, zum »Denken in Deckungsbeiträgen« zu verleiten, also Deckungsbeiträge mit Gewinnen gleichzusetzen. Grenzkosteninformationen können aber nicht losgelöst von ihrem Kontext verwendet werden. Sie werden unter einengenden Voraussetzungen bzw. für eine bestimmte Entscheidungssituation erhoben und besitzen auch nur für diese Gültigkeit.

Wahl des Kostenrechnungssystems

Beide Grundtypen eines Kostenrechnungssystems schließen sich letztlich nicht gegenseitig aus, sondern ergänzen sich vielmehr insofern, als sie Informationen für unterschiedliche Informationsbedürfnisse bereitstellen. Die Wahl des Kostenrechnungssystems kann daher nicht auf eine Entweder-oder-Entscheidung reduziert werden, sondern ist eine Frage der Prioritätensetzung. Jedes Unternehmen muß entscheiden, welches System als Grundrechnung installiert werden sollte und welches System in Form von fallweisen entscheidungsorientierten Sonderrechnungen mitzuführen ist. Denkbar ist auch, daß beide Systeme durchgängig nebeneinander geführt werden.

Mischsysteme

In der Praxis hat das Bestreben, die Vorzüge beider Systeme miteinander zu verbinden, darüber hinaus vielfach zu Mischsystemen geführt. Bspw. wird eine Vollkostenrechnung dergestalt modifiziert, daß durch geeignete Kostenerfassung aus ihr auch die notwendigen Basisinformationen für eine Grenzkostenrechnung zu entnehmen sind.

Kritik

Schließlich ist anzumerken, daß auch die Grenzkostenrechnung auf der Basis von variablen Kosten gegen das Verursachungsprinzip verstoßen kann. Je nachdem, in welchem Umfang variable Gemeinkosten durch Schlüsselung anhand von Bezugsgrößen auf die Kostenträger umgelegt werden, ist mit Unschärfen zu rechnen. Variable Gemeinkosten sind zwar beschäftigungsabhängig und insoweit durch die Produktion der Periode verursacht, sie bleiben aber doch Gemeinkosten und sind deshalb schlüssig nur einer Gruppe von Kostenträgern zuzurechnen. Bei konsequenter Ausrichtung am Verursachungsprinzip müßte die Kostenrechnung für Entscheidungszwecke daher auf Einzelkosten abstellen.

Relative Einzelkostenrechnung nach RIEBEL

Dieser Gedanke ist in der Literatur insbesondere von RIEBEL verfolgt worden.

RIEBEL zieht die Konsequenz aus der Relativität des Einzelkostenbegriffs und schlägt eine äußerst differenzierte hierarchische Kostenerfassung vor, die gewährleisten soll, daß für jede Entscheidungssituation die entscheidungsrelevanten Kosten durch das System bereitgestellt werden. Auf jede Schlüsselung von Gemeinkosten bzw. Proportionalisierung fixer Kosten wird verzichtet. Das sog. »Identitätsprinzip« tritt als Grundsatz der Kostenzuweisung an die Stelle des von ihm als ungenau und irreführend kritisierten Verursachungsprinzips. Demnach werden Kosten nicht durch betriebliche Leistungen »verursacht«, sondern sind wie diese auf eine vorgelagerte unternehmerische Entscheidung zurückzuführen. Die Kostenerfassung muß nach Ansicht RIEBELs daher diese Dispositionsabhängigkeit transparent machen (vgl. Riebel [1994]).

RIEBELs System der relativen Einzelkostenrechnung ordnet andere Kriterien der Kostenverrechnung vollständig diesem Ziel unter. Es stellt in der Handhabung relativ hohe Anforderungen an die Kostenrechnung und läßt nur bedingt die Verdichtung von Kosteninformationen zu (vgl. ausführlich Kap. 10).

Abkürzungsverzeichnis

BAB	Betriebsabrechnungsbogen
DB	Deckungsbeitrag
EK	Einzelkosten
f	fix
F+E	Forschung und Entwicklung
FGK	Fertigungsgemeinkosten
FL	Fertigungslöhne
GK	Gemeinkosten
GKV	Gesamtkostenverfahren
Grenz-KR	Grenzkostenrechnung
HK	Herstellkosten
IKR	Industriekontenrahmen
MEK	Materialeinzelkosten
MGK	Materialgemeinkosten
SK	Selbstkosten
UKV	Umsatzkostenverfahren
v	variabel
VEK	Vertriebskosten
Voll-KR	Vollkostenrechnung
VVK	Vertriebs- und Verwaltungskosten
VWK	Verwaltungskosten

Kontrollfragen

1) Nennen Sie die wesentlichsten Teilkostenrechnungssysteme!
2) Was versteht man innerhalb der Kostenrechnung unter dem Begriff »Grenzkosten«?
3) Unter welchen Bedingungen unterscheiden sich Grenzkosten von proportionalen Kosten?
4) Welches ist das wesentlichste Charakteristikum der Grenzkostenrechnung im Vergleich zur Vollkostenrechnung?
5) Welche Annahmen liegen der Beschränkung auf die Betrachtung der variablen Kosten in der Grenzplankostenrechnung zugrunde?
6) Welche Entscheidungen können nur auf der Grundlage einer Grenzkostenrechnung zutreffend gefällt werden?
7) Wie wird innerhalb einer Grenzkostenrechnung im Zuge einer Divisionskalkulation der Stückkostensatz ermittelt?
8) Inwieweit unterscheidet sich die Vorgehensweise bei der Zuschlagskalkulation innerhalb einer Grenzkostenrechnung vom Vorgehen in der Vollkostenrechnung?
9) Wie werden die Fixkosten in der kurzfristigen (einstufigen) Erfolgsrechnung im Rahmen einer Grenzplankostenrechnung behandelt?
10) Welchen Einfluß hat die Wahl des Ausweisverfahrens (UKV vs. GKV) auf das Betriebsergebnis, sofern im Berichtszeitraum Bestandsveränderungen stattgefunden haben?
11) Nehmen Sie kritisch zu den prinzipiellen Vor- und Nachteilen eines Grenzkostenrechnungssystems im Vergleich mit einem Vollkostenrechnungssystem bezüglich der zu erfüllenden Aufgaben Stellung!
12) Nehmen Sie zu folgender Aussage Stellung: Eine Grenzkostenrechnung ist einer Vollkostenrechnung vorzuziehen, da erstere nicht gegen das Verursachungsprinzip verstößt!
13) Welches Kostenrechnungssystem verzichtet grundsätzlich auf die Schlüsselung von Gemeinkosten? Welches Prinzip liegt diesem Kostenrechnungssystem zugrunde und wie ist die prinzipielle Vorgehensweise?

Literaturhinweise

Adam, D. (1981): Grenzkostenrechnung, in: Kosiol, E./Chmielewicz, K./Schweitzer, M. (Hrsg.) (1981): Handwörterbuch des Rechnungswesens, 2. Aufl., Stuttgart 1981, Sp. 691–702.

Däumler, K. D./Grabe, J. (1997): Kostenrechnung 2 – Deckungsbeitragsrechnung, 6. Aufl., Herne/Berlin 1997.

Haberstock, L. (1987): Kostenrechnung I – Einführung, 8. Aufl., Hamburg 1987.

Hummel, S. (1981): Kosten, relevante, in: Kosiol, E./Chmielewicz, K./Schweitzer, M. (Hrsg.) (1981): Handwörterbuch des Rechnungswesens, 2. Aufl., Stuttgart 1981, Sp. 968–974.

Hummel, S./Männel W. (1983): Kostenrechnung 2, 3. Aufl., Wiesbaden 1983.

Kilger, W. (1993): Flexible Plankostenrechnung und Deckungsbeitragsrechnung, Bearbeitet durch Kurt Vikas, 10. Aufl., Wiesbaden 1993.

Kloock, J./Sieben, G./Schildbach, T. (1993): Kosten- und Leistungsrechnung, 7. Aufl., Düsseldorf 1993.

Mellerowicz, K. (1974): Kosten und Kostenrechnung, Band II, Verfahren, 5. Aufl., Berlin 1974.

Riebel, P. (1994): Einzelkosten- und Deckungsbeitragsrechnung, 7. Aufl., Wiesbaden 1994.

Schneider, D. (1985): Vollkostenrechnung oder Teilkostenrechnung? In: Der Betrieb 1985, S. 2159–2162.

Schweitzer, M./Küpper, H.-U. (1998): Systeme der Kosten- und Erlösrechnung, 7. Aufl., München 1998.

Wahle, O. (1989): Kostenrechnung II für Studium und Praxis – Ist- und Normalkostenrechnung, 3. Aufl., Bad Homburg vor der Höhe 1989.

Zweiter Teil: Weiterentwicklungen und Anwendungsmöglichkeiten in der Vollkostenrechnung

6. Kapitel: Kalkulation öffentlicher Aufträge und Leistungen

Staatliche Preisregulierung

Im Rahmen der wirtschaftspolitischen Betätigung des Staatssektors nimmt das Instrument der staatlichen Preisregulierung eine bedeutsame Stellung ein. Hierunter versteht man die durch den Staat aufgrund seiner hoheitlichen Machtbefugnisse und/oder in seiner Eigenschaft als Anbieter oder Nachfrager gezielte Beeinflussung oder Gestaltung der Preise ökonomischer Güter. Direkte staatliche Preisregulierung kann insbesondere in Form staatlicher Genehmigungspflicht und Kontrolle von Preisen erfolgen (sog. öffentliche Bindung). Häufig ist die Preisgenehmigung von der Einhaltung gesetzlich festgelegter Kalkulationsvorschriften und/oder der Offenlegung der Kalkulationsgrundlagen gegenüber den zuständigen staatlichen Genehmigungsbehörden abhängig.

Preis- und Kalkulationsvorschriften

Als typische Anwendungsbeispiele lassen sich dabei die Preise bei öffentlichen Aufträgen und die (gerade auch im umweltpolitischen Kontext bedeutsamen) Gebühren für öffentlich-rechtliche Leistungen nennen. Beide Preisformen regeln Entgeltbeziehungen zwischen dem öffentlichen und dem privaten Sektor, mit dem Staat einmal als Entgeltgeber und einmal als Entgeltnehmer (vgl. Abb. 6.1). Von besonderem Interesse ist, daß hierbei die Regelungsintensitäten erhebliche Unterschiede aufweisen.

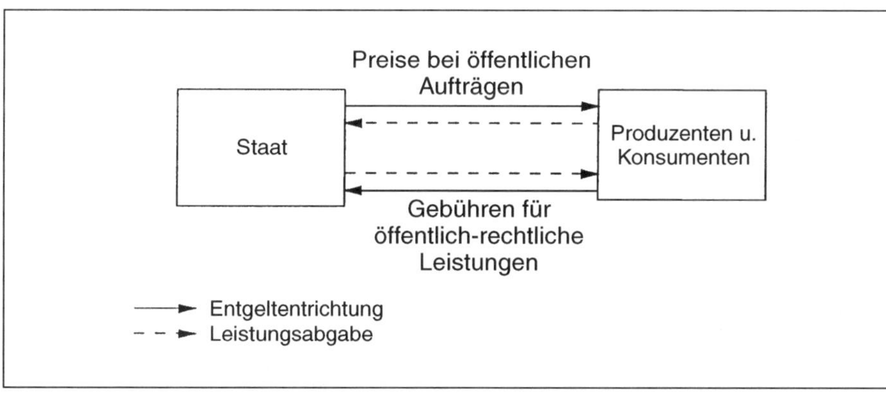

Abb. 6.1: Entgeltbeziehungen zwischen öffentlichem und privatem Sektor

A. Kalkulation öffentlicher Aufträge nach den Leitsätzen für die Preisermittlung aufgrund von Selbstkosten (LSP)

I. Notwendigkeit, gesetzliche Verankerung und Charakter der Leitsätze für die Preisermittlung

1. Notwendigkeit und gesetzliche Verankerung

Grundsätzlich stehen Kalkulation und Preissetzung im freien Ermessen des Unternehmens. Dies ist in funktionierenden Märkten selbstverständlich, da es ausschließlich das Problem des Unternehmens ist, inwieweit es im freien Wettbewerb mit Konkurrenten in der Lage ist, seine kalkulierten Selbstkosten zuzüglich eines angemessenen Gewinnaufschlags über den Preis durchzusetzen.

Selbstkostenermittlung bei öffentlichen Aufträgen

Eine wichtige Ausnahme von dieser grundsätzlichen Freiheit der Berechnung von Kostenpreisen ergibt sich jedoch bei der Ermittlung von Selbstkosten gegenüber öffentlichen Auftraggebern (eine zweite wichtige Ausnahme stellt die Bewertung von Bestandserhöhungen für die handels- und steuerrechtliche Bilanzierung dar, die allerdings nicht als Kalkulation i.e.S. bezeichnet werden kann). Zu den **öffentlichen Auftraggebern** sind gem. § 2 Abs. 1 u. 2 VO PR insbesondere Bund, Länder, Gemeinden und juristische Personen des öffentlichen Rechts zu rechnen, wie z.B. (vgl. Michaelis/Rhösa [1994], § 2, S. 6):

Öffentliche Auftraggeber

- Bundesministerien, insbes. BMVg,
- Industrie- und Handelskammern,
- Krankenkassen,
- Bundesversicherungsanstalt,
- Bundesanstalt für Arbeit,
- ZDF usw.

Marktunvollkommenheiten

Für die von öffentlichen Stellen in Auftrag gegebenen Güter und Leistungen ist in vielen Fällen kein echter Markt vorhanden:

- Auf der Nachfrageseite tritt häufig nur der Staat als Nachfragemonopolist auf.
- Auf der Anbieterseite existiert häufig kein wirklicher Wettbewerb, sondern es gibt nur einen oder einige wenige Anbieter für das nachgefragte Gut bzw. die nachgefragte Leistung.

»Selbstkosten-Plus-Preise«

Verordnungen und Kalkulationsrichtlinien

In den genannten Fällen ist der Wettbewerb teilweise erheblich eingeschränkt bzw. vermachtet, echte Marktpreise im Sinne von Wettbewerbspreisen können nicht festgestellt werden. Eine freie Preisbildung könnte deshalb nicht ohne weiteres gewährleisten, daß Anbieter **und** öffentlicher Nachfrager zu für beide Seiten »fairen« Konditionen miteinander abschließen. Hilfsweise werden für öffentliche Aufträge über Güter und Leistungen, für die kein Wettbewerbsmarkt existiert, deshalb Selbstkostenpreise zuzüglich eines Gewinnaufschlags zugrunde gelegt (vgl. Ebisch/Gottschalk [1994], S. 51). Für die Ermittlung dieser sog. »Selbstkosten-Plus-Preise« wurde eine Vielzahl von gesetzlichen Verordnungen und speziellen Kalkulationsrichtlinien erlassen, von denen im folgenden nur einige wesentliche aufgeführt sind:

- Verordnung PR 30/53 des Bundesministers für Wirtschaft über die Preise bei öffentlichen Aufträgen 1953 (**VO PR**),
- als Anlage hierzu: Leitsätze für die Preisermittlung aufgrund von Selbstkosten 1953 (**LSP**),
- VO PR 14/54 über die Gewinnbemessung in einem festen Betrag vom 23. 12. 1954,
- Verordnung 1/72 über die Preise für Bauleistungen bei öffentlichen oder mit öffentlichen Mitteln finanzierten Aufträgen vom 6. 3. 1972 (**VO PR-Bau**),
- als Anlage hierzu: Leitsätze für die Ermittlung von Preisen für Bauleistungen aufgrund von Selbstkosten (**LSP-Bau**) vom 6. 3. 1972,
- VO PR 4/72 über die Bemessung des kalkulatorischen Zinssatzes vom 17. 4. 1972,
- Grundsätze zur Anwendung von Preisvorbehalten bei öffentlichen Aufträgen und Erläuterung, Rundschreiben des BMWF vom 2. 5. 1972 und 23. 6. 1972,
- VO PR 1/86 zur Ermittlung des betriebsnotwendigen Kapitals,
- VO PR 1/89 Aufhebung der Rechnung mit Wiederbeschaffungspreisen bei den kalkulatorischen Abschreibungen vom 13. 6. 1989,
- Erlaß zur Bemessung des kalkulatorischen Gewinns in Verträgen des Verteidigungsressorts zu Selbstkostenpreisen (»Bonner Formel«) vom 27. 6. 1989, in Kraft getreten am 1. 7. 1989.

2. Charakter der Leitsätze

Die VO PR regelt in allgemeiner Form die Voraussetzungen, unter denen die Abrechnung öffentlicher Aufträge zu Selbstkostenpreisen erfolgt.

Preisermittlungsvorschriften

Die LSP selbst stellen reine Preisermittlungsvorschriften dar und statuieren darüber hinaus nur Grundanforderungen für die geordnete Erfassung der erforderlichen Vollkosteninformationen. Nr. 2 LSP verpflichtet den Auftragnehmer zur Führung eines **geordneten Rechnungswesens**, das jederzeit ermöglicht,

Anforderungen

- die Kosten- und Leistungsrechnung (Betriebsbuchhaltung) mit der Aufwands- und Ertragsrechnung (Finanzbuchhaltung) abzustimmen,
- über Kostenarten-, Kostenstellen- und Kostenträgerrechnung die Erfassung und Verrechnung der Kosten sowie der erbrachten Leistungen nachzuvollziehen,
- Selbstkostenpreise zu ermitteln.

Zur näheren Bestimmung dieser Anforderungen kann z.B. auf die in den »Empfehlungen zur Kosten- und Leistungsrechnung« (BDI (Hrsg.) [1991]) entwickelten Grundsätze zurückgegriffen werden.

Konkretisierung

Neben den Grundsätzen der verursachungsgerechten Kostenverrechnung und der Ermittlung relevanter Kosteninformationen gelten danach als wesentliche Grundsätze für ein geordnetes betriebliches Rechnungswesen (vgl. Michaelis/Rhösa [1994], S. 182 f.):

- Geschlossenheit,
- Einmaligkeit und Vollständigkeit der Kostenverrechnung,
- Stetigkeit und Einheitlichkeit der Verrechnung und Bewertung,
- Anpassung der Kostenrechnung an die Betriebsstruktur (Grundsatz der Isomorphie),
- Wirtschaftlichkeit des Rechnungswesens.

Ziel

Ziel ist die Nachprüfbarkeit der Ordnungsmäßigkeit der Kostenverrechnung (Preisprüfung). Sowohl die VO PR als auch die LSP greifen über diese allgemeinen Grundsätze hinaus nicht in die Gestaltung des betrieblichen Rechnungswesens ein.

II. Allgemeine Grundsätze der Selbstkostenkalkulation – Preisarten für öffentliche Aufträge

Rahmen der Preisbildung

Die VO PR definiert mehrere Kategorien von Preisen für öffentliche Aufträge. Allen Preisvereinbarungen bei öffentlichen Aufträgen ist jedoch gemeinsam, daß sich die Preisbildung gem. § 3 VO PR in den Rahmen **allgemeiner Preisvorschriften**, wie

- Gesetz gegen Wettbewerbsbeschränkungen,
- Rabattgesetz usw.,

und **besonderer Preisvorschriften** (staatlich festgesetzte Preise) einpassen muß, wie z.B.:

- Gebührenordnungen für Rechtsanwälte, Architekten, Ingenieure,
- Tarifregelungen für Verkehrsleistungen und Energiewirtschaft,
- Gebühren im Post- und Fernmeldedienst,
- Tarife im Versicherungswesen,
- sonstige Tarifregelungen.

»Preistreppe«

Unter Berücksichtigung dieser allgemeinen Anforderungen lassen sich die Preispräferenzen des öffentlichen Auftraggebers in Form einer sog. »Preistreppe« wie folgt beschreiben:

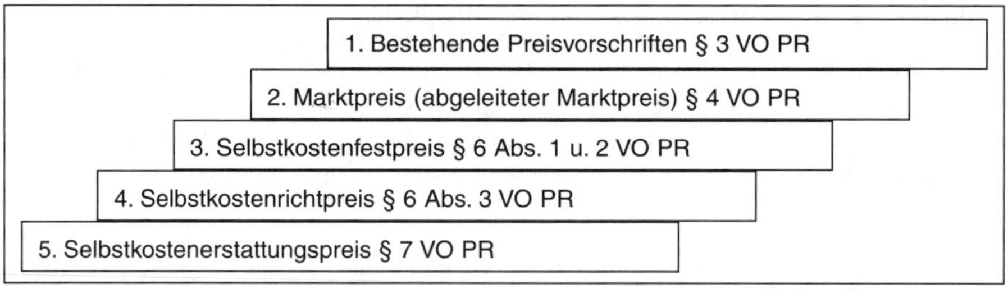

Abb. 6.2: »Preistreppe« bei öffentlichen Aufträgen gem. VO PR

1. *Marktpreisvorrang*

Subsidiarität von Selbstkostenpreisen

Aus der vorstehenden Reihenfolge der Preisarten geht hervor, daß Selbstkostenpreise (»Selbstkosten-Plus-Preise«) nur subsidiär von Bedeutung sind und, soweit möglich, Marktpreise bzw. angenäherte Marktpreise verwendet werden (§ 1 Abs. 1 VO PR).

Nur wenn ein Marktpreis bzw. ein abgeleiteter oder ein modifizierter Marktpreis nicht zu ermitteln ist und gleichzeitig keine staatlichen Preisfestsetzungen bestehen, sind zwischen Auftraggeber und Auftragnehmer Selbstkostenpreise zu vereinbaren. Dies gilt auch für den Fall, daß die Marktpreisbildung aufgrund von Mangellagen oder offensichtlichen Wettbewerbsbeschränkungen auf der Anbieterseite nicht unerheblich beeinträchtigt ist (§ 5 Abs. 1 Nr. 1 u. 2 VO PR).

Auch wenn für den gesamten öffentlichen Auftrag ein Selbstkostenpreis vereinbart wurde, gilt unbeschadet dessen der Marktpreisvorrang auch für einzelne, marktmäßig gehandelte Bestandteile des Gesamtauftrags (bspw. Einzelbausteine, Zubehörteile, auch üblicherweise angebotene Dienstleistungen usw.).

Listenpreise

Listenpreise sind Marktpreise i.S.d. § 4 VO PR, wenn sie allgemein und stetig Anwendung finden, d.h. gefordert **und** erzielt werden und den allgemeinen Preisbildungsvorschriften entsprechen. Gem. § 6 Abs. 2 u. 3 VO PR-Bau sind auch abgeleitete Listenpreise denkbar.

»abgeleiteter Marktpreis«

Die Preise für per se nicht marktgängige Leistungen sollten, sofern sie marktgängigen Leistungen ähneln und daher vergleichbare Märkte bestehen, durch eine Mehr- oder Minderkostenkalkulation, also durch Zu- oder Abschläge aus den entsprechenden Marktpreisen, abgeleitet werden (**»abgeleiteter Marktpreis«**, § 4 Abs. 2 VO PR). Auch die Zu- und Abschläge für zusätzliche bzw. ausgesparte Leistungsmerkmale sind, soweit möglich, zu Marktpreisen und erst subsidiär zu Kostenpreisen zu bewerten. Ein Beispiel für die Anwendung von abgeleiteten Marktpreisen stellt die Preisbildung bei der Anforderung von Sonderausführungen marktgängiger Kfz-Modelle für Polizei, Bundespost und Bundeswehr dar.

Der öffentliche Auftraggeber soll nicht schlechter, aber auch nicht besser gestellt werden, als ein nicht-öffentlicher Nachfrager. Deshalb bestimmt § 4 Abs. 3 VO PR, daß auch öffentlichen Stellen die unter vergleichbaren Verhältnissen gängigen Konditionen (Skonti, Rabatte, Lieferbedingungen) einzuräumen sind, während besondere Behördenrabatte dem Sinn dieser Vorschrift zuwiderlaufen.

»modifizierter Marktpreis«

Eine weitere Modifikation von Marktpreisen bzw. abgeleiteten Marktpreisen wird gem. § 4 Abs. 4 VO PR erforderlich, wenn durch den Auftrag besondere Verhältnisse geschaffen werden (**»modifizierter Marktpreis«**). Dies ist der Fall, wenn wesentliche Beistellungen von Produktionsfaktoren oder Entwicklungsleistungen durch den öffentlichen Auftraggeber erfolgen, bzw. der Auftrag andere Besonderheiten aufweist, die zu Kostensenkungen führen, die nicht als rein leistungsbedingte Kostenersparnisse des Unternehmens interpretiert werden können.

Kostendifferenzrechnung

Leistungsgewinne bzw. -verluste werden dem Auftragnehmer zugeschrieben, während kostenmäßige Vorteile bzw. Nachteile, die ausschließlich auf den Auftraggeber zurückzuführen sind, durch Korrekturen des Marktpreises berücksichtigt werden (vgl. Michaelis/Rhösa [1994], § 4, S. 27 f.). Zur Trennung beider Effekte ist i.a. eine nicht unproblematische Kostendifferenzrechnung durchzuführen. Als Beispiel für Korrekturbedarf wären durch die Abnahmemenge bedingte Stückkostendegressionen zu nennen, die durch den Marktpreis und übliche Mengenrabatte nicht adäquat berücksichtigt würden. Auch Aufschläge auf Marktpreise sind nach dieser Norm denkbar, bspw. wenn durch den Auftraggeber bzw. durch den Auftrag selbst bedingt besondere Risiken auftreten.

Bei der Feststellung von »Marktpreisen im weiten Sinne« treten grundsätzlich bereits ähnliche Probleme auf wie bei der Ermittlung von Selbstkostenpreisen. Der Unterschied zwischen dem Marktpreis als Ausgangsgröße und dem daraus zu entwickelnden Auftragspreis ist durch eine Differenzrechnung kostenrechnerisch nachzuweisen.

Künstliche Marktpreise

Für Individualleistungen werden **künstliche Marktpreise** durch Ausschreibung auf der Grundlage einer genauen Leistungsbeschreibung ermittelt (vgl. Müller [1988]).

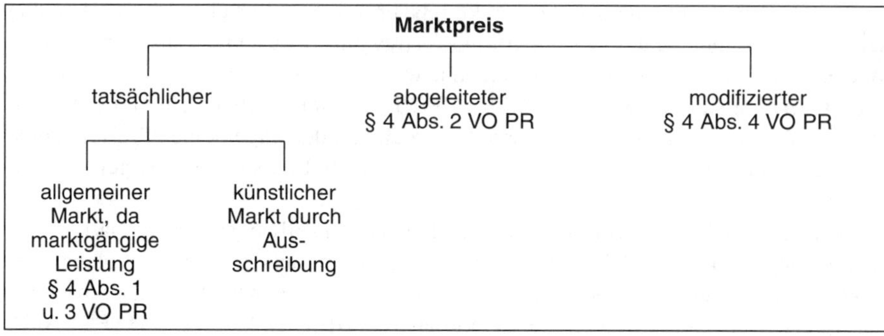

Abb. 6.3: Marktpreistypen

2. *Festpreisprinzip*

Festpreisprinzip

Gem. § 1 Abs. 2 VO PR sind bei Vertragsabschluß soweit möglich feste Preise zu vereinbaren (siehe auch § 6 Abs. 1 VO PR – »Festpreisprinzip«). Dieser Grundsatz bezieht sich folglich ausschließlich auf Aufträge, die zu Selbstkosten abgerechnet werden. Nur in Ausnahmefällen dürfen hier **Selbstkostenrichtpreise** (§ 6 Abs. 3 VO PR) bzw. **Selbstkostenerstattungspreise** (§ 7 VO PR) vereinbart werden. Ebenfalls nur in Ausnahmefällen zulässig sind Preisvorbehalts- und Preisgleitklauseln. So dürfen Preisvorbehalte und Preisgleitklauseln erst vereinbart werden, wenn die Zeitspanne zwischen Auftragsvergabe und Lieferung eine vom Auftraggeber auf dem Verordnungswege festgelegte Mindestfrist überschreitet und gleichzeitig weitere einschränkende Voraussetzungen erfüllt sind (vgl. Michaelis/Rhösa [1994], § 1 VO PR und Abb. 6.4).

Selbstkostenfestpreise

Der **Selbstkostenfestpreis** gem. § 6 Abs. 2 VO PR, Nr. 6a LSP ist ab dem Zeitpunkt der Preisvereinbarung fixiert und setzt daher eine hinreichende Kalkulierbarkeit der Kosten voraus. Er leitet sich aus einer Vorkalkulation ab, d.h. der Ermittlung sind Planmengen zugrunde zu legen, die mit Tagespreisen zum Zeitpunkt der Angebotsabgabe bewertet werden. Entscheidend ist deshalb, daß die Kalkulation zum Zeitpunkt der Angebotsabgabe den Grundsätzen der Verordnung (insbesondere Angemessenheit) entspricht.

Ermäßigen sich bei langfristigen Aufträgen später die Kosten der zu erbringenden Leistung, so bleibt der vereinbarte Preis gleichwohl preisrechtlich zulässig.

Selbstkostenrichtpreise

Demgegenüber gilt der **Selbstkostenrichtpreis** gem. § 6 Abs. 3 VO PR, Nr. 6a LSP als vorläufiger Preis, der erst im Zeitpunkt der Umwandlung in einen Selbstkostenfestpreis verbindlich wird. Selbstkostenrichtpreise werden vereinbart, wenn bei langfristigen Vorhaben zum Zeitpunkt des Vertragsabschlusses aufgrund von erheblichen Unsicherheiten hinsichtlich Kostenentwicklung oder Leistungsumfang noch keine Festpreise festgelegt werden können, aber zu vermuten ist, daß die Unsicherheiten noch vor Fertigstellung der Leistung behoben werden können. Sobald zu einem späteren Zeitpunkt eine hinreichend zuverlässige Kalkulation möglich ist, wird der Richtpreis in ei-

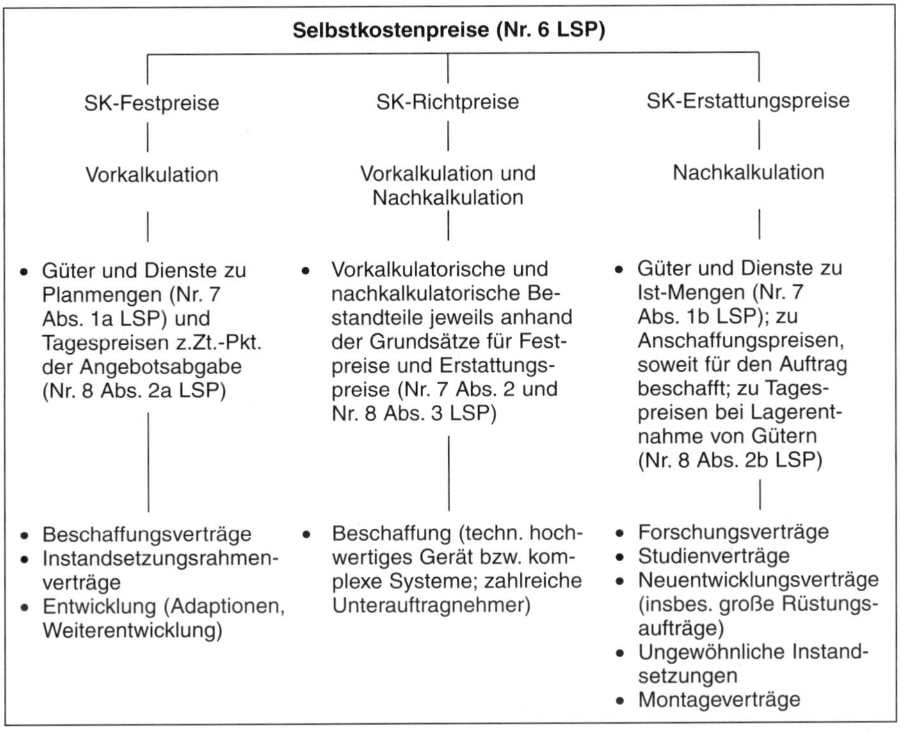

Abb. 6.4: Selbstkostenpreisarten, allgemeine Kalkulationsgrundsätze und typische Anwendungsbereiche

nen Festpreis überführt. Zu diesem Zeitpunkt umfaßt die Preisermittlung folglich sowohl Elemente der Vorkalkulation als auch – für die bereits angefallenen Kosten – nachkalkulatorisch ermittelte Werte, die auf Erstattungsbasis abgerechnet werden.

Die Unsicherheiten beziehen sich i.a. auf den Mengenansatz (z.B. wegen unzureichend umschriebenen Leistungsumfangs oder geringer Erfahrung), da die Bewertung durch Nr. 8 LSP vorgegeben ist.

Ein Richtpreis kann sich – dem allgemeinen Grundsatz fester Preise entsprechend – auch lediglich auf schwer einzuschätzende Bestandteile der Leistung beziehen, während die Restleistung fest bepreist wird (vgl. Ebisch/Gottschalk [1994], S. 60 ff.; Michaelis/Rhösa [1994], § 5).

Limitierte Richtpreise

Häufig wird bei diesem Preistyp bereits zu Anfang eine Limitierung nach oben festgeschrieben. In diesem Fall wird das Preisrisiko voll auf den Auftragnehmer überwälzt, während der Auftraggeber – anders als beim Selbstkostenfestpreis – evtl. günstige Kostenentwicklungen zu seinen Gunsten berücksichtigen kann. Ein limitierter Richtpreis stellt daher aus Sicht des öffentlichen Auftraggebers den idealen Preistyp dar (vgl. Baudisch [1988], S. 1584).

Selbstkostenerstattungspreise

Selbstkostenerstattungspreise gem. § 7 VO PR, Nr. 6b LSP werden nur vereinbart, wenn aufgrund erheblicher Kalkulationsunsicherheiten keine der vorstehenden Alternativen gangbar ist. Sie werden entsprechend den angefallenen Kosten nachkalkulatorisch abgerechnet. Güter und Fremdleistungen, die speziell für den Auftrag bezogen wurden, sind zu Anschaffungskosten zu bewerten. Bereits vorhandene Materialien, also Lagerentnahmen, können zu Tagespreisen angesetzt werden. Gem. § 7 Abs. 2 VO PR sind, soweit möglich, für einzelne Kalkulationsbereiche feste Sätze zu vereinbaren, die weder unter- noch überschritten werden dürfen. Diese Regelung kann dann unerwünschte Folgen für den Auftraggeber mit sich bringen, wenn prozentuale Gemeinkosten-Zuschlagssätze vereinbart werden, da der Auftragnehmer über eine Steigerung der Einzelkosten eine höhere Gemeinkostendeckung durchsetzen kann. Aber auch bei Erstattungspreisen wird zwischen Auftraggeber und -nehmer häufig eine vertragliche Preislimitierung nach oben vereinbart, bzw. werden vorkalkulatorisch feste Verrechnungssätze für einzelne Leistungseinheiten (§ 7 Abs. 2 VO PR) festgeschrieben.

Kombinationsmöglichkeiten

Daneben sieht Nr. 6c LSP eine Kombination dieser Alternativen vor, wobei die Kosten in einzelnen Kalkulationsbereichen (z.B. Vertrieb) durch Vorkalkulationen ermittelt und damit fixiert werden, während die nicht auf diese Weise prognostizierbaren Kosten der übrigen Bereiche im Wege der Nachkalkulation festgestellt werden.

Aus den Voraussetzungen für die Anwendung der einzelnen Selbstkostenpreistypen wird deutlich, daß sich die Art der Preisvereinbarung entscheidend nach der Art des öffentlichen Auftrags richtet.

3. Höchstpreisprinzip

Höchstpreisprinzip

Den Vorschriften der VO PR liegt zudem ein Höchstpreisprinzip zugrunde: Die ausgehandelten Preise dürfen nicht höher, wohl aber niedriger liegen, als durch die Einzelnormen der VO PR (§ 1 Abs. 3) und der VO PR-Bau gefordert. Der öffentliche Auftraggeber ist explizit gehalten, den preisrechtlich zulässigen Höchstpreis nach Möglichkeit zu unterschreiten (vgl. Abschn. III. dieses Kap.).

Ausdehnung auf Unteraufträge

Die allgemeinen Grundsätze (B.I. – B.III. dieses Kap.) können unter den Voraussetzungen des § 2 Abs. 4 Ziff. 1 VO PR auch auf Unteraufträge des Auftragnehmers (mittelbare Leistungen) ausgedehnt werden.

III. Grundsatz der Angemessenheit und die Zugrundelegung einer wirtschaftlichen Betriebsführung

Verbot der Doppelverrechnung von Kosten

Der öffentliche Auftraggeber hat ein starkes Interesse daran, daß jedem Auftrag, der nach Selbstkostenpreisen abgerechnet wird, nur die Kosten angelastet werden, die auch durch ihn verursacht wurden. Das Verbot der Doppelverrechnung von Kosten erhält daher im Rahmen der Abrechnung öffentlicher Aufträge besondere Bedeutung, da vermieden werden muß, daß Kosten, die auf privatwirtschaftliche Aufträge entfallen, bspw. über Gemeinkostenzuschläge auch den öffentlichen Aufträgen belastet werden. In der Praxis gestaltet sich die Überprüfung der ordnungsmäßigen bzw. verursachungsgerechten Zurechnung von Kosten im Bereich der Gemeinkosten naturgemäß sehr schwierig. Gleichwohl ist sie von besonderer Bedeutung, da Auftragsleistungen, die zu Selbstkosten abgerechnet werden, »eine Tendenz zur Unwirtschaftlichkeit innewohnt« (Ebisch/ Gottschalk [1994], S. 24; vgl. auch Müller [1987], S. 90).

Grundsätzlich sind im Selbstkostenpreis alle dem Auftrag verursachungsgerecht zuzuordnenden Kosten zu berücksichtigen (**Verursachungsprinzip**). Dieses Verursachungsprinzip kollidiert jedoch aus konzeptionellen Gründen mit dem Vollkostenprinzip einerseits und aus sachlichen Gründen mit dem Angemessenheitsprinzip andererseits.

Verursachungsprinzip

Das Angemessenheitsprinzip gem. § 5 Abs. 1 VO PR fordert, daß Selbstkostenpreise auf **angemessenen** Kosten basieren und sich nicht in jedem Fall aus den tatsächlichen Kosten des Auftragnehmers ergeben. Die individuell angefallenen Kosten sind daher anhand bestimmter Beurteilungsmaßstäbe auf ihre Angemessenheit hin zu überprüfen und ggf. von den Preisprüfern zu reduzieren.

Angemessenheitsprinzip

Welche Kosten sachlich angemessen sind, regeln im einzelnen die LSP. Gem. Nr. 4 Abs. 2 LSP sind grundsätzlich nur die Kosten zu berücksichtigen, die bei **wirtschaftlicher Betriebsführung** zur Erstellung der Leistungen entstehen (materielle Preisvorschrift).

Wirtschaftliche Betriebsführung

Die wirtschaftliche Betriebsführung kann nur unternehmensindividuell und nach Lage des Einzelfalls beurteilt werden (ausdrückliche Ausnahme: § 5 Abs. 4 VO PR; vgl. Baudisch [1989], S. 272). Die Problematik dieser Beurteilung, unabhängig vom Gegenstand des öffentlichen Auftrags, ist offensichtlich.

Unternehmensindividuelle Beurteilung

Die Kosten, die dem Unternehmen für den Auftrag zusätzlich entstehen und somit die Grundlage des Selbstkostenpreises bilden, können für ein und denselben Auftrag unterschiedlich ausfallen, je nachdem, inwieweit der Auftrag in das sonstige Fertigungsprogramm integriert werden kann und somit Synergien genutzt werden können (vgl. Männel [1986], S. 119). In einem weiteren Schritt wäre zu prüfen, ob der öffentliche Auftrag ähnlich rationell bearbeitet wird wie die an den Markt gerichteten Produkte.

Besondere Probleme bereitet die Beurteilung der wirtschaftlichen Betriebsführung bei üblicherweise zu Selbstkostenerstattungspreisen abgerechneten Aufträgen über Forschungsleistungen und schwierige Entwicklungen. Der Erfolg unter Einhaltung eines bestimmten Kostenrahmens kann in diesem Bereich vielfach nicht versprochen werden. Der Auftragnehmer kann statt dessen lediglich sein Bemühen zusichern (»Bemühensklausel«, vgl. Michaelis/Rhösa [1994], Nr. 27 LSP, Anh. 1, S. 9).

»Bemühensklausel«

Die Beurteilung der Wirtschaftlichkeit darf sich nicht an einem organisatorisch und technisch »durchrationalisierten Idealbetrieb« mit entsprechend hoher Auslastung und Produktivität orientieren, sondern ist zu relativieren (vgl. Michaelis/Rhösa [1994], § 5 Abs. 1 VO PR). Gem. § 5 Abs. 4 VO PR ist der Beurteilung ein »guter Betrieb« zugrunde zu legen, womit ein Betrieb gemeint ist, der in einen wirksamen Wettbewerb mit Konkurrenten treten könnte (vgl. Michaelis/Rhösa [1994], Nr. 4 LSP, S. 11).

»Guter Betrieb« als Beurteilungsmaßstab

Inwieweit die Kriterien guter Betriebe erfüllt werden, wird in der Praxis vor allem anhand der **Beschäftigungssituation** des Auftragnehmers beurteilt. Da die LSP im Ergebnis eine Vollkostenkalkulation vorgeben, die z.B. bei Erstattungspreisen gänzlich auf Ist-Kosten basiert, schlagen Veränderungen der Beschäftigung voll auf die Gemeinkosten-Zuschlagssätze durch. Dieser Effekt soll in Fällen der Unterbeschäftigung durch den Grundsatz der Angemessenheit und Wirtschaftlichkeit begrenzt werden. Fraglich ist jedoch, ab welcher Auslastung Unterbeschäftigung und damit verbunden unwirtschaftliche Betriebsführung zu unterstellen ist.

Beurteilung anhand der Beschäftigungssituation

Als Normalauslastung gilt je nach Branche eine Auslastung von 70–90 % der Maximalkapazität. Nicht jede Unterschreitung einer wie auch immer definierten Normalauslastung läßt jedoch auf unwirtschaftliche Betriebsführung schließen. Zunächst sind lediglich vorübergehende Unterschreitungen unbeachtlich. Nur eine anhaltende Unterauslastung, der nicht relativ kurzfristig gegengesteuert werden kann, wird deshalb im Rahmen der Preisprüfung weitere Informationen erforderlich machen. Dabei ist insbesondere von Bedeutung, ob die Unterbeschäftigung ihre Ursachen im Unternehmen selbst hat, also nicht etwa konjunkturell, sektoral oder branchenbedingt ist, oder aber, inwieweit der öffentliche Auftraggeber aufgrund übergeordneter Interessen selbst die Vorhaltung von Kapazitäten beim Auftragnehmer veranlaßt hat (vgl. Michaelis/Rhösa [1994], Nr. 4 LSP, S. 20). Erst wenn auch nach Abwägung dieser Aspekte festzustellen ist, daß die Unterauslastung auf unternehmerische Fehlentscheidungen zurückzuführen ist, kann im Rahmen der Preisprüfung an Korrekturen gedacht werden. Anstelle der Ist-Beschäftigung wäre der Berechnung der Stückkosten in diesem Fall die Normalbeschäftigung zugrunde zu legen. Die verbleibende Kostenunterdeckung ginge im Ergebnis zu Lasten des Auftragnehmers.

Voraussetzungen

Die auf die Unterbeschäftigung zurückzuführende Verteuerung kann jedoch nur dann aus der Kostenrechnung entnommen werden, wenn das verwendete System nach fixen und variablen Kosten differenziert.

Zudem bleibt festzulegen, auf welchen Maßstab und auf welche Grundgesamtheit für die Bestimmung des Beschäftigungsgrades sinnvollerweise abzustellen ist (vgl. ausführlich Ebisch/Gottschalk [1994], S. 276).

Gesamtunternehmenssituation

Im allgemeinen sollte möglichst auf die Situation des Gesamtunternehmens abgestellt werden, das auch die Einheit für die Kostenverrechnung repräsentiert. Einzelne unterausgelastete Abteilungen bzw. betriebliche Teilbereiche sind für sich genommen noch kein Hinweis auf eine unwirtschaftliche Betriebsführung. Ebensowenig wäre es aufgrund der Interdependenzen im System der Kostenverrechnung gerechtfertigt, im Rahmen der vergleichenden Beurteilung der Wirtschaftlichkeit einzelne Kostenelemente bzw. Zuschlagssätze isoliert zu betrachten (vgl. Michaelis/Rhösa [1994], § 5, S. 29).

Beurteilung anhand weiterer Kriterien

Vor diesem Hintergrund kann der Tatbestand der unwirtschaftlichen Betriebsführung nicht allgemein definiert werden. Neben Unternehmen mit erheblicher Unterauslastung oder geringer Produktivität dürften bspw. auch diejenigen unwirtschaftlich im Sinne der Norm arbeiten, die eine größere Investition für die Auftragsausführung tätigen, obwohl die mit dieser Investition geschaffenen Kapazitäten billiger auch durch die Einbeziehung eines Unterauftragnehmers hätten bereitgestellt werden können (vgl. Baudisch [1989], S. 272; Müller [1987], S. 96). In diesem Fall kann unterstellt werden, daß das Unternehmen seine Entscheidung anders getroffen hätte, wenn die zu erbringenden Leistungen an den Markt gerichtet gewesen wären, da dann i.a. jede Rationalisierungsmöglichkeit – hier durch Fremdbezug – ausgeschöpft wird.

In der Praxis werden Abschläge aufgrund unwirtschaftlicher Betriebsführung nur selten vorgenommen (vgl. Möllhoff [1986], S. 259).

Unangemessenheit von Kosten

Wenngleich die wirtschaftliche Betriebsführung somit eine wesentliche Voraussetzung für die Angemessenheit von Kosten darstellt, deckt sie nicht den ganzen Begriffsinhalt ab. Kosten können vielmehr auch dann unangemessen sein, wenn sie nicht auf unwirtschaftlicher Betriebsführung i.e.S. beruhen, sondern bspw. durch einen sehr ungünstigen Standort überhöht anfallen (vgl. Michaelis/Rhösa [1994], Nr. 4 LSP, S. 11 ff.). Unangemessene Kosten i.S.d. Leitsätze sind auch zu vermuten, wenn Unternehmen, die hauptsächlich zu Selbstkostenpreisen abrechnen, im Schnitt höhere Gehälter und Löhne (Nr. 24 Abs. 1 LSP), Provisionen (Nr. 35 Abs. 1 LSP), Lizenzgebühren (Nr. 33 Abs. 1 LSP) usw. zahlen als ein vergleichbares Unternehmen, das seine Leistungen am freien Markt verkauft.

Das Kriterium der »wirtschaftlichen Betriebsführung« bezieht sich eher auf die Gesamtheit der technischen und organisatorischen Methoden und Verfahren zur Leistungserstellung.

Das Kriterium der Angemessenheit bezieht in umfassender Weise Art, Mengen- und Wertansatz, Verfahren, Standorteinflüsse und Beschäftigungsgrad in die Preisprüfung ein.

Offensichtlich ist jedoch, daß beide Grundsätze eng miteinander verbunden sind und in weiten Bereichen zur gleichen Beurteilung führen dürften.

Untere Preisgrenze

Abschließend ist darauf hinzuweisen, daß der Grundsatz der »Angemessenheit« nicht ausschließlich eine obere Preisgrenze festlegt, sondern gleichzeitig auch die Hereinnahme von Angeboten zu Preisen, die offensichtlich unter den Selbstkosten liegen, unterbinden soll (vgl. Michaelis/Rhösa [1994], § 9; Robl [1989], S. 1017).

IV. Einzelrichtlinien für die Kalkulation von Selbstkostenpreisen

1. *Kostenartenkatalog und Bewertung (Nr. 11–50 LSP) – kalkulatorischer Gewinn (Nr. 51–52 LSP)*

LSP als »materielles Preisrecht«

Wenn die Vereinbarung von Selbstkostenpreisen gem. § 5 VO PR zulässig ist, müssen ihrer Ermittlung gem. § 8 VO PR die LSP als »materielles Preisrecht« zugrunde gelegt werden (vgl. Michaelis/Rhösa [1994]).

Die Nr. 11–50 LSP stellen einen Kostenartenkatalog dar, worin der Kostenansatz sowohl dem Grunde nach als auch der Höhe nach im einzelnen geregelt wird. Dabei regeln

- Nr. 11–36 LSP im wesentlichen die Grundkostenarten,
- Nr. 37–50 sowie Nr. 22 Abs. 1a LSP die kalkulatorischen Kostenarten.

Da sich die Erfassung und Bewertung der Kosten gem. LSP in weiten Teilen nicht von den allgemeinen Grundsätzen der Kostenrechnung unterscheidet, sollen im einzelnen nur Kostenarten angesprochen werden, für die die LSP Besonderheiten mit sich bringen.

a) Stoffkosten (Nr. 11–21 LSP) und Personalkosten (Nr. 22–25 LSP)

(1) Besonderheiten der Mengenermittlung

Verwertungsfähige bzw. veräußerungsfähige Reststoffe sind durch Reststoffgutschriften gem. Nr. 21 LSP in der Kalkulation von den Stoffkosten abzusetzen.

(2) Besonderheiten der Bewertung

Materialverbrauch

Die LSP sehen eine Bewertung des **Materialverbrauchs** zu Tagespreisen zum Zeitpunkt des Verbrauchs der Kostengüter vor. Während die Mengenansätze bei einer vorkalkulatorischen Preisermittlung zwangsläufig geschätzt werden müssen (Nr. 7 LSP), läßt Nr. 8 LSP keine Bewertung zu Planpreisen zu. Gegen künftige Preissteigerungen kann sich der Auftragnehmer in vollem Umfang nur durch Preisgleitklauseln absichern (vgl. Gerst [1981], S. 17).

Teuerungszuschläge oder Preisänderungswagnisse

Güter, Dienste, Stoffe (außer Lagerstoffe) sowie Löhne und Gehälter dürfen jedoch bei Gefahr von Preissteigerungen vorkalkulatorisch ausnahmsweise unter Vorwegnahme der künftigen Kostenentwicklung, bspw. zu erwartender Tarifabschlüsse, bewertet werden. In gewissem Umfang kann der Auftragnehmer bei entsprechender vertraglicher Gestaltung (Nr. 17 Abs. 4 LSP) daher Preisrisiken durch Teuerungszuschläge oder aber durch den Ansatz eines Preisänderungswagnisses abfangen (vgl. Ebisch/Gottschalk [1994], S. 337; a.A. Michaelis/Rhösa [1994], Nr. 17 LSP, S. 4).

Fertigprodukte

Fertigprodukte vom Lager sind zu historischen Selbstkosten zu bewerten.

Festpreisbestandteile in Selbstkostenrichtpreisen und Selbstkostenerstattungspreisen sind zu Tagespreisen zum Zeitpunkt der Angebotsabgabe zu bewerten.

Einstandspreise

Bei allen drei Kalkulationsarten können Stoffe und Materialien gem. Nr. 17 Abs. 1 und Nr. 18 LSP auch zu **Einstandspreisen** bewertet werden.

Die Bewertung zu Einstandspreisen (Nr. 18 LSP) erfolgt unter Zurechnung der Nebenkosten (Porti, Zölle, Frachten usw.) und unter Abrechnung von Umsatzsteuer und Preisschmälerungen.

Der Auftragnehmer hat alle beim Einkauf geschäftsüblichen Vorteile zugunsten des Auftraggebers wahrzunehmen. Umsatzboni, Jahres- und Treuerabatte sind deshalb an den Auftraggeber weiterzugeben.

Skonti verbleiben beim Auftragnehmer, weil sie in einer finanziellen Leistung seinerseits begründet sind.

Verrechnungspreise

Die LSP gewähren ferner das Wahlrecht, Lagerstoffe statt zu Tagespreisen zum Zeitpunkt der Lagerentnahme bzw. zum Einstandspreis gem. Nr. 18 LSP auch zu **Verrechnungspreisen** anzusetzen (Nr. 17 Abs. 2 LSP). Voraussetzung hierfür ist, daß die Verrechnungspreise aufgrund wirklichkeitsnaher Ermittlungen bestimmt werden und den jeweiligen Preisen der drei Kalkulationsformen nahekommen. Die Unterschiede zwischen den tatsächlichen Preisen und den Verrechnungspreisen sind nach Stoffgruppen getrennt zu erfassen und in der Betriebsabrechnung zu berücksichtigen (vgl. Ebisch/Gottschalk [1994], S. 336).

Standardpreise

Standardpreise sind in Preise gem. Nr. 8 LSP oder in Verrechnungspreise umzurechnen.

b) Sonstige Kosten (Nr. 26–36 LSP)

Instandsetzungs- und Instandhaltungskosten

Instandsetzungs- und Instandhaltungskosten sind, sofern sie stoßweise anfallen, dem Verbrauch entsprechend ratenweise zu verrechnen (Nr. 26 Abs. 1 LSP).

Entwicklungskosten

Die LSP differenzieren in Nr. 27 u. 28 nach Kosten für »werkseigene« **freie Entwicklung** (innerbetriebliche Leistung) und solchen für vertraglich vereinbarte, **auftragsgebundene Entwicklung** (Drittauftrag), die die werkseigene freie Entwicklung überschreitet. Beide sind in der Kalkulation gesondert auszuweisen (Nr. 28 Abs. 2 LSP).

Die Differenzierung in freie und gebundene Entwicklung ist für die Kostenverrechnung im Betriebsabrechnungsbogen (BAB) jedoch zunächst unbeachtlich. Zu diesem Zweck ist vielmehr danach zu trennen, ob allgemeine oder objektgebundene Entwicklung betrieben wird. Dies entspricht der Unterscheidung zwischen nur mittelbar leistungsabhängigen Entwicklungskosten und leistungsvariablen Entwicklungskosten. Die Kosten für erfolgreiche allgemeine Entwicklungsaktivitäten können nur indirekt einzelnen Aufträgen zugerechnet werden und sind deshalb anteilig auf alle davon profitierenden Kostenträger umzulegen (Grundlagenforschung, allg. Verfahrensentwicklung u.ä.).

Aus technischen, wirtschaftlichen oder marktbedingten Gründen fehlgeschlagene Entwicklungsanstrengungen werden, soweit angemessen, kalkulatorisch im Entwicklungswagnis erfaßt und verrechnet. Dies betrifft jedoch nur die objektbezogene freie Entwicklung, da die Kosten der allgemeinen freien Entwicklung ohnehin immer auf alle Kostenträger der Periode verteilt werden, in der sie entstanden sind. Die Wagnisprämien sind als Sonder-Gemeinkosten der jeweiligen Hierarchieebene (Produkt, Produktgruppe, Bereich usw.) zu erfassen.

Während die Unterscheidung zwischen allgemeiner und objektgebundener Entwicklung bei freier Entwicklung auch von Bedeutung für die Möglichkeit zur Berücksichtigung der Entwicklungskosten in der Selbstkostenkalkulation öffentlicher Aufträge ist, erübrigt sie sich bei den Kosten der gebundenen Entwicklung. Diese sind vorbehaltlich evtl. Selbstbeteiligungsklauseln gänzlich dem verursachenden Auftrag zuzurechnen und stets vom öffentlichen Auftraggeber zu tragen.

Gem. Nr. 28 Abs. 2 LSP sind Entwicklungs- und Entwurfskosten in der Kalkulation gesondert auszuweisen, wobei freie und gebundene Anteile zu trennen sind.

Stellt die gebundene Entwicklung per se die Auftragsleistung dar, so sind in der Preiskalkulation unter Entwicklungs- und Entwurfskosten die anteiligen freien Entwicklungskosten auszuweisen (vgl. Ebisch/Gottschalk [1994], S. 385 f.; Michaelis/ Rhösa [1994], Nr. 27 LSP, S. 3).

Sonderkosten der Fertigung

Als **Sonderkosten der Fertigung** gem. Nr. 29 LSP können Anlaufkosten neuer oder veränderter Fertigungsbereiche, Abnahmekosten, spezielle Sicherheitskosten, Kosten durch Bauartänderungen, Sonntagsarbeit und allgemein alle speziell durch den öffentlichen Auftrag zusätzlich verursachten Stoff- und Fertigungskosten, soweit sie nicht ohnehin im einzelnen in den LSP aufgeführt sind, berücksichtigt werden (vgl. Michaelis/ Rhösa [1994], S. 25). Sie sind in der Kalkulation gesondert auszuweisen.

Steuern

Gem. LSP dürfen nur best. »kalkulierbare« Steuern (Gewerbesteuer, Vermögensteuer, Grundsteuer usw.), nicht jedoch sog. »nicht kalkulierbare« Steuern (KSt., ESt., KirchSt. usw.) in die Kalkulation des Selbstkostenpreises einfließen (Nr. 30–32 LSP, vgl. Ebisch/Gottschalk [1994], S. 393 ff.).

Die Kosten für Gütereinsätze und Fremdleistungen sind unter Ausschluß der Vorsteuer anzusetzen (Nr. 8 Abs. 1 LSP).

Lizenzgebühren

Der Begriff der »**Lizenzgebühren**« gem. Nr. 33 LSP ist weit auszulegen. Hierunter können alle Gebühren für geschütztes und ungeschütztes Know-how verrechnet werden, soweit sie in angemessenem Verhältnis zum Umsatz und in angemessenem Verhältnis zum erkauften Nutzen stehen (vgl. Michaelis/Rhösa [1994], Nr. 33 LSP, S. 15).

Betreffen die diesbezüglichen Ausgaben nur bestimmte Erzeugnisse oder eine Erzeugnisgruppe, so sind sie in der Kalkulation als Sonderkosten auszuweisen (Nr. 33 Abs. 3 LSP), andernfalls stellen sie Gemeinkosten der profitierenden Bereiche dar.

Sondereinzelkosten des Vertriebs

Sondereinzelkosten des Vertriebs werden, soweit sie für Transport, Verpackung und Versand entstehen, grundsätzlich ohne Gewinnbeaufschlagung in Rechnung gestellt.

c) Kalkulatorische Kosten (Nr. 37–50 LSP)

Kalkulatorische Abschreibungen

(1) Kalkulatorische Abschreibungen und Abschreibungswagnisse

Gem. Nr. 38 Abs. 1 LSP bzw. Nr. 30 LSP-Bau sind die **Abschreibungen** unabhängig vom handels- und steuerrechtlichen Wertansatz zu verrechnen. Grundsätzlich ist mengen- oder zeitproportional, also linear abzuschreiben (Nr. 38 Abs. 1 Satz 2 LSP).

Gem. Nr. 38 Abs. 2 LSP (frühere Fassung) durften den Abschreibungen bei nachhaltigen erheblichen Preisänderungen anstelle der Anschaffungskosten/Herstellungskosten auch Wiederbeschaffungswerte zugrunde gelegt werden. Da Wiederbeschaffungswerte in den wenigsten Fällen hinreichend zuverlässig zu ermitteln sind,war diese Norm der LSP so zu interpretieren, daß die Abschreibungen regelmäßig vom Tageswert vorgenommen werden konnten.

Die Absätze 2–4 der Nr. 38 LSP sind nunmehr gestrichen. Der Gesetzgeber rückt neuerdings vom wertmäßigen Kostenbegriff ab:

VO PR 1/89

Die **Verordnung zur Änderung preisrechtlicher Vorschriften Nr. 1/89** regelt, daß **kalkulatorische Abschreibungen** als Kosten der Wertminderung bei öffentlichen Lieferungen und Leistungen und bei öffentlichen Bauleistungen nur noch in Höhe der Anschaffungskosten bzw. Herstellungskosten und nicht mehr auf der Basis von Wiederbeschaffungswerten zugelassen werden. Diese Änderung betrifft gleichermaßen Nr. 38 LSP und Nr. 30 LSP-Bau.

Die kalkulatorischen Abschreibungsgrundsätze gleichen sich insoweit handels- und steuerrechtlichen Bewertungsgrundsätzen an. Die Erhaltung der betrieblichen Substanz kann durch die Abschreibungspolitik nicht mehr gewährleistet werden. Zur Substanzerhaltung könnten nach BAUDISCH/BIRGEL allerdings in beschränktem Maße die Wagniskosten gem. Nr. 49 LSP bzw. Nr. 40 LSP-Bau herangezogen werden (vgl. Baudisch/Birgel [1990]).

Problem der Substanzerhaltung

Die Änderung wurde damit begründet, daß der kostenrechnerische Aspekt der Erfassung des Werteverzehrs von dem Finanzierungsaspekt (Substanzerhaltung) zu trennen sei. Die Substanzerhaltung soll auf dem Wege der Gewinnverwendung sichergestellt und daher auch bei der Vereinbarung des Gewinnanteils berücksichtigt werden (siehe hierzu Gliederungspunkt D.I.4. dieses Kap.; vgl. Birgel/Baudisch [1990], S. 180). Der Ansatz von Wiederbeschaffungspreisen ließ sich nach Ansicht des Verordnungsgebers nicht mit dem Grundsatz angemessener Kosten gem. § 5 Abs. 1 VO PR vereinbaren (vgl. Birgel/Baudisch [1990], S. 181). BIRGEL/BAUDISCH weisen jedoch zu Recht darauf hin, daß auch kostenrechnerische Aspekte, wie die Bewertung zu zeitnahen Kosten, für den Ansatz von Tagespreisen sprechen.

Sonderabschreibungen

Der Ansatz von darüber hinausgehenden **Sonderabschreibungen** zum Ausgleich einer nicht vorhersehbaren technischen Entwicklung, Bedarfsverschiebung oder anderen Wertminderung ist ebenfalls nur nach entsprechender Vereinbarung mit dem Auftraggeber zulässig (Nr. 41 LSP). Evtl. Sonderabschreibungen sind in der Kalkulation gesondert auszuweisen.

Mehr-/Minderabschreibungen

Mehrabschreibungen (Abschreibungsgewinne) oder Minderabschreibungen (Abschreibungsverluste) aufgrund von Fehlschätzungen der Nutzungsdauer sind gem. Nr. 39 Abs. 2 LSP i.d.R. als Abschreibungswagnis unter den Wagniskosten zu berücksichtigen (vgl. Ebisch/Gottschalk [1994], S. 450 ff.). Die Schätzung des Abschreibungswagnisses sollte in regelmäßigen Zeitabständen überprüft werden.

Zahlenbeispiel 6.1: Berechnung des Abschreibungswagnisses *Beispiel*

1) AK einer Anlage		200 000,–
Ursprüngliche Schätzung der ND		10 Jahre
Revidierte ND-Schätzung zu Anfang des 7. Jahres		8 Jahre
Rest-ND		2 Jahre
2) Kalkulatorische Abschreibungen:		
Jahre 1–6:	jew. 20 000,–	120 000,–
Jahre 7 u. 8:	jew. 25 000,–[a)]	50 000,–
Verrechnete Abschreibungen		170 000,–

zu [a)]: Der Fehler in der Vergangenheit soll nicht durch fehlerhafte Abschreibungsverrechnung in der Gegenwart kompensiert werden, deshalb wird die revidierte Gesamt-ND zugrunde gelegt (vgl. Michaelis/Rhösa [1994], Nr. 39 LSP, S. 16).

3) Damit errechnet sich ein Abschreibungsverlust von DM 30 000,– durch zu geringe Abschreibungen in den Jahren 1–6. Kalkulatorisch ist dieser Verlust mit etwaigen Verlusten und Gewinnen anderer abnutzbarer Anlagewerte zu verrechnen und zu normalisieren.

Insgesamt wies das Unternehmen in den vergangenen Jahren folgende Abschreibungsgewinne und -verluste auf:

Jahr	Abschreibungs-verluste	Abschreibungs-gewinne	Gesamte Abschreibungen
1986	80 000	20 000	2 430 000
1987	180 000	70 000	2 510 000
1988	200 000	50 000	2 580 000
1989	75 000	60 000	2 660 000
1990	105 000	120 000	2 620 000
Σ	640 000	320 000	12 800 000

4) Auf der Grundlage dieser Fünfjahresstatistik läßt sich das kalkulatorische Abschreibungswagnis für die Vorauskalkulation für 1991 wie folgt errechnen:

Abschreibungswagnis in % der kalk. Abschreibungen für 1991

$$= \frac{\Sigma \text{ Abschreibungsverluste} - \Sigma \text{ Abschreibungsgewinne}}{\text{kalk. Abschreibungen}} \times 100$$

$$= \frac{640\,000 - 320\,000}{12\,800\,000} = 2{,}5\ \%$$

Mit Hilfe dieses Wagnissatzes kann das Abschreibungswagnis auf die einzelnen Kostenstellen entsprechend den jeweiligen kalkulatorischen Abschreibungen verrechnet werden.

(2) Andere kalkulatorische Wagnisse (Nr. 47–50 LSP)

Die LSP lassen darüber hinaus auch den Ansatz anderer Wagniskosten zu und regeln deren Ermittlung und Verrechnung (Nr. 47–50 LSP). Ausgenommen von dieser grundsätzlichen Ansatzfähigkeit sind regelmäßig Vertriebswagnisse, die angesichts der hohen Bonität und Seriosität des öffentlichen Auftraggebers als nicht existent betrachtet werden (vgl. Müller [1987], S. 121).

Allgemeines Unternehmerwagnis

Das **allgemeine Unternehmerwagnis** wird nach Nr. 48 Abs. 1 LSP im kalkulatorischen Gewinn abgegolten. Für die nichtversicherten Einzelwagnisse werden kalkulatorische Kosten in die Kalkulation einbezogen, sofern dieselben Kostenbestandteile nicht bereits anderweitig berücksichtigt wurden. Die aktuellen Wagniskosten entsprechen dabei grundsätzlich dem mehrjährigen Durchschnitt der um Wagnisgewinne bereinigten Wagnisverluste, wodurch eine Normalisierung an sich ungewöhnlicher Kostenbestandteile angestrebt wird (vgl. Kap. 2). Der so ermittelte mehrjährige Durchschnitt ist jedoch ggf. an veränderte Bedingungen in der Berichtsperiode anzupassen. Die Änderung der »tatsächlichen Gefahrenlage« bedingt bspw. bei neuen unerprobten Fertigungsverfahren eine Erhöhung des verrechneten Fertigungswagnisses.

Die Wagniskosten sind gem. Nr. 49 Abs. 3 LSP nach Wagnisarten und Kostenträgergruppen gesondert zu ermitteln und zuzurechnen.

Wagniskosten in den LSÖ

Die früheren LSÖ sahen eine Verrechnung der Wagniskosten über den Gewinnzuschlag (Gewinnzuschlag insges. 10 %, davon 4,5 % Wagnisvergütung, 4,5 % Kapitalverzinsung, 1 % kalkulatorischer Gewinn) vor.

(3) Kalkulatorische Zinsen

Kalkulatorische Zinsen

Gem. LSP und LSP-Bau dürfen als Bestandteil der Gemeinkosten auch **kalkulatorische Zinsen** auf das bereitgestellte betriebsnotwendige Kapital verrechnet werden. Die LSÖ verstanden die kalkulatorischen Zinsen demgegenüber noch als Bestandteil des Gewinns. Die kalkulatorischen Zinsen treten an die Stelle der effektiv gezahlten Fremdkapitalzinsen, die somit für Zwecke der Preisermittlung unbeachtlich sind (vgl. Kap. 2).

»Anstandsabstand«

Nr. 43 LSP begrenzt die Einrechnung kalkulatorischer Zinsen jedoch auf höchstens 6,5 %, regelmäßig 6 % (sog. »Anstandsabstand«, vgl. Baudisch [1987], S. 2239 und § 1 VO PR 4/72). Eine vergleichbare Regelung gilt auch für Nr. 30 LSP-Bau.

Betriebsnotwendiges Kapital

Das betriebsnotwendige Kapital als Berechnungsgrundlage gem. Nr. 44 LSP wird wie unter Kap. 2 dargestellt ermittelt (vgl. Michaelis/Rhösa [1994], Nr. 7 LSP, S. 2).

Abzugskapital

Ungeklärt ist weiterhin, ob das Abzugskapital bei der Kalkulation öffentlicher Aufträge nur aus den Vorauszahlungen des öffentlichen Auftraggebers besteht (»auftragsweise Verrechnung«) oder ob auch die im gleichen Zeitraum nutzbaren unverzinslichen Vorauszahlungen anderer (privater) Auftraggeber in Abzug zu bringen sind (»Pauschalmethode«). Letzteres wäre für den öffentlichen Auftraggeber von Vorteil, entspricht aber nicht dem Verursachungsprinzip (vgl. Baudisch [1987], S. 2239).

Gem. Nr. 46 LSP sind das durchschnittlich gebundene betriebsnotwendige Vermögen und das durchschnittliche vorhandene Abzugskapital Berechnungsgrundlage.

Wertansatz des BNV

Nr. 45 LSP regelt den Wertansatz des betriebsnotwendigen Vermögens. Das Anlagevermögen ist mit den kalkulatorischen Restwerten nach Maßgabe der Vorschriften für die Abschreibungen zu Anschaffungs- oder Herstellungskosten anzusetzen. Die Abkehr von der Bewertung zu Wiederbeschaffungswerten wurde für die Berechnung kalkulatorischer Zinsen bereits durch **VO PR 1/1986** vollzogen und betrifft gleichermaßen Nr. 45 LSP und Nr. 37 LSP-Bau.

Die Berechnung der kalkulatorischen Abschreibungen und der kalkulatorischen Zinsen ist somit wieder kompatibel: In beiden Fällen gilt das Anschaffungswertprinzip.

Gem. Nr. 45 Abs. 2 LSP sind die Gegenstände des Umlaufvermögens auf der Grundlage der Anschaffungs- bzw. Herstellungskosten zu bewerten. In den Beständen enthaltene unbrauchbare oder entwertete Stoffe oder ebensolche halbfertigen und fertigen Erzeugnisse sind abzusetzen oder mit angemessenen Restwerten zu berücksichtigen (Nr. 45 Abs. 3 LSP).

Nebenerträge des BNV

Nebenerträge des betriebsnotwendigen Vermögens sind als Gutschrift auf die kalkulatorischen Zinskosten zu buchen (Nr. 43 Abs. 4 LSP; vgl. Ebisch/Gottschalk [1994], S. 462 ff.; Müller [1987], S. 116 ff.).

(4) Kalkulatorischer Unternehmerlohn

Kalkulatorischer Unternehmerlohn

Einzelkaufleute und Personengesellschaften können überdies **kalkulatorischen Unternehmerlohn** in Ansatz bringen (Nr. 24 Abs. 2 LSP). Der Bewertung dieser Tätigkeit werden nach Nr. 24 Abs. 3 LSP Grenzen gesetzt: So sind begreiflicherweise nicht etwa die tatsächlichen Entnahmen des Unternehmers entscheidend, sondern im Sinne eines Opportunitätskostenkalküls vielmehr das durchschnittliche Gehalt eines Angestellten mit gleichwertiger Tätigkeit unter sonst gleichen Umständen hinsichtlich Branche, Größe des Unternehmens bzw. anderen objektivierbaren Maßstäben.

d) Kalkulatorischer Gewinn (Nr. 51–52 LSP)

Kalkulatorischer Gewinn

Im **kalkulatorischen Gewinn** nach Nr. 51 (Begriff und Inhalt) u. 52 (Höhe und Zurechnung) LSP bzw. Nr. 42 LSP-Bau wird abgegolten:

- Das allgemeine Unternehmerwagnis, womit alle Risiken bezeichnet werden, die das Unternehmen als Ganzes gefährden.
- Ein Leistungsgewinn bei Vorliegen einer besonderen, den Durchschnitt überragenden unternehmerischen Leistung in wirtschaftlicher, technischer oder organisatorischer Hinsicht. Der Leistungsgewinn soll folglich der unternehmerischen Mehrleistung entsprechen.

Allgemeines Unternehmerwagnis

Besondere Probleme bereitet die kalkulatorische Berücksichtigung des **allgemeinen Unternehmerwagnisses** in Form des Gewinnzuschlags.

In der Realität ist dieses Wagnis von einer Vielzahl von Einflußfaktoren bestimmt. Dieses Bündel muß für die Praxis der Gewinnzurechnung auf einige wenige meßbare Faktoren verdichtet werden, die möglichst zutreffend das Risiko wiedergeben.

Nr. 52 Abs. 1 LSP gesteht dem Bundesministerium der Wirtschaft das Recht zu, Richtsätze für den kalkulatorischen Gewinnzuschlag festzulegen. Von diesem Recht hat der Wirtschaftsminister bislang keinen Gebrauch gemacht. In Ermangelung von Vorschriften und Richtlinien bleibt die Höhe des kalkulatorischen Gewinns somit bei allen drei Selbstkostenpreisarten auch weiterhin eine Frage der Verhandlung bzw. der vertraglichen Vereinbarung zwischen öffentlichem Auftraggeber und Auftragnehmer.

Bemessungsgrundlagen:

Der Gewinnzuschlag auf die Selbstkosten kann grundsätzlich absolut oder prozentual vereinbart werden (Nr. 52 LSP und 43 LSP-Bau):

- als Prozentsatz vom betriebsnotwendigen Vermögen,
- als Prozentsatz vom Umsatz,
- als Summe von zwei der genannten Prozentsätze (in der Praxis der am häufigsten vorkommende Fall; vgl. Diederich [1970], S. 1029),
- in einem festen Betrag.

Diese Alternativen sollen eine flexible, auf die jeweiligen Auftrags- und Branchenverhältnisse zugeschnittene Gewinnbemessung ermöglichen (vgl. Gliederungspunkt (5) dieses Teilabschnitts).

(1) Bemessungsgrundlage: Betriebsnotwendiges Vermögen (BNV)

– BNV

Die Verwendung des BNV als Grundlage für die Bestimmung des kalkulatorischen Gewinns zielt insbesondere auf die Abgeltung des Vermögens- und Kapitalwagnisses und ist damit speziell für anlagen- und kapitalintensive Unternehmen interessant. Das erforderliche unternehmerische Know-how wird bei dieser Methode nicht berücksichtigt.

(2) Bemessungsgrundlage: Umsatz

– Umsatz (Selbstkosten)

Als »Umsatz« i.S.d. Norm ist der umsatzsteuerliche Erlös bei Lieferungen und Leistungen zu verstehen (vgl. Ebisch/Gottschalk [1994], S. 498). Der Gewinn ist bei umsatzbezogener Verrechnung somit auf die Selbstkosten ohne USt. zu beziehen.

Gerade für Unternehmen, bei denen das Anlagevermögen bzw. allgemein das betriebsnotwendige Vermögen von eher untergeordneter Bedeutung ist (z.B. Handel, Dienstleistungen), ist ein kalkulatorischer Gewinnzuschlag zu bevorzugen, der sich nach den Selbstkosten bemißt.

(3) Bemessungsgrundlage: BNV und Umsatz (Selbstkosten)

– BNV und Umsatz (Selbstkosten)

Häufig wird versucht, durch eine Koppelung der beiden Maßstäbe Umsatz und Vermögensbindung zu einer umfassenderen Berücksichtigung des allgemeinen Unternehmerwagnisses zu gelangen.

Die Kombination beider Bemessungsmethoden kann dabei auf unterschiedliche Arten erfolgen.

Beispiel

Zahlenbeispiel 6.2: Kalkulatorische Gewinnbeaufschlagung durch gesonderte Prozentsätze auf BNV und Umsatz

Annahmen:

BNV: 8 Mio.	Kalk. Gewinn:	3,5 % vom BNV
Netto-SK des Bezugszeitraums: 6,4 Mio.		1,5 % vom Umsatz (Selbstkosten)

Preiskalkulation:

Netto-SK	100 000
Anteiliger kalk. Gewinn auf BNV: $3{,}5\ \% \times \frac{8\text{ Mio.}}{6{,}4\text{ Mio.}} = 4{,}375\ \%$ verrechnet auf Selbstkosten	4 375
Sonderkosten des Vertriebs	7 000
Σ_1	111 375
Kalk. Gewinn auf Umsatz 1,5 %	1 671
Σ_2	113 046
15 % USt	16 957
SK-Preis	130 003

Voraussetzung für die vorgenommene Schlüsselung ist hierbei, daß das BNV von allen Kostenträgern in etwa gleichem Ausmaß in Anspruch genommen wird (vgl. Michaelis/Rhösa [1994], Nr. 52 LSP, S. 12).

»BRH-Klausel«

Die Bemessung des Gewinnzuschlags richtet sich in der Praxis häufig nach einer Formel, die der Bundesrechnungshof für interne Zwecke verwendet, der sog. »BRH-Klausel«:

> Zur Abgeltung des kalkulatorischen Gewinns wird – sofern keine anderslautenden Vereinbarungen getroffen wurden – bis zu einer jährlichen Umschlagshäufigkeit des betriebsnotwendigen Vermögens von 1 ein Satz von 5 % auf die Nettoselbstkosten (Selbstkosten ohne Sonderkosten des Vertriebs und ohne USt.) vereinbart. Bei einer Erhöhung der jährlichen Umschlagshäufigkeit des betriebsnotwendigen Vermögens um jeweils 0,05 vermindert sich der Gewinnsatz um jeweils 0,14 Prozentpunkte, äußerstenfalls bis auf 2,5 % der Nettoselbstkosten.

Von zentraler Bedeutung ist bei Anwendung dieses Verfahrens, daß Umsatz und betriebsnotwendiges Vermögen korrespondierende Größen darstellen, d.h. sich bspw. auf den gleichen produzierenden Bereich beziehen (vgl. Michaelis/Rhösa [1994], Nr. 52 LSP, S. 5).

Durch die vorgesehene Degression des Gewinnsatzes soll auch bei unterschiedlichem Vermögensumschlag ein etwa gleich hoher absoluter Gewinnbetrag erreicht werden (vgl. Michaelis/Rhösa [1994], Nr. 52 LSP, S. 5).

Kritik

Das Beispiel 6.3 zeigt, daß die BRH-Formel auch innerhalb des Degressionsbereichs nicht zu einer kontinuierlichen Entwicklung des verrechenbaren kalkulatorischen Gewinns führt. Wie BAUDISCH/BIRGEL zu Recht bemängeln, ist die BRH-Formel zudem in sich unschlüssig bzw. willkürlich, da kaum rational zu begründen sein dürfte, daß Unternehmen mit einer Umschlagshäufigkeit bis 1 unterschiedslos 5 % kalkulatorischen Gewinn in Ansatz bringen können, während im Bereich zwischen 1,0 und 1,9 Umschlagshäufigkeit die Degressionsphase vorgesehen ist, die schließlich beim Mindestsatz von 2,5 % Gewinnzuschlag endet (vgl. Baudisch/Birgel [1990], S. 596).

Beispiel

Zahlenbeispiel 6.3: Entwicklung des Gewinns nach der BRH-Formel in Abhängigkeit von der Umschlagshäufigkeit des BNV

Annahme: BNV in Höhe von 20 Mio.

Umschlagshäufigkeit des BNV	Umsatz in Mio.	zulässiger kalk. Gewinn in %	kalk. Gewinn in Mio.
1,0	20	5,00	1
1,1	22	4,72	1,0384
1,2	24	4,44	1,0656
1,3	26	4,16	1,0816
1,4	28	3,88	1,0864
1,5	30	3,60	1,08
1,6	32	3,32	1,0624
1,7	34	3,04	1,0336
1,8	36	2,76	0,9936
1,9	38	2,5	0,95
2,0	40	2,5	1
3,0	60	2,5	1,5
4,0	80	2,5	2

Implizite Annahme

Letztlich gründet die »BRH-Klausel« auf der vereinfachenden Annahme, daß sich das allgemeine Unternehmerwagnis weitgehend in der Umschlagshäufigkeit des betriebsnotwendigen Vermögens erfassen läßt (vgl. Baudisch/Birgel [1990], S. 596). Die Fragwürdigkeit eines derart groben Maßstabs liegt auf der Hand: Kapitaleinsatz, Vermögensbindung und Vermögensumschlag können angesichts der heutigen Marktverhältnisse die Risikoposition eines Unternehmens nur unzureichend wiedergeben (vgl. Michaelis/Rhösa [1994], Nr. 51 LSP, S. 4).

Anwendungsgrenzen

Die Gewinnklausel ist letztlich nur für Verträge mit Industrieunternehmen konzipiert, während sie bei Dienstleistungsunternehmen aufgrund der relativ geringen Vermögensbindung und der daraus resultierenden erheblichen Umschlagshäufigkeit kaum anwendbar ist.

Nachteile

Selbst mit diesem Vorbehalt kann die Regelung jedoch zu spezifischen Nachteilen für industrielle Klein- und Mittelbetriebe führen, wenn sich eine vergleichsweise geringe Kapitalintensität und hohe Flexibilität dieser Betriebe letztlich gewinnmindernd niederschlägt (vgl. Baudisch/Birgel [1990], S. 596). Die Betriebe könnten, da der Gewinn abhängig von der Produktionstiefe ist, höhere Gewinnzuschläge verrechnen, wenn sie die eigene Wertschöpfung erhöhen, um die Umschlagshäufigkeit des betriebsnotwendigen Vermögens zu senken (vgl. Möllhoff [1986], S. 260). Dies wäre unter übergeordneten Wirtschaftlichkeitsaspekten kontraproduktiv, aus Sicht des Auftraggebers wäre es vielmehr wünschenswert, wenn in all den Fällen, in denen andere wirtschaftlicher produzieren können, Unteraufträge vergeben würden.

(4) Kalkulatorischer Gewinn als fester Betrag

– fester Betrag

Durch VO PR 14/54 ist auch die Vereinbarung eines festen Absolutbetrags als kalkulatorischer Gewinn zugelassen worden. Der Vorzug dieser Methode ist darin zu sehen, daß der Reiz zum »Kostenmachen« grundsätzlich entfällt bzw. betriebliche Einsparungen nicht zu einer Gewinnsenkung führen. Bestehen bleiben allerdings die Schwierigkeiten, zu Bestimmungsgrößen für einen fairen Gewinn zu gelangen. Zu diesem Zweck ist auf andere Methoden zurückzugreifen.

(5) Nach Kalkulationsbereichen differenzierte Gewinnzurechnung

– differenzierte Gewinnzurechnung

BROSCHWITZ befürwortet eine weitestgehende Differenzierung der Bemessungsgrundlagen, um eine unter dem Aspekt der erbrachten unternehmerischen Leistung gerechte Gewinnzuteilung zu erreichen.

Auf eine Einbeziehung des betriebsnotwendigen Vermögens in die Gewinnbemessung wird vollständig verzichtet, da andere Komponenten, wie Innovation, Organisation, Managementleistung, Qualität u.ä., als Bestimmungsfaktoren des unternehmerischen Risikos angesichts der zunehmenden Komplexität und Dynamik höher zu bewerten sind (vgl. Broschwitz [1970]).

Die Berücksichtigung dieser Faktoren erfolgt nach dieser Konzeption dadurch, daß jedem Kalkulationsbereich nach Maßgabe der jeweils erforderlichen Unternehmerleistung ein bestimmter Gewinnsatz zugewiesen wird. Fremdleistungen und Zulieferungen stellen in dieser Hierarchie diejenigen Auftragsbestandteile dar, die am geringsten mit Gewinn zu beaufschlagen sind.

Zahlenbeispiel 6.4: (vgl. Broschwitz [1970], S. 265)

Beispiel

Unterschieden werden vier klassische Leistungstypen jeweils anhand ihrer typischen Materialintensität. Die »Normalkalkulation« (A) bezeichnet einen Auftrag mit 50 % Materialintensität (bezogen auf den Selbstkostenpreis ohne Gewinn), der bei einmaligem Umschlag des betriebsnotwendigen Vermögens im Umsatz vom öffentlichen Auftraggeber üblicherweise mit einem Gewinnsatz von 5 % auf die Selbstkosten entgolten wird.

Kalkulationsbereiche	Gewinn in %	Kalk. A Kosten	Kalk. A Gewinn	Kalk. B Kosten	Kalk. B Gewinn	Kalk. C Kosten	Kalk. C Gewinn	Kalk. D Kosten	Kalk. D Gewinn
Einsatzstoffe	4	250	10,0	70	2,8	50	2,0	30	1,2
Zulieferungen	1	220	2,2	550	5,5	–	–	–	–
Fremdleistungen	2	–	–	150	3,0	30	0,6	100	2,0
Stoffgemeinkosten	6	30	1,8	50	3,0	10	0,6	20	1,2
Fertigungsstoffkosten		500	14,0	820	14,3	90	3,2	150	4,4
Fertigungslöhne	8	100	8,0	30	2,4	150	12,0	–	–
Fertigungsgemeinkosten	7	300	21,0	90	2,7	450	31,5	–	–
Entwicklungskosten	12	–	–	–	–	50	6,0	300	36,0
Entwicklungsgemeinkosten	7	–	–	–	–	100	7,0	410	28,7
Sonderkosten	1	–	–	–	–	40	0,4	20	0,2
Herstellkosten		900	43,0	940	19,4	880	60,1	880	69,3
Verwaltungs- und Vertriebskosten	7	100	7,0	60	4,2	120	8,4	120	8,4
Selbstkosten		1 000	50,0	1 000	23,6	1 000	68,5	1 000	77,7
Kalk. Gewinn (gesamt) (allg. Unternehmerwagnis)			5 %		2,4 %		6,9 %		7,8 %
Materialintensität in % des Selbstkostenpreises		47		77		8		13	

Der Gewinnsatz von 5 % wurde auf einzelne Kalkulationsbereiche aufgeschlüsselt. Anhand dieser aufgeschlüsselten Gewinnzuschlagssätze wurden die anderen drei Auftragstypen, eine Fertigungsleistung (B), eine Veredelungs- bzw. Dienstleistung (C) und eine Entwicklungsleistung (D) durchkalkuliert.

In der Gesamtbetrachtung ergeben sich je nach Leistungsstruktur bei fixen Gewinnzuschlägen für einzelne Bereiche und gleichem Auftragsumsatz unterschiedliche kalkulatorische Gewinne auf die Gesamtauftragsleistung.

Damit wird zugleich deutlich, daß die Gewinnberechnung nach dieser Methode zumindest teilweise durch die Zuordnung bestimmter Gemeinkosten zu den einzelnen Kalkulationsbereichen beeinflußt werden kann.

(6) »Bonner Formel« des BMVg

– »Bonner Formel« des BMVg

Das BMVg verwendet in Verhandlungen mit den Auftragnehmern vorbehaltlich auch weiterhin möglicher individueller Preisvereinbarungen folgende Formel (»Bonner Formel«) zur Berechnung des kalkulatorischen Gewinnzuschlags:

$$G = 0{,}05 \times \left(Q + 1{,}5 \times \frac{BNAV}{BNV}\right) \times E + 0{,}01 \times F$$

mit:

G = kalkulatorischer Gewinn
Q = Qualifikationsfaktor, gewichtet in Abhängigkeit von unternehmerischer Leistung bzw. Innovationsgrad, so daß:
Q = 0,70 für Instandsetzungsverträge
Q = 1,05 für Beschaffungsverträge
Q = 1,10 für Studien-, Forschungs- und Entwicklungsverträge
E = Eigenleistung = Nettoselbstkosten – F
F = Fertigungsmaterial + Fremdleistungen

$$\frac{BNAV}{BNV} = \frac{\text{betriebsnotwendiges AV}}{\text{betriebsnotwendiges Vermögen}} = \text{Anlagenintensität}$$

Zahlenbeispiel 6.5: Bonner Formel

Beispiel

Annahme:	Anlagenintensität (BNAV/BNV)	36 %
	Entwicklungsvertrag (Q)	1,1
	Eigenleistung (E)	15 000 000
	Fremdleistung und -material (F)	1 200 000

$$\begin{aligned} G &= 0{,}05 \times (1{,}1 + 1{,}5 \times 0{,}36) \times 15\,000\,000 + 0{,}01 \times 1\,200\,000 \\ &= 0{,}082 \times 15\,000\,000 + 0{,}01 \times 1\,200\,000 \\ &= 1\,230\,000 + 12\,000 = 1\,242\,000,\text{– DM} \end{aligned}$$

Anwendungsbereich

Die neue Gewinnformel löst im Zuständigkeitsbereich des Verteidigungsressorts die BRH-Klausel ab, sofern keine anderslautenden Vereinbarungen über einen festen Gewinnbetrag oder einen speziellen prozentualen Zuschlag getroffen werden. Die Formel trat am 1. 7. 1989 in Kraft. Verträge, die vor diesem Datum abgeschlossen wurden, sind nach den zum Abschlußzeitpunkt vereinbarten Bestimmungen abzuwickeln. Unabhängig hiervon findet die neue Formel dann Anwendung, wenn ein Selbstkostenrichtpreis nach dem 30. 6. 1989 in einen Selbstkostenfestpreis umgewandelt wird.

Einflußgrößen

Maßstab sind nunmehr die Vermögensbindung, gemessen durch die Anlagenintensität, und die Unternehmerleistung, berücksichtigt durch den »Qualifikationsfaktor«.

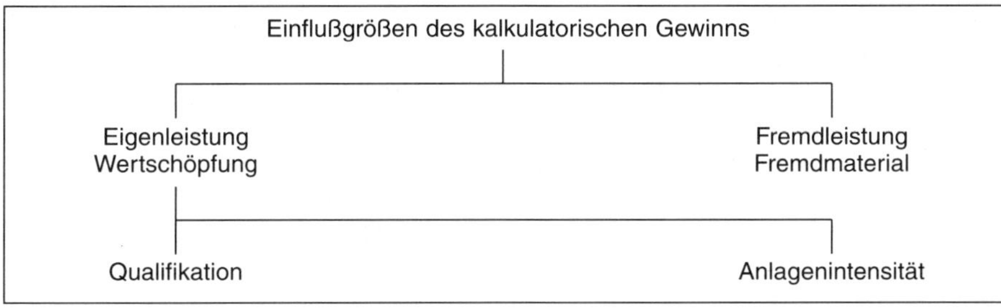

Abb. 6.5: Bestimmungsgrößen des kalkulatorischen Gewinns nach der »Bonner Formel«

Kritik:

Gegenüber der BRH-Klausel finden die Parameter Vermögensbindung und unternehmerisches Vermögensrisiko nunmehr in der Kennzahl der Anlagenintensität Eingang. Zudem weist die neue Formel den Vorzug auf, daß in Anlehnung an die Vorschläge von BROSCHWITZ auch so bedeutsame Faktoren wie Innovationsleistung und Wertschöpfungsanteil bei der Bemessung eines fairen Gewinnzuschlags berücksichtigt werden.

– Typisierung

Zwar ist die gewählte Typisierung nach Vertragsgegenstand – wie jede Typisierung – angreifbar, da Know-how, Leistung und Risiko des Unternehmers im einzelnen nur schwer in quantitativen Kategorien zu fassen sind. Dennoch stellt die Bonner Formel gegenüber der BRH-Klausel einen Fortschritt dar.

Für Fremdleistungen und Zulieferungen wird lediglich ein einprozentiger Gewinnzuschlag vorgesehen, der Auswahl, Kontrolle und logistische Leistung entgilt.

Durch die Neuregelung des Gewinnzuschlags hat das BMVg bislang als einziger großer Auftraggeber der öffentlichen Hand auch auf die Verschärfung der Substanzerhaltungsproblematik reagiert.

– Bruttogewinn

Gleichwohl wird der sich so ergebende kalkulatorische Gewinn verschiedentlich als zu niedrig betrachtet (vgl. Möllhoff [1986], S. 260). Die Kritik verweist darauf, daß es sich um keinen Reingewinn handelt, sondern um einen Bruttogewinn, der um bestimmte Kosten, die gem. LSP nicht in Ansatz gebracht werden dürfen, bereinigt werden muß (Mehrkosten wegen unwirtschaftlicher Betriebsführung, gewinnabhängige Steuern usw.) und mit dem bestimmte Risiken (Preisprüfungsrisiko, Überzüge bei Festpreisverträgen u.a.) abzudecken sind.

– Substanzerhaltung

Zudem wird bezweifelt, daß der Substanzerhaltung durch den mit 1,5 gewichteten Faktor »Anlagenintensität« in adäquater Form Rechnung getragen wird bzw. ein echter Ersatz für den Wegfall der Abschreibung auf der Grundlage von Wiederbeschaffungswerten geschaffen wurde (vgl. Baudisch/Birgel [1990], S. 597; Michaelis/Rhösa [1994], Nr. 52 LSP, S. 10a).

Wenn die volle Substanzerhaltung weder durch Abschreibungen noch durch den zugestandenen Gewinnzuschlag gewährleistet werden kann, wird es vor allem für Unternehmen, bei denen öffentliche Aufträge einen gewichtigen Teil des Gesamtumsatzes ausmachen, letztlich unverzichtbar, nach Wegen zu suchen, die Substanzerhaltung über den Ansatz von Kostenwerten zu gewährleisten. Aufgrund des relativ niedrigen kalkulatorischen Zinssatzes eignen sich hierfür theoretisch nur noch Sonderabschreibungen gem. Nr. 41 LSP bzw. Nr. 33 LSP-Bau oder kalkulatorische Einzelwagnisse gem. Nr. 48 Abs. 2 LSP bzw. Nr. 39 Abs. 2 LSP-Bau (vgl. Baudisch/ Birgel [1990], S. 597).

Der Ansatz von Sonderabschreibungen wegen nicht vorhersehbarer technischer Entwicklungen oder Bedarfsverschiebungen ist jedoch nur zulässig, sofern er ausdrücklich mit dem Auftraggeber vereinbart wurde. Die Substanzerhaltung über ein besonderes »Substanzerhaltungswagnis« ist gegenwärtig nicht vorgesehen und dürfte angesichts der Neigung des Verordnungsgebers, diese Problematik dem allgemeinen Unternehmerwagnis zuzuordnen, auch in individuellen Verhandlungen schwer durchzusetzen sein.

(7) Leistungsgewinne, Anreizgewinne

– Leistungsgewinne, Anreizgewinne

Ein Leistungsgewinn darf nur in Rechnung gestellt werden, wenn er zwischen Auftraggeber und Unternehmen vereinbart wurde. Zudem muß bereits bei Vertragsabschluß genau umschrieben werden, wo die Sonderleistung beginnt. Diese Abgrenzung ist gerade bei den Sonderleistungen in wirtschaftlicher Hinsicht i.a. problematisch, da der Auftragnehmer bei öffentlichen Aufträgen ohnehin zu wirtschaftlicher Betriebsführung angehalten ist. Sonderleistungen können bspw. in folgenden Fällen gegeben sein:

Sonderleistungen

- besonders rationelle und kostengünstige Fertigungsverfahren,
- außergewöhnliche Entwicklerleistung,
- besondere Qualität,
- Einhaltung sehr kurzer Fristen.

Grundsätzlich können zu den Leistungsgewinnen auch Boni bzw. die in den USA gängigen Anreizgewinne für die Unterschreitung von Selbstkostenrichtpreisen bzw. Obergrenzen gerechnet werden. Anreizgewinn ist derjenige Teil der ersparten Kosten, der bei entsprechender Vereinbarung zwischen den Vertragspartnern im Rahmen von Selbstkostenrichtpreisen oder Selbstkostenerstattungspreisen beim Auftragnehmer verbleibt. In Deutschland werden Leistungsgewinne relativ selten vereinbart (vgl. Möllhoff [1986], S. 259).

2. Besonderheiten der LSP-Bau

Abweichungen gegenüber LSP

Die Definition der einzelnen Kostenarten gem. LSP-Bau entspricht im wesentlichen den Regelungen der LSP.

Allerdings ergeben sich gewisse Abweichungen, die durch die besonderen Probleme bei der Abrechnung von Bauaufträgen bedingt sind. Ein Beispiel hierfür ist die spezielle Regelung zur Abrechnung der Anlagen- und Gerätekosten der Baustellen gem. Nr. 23 LSP-Bau.

Besonderes Augenmerk wird auf die Abgrenzung der **Baustellengemeinkosten** (Nr. 8 ff. LSP-Bau) und der allgemeinen Geschäftskosten (Nr. 11 ff. LSP-Bau) gelegt, um zu gewährleisten, daß einzelnen Bauaufträgen nur anteilige Gemeinkosten zugerechnet werden (keine Mehrfachverrechnung!).

Baustellengemeinkosten

Bei der Ermittlung des **betriebsnotwendigen Kapitals** wird kein Abzug der Vorauszahlungen vorgenommen. Vielmehr werden auf kalkulatorischem Wege entsprechende Zinsgutschriften für den Auftraggeber berücksichtigt (Nr. 36 Abs. 1, Nr. 35 Abs. 5 LSP-Bau).

Betriebsnotwendiges Kapital

Der **Unternehmerlohn** für das allgemeine Unternehmerwagnis darf abweichend von LSP nur als

Unternehmerlohn

- Prozentsatz der Kosten (ohne USt.) oder als
- fester Betrag

vereinbart werden. Sofern keine speziellen Vereinbarungen getroffen wurden, gilt gem. Nr. 43 Abs. 1 LSP-Bau als Entgelt für

- Selbstkostenpreise 6 v.H.,
- Selbstkostenerstattungspreise 4 v.H.

der Selbstkosten (ohne USt.).

3. Kalkulation und Kostenrechnungssysteme gem. LSP

Nr. 5 LSP unterscheidet Kalkulationen:

Einteilung der Kalkulationsverfahren

- nach dem Zeitpunkt in Vor- und Nachkalkulation,
- nach dem Verfahren in
  a) Divisionsverfahren (auch Äquivalenzziffernkalkulation),
  b) Zuschlagsverfahren (auch Verrechnungssatzkalkulation),
  c) Mischformen von a) und b).

a) Vorkalkulation und Nachkalkulation

Sofern keine festen Preise vereinbart werden, ist für den öffentlichen Auftraggeber ein Soll-Ist-Vergleich anhand der Gegenüberstellung von Vor- und Nachkalkulationen von besonderem Interesse. Diese Kontrolle schafft zugleich die Voraussetzungen für verbesserte Vorkalkulationen bei vergleichbaren künftigen Aufträgen.

Vor- und Nachkalkulation

Gem. LSP gelten folgende Grundsätze:

Grundsätze

- Vor- und Nachkalkulation sind vergleichbar zu gestalten (Nr. 10 Abs. 2 LSP).
- Ggf. kann sich die Nachkalkulation auf die Erfassung der Unterschiedsbeträge gegenüber der Vorkalkulation beschränken (Nr. 10 Abs. 7 LSP).
- Wurde die Leistung bereits früher vom Auftragnehmer erstellt, so genügt es, wenn die Kalkulation aus früheren Nachkalkulationen unter Berücksichtigung zwischenzeitlicher Faktor-Kostenänderungen und anderer Kosteneinflüsse (Kostendegressionen u.ä.) abgeleitet wird (Nr. 10 Abs. 8 LSP).

Gemeinkostenverrechnung in der Vorkalkulation

Die **Mengenansätze** in der Vor- und Nachkalkulation sind allgemein in Nr. 7 LSP und die **Wertansätze** der Kosten in Nr. 8 LSP geregelt.

Die Gemeinkosten der **Vorkalkulation** werden i.a. aus den zuletzt ermittelten Gemeinkostensätzen abgeleitet. Häufig werden anstelle von Ist-Gemeinkosten sog. Normal-Gemeinkostensätze oder Standard-Gemeinkostensätze verrechnet. Sie sollten grundsätzlich so zeitnah wie möglich ermittelt sein. Soweit dabei auf Gemeinkostensätze der vorangegangenen Geschäftsjahre zurückgegriffen wird, sollten die voraussichtlichen Verhältnisse des Leistungszeitraums durch Erhöhung oder Senkung der Sätze ausreichend berücksichtigt werden. Von besonderem Interesse ist in diesem Zusammenhang die Beschäftigungsentwicklung.

Gemeinkostenverrechnung in der Nachkalkulation

In der **Nachkalkulation** können grundsätzlich nur Gemeinkosten verrechnet werden, die im Zeitraum der Leistungserstellung entstanden sind. Aus praktischen Gründen wird man meist einen ganzjährigen Zeitraum wählen, um kurzfristige Schwankungen im Beschäftigungsgrad auszugleichen und nicht zu häufig neue Sätze berechnen zu müssen.

b) Zulässige Kalkulationsverfahren

Zulässigkeit der Kalkulationsverfahren

Wenngleich im Rahmen der in Nr. 5 LSP vorgegebenen Kalkulationsverfahren auch die mehrstufige Divisionskalkulation für homogene Produkte (Einproduktbetrieb) und die Äquivalenzziffernkalkulation für verwandte Produkte (Sortenfertigung) als zulässige Verfahren genannt werden, beziehen sich die LSP von der Konzeption her speziell auf die Kalkulation von Einzelaufträgen, die durch komplexe und heterogene Fertigung besondere Kalkulationsprobleme aufwerfen und regelmäßig durch eine **Zuschlagskalkulation** kalkuliert werden.

Kalkulationsrahmen

Da sich die nach LSP zu kalkulierenden Aufträge im einzelnen erheblich voneinander unterscheiden können, wird in Nr. 10 Abs. 3 u. 4 LSP nur ein Mindestgliederungsschema für diese Zuschlagskalkulation vorgegeben. Dieses Schema stellt einen **Kalkulationsrahmen** dar, der je nach den Verhältnissen des Auftrags bzw. des auftragnehmenden Unternehmens zu erweitern ist (vgl. Michaelis/Rhösa [1994], Nr. 10 LSP, S. 4 f. und Abb. 6.6).

1.		Fertigungsstoffkosten – EK – GK
2.	+	Fertigungslohnkosten – EK – GK
2a.	+	Sonderkosten der Fertigung
3.	+	Entwicklungs- und Entwurfskosten – EK – GK
4.	+	Verwaltungskosten
5.	+	Vertriebskosten
5a.	+	Sonderkosten des Vertriebs
6.	=	Selbstkosten
7.	+	Kalkulatorischer Gewinn
8.	=	Selbstkostenpreis

Abb. 6.6: Kalkulationsrahmen der Zuschlagskalkulation nach LSP

Soweit es aus Gründen der Wirtschaftlichkeit erforderlich ist, können gem. Nr. 10 Abs. 6 LSP zudem folgende Gemeinkosten zusammengefaßt werden:

Vereinfachungsmöglichkeiten

- Stoffgemeinkosten und Fertigungsgemeinkosten, z.B. wenn Stoffgemeinkosten von untergeordneter Bedeutung sind,
- Verwaltungsgemeinkosten und Vertriebsgemeinkosten, da eine genaue Trennung zwischen beiden Bereichen oft mit erheblichen Schwierigkeiten verbunden ist (vgl. Michaelis/Rhösa [1994], Nr. 10 LSP, S. 12).

Es ist allerdings im Sinne einer weitgehend verursachungsgerechten Kalkulation grundsätzlich zu vermeiden, unter Berufung auf den Wirtschaftlichkeitsgrundsatz in großem Umfang Kostensätze für sehr große »Kostenstellen« bzw. Kostenstellen-Aggregate zu bilden, die die Gemeinkosten von Kostenstellen unterschiedlichster Struktur zu **einem einzelnen Mischkostensatz** zusammenfassen (vgl. Müller [1988], S. 493).

In der Regel verlangen bedeutende öffentliche Auftraggeber eine weitergehende Differenzierung, als sie durch den Rahmen des Nr. 10 Abs. 3 LSP vorgegeben wird. Zu unterscheiden ist in diesem Zusammenhang aber die Pflicht zum gesonderten Ausweis in der Kalkulation einerseits und die besonderen Nachweispflichten, die die LSP für bestimmte Kostenarten statuieren, andererseits. Zu den Kostenbestandteilen, die einen gesonderten Nachweis erfordern, zählen (vgl. Michaelis/Rhösa [1994], Nr. 2 LSP, S. 32):

Nachweispflichten

- in Fremdbetrieben bearbeitete betriebseigene Stoffe,
- Lohnarbeiten fremder Zulieferer (Nr. 12 Abs. 2 LSP),
- Sonderbetriebsmittel (Nr. 14 LSP),
- Entwicklungs- und Entwurfskosten (Nr. 27 LSP),
- Kosten für Fertigungsanlauf usw. (Nr. 29 LSP),
- Umsatzsteuer (Nr. 30 LSP),
- Lizenzgebühren (Nr. 33 LSP),
- Provisionen (Nr. 35 LSP),
- Versandkosten (Nr. 36 LSP),
- Sonderabschreibungen (Nr. 41 LSP),
- Anlagennachweis (Nr. 42 LSP),
- Wagnisnachweis (Nr. 50 LSP),
- kalkulatorische Zinsen (Nr. 43 LSP).

Eine ausführlichere Mindestgliederung für die Angebotskalkulation ist bspw. bei Aufträgen des Bundesamts für Wehrtechnik und Beschaffung zugrunde zu legen:

Mindestgliederung

1.		Fertigungsstoffe (Nr. 11–13 LSP)	• Grundstoffe • Halbzeug • fremdbezogene Fertigerzeugnisse • auswärtige Bearbeitung, Fremdleistung • Betriebsstoffe, Hilfsstoffe, sofern diese nicht als Gemeinkosten verrechnet werden
2.	+	Stoffgemeinkosten	mit Angabe des Zuschlagssatzes und der Bezugsbasis
3.	+	Fertigungslöhne oder Maschinenstunden	gegliedert nach Fertigungsbereichen, mit Angabe der Zeit- und Wertansätze
4.	+	Fertigungsgemeinkosten	gegliedert nach Fertigungsbereichen, mit Angabe der Zuschlagssätze und der Bezugsbasen
5.	+	Sonderkosten der Fertigung	• typengebundene Sonderbetriebsmittel (Nr. 14 Abs. 1 LSP): Modelle, Schablonen, Sonderwerkzeuge • Kosten für Lizenzen, Patente und gewerblichen Rechtsschutz (Nr. 33 Abs. 3 LSP)
6.	+	Entwicklungs-, Entwurfs- und Versuchskosten	• freie Entwicklung, (auftrags-)gebundene Entwicklung (Nr. 27 und 28 LSP)
6a.	=	Herstellkosten[a)]	
7.	+	Verwaltungsgemeinkosten	mit Angabe des Zuschlagssatzes und der Bezugsbasis
8.	+	Vertriebsgemeinkosten	mit Angabe des Zuschlagssatzes und der Bezugsbasis
9.	=	Nettoselbstkosten	d.h. Selbstkosten ohne USt. und ohne Sonderkosten des Vertriebs
10.	+	Kalkulatorischer Gewinn	zur Abgeltung des allg. Unternehmerwagnisses in einem festen Betrag oder in Prozent der Bezugsbasis (Nr. 52 LSP)
11.	+	Sonderkosten des Vertriebs	• Vertreterprovision (Nr. 35 Abs. 3 LSP), Lizenzkosten • Kosten für Verpackung, Ausgangsfrachten, Rollgelder und Transportversicherung (Nr. 36 LSP)
12.	+	Umsatzsteuer (Nr. 30a LSP)	
13.	=	Selbstkostenpreis	

zu [a)]: Die Zwischensumme »Herstellkosten« ist an der Stelle einzuordnen, an der sie branchen- oder betriebsüblich gezogen wird (Nr. 10 Abs. 5 LSP)

Abb. 6.7: Erweitertes Schema einer Zuschlagskalkulation gem. LSP

Durch die nicht fest vorgegebene Einordnung der **Herstellkosten** trägt der Verordnungsgeber der Unschärfe des Herstellkostenbegriffs Rechnung. Die genaue Abgrenzung wird in der Praxis z.T. branchenbedingt unterschiedlich vorgenommen (vgl. Müller [1987], S. 89 f.).

Ausweispflichten

Darüber hinaus verlangen die LSP den gesonderten Ausweis folgender Kostenarten, sofern sie angefallen sind:

- Fertigungsanlauf, Bauartänderungen, Abnahmekosten, Mehrkosten durch Sonntagsarbeit usw. (Nr. 29 LSP),
- Sonderabschreibungen (Nr. 41 LSP).

Aufgrund der erforderlichen betrieblichen Aktivitäten auch bei der Vergabe von Unteraufträgen und Fremdleistungsaufträgen werden auch diese Leistungen wie Stoffkosten mit Materialgemeinkosten beaufschlagt. Dasselbe gilt aufgrund der erforderlichen Eingangskontrolle, der Lagerung und des Transports i.d.R. auch für Materialbestellungen des Auftraggebers (Nr. 20 LSP).

Unteraufträge und Fremdleistungen

Nach Nr. 4 Abs. 3 LSP errechnet sich der Selbstkostenpreis aus der Summe der Kosten zuzüglich des kalkulatorischen Gewinns. Innerhalb der Kalkulation sind jedoch bestimmte Positionen mit den Kosten aufzurechnen:

Aufrechnungsgebote

- Mengenrabatte, Preisnachlässe, andere Rabatte (Nr. 18 Abs. 3 LSP).
- Verwendungs- und veräußerungsfähige Reststoffe sind den Stoffkosten gutzuschreiben (»Reststoffgutschrift«, Nr. 21 LSP).
- Nebenerträge aus Teilen des betriebsnotwendigen Kapitals (Zinsen, Mieten, Pachten) sind als Gutschriften bei den kalkulatorischen Zinsen zu behandeln (Nr. 43 Abs. 4 LSP).
- Soweit Wagnisverlusten entsprechende Gewinne gegenüberstehen, sind diese aufzurechnen (Nr. 49 Abs. 1 Satz 2 LSP).

Innerhalb der Kalkulation nach LSP ist zwischen Kosten zu unterscheiden, die mit kalkulatorischem Gewinn beaufschlagt werden dürfen, und solchen, die grundsätzlich aus der Zuschlagsbasis für den Gewinn zu eliminieren sind:

Eliminierungspflichtige Kosten

- auftragsbezogene Reisekosten,
- Sonderversicherungen,
- beigestellte Stoffe,
- Sonderkosten des Vertriebs.

Konzernleistungen dürfen nur einmal mit Gewinn beaufschlagt werden (vgl. Müller [1987], S. 171).

Konzernleistungen

Unter Berücksichtigung einiger der vorgenannten Besonderheiten ergibt sich bspw. das folgende Kalkulationsschema (vgl. Däumler/Grabe [1984], S. 49; Abb. 6.8 und Zahlenbeispiel 6.6).

Kalkulationsschema

c) Kalkulation auf der Grundlage von Teilkostenrechnungssystemen

Bedingt durch die zugrundeliegende Zielsetzung erfordert die Preisermittlung gem. LSP letztlich Vollkosteninformationen. Dennoch kann weder aus der VO PR noch den LSP abgeleitet werden, daß ein öffentlicher Auftragnehmer zwingend eine Vollkostenrechnung führen muß (vgl. Nr. 4 Abs. 4 LSP). Vielmehr sind auch andere Kostenrechnungssysteme zulässig, wenn sie den allgemeinen Anforderungen von Nr. 2 LSP genügen und sofern die dadurch zur Verfügung gestellten Kosteninformationen die Ermittlung der vollen Auftragskosten erlauben, die nach Menge und Wert den Einzelbestimmungen der Nr. 7–52 LSP entsprechen (vgl. Däumler/Grabe [1984], S. 50 ff.).

Zulässigkeit von Kostenrechnungssystemen

1.		Material-EK
	+	Beigestellte Stoffe
2.	+	Materialgemeinkosten
3.	=	Materialkosten (brutto)
	–	Reststoffgutschriften
4.	=	Materialkosten (netto)
5.	+	Fertigungs-EK
6.	+	Fertigungsgemeinkosten
7.	=	Fertigungskosten, ohne SoKo der Fertigung
8.	+	Sonder-EK der Fertigung (Sonderbetriebsmittel, auswärtige Bearbeitung, Fertigungsanlauf, Bauartänderungen, Lizenzen, Patente, Rechtsschutz, Sonderabschreibungen)
9.	+	Entwicklungs- und Entwurfskosten (freie Entwicklung, gebundene Entwicklung)
10.	=	Herstellkosten
11.	+	Verwaltungsgemeinkosten
12.	+	Vertriebsgemeinkosten
13.	+	Sonder-EK des Vertriebs (Versandkosten, Vertreterprovision, Verbrauchssteuern)
14.	=	Selbstkosten (brutto)
	–	Beigestellte Stoffe
15.	=	Selbstkosten (netto)
16.	+	Kalkulatorischer Gewinn (auf 15.–13.)
17.	=	Selbstkostenpreis vor USt.
18.	+	Umsatzsteuer
19.	=	Bruttoselbstkostenpreis

Abb. 6.8: LSP-Kalkulation unter Berücksichtigung von Aufrechnung und Gewinnbeaufschlagung

Grundsatz der Nachweisbarkeit

Diese Voraussetzung ist dann gewährleistet, wenn sich die vollen Selbstkosten aus einer Parallelrechnung oder durch eine Sonderrechnung – d.h. über **Zu- und Abrechnungen** – aus der Kostenrechnung des Auftragnehmers ableiten lassen. Die Nachweisbarkeit der Kostenermittlung und -verrechnung, die als eigentlicher Zweck der LSP anzusehen ist, bleibt damit auf jeder Stufe der Kalkulation gewahrt (vgl. Michaelis/Rhösa [1994], Nr. 4 LSP, S. 21).

Abweichungen von den LSP

Abweichungen von den LSP können entstehen aus:

- Abweichung des Mengenansatzes einer Kostenart,
- Abweichung der Bewertung einer Kostenart,
- Abweichungen bei Normal-, Standard- oder Plankostenwerten,
- Abweichungen bei Teilkostenrechnungen.

Die Korrektur über Zu- und Abrechnungen ist bei Einzelkosten relativ leicht zu vollziehen.

Zahlenbeispiel 6.6: Nachkalkulation

Beispiel

Annahmen:

- Selbstkostenerstattungspreis
- Feste Zuschlagssätze für Gemeinkosten auf der Basis des Vorjahres
- Kalkulatorische Zinsen 5,5 %
- Kalkulatorischer Gewinn 5 % auf Nettoselbstkosten

Kalkulation:

Fertigungsstoffe				640,00
Beigestellte Stoffe				52,00
Stoffgemeinkosten	15 %			103,80
Fertigungsstoffkosten (brutto)				795,80
– Gutschriften für Reststoffe				10,30
Fertigungsstoffkosten (netto)				785,50
	Fert.-Löhne in DM	Fert.-Gemeinkosten in %	Fert.-Gemeinkosten in DM	
Fertigungsstelle 1	410,00	244	1 000,40	
Fertigungsstelle 2	720,00	157	1 130,40	
Fertigungsstelle 3	270,00	315	850,50	
Σ	1 400,00		2 981,30	
Fertigungskosten (netto)			4 381,30	
Sonderkosten der Fertigung			112,20	
Fertigungskosten (brutto)				4 493,50
Kosten der freien Entwicklung	3 %			134,80
Herstellkosten				5 413,80
Verwaltungsgemeinkosten	6 %			324,83
Vertriebsgemeinkosten	11 %			595,52
Sonderkosten des Vertriebs				262,15
– Beigestellte Stoffe				52,00
Selbstkosten ohne USt.				6 544,30
Kalkulatorischer Gewinn				
Selbstkosten ohne USt.		6 544,30		
– Vertriebssonderkosten		262,15		
Beaufschlagungsfähige Selbstkosten		6 282,15		
Zuschlagssatz kalk. Gewinn	5 %			314,11
Selbstkostenerstattungspreis vor USt.				6 858,41
Umsatzsteuer	15 %			1 028,76
Selbstkostenerstattungspreis				7 887,17

Bei Gemeinkosten sind hingegen bei erheblichen Abweichungen neue Zuschläge zu ermitteln. Da dies sehr aufwendig ist, kann bei begrenzten Abweichungen vereinfachend eine Indexkorrektur erfolgen.

Teilkostenrechnung

Wenn der Auftragnehmer die Selbstkostenkalkulation aus einer **Teilkostenrechnung** (Grenzkostenrechnung, Deckungsbeitragsrechnung, vgl. Kap. 5) ableitet, werden zunächst nur variable, auftragsspezifische Kosten auf den Kostenträger verrechnet, während die fixen Kosten zunächst gesondert, entweder en bloc oder differenziert, erfaßt werden.

In einem weiteren Kalkulationsgang werden sodann – ggf. schrittweise (mehrstufige Deckungsbeitragsrechnung, vgl. Kap. 9) – angemessene Zuschläge für Fixkosten und Gemeinkosten auf die Leistung verrechnet.

Informationsgehalt

Das Problem der verursachungsgerechten Zurechnung dieser Kostenkomponenten tritt auch bei der Vollkostenrechnung auf. Unter diesem Aspekt vermittelt die offene und nachvollziehbare Ableitung der vollen Selbstkosten aus einer Teilkostenrechnung dem Auftraggeber wichtige zusätzliche Informationen, wodurch bspw. der Einfluß von Beschäftigungsveränderungen ersichtlich wird (vgl. Diederich [1981]).

Stufenweise Verrechnung fixer Kosten

DÄUMLER/GRABE schlagen zum Zwecke der Kalkulation auf Teilkostenbasis die stufenweise Verrechnung fixer Kosten vor, wie sie sich aus dem System der stufenweisen Fixkostendeckungsrechnung ableitet (vgl. Däumler/Grabe [1984], S. 54). Dieses Schema verbindet Voll- und Teilkostenrechnung in der von den LSP geforderten Weise, da die Transparenz der Kostenverrechnung gewahrt bleibt (vgl. Michaelis/Rhösa [1994], Nr. 10 LSP, S. 6).

1.		Material-EK
2.	+	Variable Materialgemeinkosten
3.	+	Fertigungs-EK
4.	+	Variable Fertigungsgemeinkosten
5.	+	Sondereinzelkosten der Fertigung
6.	+	Variable Entwicklungs- und Entwurfskosten
7.	=	Variable Herstellkosten
8.	+	Variable Vertriebsgemeinkosten
9.	+	Sonder-EK des Vertriebs
10.	=	Variable Gesamtkosten
11.	+	Produktarten-Fixkostenzuschlag
12.	=	Selbstkosten I
13.	+	Produktgruppen-Fixkostenzuschlag
14.	=	Selbstkosten II
15.	+	Bereichs-Fixkostenzuschlag
16.	=	Selbstkosten III
17.	+	Unternehmens-Fixkostenzuschlag
18.	=	Selbstkosten IV
19.	+	Kalkulatorischer Gewinn
20.	=	Selbstkostenpreis

Abb. 6.9: LSP-Kalkulation anhand der stufenweisen Fixkostendeckungsrechnung

Die Transparenz der Fixkostenzurechnung bei dieser Methode kann je nach Betrachtungsweise als Vorteil oder als Gefahr angesehen werden. So könnte bspw. aus Sicht der Teilnehmer an einer Ausschreibung befürchtet werden, daß eine stark differenzierte Fixkostenzurechnung dadurch zum eigenen Nachteil gereichen kann, daß der öffentliche Auftraggeber nicht nur die Gesamtkalkulation vergleicht, sondern überdies Vergleiche einzelner Kalkulationsbereiche der teilnehmenden Unternehmen vornimmt und darauf aufbauend Rückschlüsse auf evtl. Kalkulationsspielräume zieht. Ein solcher Vergleich wäre betriebswirtschaftlich wenig aussagefähig (vgl. Baudisch [1989], S. 273; Däumler/Grabe [1984], S. 50 ff.; Männel [1986], S. 119; Müller [1988], S. 494).

Transparenz der Fixkostenzurechnung

Eine den LSP gerecht werdende Ableitung der vollen Selbstkosten auf Ist-Kostenbasis kann prinzipiell auch aus einer flexiblen Grenzplankostenrechnung (vgl. Kap. 14) vorgenommen werden.

Ableitung aus flexibler Grenzplankostenrechnung

Um beide Ansätze kompatibel zu machen, sind Mengen- und Wertansätze aufeinander abzustimmen (vgl. Müller [1988], S. 483 ff.). Die Grenzplankostenrechnung bewertet alle betrieblichen Leistungen zunächst nur mit geplanten proportionalen Kosten (Grenzkosten). Somit ist zu entscheiden, wie mit evtl. Plan-Ist-Abweichungen verfahren werden soll und in welcher Form die Fixkosten in die Kalkulation einbezogen werden. Die Fixkosten sind je nach Charakter den »verursachenden« Perioden und Kapazitäten zuzuteilen (vgl. Müller [1988], S. 470). Da die Plankostenrechnung die Kosten auf der Basis der Planbeschäftigung bewertet, sind dabei auftretende Beschäftigungsabweichungen anteilig den Auftragskosten zuzuschlagen, soweit dadurch nicht unangemessene Kosten i.S.d. LSP verrechnet werden (vgl. Müller [1988], S. 484). Planpreise sind gem. Nr. 8 LSP je nach Selbstkostenpreistyp auf den zulässigen Ansatz zurückzuführen.

MÜLLER schlägt eine Parallelführung proportionaler und fixer Kosten sowie ihrer jeweiligen Wertabweichungen in Form einer Bewertungsmatrix vor, wobei die Gliederung innerhalb der beiden Bereiche jeweils dem Fertigungsfluß folgt (vgl. Abb. 6.10).

Bewertungsmatrix

V. Preisprüfung und Feststellungsprüfung

Die Abrechnung öffentlicher Aufträge zu Selbstkostenpreisen wird durch die zuständigen Stellen für Preisbildung und Preisüberwachung einer Preisprüfung gem. § 9 VO PR bzw. einer Feststellungsprüfung gem. § 10 VO PR unterzogen (vgl. Baudisch [1989], S. 274). Zu diesem Zweck sind der jeweiligen Prüfungsstelle die erforderlichen Unterlagen vorzulegen, Einsicht in betriebliche Unterlagen zu gewähren und ggf. weitergehende Auskünfte zu erteilen bzw. Betriebsbesichtigungen zu ermöglichen (vgl. Ebisch/Gottschalk [1994], § 9 VO PR). Beide Prüfungsvarianten sind unabhängig voneinander (vgl. Michaelis/Rhösa [1994], § 10 VO PR, S. 4).

Preisprüfung und Feststellungsprüfung

Das **Feststellungsrecht** ist materiell ein Prüfungsrecht mit dem Inhalt, die Zulässigkeit von Selbstkostenpreisen anhand der VO PR und der LSP zu prüfen. Es betrifft alle drei Arten von Selbstkostenpreisen. Dem ermächtigten Auftraggeber stehen die gleichen Befugnisse zu wie der Preisbehörde bei der Prüfung gem. § 9 VO PR (§ 10 Abs. 1 Satz 2 VO PR).

Feststellungsrecht

Das **vertragliche Prüfungsrecht** tritt im Verteidigungsbereich an die Stelle des Feststellungsrechts gem. § 10 VO PR (vgl. Michaelis/Rhösa [1994], § 10 VO PR, S. 18).

Vertragliches Prüfungsrecht

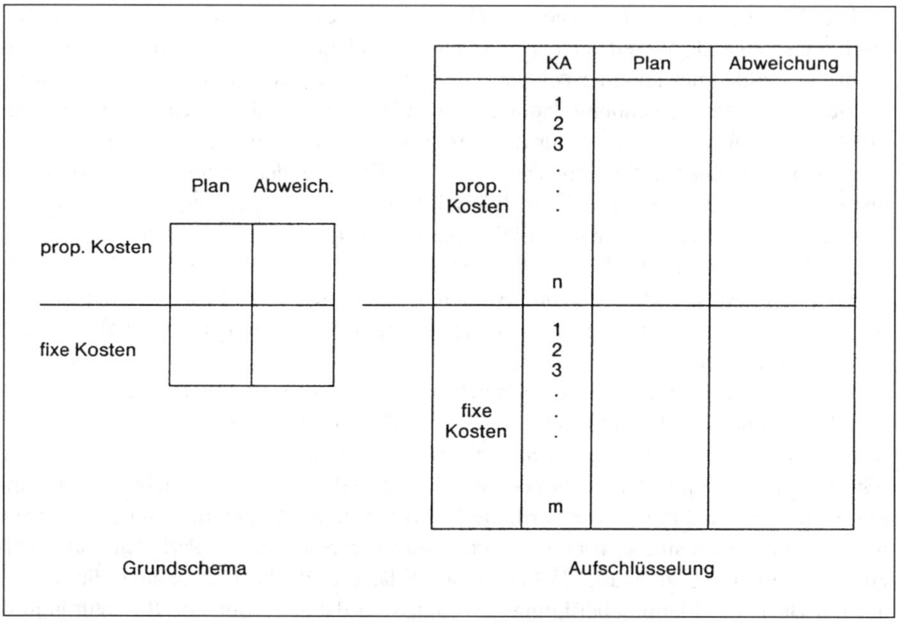

Abb. 6.10: Bewertungsmatrix zur Überführung von Grenzplankosten in Vollkosten auf Ist-Kostenbasis

Seine Anwendung beschränkt sich i.d.R. auf Selbstkostenrichtpreise und Selbstkostenfestpreise, während Selbstkostenerstattungspreise üblicherweise von der Prüfbehörde überprüft werden. Das vertragliche Preisprüfrecht setzt das Einverständnis des Auftragnehmers voraus.

Die Vereinbarung vertraglicher Prüfungsrechte ist auch bei Aufträgen möglich, die nicht der VO PR unterliegen, aber ganz oder überwiegend mit öffentlichen Mitteln finanziert werden, und für die kein Marktpreis ermittelt werden kann (vgl. Beissel [1983], S. 10). Werden bspw. Zuwendungen aus öffentlichen Mitteln (§§ 44, 44a BHO) für die Durchführung bestimmter Projekte vergeben, so wird für die Ermittlung der zuwendungsfähigen Kosten die Anwendung der LSP evtl. mit verschiedenen Abweichungen vereinbart (vgl. Beissel [1983], S. 11; Michaelis/Rhösa [1994], Nr. 1 LSP, S. 8 ff.). Der Zuwendungsgeber behält sich dabei i.d.R. vertraglich eine Prüfung der Mittelverwendung vor. Die Durchführung der Prüfung entspricht der Prüfung von Selbstkostenerstattungspreisen.

Funktionen der Preisprüfungsrechte

Durch die dargestellten Preisprüfungsrechte sollen in formaler Hinsicht die Grundlagen der Kostenrechnung und die Aufzeichnungen des Auftragnehmers überprüft und in materieller Hinsicht die Kalkulationsschritte im Hinblick auf die Angemessenheit des Auftragspreises beurteilt werden (vgl. Abb. 6.11).

Für das Ergebnis der Preisprüfung ist die ordnungsgemäße Kostenabgrenzung in zeitlicher und sachlicher Hinsicht entscheidend. Dem Auftrag sind nur Kosten zuzuweisen, die **im betreffenden Zeitraum** und **in Zusammenhang mit der Auftragsleistung** tatsächlich angefallen sind.

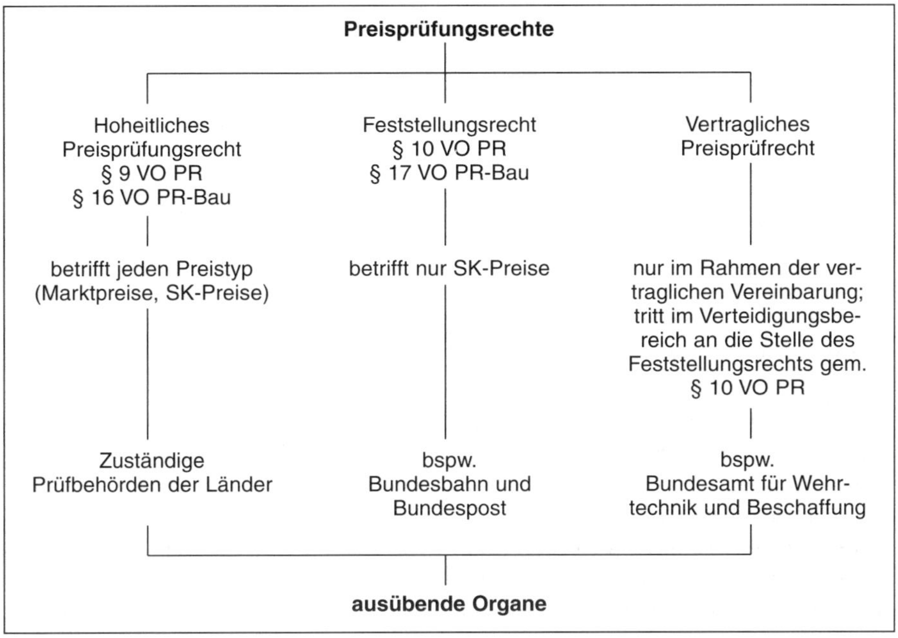

Abb. 6.11: Preisprüfungsrechte bei öffentlichen Aufträgen zu Selbstkostenpreisen

Prüfungsinhalt

Zentraler Prüfungsinhalt sind die Grundsätze für die Verrechnung der Gemeinkosten und der Umfang der verrechneten Gemeinkosten, differenziert nach Verrechnungssatz und Bezugsgröße (»Grundsatzprüfung«). Auf diesem Wege kann nachkalkulatorisch die Angemessenheit von Gemeinkosten-Zuschlägen in Kostenstellen- und Kostenträgerrechnung und damit auch der Selbstkostenerstattungspreise beurteilt werden (**zeitraumbezogene Prüfung**). Ergänzt um eine Prüfung der Auswirkungen der voraussichtlichen Beschäftigungsentwicklung werden damit gleichzeitig Ausgangswerte für die Vorkalkulation evtl. Anschlußaufträge ermittelt (vgl. § 7 Abs. 2 VO PR).

Vergleichsweise unproblematisch ist demgegenüber die Prüfung von Mengengerüst und Bewertung der Einzelkosten (»**Auftragsprüfung**«, vgl. Beissel [1983]; Ebisch/Gottschalk [1994], S. 189 ff.).

VI. Selbstkostenpreise nach LSP und Preispolitik

Vergabeverfahren:

Die Ermittlung von Selbstkostenpreisen ist in vielen Fällen bereits bei der Bewerbung um einen öffentlichen Auftrag entscheidend. Grundsätzlich stehen für nicht marktmäßig gehandelte Leistungen drei Vergabeverfahren zur Auswahl (vgl. Abb. 6.12):

– öffentliche Ausschreibung

Die **öffentliche Ausschreibung** soll eine dem freien Wettbewerb ähnliche Situation schaffen, da eine unbegrenzte Zahl von Unternehmen zur Angebotsabgabe aufgefordert wird. Durch diese Wettbewerbssituation soll ein ungefährer Marktpreis für eine Individualleistung ausfindig gemacht werden (vgl. Ebisch/Gottschalk [1994], § 1, Tz. 97).

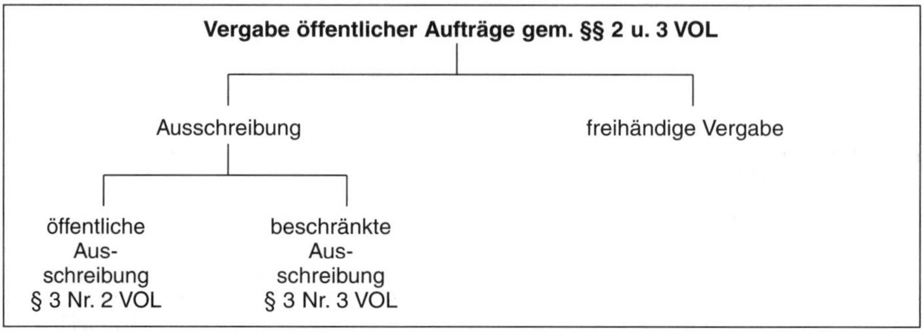

Abb. 6.12: Vergabe von öffentlichen Aufträgen zu Selbstkostenpreisen

Nachverhandlungen sind ausgeschlossen, um einem ruinösen Preiswettbewerb der Anbieter in weiteren Verhandlungsrunden vorzubeugen. Den Zuschlag erhält das preisgünstigste Angebot, sofern es als seriös eingeschätzt wird und der Anbieter leistungsfähig und zuverlässig ist.

– beschränkte Ausschreibung

Bei der **beschränkten Ausschreibung** richtet sich die Aufforderung zur Angebotsabgabe demgegenüber nur an eine beschränkte Zahl von Unternehmen. Das Verfahren wird insbesondere dann angewandt, wenn besondere Zuverlässigkeit oder Fachkunde des Bewerbers gefordert werden (§§ 2 u. 3 VOL).

– freihändige Vergabe

Die **freihändige Vergabe** schließlich erfolgt ohne jegliche Ausschreibung nach freiem Ermessen der öffentlichen Stelle.

Vergleich

Anstelle einer durch öffentliche Ausschreibung objektivierten Preisbildung müssen bei der beschränkten Ausschreibung, insbesondere aber bei der freihändigen Vergabe, weitgehend individuelle Selbstkostenpreise akzeptiert werden. Der freihändigen Vergabe wird bei Vorhandensein mehrerer Unternehmen mit dem erforderlichen Know-how gleichwohl dann der Vorzug gegeben, wenn Kosten- und Leistungsgesichtspunkte hinter besonderen Erwägungen zurücktreten, wie bspw. sicherheitstechnische Aspekte im Wehrbereich oder aber strukturpolitische Gründe usw. Die freihändige Vergabe ist zudem einfach und wenig zeitraubend, weshalb seitens vieler öffentlicher Auftraggeber eine Neigung zu dieser Vergabeform besteht (vgl. Robl [1989], S. 1015).

Selbstkostenkalkulation als »Präsentation zum Zwecke der Verhaltensbeeinflussung«

Vor dem Hintergrund des Vergabewettbewerbs sei darauf hingewiesen, daß die Ermittlung von Selbstkostenpreisen zum Zwecke der Kalkulation aus Sicht des an der Auftragsvergabe interessierten Unternehmens lediglich eine Voraussetzung für die tatsächliche Vorlage von Selbstkostenpreisen schafft. Wenn die Auftragsvergabe über Ausschreibungen erfolgt, wird sich die Präsentation der Selbstkostenkalkulation für den Auftraggeber ganz entscheidend auch nach der eigenen Auftragslage, der aktuellen Auslastung und der Einschätzung der Konkurrenz richten (vgl. Ahlert/Franz [1992], S. 150 f.; Robl [1989], S. 1018). Die Vorlage der Selbstkostenkalkulation ist letztlich eine »Präsentation zum Zwecke der Verhaltensbeeinflussung« (Robl [1989], S. 1018). Dieser Aspekt ist deshalb besonders zu beachten, weil bei Ausschreibungen aufgrund der eindeutigen und erschöpfenden Leistungsbeschreibung, die die Angebote sachlich weitgehend vergleichbar macht, in aller Regel der billigste Anbieter zum Zuge kommt (vgl. Robl [1989], S. 1017). Preistaktische Manipulationen können relativ leicht Eingang finden, da die LSP nur Preisobergrenzen festlegen und auch hierbei insbesondere im Bereich der Fixkostenverrechnung notwendigerweise noch gewisse Spielräume belassen müssen. Die Selbstkostenpreiskalkulation kann unter diesem Aspekt als »bedingte Prognose über die spätere Kostendeckung bezeichnet werden« (Schneider [1985], S. 2162). Diese Betrachtungsweise liegt nahe, weil der potentielle Auftragnehmer nicht nur seine tatsächlichen Vollkosten abschätzen, sondern zudem das Verhalten seiner Konkurrenten in seinen Preiszielen antizipieren muß.

B. Kalkulation öffentlich-rechtlicher Leistungen – Beispiel Abfallentsorgung

Öffentlich-rechtliche Leistungen

Der Staat erbringt eine Fülle von Leistungen. Nehmen die Unternehmen und privaten Haushalte die Leistungen individuell in Anspruch, so sind die im Rahmen der Leistungserbringung entstehenden Kosten durch die Erhebung spezieller Entgelte zu decken. Das finanzverfassungsrechtliche Instrumentarium hierfür sind **Beiträge** und **Gebühren.** Bedingt durch die Erhöhung von Umweltstandards und den damit verbundenen Kostensteigerungen hat gerade der Entsorgungsbereich, insbesondere die öffentliche Abfallentsorgung hierbei in jüngerer Zeit an Bedeutung gewonnen. Die entsprechenden preisrechtlichen Bestimmungen sind in den **landesspezifischen Abfallgesetzen** festgelegt. Als vornehmliches Preisinstrument gilt hiernach die (öffentlich-rechtliche Benutzungs-)Gebühr, die dem Kontext entsprechend auch als Abfallgebühr bezeichnet wird. Als rechtlicher Bezugsrahmen dieses Preisinstruments wird regelmäßig auf die einschlägigen Vorschriften der **landesrechtlichen Kommunalabgabengesetze (KAG)** bzw. entsprechender Entgeltordnungen verwiesen. Im folgenden wird auf verschiedene preisrechtliche Vorschriften Bezug genommen. Eine tabellarische Zusammenfassung dieser Vorschriften findet sich in den Abbildungen 6.15 bis 6.18 in Abschnitt V (vgl. im folgenden und zur Vertiefung Cantner [1997]).

I. Gebührenbegriff und Gebührensatzung

Gebühren

Für kommunale Benutzungsgebühren existiert keine einheitliche Begriffsfassung. In den landesrechtlichen Kommunalabgabengesetzen und Entgeltordnungen werden Legaldefinitionen oder Gebührenbegriffe mit teilweise unterschiedlichen Inhalten verwendet. Unabhängig davon besteht nach herrschender Meinung das Wesen der Gebühr darin, daß diese eine öffentlich-rechtliche Geldleistung ist, die aus Anlaß einer individuell zurechenbaren öffentlichen Leistung dem Gebührenschuldner durch eine öffentlich-rechtliche Norm oder sonstige hoheitliche Maßnahme als Gegenleistung auferlegt wird und dazu bestimmt ist, in Anknüpfung an diese Leistung deren Kosten ganz oder teilweise zu decken (vgl. BVerfGE 50, 217, 226).

Gebührensatzungen

Benutzungsgebühren sind somit der Preis für die tatsächliche Inanspruchnahme öffentlicher Dienste und Einrichtungen. Für ihre Erhebung sind sie nach Maßgabe der landesgesetzlichen Regelungen in Form von **Gebührensatzungen** (oder -ordnungen), im Kontext der Abfallentsorgung in sog. Abfallgebührensatzungen, festzulegen (vgl. die Übersicht der preisrechtlichen Grundlagen in Abb. 6.16). Satzungen sind Rechtsnormen kommunaler Körperschaften, die diese aufgrund ihrer Satzungsautonomie erlassen. Sie bedürfen dabei keinerlei Genehmigung durch die jeweilige Rechtsaufsichtsbehörde. Um Wirksamkeit entfalten zu können, müssen die Gebührensatzungen einen bestimmten **Mindestinhalt** aufweisen (vgl. Bauernfeind [1996], Tz. 27 ff.):

Gebühren-pflichtige

- In der Satzung sind die **Gebührenpflichtigen** zu bezeichnen. Im hier betrachteten Fall der Abfallgebühren sind dies die anschluß- und benutzungspflichtigen Abfallbesitzer.

Gebührentat-bestände

- Des weiteren sind die sog. **Gebührentatbestände,** d.h. die einzelnen Leistungstatbestände oder Amtshandlungen der öffentlichen Hand, an welche die Gebührenpflicht anknüpft, zu spezifizieren. Die Formulierung hat so zu erfolgen, daß aus der Satzung eindeutig entnehmbar ist, für welche in Anspruch genommene Leistung eine Gebühr zu entrichten ist. Werden beispielsweise die diversen zu entsorgenden Abfallarten (Gewerbeabfall, Hausmüll etc.) mittels spezifischer Einzelgebühren bepreist, sind als Gebührentatbestände die jeweiligen Entsorgungsaktivitäten (z.B. Sammlung und Transport, Abfallbehandlung, Deponierung) zu benennen.

Gebührenmaß-stab und Gebührensatz

- Ferner müssen der Gebührenmaßstab und der Gebührensatz für die jeweilige Gebühr angegeben werden. Der **Gebührenmaßstab** ist die Bemessungsgrundlage oder Methode, mit der die Inanspruchnahme der Einrichtungsnutzer gemessen und unter Anwendung des Gebührensatzes die Höhe der Benutzungsgebühr für den einzelnen Gebührenschuldner bestimmt werden kann. Der **Gebührensatz** ist der Geldbetrag, der für eine Maßstabseinheit zu entrichten ist. Wenn die Maßstabseinheit selbst ein Geldbetrag ist, ergibt sich der Gebührensatz aus einem Bruchteil der Maßstabseinheit. Die funktionale Beziehung zwischen Gebührenmaßstab und Gebührensatz wird als **Tarif** bezeichnet.

  Man unterscheidet bei den Gebührenmaßstäben zwischen sog. Wirklichkeitsmaßstäben und Wahrscheinlichkeitsmaßstäben. Der **Wirklichkeitsmaßstab** entspricht genau dem Maß des vom einzelnen Gebührenschuldner verwirklichten Gebührentatbestands. Ihm ist generell der Vorzug zu geben. Vielfach ist er jedoch nicht oder nur mit hohem oder gar unvertretbarem Aufwand zu ermitteln. So wird gerade bei der Abfallentsorgung das tatsächliche Maß der Inanspruchnahme durch das vielschichtige und oft veränderliche Abfallverhalten des einzelnen Abfallproduzenten (z.B. Menge, Qualität und Überlassungsort des Abfalls) determiniert, was eine exakte Messung stark limitiert. Der **Wahrscheinlichkeitsmaßstab** hingegen orientiert sich an der Typengerechtigkeit. So hat die Bemessung nur einem Durchschnittsfall nach den Gesetzen der Wahrscheinlichkeit Rechnung zu tragen, der einen im allgemeinen sicheren Schluß auf den Umfang der Verwirklichung des Gebührentatbestands zuläßt. Art und Umfang der Leistungsinanspruchnahme werden aus mit der Benutzung mittelbar in Zusammenhang stehenden Indikatoren abgeleitet. Beispiele für solche Indikatoren sind die Haushaltsgröße des Abfallproduzenten (Haushalts- bzw. Personenmaßstab) oder die Größe, Anzahl und Abfuhrhäufigkeit der Abfallbehälter (Gefäß- oder Behältermaßstab).

Entstehung und Fälligkeitszeit-punkt

- Schließlich sind in der Satzung die **Entstehung** und der **Fälligkeitszeitpunkt** der Gebührenschuld festzulegen. Der Fälligkeitszeitpunkt muß nicht mit dem Zeitpunkt der Entstehung der Gebührenpflicht, d.h. dem Zeitpunkt der gebührenpflichtigen Benutzung der öffentlichen Einrichtung, übereinstimmen, sondern kann ein früherer oder späterer sein. Fällt die Leistungsabgabe kontinuierlich an, z.B. bei der turnusmäßigen

Hausmüllabfuhr und -entsorgung, ist es üblich, bestimmte Zeitspannen (z.B. Quartale) festzulegen und für diese en bloc abzurechnen.

II. Gebührenprinzipien

Gebührenprinzipien

Zur Methodik der Ermittlung von Abfallgebühren und deren Umlage auf die Gebührenschuldner existieren sowohl generelle als auch landesspezifische Prinzipien und Vorgaben.

Den konstituierenden Rahmen für die Gebührenbepreisung bilden die Gebührenprinzipien. Hierbei sind vor allem die beiden sog. Ausgleichsprinzipien, das **Äquivalenzprinzip** und das **Kostendeckungsprinzip,** zu nennen. Gerade in umweltrelevanten Leistungsbereichen wie der öffentlichen Abfallentsorgung, kommt auch dem **Lenkungsprinzip** große Bedeutung zu. In der Literatur werden zudem noch weitere Gebührenprinzipien thematisiert (vgl. z.B. Dahmen [1996a], Tz. 65 ff.). Sie sind jedoch entweder in den drei genannten Prinzipien implizit enthalten oder aber für die Zwecke der vorliegenden Darstellung von untergeordneter Bedeutung.

1. Äquivalenzprinzip

Äquivalenzprinzip

Aufgrund des Gegenleistungscharakters hängt die Höhe der Gebühr grundsätzlich von der konkreten Leistungsinanspruchnahme durch die Nutzer ab. Rechtsprechung und Rechtslehre fordern daher und auch in Entsprechung mit dem allgemeinen verfassungsrechtlichen Verhältnismäßigkeitsgrundsatz, daß Gebühr und Leistung in einem **angemessenen Verhältnis** zueinander stehen müssen (= Äquivalenzprinzip). Da das Äquivalenzprinzip am Ausgleichsgedanken orientiert ist, bezieht es sich in erster Linie auf das Verhältnis zwischen Staat und einzelnem Leistungsempfänger, hingegen nur mittelbar auf die Beziehung zwischen den Leistungsempfängern untereinander. Die **Leistungsbemessung** muß sich dabei auf die tatsächlich erbrachte Einzelleistung beziehen. Ein Abstellen auf Leistungsgesamtheiten, die in vielen Einzelvorgängen für jeweils verschiedene Nutzer erbracht werden, würde dagegen dem Ziel des speziellen Ausgleichs zuwiderlaufen. Der Veranschlagung einer **Pauschalgebühr,** d.h. einer Gebühr, bei der das Entgelt für mehrere Einzelleistungen in einem allumfassenden Gebührensatz festgelegt ist, sind insofern Grenzen gesetzt. Bei angebotenen Leistungsbündeln, so bei den Leistungen der öffentlichen Abfallentsorgung, gebietet das Äquivalenzprinzip daher grundsätzlich eine differenzierte Preissetzung mittels Einzelgebühren.

Grenzen des Äquivalenzprinzips

Allerdings können bei entsprechenden Preisrelationen Anreize für die Einrichtungsnutzer erwachsen, ihre Abfälle kostengünstig aber gleichzeitig illegal zu entsorgen (so etwa durch die Nutzung der preisgünstigeren Biotonne zur Restmüllentsorgung). Dies steht einer konsequenten Einzelbepreisung entgegen. Aus Gründen der Objektivierbarkeit der Bemessung von Art und Umfang der individuellen Leistungsinanspruchnahme ist zudem anstelle subjektiver und personenbezogener Einschätzungen eine typisierende Betrachtung für die Gesamtheit der Leistungsempfänger erforderlich. Eine Durchschnittsbetrachtung gewährleistet überdies eine flächendeckende Leistungsversorgung. Würden etwa für Abfallsammlung und -abfuhr in weit entlegenen Gebieten die tatsächlichen Logistikkosten in Rechnung gestellt, wären die dort ansässigen Abfallbesitzer u.U. wirtschaftlich von der Leistung ausgeschlossen. Schließlich erfordern die im Rahmen der öffentlichen Abfallentsorgung vorherrschenden **Massenleistungsrechtsverhältnisse** es auch, unter Wirtschaftlichkeitsaspekten die Gebühren zu pauschalisieren und nach Wahrscheinlichkeitsmaßstäben zu bemessen. Der Gehalt des Äquivalenzprinzips läßt sich folglich nur negativ bestimmen. Somit stellt es lediglich ein Korrektiv dar, das es gestattet, Exzessen des gebührenrechtlichen Normgebers entgegenzutreten.

2. Kostendeckungsprinzip

Kostendeckungsprinzip

Ebenfalls einem Ausgleichszweck dient das sog. Kostendeckungsprinzip. Dieses Prinzip stellt allerdings kein Wesensmerkmal der Gebühr dar, vielmehr muß seine Geltung gesetzlich vorgeschrieben sein (vgl. hierzu die landesrechtlichen Normierungen in Abb. 6.16). Anders als das Äquivalenzprinzip setzt es nicht an den individuellen Einzelleistungen, sondern an den durch den gesamten **Leistungserstellungsprozeß** verursachten Kosten an.

Kostendeckungsgebot und -überschreitungsverbot

Das Kostendeckungsprinzip enthält zwei Ausprägungen (vgl. Dahmen [1996b], Tz. 96). Als **Kostendeckungsgebot** legt es fest, daß innerhalb eines bestimmten Kalkulationszeitraums (auch: Bemessungszeitraum) das veranschlagte Gebührenaufkommen die korrespondierenden Gesamtkosten der öffentlichen Einrichtung decken soll (Kostendeckung als Untergrenze). Im Sinne eines **Kostenüberschreitungsverbots** bestimmt es, daß das veranschlagte Gebührenaufkommen die voraussichtlichen Gesamtkosten nicht überschreiten darf (Kostendeckung als Obergrenze). In den meisten Bundesländern gelten diese Prinzipien in Kombination, die Kostengrenze stellt dann sowohl Ziel als auch Schranke für die Gebührenbemessung dar.

Kostenüber- und unterdeckungen

Da die erforderlichen Gebühreneinnahmen für den jeweiligen Abrechnungszeitraum stets ex ante kalkuliert werden – so ist in den meisten Landesgesetzen explizit ein **Vorkalkulationsgrundsatz** festgelegt (vgl. die Übersicht in Abb. 6.16) – stellt das Kostendeckungsprinzip lediglich eine **Veranschlagungsmaxime** dar. Realisierte Kostenüberschreitungen bzw. -unterschreitungen (d.h. Überschüsse bzw. Fehlbeträge) von geringem Umfang und ohne Beabsichtigung sind daher unschädlich. Gleichwohl sehen manche Bundesländer Regelungen für den **Ausgleich von Kostenüber- und -unterdeckungen** vor (vgl. die Übersicht in Abb. 6.16).

Kalkulationszeitraum

Für die **Dauer des Kalkulationszeitraums** werden in landesrechtlichen Kommunalabgabengesetzen, sofern denn eine Regelung existiert, mehrjährige Zeitspannen (zwischen drei bis fünf Jahren) gewährt (vgl. hierzu Abb. 6.16). Mehrjährige Kalkulationsturni werden jedoch überwiegend kritisch beurteilt. Vor allem wird bei Ausweitung des Zeitraums die Gefahr erhöht, daß der Ausgleich von Kostenüber- bzw. -unterdeckungen nicht-identische Leistungsempfänger trifft (vgl. z.B. Dahmen [1996a], Tz. 42).

3. Lenkungsprinzip

Lenkungsprinzip

Anders als das Äquivalenz- und das Kostendeckungsprinzip, die reine Ausgleichszwecke verfolgen, zielt das Lenkungsprinzip darauf ab, die Gebühr als **sozial-** und vor allem als **allokationspolitisches Instrument** dienstbar zu machen. Gerade vor dem

Hintergrund der allgemein zunehmenden Umweltproblematik wird in der Finanz- und Rechtswissenschaft seit geraumer Zeit diskutiert, die Benutzungsgebühr über bloße Refinanzierungszwecke hinaus als **Anreizinstrument** für umweltdienliches Verhalten der Einrichtungsnutzer einzusetzen. Gängige Schlagworte sind in diesem Zusammenhang die »Ökologisierung der kommunalen Gebührenpolitik« oder allgemein »Umweltschutz durch Abgaben« (vgl. z.B. Bals/Nölke [1990]; Gawel [1995]; Meßerschmidt [1986], S. 86 ff.). Während nach älterer Rechtsprechung die Zulässigkeit lenkender Gebühren in Anlehnung an die verwaltungsrechtlichen Vorgaben oftmals verneint wurde, besteht heute weithin Einigkeit, daß die sog. Lenkungsgebühr im Grundsatz zulässig ist (vgl. Dahmen [1996a], Tz. 56).

Lenkungsinstrumente

Für die Ausgestaltung einer **Lenkungsgebühr** kommen zwei Ansatzpunkte in Betracht (vgl. Chantelau/Möker [1989], S. 45 ff.). Einmal können bei der Auferlegung der Gebührentatbestände lenkungsdienlich Gebührenbefreiungen ausgesprochen werden. Zum anderen sind im Rahmen der Gebührenbemessung als Anreize für erwünschtes Verhalten die Anwendung geeigneter Gebührenmaßstäbe, Gebührenzu- und -abschläge, Staffelungen der Gebührensätze (z.B. progressive oder degressive Tarifierung) sowie die Gewährung von »negativen Gebühren« in Form von Subventionen möglich.

Lenkungsvorgaben im Abfallrecht

Rechtliche Vorgaben für lenkende Abfallgebühren finden sich vorwiegend in den Landesabfallgesetzen (vgl. hierzu die Übersicht in Abb. 6.15), wonach durch geeignete Ausgestaltung der Gebührenbemessung »wirksame« Abfallvermeidungs- und -verwertungsanreize gesetzt werden können oder zu setzen sind. Speziell in Niedersachsen wird hierbei explizit ein Abweichen vom kommunalabgabenrechtlichen Kostenüberschreitungsverbot eingeräumt. So darf das veranschlagte Gebührenaufkommen die »Aufwendungen« um bis zu 10 % übersteigen (vgl. § 12 Abs. 2 S. 3 NAbfG).

Lenkungsvorgaben im KAG

Lenkungsmöglichkeiten gewähren außerdem auch die Bestimmungen in den landesspezifischen Kommunalabgabengesetzen (vgl. die Übersicht in Abb. 6.16). Eine Lenkung speziell unter umweltpolitischen Gesichtspunkten sehen § 7 Abs. 1 KAG RP (im Rahmen der Gebührenbemessung) und § 14 Abs. 2 SächsKAG (durch Gebührenzu- und -abschläge) vor. Sozialpolitisch motivierte Lenkungsgebühren sind in Berlin, Hamburg, Saarland, Schleswig-Holstein, Mecklenburg-Vorpommern und Sachsen erlaubt, in Niedersachsen und Sachsen-Anhalt jedoch bei öffentlichen Einrichtungen mit Anschluß- und Benutzungszwang explizit verboten. Schließlich sehen die Kommunalabgabengesetze diverser Bundesländer auch unspezifische Lenkungsspielräume vor.

III. Selbstkostenermittlung

Selbstkostenermittlung

Abfallgebühren sind folglich, wenn nicht kostenidentisch, doch zumindest kostenorientiert zu kalkulieren. Voraussetzung für eine ordnungsgemäße Veranschlagung des Gebührenaufkommens ist daher grundsätzlich die Kenntnis der voraussichtlichen Selbstkosten im Bemessungszeitraum. Insofern ist unter methodischen Gesichtspunkten eine **Plankostenrechnung auf Vollkostenbasis** von Relevanz. Die Kommunalabgabengesetze der Länder fordern hierzu eine Ermittlung der »nach betriebswirtschaftlichen Grundsätzen ansatzfähigen Kosten« bzw. eine Kostenermittlung nach »betriebswirtschaftlichen Grundsätzen« bzw. »betriebswirtschaftlichen Methoden« (vgl. hierzu Abb. 6.16).

Betriebswirtschaftlicher Kostenbegriff

Mit diesen allgemeinen Hinweisen läßt sich die kostenorientierte Gebührenermittlung allerdings noch nicht hinreichend präzisieren. Denn, wie schon angeführt (vgl. Kap. 1.E.II. und Kap. 2.A.IV., V., B.), ist der betriebswirtschaftliche Kostenbegriff keineswegs undifferenziert festgelegt. Allgemein werden Kosten umschrieben als »die bewerteten Verbrauchsmengen der zur Leistungserstellung eingesetzten Produktionsfaktoren« (Adam [1976], S. 106 ff.). Aus dieser Begriffsfassung können zwei generelle Strukturelemente der Kosten abgeleitet werden: die Mengenkomponente und die Wertkomponente.

Mengenkomponente

Die **Mengenkomponente** bestimmt die Kosten über den zur Leistungserbringung erforderlichen Faktorverzehr. Hinsichtlich der inhaltlichen Ausgestaltung der beiden Merkmale Faktorverzehr und Leistungsbezogenheit gehen die Auffassungen in der Literatur auseinander (vgl. hierzu Löffelholz [1980], S. 728 ff.).

Wertkomponente

Über die **Wertkomponente** werden die jeweiligen Kostenmengen durch geeignete Wertsätze, d.h. Preise, in einheitliche Maßgrößen transformiert (sog. Verrechnungsfunktion). Auch im Hinblick auf den Wertansatz werden in der betriebswirtschaftlichen Diskussion unterschiedliche Dimensionen des Kostenbegriffs verwendet. Der an Zahlungen orientierte pagatorische Kostenbegriff steht dem an Opportunitätsüberlegungen anknüpfenden wertmäßigen Kostenbegriff entgegen. Bei weiter Fassung des wertmäßigen Kostenbegriffs lassen sich über die Wertkomponente auch volkswirtschaftliche Kostengrößen – sog. **soziale Kosten** – ableiten, die sich aus den einzelwirtschaftlich anfallenden privaten Kosten und den extern verursachten sozialen Zusatzkosten/-erlösen zusammensetzen.

Betriebswirtschaftliche Grundsätze

Auch der Verweis auf »betriebswirtschaftliche Grundsätze zur Kostenermittlung« präzisiert die kostenorientierte Gebührenkalkulation noch nicht hinreichend. Sowohl in der Fachliteratur als auch in der Rechtsprechung wird sogar der Vorwurf erhoben, daß es sich hierbei um eine dynamische und gleichsam unbestimmte Fremdverweisung handele und dies insofern rechtlich bedenklich sei (vgl. hierzu Brüning [1990], S. 23 ff.). Der Verweis auf nicht kodifizierte Grundsätze ist dem deutschen Recht indessen nicht fremd. So hat sich etwa nach § 238 Abs. 1 HGB die Rechnungslegung der Kaufleute an den »Grundsätzen ordnungsgemäßer Buchführung« (GoB) auszurichten, welche nur zum Teil gesetzlich festgeschrieben sind. Bezüglich der angesprochenen betriebswirtschaftlichen Grundsätze der Kostenermittlung lassen sich folgende, verschiedentlich im Schrifttum benannten Prinzipien bzw. Grundsätze benennen (vgl. z.B. Ebisch/Gottschalk [1994], S. 241 ff.; Mayer/Liessmann/Mertens [1997], S. 84 ff.; Schweitzer/Küpper [1998], S. 85 ff.):

- Prinzip der Wirtschaftlichkeit,
- Prinzip der Aktualität,
- Prinzip der Vollständigkeit,
- Prinzip der Einmaligkeit,
- Prinzip der Periodengerechtigkeit für Mengen und Werte,
- Prinzip der relativen Genauigkeit,
- Prinzip der Ausschaltung außergewöhnlicher Ereignisse,
- Verursachungs-, Durchschnitts- und Tragfähigkeitsprinzip,
- Prinzip der Objektivität,
- Grundsätze eines geordneten Rechnungswesens (Klarheit, Wahrheit und Stetigkeit).

Diese Grundsätze haben sich – dies dokumentiert die kontinuierliche Nennung vor allem im praxisnahen Schrifttum – als zeitkonsistent und weitgehend unabhängig vom jeweiligen Kostenrechnungszweck erwiesen. Eine Konkretisierung hingegen, im besonderen eine genaue Festlegung der Mengen- und Wertkomponenten, ist zweckabhängig. Für die Belange der Gebührenkalkulation finden sich entsprechende Vorgaben für die Kostenarten-, Kostenstellen- und Kostenträgerrechnung in den Bestimmungen der landesspezifischen Abfall- und Kommunalabgabengesetze.

Kostenrechnung

1. Kostenartenrechnung

Neutrale Positionen und Grundkosten

Bei Ableitung der Kostenarten aus dem spezifischen Grundrechenwerk der Entsorgungseinrichtung (**kamerales** oder **kaufmännisches Rechnungswesen**) ist regelmäßig eine kostenrechnerische **Abgrenzungsrechnung** erforderlich. Aufgrund der andersartigen Zwecksetzung der Rechnungslegung umfassen die Ausgaben- bzw. Aufwandsgrößen der Kameralistik bzw. Finanzbuchhaltung mitunter Positionen, deren Mengen- und Wertansätze nicht als Grundkosten in die Kostenrechnung übernommen werden können. Diese neutralen Positionen treten als leistungsfremde (auch: betriebsfremde), periodenfremde, außerordentliche oder rechentechnisch bedingte neutrale Ausgaben- bzw. Aufwandsgrößen in Erscheinung.

Kalkulatorische Kosten

Während für leistungs- und für periodenfremde Positionen nach herrschender Meinung ein Kostenansatz ausgeschlossen ist, besteht für die übrigen neutralen Kategorien die Möglichkeit, über den Ansatz von **kalkulatorischen Anderskosten** mit entsprechend veränderten Mengen- und/oder Wertkomponenten Eingang in die Kostenrechnung zu finden. Insofern lassen sich etwa außerordentliche Ausgaben- bzw. Aufwandsgrößen, wie etwa Katastrophenschäden oder Buchverluste aus Anlagenabgängen, indirekt und pauschalisiert über kalkulatorische Wagniskosten verrechnen. Überdies können in der Kostenrechnung auch **kalkulatorische Zusatzkosten**, denen überhaupt keine Ausgaben- bzw. Aufwandsgrößen gegenüberstehen, berücksichtigt werden. Ein typisches Beispiel in der Erwerbswirtschaft ist der kalkulatorische Unternehmerlohn. Im politisch-administrativen Bereich sind insbesondere Kostenansätze für unentgeltlich überlassene Produktionsfaktoren anderer Verwaltungseinheiten (kalkulatorische Miete u.a.) oder für externe Werteverzehre (soziale Zusatzkosten) relevant. Bei kameralem Grundrechenwerk firmieren auch **Rückstellungskosten** für spätere, aber in der aktuellen Rechenperiode wirtschaftlich verursachte Ausgaben aufgrund des fehlenden Pendants im Haushaltsplan durchwegs als kalkulatorische Zusatzkosten. Anders verhält es sich im kaufmännischen Grundrechenwerk, sofern handelsrechtliche Rückstellungen und/oder antizipative passive Rechnungsabgrenzungsposten vorliegen. Kostenrechnerische Rückstellungen nehmen dann je nach Übereinstimmung mit den beiden genannten Positionen den Charakter von Grundkosten, kalkulatorischen Anderskosten oder kalkulatorischen Zusatzkosten an. Auch können die handelsrechtlichen Rückstellungen periodenfremden Aufwand darstellen, wenn sie als Aufwandsrückstellungen für Aufwendungen, die früheren Geschäftsjahren zurechenbar sind, gebildet werden (vgl. § 249 HGB).

a) Preisrechtliche Bestimmungen zur Behandlung neutraler Positionen

Nachsorge stillgelegter Deponien

Ein explizites Verbot für den (direkten) Kostenansatz neutraler Positionen findet sich in den kommunalabgabenrechtlichen Bestimmungen der Länder Niedersachsen, Rheinland-Pfalz und Schleswig-Holstein (vgl. hierzu Abb. 6.16). Demgegenüber wird in Sachsen gemäß §§ 9 Abs. 2 i.V.m. 11 Abs. 2 SächsKAG den an und für sich perioden- und gleichsam leistungsfremden und daher prinzipiell kostenunfähigen Ausgaben- bzw. Aufwandsgrößen für die Nachsorge stillgelegter Entsorgungsanlagen Kostencharakter beigemessen.

Hierbei ist einzuwenden, daß stillgelegte Anlagen die Entsorgungsleistungen vergangener Rechenperioden betreffen. Unter Beachtung des Prinzips der Periodengerechtigkeit hätten erforderliche Nachsorgemaßnahmen daher prinzipiell als Rückstellungskosten in den entsprechenden Rechenperioden berücksichtigt werden müssen. Bei unsicheren Nachsorgeverpflichtungen wäre ein pauschaler Ansatz von Wagniskosten in jeder Rechenperiode denkbar. Auch ist ein mittelbarer Leistungszusammenhang mit der aktuellen Abfallentsorgung nicht begründbar, da die Nachsorge der stillgelegten Anlagen bei (hypothetischer) Einstellung des Entsorgungsbetriebs dennoch durchzuführen wäre. Insofern stellt sich auch die Frage der Gewährleistung des gebührenimmanenten Äquivalenzprinzips. Dieser Argumentation entzieht man sich jedoch in § 9 Abs. 2 SächsKAG mit der Festlegung, daß stillgelegte Entsorgungsanlagen als Teil der Entsorgungseinrichtung gelten.

»Wilde Ablagerungen« und Straßenreinigung

Vergleichbare Regelungen sind in den Abfallgesetzen verschiedener Bundesländer festgelegt, wobei ein Kostenansatz teils gefordert und teils nur gewährt wird (vgl. die Übersicht in Abb. 6.15). Speziell in Nordrhein-Westfalen zählen überdies die gemeinhin leistungsfremden Ausgaben-/Aufwandsgrößen für die Entsorgung wilder Ablagerungen und für die Aufstellung, Unterhaltung und Entleerung von Straßenpapierkörben zu den ansatzfähigen Kosten.

Dem entgegen führt etwa der BAYERISCHE KOMMUNALE PRÜFUNGSVERBAND ([1994], S. 83) aus, daß eine Umlage der Kosten für die Entsorgung wilder Ablagerungen auf die Gebührenschuldner nicht statthaft sei, da keine individuell zurechenbare Leistung vorliege. Kostentragender wäre demnach die öffentliche Hand. Bei den Abfällen aus Straßenpapierkörben handelt es sich nach Ansicht von DAHMEN ([1996a], Tz. 248) tendenziell um »Straßenkehricht« im Sinne des Straßenreinigungsrechts, der angefallen wäre, wenn keine Behälter aufgestellt worden wären. Eine Kostenumlage müßte demzufolge über die Straßenreinigungsgebühr erfolgen.

Planungs- und Untersuchungsaufwendungen

In Hamburg und auch in Schleswig-Holstein schließlich müssen bzw. können perioden- und gleichzeitig leistungsfremde Planungs- und Untersuchungsaufwendungen für künftige Abfallentsorgungsanlagen als Kosten verrechnet werden (vgl. die Übersicht in Abb. 6.15).

Nun entstehen Kosten aber erst bei Inbetriebnahme bzw. Leistungsabgabe der Anlagen. Insofern wären die im Vorfeld anfallenden Planungs- und Untersuchungsaufwendungen als sog. **Anschaffungsnebenkosten** in den Anschaffungswerten zu berücksichtigen. Der Kostenansatz hätte dann später im Rahmen der kalkulatorischen Abschreibungen und Zinsen für die Anlagennutzung zu erfolgen (vgl. Dahmen [1996b], Tz. 118 zu § 6 KAG NW).

Finanzwirtschaftlicher Kostenbegriff

Diese Aufweichung der kostenrechnerischen Grundsätze durch die Landesgesetzgebung wird insgesamt kritisch beurteilt. DAHMEN beispielsweise stellt fest, daß durch die Abkehr von betriebswirtschaftlichen Prinzipien sich die Abfallgebühr in eine Erstattungsvorschrift für finanzwirtschaftliche Aufwendungen verwandelt habe. Mithin handele es sich um eine »Entgeltabgabe eigener Art mit einigen gebührenrechtlichen Grundzügen« (Dahmen [1992], S. 413 f.).

Ausgleich von Kostenüber- und -unterdeckungen

In Zusammenhang mit der Abgrenzung neutraler Positionen ist auch der Ansatz von Ausgleichsbeträgen für Kostenüber- bzw. -unterdeckungen aus Vorperioden kritisch zu hinterfragen (vgl. Abb. 6.16). So stellt etwa das OVG Lüneburg in einer neueren Entscheidung fest, daß diese Positionen streng genommen keine Kosten bzw. gebührenmindernden Erlöse der Abrechnungsperiode darstellen. Bei Umlage auf die Gebührenschuldner werden diese mit Kosten belastet bzw. mit Erlösen entlastet, die im betreffenden Nutzungszeitraum gar nicht angefallen sind (vgl. OVG Lüneburg, Urteil vom 25.10.1989 – Az. 9 L 32/89).

b) Preisrechtliche Bestimmungen zum Kostenansatz

Kostenarten

Abgesehen hiervon werden in den landesrechtlichen Abfall- und Kommunalabgabengesetzen aber auch zweifelsfreie Kostenarten – beispielhaft bzw. abschließend – angeführt, deren Ansatz wiederum teilweise fakultativ und teilweise verbindlich ist (vgl. Abb. 6.15, 6.16, 6.17). So umfaßt der Kostenkatalog in den Abfallgesetzen die Kosten bzw. Aufwendungen für die Abfallberatung, die Unterstützung privater Abfallvermeidungs- und -verminderungsmaßnahmen, die Entsorgungslogistik, die Wertstoffentsorgung, die Problemmüllentsorgung, die Entsorgungsanlagen, die Nachsorgemaßnahmen, die gemäß BNatSchG durchzuführenden Ausgleichs-, Ersatz- und Beseitigungsmaßnahmen sowie die (landespezifische) Abfallabgabe. In den Kommunalabgabengesetzen und den korrespondierenden Verwaltungsanweisungen werden als relevante Kostenarten die Kosten für die laufende Verwaltung und Unterhaltung, die Kosten für Fremdleistungen, die gemäß AbwAG zu entrichtende Abwasserabgabe, kalkulatorische Rückstellungen, Wagnisse und Mieten sowie kalkulatorische Abschreibungen und Zinsen aufgeführt.

In Anbetracht der unterschiedlichen und unvollständigen landesgesetzlichen Kostenaufzählungen lassen sich zur Systematisierung und Vervollständigung folgende, für die öffentliche Abfallentsorgung typische Kostenarten definieren:

Grundkosten

Grundkosten umfassen Personal-, Sach- und Dienstleistungskosten. Bei diesen Kostenarten korrespondieren in der Regel die periodenbezogenen Faktorverzehre mit den jeweiligen Periodenausgaben. Mengen- und Wertkomponente entsprechen somit dem pagatorischen Kostenbegriff.

Kalkulatorische Kosten

Kalkulatorische Kosten sind Anders- und Zusatzkosten, deren Mengen- und/oder Wertkomponenten sich abweichend von Ausgabe-/Aufwandsgrößen nach unternehmensbezogenen bzw. gesetzlichen Zielvorgaben konstituieren. Insofern liegt hier der wertmäßige Kostenbegriff zugrunde. Als Kostenarten sind die kalkulatorischen Abschreibungen, Zinsen, Rückstellungen, Wagnisse sowie die kalkulatorische Miete und artverwandte Kosten zu nennen. Im Bereich der Abfallentsorgung sind hierbei die folgenden Besonderheiten zu berücksichtigen:

Kalkulatorische Abschreibungen

- **Kalkulatorische Abschreibungen** erfassen die Wertminderung, die durch den leistungsbedingten Verzehr von begrenzt nutzbaren Anlagegütern, die dem Betrieb länger als eine Rechenperiode dienen, verursacht werden. Hierzu gehören insbesondere auch Abschreibungen für Deponiegrundstücke. Abschreibungsfähig ist der Differenzbetrag, der sich aus dem allgemeinen Verkehrswert und dem Wert der später noch möglichen Nutzung (z.B. als Freizeit- und Erholungsfläche) ergibt (vgl. Rielke [1979], S. 22 f.). Die Gebührenbestimmungen der Bundesländer gebieten in der Regel, die Abschreibungsbeträge nach der linearen oder der leistungsabhängigen Methode zu ermitteln (vgl. Abb. 6.17). Dagegen werden progressive und degressive Abschreibungen teils explizit verboten, teils aber auch alternativ zugelassen. Speziell in Bayern ist bei kreditfinanzierten Anlagegütern auch die Tilgungsbelastung im Abschreibungssatz berücksichtigbar. Hierdurch wird allerdings die Intention einer kalkulatorischen, von Aufwands-/Ausgabengrößen unabhängigen Rechnung konterkariert.

Da die Ermittlung der Abschreibungsbeträge auf Schätzwerten der Nutzungsdauer bzw. des Nutzungspotentials des Anlageguts basiert, kann der Umstand eintreten, daß sich im Laufe der Anlagennutzung die Schätzungen als unrichtig erweisen (vgl. Kap. 2.B.I.). Das Anlagegut ist mithin entweder kürzer oder länger als geplant für die Leistungserstellung verwendbar. Die korrekte kostenrechnerische Vorgehensweise hierbei ist, den »richtigen« Abschreibungsbetrag aus der Abschreibungsbasis und der neuen Nutzungsdauer bzw. dem neuen Nutzungspotential zu ermitteln und in den weiteren Rechnungsperioden zu verrechnen. Nur so werden die auf die veränderte Situation folgenden Perioden mit dem verursachungsgemäßen Werteverzehr belastet. Dabei ergibt sich jedoch, daß bezogen auf die Abschreibungsbasis insgesamt zu wenig (Abschreibungsverlust) oder zuviel (Abschreibungsgewinn) abgeschrieben wird.

Abschreibungen unter Null und Sonderabschreibungen

Der letzte Fall, man spricht auch von **Abschreibungen unter Null**, würde dem Grundsatz der Einmaligkeit der Verrechnung widersprechen, da bereits alle verfügbaren Kostenmengen in früheren Abrechnungszeiträumen verrechnet worden sind. Daher sind Mehrabschreibungen, aber auch Minderabschreibungen im Rahmen kalkulatorischer Wagniskosten für Anlagenwagnisse zu kompensieren. Sie werden als Gutschriften bzw. Belastungen auf einem zur Ermittlung der Wagniskosten zu führenden **Anlagenwagniskonto** gebucht. In den gebührenrechtlichen Bestimmungen der Bundesländer wird dieser Sachverhalt – wenn überhaupt – lediglich in den Verwaltungsvorschriften zum KAG geregelt. Dabei wird ein Ansatz von Abschreibungen unter Null entweder verboten, gewährt oder gefordert (vgl. die Übersicht in Abb. 6.17). Ein entsprechender **Wagnisausgleich** wird nirgends thematisiert. In Schleswig-Holstein und Sachsen ist indessen bei verkürzter Nutzungsdauer auch eine Veranschlagung von Sonderabschreibungen geboten bzw. gestattet. Hierbei handelt es sich um erhöhte Abschreibungen, die eine vollständige Verrechnung und somit gebührenmäßige Refinanzierung der Abschreibungsbasis gewährleisten. Dies widerspricht aber den kostenrechnerischen Grundsätzen, da den Rechenperioden überhöhte Werteverzehre zugeordnet werden. In Sachsen wird als (in diesem Zusammenhang unpassende) Alternative angeboten, für Anlagenwagnisse »angemessene kalkulatorische Rückstellungen« zu bilden.

Substanzerhaltung

Die Wertkomponente der Abschreibungen wird durch den Wertansatz der Abschreibungsbasis bestimmt. Insbesondere unter dem Aspekt der unternehmensbezogenen **Substanzerhaltung** kommen hierbei grundsätzlich drei Wertansätze in Betracht: Anschaffungs- bzw. Herstellungswerte, Wiederbeschaffungszeitwerte und

Wiederbeschaffungswerte. Die gebührenrechtlichen Bestimmungen der Bundesländer fallen diesbezüglich sehr unterschiedlich aus (vgl. die Übersicht in Abb. 6.17). Während in Baden-Württemberg, Bayern, Rheinland-Pfalz und Brandenburg grundsätzlich nur vom Anschaffungs- bzw. Herstellungswert abgeschrieben werden darf, ist in den anderen Bundesländern auch ein Ansatz zu Wiederbeschaffungszeitwerten – in Hessen zu Wiederbeschaffungswerten – statthaft. Speziell in Hamburg sind überhaupt nur Wiederbeschaffungszeitwerte zulässig. Keine Regelung treffen indessen Sachsen und Mecklenburg-Vorpommern. Die Frage hinsichtlich des »richtigen« Wertansatzes ist bis heute umstritten. So lautet das Hauptargument der Befürworter von historischen Wertansätzen, daß gerade für kommunale Einrichtungen mit Anschluß- und Benutzungszwang die Erforderlichkeit zur Substanzerhaltung entfalle, da das fehlende Absatz- und Preisrisiko der kommunalen Einrichtung einer **Substanzerhaltungsgarantie** gleichkomme. Ein Ansatz von Wiederbeschaffungs(zeit)-werten bedeute mithin eine Gewinnerzielung (vgl. z.B. Zwehl/Kaufmann [1991], S. 13 ff.). Die Befürworter von Wiederbeschaffungszeitwerten hingegen führen neben dem Erhaltungsgedanken insbesondere an, daß bei Ansatz historischer Werte das Prinzip der Periodengerechtigkeit verletzt werde, da Mengenkongruenz und Wertkongruenz der verrechneten Kosten auseinanderfallen. Nur bei Ansatz von Wiederbeschaffungszeitwerten werden die **aktuellen Nutzungswerte** der Anlagen widergespiegelt und somit die jeweiligen Gebührenschuldner bzw. Schuldnergenerationen gerecht belastet (vgl. z.B. Bals [1973], S. 212).

Kalkulatorische Zinsen

- **Kalkulatorische Zinsen** stellen im Sinne des Opportunitätskostenprinzips den Gegenwert für den entgangenen Nutzen des für betriebliche Zwecke bereitgestellten Eigen- und Fremdkapitals dar (vgl. Kap. 2.B.II.). Insofern werden in der Kostenrechnung, ungeachtet der in den spezifischen Grundrechenwerken angesetzten Größen für effektive Fremdkapitalzinsen, die kalkulatorischen Zinsen auf das betriebsnotwendige Gesamtkapital berechnet.

Betriebsnotwendiges Kapital

Das **betriebsnotwendige Kapital** setzt sich aus den leistungsrelevanten Positionen des Anlage- und Umlaufvermögens, vermindert um bestimmte Abzugspositionen (sog. Abzugskapital), zusammen. Die Positionen des Anlagevermögens lassen sich unschwer aus den Anlagennachweisen bzw. der Anlagenbuchhaltung des kameralen bzw. kaufmännischen Grundrechenwerks entnehmen, die Positionen des Umlaufvermögens hingegen müssen – soweit keine Lagerbuchführung zur Verfügung steht – aus dem Haushaltsplan bzw. der Handelsbilanz extrahiert werden. Darüber hinaus sind entsprechend dem Vollständigkeitsprinzip auch jene Vermögensgegenstände, die in den Rechenwerken nicht abgebildet sind, aber im Leistungsprozeß eingesetzt werden (z.B. bilanziell vollständig abgeschriebene, aber noch genutzte Anlagegegenstände), zu berücksichtigen. Die gebührenrechtlichen Vorgaben der Bundesländer regeln die Bemessungsgrundlage indessen nicht einheitlich. So bezieht man sich teils auf das Gesamtkapital, teils nur auf das Anlagekapital (vgl. die Übersicht in Abb. 6.17). Übereinstimmung besteht jedoch darin, daß sowohl das Fremd- als auch das Eigenkapital der Verzinsung zu unterwerfen sind. Ausnahmen stellen lediglich Berlin und Hessen dar. In Berlin gilt ein explizites Ansatzverbot für Eigenkapitalzinsen, in Hessen ist die Eigenkapitalverzinsung fakultativ vorgesehen. Die kalkulatorische Verzinsung von Eigenkapital öffentlicher Einrichtungen wird mitunter kritisch gesehen. Da die öffentliche Hand ausschließlich Pflichtaufgaben wahrzunehmen habe, bestehe keine Möglichkeit, ertragsbringende Alternativen wahrzunehmen. Der tendenzielle Ertragscharakter der Zinsen wird überdies als Verstoß gegen das Kostendeckungsprinzip erachtet (vgl. Traumann-Reinheimer [1977], S. 199 ff.). Andererseits wird argumentiert, daß bei Verzicht von Eigenkapitalzinsen die Gebührenbelastungen für die Einrichtungsnutzer von der mehr oder weniger zufälligen Finanzierungsstruktur der Kommune abhängen würden. Überdies lasse sich im Sinne des Opportunitätskostenprinzips der Kostencharakter von Eigenkapitalzinsen rechtfertigen (vgl. Budäus [1978], S. 374 f.).

Abzugskapital

Zur Festlegung der Mengenkomponente des abnutzbaren Anlagevermögens kann nach der Durchschnitts- oder nach der Restwertmethode verfahren werden. Nicht-abnutzbare Anlagegüter werden mit ihren Ausgangswerten angesetzt. Unter dem **Abzugskapital** wird das zinsfrei zur Verfügung gestellte Kapital (im öffentlichen Bereich insbesondere Finanzhilfen und unentgeltlich überlassene Vermögenswerte) verstanden. Eine entsprechende Vermögenskürzung ist jedoch umstritten. So wird etwa eingewendet, daß durch den Ansatz von Abzugskapital unerwünschterweise Finanzierungseinflüsse in die Kostenrechnung eingebracht werden (vgl. z.B. Lücke [1965], S. 10). Unstrittig ist hingegen, daß für in Zusammenhang mit dem Betriebszweck stehende Wertpapiere und andere Finanzanlagen (z.B. Bankguthaben) keine kalkulatorischen Zinsen berechnet werden dürfen, weil sie (unabhängig von der Leistungserstellung) selbständig Erträge erwirtschaften (vgl. z.B. Lücke [1965], S. 9). In den landesrechtlichen Gebührenbestimmungen finden sich indessen nur vereinzelt Vorgaben für die Ermittlung der Mengenkomponenten der kalkulatorischen Zinsen (vgl. die Übersicht in Abb. 6.17). So wird hinsichtlich der Mengenbestimmung des Anlagevermögens tendenziell die Restwertmethode bevorzugt. Speziell in Niedersachsen wird die Durchschnittswertmethode als rechtlich bedenklich qualifiziert, »weil sie die künftigen Gebührenschuldner, welche die Einrichtung in der zweiten Hälfte ihrer Nutzungsdauer in Anspruch nehmen, in unzulässiger Weise belaste« (Nr. 5.g) AB NKAG).

Doppelter Inflationsausgleich

Analog der Bewertungsmöglichkeiten der kalkulatorischen Abschreibungen kann die Wertkomponente der betriebsnotwendigen Vermögensteile an den Anschaffungs-/Herstellungs-, den Wiederbeschaffungs- oder Wiederbeschaffungszeitwerten festgemacht werden. Die Verzinsung eines mit Zeitwerten bewerteten Vermögens gereicht bei Verwendung eines Nominalzinssatzes allerdings zu einem **doppelten Inflationsausgleich**. Es besteht daher Einigkeit, daß unter Substanzerhaltungsaspekten entweder die Kombination »historische Anschaffungs-/Herstellungswerte i.V.m. dem Nominalzinssatz« oder die Kombination »Wiederbeschaffungszeitwerte i.V.m. dem inflationsbereinigten Realzinssatz« bei der Zinsermittlung zu verwenden ist (vgl. z.B. Gawel [1994b], S. 227 ff.). In den landesspezifischen Gebührenbestimmungen ist die Vorgabe von Wiederbeschaffungszeitwerten allerdings die Ausnahme (vgl. die Übersicht in Abb. 6.17). Lediglich in Berlin, Mecklenburg-Vorpommern und Thüringen wird ein entsprechender Wertansatz für das betriebsnotwendige Vermögen eingeräumt. Manche Bundesländer lassen die Bewertungsfrage auch offen, im übrigen wird auf Anschaffungs-/Herstellungswerte bzw. auf das »aufgewandte Kapital« verwiesen. Der Terminus »aufgewandtes Kapital« wird in der neueren Rechtsprechung im Sinne einer Bewertung zu Anschaffungs-/Herstellungswerten interpretiert (vgl. Dahmen [1996b], Tz. 176).

Die kalkulatorischen Zinsen berechnen sich durch Multiplikation der betriebsnotwendigen Vermögenswerte mit dem **kalkulatorischen Zinssatz**. Dabei kommt sowohl die Form eines nach Kapitalherkunft gespaltenen Zinssatzes als auch ein einheitlicher Zinssatz (sog. Mischzinssatz) in Frage. In der Literatur spricht man sich eindeutig zugunsten des Mischzinssatzes aus (vgl. z.B. Gawel [1994b], S. 226 f.). Die Wahl des kalkulatorischen Zinssatzes bleibt in den landesrechtlichen Gebührenbestimmungen jedoch weitgehend offen (vgl. die Übersicht in Abb. 6.17). Dort, wo Regelungen existieren, wird fast ausschließlich auf einen Mischzinssatz bzw. einen einheitlichen Zinssatz verwiesen. Dabei wird in Baden-Württemberg der Mischzinssatz als durchschnittlicher, kapitalanteiliger Satz aus den Zinssätzen für Geldanlagen und für Kommunalkredite mit fünfjähriger Laufzeit definiert. Eine vergleichbare Regelung existiert in Niedersachsen. In Schleswig-Holstein hingegen gilt als einheitlicher Zinssatz der Habenzinssatz, wie er sich durchschnittlich bei Kapitalanlage auf Festgeld- oder Rücklagekonten ergibt. Eine Sonderstellung nimmt Sachsen ein. Hier stehen für den kalkulatorischen Zinssatz drei Alternativen zur Disposition: der für langfristige Kommunalkredite übliche Zinssatz, der den tatsächlichen Zinsverpflichtungen entsprechende Zinssatz oder ein fester Zinssatz von 6 %.

Kalkulationszinssatz

- **Kalkulatorische Rückstellungen** werden verrechnet für zukünftig zu erbringende Leistungen, deren wirtschaftliche Begründung in der aktuellen Rechnungsperiode liegt. Anwendungsfälle im Rahmen der Abfallentsorgung sind insbesondere die turnusmäßig anfallenden Wartungs- und Instandhaltungsmaßnahmen für Müllverbrennungsanlagen und die Nachsorgemaßnahmen für Abfalldeponien. In den kommunalrechtlichen Bestimmungen der Bundesländer findet sich diesbezüglich kaum eine Regelung. Nur in zwei Ländern werden kalkulatorische Rückstellungen explizit benannt (vgl. die Übersicht in Abb. 6.17). In Niedersachsen zählen Rückstellungen kontextunspezifisch zu den ansatzfähigen Kosten, in Sachsen bezieht man sich ausschließlich auf die Rückstellungen für die Deponienachsorge. Letzterem entsprechend treffen auch weitere Bundesländer auf der Ebene des Landesabfallgesetzes Regelungen für Nachsorgerückstellungen (vgl. die Übersicht in Abb. 6.16). Bemerkenswert ist, daß mit Ausnahme von Sachsen (vgl. hierzu Nr. 11.2.6 ff. AnwHiSächsKAG) in keinem der Bundesländer konkrete Ermittlungsvorgaben vorliegen, zumal sich die Betriebswirtschaftslehre zum Problem kalkulatorischer Rückstellungskosten bislang nicht geäußert hat. Zur systematischen Ermittlung des Kostenansatzes speziell von Deponierückstellungen hat die KGSt erst in jüngerer Zeit ein Gutachten vorgelegt (vgl. im folgenden KGSt [1995]).

Kalkulatorische Rückstellungen

Die Mengenkomponente der Rückstellungen leitet sich ausschließlich aus den planmäßigen Ausgaben ab, die im Rahmen der künftigen Nachsorgeleistungen für Investitionsmaßnahmen, Betrieb und Unterhaltung anfallen. Kriterium der Planmäßigkeit ist, daß die Ausgaben dem Grunde nach feststehen, hinsichtlich der Höhe und des Zeitpunkts der Entstehung aber ungewiß sein können. Nicht-planmäßige Ausgaben hingegen stellen Risiken dar, wie sie sich aus dem Betrieb der verfüllten Deponie (z.B. Explosionsgefahr, mögliche Sickerwasseraustritte) oder aus veränderten gesetzlichen Rahmenbedingungen (z.B. verschärfte Anforderungen zur Altlastensanierung, Weiterentwicklung des »Standes der Technik«) ergeben können. Da es sich hierbei um klassische Gewährleistungswagnisse handelt, sind sie – sofern nicht versicherungstechnisch abgedeckt – als kalkulatorische Wagnisse kostenmäßig zu berück-

Planmäßigkeit

sichtigen. Die Ermittlung der planmäßigen Ausgaben kann nur im Rahmen einer qualifizierten Schätzung erfolgen, wobei auf Planungsunterlagen (z.B. Rekultivierungsplan) und im übrigen auf internes oder externes Expertenwissen zurückzugreifen ist.

Dies erweist sich allerdings unter dem Aspekt des kostenrechnerischen Vollständigkeitsprinzips als nicht unproblematisch, insbesondere in Hinblick auf den Zeithorizont. Laut KGSt beträgt die Spannweite der in der Praxis bekannt gewordenen, geschätzten Nachsorgedauern 20 bis 100 Jahre. Entsprechend streuen die Kosten. Mitunter kann sich ergeben, daß die Nachsorge im Vergleich zur Verfüllung einen größeren Kostenblock bedingt.

Dynamische Berechnungsmethode

Zur Bestimmung des Wertansatzes der Rückstellungen können zwei Verfahren zur Anwendung kommen. Beim rechenintensiveren, aber genaueren Verfahren sind die in den einzelnen Jahren der Nachsorgezeit anfallenden Investitions-, Betriebs- und Unterhaltungsausgaben zunächst mit ihren künftigen Tagesbeschaffungspreisen zu bewerten und durch Abzinsung auf den Beginn der Nachsorgezeit zeitlich zu normieren (vgl. hierzu Abb. 6.13). Dieser **Basiswert** repräsentiert den Betrag, der bis zum Ende der Verfüllzeit über den Ansatz von kalkulatorischen Rückstellungskosten in den Perioden der Deponieverfüllung insgesamt erwirtschaftet werden muß, um bei verzinslicher Thesaurierung der Gebühreneinnahmen die Finanzierung der Nachsorgemaßnahmen zu gewährleisten. Bei Änderung etwa des Mengengerüsts oder der künftigen Tageswerte ist der Basiswert entsprechend fortzuschreiben. Die periodenbezogenen Rückstellungskosten werden ermittelt, indem der Basiswert als Barwert auf die einzelnen Rechnungsjahre abgezinst und proportional zur jeweiligen Verfüllmenge in Ansatz gebracht wird. Als Abzinsungssatz empfiehlt die KGSt einen Durchschnittswert aus dem Zinssatz für angelegte Rücklagenmittel und für Kreditaufnahmen.

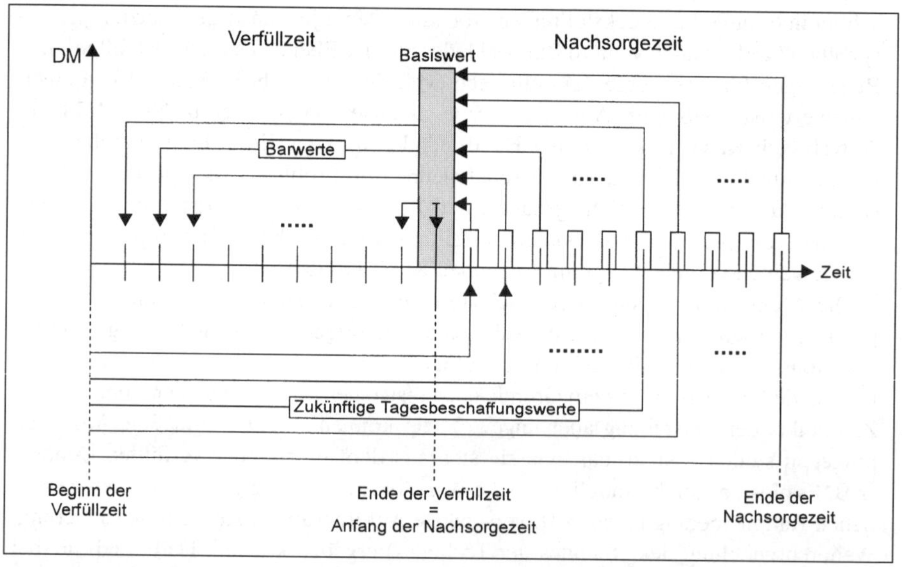

Abb. 6.13: Bestimmung des Wertansatzes kalkulatorischer Rückstellungen zur Deponienachsorge

Unter der Annahme, daß sich der Abzinsungssatz und die künftigen Tageswerte der Nachsorgeausgaben im Zeitablauf identisch entwickeln, kann das Ermittlungsverfahren vereinfacht werden. Die Kostenmengen der künftigen Nachsorge lassen sich dann für jede Periode des Verfüllungszeitraums mit den aktuellen Anschaffungs-/Herstellungswerten bewerten und entsprechend der jeweiligen Verfüllmenge als Rückstellungskosten verrechnen.

Vereinfachte Berechnungsmethode

Zu bemerken ist, daß die dargestellten Ermittlungsmethoden der Nachsorgerückstellung in gleicher Weise bei anderen Leistungen mit Rückstellungscharakter angewendet werden können.

Kalkulatorische Wagnisse

- **Kalkulatorische Wagnisse** werden angesetzt, um spezielle betriebliche Einzelwagnisse, sofern diese nicht durch Fremdversicherungen gedeckt sind, abzugelten. Hierdurch lassen sich auch die Auswirkungen außerordentlicher und mithin aperiodischer Werteverzehre, denen als neutrale Positionen der Zugang in die Kostenrechnung zunächst verwehrt ist, in Form von normalisierten und periodisierten Wagnissätzen in Rechnung bringen. Mengen- und Wertkomponente der kalkulatorischen Wagnisse bemessen sich mithin an den Durchschnittswerten der im Zeitablauf eingetretenen außerordentlichen Belastungen bzw. an Erfahrungswerten. Entsprechende Regelungen sind indessen in den landesrechtlichen Gebührenbestimmungen nicht vorgesehen (vgl. die Übersicht in Abb. 6.17). Ausnahme ist allein Niedersachsen. Hier wird in den Ausführungsbestimmungen zum KAG restriktiv festgelegt, daß kalkulatorische Wagnisse nur für ansonsten versicherbare Einzelrisiken (Feuer, Einbruch, Haftpflicht etc.) ansetzbar sind, wobei sich die Wagnissätze an vergleichbaren Versicherungsprämien orientieren sollen. Nicht-versicherbare Risiken werden somit ausgeklammert. Konform zum kostenrechnerischen Vollständigkeitsprinzip wären jedoch sämtliche leistungsbedingten Einzelwagnisse zu berücksichtigen. Hierbei kommen im öffentlichen Bereich neben Anlagenwagnissen insbesondere Gewährleistungswagnisse in Betracht (vgl. Dahmen [1996b], Tz. 152).

Gewährleistungswagnisse

Gewährleistungswagnisse ergeben sich aus Haftungsansprüchen aufgrund mangelhafter Leistungserbringung. Im Zusammenhang mit den kalkulatorischen Rückstellungen wurde bereits erwähnt, daß bei Abfalldeponien Haftungsansprüche infolge von Betriebsrisiken und Risiken aus veränderten gesetzlichen Rahmenbedingungen erwachsen können. Dies gilt in gleicher Weise für die übrigen Wertschöpfungsstufen der Abfallentsorgung. Dabei sind insbesondere die Risiken der Gefährdungshaftung nach UmweltHG und nach § 22 WHG von Relevanz. Eine verschuldensunabhängige Haftungspflicht tritt ein, wenn aus dem Anlagenbetrieb schädliche Umwelteinwirkungen resultieren (vgl. Salje [1993]). Zwar finden sich im Abfallrecht Hinweise auf entsprechende Versicherungslösungen. Falls die Entsorger hiervon jedoch keinen Gebrauch machen oder über die Versicherungen nur Teilrisiken abgedeckt werden können, ist ein entsprechender kalkulatorischer Wagniskostenansatz erforderlich. Zur Kostenermittlung schlägt LANGENBRINCK ([1993], S. 106 ff.) vor, daß man sich an in der Vergangenheit bereits aufgetretenen Kosten für Umweltschäden, an Erfahrungswerten anderer öffentlicher Einrichtungen oder an den potentiellen Vermeidungskosten orientieren könne. Unterschiedliche Ansichten bestehen hingegen hinsichtlich der kostenrechnerischen Behandlung für Risiken verschärfter umweltrechtlicher Anforderungen. So spricht sich GAWEL grundsätzlich für einen Wagnisansatz aus, verweist aber gleichzeitig auf die Problematik der Kostenermittlung (vgl.

Gawel [1994a], S. 2 ff.). Die KGSt hingegen ist der Auffassung, daß hierbei kein spezielles leistungsbedingtes Einzelwagnis, sondern vielmehr ein allgemeines Unternehmerwagnis vorliege, da der Entsorgungsbetrieb als Ganzes betroffen sei. Ein Wagniskostenansatz sei daher ausgeschlossen (vgl. KGSt [1995], S. 23).

Kalkulatorische Miete

- **Kalkulatorische Miete und artverwandte Kosten** sind anzusetzen für (vollständig oder teilweise) unentgeltlich überlassene Räumlichkeiten, Gebäude, Grundstücke und andere Produktionsfaktoren, die im Rahmen des Leistungserstellungsprozesses eingesetzt werden. Der Kostenansatz orientiert sich an den Preisen, die bei alternativer entgeltlicher Beschaffung bezahlt werden müßten. Handelt es sich um abnutzbare Anlagegüter, sind entsprechend der kalkulatorischen Abschreibungen periodisierte Kostenwerte mit zielorientierten Wertbasen zu verrechnen. In den landesrechtlichen Gebührenbestimmungen finden sich zu dieser Kostenart regelmäßig keine Angaben (vgl. die Übersicht in Abb. 6.17). Einzige Ausnahme sind die Ausführungsbestimmungen zum Niedersächsischen KAG. Hier wird darauf hingewiesen, daß kalkulatorische Mieten in Höhe einer vergleichbaren Marktmiete grundsätzlich ansatzfähig sind.

»Negative« Kosten

»Negative« Kosten umfassen die im Rahmen der Leistungserstellung anfallenden Nebenerlöse sowie die von Dritten gewährten Finanzhilfen zur Unterstützung der Leistungserbringung.

Nebenerlöse

Nebenerlöse basieren auf den Einnahmen bzw. Erträgen für Nebenprodukte oder Nebenleistungen, die in einem Kuppelprozeß zusätzlich zum Hauptprodukt oder zur Hauptleistung anfallen. Im Rahmen der Abfallentsorgung sind hierbei insbesondere die Verkaufserlöse von Sekundärrohstoffen (z.B. Altpapier, Kompost) und Energien (Fernwärme, Strom) zu nennen, die bei der Verwertung und Behandlung von Abfällen gewonnen werden. Weitere Nebenerlöse können sich z.B. aus inneren Verrechnungen oder zusätzlichen Leistungsverkäufen gegen privatrechtliches Entgelt ergeben. Im Sinne der sog. Restwert- oder Subtraktionsmethode sind die Nebenerlöse kostenmindernd für die Hauptleistung in Ansatz zu bringen (vgl. auch Kap. 4.A.III.).

Finanzhilfen

Finanzhilfen umfassen Finanzzuweisungen und Investitionszuschüsse übergeordneter Gebietskörperschaften und sonstiger Dritter für einzelne Entsorgungsanlagen. Bei Zweckbindung der Finanzhilfen an eine Entlastung der Gebührenschuldner gebieten die kommunalrechtlichen Bestimmungen speziell in Baden-Württemberg, Bayern, Rheinland-Pfalz und Sachsen eine entsprechende Kürzung der Abschreibungsbasis der subventionierten Anlagen (vgl. die Übersicht in Abb. 6.17). Dies gilt hingegen nicht für sog. Kapitalzuschüsse, bei denen es sich um Einlagen handelt, welche die Eigenkapitalausstattung der Entsorgungseinrichtung stärken sollen. In fast allen Bundesländern sind allerdings die gewährten Finanzhilfen unabhängig von der Zweckbestimmung als Abzugskapital bei der Ermittlung der kalkulatorischen Zinsen zu berücksichtigen. Für die kostenrechnerische Behandlung des Abzugskapitals werden in den landesrechtlichen Kommunalabgabengesetzen an und für sich klare Anweisungen gegeben. So heißt es etwa in Art. 8 Abs. 3 BayKAG: »Bei Verzinsung des Anlagekapitals bleibt… der aus Zuwendungen aufgebrachte Kapitalanteil außer Betracht«. Folglich sind die Ausgangswerte der bezuschußten Vermögenswerte vollständig um den jeweiligen Zuwendungsbetrag zu kürzen. In der finanzwissenschaftlichen Literatur werden jedoch mitunter abweichende Vorgehensweisen mit Praxisrelevanz thematisiert. So wird vorgeschlagen, von den jeweiligen Restbuchwerten zum Periodenende das Abzugskapital in voller

Höhe abzuziehen. Gegen Ende der Nutzungsdauer ergibt sich dabei aber zwangsläufig eine negative Verzinsungsbasis, die folgerichtig zu einer Zinsgutschrift für die Gebührenschuldner führt. Eine weitere Variante besteht darin, das Abzugskapital anstelle eines Abzugs vom betriebsnotwendigen Vermögen alternativ über die Nutzungsdauer des Anlageguts gebührenmindernd aufzulösen. Schließlich findet sich auch die Auffassung, insbesondere bei Ansatz von Wiederbeschaffungszeitwerten, für das zu verzinsende Kapital das Abzugskapital mit entsprechender Wertbasis zu berechnen, damit die Zuschußquote keiner Änderung unterliegt. Alle genannten Verfahren führen mithin zu einer unterschiedlichen Höhe der kalkulatorischen Zinskosten (vgl. z.B. Rose [1996], S. 29).

Zusammenfassend läßt sich aussagen, daß die länderspezifischen Bestimmungen hinsichtlich des Mengen- und Wertgerüsts der Kosten sehr heterogen sind. Der Kostenansatz gilt teils als Pflicht, teils als Option. Kostenarten werden in der Regel nur beispielhaft benannt. Konkrete, aber unterschiedliche Vorgaben existieren allein zu den kalkulatorischen Abschreibungen und Zinsen. Der Verweis auf den betriebswirtschaftlichen Kostenbegriff oder auf betriebswirtschaftliche Grundsätze kann das Regelungsdefizit nicht heilen, da in der Betriebswirtschaftslehre unterschiedliche Auffassungen existieren, wie Kosten zu definieren und im konkreten Fall zu spezifizieren sind.

2. Kostenstellenrechnung

Kostenstellenrechnung

Die Weiterverrechnung der Kostenmengen und -werte erfolgt bei Mehrproduktunternehmen in der Kostenstellenrechnung. Regeln zur Durchführung der Kostenstellenrechnung existieren in den gebührenrechtlichen Landesbestimmungen jedoch nicht. Lediglich in Niedersachsen wird in den Verwaltungsverordnungen zum KAG ein Hinweis auf die Verwendung dieses Rechenwerks gegeben.

Kostenstellengliederung

Für die Gliederung der **Kostenstellen** im Betriebsabrechnungsbogen (BAB), der rechentechnischen Umsetzung der Kostenstellenrechnung, empfiehlt die KGSt, eine Einteilung nach leistungs- und damit kostenträgerorientierten Kriterien in Hauptkostenstellen, Nebenkostenstellen, Hilfskostenstellen und Allgemeine Kostenstellen vorzunehmen (vgl. KGSt [1993], S. 53 ff.). Im Falle der öffentlichen Abfallentsorgung umfassen die **Hauptkostenstellen** mithin alle nach dem gebührenimmanenten Äquivalenzprinzip relevanten Abfallfraktionen (z.B. Restmüll von privaten Haushalten, Restmüll von Selbstanlieferern, Bioabfälle, Grüngut, Sperrmüll, Altpapier, Altglas, Problemmüll). In den **Nebenkostenstellen** werden die Kosten derjenigen Entsorgungsmaßnahmen erfaßt, mit denen die Entsorgungseinrichtung aus organisatorischen oder fachtechnischen Gründen nebenbei befaßt ist (z.B. Wertstofferfassung für DSD, Beseitigung wilder Ablagerungen). Dem entspricht, daß auf Nebenkostenstellen die Kosten derjenigen Entsorgungsmaßnahmen gesammelt werden, die nicht in die Kalkulation der Gebührenleistungen einfließen dürfen oder sollen. **Hilfskostenstellen** bilden die Gemeinkosten-Pools für bestimmte Haupt- und Nebenkostenstellen, die im BAB per innerbetrieblicher Leistungsverrechnung (ibL) unter Verwendung geeigneter Kostenschlüssel umgelegt werden (z.B. Logistik, Verwertung, Behandlung, Ablagerung). In den **Allgemeinen Kostenstellen** werden alle übrigen Gemeinkosten gesammelt, die dem Gesamtbetrieb der Abfallwirtschaft dienen und ebenfalls mittels innerbetrieblicher Leistungsverrechnungen auf die Haupt-, Neben- und Hilfskostenstellen zu verrechnen sind (z.B. allgemeine Verwaltung, Abfallberatung, Öffentlichkeitsarbeit). Für die Zwecke der anschließenden Kostenträgerstückrechnung ist im weiteren eine Komprimierung diverser Hauptkostenstellen auf **Endkostenstellen** erforderlich. Endkostenstellen sind die Kostenstellen für diejenigen Abfallfraktionen, für die satzungsgemäß eine eigene Gebühr festgelegt wird und die im Rahmen einer Mischkalkulation die Stückkostenbelastung nicht-satzungsmäßiger Kostenträger übernehmen können. Die Kostenstellenkomprimierung erfolgt wiederum mittels innerbetrieblicher Leistungsverrechnungen. Die Abb. 6.14 verdeutlicht die Vorgehensweise der Kostenstellenrechnung.

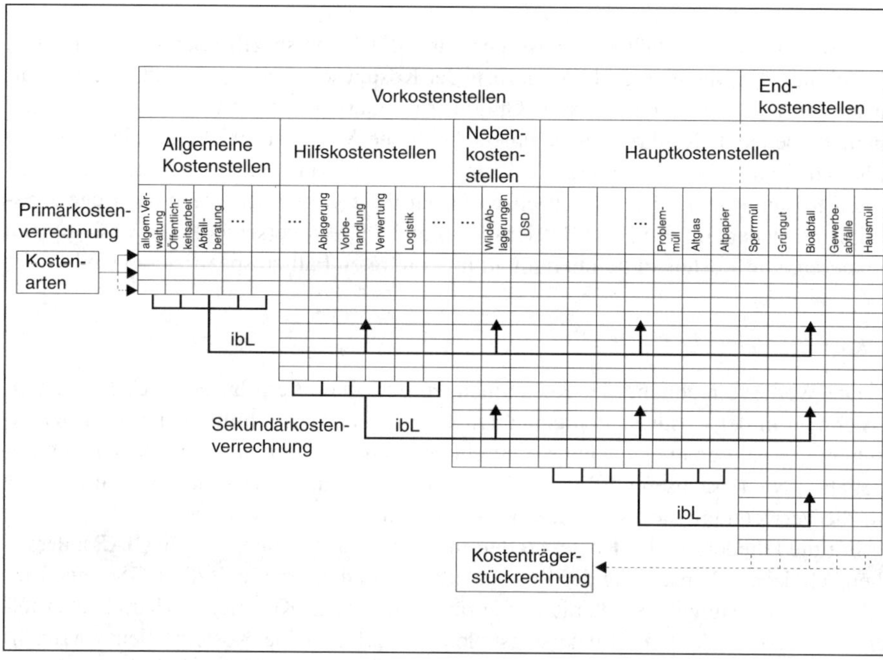

Abb. 6.14: Kostenstellenrechnung

Kostenschlüssel

Sowohl die Verteilung der Kostenstellen-Gemeinkosten als auch die Umlage der Kostenstellenkosten auf die empfangenden Stellen erfolgt mit Hilfe von Kostenschlüsseln. Im Bereich der öffentlichen Abfallentsorgung ist dabei folgende Besonderheit zu berücksichtigen:

Für die Vorkostenstelle »Unbehandelte Ablagerung« (Deponierung ohne thermische Vorbehandlung) ergibt sich das Spezifikum, daß für die Inanspruchnahme durch die diversen Restabfälle mehrere Leistungskriterien in Betracht kommen. Dies sind im wesentlichen das Abfallvolumen nach Verdichtung, der Einbauaufwand, der Verdichtungsaufwand und das Gefährdungspotential. Da sich entsprechende Kostenschlüssel in der Regel nicht oder nur schwer bestimmen lassen, wird eine pragmatische Kostenzuweisung im Sinne einer **Sortenkalkulation** vorgeschlagen (vgl. Wöbbeking/Fischer/Schmitt [1995], S. 91 ff.). Hierbei sind die zu deponierenden Abfallfraktionen jeweils mit einer Äquivalenzziffer zu versehen. Die Äquivalenzziffer gibt an, in welchem Ver-

Sortenkalkulation

hältnis die Deponiebeanspruchung gegenüber einer zu spezifizierenden Einheitssorte, d.h. einer bestimmten Abfallfraktion mit der Äquivalenzziffer 1, ausfällt. Eine Äquivalenzziffer größer bzw. kleiner 1 bedeutet dabei eine höhere bzw. geringere Leistungsbeanspruchung. Die Ziffern werden einmalig ermittelt und – sofern sich das Leistungsprogramm nicht verändert – in den folgenden Rechenperioden weiterverwendet. Über die Äquivalenzziffern lassen sich alle Abfallfraktionen mengen- oder gewichtsmäßig auf die Einheitssorte umrechnen. Die Verteilung der Kostenstellenkosten auf die einzelnen Abfallfraktionen erfolgt in Relation der jeweiligen Einheitsproduktmengen.

3. Kostenträgerstückrechnung

Kostenträgerstückrechnung

Im Anschluß an die Kostenstellenrechnung erfolgt in der Kostenträgerstückrechnung die Ermittlung der endkostenstellen- und somit kostenträgerbezogenen **Selbstkosten pro Leistungseinheit** (vgl. Abb. 6.14). In den gebührenrechtlichen Bestimmungen der Bundesländer finden sich hierzu (mit Ausnahme eines Hinweises auf die Verwendung dieses Kostenrechnungsmoduls in Niedersachsen) keine Spezifikationen.

Einstufige Divisionskalkulation

Bei Einprodukt-Betrieben bzw. -Betriebsbereichen und mithin homogener Kostenverursachung erweist sich die **einstufige Divisionskalkulation** als verursachungsgerechtes Ermittlungsverfahren. Hierbei werden die Gesamtkosten der Endkostenstelle durch die periodenbezogenen Leistungsmengen dividiert. Problematisch hingegen erscheint die Bestimmung von Selbstkostensätzen für Endkostenstellen, die aufgrund der Erfordernisse der Gebührensatzung mehrere Hauptkostenstellen bündeln. Für eine verursachungsgerechte Divisionskalkulation wären Bezugsgrößen zu definieren, welche die Interdependenzen der zusammengefaßten Leistungstatbestände exakt widerspiegeln. Dies ist im Regelfall jedoch nicht möglich, da das fraktionenspezifische Abfallverhalten der Leistungsnehmer höchst unterschiedlich ist. In praxi behilft man sich damit, daß ausschließlich die Leistungsmengen der Hauptleistung als Bezugsgröße dienen. Diese Vorgehensweise entspricht der am Durchschnittsprinzip orientierten Restwertmethode für die Kalkulation von Kuppelprodukten.

IV. Kalkulation der Gebührensätze

Gebührenkalkulation i.e.S.

Nachdem im Rahmen der betriebswirtschaftlichen Kostenrechnung die Plan-Selbstkosten und -kostensätze und somit der voraussichtliche Gebührenbedarf ermittelt worden ist, sind – unter Beachtung gebührenrechtlicher Bestimmungen zur Kostenumlage – die **satzungsmäßigen Gebührensätze** zu kalkulieren. Dieser abschließende Rechenschritt stellt die **Gebührenkalkulation im eigentlichen Sinne** (i.e.S.) dar. DAHMEN ([1996b], Tz. 62 f.) gibt zu bedenken, daß zwischen der betriebswirtschaftlichen Selbstkostenermittlung mit dem Zweck der Feststellung einer kostendeckenden Gebühr und der preispolitischen Entscheidung über die konkrete Höhe der Benutzungsgebühr zu unterscheiden sei. Beide Aspekte seien klar voneinander zu trennen, was in der Rechtsprechung und Rechtspraxis nicht immer klar zum Ausdruck komme.

Hinsichtlich Verfahren, Form und Inhalt der Gebührenkalkulation i.e.S. bestehen nur wenige gesetzliche Regelungen. Diese beschränken sich auf Aspekte des Gebührenmaßstabs, auf Lenkungsmöglichkeiten bei der Gebührenbemessung und auf spezielle Umlageverfahren in Form von Grund-, Leistungs- und Mindestgebühren.

1. Gebührenmaßstäbe

Gebührenmaßstäbe

In den kommunalrechtlichen Gebührenbestimmungen einiger Bundesländer wird gefordert, für die Ermittlung der Gebührensätze Wirklichkeitsmaßstäbe zugrundezulegen (vgl. die Übersicht in Abb. 6.18). Konkretere Vorgaben finden sich in den Landesabfallgesetzen. Hier wird in Baden-Württemberg, Bremen, Niedersachsen und Sachsen-Anhalt als Gebührenmaßstab die Menge (Volumen) oder das Gewicht der Abfälle festgelegt bzw. empfohlen (vgl. die Übersicht in Abb. 6.15).

Zu Recht stellt DAHMEN ([1996b], Tz. 308) fest, daß der gerechte Maßstab aufgrund meßtechnischer Probleme in der Abfallentsorgung eine Illusion sei. Des weiteren erfordern – wie bereits dargelegt wurde – die Belange der Objektivierbarkeit, der Daseinsvorsorge und der Wirtschaftlichkeit tendenziell eine pauschale Gebührenbemessung.

Wahrscheinlichkeitsmaßstab

Hinsichtlich des konkreten Inhalts von Wahrscheinlichkeitsmaßstäben haben sich, sofern nicht gesetzlich festgelegt, in der kommunalen Praxis unterschiedliche Maßstabsmodelle herausgebildet. Für Entsorgungsleistungen, die eine logistische Erfassung und Abfuhr der Abfallfraktionen beinhalten, lassen sich die folgenden Modellkomponenten benennen. Sie können in den Maßstabsmodellen grundsätzlich leistungsspezifisch oder pauschal, in Reinform oder in Kombination zur Anwendung kommen (vgl. Chantelau/Möker [1989], S. 59 ff.):

Haushaltsmaßstab

- Beim **Haushaltsmaßstab** wird die Abfallgebühr im Abrechnungszeitraum für jeden Haushalt im Entsorgungsgebiet in gleicher Höhe angesetzt. Die Gebührenhöhe entspricht den durchschnittlich pro Haushalt anfallenden Kosten der Entsorgungsleistung. Die Verwendung eines reinen Haushaltsmaßstabs erweist sich jedoch als problematisch, da in Haushalten verschiedener Größe in der Regel unterschiedliche Abfallmengen anfallen. Somit besteht oftmals die Gefahr, das Äquivalenzprinzip zu verletzen.

Personenmaßstab und Einwohnergleichwerte

- Anknüpfungspunkt des **Personenmaßstabs** ist die Anzahl der Grundstücks-, Haus- oder Wohnungsbewohner. Von der Personenanzahl wird auf die durchschnittlich anfallende Abfallmenge im Bemessungszeitraum geschlossen und in entsprechender Relation die Gebührenhöhe festgelegt. Bei nicht für Wohnzwecke dienenden, mithin gewerblichen Grundstücken werden anstelle von Personenzahlen sog. **Einwohnergleichwerte** zugrundegelegt. Der Einwohnergleichwert stellt einen Faktor dar, der aus den für die Abfallmenge relevanten betrieblichen Merkmalen (z.B. Beschäftigtenzahl) ermittelt wird.

Behältermaßstab

- Art, Größe und Anzahl der bereitgestellten Abfallbehälter bilden beim **Behältermaßstab** die Grundlage der Gebührenbemessung. Häufig wird auch die Abfuhrfrequenz der Behältnisse berücksichtigt. Der Gebührenmaßstab ist mithin das im Abrechnungszeitraum individuell zur Verfügung gestellte Behältervolumen.

Mengen- bzw. Gewichtsmaßstab

Erfolgt die Andienung der Abfälle zur Entsorgung per Selbstanlieferung, bilden im Regelfall – da leicht erfaßbar – die Mengen- oder Gewichtseinheiten der Fraktionen den Gebührenmaßstab (Mengen- bzw. Gewichtsmaßstab).

2. Pauschal- und Einzelgebühren

Einzel- und Pauschalgebühren

Ein spezieller Aspekt bei der Festlegung der Gebührenmaßstäbe ist die Frage, ob die unterschiedlichen Entsorgungsleistungen mittels Einzelgebühren oder über generelle bzw. partielle Pauschalgebühren abzugelten sind. Hierzu bestehen keine gesetzlichen Regelungen. In Zusammenhang mit den Gebührenprinzipien wurde darauf hingewiesen, daß die konsequente Umsetzung des Äquivalenzprinzips eine differenzierte Preissetzung erfordert. Die Offenlegung der Preisrelationen kann jedoch Zielkonflikte in Hinblick auf das abfallwirtschaftliche Leistungsprogramm induzieren, sofern die Benutzer aus Ersparnisgründen auf Leistungen verzichten (z.B. Abfallberatung, Öffentlichkeitsarbeit) oder sich illegal entsorgen (z.B. über die Entsorgungswege billigerer Fraktionen oder per illegaler Ablagerung). Mithin erweist sich die Situation als ein Dilemma. Es finden sich daher, wenn überhaupt, nur pragmatische Gestaltungsvorschläge (vgl. z.B. KGSt [1993], S. 40 ff.).

3. Lenkungsmotivierte Gebührenbemessung

Lenkung

In Hinblick auf allokations- und sozialpolitische Lenkungserfordernisse werden sowohl in den abfall- als auch den kommunalrechtlichen Gebührenvorschriften diverse Möglichkeiten zur Gestaltung des Gebührensatzes bzw. -betrags eingeräumt (vgl. Abb. 6.13 und Abb. 6.16). Beispiele sind lenkungsdienliche Tarifierungen, Gebührenzuschläge und -abschläge oder Gebührenbefreiungen. Hierauf wurde bereits bei den Ausführungen zum Lenkungsprinzip näher eingegangen.

4. Grund- und Leistungsgebühr

Grund- und Leistungsgebühren

Des weiteren besteht in nahezu allen Bundesländern die Option, die Kostenumlage in Form von Grundgebühren in Kombination mit Leistungsgebühren auszugestalten (vgl. die Übersichten in Abb. 6.15 und Abb. 6.18). Diese Aufspaltung beruht auf der Erwägung, daß Kostenanteile der Einrichtung nicht durch die tatsächliche Benutzung, sondern durch die Vorhaltung der Anlagenkapazitäten und die Unterhaltung der Anlagen verursacht werden. Dies rechtfertigt, die Vorhaltungskosten unabhängig vom Maß der individuellen Benutzung über eine Grundgebühr auf die Einrichtungsnutzer zu verteilen. Die Grundgebühr dient somit zur Abgeltung der verbrauchsunabhängigen Kosten, d.h. der Fixkosten. Über die Leistungsgebühr werden die verbleibenden variablen Kostenbestandteile umgelegt. Nach h.M. hat sich der Maßstab der Grundgebühr an der Vorhalteleistung und der abrufbaren Lieferbereitschaft zu orientieren. In Betracht kommt daher nur ein Wahrscheinlichkeitsmaßstab (vgl. z.B. Dahmen [1996b], Tz. 497).

5. Mindestgebühr

Mindestgebühr

Als weitere Umlagemöglichkeit wird in den gebührenrechtlichen Bestimmungen zahlreicher Bundesländer die sog. Mindestgebühr vorgesehen (vgl. die Übersichten in Abb. 6.15 und Abb. 6.18). Die Mindestgebühr dient der Vereinfachung des Abrechnungsverfahrens und orientiert sich an einer durchschnittlich angenommenen Mindestbenutzung der Entsorgungseinrichtung (vgl. Dahmen [1996b], Tz. 505). Mithin wird ein pauschalisierter Betrag erhoben. Erst wenn die Mindestbenutzung vom Einrichtungsnutzer überschritten wird, ist der kalkulierte Gebührensatz in Rechnung zu stellen.

V. Tabellarische Zusammenfassung der Rechtsvorschriften zur Kalkulation öffentlich-rechtlicher Leistungen

Preisvorschriften	Bundesland u. Landesabfallgesetz	Baden-Württem. LAbfG BW	Bayern BayAbfAlG	Berlin LAbfG Berlin	Bremen BremAGAbfG	Hamburg HmbAbfG	Hessen HAbfG	Niedersachsen NAbfG	Nordrhein-Westf. LAbfG NW	Rheinland-Pfalz LAbfWAG RP	Saarland SAbfG	Schleswig-Holstein LAbfG SH	Brandenburg BraLAbfVG	Mecklenburg-Vorp. AbfAlG M-V	Sachsen SächsEGAB	Sachsen-Anhalt AbfG LSA	Thüringen ThAbAG
Preis-instrumente	Gebühren (bzw. privatrechtliche Entgelte)	■ 8 (2)	■ 7 (2)	■ 24	▲ 2a (1)	■ 22 (1)	□ 2 (2)	▲ 12 (1)	■ 9 (2)	■ 5 (2)	■ 3 (3)	■ 5 (2)	■ 8 (1)	▲ 6 (2)	■ 3 (2)	▲ 6 (1)	■ 4 (2)
	Beiträge		□ 7 (3)											□ 6 (3)			
	Verweis auf KAG bzw. Entgeltordn.	■ 8 (2)	■ 7 (5)	◆ 24	◆ 2a (1)		■ 2 (2)	■ 12 (1)	■ 9 (2)	■ 5 (2)	■ 3 (3)	■ 5 (2)		■ 6 (4)		■ 6 (1)	■ 4 (2)
Kosten-ansatz neutraler Positionen	Nachsorge stillgelegter Anlagen	□ 8 (2)	□ 7 (5)		■ 2a (3)	■ 22 (1)	□ 2 (2)		□ 9 (2)	■ 5 (2)			□ 8 (2)			□ 6 (3)	■ 4 (2)
	wilde Ablagerungen u.a.								□ 9 (2)								
	Planung und Untersuchung für künftige Anlagen					■ 22 (1)						□ 5 (2)					
Kosten-ansatz	Kosten der Abfallberatung	□ 8 (2)	□ 7 (5)		■ 2a (3)	■ 22 (1)		■ 12 (3)	□ 9 (2)	□ 5 (2)		□ 5 (2)		□ 6 (4)		□ 6 (3)	
	Unterstützung privater Vermeid.- u. Vermind.maßn.		□ 7 (5)							□ 5 (2)							
	Kosten der Logistik				■ 2a (3)	■ 22 (1)		■ 12 (3)					□ 8 (2)			□ 6 (3)	
	Kosten der Wertstoffentsorgung				■ 2a (3)			■ 12 (3)					□ 8 (2)	□ 6 (4)		□ 6 (3)	
	Kosten d. Probl.-müllentsorgung							■ 12 (3)								□ 6 (3)	
	Kosten der Entsorgungsanlagen				■ 2a (3)			■ 12 (3)								□ 6 (3)	■ 4 (2)
	Rückstellungen für Nachsorge	□ 8 (2)	□ 7 (5)		■ 2a (3)	■ 22 (1)		■ 12 (3)	□ 9 (2)			□ 5 (2)	□ 8 (2)			□ 6 (3)	■ 4 (2)
	Ausgleichs- oder Ersatzmaßnahm. nach BNatSchG				■ 2a (3)			■ 12 (3)								□ 6 (3)	
	Abfallabgabe								□ 9 (2)								
Kosten-umlage	Mengen- oder Gewichtmaßstab	□ 8 (2)			■ 2a (2)			■ 12 (5)								■ 6 (2)	
	progressive Mengentarifierung		□ 7 (5)					□ 12 (5)		□ 5 (2)				□ 6 (4)			
	Anreize zur Abfallvermeidung u. -verminderung	□ 2 (1)	□ 7 (5) 24	● 24	■ 2a (2)	■ 22 (2)		■ 12 (2)	● 9 (2)		■ 3 (3)		● 8 (3)		■ 3 (2)		■ 4 (4)
	Grundgebühr							□ 12 (5)									
	Mindestgebühr							□ 12 (5)									

Legende:

■ : Gebot
● : Gebot mit Ausnahmemöglichkeit
□ : Kann-Vorschrift
▲ : auch privatrechtliche Entgelte
◆ : sonst. Entgeltordnung
Zahl (Zahl) : § bzw. Art. (Abs.) im Gesetz

Abb. 6.15: Preisrechtliche Bestimmungen für die öffentliche Abfallentsorgung nach Maßgabe der Landesabfallgesetze

Preisvorschriften \ Bundesland u. Landeskomm.-abgabengesetz bzw. Gebührengesetz *)		Baden-Württem. KAG BW	Bayern BayKAG	Berlin GebG Berlin	Bremen BremGebBeitrG	Hamburg HmGebG	Hessen HKAG	Niedersachsen NKAG	Nordrhein-Westf. KAG NW	Rheinland-Pfalz KAG RP	Saarland SKAG	Schleswig-Holstein KAG SH	Brandenburg BraKAG	Mecklenburg-Vorp. KAG M-V	Sachsen SächsKAG	Sachsen-Anhalt KAG-LSA	Thüringen TKAG
Preisrechtl. Grundlagen	Gebührensatzung bzw. -ordnung	■ 2	■ 2 (1)	■ 8 (1)	■ 3 (1)	■ 2	■ 2	■ 2 (1)	■ 2 (1)	■ 2 (1)	■ 2 (1)	■ 2 (1)	■ 2 (1)	■ 2 (1)	■ 2 (1)	■ 2 (1)	■ 2 (1)
	Satzungs- bzw. Ordnungsgenehmigung							◆ AB							◆ AH		◆ 2 (5)
Kalkulationsgrundsätze u. -rahmenvorgaben	Kostendeckungsprinzip als Untergrenze				▲ 12 (2)	▲ 6 (1)											
	Kostendeckungsprinzip als Obergrenze	■ 9 (2)		▲ 8 (3) 8 (4)						■ 8 (1)		▲ 6 (2) 6 (3)			■ 10 (1)		
	Kostendeckungsprinzip als Ober- und Untergrenze		▲ 8 (2)				▲ 10 (2) AB	▲ 5 (1)	▲ 6 (1) *)		▲ 6 (1)		▲ 6 (1) *)	▲ 6 (1)		▲ 5 (1)	▲ 12 (2)
	Vorkalkulation	■ 9 (2)	■ 8 (6)					■ 5 (2)	■ 6 (1)	■ 8 (1)	■ 6 (1)		■ 6 (1)	■ 6 (1)	■ 10 (2)	■ 5 (2)	■ 12 (6)
	mehrjähr. Kalkulationszeitraum	□ 9 (2)	□ 8 (6)					□ 5 (2)		□ 8 (1)	□ 6 (2)				□ 10 (2)	□ 5 (2)	□ 12 (6)
	Ausgleich von Kostenüberdeckungen	■ 9 (2)	■ 8 (6)					■ 5 (2)		■ 8 (1)	■ 6 (2)			□ 6 (2)	■ 10 (2)	■ 5 (2)	■ 12 (6)
	Ausgleich von Kostenunterdeckungen	□ 9 (2)	▲ 8 (6)					▲ 5 (2)		■ 8 (1)	▲ 6 (2)			□ 6 (2)	□ 10 (2)	□ 5 (2)	▲ 12 (6)
	nach betriebsw. Grundsätzen ansatzfähige Kosten	■ 9 (2)	■ 8 (2)		■ 12 (2)	■ 6 (1)			■ 6 (2)				■ 6 (2)	■ 6 (2)			■ 12 (2)
	Kostenermittlung nach betriebsw. Grunds. / Method.						■ AB	■ 5 (2)		■ 8 (1)	■ 6 (2)	■ AA			■ 11 (1)	■ 5 (2)	
Methodik der Kostenrechnung	Kostenarten/stellen/-trägerrechnung							■ AB	■ VVO			■ AA	■ VVO				
Kostenansatz neutraler Positionen	neutrale Positionen im allg.							● AB		● 8 (4)		● AA					
	Nachsorgeaufwand für stillgelegte Anlagen														■ 9 (2) 11 (2)		
Kostenansatz	lfd. Verwaltung u. Unterhaltung		□ 8 (2)				■ 10 (2)					■ 6 (2)			■ 11 (2)		
	Fremdleistungen				□ 12 (3)	□ 6 (2)	■ 10 (2)	■ 6 (2)	□ 6 (2)		■ 6 (2)		□ 6 (2)	□ 6 (2)	■ 11 (2)	■ 5 (2)	
	Abwasserabgabe	□ 9 (4)								■ 8 (1)					■ 11 (2)		
	(kalkulatorische) Rückstellungen							□ AB							■ 11 (2)		
	kalkulatorische Wagnisse							□ AB							□ AH		
	kalkulatorische Miete							□ AB									

Legende:
■ : Gebot
▲ : Gebot mit Ausnahmemögl.
□ : Kann-Vorschrift
◆ : lediglich Anzeigepflicht
● : Verbot
Zahl (Zahl) : § bzw. Art. (Abs.) im Gesetz
AA : Ausführungsanweisung
AB : Ausführungsbestimmung
AH: : Anwendungshinweise
RdE : Runderlaß
VA : Vollzugsanordnung
VVO : Verwaltungsverordnung
*) Gem. Auffassung von DAHMEN ([1996b], Rdnr. 7 ff.)

Abb. 6.16: Preisrechtliche Bestimmungen für die öffentliche Abfallentsorgung nach Maßgabe der Landeskommunalabgabengesetze bzw. entsprechender Entgeltordnungen – Rahmenbedingungen und Kostenartenrechnung Teil 1

Preisvorschriften	Bundesland u. Landeskomm.-abgabengesetz bzw. Gebührengesetz	Baden-Württem. KAG BW	Bayern BayKAG	Berlin GebG Berlin	Bremen BremGebBeitrG	Hamburg HmGebG	Hessen HKAG	Niedersachsen NKAG	Nordrhein-Westf. KAG NW	Rheinland-Pfalz KAG RP	Saarland SKAG	Schleswig-Holstein KAG SH	Brandenburg BraKAG	Mecklenburg-Vorp. KAG M-V	Sachsen SächsKAG	Sachsen-Anhalt KAG-LSA	Thüringen TKAG
kalkulator. Abschreibungen	Kostenansatz	□ 9 (3)	□ 8 (3)	□ 8 (3)	□ 12 (3)	□ 6 (2)	■ 10 (2)	■ 5 (2)	□ 6 (2)	■ 8 (2)	■ 6 (2)	■ 6 (2)	□ 6 (2)	□ 6 (2)	■ 11 (2)	■ 5 (2)	□ 12 (3)
	leistungsabh. Abschreibung					■ 6 (2)		■ 5 (2)	■ 6 (2)		■ 6 (2)	■ 6 (2)	■ 6 (1)	■ 6 (2)		■ 5 (2)	
	lineare Abschreibung	◆ RdE	□ VA		■ 12 (3)	■ 6 (2)	□ AB	■ 5 (2)	■ 6 (2)		■ 6 (2)	■ 6 (2)	■ 6 (1)	■ 6 (2)	◆ AH	■ 5 (2)	
	progressive Abschreibung							● AB	● VVO			● AA			□ AH		
	degressive Abschreibung		□ VA					● AB	● VVO			● AA			□ AH		
	kredittilgungs-bezogene Abschr.		□ VA					● AB				● AA					
	Abzug von Finanzhilfen	◆ 9 (3)	◆ 8 (3)							◆ 8 (4)					◆ 13 (1)		
	Anschaffungs-/Herstellungswerte	■ 9 (3)	■ 8 (3)	■ 8 (3)	■ 12 (3)		■ AB	■ 5 (2)	■ 1)	■ 8 (2)		■ 6 (2)	■ 6 (2)		■ 13 (1)	■ 5 (2)	■ 12 (3)
	Wiederbeschaffungszeitwerte			□ 8 (3)	■ 12 (3)	■ 6 (2)		■ 5 (2)	■ 1)	⊗ 8 (2)		■ 6 (2)			■ 13 (1)	■ 5 (2)	□ 12 (3)
	Wiederbeschaffungswerte		● VA				■ AB			⊗ 8 (2)							
	Abschreibungen unter Null	■ RdE						□ AB	● 1)			◆ AA			● AH		
	Sonderabschreibungen											◆ AA			□ AH		
kalkulator. Zinsen	Kostenansatz	□ 9 (3)	□ 8 (3)	□ 8 (3)	□ 12 (3)	□ 6 (2)	■ 10 (2)	■ 5 (2)	□ 6 (2)	■ 8 (3)	■ 6 (2)	■ 6 (2)	□ 6 (2)	□ 6 (2)	■ 11 (2)	■ 5 (2)	□ 12 (3)
	Gesamtkapital				■ 12 (3)	■ 6 (2)		■ 5 (2)	■ 6 (2)			■ 6 (2)	■ 6 (2)	■ 6 (2)		■ 5 (2)	
	Anlagekapital	■ 9 (3)	■ 8 (3)				■ 10 (2)			■ 8 (3)	■ 6 (2)				■ 11 (2)		■ 12 (3)
	Eigenkapitalverzinsung	■ RdE	■ 8 (3)	● 8 (3)	■ 12 (3)	■ 6 (2)	□ AB	■ AB	■ VVO	■ 8 (3)	■ 6 (2)	■ AA	■ VVO	■ 6 (2)	■ 11 (2)	■ 5 (2)	■ 12 (3)
	Abzugskapital (Finanzhilfen)	◆ 9 (3)	■ 8 (3)		■ 12 (3)	■ 6 (2)	■ 10 (2)	■ 5 (2)	■ 6 (2)	■ 8 (3)	■ 6 (2)	■ 6 (2)	■ VVO	■ 6 (2)	■ 12 (1)	■ 5 (2)	■ 12 (3)
	Durchschnittswertmethode	■ RdE	□ VA					∅ AB						■ 6 (2)	□ 12 (2)		
	Restwertmethode	■ RdE	□ VA					■ AB		□ 8 (3)		■ AA			◆ 12 (2)		
	Anschaffungs-/Herstellungswerte	■ 9 (3)	■ VA	□ 8 (3)	■ 12 (3)	■ 6 (2)		■ 5 (2) AB	■ 1)	■ 8 (3)		■ 6 (2) AA	■ 6 (2)	■ 6 (2)	■ 12 (2)	■ 5 (2)	■ 12 (3)
	Wiederbeschaffungszeitwerte			□ 8 (3)					● 1)					□ 6 (2)			□ 12 (3)
	kalkulatorischer Mischzinssatz	◆ RdE						◆ AB	■ VVO			■ AA	□ VVO				
	Sonderregelung für kalk. Zinssatz														■ AH		

Legende:
- ■ : Gebot
- ◆ : Gebot mit Ausnahmemögl.
- □ : Kann-Vorschrift
- Zahl (Zahl) : § bzw. Art. (Abs.) im Gesetz
- ● : Verbot
- ⊗ : Verbot bei Pflichtaufgaben u. bei Anschl.- u. Benutz.zwang
- ∅ : "rechtlich bedenklich"
- 1) Urteil des OVG NW vom 5.8.1994 (9 A 1248/92)
- AA : Ausführungsanweisung
- AB : Ausführungsbestimmung
- AH: : Anwendungshinweise
- RdE : Runderlaß
- VA : Vollzugsanordnung
- VVO : Verwaltungsverordnung

Abb. 6.17: Preisrechtliche Bestimmungen für die öffentliche Abfallentsorgung nach Maßgabe der Landeskommunalabgabengesetze bzw. entsprechender Entgeltordnungen – Kostenartenrechnung Teil 2

Preisvorschriften \ Bundesland u. Landeskomm.-abgabengesetz bzw. Gebührengesetz		Baden-Württem. KAG BW	Bayern BayKAG	Berlin GebG Berlin	Bremen BremGebBeitrG	Hamburg HmGebG	Hessen HKAG	Niedersachsen NKAG	Nordrhein-Westf. KAG NW	Rheinland-Pfalz KAG RP	Saarland SKAG	Schleswig-Holstein KAG SH	Brandenburg BraKAG	Mecklenburg-Vorp. KAG M-V	Sachsen SächsKAG	Sachsen-Anhalt KAG-LSA	Thüringen TKAG
Kosten-umlage	Wirklichkeits-maßstab						◆ AB	◆ 5 (3)	◆ 6 (3)	◆ 7 (1)	◆ 6 (3)		■ 6 (3)		□ 14 (1)		
	allg. Lenkungs-möglichkeiten		□ 8 (4)	□ 8 (4)			□ 10 (2)					□ 6 (3)				□ 5 (1)	□ 12 (4)
	soziale Lenkungs-möglichkeiten			□ 8 (4)		□ 6 (3)		∅ 5 (3)			□ 4 (3)	□ 4 (2)		□ 6 (1)	□ 14 (2)	∅ 5 (3)	
	umweltpolitische Lenkungsmögl.									□ 7 (1)					□ 14 (2)		
	Grundgebühr		□ 8 (2)		□ 12 (4)		□ 10 (3)	□ 5 (4)	□ 6 (3)		□ 6 (3)	□ 6 (4)	□ 6 (3)	□ 6 (3)	□ 14 (1)	□ 5 (3)	□ 12 (2)
	Mindestgebühr		□ 8 (2)		□ 12 (4)		□ 10 (3)	□ 5 (4)	□ 6 (3)		□ 6 (3)			□ 6 (3)		□ 5 (3)	□ 12 (2)

Legende:

■ : Gebot
◆ : Gebot mit Ausnahmemögl.
□ : Kann-Vorschrift
∅ : Verbot bei Anschl.- u. Benutz.zwang

AA : Ausführungsanweisung
AB : Ausführungsbestimmung
AH: : Anwendungshinweise
RdE : Runderlaß
VA : Vollzugsanordnung
VVO : Verwaltungsverordnung

Zahl (Zahl) : § bzw. Art. (Abs.) im Gesetz

Abb. 6.18: Preisrechtliche Bestimmungen für die öffentliche Abfallentsorgung nach Maßgabe der Landeskommunalabgabengesetze bzw. entsprechender Entgeltordnungen – Kostenumlage

Abkürzungsverzeichnis

AB NKAG	Ausführungsbestimmungen zum Niedersächsischen Kommunalabgabengesetz
AbfAlG M-V	Abfallwirtschafts- und Altlastengesetz für Mecklenburg-Vorpommern
AbfG LSA	Abfallgesetz des Landes Sachsen-Anhalt
AbwAG	Gesetz über Abgaben für das Einleiten von Abwasser in Gewässer (Abwasserabgabengesetz)
AK	Anschaffungskosten
AnwHiSächsKAG	Hinweise des Sächsischen Staatsministeriums des Inneren zur Anwendung des Sächsischen Kommunalabgabengesetzes
BAB	Betriebsabrechnungsbogen
BayAbfAlG	Gesetz zur Vermeidung, Verwertung und sonstigen Entsorgung von Abfällen und zur Erfassung und Überwachung von Altlasten in Bayern (Bayerisches Abfallwirtschafts- und Altlastengesetz)
BayKAG	Bayerisches Kommunalabgabengesetz
BayKPV	Bayerischer Kommunaler Prüfungsverband
BHO	Bundeshaushaltsordnung
BMVg	Bundesministerium der Verteidigung
BMWF	Bundesministerium für Wirtschaft und Finanzen
BNatSchG	Gesetz über Naturschutz und Landschaftspflege (Bundesnaturschutzgesetz)
BNAV	betriebsnotwendiges Anlagevermögen
BNV	betriebsnotwendiges Vermögen
BRH	Bundesrechnungshof
BraKAG	Gesetz über Kommunalabgaben, Vergnügungssteuer und zur Übertragung der Gewerbesteuer auf die Gemeinden für das Land Brandenburg
BraLAbfVG	Vorschaltgesetz zum Abfallgesetz für das Land Brandenburg (Landesabfallvorschaltgesetz)
BremAGAbfG	Bremisches Ausführungsgesetz zum Gesetz über die Vermeidung und Entsorgung von Abfällen
BremGebBeitrG	Bremisches Gebühren- und Beitragsgesetz
BVerfGE	Entscheidungssammlung des Bundesverfassungsgerichts
DSD	Duales System Deutschland
E	Eigenleistung = Nettoselbstkosten – (Fertigungsmaterial + Fremdleistungen)
EK	Einzelkosten
ESt	Einkommensteuer
F	Fertigungsmaterial + Fremdleistungen
G	kalkulatorischer Gewinn
GebG Berlin	Gesetz über Gebühren und Beiträge (Berlin)
GK	Gemeinkosten
GoB	Grundsätze ordnungsmäßiger Buchführung

HAbfG	Gesetz über die Vermeidung, Verminderung, Verwertung und Beseitigung von Abfällen (Hessisches Abfallwirtschaftsgesetz)
HGB	Handelsgesetzbuch
HKAG	Hessisches Gesetz über kommunale Abgaben
HmbAbfG	Hamburgisches Abfallgesetz
HmGebG	Gebührengesetz Hamburg
ibL	innerbetriebliche Leistungsverrechnung
KA	Kostenart
KAG BW	Kommunalabgabengesetz für Baden-Württemberg
KAG M-V	Kommunalabgabengesetz für das Land Mecklenburg-Vorpommern
KAG NW	Kommunalabgabengesetz für das Land Nordrhein-Westfalen
KAG RP	Kommunalabgabengesetz für das Land Rheinland-Pfalz
KAG SH	Kommunalabgabengesetz des Landes Schleswig-Holstein
KAG-LSA	Kommunalabgabengesetz für das Land Sachsen-Anhalt
KGSt	Kommunale Gemeinschaftsstelle für Verwaltungsvereinfachung
KirchSt	Kirchensteuer
KSt	Körperschaftsteuer
LAbfG Berlin	Gesetz über die Vermeidung von Abfällen in Berlin (Landesabfallgesetz)
LAbfG BW	Gesetz über die Vermeidung und Entsorgung von Abfällen und die Behandlung von Altlasten in Baden-Württemberg (Landesabfallgesetz)
LAbfG NW	Abfallgesetz für das Land Nordrhein-Westfalen (Landesabfallgesetz)
LAbfG SH	Abfallwirtschaftsgesetz für das Land Schleswig-Holstein (Landesabfallwirtschaftsgesetz)
LAbfWAG RPf	Landesabfallwirtschafts- und Altlastengesetz (für das Land Rheinland-Pfalz)
LSÖ	Leitsätze für die Preisermittlung auf Grund der Selbstkosten für öffentliche Auftraggeber
LSP	Leitsätze über die Preisermittlung auf Grund von Selbstkosten 1953
LSP-Bau	Leitsätze für die Ermittlung von Preisen für Bauleistungen aufgrund von Selbstkosten
NAbfG	Niedersächsisches Abfallgesetz
ND	Nutzungsdauer
NKAG	Niedersächsisches Kommunalabgabengesetz
OVG	Oberverwaltungsgericht
Q	Qualifikationsfaktor
SAbfG	Gesetz Nr. 1217 Saarländisches Abfallgesetz
SächsEGAB	Erstes Gesetz zur Abfallwirtschaft und zum Bodenschutz im Freistaat Sachsen
SächsKAG	Sächsisches Kommunalabgabengesetz
SK	Selbstkosten
SKAG	Kommunalabgabengesetz für das Saarland
Soko	Sonderkosten
ThAbfAG	Gesetz über die Vermeidung, Verminderung und Beseitigung von

	Abfällen und die Sanierung von Altlasten (Thüringer Abfallwirtschafts- und Altlastengesetz)
TKAG	Thüringer Kommunalabgabengesetz
UmweltHG	Umwelthaftungsgesetz
USt	Umsatzsteuer
VO PR	Verordnung PR 30/53 des Bundesministers für Wirtschaft über die Preise bei öffentlichen Aufträgen
VO PR-Bau	Verordnung über die Preise von Bauleistungen bei öffentlichen oder mit öffentlichen Mitteln finanzierten Aufträgen
VOL	Verdingungsordnung für Leistungen (ausgenommen Bauleistungen)
Vst	Vorsteuer
WHG	Gesetz zur Ordnung des Wasserhaushaltes (Wasserhaushaltsgesetz
ZDF	Zweites Deutsches Fernsehen

Kontrollfragen

1) Nennen Sie einige der wesentlichsten Regelungen, die für die Vergabe öffentlicher Aufträge einschlägig sind!
2) Welche sind die wichtigsten Grundsätze für ein geordnetes betriebliches Rechnungswesen, das in Nr. 2 LSP als Voraussetzung für die Vergabe eines Auftrags durch einen öffentlichen Auftraggeber genannt wird?
3) Welche Bedeutung kommt dem Prinzip der Subsidiarität von Selbstkostenpreisen im Rahmen der öffentlichen Auftragsvergabe zu?
4) Was versteht man unter den Begriffen »abgeleiteter« und »modifizierter« Marktpreis?
5) Nennen Sie die drei Selbstkostenpreisarten und deren typischen Anwendungsbereiche!
6) Welche spezifische Bedeutung kommt dem Verbot der Doppelverrechnung von Kosten im Rahmen der öffentlichen Auftragsvergabe zu?
7) Anhand welcher Kriterien erfolgt die Überprüfung der wirtschaftlichen Betriebsführung des Auftragnehmers i.S.d. Nr. 4 Abs. 2 LSP? Wie wird in diesem Zusammenhang ein »guter Betrieb« definiert?
8) Läßt die Erfüllung des Kriteriums der wirtschaftlichen Betriebsführung auch in jedem Falle den Schluß zu, daß die auf den öffentlichen Auftrag verrechneten Kosten auch angemessen sind?
9) Grenzen Sie das Begriffspaar freie vs. auftragsgebundene Entwicklung von dem der allgemeinen vs. objektgebundenen Entwicklung im Hinblick auf die Behandlung im Rahmen der Selbstkostenpreisermittlung voneinander ab!
10) Wie sind Mehr- bzw. Minderabschreibungen aufgrund von Fehlschätzungen der Nutzungsdauer für Zwecke der Kalkulation öffentlicher Aufträge zu erfassen?
11) Wie wird das allgemeine Unternehmerwagnis in den Selbstkostenpreis einbezogen? Welche Ermittlungsalternativen werden allgemein als zulässig erachtet?
12) Vergleichen Sie kritisch die beiden Ermittlungsalternativen »BRH-Klausel« und »Bonner Formel« des BMVg im Hinblick auf die tatsächliche Abbildung des unternehmerischen Risikos einerseits und die implizite Behandlung der Substanzerhaltungsproblematik andererseits!
13) Welches sind die von den LSP für zulässig erachteten Kalkulationsverfahren?
14) Welches sind die Preisprüfungsrechte bei öffentlichen Aufträgen und für welche Selbstkostenpreise sind diese Prüfungsrechte relevant?
15) Welchen Mindestinhalt haben Gebührensatzungen aufzuweisen?
16) Beschreiben Sie die gebührenrechtlichen Prinzipien und deren Verhältnis zueinander.
17) Welche Spezifika ergeben sich in der Abgrenzungsrechnung bei kameralem Rechnungswesen im Vergleich zum kaufmännischen Rechnungswesen?
18) Warum verfügen öffentlich-rechtliche Gebührenhaushalte über eine Substanzerhaltungsgarantie?
19) Erklären Sie die Methoden zur Berechnung kalkulatorischer Rückstellungen.
20) Welche Strukturparameter können im Rahmen der Gebührenkalkulation i.e.S. zur Anwendung kommen?

Literaturhinweise

Adam, D. (1976): Produktionspolitik, Wiesbaden 1976.

Ahlert, D./Franz, K.-P. (1992): Industrielle Kostenrechnung, 5. Aufl., Düsseldorf 1992.

Bals, H. (1973): Benutzungsgebühren und Beiträge – eine Erwiderung, in: Kommunale Steuer-Zeitschrift 1973, S. 211–213.

Bals, H./Nölke, A. (1990): Volkswirtschaftliche Kosten und kommunale Gebühren – Ansätze für eine ökologische Neuorientierung des Kommunalabgabenrechts, in: Kommunale Steuer-Zeitschrift 1990, S. 201–225.

Baudisch, K. (1987): Vorauszahlungen im Rahmen der Vergabe öffentlicher Aufträge, in: Der Betrieb 1987, S. 2238–2242.

Baudisch, K. (1988): Die Wahl des »richtigen« Preistyps bei öffentlichen Aufträgen zu Selbstkostenpreisen, in: Der Betrieb 1988, S. 1583–1586.

Baudisch, K. (1989): Auswirkungen des öffentlichen Auftragswesens auf das Rechnungswesen privater Unternehmen, in: Kostenrechnungspraxis 1989, S. 271–276.

Baudisch, K./Birgel, K. J. (1990): Substanzerhaltung und Abgeltung des kalkulatorischen Gewinns bei öffentlichen Aufträgen zu Selbstkosten-Preisen, in: Betriebs-Berater 1990, S. 594–597.

Bauernfeind, E. (1996): Rechtsgrundlagen, in: Driehaus, H.-J. (Hrsg.) (1996): Kommunalabgabenrecht – Kommentar, Berlin 1989, Loseblattsammlung, Stand März 1996, Erl. zu § 2 KAG NW.

Bayerischer Kommunaler Prüfungsverband (1994): Geschäftsbericht 1993, München 1994.

Beissel, H. (1983): Preisbehörden, Prüfungsrechte der, in: Coenenberg, A. G./Wysocki, K. v. (Hrsg.) (1983): Handwörterbuch der Revision, Stuttgart 1983, Sp. 1089–1092.

Birgel, K. J./Baudisch, K. (1990): Ermittlung kalkulatorischer Abschreibungen und Zinsen, in: Kostenrechnungspraxis 1990, S. 179–183.

Broschwitz, J. (1970): Bemessungsgrundlagen für den kalkulatorischen Gewinn bei öffentlichen Aufträgen, in: Der Betrieb 1970, S. 261–267.

Brüning, G. (1990): Elementare Mängel der Gebührenkalkulation kommunaler Einrichtungen – Der zulässige Rahmen für den Ansatz kalkulatorischer Kosten, in: Kommunale Steuer-Zeitschrift 1990, S. 21–25 und S. 41–45.

Budäus, D. (1978): Finanzierungspotential einer kostendeckenden Gebührenpolitik öffentlicher Einrichtungen aufgrund von Spielräumen bei der Kostenerfassung und -bewertung, in: Verwaltungsarchiv 1978, S. 361–376.

Bundesverband der Deutschen Industrie (BDI) e.V. (Hrsg.) (1991): Empfehlungen zur Kosten- und Leistungsrechnung, Bd. 1, 3. Aufl., Bergisch-Gladbach 1991.

Cantner, J. (1997): Die Kostenrechnung als Instrument der Preisregulierung, Diss., Augsburg 1997.

Chantelau, F./Möker, U.-H. (1989): Ökologisierung kommunaler Abgaben, Taunusstein 1989.

Däumler, K. D./Grabe, J. (1984): Kalkulationsvorschriften bei öffentlichen Aufträgen, Herne 1984.

Dahmen, A. (1992): Abfallwirtschaftliche Ziele im Rahmen des Gebührenrechts, in: Der Städtetag 1992, S. 412–418.

Dahmen, A. (1996a): Gebühren, in: Driehaus, H.-J. (Hrsg.) (1996): Kommunalabgabenrecht – Kommentar, Berlin 1989, Loseblattsammlung, Stand März 1996, Erl. zu § 4 KAG NW.

Dahmen, A. (1996b): Benutzungsgebühren, in: Driehaus, H.-J. (Hrsg.) (1996): Kommunalabgabenrecht – Kommentar, Berlin 1989, Loseblattsammlung, Stand März 1996, Erl. zu § 6 KAG NW.

Diederich, H. (1970): Leitsätze für die Preisermittlung aufgrund von Selbstkosten (LSP), in: Kosiol, E. (Hrsg.) (1970): Handwörterbuch des Rechnungswesens, Stuttgart 1970, Sp. 1023–1031.

Diederich, H. (1981): Kalkulation öffentlicher Aufträge, in: Kosiol, E./Chmielewicz, K./Schweitzer, M. (Hrsg.) (1981): Handwörterbuch des Rechnungswesens, 2. Aufl., Stuttgart 1981, S. 856–865.

Ebisch, H./Gottschalk, J. (1994): Preise und Preisprüfungen bei öffentlichen Aufträgen einschließlich Bauaufträge, 6. Aufl., München 1994.

Gawel, E. (1994a): Das Wagnis verschärfter Anforderungen – Ökonomische Anmerkungen zur Gebührenfähigkeit rechtsinduzierter Sanierungsaufwendungen am Beispiel der Abfalldeponierung, in: Kommunale Steuer-Zeitschrift 1994, S. 1–5.

Gawel, E. (1994b): Zur kalkulatorischen Verzinsung des Kapitals kommunaler Gebührenhaushalte, in: Der Gemeindehaushalt 1994, S. 222–232.

Gawel, E. (1995): Ökologisch orientierte Entsorgungsgebühren, Berlin 1995.

Gerst, L. (1981): Probleme der Überprüfung von Gemeinkosten bei Preisprüfungen öffentlicher Aufträge, in: Betriebswirtschaftliche Forschung und Praxis 1981, S. 12–26.

KGSt (1993): Kostenrechnung in der Kommunalverwaltung, Teil II.8: Kommunale Abfallwirtschaft: Wirtschaftlichkeitssteuerung und Entgeltgestaltung, Bericht Nr. 8/1993, Köln 1993.

KGSt (1995): Kostenrechnung in der Kommunalverwaltung, Teil II.4: Ausgaben für die Rekultivierung und Nachsorge kommunaler Deponien, Bericht Nr. 2/1995, Köln 1995.

Langenbrinck, B. (1993): Gestaltungsspielräume der Kommunen in der Gebührenpolitik, Diss., Bayreuth 1993.

Löffelholz, J. (1980): Repetitorium der Betriebswirtschaftslehre, 6. Aufl., Wiesbaden 1980.

Lücke, W. (1965): Die kalkulatorischen Zinsen im betrieblichen Rechnungswesen, in: Zeitschrift für Betriebswirtschaft 1965, Ergänzungsheft, S. 3–28.

Männel, W. (1986): LSP, in: Kostenrechnungspraxis 1986, S. 119.

Mayer, E./Liessmann, K./Mertens, H. W. (1997): Kostenrechnung – Grundwissen für den Controllerdienst, 7. Aufl., Stuttgart 1997.

Meßerschmidt, K. (1986): Umweltabgaben als Rechtsproblem, Berlin 1986.

Michaelis, H./Rhösa, C.-A. (1994): Preisbildung bei öffentlichen Aufträgen, 2. Aufl., Stand April 1994, Wiesbaden 1994.

Möllhoff, U. (1986): Gewinnbemessung in öffentlichen Aufträgen zu Selbstkostenpreisen, in: Der Betrieb 1986, S. 259–261.

Müller, H. (1988): Plankostenrechnung und öffentliches Preisrecht, in: Scheer, A.-W. (Hrsg.) (1988): Rechnungswesen und EDV, 9. Saarbrücker Arbeitstagung, Heidelberg 1988, S. 463–494.

Müller, R. (1987): Preisgestaltung bei Bundeswehraufträgen, Rheinbreitbach 1987.

Rilke, H.-D. (1979): Die kalkulatorische Abschreibung von Grundstücken kostenrechnender Einrichtungen, in: Kommunale Steuer-Zeitschrift 1979, S. 21–23.

Robl, K. (1989): Öffentliche Aufträge, in: Chmielewicz, K. (Hrsg.) (1989): Handwörterbuch der öffentlichen Betriebswirtschaft, Stuttgart 1989, Sp. 1012–1019.

Rose, J. (1996): Zur Berechnung von Abschreibung und Verzinsung in kommunalen Regiebetrieben, in: Der Gemeindehaushalt 1996, S. 25–32.

Salje, P. (1993): Umwelthaftung kommunaler Betriebe und Einrichtungen, München 1993.

Schneider, D. (1985): Vollkostenrechnung oder Teilkostenrechnung? In: Der Betrieb 1985, S. 2159–2162.

Schweitzer, M./Küpper, H.-U. (1998): Systeme der Kosten- und Erlösrechnung, 7. Aufl., München 1998.

Traumann-Reinheimer, A. (1977): Umfang und Bewertung der Kosten lt. § 6 KAG NW, Frankfurt am Main/Zürich 1977.

Wöbbeking, K. H./Fischer, T./Schmitt, C. (1995): Controlling in der kommunalen Abfallwirtschaft, Berlin 1995.

Zwehl, W. v./Kaufmann, M. (1991): Kommunale Benutzungsgebühren aus betriebswirtschaftlicher Sicht, in: Zeitschrift des gesamten öffentlichen Wirtschaftsrechts einschließlich der Umweltbezüge 1991, S. 7–17.

7. Kapitel: Erfahrungskurve als Instrument der Kostenkalkulation

Überblick

Bei der Erfahrungskurve handelt es sich um ein Konzept, das die Entwicklung der Kosten in Abhängigkeit von der produzierten Menge beschreibt. Es ist zu erwarten, daß Stückkosten im Zeitablauf nicht konstant bleiben. Die Erfahrungskurve beschreibt den Zusammenhang zwischen der insgesamt produzierten Menge eines Produkts (kumulierte Produktionsmenge) und den realen Stückkosten. Durch die fortlaufende Produktion bestimmter Erzeugnisse erwerben Unternehmen zunehmend »Erfahrung«, die ihnen umfangreiche Möglichkeiten zur Kostensenkung eröffnet.

Im folgenden soll das Konzept der Erfahrungskurve dargestellt und seine Anwendungsmöglichkeiten in der Kostenkalkulation aufgezeigt werden. Daneben wird das Konzept auch einer kritischen Analyse unterzogen.

A. Darstellung und Ursachen von Erfahrungskurveneffekten

Grundlegende Aussage

Die grundlegende Aussage der Erfahrungskurve lautet: »Mit jeder Verdoppelung der kumulierten Produktionsmenge sinken die auf die Wertschöpfung bezogenen, inflationsbereinigten (realen) Stückkosten potentiell um einen konstanten Prozentsatz, z.B. 20 % bis 30 %« (vgl. Henderson [1984], S. 19).

Auf welchen Ursachen beruht diese empirisch feststellbare Regelmäßigkeit einer kontinuierlichen Kostenabnahme mit steigendem Produktionsvolumen?

Die zahlreich dokumentierten Einzelursachen der Kostenreduktion können in zwei Hauptkategorien zusammengefaßt werden:

I. Dynamische Skaleneffekte

(1) Übungsgewinn durch wiederholte Arbeitsverrichtung (Lernkurve)

– Lernkurveneffekte

Im Jahr 1925 wurde in den Montagehallen der Wright-Patterson Airforce Base zum ersten Mal ein sinkender Montageaufwand pro Flugzeug bei steigendem Fertigungsvolumen beobachtet. Dieses Phänomen beruht auf der Hypothese, daß mit jedem Stück, das in einem Betrieb über die Zeit gesehen zusätzlich produziert wird, die Arbeiter, Angestellten und Manager lernen, ihre jeweilige Tätigkeit effizienter auszuführen. Durch die gesunkenen Fertigungsstunden bzw. Lohnstückkosten werden von den Unternehmen sog. Übungsgewinne realisiert, deren Verlauf als »Lernkurve« in Abbildung 7.1 dargestellt ist. In Abhängigkeit von den jeweils gegebenen Arbeitsbedingungen muß allerdings situationsspezifisch festgelegt werden, ob überhaupt derartige »Übungsgewinne« auftreten und welcher Kurvenverlauf im Einzelfall vorliegt.

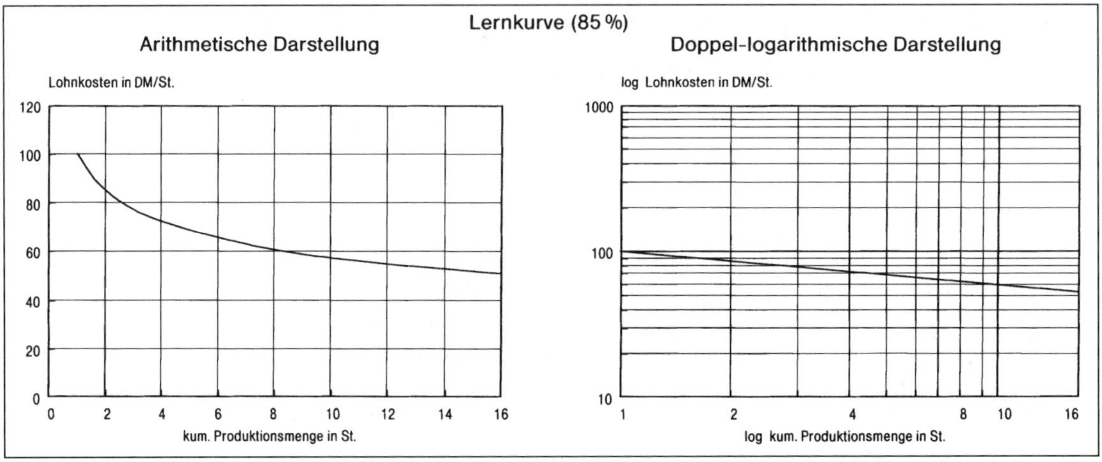

Abb. 7.1: Verlauf einer 85 %-Lernkurve (Quelle: Dunst [1983], S. 68)

(2) Technischer Fortschritt

– *Neue Technologien*

Die Entwicklung neuer Technologien ermöglicht in Unternehmen u.a. die Einführung kapitalintensiver Produktionsanlagen und -prozesse (z.B. CIM-Konzepte). Die Produkte können – bei gleicher Funktionserfüllung – durch Standardisierung und modularen Aufbau in größeren Stückzahlen und schneller hergestellt werden. Durch die Veränderung der Produktions- und Kostenfunktionen können ab einer bestimmten Produktionsmenge geringere durchschnittliche Stückkosten erzielt werden.

(3) Rationalisierung

– *Rationalisierungsmaßnahmen*

Kostensenkungen aufgrund von Rationalisierungserfolgen im Unternehmen sind eng verknüpft mit den bisher diskutierten Einflußgrößen. Rationalisierungsmaßnahmen sollen die Produktivität der betrieblichen Strukturen und Prozesse erhöhen. Hierzu werden vor allem Methoden zur Ablaufgestaltung und Prozeßoptimierung eingesetzt (Wertanalyse, neue Informations- und Koordinationssysteme), um eine Freisetzung vorhandener Kostensenkungspotentiale zu erreichen.

II. Statische Skaleneffekte

Kostensenkungen aufgrund statischer Skaleneffekte entstehen, wenn die **jährliche** Ausbringungsmenge steigt. Da diese Effekte nicht durch den Bezug auf die über den Zeitablauf kumulierte Produktionsmenge entstehen, sondern durch den Bezug auf die Ausbringungsmenge **pro Jahr** erklärt werden, spricht man von statischen Skaleneffekten.

(1) Fixkostendegression

– *Fixkostendegression*

Die Fixkostendegression bzw. Beschäftigungsdegression entsteht, wenn bei gegebener (und konstanter) Kapazität die Auslastung zunimmt. Dann kommt es, unter der Annahme eines degressiv steigenden oder linearen Gesamtkostenverlaufs, zu einer Verringerung des von einer Ausbringungseinheit (z.B. Stück) zu tragenden Fixkostenanteils.

(2) Betriebsgrößeneffekt

Kostensenkungen können sich nicht nur aus einer verbesserten Auslastung, sondern auch aus einer entsprechenden Betriebsgröße ergeben: Der Betriebsgrößeneffekt resultiert aus Vorteilen im Einkauf (Ausnutzen der Marktmacht), in Forschung und Entwicklung (Know-how-Pool) etc.

– Betriebsgrößeneffekte

Die nachfolgende Abbildung 7.2 faßt nochmals die dargestellten Ursachen für Kostenreduktionen im Unternehmen aufgrund von Erfahrungseffekten zusammen:

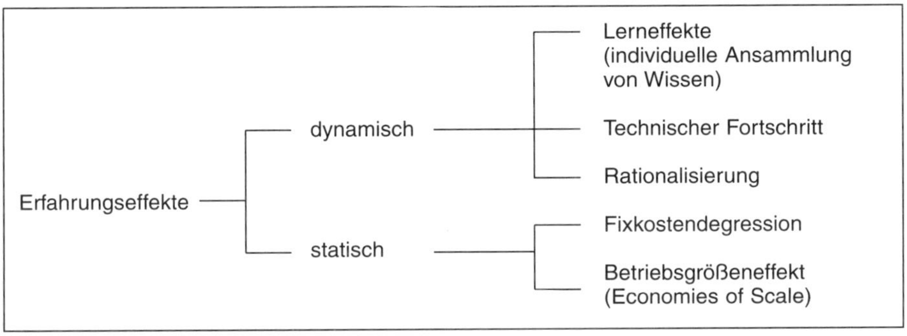

Abb. 7.2: Dynamische und statische Ursachen von Erfahrungseffekten

B. Analytische Bestimmung der Erfahrungskurve

Wie oben bereits erwähnt, sinken die realen, wertschöpfungsbezogenen Stückkosten mit jeder Verdoppelung der kumulierten Produktionsmenge (potentiell) um einen bestimmten Prozentsatz. Die analytische Bestimmung der Erfahrungskurve soll an einem einfachen Beispiel demonstriert werden.

I. Berechnung der Grenzkosten

Grenzkosten

Die Lernrate L sei 80 %, d.h. die Stückkosten reduzieren sich pro Verdoppelung auf 80 % des vorausgegangenen Niveaus. Die Auflagenhöhe der Nullserie X_0 beträgt »1«. Die Kosten der Nullserie belaufen sich auf $K_0 = 100$. Damit ergibt sich mit fortschreitender Verdoppelung der kumulierten Produktionsmenge X folgende Entwicklung für die Kosten der letzten produzierten Einheit (= Grenzkosten):

Kumulierter Output	Kosten der letzten produzierten Einheit
$1 = 2^0$	$100 \times 0{,}8^0 = 100$
$2 = 2^1$	$100 \times 0{,}8^1 = 80$
$4 = 2^2$	$100 \times 0{,}8^2 = 64$
$8 = 2^3$	$100 \times 0{,}8^3 = 51{,}2$
.	.
.	.
.	.
$X_n = 2^n \times X_0$	$K_0 \times L^n = K_n$

In der Praxis werden die kumulierten Produktionsmengen nicht unbedingt der dargestellten idealtypischen Entwicklung folgen. Um die Aussagen der Erfahrungskurve trotzdem nutzen zu können, muß daher für zwei beliebige Produktionsmengen X_α und X_β die zwischen diesen beiden Größen liegende Anzahl der Verdoppelungen angegeben werden.

Es gilt (für $X_\beta > X_\alpha$):

$$X_\beta = 2^n \times X_\alpha$$

Zur Bestimmung der Anzahl der Verdoppelungen »n« sind folgende Umformungen durchzuführen:

$$\frac{X_\beta}{X_\alpha} = 2^n$$

Für das Auflösen der Gleichung nach »n« sind beide Seiten der Gleichung zu logarithmieren:

$$\ln \frac{X_\beta}{X_\alpha} = n \times \ln 2$$

$$n = \frac{\ln (X_\beta / X_\alpha)}{\ln 2} = \frac{\ln X_\beta - \ln X_\alpha}{\ln 2}$$

Beispiel

Ein Zahlenbeispiel soll die Zusammenhänge verdeutlichen:

Sei $X_\alpha = 100$ und $X_\beta = 500$,

es gilt: $$500 = 100 \times 2^n$$

daraus folgt: $$n = \frac{\ln 500 - \ln 100}{\ln 2} = 2{,}322$$

Die erreichte Anzahl der Verdoppelungen in der kumulierten Produktionsmenge ist nun entscheidend für die Kosten der jeweils zuletzt produzierten Einheit:

Es gilt: $$K_\beta = K_\alpha \times L^n$$

Sei L = 80 % und $K_\alpha = 100$, dann ergeben sich im Beispiel die Stückkosten für die 500ste produzierte Einheit in folgender Höhe:

$$K_{500} = 100 \times 0{,}8^{2{,}322} = 59{,}56$$

Abbildung 7.3 veranschaulicht nochmals die Entwicklung der Stückkosten bei einer 70 %- und 80 %-Erfahrungskurve:

Graphische Darstellung

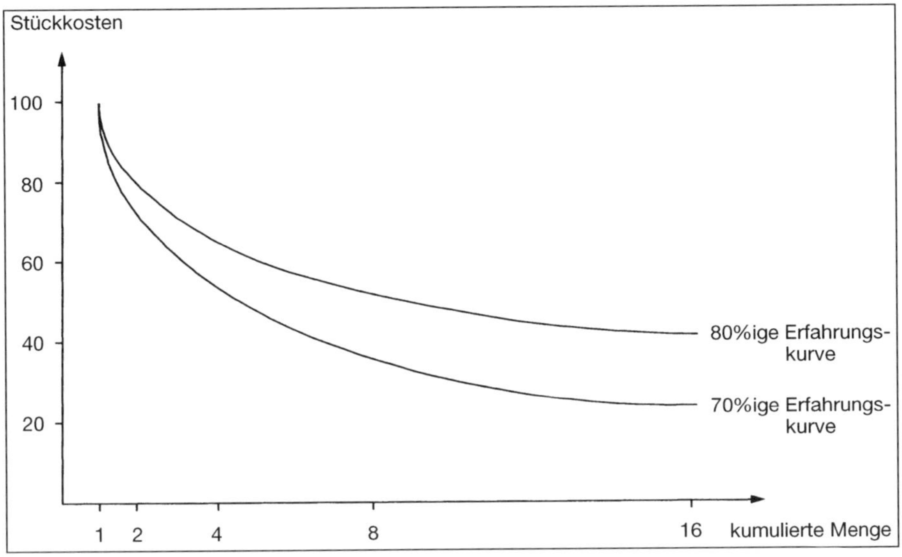

Abb. 7.3: Verlauf einer 70 %- und 80 %-Erfahrungskurve (Quelle: Coenenberg/Baum [1987], S. 50)

Durch Umformen der beiden Ausgangsgleichungen

Degressionsfaktor

(1) $X_n = X_0 \times 2^n$ und
(2) $K_n = K_0 \times L^n$

kann der sog. Degressionsfaktor b ermittelt werden, der durch die Lernrate L bestimmt wird:

Aus Gleichung (1) ergibt sich – wie schon gezeigt – durch beidseitiges Logarithmieren für die Anzahl der Verdoppelungen n:

$$n = \frac{\ln (X_n / X_0)}{\ln 2} = \frac{\ln X_n - \ln X_0}{\ln 2}$$

Für $X_0 = 1$, d.h. eine Nullserie am Produktionsbeginn von 1 Einheit, kann Gleichung (1) weiter vereinfacht werden zu

$$n = \frac{\ln X_n}{\ln 2}$$

Aus Gleichung (2) ergibt sich durch beidseitiges Logarithmieren

$$\ln K_n = \ln K_0 + n \times \ln L$$

Setzt man die vereinfachte Gleichung (1) in die Gleichung (2) ein, so erhält man

$$\ln K_n = \ln K_0 + \frac{\ln X_n}{\ln 2} \times \ln L = \ln K_0 + \ln X_n \times \frac{\ln L}{\ln 2}$$

Da für die Lernrate L die Beschränkung $0 < L < 1$ gilt, wird ln L und damit auch der Quotient (ln L / ln 2) negativ.

Der mathematische Zusammenhang der Erfahrungskurve kann nun in Abhängigkeit von einem Degressionsfaktor dargestellt werden. Damit der Degressionsfaktor b ein positives Vorzeichen erhält, wird die letzte Gleichung noch weiter umgeformt zu

$$\ln K_n = \ln K_0 - \ln X_n \times \underbrace{\left(-\frac{\ln L}{\ln 2}\right)}_{b}$$

Für den Degressionsfaktor b gilt damit die Beziehung

$$b = -\frac{\ln L}{\ln 2}$$

Bei einer Lernrate L = 80 % ergibt sich ein Degressionsfaktor von

$$b = -\frac{\ln 0{,}8}{\ln 2} = 0{,}322$$

Je betragsmäßig kleiner die Lernrate L ist, um so größer werden die betrieblichen Kostensenkungspotentiale (1 – L) und um so höhere Werte ergeben sich für den Degressionsfaktor b:

Lernrate L	Degressionsfaktor b
90 %	0,152
80 %	0,322
70 %	0,515
60 %	0,737

Die Bestimmungsgleichung für die Stückkosten der jeweils zuletzt produzierten Einheit K_n läßt sich nach den gezeigten Umformungsschritten folgendermaßen darstellen:

$$\ln K_n = \ln K_0 - b \times \ln X_n$$

oder, in nicht-logarithmischer Darstellung,

$$K_n = K_0 \times X_n^{-b}$$

In der **doppel-logarithmischen Darstellung** zeigt die Erfahrungskurve das Bild einer fallenden Geraden. Der Degressionsfaktor b beschreibt das Ausmaß der Geradenneigung, wie Abbildung 7.4 verdeutlicht.

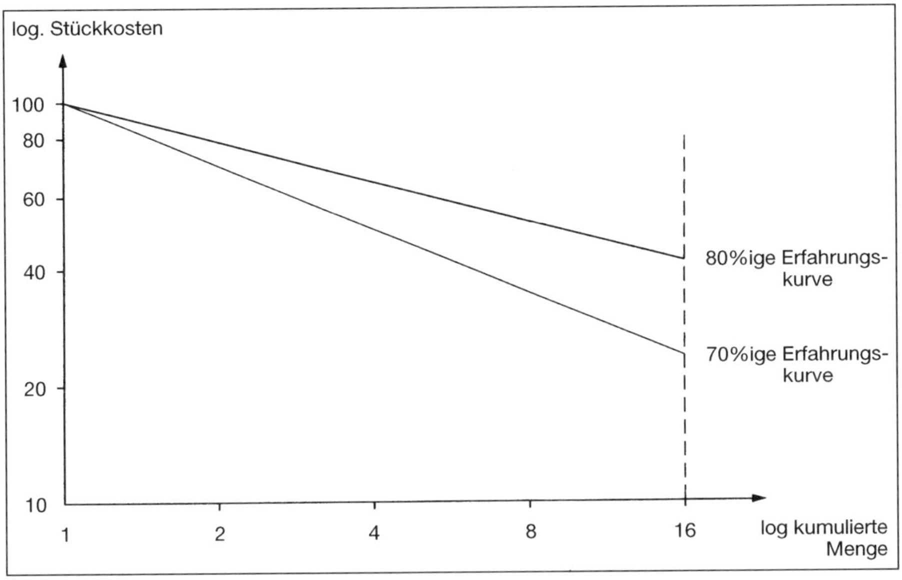

Abb. 7.4: Erfahrungskurven in doppel-logarithmischer Darstellung (Quelle: Coenenberg/Baum [1987], S. 50)

II. Ermittlung der Gesamtkosten

Gesamtkosten

Neben den Stückkosten der jeweils letzten Produkteinheit K_n (= Grenzkosten) werden in der betrieblichen Kostenrechnung häufig auch die Gesamtkosten K, die bis zu einem bestimmten Zeitpunkt seit Produktionsbeginn angefallen sind, benötigt.

Durch Summierung der Grenzkosten aller X_n Einheiten können die Gesamtkosten K für diese Einheiten, die bis zu einem bestimmten Zeitpunkt unter Ausnutzung der Erfahrungseffekte entstanden sind, ermittelt werden:

$$K = \sum_{x = X_0}^{X_n} K_0 \times x^{-b}$$

Der Wert dieser Summe kann durch Integration näherungsweise berechnet werden:

$$K = \int_{X_0}^{X_n} K_0 \times x^{-b} \, dx$$

Daraus ergibt sich für den Fall $X_0 = 0$ folgende Formel zur Berechnung der Gesamtkosten K:

$$K = \frac{K_0 \times X_n^{1-b}}{1-b}$$

Prämissen

Diese Formel enthält implizit zwei Prämissen: Zum einen wird unterstellt, daß die Entwicklung der Gesamtkosten eine stetige Funktion darstellt. Dies ist jedoch nicht zutreffend, da die kumulierte Produktionsmenge X nur positive ganzzahlige Werte annehmen kann. Zum anderen wird bei der Berechnung des Integrals für die Untergrenze vereinfachend der Wert $X_0 = 0$ angenommen. Die Nullserie beläuft sich in der Praxis jedoch mindestens auf den Wert »1«. Damit müßte das Integral zur Bestimmung der Gesamtkosten K eigentlich in der folgenden Weise berechnet werden:

$$K = \frac{K_0 \times X_n^{1-b}}{1-b} - \frac{K_0}{1-b}$$

Für große kumulierte Produktionsmengen X_n kann der Ausdruck $[K_0 / (1 - b)]$ bei der Berechnung der Gesamtkosten jedoch vernachlässigt werden.

III. Ermittlung der Durchschnittskosten

Durchschnitts-kosten

Aus den Gesamtkosten K lassen sich recht einfach die Durchschnittskosten $K_\varnothing$ der produzierten Einheiten ermitteln:

$$K_\varnothing = \frac{K}{X_n}$$

Unter Verwendung der obigen Gleichung für die Bestimmung der Gesamtkosten erhält man für die Durchschnittskosten seit Beginn der Produktion K (d.h. für $X_0 = 0$ unter Gültigkeit der obigen Prämissen):

$$K_\varnothing = \frac{\int_{X_0}^{X_\beta} K_0 \times x^{-b}\,dx}{X_n} = \frac{K_0 \times X_n^{1-b}}{X_n \times (1-b)} = \frac{K_0 \times X_n^{-b}}{1-b}$$

Falls man die Durchschnittskosten zwischen zwei beliebigen kumulierten Produktionsmengen X_β und X_α ($X_\beta > X_\alpha$) bestimmen möchte, so wird die letzte Gleichung modifiziert zu

$$K'_\varnothing = \frac{\int_{X_\alpha}^{X_\beta} K_\alpha \times x^{-b}\,dx}{X_\beta - X_\alpha} = \frac{K_\alpha \times (X_\beta^{1-b} - X_\alpha^{1-b})}{(X_\beta - X_\alpha) \times (1-b)}$$

Anmerkung:

Für $X_\alpha = 0$ sind beide Gleichungen identisch. Es gilt dann: $K'_\varnothing = K_\varnothing$.

C. Praktische Anwendungsmöglichkeiten der Erfahrungskurve

I. Marktwachstum und Erfahrungskurve

Marktwachstum und Erfahrungseffekte

Bei hohem (realen) Marktwachstum steigen die kumulierten Mengen rasch, und die zugehörigen Erfahrungseffekte werden deutlich erkennbar. Bei hohem Marktwachstum können die Produktionsmengen auch bei einem konstanten Marktanteil kontinuierlich gesteigert werden.

Den Zusammenhang zwischen der jährlichen Mengenwachstumsrate und der erforderlichen Zeit für eine Verdoppelung der kumulierten Produktionsmenge zeigt Abbildung 7.5.

Mengenwachstumsrate	Verdoppelungszeit t (ca.) in Jahren für kumulierte Produktionsmenge
3 %	23,4 Jahre
4 %	17,7 Jahre
5 %	14,2 Jahre
6 %	11,9 Jahre
7 %	10,2 Jahre
8 %	9,0 Jahre
9 %	8,0 Jahre
10 %	7,3 Jahre
15 %	5,0 Jahre
30 %	2,6 Jahre

Abb. 7.5: Mengenwachstumsrate und Verdoppelungszeit

Beispiel

Eine Beispielrechnung soll die Ermittlung der Werte verdeutlichen.

Die kumulierte Produktionsmenge soll 1 Einheit betragen. Zur Verdoppelung dieser Produktionsmenge auf 2 Einheiten ergibt sich, je nach Höhe der Mengenwachstumsrate MWR, die Verdoppelungszeit t in Jahren aus folgender Gleichung:

$$(1 + MWR)^t = 2$$

Durch beidseitiges Logarithmieren und anschließende einfache Umformung ergibt sich die Verdoppelungszeit t in Jahren zu

$$t = \frac{\ln 2}{\ln (1 + MWR)}$$

Bei einer jährlichen Wachstumsrate von MWR = 10 % ergibt sich folglich eine Verdoppelungszeit t von

$$t = \frac{\ln 2}{\ln 1{,}1} = 7{,}27 \text{ Jahre}$$

Fazit

Es wird deutlich, daß sich in schwach wachsenden Märkten der Zeitraum, in dem sich die kumulierte Menge verdoppelt, ganz erheblich erhöht. Umgekehrt können bei

Erfahrungseffekte bei konstant wachsender Absatzmenge

hohem Marktwachstum die kumulierten Mengen schnell verdoppelt werden. Dementsprechend sind spürbare Kostenreduktionen in kurzer Zeit realisierbar.

Der dargestellte grundsätzliche Zusammenhang zwischen Marktwachstum und Verdoppelungszeit kann auch für den Fall dargestellt werden, daß bereits ein bestimmtes kumuliertes Ausgangsvolumen X_{kum} vorliegt und nur über eine jährliche Absatzmenge X, deren Veränderung einer variablen Mengenwachstumsrate MWR unterliegt, verdoppelt werden kann. Die mengenmäßige Entwicklung der aufkumulierten jährlichen Absatzmenge X folgt dem Bildungsgesetz einer geometrischen Reihe. Folglich ist die Verdoppelung des kumulierten Ausgangsvolumens X_{kum} genau dann erreicht, wenn die Gleichung

$$X_{kum} = X + X \times (1 + MWR)^1 + X \times (1 + MWR)^2 + \ldots + X \times (1 + MWR)^{t-1}$$

erfüllt ist. Der Parameter t gibt hierbei wieder die Verdoppelungszeit an.

Nach den Grundsätzen über die Summe einer geometrischen Reihe läßt sich die letzte Gleichung umformen zu

$$X_{kum} = X \times \frac{(1 + MWR)^t - 1}{MWR}$$

Löst man diese Gleichung nach der Verdoppelungszeit t auf, so erhält man

$$t = \frac{\ln\left(\frac{X_{kum} \times MWR}{X} + 1\right)}{\ln(1 + MWR)}$$

Beispiel

Ein Beispiel soll die Anwendung dieser Formel verdeutlichen:

Das kumulierte Ausgangsvolumen X_{kum} soll 100 Einheiten betragen. Für die nächste Periode wird eine Absatzmenge X = 10 erwartet, die mit einer jährlichen Wachstumsrate von MWR = 15 % gesteigert werden soll. Wie viele Jahre t benötigt man bis zu einer Verdoppelung des kumulierten Ausgangsvolumens, die zur Freisetzung von an die Lernrate gekoppelten Kostensenkungspotentialen führen würde?

$$t = \frac{\ln\left(\frac{100 \times 0{,}15}{10} + 1\right)}{\ln(1 + 0{,}15)} = \frac{\ln 2{,}5}{\ln 1{,}15} = 6{,}56 \text{ Jahre}$$

In der nachstehenden Abbildung 7.6 sind die Werte für die Verdoppelungszeit t bei alternativen Mengenwachstumsraten MWR zusammengefaßt. Es wird jeweils ein ku-

Mengen-wachstums-rate	Verdoppelungszeit t (ca.) in Jahren für kumulierte Produktionsmenge
5 %	8,3 Jahre
10 %	7,3 Jahre
15 %	6,6 Jahre
20 %	6,0 Jahre
25 %	5,6 Jahre

Abb. 7.6: Verdoppelungszeit t bei festen Absatzmengen

muliertes Ausgangsvolumen $X_{kum} = 100$ und eine Absatzmenge $X = 10$ für die nächste Periode zugrunde gelegt.

Fazit

Es wird wiederum deutlich, daß sich bei niedrigen Mengenwachstumsraten der Zeitraum, in dem sich die kumulierte Menge verdoppelt, deutlich verlängert. Umgekehrt führt ein hohes Marktwachstum zu einer schnelleren Verdoppelung der kumulierten Mengen. Dementsprechend sind die zugehörigen Kostenreduktionen durch Erfahrungswirkungen auch in kürzerer Zeit realisierbar.

II. Kostenplanung und Erfahrungskurve

Planung und Kontrolle

Wie bereits angedeutet wurde, gehen die Kosten nicht automatisch zurück, sondern nur dann, wenn das Kostensenkungspotential erkannt und gezielt ausgenutzt wird. Die Kenntnis potentieller durchschnittlicher Kosteneinsparungen pro Jahr ermöglicht realistischere Vorgaben für die Planung und Kontrolle der betrieblichen Kosten.

Wie können potentielle jährliche Kosteneinsparungen bestimmt werden?

Kostensenkungspotential

Die Lernrate L, z.B. in einer Höhe von L = 70 %, gibt an, auf welches Niveau sich die Stückkosten bei einer Verdoppelung der kumulierten Produktionsmenge reduzieren. Das in der Lernrate enthaltene Kostensenkungspotential ergibt sich aus dem Komplement

$$\text{Kostensenkungspotential} = 1 - \text{Lernrate} = 1 - L$$

In diesem Fall würde das Kostensenkungspotential 30 % betragen.

Das Kostensenkungspotential führt insgesamt – wie es der Name sagt – zu potentiellen Kosteneinsparungen in der angegebenen Höhe im Unternehmen, die innerhalb der Verdoppelungszeit der kumulierten Produktionsmenge durch entsprechende Maßnahmen im Unternehmen realisiert werden können.

Durchschnittliche jährliche Kosteneinsparung

Die pro Jahr zu erzielenden **durchschnittlichen** potentiellen Kosteneinsparungen ergeben sich unter Verwendung des geometrischen Mittels für die Lernrate L über die Verdoppelungszeit t aus folgender Formel:

$$\text{Ø Kosteneinsparungen pro Jahr} = 100\,\% - \sqrt[t]{L}$$

Das geometrische Mittel $\sqrt[t]{L}$ zeigt das durchschnittliche Niveau der Stückkosten, das während der Verdoppelungszeit jeweils im Vergleich zum Niveau der Stückkosten in der Vorperiode erreicht wird. Die durchschnittlichen Kosteneinsparungen pro Jahr ergeben sich folglich aus der Differenz des durchschnittlichen Stückkostenniveaus der betrachteten Periode und der jeweils auf 100 % normierten Stückkosten der Vorperiode.

Beispiel

Ein Zahlenbeispiel soll die Ermittlung der durchschnittlichen Kosteneinsparungen pro Jahr verdeutlichen:

In Abbildung 7.6 wurde oben für ein kumuliertes Ausgangsvolumen $X_{kum} = 100$ und einer jährlichen Absatzmenge $X = 10$ bei einer Mengenwachstumsrate MWR = 5 % die erforderliche Verdoppelungszeit in einer Höhe von t = 8,3 Jahren ermittelt.

Bei einer Lernrate von L = 70 % ergibt sich für die durchschnittlichen Kosteneinsparungen pro Jahr folgende Rechnung:

$$\varnothing \text{ Kosteneinsparungen pro Jahr} = 100\,\% - \sqrt[8,3]{0,7} = 100\,\% - 95,8\,\% = 4,2\,\%$$

In Abb. 7.7 sind (in Ergänzung der Daten aus Abb. 7.6) die durchschnittlichen Kostensenkungspotentiale pro Jahr für die verschiedenen Verdoppelungszeiten und Mengenwachstumsraten ausgewiesen.

Mengenwachstumsrate	Verdoppelungszeit t (ca.) in Jahren für kumulierte Produktionsmenge	Kostensenkungspotentiale pro Jahr
5 %	8,3 Jahre	4,2 %
10 %	7,3 Jahre	4,8 %
15 %	6,6 Jahre	5,3 %
20 %	6,0 Jahre	5,8 %
25 %	5,6 Jahre	6,2 %

Abb. 7.7: Kostensenkungspotentiale und Verdoppelungszeit t

Auf Basis dieser Vorgaben sollte im Unternehmen versucht werden, durch gezielte Maßnahmen das vorhandene Kostensenkungspotential bestmöglich zu nutzen.

III. Relativer Marktanteil und Erfahrungskurve

Relative Kostenposition

Die Erfahrungskurve kann auch als Hilfsmittel zur Beurteilung der Kostenposition eines Unternehmens im Vergleich zu seinen Konkurrenten verwendet werden. Es wurde bereits deutlich gemacht, daß die Kostenposition eines Unternehmens eine Funktion seiner kumulierten Erfahrung ist: je höher die kumulierte Erfahrung, um so niedriger das Niveau der wertschöpfungsbezogenen Stückkosten.

Relativer Marktanteil

Wenn die Kosten mit der kumulierten Menge zurückgehen, dann müssen Marktanteilssteigerungen zu höheren Kostenvorteilen führen. Um das Ausmaß der gegenüber den Wettbewerbern erreichten Kostenvorteile abschätzen zu können, ist der eigene (absolute) Marktanteil nur beschränkt aussagefähig. Verfügt das eigene Unternehmen z.B. über einen Marktanteil von 30 %, der stärkste Konkurrent gleichzeitig über einen Marktanteil von 25 %, so müßte die potentielle Wettbewerbsfähigkeit des eigenen Unternehmens zunächst doch etwas zurückhaltend beurteilt werden. Zur Einschätzung der eigenen Wettbewerbsposition im Vergleich zu den Konkurrenten ist deshalb die Relation aus eigenem Marktanteil und Marktanteil des stärksten Konkurrenten (= relativer Marktanteil RMA) wesentlich aussagefähiger: Je höher der eigene relative Marktanteil, um so weiter ist die Kostenposition eines Unternehmens auf der Erfahrungskurve fortgeschritten.

Implikationen

Über die relativen Marktanteile können somit unter Zuhilfenahme der Erfahrungskurve die Kostenunterschiede zwischen den Wettbewerbern ermittelt werden, wenn a) die Lernraten für die spezielle Branche bekannt sind, b) alle Anbieter zu einem annähernd gleichen Zeitpunkt in den Markt eingetreten sind und c) die Verteilung der Marktanteile über die Zeit konstant ist. Dann kann davon ausgegangen werden, daß die erreichten mengenmäßigen Marktanteile das Verhältnis der jeweils erzielten kumulierten Mengen widerspiegeln. Ein doppelt so großer Marktanteil (RMA = 2,0) eines Unternehmens würde demzufolge einer im Vergleich zu seinem stärksten Konkurrenten doppelt so großen kumulierten Menge entsprechen. Bei einer Lernrate von L = 80 % ergäbe sich aufgrund der Verdoppelung der kumulierten Produktionsmenge ein Kostenunterschied von 20 % zwischen dem eigenen Unternehmen und dem stärksten Konkurrenten, bzw. die relative Kostenposition des eigenen Unternehmens würde sich auf 80 % der Kostenposition des Wettbewerbers belaufen.

RKP und RMA

Die folgende Abbildung 7.8 zeigt für eine 80 %-Erfahrungskurve und eine 70 %-Erfahrungskurve die Entwicklung der relativen Kostenposition in Abhängigkeit vom jeweiligen relativen Marktanteil.

RMA		4,00	3,00	2,00	1,00	0,80	0,50	0,30
RKP	L = 80 %	0,64	0,70	0,80	1,00	1,07	1,25	1,47
	L = 70 %	0,49	0,57	0,70	1,00	1,12	1,43	1,86

Abb. 7.8: Relativer Marktanteil (RMA) und relative Kostenposition (RKP)

Bei dieser Darstellung wird der Einfluß des relativen Marktanteils auf die Höhe der jeweiligen Kostenposition, die für das Unternehmen einen potentiellen Wettbewerbsvorteil gegenüber den Konkurrenten darstellt, klar erkennbar.

Rechnerische Ermittlung

Rechnerisch ergeben sich die Werte für die relative Kostenposition aus der Formel

$$RKP = \text{Lernrate}^{\frac{\ln RMA}{\ln 2}}$$

Bei starken Erfahrungskurveneffekten wird der relative Marktanteil somit zur entscheidenden Determinante der relativen Kostenposition.

Beispiel

Dies soll an einem Beispiel mit zwei Unternehmen A und B demonstriert werden, für deren Kostenentwicklung jeweils eine 70 %-Erfahrungskurve gültig sein soll.

Unternehmen A habe einen Marktanteil von 60 %, B verfüge über einen Marktanteil von 40 %. Der relative Marktanteil von A gegenüber B beträgt damit 60 / 40 = 1,5. Beide Unternehmen haben eine Startserie von X_0 = 5 000 Einheiten erreicht, die Stückkosten der letzten produzierten Einheit betragen jeweils 10,– DM. Der Gesamtabsatz beträgt in jedem Jahr 10 000 Einheiten.

Die nachstehende Abbildung 7.9 zeigt die jährliche Entwicklung der Stückkosten bei einer 70 %-Erfahrungskurve und den jeweiligen zeitlichen Rückstand von B gegenüber A (vgl. Simon [1992], S. 280 f.).

Die Ermittlung der Werte soll für das Jahr 3 beispielhaft demonstriert werden:

Für Unternehmen A ergeben sich die Stückkosten am Ende des dritten Jahres K_3 aus der Gleichung

$$K_3 = K_0 \times L^{\frac{\ln (X_3 / X_0)}{\ln 2}} = 10 \times 0{,}7^{\frac{\ln (23\,000 / 5\,000)}{\ln 2}} = 4{,}56$$

Die Stückkosten für Unternehmen B am Ende von Jahr 3 werden analog berechnet.

	Unternehmen A			Unternehmen B		
Jahr t	Menge	kumulierte Menge X_t	Stückkosten (Jahresende)	Menge	kumulierte Menge X_t	Stückkosten (Jahresende)
0	5 000	5 000	10,00	5 000	5 000	10,00
1	6 000	11 000	6,66	4 000	9 000	7,39
2	6 000	17 000	5,33	4 000	13 000	6,12
3	6 000	23 000	4,56	4 000	17 000	5,33
4	6 000	29 000	4,05	4 000	21 000	4,78
5	6 000	35 000	3,67	4 000	25 000	4,37

Vergleich zwischen A und B		
absolute Kostendifferenz (DM)	relative Kostendifferenz (%)	zeitlicher Rückstand von B zu A (Jahre)
0,00	0,0	0,0
0,73	9,9	0,5
0,79	12,9	1,0
0,77	14,4	1,5
0,73	15,3	2,0
0,70	16,0	2,5

Abb. 7.9: Entwicklung der Stückkosten und zeitlicher Rückstand von B zu A bei einem relativen Marktanteil für A von 1,5

Der zeitliche Rückstand von Unternehmen B auf Unternehmen A ergibt sich aus der Differenz der jeweiligen kumulierten Produktionsmengen X_t, die ins Verhältnis zur jährlichen Ausbringungsmenge von Unternehmen B gesetzt wird:

$$\text{Zeitl. Rückstand im Jahr 3} = \frac{23\,000 - 17\,000}{4\,000} = 1{,}5 \text{ Jahre}$$

Die in Abbildung 7.9 aufgezeigten Entwicklungen lassen sich wie folgt zusammenfassen:

Fazit

Während die **absolute** Kostendifferenz von Unternehmen A gegenüber B in der ersten Periode ansteigt, dann aber kontinuierlich kleiner wird, verbessert sich die **relative** Kostenposition von A mit jeder Periode. Bereits nach fünf Perioden belaufen sich die Stückkosten von Unternehmen A auf nur noch 84 % der Stückkosten von B, d.h. die relative Kostenposition von A beträgt RKP = 0,84. Während sich die Verbesserung der relativen Kostenposition von A verlangsamt, nimmt der zeitliche Rückstand von Unternehmen B gegenüber A unverändert stark zu.

IV. Preispolitik, Preiskalkulation und Erfahrungskurve

Preispolitik

Das Konzept der Erfahrungskurve bietet durch den degressiven Verlauf der Stückkosten wichtige Zusatzinformationen bei der Planung der Preispolitik eines Unternehmens. Die Anwendung der Erfahrungskurve ist dabei sowohl bei der Preisermittlung für Neuprodukte als auch zur Überprüfung der laufenden Preispolitik möglich.

In Branchen mit freiem Wettbewerb läßt sich analog zum Kosten-Erfahrungseffekt ein Preis-Erfahrungseffekt nachweisen. Das heißt, daß mit fortschreitender Verdoppelung der kumulierten Produktionsmenge auch die Preise langfristig auf ein niedrigeres Niveau zurückgehen. Die Entwicklung der Stückpreise erfolgt dabei jedoch nicht parallel zum oben dargestellten degressiven Verlauf der Stückkosten. Vielmehr lassen sich (idealtypisch) vier verschiedene Phasen des Preisverhaltens voneinander unterscheiden, wie sie in Abbildung 7.10 zusammengefaßt sind:

Phasen des Preisverhaltens:

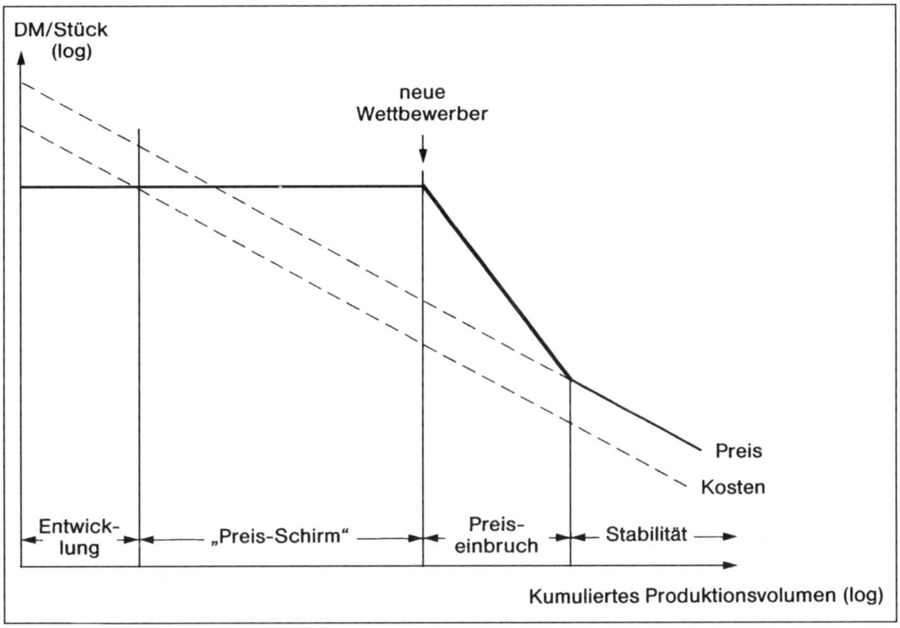

Abb. 7.10: Phasen des Preisverhaltens (Quelle: Dunst [1983], S. 75)

Die vier Phasen weisen folgende Merkmale auf: Zu Beginn liegt der am Markt zu erzielende Preis meist unter den Stückkosten. Das relativ hohe Niveau der Stückkosten beruht auf den Vorleistungen für Forschung und Entwicklung sowie den Ausgaben für die Markteinführung des Produkts **(Entwicklung)**.

– Entwicklung

Im weiteren Verlauf wird meist das Preisniveau weiterhin hoch gehalten (**»Preis-Schirm«**). Der Marktführer wird versuchen, potentielle Konkurrenten solange vom Markteintritt und vom Erwerb von Marktanteilen abzuhalten, bis das neue Produkt eine marktbeherrschende Stellung erreicht hat. Da sich aufgrund der ständig fallenden Stückkosten die Gewinnspanne vergrößert, werden immer mehr Nachahmer versuchen, im Schutze des Preisschirms trotz höherer Stückkosten in den Markt einzudringen und Marktanteile aufzubauen.

– »Preis-Schirm«

Entschließt sich nun der Marktführer oder ein Konkurrent, der mittlerweile über hohe Marktanteile eine Führungsrolle übernommen hat, zur Verteidigung oder zum weiteren Ausbau seiner Stellung am Markt, so beginnt ein Preiskampf. Dabei wird – zu-

– »Preiseinbruch«

gunsten größerer künftiger Marktanteile – bewußt auf mögliche höhere gegenwärtige Erträge verzichtet (**Preiseinbruch**). Der Markt wird in dieser Phase meist um diejenigen Anbieter bereinigt, die bisher auf einem relativ hohen Kostenniveau produziert haben und nicht in der Lage waren, ihre Kosten entsprechend dem Preisrückgang zu senken.

– Stabilität

Nach diesem Konzentrationsprozeß entstehen wieder stabile Kosten-Preis-Relationen, bei denen sich die Preise in ihrem Verhalten langfristig an den Kostenverlauf des leistungsstärksten Anbieters angleichen (**Stabilität**).

Bei den Überlegungen zur Preisgestaltung von neuen Produkten über mehrere zukünftige Perioden hinweg (= Preisstrategie) ist, in Abhängigkeit von der Höhe des Einführungspreises, prinzipiell eine Entscheidung zwischen zwei gegenläufigen Optionen zu treffen.

Skimming-Strategie

Wenn das neue Produkt zu einem vergleichsweise hohen Preis am Markt eingeführt wird, spricht man von einer **Skimming-Strategie**. Der anfängliche Hochpreis dient der Erzielung hoher kurzfristiger Gewinne und soll einen Preisspielraum nach unten schaffen, der im Zeitablauf sukzessive an den Konsumenten weitergegeben werden soll.

Penetrations-Strategie

Im Gegensatz dazu kann ein Neuprodukt auch zu einem besonders niedrigen Preis am Markt eingeführt werden, falls vorrangig eine rasche Marktdurchdringung angestrebt wird. Mit dieser **Penetrations-Strategie** soll rasch ein großer und von den Konkurrenten nur schwer einholbarer Erfahrungsvorsprung erreicht werden, der potentielle Wettbewerber möglichst vom Markteintritt abhält. Langfristig ergeben sich infolge des schnellen Absatzwachstums trotz niedriger Stück-Deckungsbeiträge für das Unternehmen hohe Gesamt-Deckungsbeiträge.

Gewinnwirkungen

Die gegenläufigen Gewinnwirkungen dieser beiden Optionen über die Zeit hinweg veranschaulicht Abbildung 7.11.

Eine besondere Bedeutung spielen Erfahrungskurveneffekte häufig auch bei Preiskalkulationen im Nachfragemonopol. Aufgrund der Nachfragemacht kommt es zur Auflage des Nachfragers, bestimmte Kosten in Abhängigkeit von der Auftragsgröße entsprechend einer Erfahrungskurve reduziert zu veranschlagen.

Beispiel

Ein Beispiel soll die Zusammenhänge veranschaulichen: Die Telekom möchte von einem Lieferanten 10 000 Stück eines Komfort-Telefons beziehen. Aufgrund der langjährigen Erfahrung des Herstellers wird von einer Lernrate von L = 80 % ausgegangen. Die Kosten des ersten produzierten Telefonapparats werden auf 250,– DM geschätzt. Darin sind 50,– DM zugeliefertes Material enthalten. Wie hoch sind die Gesamtkosten des Auftrags?

Lösung:

Zunächst müssen die gesamten wertschöpfungsbezogenen Kosten (im folgenden: K_w) des Auftrags ermittelt werden, die sich unter Ausnutzung einer 80 %-Erfahrungskurve für den Hersteller ergeben:

$$K_w = \frac{K_0 \times X_n^{\,1-b}}{1-b}$$

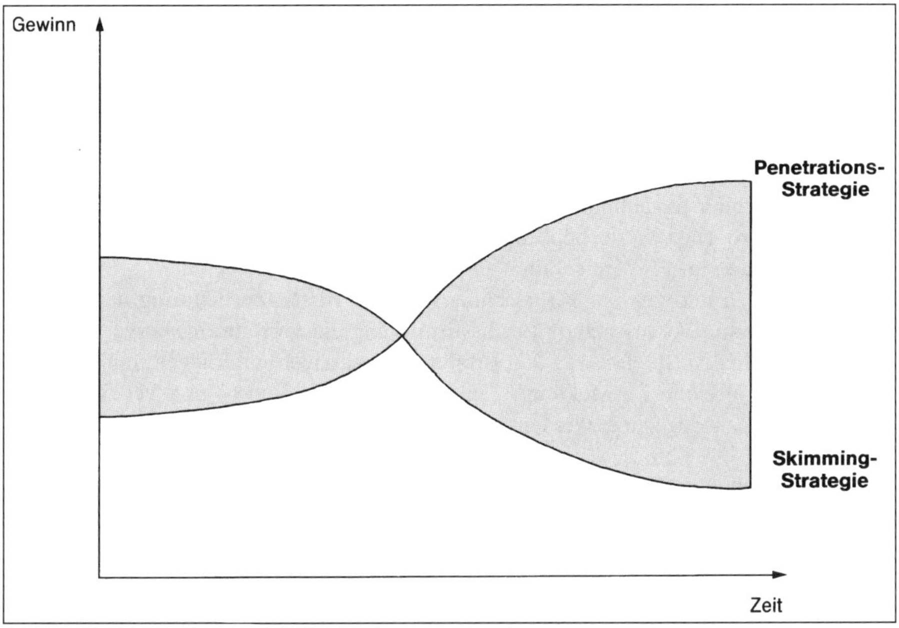

Abb. 7.11: Gewinnwirkungen der Skimming- und Penetrations-Strategie

Aus den Ausgangsdaten erhält man

K_0 = 200,– DM (Wertschöpfungsanteil)
X_n = 10 000 Stück
b = – (ln L / ln 2) = – (ln 0,8 / ln 2) = 0,32193

Durch Einsetzen ergibt sich

$$K_w = \frac{200 \times 10\,000^{1-0{,}32193}}{1-0{,}32193} = 152\,067{,}17 \text{ DM}$$

Addiert man die wertschöpfungsbezogenen Kosten K_w = 152 067,17 DM und die Kosten des zugelieferten Materials K_z, so belaufen sich die Gesamtkosten des Auftrags auf

$$K_{ges} = K_w + K_z = 152\,067{,}17 + 500\,000 = 652\,067{,}17 \text{ DM}$$

D. Anwendungsgrenzen des Erfahrungskurvenkonzepts

Anwendungsgrenzen:

Trotz der prinzipiellen Gültigkeit der Grundaussage des Erfahrungskurvenkonzepts unterliegt die praktische Anwendbarkeit einigen Begrenzungen, die im folgenden kurz dargestellt und erläutert werden (vgl. ausführlich Bauer [1986]; Coenenberg/Baum [1987]; Lange [1984]; Wacker [1980]).

– statische Produktdefinition

Das Konzept der Erfahrungskurve geht von einer **statischen Produktdefinition** aus, d.h. eine Produktdifferenzierung oder Qualitätsunterschiede zwischen den Anbietern werden nicht erfaßt. Die Realität zeigt jedoch, daß viele Produkte einer ständigen Anpassung an technische Weiterentwicklungen oder geänderte Kundenwünsche unterliegen. Diese Produktmodifikationen verändern u.U. die kostenmäßige Situation entscheidend. Soll die für ein bestimmtes Produkt bislang gültige Erfahrungskurve in einem solchen Fall weiter fortgeführt werden, müßten die durch das »qualitative Wachstum« der produktbezogenen Wertschöpfung bedingten Mehrkosten, z.B. für eine verbesserte Serienausstattung im PKW, eigentlich abgezogen werden.

– verursachungsgemäße Kostenzurechnung

Eine sachlich und zeitlich verursachungsgemäße **Kostenzurechnung** auf die Produkte ist weiterhin Voraussetzung für die Ermittlung einer Erfahrungskurve. Nachdem die gesamten realen Stückkosten den Erfahrungswirkungen unterliegen, müßten dementsprechend auch die Entwicklungs-, Fertigungs-, Verwaltungs- und Vertriebskosten produktspezifisch verrechnet werden, um die Erfahrungswirkungen zutreffend abbilden zu können.

– Synergieeffekte

Verbundwirkungen in Form von Sortiments- oder **Synergieeffekten** durch die Übertragung von Lerneffekten bleiben unberücksichtigt. So bewirkt beispielsweise die Mehrfachverwendung bestimmter Komponenten im Rahmen des Sortiments zusätzliche Kostenvorteile. Auch eine synergetische Nutzung von Leistungen betrieblicher Abteilungen zeigt positive Auswirkungen auf die Kostensituation.

– Kapazitätsbeschränkungen

Das Erfahrungskurvenkonzept kennt keine **Kapazitätsbeschränkungen**. Eine problemlose Absatz- bzw. Produktionsausweitung wird vorausgesetzt. So wird unterstellt, daß genügend potentielle Käufer für ein standardisiertes Massenprodukt vorhanden sind. Die Absatzmärkte müssen hohe Wachstumsraten aufweisen, um eine rasche Ausweitung der kumulierten Produktionsmenge zu gewährleisten. Dies setzt in gleicher Weise die Möglichkeiten für eine problemlose Erweiterung der Produktionskapazitäten voraus, unabhängig davon, ob überhaupt die quantitativ und qualitativ erforderlichen Ressourcen beschafft werden können.

Trotz der genannten Anwendungsgrenzen kann das Konzept der Erfahrungskurve zur Untersuchung von Zusammenhängen verwendet werden, die vor allem im Hinblick auf strategische Entscheidungen des Unternehmens wichtige zusätzliche Informationen über die wettbewerbliche Positionierung der Produkte eines Unternehmens liefern.

Abkürzungsverzeichnis

b	Degressionsfaktor
CIM	Computer Integrated Manufacturing
K	Gesamtkosten der Produktion
$K_{Ø}$	Durchschnittskosten
K_0	Kosten der Nullserie
K_{ges}	Gesamtkosten des Auftrags
K_n	Stückkosten der jeweils letzten Produktionseinheit (= Grenzkosten)
K_w	wertschöpfungsbezogene Kosten
K_z	Kosten des zugelieferten Materials
L	Lernrate
MWR	Mengenwachstumsrate
n	Anzahl der Verdoppelungen
RKP	relative Kostenposition
RMA	relativer Marktanteil
t	Verdoppelungszeit
X_0	Auflagenhöhe der Nullserie
X_{kum}	kumuliertes Ausgangsvolumen
X_n	kumulierte Produktionsmenge nach der n-ten Verdoppelung
X_t	kumulierte Absatzmenge nach Periode t

Kontrollfragen

1) Wie lautet die grundlegende Aussage der Erfahrungskurve?
2) Bezieht sich die Grundaussage der Erfahrungskurve auf die gesamten Stückkosten eines Produkts?
3) Auf welchen dynamischen Skaleneffekten können betriebliche Erfahrungswirkungen beruhen?
4) Auf welchen statischen Skaleneffekten können betriebliche Erfahrungswirkungen beruhen?
5) Gibt es einen Unterschied zwischen einer betrieblichen Lernkurve und der Erfahrungskurve des gleichen Unternehmens?
6) Erläutern Sie kurz die Bestimmung von Grenzkosten mit Hilfe der Erfahrungskurve.
7) Wie können die Gesamtkosten, die seit Produktionsbeginn bis zu einem bestimmten Zeitpunkt angefallen sind, mit Hilfe der Erfahrungskurve berechnet werden?
8) Wie können die Durchschnittskosten, die seit Produktionsbeginn für eine bestimmte Ausbringungsmenge entstanden sind, mit Hilfe der Erfahrungskurve berechnet werden?
9) Wie wird die Höhe der durch die Erfahrungskurve nutzbaren Kostensenkungspotentiale durch das Marktwachstum beeinflußt?
10) Wie beeinflußt die jährliche Marktwachstumsrate die erforderliche Zeit für eine Verdoppelung der kumulierten Produktionsmenge?
11) Welcher grundsätzliche Zusammenhang besteht zwischen der Höhe der Lernrate und den betrieblichen Kostensenkungspotentialen?
12) Wie beeinflußt der relative Marktanteil eines Unternehmens dessen relative Kostenposition?
13) Was ist unter einem »Preis-Schirm« zu verstehen?
14) Welches unternehmerische Verhalten kennzeichnet eine »Skimming-Strategie«?
15) Welche Unterschiede im preislichen Verhalten eines Unternehmens bestehen zwischen der »Skimming-Strategie« und der »Penetrations-Strategie«?
16) Skizzieren Sie die wesentlichen Anwendungsgrenzen des Erfahrungskurvenkonzepts.

Literaturhinweise

Bauer, H. H. (1986): Das Erfahrungskurvenkonzept – Möglichkeiten und Problematik der Ableitung strategischer Handlungsalternativen, in: Wirtschaftswissenschaftliches Studium 1986, S. 1–10.

Coenenberg, A. G. (1970): Die Bedeutung fertigungswirtschaftlicher Lernvorgänge für Kostentheorie, Kostenrechnung und Bilanz, in: Kostenrechnungspraxis 1970, S. 111–116.

Coenenberg, A. G./Baum, H.-G. (1987): Strategisches Controlling, Stuttgart 1987.

Dunst, K. (1983): Portfolio-Management, 2. Aufl., Berlin/New York 1983.

Henderson, B. D. (1984): Die Erfahrungskurve in der Unternehmensstrategie, 2. Aufl., Frankfurt am Main/New York 1984.

Lange, B. (1984): Die Erfahrungskurve: Eine kritische Beurteilung, in: Zeitschrift für betriebswirtschaftliche Forschung 1984, S. 229–245.

Simon, H. (1992): Preismanagement: Analyse – Strategie – Umsetzung, 2. Aufl., Wiesbaden 1992.

Wacker, P.-A. (1980): Die Erfahrungskurve in der Unternehmensplanung – Analyse und empirische Überprüfung, München 1980.

8. Kapitel: Prozeßkostenrechnung

A. Begriffliche Abgrenzung der Prozeßkostenrechnung

Entwicklung der Wertschöpfungsstruktur

Seit dem Ende der siebziger Jahre hat sich in vielen Unternehmen der Prozeß der betrieblichen Leistungserstellung und Wertschöpfung deutlich verändert: Viele Betriebe sind heute aufgrund der sich immer weiter beschleunigenden technologischen Entwicklung durch einen hohen Automatisierungsgrad und intensive weftbewerbliche Beziehungen zu den Beschaffungs- und Absatzmärkten gekennzeichnet (vgl. im folgenden Coenenberg/Fischer [1991], S. 21 ff.). Die vorbereitenden, planenden, steuernden und überwachenden Tätigkeiten in Forschung und Entwicklung, Beschaffung und Logistik, Produktionsplanung und -steuerung, Qualitätssicherung und -prüfung sowie Auftragsabwicklung, Vertrieb und Service haben stark zugenommen.

Verschiebung in den Kostenstrukturen

Durch diese Veränderungen im Prozeß der betrieblichen Wertschöpfung hat sich eine Verschiebung in den Kostenstrukturen ergeben. Die Kosten, die in den genannten Bereichen entstehen, sind vor allem vom Variantenreichtum und der Produktkomplexität abhängig. Die bislang vorhandenen »traditionellen« Verfahren der Kostenrechnung werden diesen Zusammenhängen und Abhängigkeiten mit ihren überwiegend wertabhängigen Bezugsgrößen nicht im erforderlichen Ausmaß gerecht. Dies gilt im Grundsatz auch für die verschiedenen Weiterentwicklungen der »traditionellen« Kostenrechnungssysteme (vgl. Abschn. C.II.3. dieses Kap.).

Durch nicht verursachungsgerechte Kostenumlagen können Fehler in der Produkt- und Preispolitik entstehen, die den Erfolg strategischer Entscheidungen gefährden.

Prozeßkostenrechnung als neuer Ansatz

Zur Lösung dieser Probleme wurde in den letzten Jahren ein neuer Ansatz entwickelt, der in der Literatur mittlerweile breiten Niederschlag gefunden hat (vgl. ausführlich Fischer [1993], S. 190 ff.). Dieser Ansatz wird in der amerikanischen und englischen Literatur als »Activity Based Costing (ABC)« bezeichnet. In der deutschsprachigen Literatur wird überwiegend der Begriff »Prozeßkostenrechnung« verwendet.

Überblick

Im folgenden werden Aufbau und Wirkungsweise der Prozeßkostenrechnung ausführlich dargestellt. Dabei sollen neben einem kritischen Vergleich mit der Zuschlagskalkulation (vgl. Kap. 4) auch die Möglichkeiten einer systematischen Verknüpfung zwischen der Unternehmensstrategie und dieser neuen Form der Kostenrechnung demonstriert werden. Zunächst werden jedoch die Ursachen für das Entstehen der Prozeßkostenrechnung aufgezeigt.

B. Gründe für die Entwicklung der Prozeßkostenrechnung

Wie eingangs bereits erwähnt wurde, ist die Entwicklung der Prozeßkostenrechnung vor allem durch Veränderungen in der Struktur der betrieblichen Wertschöpfung sowie den damit verbundenen Verschiebungen der Kostenstruktur ausgelöst worden.

I. Veränderungen der Wertschöpfungsstruktur

Neue Technologien

Der praktische Vollzug der Produkterstellung hat sich in den letzten Jahren in praktisch allen Stufen der betrieblichen Wertschöpfung stark verändert. Einige Entwicklungen sollen kurz skizziert werden: Die rasch voranschreitende Computertechnologie führte bei vielen Unternehmen zur Installation von computerintegrierten Produktionssystemen (**CIM-Systemen**), die eine wesentlich flexiblere Fertigung der Produkte ermöglichen. So kann heute eine Vielzahl verschiedener Produkte mit den installierten Produktionsanlagen wirtschaftlich hergestellt und angeboten werden (Economies of Scope), während früher nur durch die großvolumige Herstellung von standardisierten Produkten eine wirtschaftliche Auslastung der Fertigungskapazitäten möglich schien (Economies of Scale).

Just-in-time-Systeme

Die größere Variantenvielfalt und Flexibilität in der Fertigung stellen auch höhere Anforderungen an die Steuerung des Materialflusses in einem Unternehmen. Um eine bestmögliche Synchronisation der betrieblichen Prozesse zu erreichen, wurden sog. **Just-in-time-Systeme** entwickelt, die zu einer Minimierung der Bestände und der durch sie verursachten Kosten (Disponieren, Lagern, Rüsten) beitragen sollen.

Qualitätsmanagement

Die erfolgreiche Umsetzung dieser Ziele ist letztendlich nur zu erreichen, wenn ein umfangreiches betriebliches **Qualitätsmanagement** durchgeführt wird, denn jedes defekte Teil bewirkt eine Störung des Produktionsflusses, falls alle Prozesse mit minimierten Zwischenbeständen ablaufen.

Mit den genannten Neuerungen in den Produktionsbereichen sind Verschiebungen in den betrieblichen Kostenstrukturen einhergegangen, so daß sich nicht nur die Fertigungsmerkmale, sondern gleichzeitig auch die benötigten Kosteninformationen verändert haben. Auf die Veränderungen der Kostenstrukturen geht im einzelnen der nächste Abschnitt ein.

II. Veränderungen der Kostenstruktur

Veränderte Kostenstrukturen haben die vorhandenen Kostenrechnungssysteme an die Grenzen ihrer Anwendungsmöglichkeiten und Verursachungsgerechtigkeit geführt.

Veränderungen der Kostenstrukturen

In einer 1985 veröffentlichten Untersuchung wurde gezeigt, daß die Gemeinkosten in der amerikanischen Industrie, bezogen auf die Nettowertschöpfung und die Fertigungskosten, seit mehr als 100 Jahren stetig angestiegen sind, während der Anteil der Lohneinzelkosten stark zurückgegangen ist (vgl. Miller/Vollman [1985]). Diese Entwicklung ist in Abbildung 8.1 dargestellt. Die dort erkennbaren Trends werden sich auch künftig fortsetzen (vgl. Peavey [1990]).

Gründe

Der hohe Anteil der Gemeinkosten an der betrieblichen Wertschöpfung beruht vor allem auf dem gestiegenen Umfang an vorbereitenden, planenden, steuernden und überwachenden Tätigkeiten in den Bereichen Forschung und Entwicklung, Beschaffung und Logistik, Produktionsplanung und -steuerung, Qualitätssicherung und -prüfung sowie Auftragsabwicklung, Vertrieb und Service.

Die Fertigungslöhne sind in erster Linie aufgrund der starken technologischen Weiterentwicklung und der damit verbundenen Rationalisierung zurückgegangen. Damit können sie nicht mehr als zutreffende Zuschlagsbasis angesehen werden.

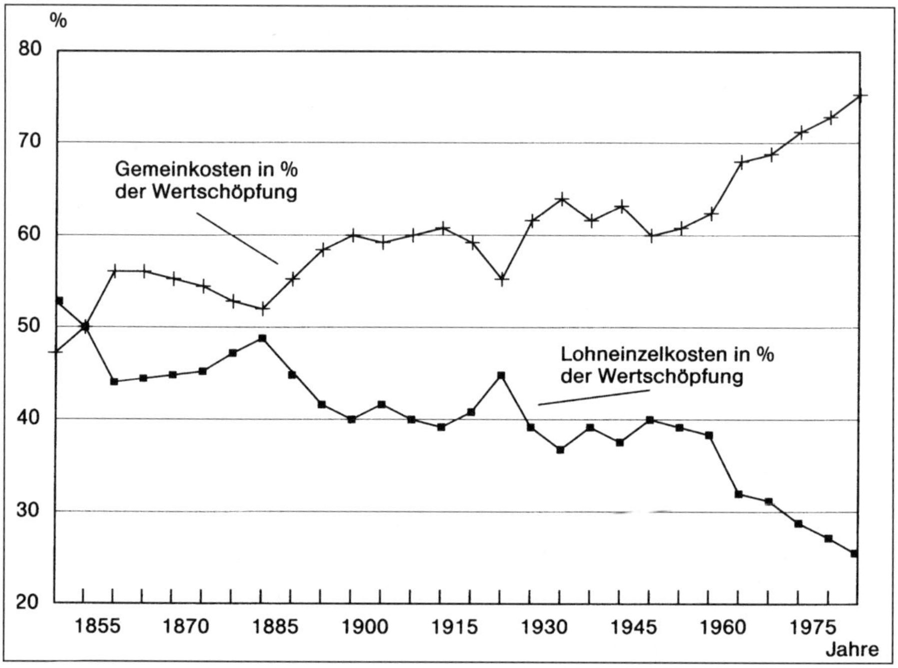

Abb. 8.1: Veränderte Kostenstrukturen in der betrieblichen Wertschöpfung (Quelle: Miller/Vollman [1985], S. 143)

Lohneinzelkosten als Zuschlagsbasis

Zur Abdeckung der gestiegenen Gemeinkosten sind in vielen Unternehmen mittlerweile Zuschlagssätze von mehreren hundert Prozent auf die Lohneinzelkosten erforderlich, während früher Zuschlagssätze von 50–60 % ausreichend waren. Treten bei der Herstellung eines Produkts positive Lohnabweichungen z.B. von 1,– DM auf, so bewirkt dies bei einem Zuschlagssatz von 600 % automatisch eine unzutreffende zusätzliche Verrechnung von Gemeinkosten in Höhe von 6,– DM. Umgekehrt werden Unterschreitungen bei den Fertigungslöhnen durch die Proportionalitätsannahme gleichzeitig fälschlicherweise als Einsparungen bei den Gemeinkosten ausgewiesen.

Technologiekosten

Ähnliche Verzerrungen entstehen durch die fortschreitende Automatisierung der Produktionsprozesse. Die gesunkenen Lohneinzelkosten gehen mit einem Anstieg sog. Technologiekosten (v.a. für Abschreibungen, Zinsen, Energie, Wartung und Instandhaltung) einher. Falls die Fertigungslöhne weiter als Zuschlagsbasis verwendet werden, kann dies zu gravierenden Fehlsteuerungen führen: Auf Produkte, die mit neuen Fertigungstechnologien (und niedrigen Fertigungslöhnen) hergestellt werden, werden zu wenig Gemeinkosten verrechnet, während Produkte, deren Fertigung auf konventionellen Maschinen und Anlagen erfolgt, mit zu hohen Gemein- und damit auch Gesamtkosten belastet werden. Für das Unternehmen können sich hieraus Fehlsteuerungen ergeben, da eine unzutreffende Verrechnung der Gemeinkosten dazu führt, daß Produktlinien mit positivem Ergebnis in Wirklichkeit nicht kostendeckend arbeiten und umgekehrt vermeintlich verlustbringende Fertigungslinien in Wirklichkeit positive Ergebnisbeiträge erwirtschaften. Je größer der Anteil der Technologiekosten an den gesamten

Kosten eines Unternehmens ist, um so stärker werden die produktbezogenen Herstellkosten durch eine Fehlverrechnung von Gemeinkosten beeinflußt.

Controllingschwerpunkte u. Kostenzusammensetzung

Aus den geänderten Kostenstrukturen ergeben sich neue Anforderungen an die Gestaltung der Kostenrechnung. Die Controllingschwerpunkte der bislang eingesetzten Systeme decken sich nicht mehr mit der aktuellen Zusammensetzung betrieblicher Kosten, wie Abbildung 8.2 verdeutlicht:

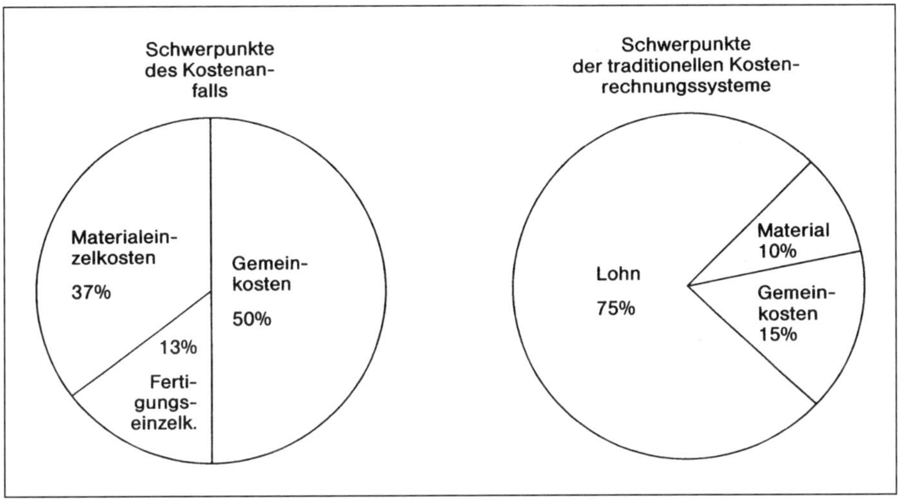

Abb. 8.2: Kostenzusammensetzung und Controllingschwerpunkte (Quelle: Rayner [1987], S. 120)

Die vorstehende Abbildung 8.2 hat deutlich gemacht, daß für eine verursachungsgerechte Kalkulation und ein wirkungsvolles Controlling die Schwerpunkte eigentlich im Bereich der Gemeinkosten anstatt bei den Lohneinzelkosten gesetzt werden müßten.

Nur wenn das Kostenrechnungssystem eine hohe Informationsqualität bietet, können die strategischen Fehlsteuerungen vermieden werden, auf die der nächste Abschnitt detailliert eingeht.

III. Vermeidung strategischer Fehlsteuerungen

»Strategisches Dreieck«

In vielen Märkten genügt es heute nicht mehr, im objektiven Sinne »gut« zu sein, sondern es ist statt dessen entscheidend, bestimmte Kundenwünsche gezielt besser zu erfüllen als die Konkurrenz. Das Schaffen und Verteidigen von Positionen relativer Wettbewerbsvorteile erfordert, daß ein Unternehmen fortlaufend nicht nur seine Beziehungen zum Kunden, sondern auch das Verhältnis zu den Konkurrenten in seine Überlegungen mit einbezieht. Als Bezugsrahmen für diese Denkweise dient das in Abbildung 8.3 dargestellte sog. »Strategische Dreieck« mit den drei Eckpunkten »WIR« (eigenes Unternehmen), »KUNDE« und »WETTBEWERBER«.

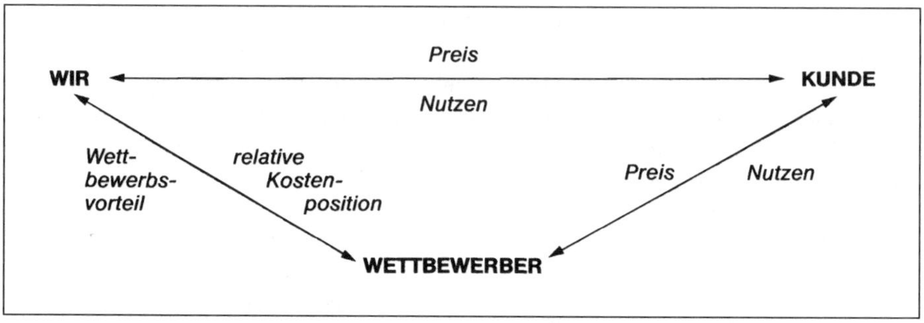

Abb. 8.3: Strategisches Dreieck (in Anlehnung an: Ohmae [1982])

Preis-Nutzen-Verhältnis

Das eigene Unternehmen wird einen Kunden nur dann dauerhaft an sich binden können, wenn das gebotene Preis-Nutzen-Verhältnis besser ist als das des Konkurrenten. Die fortlaufende Verteidigung einmal erreichter Wettbewerbsvorteile ist jedoch daran gebunden, daß die Kostenposition des eigenen Unternehmens im Vergleich zu den Konkurrenten günstiger ist. Aus dieser Bedingung geht unmittelbar hervor, daß die Kenntnis der »richtigen« Kosten mit entscheidend für die nachhaltige Sicherung der Wettbewerbsvorteile des eigenen Unternehmens ist. (Wettbewerbsorientierte) Strategien können nicht erfolgreich realisiert werden, wenn sie auf unzutreffenden Kosteninformationen beruhen. PORTER ([1996]) unterscheidet zwei Grundtypen von Wettbewerbsvorteilen, über die ein Unternehmen verfügen kann: niedrige Kosten oder Nutzenvorteile, die höhere Preise rechtfertigen. Die genaue Kenntnis der betrieblichen Kosten ist der Schlüsselfaktor sowohl für das Verteidigen eines Kostenvorsprungs gegenüber den Konkurrenten als auch für die erfolgreiche Durchführung einer Differenzierungs- bzw. Spezialisierungsstrategie. Der **Kostenführer**, der über Diversifizierung zusätzliche Volumenvorteile anstrebt, wird solange erfolgreich sein, wie seine Einsparungen aus volumenabhängigen Kostendegressionen (Economies of Scale) größer sind als die Kosten, die bei einer stärkeren Diversifizierung des Produktspektrums zusätzlich entstehen würden (Economies of Scope). Wenn das Kostenrechnungssystem die Kosten einer Ausweitung des Produktspektrums nicht verursachungsgerecht auf die Produkte verrechnet, besteht die Gefahr, daß die Kosten der Diversifizierung unbemerkt größer werden als die früher erzielten volumenabhängigen Kostendegressionen. Damit würde das Unternehmen seinen Kostenvorsprung als Wettbewerbsvorteil gegenüber seinen Konkurrenten verlieren. In ähnlicher Weise kann ein **Differenzierer** spezielle Kundenwünsche solange erfüllen, wie die erzielbaren Preise über den zusätzlichen Kosten der Differenzierung liegen. Nur wenn das Kostenrechnungssystem diese zusätzlichen Kosten entsprechend der produktspezifischen Inanspruchnahme ausweist, wird das Unternehmen seinen infolge der Differenzierung erreichten Wettbewerbsvorteil gegenüber seinen Konkurrenten verteidigen können. Die höhere Genauigkeit in der Kostenverrechnung führt zu fundierten Preisentscheidungen und bewirkt damit letztendlich höhere Erträge bei den verfolgten Strategien.

Kostenführerschaftsstrategie

Differenzierungsstrategie

»Value activities« und »non-value activities«

Die Wettbewerbsvorteile eines Unternehmens ergeben sich aus vielen einzelnen Tätigkeiten, die in den Bereichen Entwicklung, Fertigung, Marketing und Distribution für ein Produkt erbracht werden. Jede dieser Tätigkeiten kann einen Beitrag zur Veränderung der relativen Kostenposition eines Unternehmens leisten und eine Differenzierungsbasis schaffen. Aus der Gesamtheit der betrieblichen Tätigkeiten sind diejenigen in erster Linie bedeutsam, die den vom Kunden gewünschten Nutzen schaffen (»value activities«). Diese Aktivitäten sind für ein Unternehmen die sog. »kritischen Aktivitäten«, da sie mit entscheidend für die Höhe der Gesamtkosten sind und damit den zu verteidigenden Wettbewerbsvorteil am stärksten beeinflussen. Um auf Dauer wettbewerbsfähig bleiben zu können, sind Informationen erforderlich, die einerseits die Kosten der vom Kunden gewünschten »value activities« (z.B. Qualitätsprüfung) zeigen und andererseits auch das Ausmaß von »non-value activities« im Unternehmen (z.B. Nacharbeiten) erkennen lassen.

Daher muß es Zielsetzung einer aussagefähigen Kostenrechnung sein, die Kosten der betrieblichen Aktivitäten zu ermitteln und für die Kalkulation der Produkte nutzbar zu machen. Diesen Weg geht die Prozeßkostenrechnung.

C. System der Prozeßkostenrechnung

Das System der Prozeßkostenrechnung soll in drei Schritten dargestellt werden. Ausgangspunkt ist zunächst die Bestimmung der betrieblichen Prozesse und ihrer Prozeßgrößen, die später als Bezugsgrößen in der Prozeßkostenkalkulation dienen.

I. Bestimmung der Prozesse und Prozeßgrößen

Prozesse

Prozesse oder »Activities« sind repetitive Tätigkeiten, die in den verschiedenen Kostenstellen oder Abteilungen eines Unternehmens bei der Ausführung der übertragenen Aufgaben anfallen. Aus Gründen der Praktikabilität und Wirtschaftlichkeit ist die Prozeßkostenrechnung vor allem für repetitive Tätigkeiten geeignet, die gleichzeitig einen vergleichsweise geringen Entscheidungsspielraum aufweisen.

Einsatzbereiche

Eine Abgrenzung möglicher Einsatzbereiche für die Prozeßkostenrechnung zeigt Abbildung 8.4.

Systematisierung:

Zur Systematisierung dieser vergleichsweise stark strukturierten Aufgaben bzw. Prozesse haben MILLER/VOLLMAN ([1985]) eine Typologie betrieblicher Transaktionen entwickelt:

– logistische Transaktionen

Logistische Transaktionen

Mit diesen Transaktionen wird der gesamte Materialfluß im Betrieb, vom Wareneingang bis zum Versand, gesteuert und ausgeführt.

– ausgleichende Transaktionen

Ausgleichende Transaktionen

Diese Transaktionen stellen sicher, daß Materialien, Fertigungskapazitäten und Arbeitskräfte entsprechend dem Bedarf in der Produktion vorgehalten werden. Sie dienen zur Umsetzung von Kundenaufträgen in Materialanforderungen, Bestellungen und Arbeitsaufträgen.

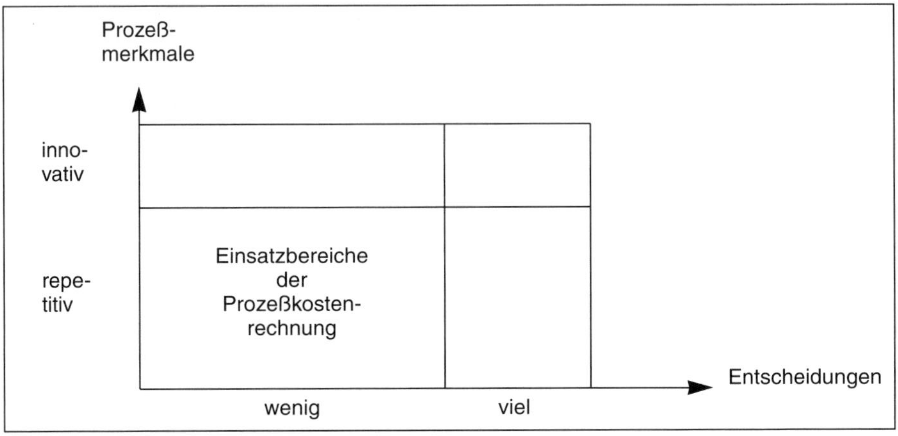

Abb. 8.4: Einsatzbereiche der Prozeßkostenrechnung (in Anlehnung an: Striening [1988], S. 62)

– *qualitätsbezogene Transaktionen*

Qualitätsbezogene Transaktionen

Qualitätsbezogene Transaktionen umfassen nicht nur die einzelnen Maßnahmen der betrieblichen Qualitätskontrolle, sondern auch die Festlegung und Konstruktion von Produktspezifikationen sowie die Überprüfung der ordnungsgemäßen Ausführung von anderen Transaktionen.

– *aktualisierende Transaktionen*

Aktualisierende Transaktionen

Diese Transaktionen dienen dazu, die Datenbestände der betrieblichen Informationssysteme (Konstruktionspläne, Fertigungsprogramme, Stücklisten, Materialspezifikationen usw.) fortlaufend auf dem aktuellsten Stand zu halten.

Prozeßübersicht

Die in den einzelnen Bereichen ablaufenden Transaktionen bzw. Prozesse werden anhand von Interviews mit den betreffenden Kostenstellenleitern erhoben. Jede Kostenstelle muß die dort ablaufenden Prozesse (Output) und den hierzu erforderlichen Einsatz an Personal- und Sachmitteln (Input) angeben, der die Höhe der Kosten bei den einzelnen Prozessen bestimmt. Eine beispielhafte Prozeßübersicht zeigt Abbildung 8.5.

Implementierungsgrundsätze

Die geschilderte Vorgehensweise zur Erhebung der benötigten Daten erfordert natürlich den Einsatz entsprechender betrieblicher Ressourcen. GÖPFERT/RUMMEL ([1988]) beziffern den Zeitbedarf für die Implementierung einer Prozeßkostenrechnung auf ca. drei Mannjahre. Um den Aspekt der Wirtschaftlichkeit nicht völlig aus den Augen zu verlieren, sollten folgende Kriterien bei der Einführung einer Prozeßkostenrechnung berücksichtigt werden:

- Konzentration auf betriebliche Kostenschwerpunkte,
- Konzentration auf betriebliche Ressourcen, die von verschiedenen Produkttypen unterschiedlich beansprucht werden (Fertigungszeit, Rüstzeit etc.),
- Konzentration auf Ressourcen, deren Kosten im bestehenden Kostenrechnungssystem am wenigsten verursachungsgerecht verrechnet werden (Aufwendungen für Materialdisposition, Fertigungssteuerung etc.).

Fragebogen

Abteilung: Einkauf		Kostenstelle: 830
Prozesse	Mitarbeiter	Personal- u. Sachk. (DM)
1. Bestellungen abwickeln für Rohstoffe	7,4	780 000
2. Bestellungen abwickeln für Hilfs- und Betriebsstoffe	1,7	180 000
3. Bestellungen abwickeln für Maschinen und Anlagen	2,8	295 000
4. Bestellungen abwickeln für Büromaterial und Dienstleistungen	1,1	116 000
Σ outputbez. Prozesse	13,0	1 371 000
sonst. Verwaltung	1,5	129 000

Datum: Unterschrift:

Abb. 8.5: Prozeßübersicht in einer Kostenstelle

Prozeßliste

Die ermittelten Transaktionen bzw. Prozesse können in Form einer »Prozeßliste« zusammengefaßt werden, wie sie beispielhaft Abbildung 8.6 zeigt.

Prozeß	**Prozeßgröße**
Angebote bearbeiten	Angebotsposition
Kundenaufträge bestätigen	Auftragsposition
Material bestellen	Bestellposition
Material lagern	m^3-Lagerraum
Fertigungsplätze rüsten	Rüstzeit
Fertigungsplätze bedienen	Fertigungszeit
Fertigerzeugnisse lagern	m^3-Lagerraum

Abb. 8.6: Auszug aus einer Prozeßliste

Hauptprozesse

Durch die kostenstellenübergreifende Zusammenfassung von mehreren sachlich zusammenhängenden (Teil-)Prozessen entstehen sog. »Hauptprozesse«, die die Grundlage der prozeßorientierten Kalkulation darstellen (vgl. Siemens [1985], S. 19).

Ein Beispiel für die Zusammenfassung von Teilprozessen zum Hauptprozeß »Material beschaffen« veranschaulicht Abbildung 8.7.

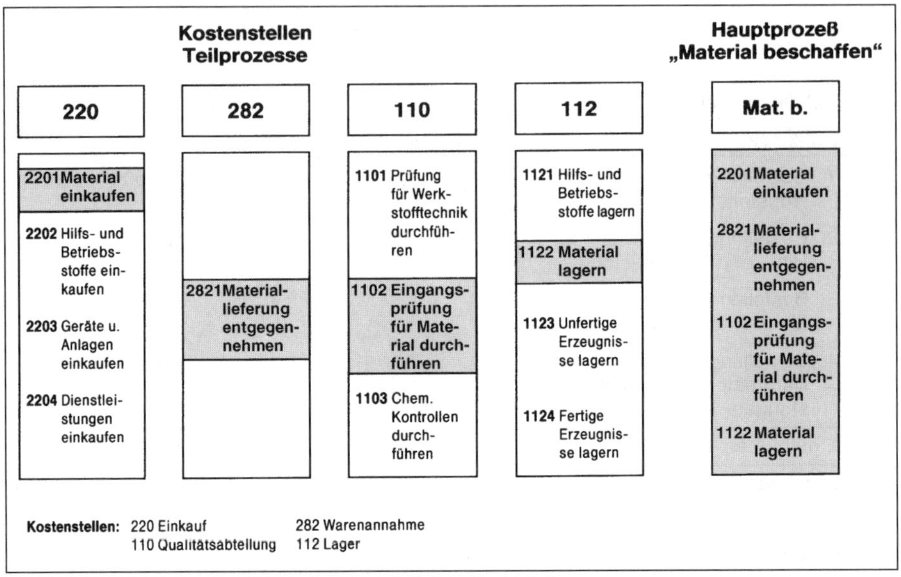

Abb. 8.7: Bildung des Hauptprozesses »Material beschaffen« aus verschiedenen Teilprozessen

Durch die Zusammenfassung sachlich zusammengehöriger Prozesse wird zuerst die Identifikation der hinter den Prozessen stehenden »Kostenantriebskräfte« erleichtert und zum anderen auch die Kalkulation der Prozeßkosten (siehe Abschnitt C.II. dieses Kap.) vereinfacht.

»cost driver«

Diese »Kostenantriebskräfte« oder »cost driver« stellen die eigentlichen Bezugsgrößen für die Verrechnung der angefallenen Gemeinkosten dar. Die Höhe, z.B. der Materialgemeinkosten, ist nicht vom Wert der beschafften Materialien, sondern von der Anzahl der getätigten Bestellungen, Lagerbewegungen, Dispositionsvorgänge etc. abhängig. Die Begriffe »Kostenantriebskraft« bzw. »cost driver« werden häufig verwendet, da dadurch betont wird, daß die Anzahl der zur Herstellung der Produkte erforderlichen Prozesse das Volumen der entstehenden Gemeinkosten »vorantreibt« und nicht etwa die wertmäßige Höhe der zur Verrechnung verwendeten Zuschlagsbasen.

Anforderungen

Die »cost driver« bzw. »Prozeßgrößen« sollten als Maßgrößen zur Quantifizierung des Outputs eines Prozesses folgende Anforderungen erfüllen:

- einfache Ableitbarkeit aus den verfügbaren Informationsquellen,
- Proportionalität zur Beanspruchung der Ressourcen,
- Durchschaubarkeit und Verständlichkeit.

Diese Kriterien unterstreichen, daß die Identifikation von Bezugsgrößen, die den Prozessen zugrunde liegen, als die Phase während der Implementierung einer Prozeßkostenrechnung angesehen werden kann, die am meisten Kreativität verlangt.

Beispiele für Prozeßgrößen

Beispiele für Prozeßgrößen in den verschiedenen Stufen der betrieblichen Wertschöpfung zeigt Abbildung 8.8.

Logistik Ein-/Auslagerungspositionen m^3-Lagerraum Lieferscheinpositionen Materialbestellungen Eingangsprüfungen
Produktion Bauplanpositionen Vorfertigungspositionen Qualitätsprüfungen Montagepositionen Rüstvorgänge
Vertrieb Kundenaufträge Zollsendungen Rechnungen Retourenausgänge Frachtbriefe

Abb. 8.8: Prozeßgrößen für verschiedene Wertschöpfungsstufen

Selbstverständlich können auch Prozeßgrößen für andere Bereiche der betrieblichen Wertschöpfung gefunden werden. Bei bestimmten Aufgaben im Unternehmen (z.B. Personal, Kasino, Planung, Betriebsleitung) scheint allerdings eine prozeßorientierte Verrechnung der entstandenen Kosten auf die Produkte nicht mehr möglich.

Systematisierung:

Die beispielhafte Zusammenstellung in Abbildung 8.8 hat bereits angedeutet, daß es verschiedene Kategorien von Prozeßgrößen gibt. Die aufgeführten Prozeßgrößen können nach verschiedenen Bezugskriterien systematisiert bzw. zusammengefaßt werden:

– mengen- vs. wertabhängig

1) Bei SIEMENS ([1985]) werden mengen- (= Anzahl) und wertabhängige (= DM) Prozeßgrößen unterschieden. Bei **mengenabhängigen** Prozeßgrößen besteht eine direkte Beziehung zwischen dem physischen Leistungsvolumen (Output) und den beschäftigungsabhängigen Kosten eines Prozesses. Bei **wertabhängigen** Prozessen, z.B. »Vorräte verzinsen«, wären der Bestandswert und die Reichweite relevante Prozeßgrößen für eine verursachungsgerechte Zuordnung der Prozeßkosten auf die Produkte.

– volumen-, komplexitäts- und effizienzabhängig

2) FOSTER/GUPTA ([1990]) differenzieren die Prozeßgrößen nach drei unterschiedlichen Kategorien: **Volumenabhängige** Prozeßgrößen beziehen sich unmittelbar auf die Abwicklung verschiedener Ausbringungsmengen, z.B. Fertigungslose oder Kundenaufträge. Daneben treten in Abhängigkeit vom Umfang des Produktspektrums sog. **komplexitätsabhängige** Prozeßgrößen, z.B. Bauplanpositionen, Prüfpositionen und Lieferpositionen, in den verschiedenen Stufen der betrieblichen Wertschöpfung auf. Schließlich können noch **effizienzabhängige** Prozeßgrößen angeführt werden. Diese bestimmen zum einen die Durchlaufzeit der Produkte und zum anderen den Anteil nicht direkt wertschöpfungsbezogener (non-value-added) Prozesse, z.B. Ausbeute, Rüst-, Lager- und Wartezeit.

Bedeutung der Prozeßgrößen

Die Festlegung geeigneter Prozeßgrößen ist stark von den unternehmensspezifischen Gegebenheiten abhängig. Insofern ist es schwierig, eindeutige Kriterien für die Auswahl der passenden Prozeßgrößen vorzugeben. In jedem Fall ist die Auswahl notwendige Voraussetzung für den Aufbau und die Durchführung einer

- aussagefähigen Kennzahlenbildung und somit einer wirkungsvollen Wirtschaftlichkeitskontrolle,
- verursachungsgerechteren Kostenträgerzeit- und Kostenträgerstückrechnung (Kalkulation),
- verbesserten Gemeinkostenplanung.

Prozeßmengen

Nach der Identifikation geeigneter Prozeßgrößen müssen für die untersuchten Prozesse noch sogenannte »standards of performance« festgelegt werden. Da es sich bei den betrachteten Prozessen um Arbeiten bzw. Tätigkeiten handelt, die sich in gleicher oder ähnlicher Weise wiederholen, können die Arbeitsergebnisse gezählt werden. Dies sind z.B. die Anzahl der Materialbestellungen, die Anzahl der Kundenaufträge, die Anzahl der Kontrollvorgänge in der Qualitätssicherung usw. Diese, auch als »Prozeßmengen« bezeichneten Werte stellen einen Maßstab für die Kapazität der jeweiligen Kostenstellen dar. Auf der Basis von Plan-Prozeßmengen können für jeden Prozeß die zugehörigen Kostenarten detailliert geplant werden.

Bedeutung der Prozeßmengen

Mit den ermittelten Prozeßmengen liegen jetzt die Schlüsselgrößen für den Verbrauch der Kosten vor. Durch die Einsicht, daß die Produktkosten **unabhängig** von der wertmäßigen Höhe bestimmter Zuschlagsbasen variieren, ist jetzt eine verursachungsgerechtere Zuordnung der entstandenen Kosten mit Hilfe der Prozeßkostenkalkulation möglich.

II. Prozeßkostenkalkulation

Überblick

Die praktische Durchführung der Prozeßkostenkalkulation umfaßt zwei Stufen. Zunächst werden Prozeßkostensätze für diejenigen Kosten ermittelt, für die vorab entsprechende Prozeßgrößen definiert werden konnten. In einem zweiten Schritt erfolgt dann – mit unterschiedlichen Vorgehensweisen – die Umlage der übrigen betrieblichen Kosten, für die eine prozeßorientierte Verrechnung nicht möglich ist bzw. nicht als zweckmäßig angesehen wird.

1. Ermittlung der Prozeßkostensätze

Prozeßkostensätze

Im Anschluß an die Festlegung der Prozeßkosten und Prozeßmengen können durch Gegenüberstellung dieser beiden Größen sog. Prozeßkostensätze gebildet werden:

$$\text{Prozeßkostensatz} = \frac{\text{Prozeßkosten}}{\text{Prozeßmenge}} = \text{Kosten je Prozeßgröße}$$

Beispiel

Beispiel: Prozeß »Material beschaffen und lagern«

Prozeßkosten	Prozeßgröße	Prozeßmenge
7 605 000	Auslagerungsposition	650 000

Mit diesen Daten kann der Prozeßkostensatz pro Auslagerungsposition berechnet werden:

$$\text{Prozeßkostensatz} = \frac{7\,605\,000}{650\,000} = 11{,}70 \text{ DM je Auslagerungsposition}$$

Verrechnung der Gemeinkosten

Die Verrechnung der Gemeinkosten auf die Produkte erfolgt entsprechend der Anzahl der im Fertigungsplan vorgesehenen Auslagerungspositionen. Auf ein Produkt, für dessen Herstellung mehr (weniger) Materialien zu beschaffen bzw. zu lagern sind, werden auch entsprechend mehr (weniger) Gemeinkosten verrechnet. Die Prozeßkostenkalkulation spiegelt damit die Beanspruchung der betrieblichen Ressourcen durch die hergestellten Produkte wider.

Kostenträgerstückrechnung

Damit ermöglicht die Verwendung von Prozeßkostensätzen in der **Kostenträgerstückrechnung (Kalkulation)** eine verursachungsgerechtere Kostenzuordnung auf die Produkte als die Zuschlagskalkulation, bei der die Gemeinkosten nur in Abhängigkeit von der Höhe einer wertmäßigen Zuschlagsbasis über proportionale Prozentzuschläge verrechnet werden (vgl. Kap. 4). Indem man den Leistungen (Produkte, Dienstleistungen, innerbetriebliche Vorgänge) verursachungsgerecht die durch sie hervorgerufenen Kosten zuordnet, können die Preise besser gebildet oder beurteilt werden und Entscheidungen, z.B. über Eigenfertigung oder Fremdbezug, fundiert getroffen werden.

Kostenträgerzeitrechnung

Für die **Kostenträgerzeitrechnung** ergeben sich durch die Verwendung von Prozeßkostensätzen verbesserte Informationen für die betriebliche Steuerung. Über die Prozeßkostensätze kann eine Produktivitätsanalyse bei den innerbetrieblichen Vorgängen durchgeführt werden:

$$\text{Prozeßkostensatz} = \frac{\text{Prozeßkosten}}{\text{Prozeßmenge}} = \frac{\text{Input}}{\text{Output}} = \frac{1}{\text{Produktivität}}$$

Funktionscontrolling

Mit Hilfe der Produktivitätsbetrachtung ist eine wirkungsvolle Unterstützung des Funktionscontrollings in den verschiedenen Wertschöpfungsstufen möglich. Zum einen sind Ansatzpunkte zur kostenstellenübergreifenden Optimierung der betrieblichen Prozeßstruktur erkennbar. Andererseits werden durch Zeitreihen von Produktivitätskennzahlen Hinweise auf Rationalisierungspotentiale bzw. Informationen über bereits erreichte Verbesserungen in der Abwicklung von Vorgängen dokumentiert. Darüber hinaus läßt sich im zeitlichen Vergleich auch feststellen, wie schnell produktivitätssteigernde Maßnahmen vom Entscheidungszeitpunkt bis zur Realisierung umgesetzt werden konnten.

Funktionen der Prozeßkostensätze

In Abbildung 8.9 sind nochmals die verschiedenen Funktionen der Prozeßkostensätze in der Kostenträgerstück- bzw. -zeitrechnung zusammengefaßt.

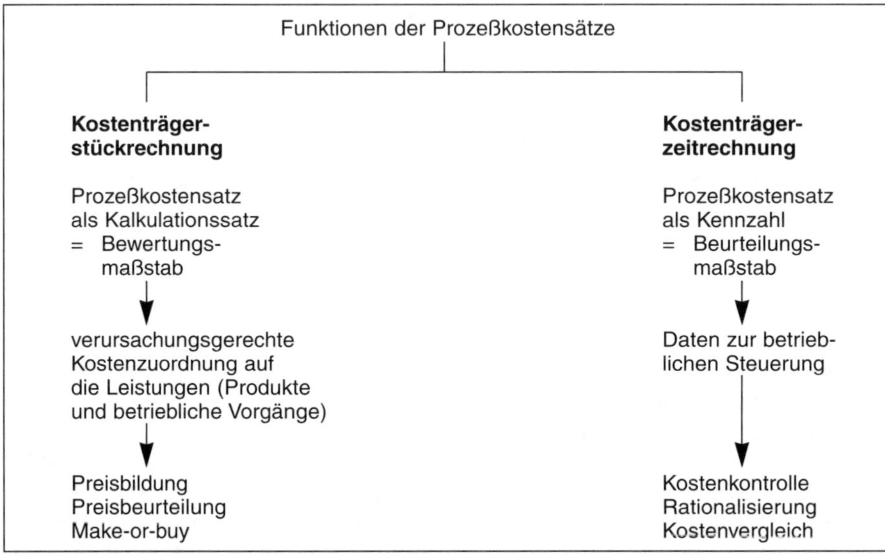

Abb. 8.9: Funktionen der Prozeßkostensätze

2. Behandlung von prozeßmengenunabhängigen Kosten und Umlagen

»Leistungsmengenneutrale« vs. »leistungsmengeninduzierte« Kosten

Für Tätigkeiten, deren Kosten prozeßmengenunabhängig entstehen und damit als »fix« anzusehen sind (z.B. Abteilung leiten, Mitarbeiter beurteilen), gibt es keine direkten produktbezogenen Maßgrößen der Kostenverursachung. Diese prozeßmengenunabhängigen und damit »leistungsmengenneutralen« Kosten müssen wie bisher über prozentuale Zuschlagssätze auf die Produkte verrechnet werden. Im Gegensatz dazu werden die sog. »leistungsmengeninduzierten« Kosten (z.B. Angebote bearbeiten, Material prüfen) mit entsprechenden Prozeßkostensätzen verrechnet.

Vorgehensweise

Beispiel

HORVATH/MAYER ([1989]) schlagen vor, daß die Umlage der leistungsmengenneutralen Prozeßkosten proportional zur Höhe der leistungsmengeninduzierten Prozeßkostensätze vorgenommen werden sollte. Ein Zahlenbeispiel, das in Tabelle 8.1 dargestellt ist, soll diesen Gedanken verdeutlichen.

Wie die linke Spalte der Tabelle 8.1 zeigt, fallen in der Kostenstelle leistungsmengeninduzierte (lmi) und leistungsmengenneutrale (lmn) Prozesse an. Der Umlagesatz zur Abdeckung der leistungsmengenneutralen Prozeßkosten ergibt sich aus dem Gesamtverhältnis der leistungsmengenneutralen Prozeßkosten zu den leistungsmengeninduzierten Prozeßkosten:

$$\text{Umlagesatz} = \frac{\text{Prozeßkosten (lmn)}}{\text{Prozeßkosten (lmi)}} \times 100 = \frac{40\,000}{500\,000} \times 100 = 8\ \%$$

Somit werden zur Abdeckung der leistungsmengenneutralen Prozeßkosten (hier: Abteilung leiten) auf jeden leistungsmengeninduzierten Prozeßkostensatz 8 % zusätzlich verrechnet. Für den Prozeß »Material prüfen« erhält man z.B. einen Umlagesatz von

$$1\,000 \times 0{,}08 = 80{,}\text{– DM}$$

Prozesse	Prozeß-kosten (DM)	Prozeß-mengen	Prozeß-kosten-satz (DM/Prozeß) (lmi)	Umlage-satz (DM) (lmn)	Gesamt-prozeß-kosten-satz (DM/Prozeß)
Angebote bearbeiten (lmi)	300 000	1 200	250	20	270
Bestellungen durchführen (lmi)	100 000	4 000	25	2	27
Material prüfen (lmi)	100 000	100	1 000	80	1 080
Abteilung leiten (lmn)	40 000	–	–	–	–

Tab. 8.1: Prozeßmengenunabhängige Kosten und Umlagen

Durch Addition von Prozeßkostensatz und Umlagesatz ergibt sich ein Gesamtprozeßkostensatz von 1 080,– DM.

Kritik

Der Vorteil dieser Methode liegt sicherlich in der leichten Anwendbarkeit. Ergänzend ist jedoch folgende Überlegung anzumerken: Die Informationen, die sich aus der Prozeßkostenrechnung ergeben, sind nicht nur in der Produktkalkulation anwendbar. Als weitere Anwendungsmöglichkeiten der Prozeßkostenrechnung wurden u.a. bereits der Kostenvergleich und die Entscheidung über Eigenfertigung und Fremdbezug (Make-or-buy-Entscheidung) genannt. Gerade in diesen Fällen kommt es entscheidend auf die Qualität der verarbeiteten Kosteninformationen an, wenn z.B. über die Fremdvergabe bestimmter Fertigungsschritte entschieden werden soll. Im Beispiel wurde für den Prozeß »Material prüfen« ein Prozeßkostensatz in Höhe von 1 000,– DM ermittelt. Dieser Wert stellt den relevanten Entscheidungsmaßstab dar, falls im Rahmen von Rationalisierungsmaßnahmen erwogen werden sollte, z.B. die Materialprüfung an externe Unternehmen zu vergeben.

Wenn nun die ursprünglich ermittelten Werte der Prozeßkostensätze durch prozentuale Kostenumlagen für allgemeine Verwaltungstätigkeiten erhöht werden (im Beispiel auf 1 080,– DM), ergeben sich zwangsläufig verzerrte Informationen bei der Beurteilung der relativen Kostenvorteile gegenüber den Wettbewerbern innerhalb der eigenen betrieblichen Wertschöpfungsstruktur.

Alternative Behandlung

Deshalb wird für die Verrechnung der prozeßmengenunabhängigen Tätigkeiten (z.B. Abteilung leiten, Mitarbeiter beurteilen usw.) alternativ vorgeschlagen, die hierfür entstehenden Kosten kostenstellenübergreifend in einer Sammelposition, z.B. »Kosten für allgemeine Aufgaben« oder »Sonstige Kosten«, zusammenzufassen. Diese Vorgehensweise bietet den Vorteil, daß sämtliche im Betrieb erhobenen prozeßorientierten Kosteninformationen in der Kostenträgerstück- bzw. -zeitrechnung unverfälscht gezeigt werden. Die prozeßmengenunabhängigen Kosten der Sammelposition würden dann mit prozentualen Zuschlägen auf die Gesamtsumme der bereits produktspezifisch vorliegenden Einzel- und Prozeßkosten verteilt werden.

Verursachungsgerechte Kostenzurechnung

Die verursachungsgerechte Kostenzurechnung ist seit jeher ein Anliegen der Kostenrechnung. Insofern ist die Zielsetzung der Prozeßkostenrechnung nicht neu. So werden als Instrumente zur Generierung verursachungsgerechter Bezugsgrößen für die Verrechnung von Gemeinkosten in der Literatur seit längerem verschiedene Ansätze diskutiert.

Platzkostenrechnung

Für die fertigungsnahen Kostenstellen erfolgt die Verrechnung der entstandenen Kosten mit Maschinenstundensätzen statt mit wertbasierten Zuschlägen. Zusätzliche Verfeinerungen ergeben sich aus Platzkostenrechnungen, bei denen die Fertigungskostenstellen weiter in verschiedene Kostenplätze untergliedert werden (vgl. Kap. 4). Im Vergleich zur Prozeßkostenrechnung sind jedoch folgende Unterschiede anzumerken: Es wird weiterhin konsequent an einer Kostenstelleneinteilung als Kalkulationsgrundlage festgehalten. Kostenstellenübergreifende Tätigkeiten und ihre kostentreibenden Bezugsgrößen werden nicht betrachtet.

Flexible Plankostenrechnung

Dies gilt auch für die Bemühungen von KILGER, der in der flexiblen Plankostenrechnung für primäre Kostenstellen außerhalb der fertigungsnahen Bereiche zusätzliche, differenzierte Bezugsgrößen zeigt. Allerdings können diese nur für die Leistungskontrolle in der betreffenden Kostenstelle und nicht zur Kalkulation verwendet werden (vgl. Kilger [1993] sowie Kap. 14). In einer Weiterentwicklung der Grenzplankostenrechnung speziell für den Dienstleistungsbereich zeigt VIKAS ([1988]) eine Vorgangskalkulation, die über die rein kostenstellenbezogene Leistungskontrolle hinausgeht und bereits starke Parallelen zur Prozeßkostenrechnung aufweist.

Alle bisherigen Bemühungen, die sich wesentlich auf die Verfeinerung der kostenstellenbezogenen Zuschläge in den fertigungsnahen Bereichen beziehen, werden durch die Entwicklung der Prozeßkostenrechnung nicht notwendigerweise obsolet. FRANZ ([1990]) untersucht in seinem Beitrag ausführlich die Leistungsfähigkeit der Grenzplankosten- und Deckungsbeitragsrechnung im Vergleich zur Prozeßkostenrechnung.

Anwendungsbereich der Prozeßkostenrechnung

Die verursachungsgerechte Zurechnung der direkten Fertigungskosten ist durch die beschriebenen Verfeinerungen der traditionellen Zuschlagsrechnung bereits hinreichend präzise realisiert. In der Praxis wird sich daher die Notwendigkeit ergeben, den Einsatz der Prozeßkostenrechnung auf die übrigen Gemeinkostenbereiche zu konzentrieren. Insbesondere eignen sich Materialgemeinkosten, allgemeine Fertigungsgemeinkosten und Vertriebsgemeinkosten für eine prozeßorientierte Kalkulation. Für die zentralen Verwaltungskosten fehlt es jedoch häufig an den erforderlichen Voraussetzungen für die Anwendbarkeit der Prozeßkostenrechnung (vgl. die Ausführungen zur Bestimmung der Prozesse und Prozeßgrößen in Abschn. C.I. dieses Kap.).

Relative Einzelkostenrechnung

Im Zusammenhang mit dem Bemühen um die Generierung verursachungsgerechter Bezugsgrößen ist auch die relative Einzelkostenrechnung von RIEBEL zu sehen. Diese beruht auf der Idee, nur die direkt und ohne Schlüsselung zurechenbaren Einzelkosten auf die Produkte zu verrechnen, während die fixen und variablen Gemeinkosten nicht auf die Leistungseinheiten verteilt werden. »Man verleugnet die Produktionsverbundenheit in den Betrieben, wenn man echte Gemeinkosten aufschlüsselt, und man verleugnet den Charakter der fixen Kosten, wenn man sie künstlich proportionalisiert« (Riebel [1994], S. 35). Da jede betriebliche Entscheidung in unterschiedlichem Ausmaß die einzelnen Kostenarten direkt beeinflußt, kann eine Differenzierung nach Einzel- und Gemeinkosten nicht mehr absolut, sondern nur noch relativ vorgenommen werden.

Durch die Festlegung einer eindeutigen Bezugsgröße werden alle Kosten eines Unternehmens letztendlich als relative, d.h. bezugsgrößenabhängige Einzelkosten erfaßt. Diese Vorgehensweise beinhaltet jedoch gewisse Einschränkungen für die Aussagefähigkeit der Kalkulation. Die konsequente Umsetzung des Systems der relativen Einzelkostenrechnung führt zu einer Hierarchisierung in der Kostenerfassung, eine vertikalisierte Zurechnung der Kosten auf das einzelne Produkt bzw. die einzelnen strategischen Geschäftsfelder würde nicht erreicht werden. Da nur Einzelkosten auf die Produkte verrechnet werden, also auch auf die Zuschlüsselung der variablen Gemeinkosten verzichtet wird, kann mit der relativen Einzelkostenrechnung die Preisermittlungsfunktion im Rahmen der Produktkalkulation nicht erfüllt werden (vgl. ausführlich Kap. 10).

»Direkte Produkt-Rentabilität«

Neben den genannten, eher industriell geprägten Kalkulationsverfahren wird in Handelsunternehmen unter der Bezeichnung »Direkte Produkt-Rentabilität (DPR)« speziell für den Distributionsbereich eine Kalkulationsmethode eingesetzt, die einige Ähnlichkeiten mit dem Konzept der Prozeßkostenrechnung aufweist (vgl. ausführlich Günther [1993]).

III. Strategische Informationsvorteile der Prozeßkostenrechnung

Die bisherigen Ausführungen haben gezeigt, daß die Prozeßkostenrechnung eine Fülle an zusätzlichen Informationen zur Verfügung stellt. Diese lassen sich vor allem im Hinblick auf eine strategieorientierte Gestaltung des Produkt-Mix nutzen. Im einzelnen sind hier drei Effekte zu unterscheiden: Allokationseffekt, Komplexitätseffekt und Degressionseffekt.

1. Allokationseffekt

Allokationseffekt

Bei Anwendung einer Prozeßkostenrechnung erfolgt die Zuordnung (Allokation) der Gemeinkosten auf die Produkte unabhängig von der Höhe traditionell wertorientierter Zuschlagsbasen (z.B. Material-, Lohneinzelkosten). Statt dessen sollten die Gemeinkosten nach Inanspruchnahme betrieblicher Ressourcen auf die einzelnen Produkte verteilt werden. Der Aufwand, der z.B. für die Beschaffung und Lagerung von Fertigungsmaterial erforderlich ist, wird ja nicht durch die wertmäßige Höhe der Stückpreise bestimmt, sondern durch die Kosten der zur Abwicklung erforderlichen Prozesse. Mit anderen Worten: Hohe bzw. niedrige Werte der Zuschlagsbasen führen bei Anwendung einer Prozeßkostenrechnung folglich nicht zu proportionalen Verrechnungen von Gemeinkosten. Das Ausmaß möglicher Kostenverzerrungen infolge einer proportionalen Verrechnung der Gemeinkosten verdeutlicht das in Abbildung 8.10 dargestellte Beispiel zur Kalkulation von drei Steckkarten.

Die Steckkarte A müßte mit zusätzlichen Gemeinkosten in Höhe von 2,50 DM belastet werden, um die tatsächliche Inanspruchnahme der betrieblichen Ressourcen im Materialbereich zutreffend widerzuspiegeln. Bei den beiden anderen Steckkarten B und C ergeben sich durch die Zuschlagskalkulation Fehlverrechnungen bei den Gemeinkosten in Höhe von 4,– DM bzw. 16,75 DM.

	Material-einzel-kosten	Materialgemeinkosten Zuschlag 25 %	Prozeßkostensatz	Allokations-effekt (Gemeinko.-Differenz)
Steckkarte A	38,–	9,50	12,–	2,50
Steckkarte B	64,–	16,–	12,–	–4,–
Steckkarte C	115,–	28,75	12,–	–16,75

Abb. 8.10: Allokationseffekt in der Gemeinkostenverrechnung

2. Komplexitätseffekt

Komplexitätseffekt

Die Prozeßkostenrechnung ermöglicht insbesondere, die Komplexität und den Variantenreichtum der Produkte als kostenbestimmenden Faktor in der Kalkulation verursachungsgerecht nachzubilden.

Ursache

Diese Forderung nach einer verursachungsgerechten Verrechnung der Komplexitätskosten ist darin begründet, daß bei der Herstellung von komplexeren Produktvarianten gegenüber einfachen Produktvarianten ein deutlich höherer Bedarf an gemeinkostenverursachenden Aktivitäten, z.B. für Materialdisposition, Fertigungssteuerung und Qualitätsprüfung, erforderlich ist.

Fehlsteuerungen der Zuschlagskalkulation

Die Zuschlagskalkulation verrechnet die Komplexitätskosten proportional in Abhängigkeit von der Höhe der jeweiligen Zuschlagsbasis. Wie Abbildung 8.11 zeigt, werden Produkte mit niedriger (hoher) Komplexität folglich zu teuer (zu billig) am Markt angeboten, so daß sich gravierende Fehlsteuerungen im Produkt-Mix ergeben können: Während die Produkte mit niedriger Komplexität aufgrund ihres hohen Preises kaum nachgefragt werden, steigt der Absatz von Produkten mit höherer Komplexität und vermeintlich größeren Gewinnspannen.

Vorteile der Prozeßkostenrechnung

Die Anwendung der Prozeßkostenrechnung führt dazu, daß Produkte mit niedriger Komplexität und geringerer Wertschöpfung (Standardprodukte) im Vergleich zur Zuschlagskalkulation billiger angeboten werden können. Umgekehrt verteuern sich die Produkte mit hoher Komplexität und umfangreicherer Wertschöpfung (Spezialprodukte) gegenüber der Zuschlagskalkulation, da die Prozeßkostenrechnung die stärkere Inanspruchnahme der betrieblichen Ressourcen in Form höherer Gemeinkostenverrechnungen zeigt. Diese zusätzlichen Informationen tragen dazu bei, verlustträchtige Strategien zu vermeiden. Produkte sollten nur bis zu dem Komplexitätsgrad angeboten werden, bei dem die Inanspruchnahme betrieblicher Ressourcen durch den Marktpreis zumindest noch abgedeckt werden kann.

3. Degressionseffekt

Degressionseffekt

Bei der Zuschlagskalkulation wird aufgrund der proportionalen Gemeinkostenzuordnung jeweils ein konstanter Gemeinkostensatz pro Stück verrechnet. Die Prozeßkosten **pro Stück** für die interne Abwicklung von Materialbestellungen, Fertigungslosen, Kundenaufträgen etc. verringern sich jedoch mit steigenden Stückzahlen (vgl. Abb. 8.12).

Beispiel

Die Vertriebsgemeinkosten (VGK) entstehen durch die Bearbeitung eines Kundenauftrags (Abwicklung, Ausgangskontrolle, Auslagerung, Versand, Buchung). Sie sind

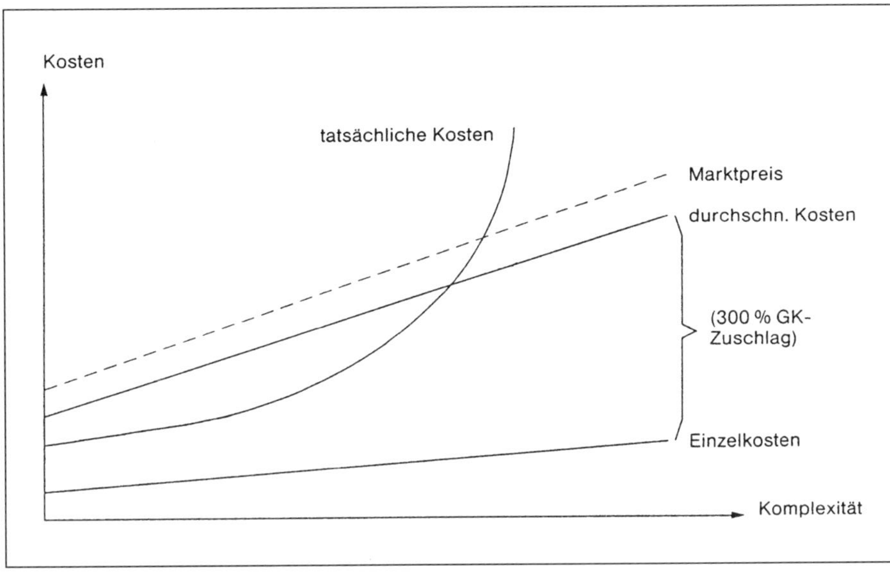

Abb. 8.11: Komplexitätseffekt in der Prozeßkostenrechnung

jedoch nicht von der bestellten Stückzahl abhängig. Im Beispiel verursacht die Abwicklung eines Kundenauftrags Prozeßkosten in Höhe von 800,– DM. Dieser Betrag fällt sowohl bei einem Auftrag von 1 Stück wie auch bei einer Auftragsmenge von 10 oder 20 Stück an. Bei Anwendung der Zuschlagskalkulation werden die Vertriebsgemeinkosten als pauschaler Zuschlagssatz von 20 % auf die wertmäßige Höhe der Herstellkosten (HK) verrechnet. Dies führt dazu, daß bei proportionaler Verrechnung der Gemeinkosten Aufträge mit niedrigen Stückzahlen zu gering belastet werden, obwohl gerade deren Abwicklung die betrieblichen Ressourcen vergleichsweise stärker beansprucht. In gleicher Weise würden die Kosten von Aufträgen mit großen Stückzahlen durch die proportionale Zurechnung zu hoch ausgewiesen. Die Anwendung der Prozeßkostenrechnung anstelle der Zuschlagskalkulation ergibt neue Werte für die Produktkosten (vgl. Abb. 8.12): Produkte, die in geringen (großen) Mengen nachgefragt werden, müssen höhere (niedrigere) Kosten tragen.

	Zuschlagskalkulation (Zuschlagssatz = 20 %)			**Prozeßkostenrechnung** (Prozeßkosten = 800)		
Stück	HK	VGK	Stückk.	HK	VGK	Stückk.
1	400	80	480	400	800	1 200
5	2 000	400	480	2 000	800	560
10	4 000	800	480	4 000	800	480
15	6 000	1 200	480	6 000	800	453
20	8 000	1 600	480	8 000	800	440

Abb. 8.12: Entstehung des Degressionseffekts durch prozeßorientierte Verrechnung der Vertriebsgemeinkosten

»Kritische Masse«

Aus der Anwendung der Prozeßkostenrechnung ergeben sich bei entsprechender Auftragsgröße neue Kalkulationsspielräume. Das Erreichen der »kritischen Masse« – im Beispiel 10 Stück – ist als Forderung an den Vertrieb zu verstehen, bei der Auftragsakquisition nach Möglichkeit bestimmte Mindestauftragsgrößen zu realisieren. Die interne Bearbeitung größerer Aufträge ist für das eigene Unternehmen unter Wirtschaftlichkeitsaspekten vorteilhafter: Jeder Auftrag muß – unabhängig von der Stückzahl – bestätigt, eingeplant, disponiert und fakturiert werden. Da die Kosten hierfür pro Auftrag nur einmal anfallen, bietet das Überschreiten der »kritischen Masse« (im Beispiel bei Auftragsgrößen ab 10 Stück) gegenüber der Zuschlagskalkulation zusätzliche Kosten- und damit Wettbewerbsvorteile gegenüber den Konkurrenten. Diesen Zusammenhang verdeutlicht nochmals Abbildung 8.13:

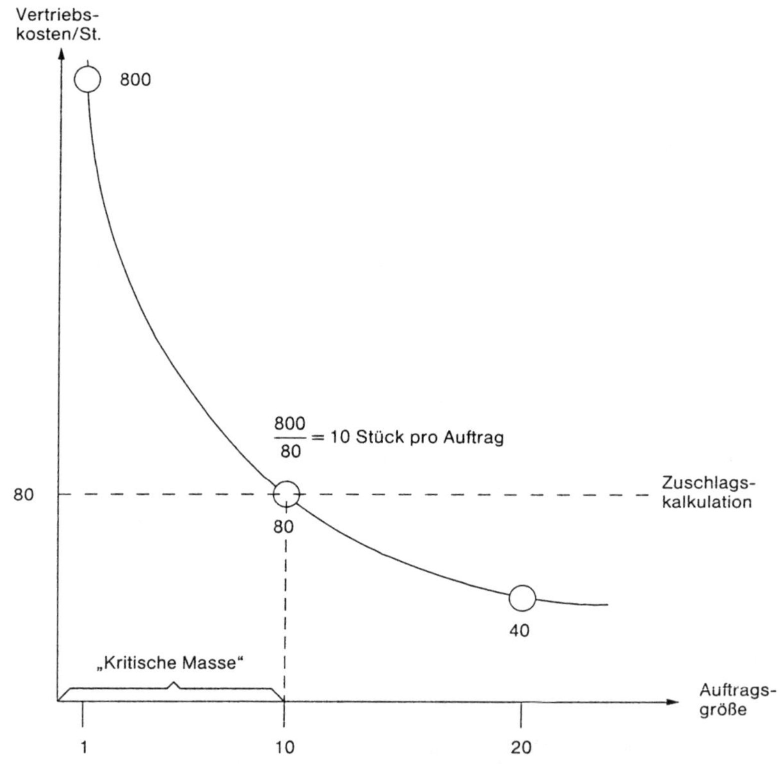

„Kritische Masse" ermöglicht Selektion lohnender Kundenanfragen:

$$\text{Mindestauftragsgröße} = \frac{\text{Prozeßkostensatz pro Auftrag}}{\text{Zuschlagssatz pro Stück}}$$

Abb. 8.13: Degressionseffekt und Mindestauftragsgröße

D. Beurteilung der Prozeßkostenrechnung

Präferenzfolge der Kostenverrechnung

Für die Verrechnung der betrieblichen Kosten auf die verschiedenen Produkte sollte grundsätzlich die in Abbildung 8.14 dargestellte Präferenzfolge zugrunde gelegt werden.

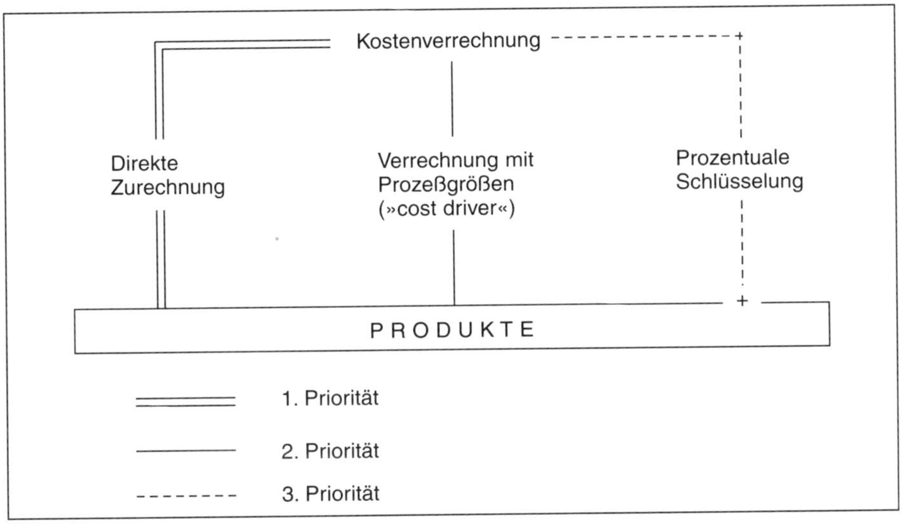

Abb. 8.14: Methoden der Kostenverrechnung (Quelle: Ostrenga [1990], S. 44)

Reine Zuschlagskalkulation

Prozeßanaloge Kalkulation

Wie die Abbildung 8.14 zeigt, erweitert die Prozeßkostenrechnung die Möglichkeiten für eine verursachungsgerechtere Zuordnung der Produktkosten. Die Darstellung weist aber bereits darauf hin, daß der völlige Verzicht auf eine prozentuale Beaufschlagung von wertabhängigen Zuschlagsbasen für die Verrechnung der Gemeinkosten in der Praxis nicht möglich sein dürfte. Im einzelnen sind folgende Alternativen denkbar: Bei der **reinen Zuschlagskalkulation** erfolgt die Zuordnung der Gemeinkosten für jede Kostenstelle mit Hilfe von Zuschlagssätzen überwiegend auf eine Wertbasis. Als weiteres wäre denkbar, die Verrechnung der Gemeinkosten auf die Produkte ausschließlich über Prozeßkostensätze vorzunehmen. Eine solche **prozeßanaloge Kalkulation** muß jedoch als theoretischer Modellfall angesehen werden. Wie in Abschnitt C.II.3. dieses Kapitels bereits dargestellt wurde, ergibt sich für die fertigungsnahen Gemeinkostenbereiche über kostenstellennahe Bezugsgrößen eine hinreichend genaue Kostenzurechnung auf die Produkte. Für bestimmte betriebliche Prozesse (z.B. kaufmännische Leitung, Organisation, Personal- und Sozialwesen) ist eine direkte produktspezifische Zuordnung der Kosten dagegen entweder nur sehr schwer oder überhaupt nicht möglich.

Prozeßorientierte Produktkalkulation

Somit verbleibt als praktikable Alternative die sog. **prozeßorientierte Produktkalkulation**, bei der die Kosten von gewichtigen Prozessen über Prozeßkostensätze direkt auf die Produkte zugerechnet werden und die übrigen Kosten mit prozentualen Zuschlägen auf eine Wertbasis abgedeckt werden.

Entscheidungs-kriterien

Die Entscheidung über den erforderlichen Grad der Prozeßorientierung in der Produktkalkulation wird wesentlich bestimmt durch die Struktur des Produktspektrums eines Unternehmens. Solange sehr homogene Produktgruppen in relativ gleichbleibenden Stückzahlen gefertigt werden, kann die Zuschlagskalkulation noch als weitgehend verursachungsgerecht angesehen werden. Allerdings sind diese Produktionsbedingungen heute nur noch in sehr geringem Umfang zutreffend. Die meisten Unternehmen verfügen heute aufgrund der differenzierten Kundenwünsche über ein stark diversifiziertes Produktspektrum, bei dessen Produktion die betrieblichen Ressourcen durch die einzelnen Produkte teilweise in sehr unterschiedlichem Ausmaß beansprucht werden. In diesem Fall ermöglicht ein prozeßorientiertes Kostenrechnungssystem die genauere und verursachungsgerechtere Zuordnung der Aufwendungen, die durch die einzelnen Produkte in den indirekten Leistungsbereichen bzw. unterstützenden Funktionen verursacht werden.

Strategieorientierte Gestaltung der betrieblichen Wertschöpfung

Neben den Informationsvorteilen in der Produktkalkulation liefert das System der Prozeßkostenrechnung noch wertvolle Hinweise und Anregungen für eine strategieorientierte Gestaltung der betrieblichen Wertschöpfung.

Die Prozeßkostenrechnung fördert die Entwicklung montagefreundlicher Produkte. Produkte mit einfachem modularen Aufbau senken nicht nur die Beschaffungskosten, sondern tragen auch zu geringeren Aufwendungen für Montage und Bestückung bei.

Um auch künftig wettbewerbsfähig zu bleiben, besteht großer Informationsbedarf über die Kosten derjenigen betrieblichen Aktivitäten (non-value activities), die nicht zu einer Erhöhung des Kundennutzens beitragen. Die Prozeßkostenrechnung zeigt den Anteil der betrieblichen Ressourcen, die z.B. durch Reklamationen, Reparaturen und Nacharbeiten in einer bestimmten Periode gebunden sind, und liefert damit Ansatzpunkte für die Erhöhung der betrieblichen Effizienz durch eine verbesserte Gestaltung der bestehenden Abläufe. Gleichzeitig werden die bestehenden Abhängigkeiten zwischen den einzelnen betrieblichen Funktionsbereichen aufgezeigt. Die Kostenantriebskräfte (z.B. Teileanzahl im Beschaffungsbereich) bei den definierten Haupt- und Teilprozessen verdeutlichen, daß z.B. nachhaltige Einsparungen der Kosten im Beschaffungsbereich nur durch die kostenstellenübergreifende Zusammenarbeit von Entwicklungsingenieuren und Einkäufern erreicht werden können.

»Responsibility Accounting«

Weil die Prozeßkostenrechnung die Produktkosten nicht nach dem »Gießkannenprinzip« durch prozentuale Beaufschlagung von Wertbasen ermittelt, sondern – soweit als möglich – eine verursachungsgerechte Kalkulation anhand der beanspruchten betrieblichen Ressourcen durchführt, wächst in den einzelnen Sparten auch das Verantwortungsgefühl für die dort entstandenen Kosten. Das Konzept der Prozeßkostenrechnung unterstützt damit auch die Idee des »Responsibility Accounting«, wo aktuelle und geplante Werte der verbrauchten Ressourcen (Input) und erzeugten Produkte bzw. Dienstleistungen (Output) einander gegenübergestellt werden. Ein Manager muß demnach die Abweichungen verantworten, deren Ursache unmittelbar in seinem Verantwortungsbereich liegt, und nicht solche, die z.B. durch Verrechnungen zentraler Kostendeckungen entstanden sind. Da viele Prozesse kostenstellenübergreifende Aufgabenstellungen beinhalten, können evtl. aufgetretene Abweichungen nicht nur im direkten Verantwortungsbereich eines Kostenstellenleiters liegen, sondern bereits in vorgelagerten Aufgabenstellungen entstanden sein. Um dennoch eine wirksame Kontrolle des Betriebsgeschehens durchführen zu können, sollten ergänzend sog. Prozeßverantwortliche

(Process Owner) zur Betreuung von kostenstellenübergreifenden Aufgabenstellungen neben der bestehenden Stabs- und Linienorganisation institutionalisiert werden. Durch diese Maßnahme werden die Voraussetzungen geschaffen, mit Hilfe der Prozeßkostenrechnung nicht nur die Effektivität und Effizienz der betrieblichen Wertschöpfung deutlich zu erhöhen, sondern auch eine bessere Abstimmung des operativen Controllings mit den strategischen Zielsetzungen zu erreichen.

Abkürzungsverzeichnis

CIM	Computer Integrated Manufacturing
DPR	Direkte Produkt-Rentabilität
GK	Gemeinkosten
HK	Herstellkosten
lmi	leistungsmengeninduziert
lmn	leistungsmengenneutral
VGK	Vertriebsgemeinkosten

Kontrollfragen

1) Beschreiben Sie einige der wesentlichen Gründe, die zur Entwicklung der Prozeßkostenrechnung geführt haben.
2) Grenzen Sie kurz die wichtigsten Einsatzbereiche der Prozeßkostenrechnung im Unternehmen ab.
3) Wie können in den einzelnen Bereichen die dort ablaufenden Prozesse erhoben werden?
4) Welcher Zusammenhang besteht zwischen Teil- und Hauptprozessen?
5) Welche grundsätzliche Bedeutung haben die Prozeßgrößen oder »cost driver«?
6) Nennen Sie Beispiele für Prozeßgrößen in den verschiedenen Wertschöpfungsstufen des Unternehmens.
7) Nach welchen Kriterien können Prozeßgrößen systematisiert werden?
8) Welcher Unterschied besteht zwischen Prozeßgrößen und Prozeßmengen?
9) Wie werden Prozeßkostensätze gebildet?
10) Welche Funktion besitzen die Prozeßkostensätze jeweils in der Kostenträgerstückrechnung und Kostenträgerzeitrechnung?
11) Wie können prinzipiell prozeßmengenunabhängige Kosten und Umlagen in der betrieblichen Kostenrechnung behandelt werden?
12) Skizzieren Sie kurz wesentliche Gemeinsamkeiten und Unterschiede der Prozeßkostenrechnung im Vergleich mit der Grenzplankostenrechnung und der relativen Einzelkosten- und Deckungsbeitragsrechnung.
13) Inwiefern trägt die Prozeßkostenrechnung zur Vermeidung des Allokationseffekts bei?
14) Welche Bedeutung hat der Komplexitätseffekt in der Produktkalkulation?
15) Welche Zusatzinformationen können mit Hilfe des Degressionseffekts in der Produktkalkulation gewonnen werden?
16) Inwiefern wirkt die Zusammensetzung des Produktspektrums auf die Verursachungsgerechtigkeit einer Kalkulationsmethode?
17) Zeigen Sie einige Ansatzpunkte, mit denen die Prozeßkostenrechnung zur Optimierung der betrieblichen Wertschöpfungsstruktur beitragen kann.
18) Nennen Sie Beispiele für »value activities« und »non-value activities« im Unternehmen.

Literaturhinweise

Coenenberg, A. G./Fischer, T. M. (1991): Prozeßkostenrechnung – Strategische Neuorientierung, in: Die Betriebswirtschaft 1991, S. 21–38.

Cooper, R./Kaplan, R. S. (1988): Measure Costs Right: Make the Right Decisions, in: Harvard Business Review1988, Heft 5, S. 96–103.

Fischer, T. M. (1993): Kostenmanagement strategischer Erfolgsfaktoren, München 1993.

Foster, G./Gupta, M. (1990): Manufacturing Overhead Cost Driver Analysis, in: Journal of Accounting and Economics 1990, 12. Jg., S. 309–337.

Franz, K.-P. (1990): Die Prozeßkostenrechnung im Vergleich mit der Grenzplankosten- und Deckungsbeitragsrechnung, in: Horváth, P. (Hrsg.) (1990): Strategieunterstützung durch das Controlling: Revolution im Rechnungswesen, Stuttgart 1990, S. 195–210.

Göpfert, R./Rummel, K. D. (1988): An Example of How to Implement Activity Accounting. Siemens AG, West Germany (Copyright Siemens AG, June 1988).

Günther, T. (1993): Direkter Produkt-Profit, in: Zeitschrift für betriebswirtschaftliche Forschung 1993, S. 460–482.

Horváth, P./Mayer, R. (1989): Prozeßkostenrechnung – Der neue Weg zu mehr Kostentransparenz und wirkungsvolleren Unternehmensstrategien, in: Controlling 1989, S. 214–219.

Kilger, W. (1993): Flexible Plankostenrechnung und Deckungsbeitragsrechnung, Bearbeitet durch Kurt Vikas, 10. Aufl., Wiesbaden 1993.

Küting, K./Lorson, P. (1991): Grenzplankostenrechnung versus Prozeßkostenrechnung, in: Betriebs-Berater 1991, S. 1421–1433.

Miller, J. G./Vollman, T. E. (1985): The hidden factory, in: Harvard Business Review 1985, Heft 5, S. 142–150.

Ohmae, K. (1982): The Mind of the Strategist, New York 1982.

Pfohl, H.-C./Stölzle, W. (1991): Anwendungsbedingungen, Verfahren und Beurteilung der Prozeßkostenrechnung in industriellen Unternehmen, in: Zeitschrift für Betriebswirtschaft 1991, S. 1281–1305.

Porter, M. E. (1996): Wettbewerbsvorteile – Spitzenleistungen erreichen und behaupten, 4. Aufl., Frankfurt am Main 1996.

Rayner, B. (1987): Accounting for change in the electronics industry, in: Electronic Business v. 15.10.1987, S. 118–123.

Riebel, P. (1994): Einzelkosten- und Deckungsbeitragsrechnung, 7. Aufl., Wiesbaden 1994.

Siemens AG (1985): Prozeßorientierte Kostenrechnung im KWS Augsburg, München 1985.

Striening, H.-D. (1988): Prozeß-Management, Frankfurt am Main 1988.

Vikas, K. (1988): Controlling im Dienstleistungsbereich mit Grenzplankostenrechnung, Wiesbaden 1988.

Dritter Teil: Weiterentwicklungen und Anwendungsmöglichkeiten in der Grenzkostenrechnung

9. Kapitel: Stufenweise Fixkostendeckungsrechnung

A. Zielsetzung und Abgrenzung

Mehrstufige Deckungsbeitragsrechnung

Das Bestreben, unternehmerische Entscheidungen durch möglichst relevante Kosteninformationen zu untermauern, führt in einer Weiterentwicklung der einstufigen Deckungsbeitragsrechnung zur mehrstufigen Deckungsbeitragsrechnung.

Die **mehrstufige Deckungsbeitragsrechnung** wird aufgrund ihres Aufbaus auch stufenweise Fixkostendeckungsrechnung oder Schichtkostenrechnung genannt (vgl. Agthe [1959]; Mellerowicz [1974]).

Kennzeichen

Kennzeichnend für beide Formen – einstufige und mehrstufige Deckungsbeitragsrechnung – ist die gesonderte Erfassung von beschäftigungsvariablen und -fixen Kosten und damit der Verzicht auf eine Schlüsselung fixer Kosten. Ausschließlich im Rahmen der mehrstufigen Deckungsbeitragsrechnung tritt daneben der Grundsatz einer gestaffelten oder hierarchischen Erfassung und Zuordnung fixer Kosten, während die fixen Kosten bei der einstufigen Deckungsbeitragsrechnung nur summarisch abgesetzt werden (summarische Fixkostendeckungsrechnung).

Auch fixe Gemeinkosten werden grundsätzlich als Einzelkosten einer bestimmten Teileinheit interpretiert. Auf jede Schlüsselung fixer Gemeinkosten kann diesem Verständnis zufolge verzichtet werden. In der stufenweisen Fixkostendeckungsrechnung kommt das von RIEBEL vorgeschlagene Prinzip des Rechnens mit **relativen Einzelkosten** in Grundzügen zum Ausdruck (vgl. Riebel [1994] sowie Kap. 10).

Unterschiedlichkeit fixer Kosten

Die im Rahmen des Direct Costing oder der einstufigen Deckungsbeitragsrechnung undifferenziert bzw. summarisch erfaßten Fixkosten stellen i.d.R. keine homogene Masse dar, sondern unterscheiden sich hinsichtlich ihrer Natur und dem Grad ihrer Zurechenbarkeit zu betrieblichen Aktivitäten. So ist unmittelbar einsichtig, daß sich bspw. Fixkosten für den Betriebsschutz hinsichtlich der Produktnähe erheblich von den fixen Kosten einer Anlage aus dem Fertigungsbereich unterscheiden. Desgleichen macht es für Kostenträgerzeitrechnung und Kalkulation einen Unterschied, ob bestimmte Teile der fixen Kosten nur für ein Produkt, eine Produktgruppe oder für eine Vielzahl von Produkten und Leistungen anfallen.

Sachliche Relativität

Kosten, die bezogen auf die einzelne Produkteinheit als fix bezeichnet werden müssen, können bspw. der Produktgruppe (Fertigungsanlagen) bzw. der Sparte (Spartensteuerung) direkt zurechenbar und somit als Einzelkosten des jeweiligen Bereichs durchaus entscheidungsrelevant sein.

Zeitliche Relativität

Neben dieser **sachlichen Relativität** des Fixkostencharakters ist auch die **zeitliche Relativität** zu berücksichtigen. Die Relevanz fixer Kosten ist unter diesem Aspekt davon abhängig, innerhalb welches Zeitraums sie abgebaut werden können (z.B. Aufgabe einer Produktlinie, eines Werks).

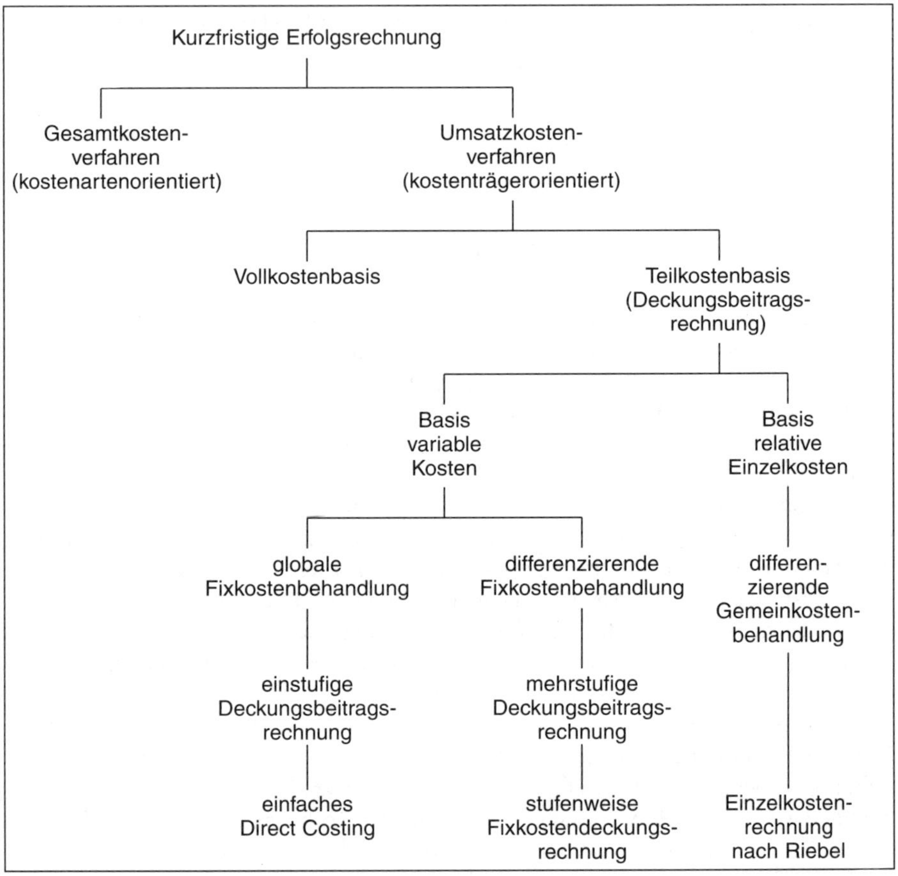

Abb. 9.1: Varianten der kurzfristigen Erfolgsrechnung (in Anlehnung an: Wahle [1989])

Eine nach diesen Aspekten differenzierte Betrachtung und Auswertung der Fixkosten kann den Informationsgehalt der Kostenrechnung für unternehmerische Entscheidungen erheblich erhöhen.

B. Verfahrensweise

Arbeitsschritte

Für die Durchführung der stufenweisen Fixkostendeckungsrechnung sind grundsätzlich folgende Arbeitsschritte erforderlich:

(1) Festlegung der Rechnungsperiode,
(2) kostenrechnerische Gliederung des Unternehmens in eine zweckmäßige Hierarchie,
(3) Gliederung des Fixkostenblocks nach der Zurechenbarkeit zu einzelnen »Ästen« in der Hierarchiestruktur,
(4) Erfassung der Fixkosten als Block so weit »unten« in der Hierarchie wie möglich,

d.h. dort, wo sie sich gerade noch als direkte Kosten gemäß dem Verursachungsprinzip zurechnen lassen,

(5) Ermittlung von Deckungsbeiträgen auf jeder Hierarchiestufe und in jedem »Ast«, wobei sich hierarchisch nachfolgende Deckungsbeiträge immer als Rest-Deckungsbeitrag des vorhergehenden ergeben.

Festlegung des Abrechnungszeitraums

(1) Festlegung der Rechnungsperiode

Aufgrund der zeitlichen Relativität fixer Kosten ist die Fristigkeit der Betrachtung von entscheidender Bedeutung für die Abgrenzung der Kosten in der Kostenartenrechnung. Üblicherweise wird ein Zeitraum von einem Monat gewählt (vgl. Kap. 4).

Hierarchisierung

(2)–(4) Hierarchiebildung und Gliederung des Fixkostenblocks

Durch eine geeignete Schichtung der Fixkosten werden die Möglichkeiten, einzelne organisatorische Teileinheiten zu beurteilen und zu steuern, erheblich verbessert.

Eine Hierarchisierung kann in einem divisionalisierten Unternehmen bspw. in folgender Form vorgenommen werden (vgl. Agthe [1963]; Mellerowicz [1974]):

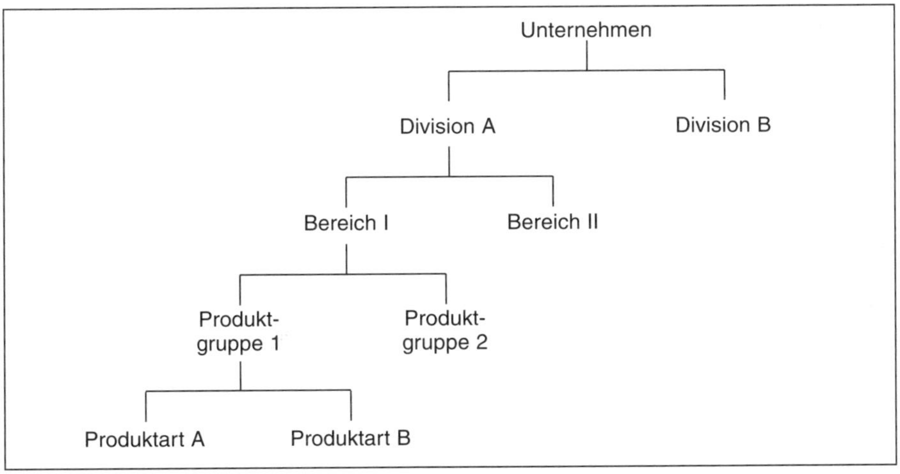

Abb. 9.2: Schema einer spartenorientierten Schichtung

Neben der dargestellten Orientierung an Sparten bzw. Geschäftsbereichen kann sich die Differenzierung auch auf regionale Kriterien oder Absatzsegmente stützen (z.B. eine Kundengruppenerfolgsanalyse im Handel).

Spartenbezogene Schichtung:

Die einzelnen Stufen bei einer spartenbezogenen Schichtung der fixen Kosten können wie folgt abgegrenzt werden:

– Produktfixkosten

Produktfixkosten

Das sind fixe Einzelkosten eines Produkts und damit Kosten, die ausschließlich für dieses Produkt, aber unabhängig von der Ausbringungsmenge anfallen. Beispiele hierfür sind Patentkosten, Kosten für Spezialmaschinen, Spezialwerkzeuge, aber auch Kosten für auf das Produkt beschränkte Werbekampagnen usw.

– *Produktgruppenfixkosten*

Produktgruppenfixkosten

Fixe Einzelkosten der Produktgruppe fallen dementsprechend für die einzelnen Produkte einer Produktgruppe gemeinsam an, bleiben aber auf die Produktgruppe beschränkt, z.B. Patentkosten, Kosten für gemeinsam genutzte Gebäude und Anlagen, Kosten für gemeinsames Personal, Vertriebskosten der Produktgruppe usw.

– *Kostenstellenfixkosten*

Kostenstellenfixkosten

Sofern innerhalb einer Kostenstelle mehrere Produktgruppen bearbeitet werden, sind stellenspezifische fixe Einzelkosten wie z.B. Meisterlöhne, Raumkosten usw. gesondert zu erfassen.

– *Bereichsfixkosten*

Bereichsfixkosten, Spartenfixkosten

Fixe Einzelkosten des Bereichs bzw. der Sparte sind analog abzugrenzen. In diese Ebene fallen typischerweise Kosten für gemeinsamen Entwicklungs-, Verwaltungs- und Vertriebs-Overhead der einem Bereich bzw. einer Sparte zugeordneten Produktgruppen.

– *Unternehmensfixkosten*

Unternehmensfixkosten

Als fixe Einzelkosten des Unternehmens wird das Residuum der gesamten Fixkosten bezeichnet, also diejenigen Bestandteile, die sich nicht als Einzelkosten unterer Hierarchieebenen interpretieren lassen. Grundsätzlich sind hierzu Beiträge und Gebühren, die Kosten der Unternehmensleitung sowie je nach Organisation bspw. auch Kosten der Personalverwaltung, der Sozialstellen u.ä. zu rechnen (vgl. Wahle [1989]).

Abgrenzungsprobleme

Die gleichzeitige Berücksichtigung von Kostenstellenfixkosten und Produktgruppenfixkosten nach dem Vorschlag von AGTHE und MELLEROWICZ führt zu Abgrenzungsproblemen. Sofern in einer Kostenstelle mehrere Produktgruppen bearbeitet werden, sollten die dort anfallenden Fixkosten der Grundidee dieses Verfahrens zufolge jeweils der betroffenen Produktgruppe zugerechnet werden. Befindet sich in der Kostenstelle hingegen nur eine Produktgruppe in Bearbeitung, so ist die gesonderte Hierarchieebene »Kostenstelle« in der stufenweisen Schichtung ohnehin überflüssig (vgl. Seicht [1997]).

Sinnvoll kann es dagegen sein, die Fixkosten einzelner Betriebe und Werke auf einer gesonderten Hierarchiestufe zu erfassen.

Wirtschaftlichkeitsgrundsatz

Ganz allgemein ergibt sich die anzustrebende Gliederungstiefe bei diesem Verfahren weitgehend aus Organisation, Produktionsprogramm oder Marktbeziehungen des Unternehmens. Auch für die stufenweise Fixkostendeckungsrechnung ist dabei der Grundsatz der **Wirtschaftlichkeit** zu beachten, d.h. die Erfassungsgenauigkeit sollte in einem sinnvollen Verhältnis zum damit verbundenen Informationsgewinn stehen.

Kostenartenrechnung

Legt man die Dreiteilung der Kostenrechnung in Kostenarten-, Kostenstellen- und Kostenträgerrechnung zugrunde, so bleibt beim Übergang von einem einfachen Direct Costing zur stufenweisen Fixkostendeckungsrechnung nur die Kostenartenrechnung unverändert.

Kostenstellenrechnung

Die gewählte Schichtung wirkt sich bereits in der Kostenstellenrechnung aus, da die fixen Kosten im BAB den jeweiligen hierarchischen Bezugsgrößen zugewiesen werden müssen. Kostenstellenrechnung und Kostenträgerzeitrechnung fließen daher ineinander.

Die **Kostenstellenrechnung** im System der stufenweisen Fixkostendeckungsrechnung folgt unter Annahme einer Spartengliederung nachstehendem Schema (vgl. Schweitzer/Küpper [1998], S. 398):

	Vorkostenstellen				Endkostenstellen										Produkt-fix-kosten	Produkt-grup-penfix-kosten
	Geschäfts-leitung	Fert.-Hilfsst.			Sparte I					Sparte II						
		1	2	....	Fert. 1	Fert. 2	Fert. 3	Verwalt.	Vertrieb	Fert. 1	Fert. 2	Fert. 3	Verwalt.	Vertrieb	A B C D E	X Y Z
Kostenarten	g f v	gfv	gfv	....	g f v	g f v	g f v	g f v	g f v	g f v	g f v	g f v	g f v	g f v		
. . . .																

mit: g = gesamt f = fix v = variabel

Abb. 9.3: Schema des BAB bei stufenweiser Fixkostendeckungsrechnung

Nur die proportionalen Kosten werden innerhalb des BAB nach Kostenarten gesondert auf die Endkostenstellen und weiter auf einzelne Kostenträger verrechnet. Die Fixkosten werden in sinnvollen Kategorien und ungeschlüsselt so verursachungsnah wie möglich zusammengefaßt. Eine Weiterwälzung findet nicht statt, vielmehr wird nur mit **primären** fixen Kosten gerechnet. Sekundäre Fixkosten treten nicht auf.

Sonderrechnung

Die stufenweise Fixkostendeckungsrechnung kann wie dargestellt als Sonderrechnung an eine konventionelle Grenzkostenrechnung angehängt werden. Für jede Kostenstelle des zugrundeliegenden BAB sind dabei in gesonderten Spalten die Produktfixkosten von den Produktgruppenfixkosten zu trennen (vgl. Seicht [1997]). Die verbleibenden Fixkosten, insbesondere Kosten der allgemeinen Vorkostenstellen und der Verwaltung, werden den höheren Fixkostenschichten zugewiesen.

(5) Stufenweise Ermittlung von Deckungsbeiträgen

Grundschema

Vorbehaltlich einer zusätzlichen Differenzierung nach der Abbaufähigkeit ergibt sich folgendes Grundschema einer stufenweisen Fixkostendeckungsrechnung (vgl. Abb. 9.4).

Die Deckungsbeiträge ab DB 2 leiten sich ausschließlich aus der bezugsgrößenorientierten gestuften Erfassung von Fixkostenbestandteilen ab.

Schlüsselung »von unten«

Die stufenweise Zuordnung fixer Kosten führt in der Regel zu Vollkostenergebnissen, die deutlich von denen abweichen, die sich aufgrund einer Proportionalisierung fixer Kosten nach dem »Gießkannenprinzip« ergeben (Schlüsselung »von unten«, nicht »von oben«; vgl. Seicht [1997], S. 189).

Deckungsbeitragstiefenanalyse

Die geschichtete Aufbereitung der Kosteninformationen erlaubt eine **Deckungsbeitragstiefenanalyse** (vgl. Wahle [1989], S. 211). Die Deckungsbeiträge einzelner Produkte bzw. Produktgruppen können daher im einzelnen auf ihre »Reichweite« hin untersucht und mögliche Verlustbringer leicht identifiziert werden. Gleichzeitig bleibt aufgrund der geschlossenen Darstellung jederzeit erkennbar, wie hoch die insgesamt zu deckenden fixen Kosten sind. Für jede hierarchische Teileinheit lassen sich daher auch Soll-Deckungsbeiträge vorgeben.

Preis pro Produkteinheit – Grenzkosten je Produkteinheit (Mat., Fert., Vertr.)
= DB 11 (Stück-Deckungsbeitrag) × Absatzmenge
= DB 12 – Fixkosten der Produktart
= DB 2 – Fixkosten der Produktgruppe
= DB 3 – Fixkosten des Bereichs
= DB 4 – unternehmensfixe Kosten
= Gewinn

Abb. 9.4: Grundschema der stufenweisen Fixkostendeckungsrechnung

Die angestellten Überlegungen sollen nochmals anhand des Zahlenbeispiels 9.1 verdeutlicht werden.

Die Ergebnisrechnung legt nahe, die Produktgruppe »Filter« bzw. das Produkt »Ölfilter« aufzugeben. Die Entscheidung ist jedoch davon abhängig zu machen, ob bzw. wie schnell die betreffenden Fixkosten abbaufähig sind und ob Verbundeffekte zu anderen Produkten des Sortiments zu beachten sind.

C. Kalkulation anhand der stufenweisen Fixkostendeckungsrechnung

Zuschlagskalkulation

Da die weitgehende Fixkostendifferenzierung umgekehrt auch als Grundlage für eine **Zuschlagskalkulation** genutzt werden kann, lassen sich bspw. für Zwecke der bilanziellen Herstellungskostenermittlung aus einer stufenweisen Fixkostendeckungsrechnung relativ problemlos auch Vollkosten einzelner Produkteinheiten ermitteln (progressive Kalkulation). Der Ergebnisbeitrag einzelner Produkte kann darüber hinaus auch durch eine retrograde Kalkulation bestimmt werden.

Kritik

Damit wird zwar der Grundsatz verletzt, grundsätzlich keine Fixkostenproportionalisierung vorzunehmen, andererseits aber können auf diese Weise Vorzüge der Grenzkostenrechnung mit denen der Vollkostenrechnung vereint werden (vgl. Ebert [1997]). Eine fallweise Kalkulation von Vollkosten bspw. für Bilanzierungszwecke bedingt jedenfalls keine undifferenzierte Erfassung der zu proportionalisierenden Fixkosten für Kostenrechnungszwecke.

Zuschlagsbasen

Ein wesentlicher Unterschied zur Zuschlagskalkulation in der Vollkostenrechnung ist jedoch in den Zuschlagsbasen zu sehen, da die stufenweise Fixkostendeckungsrechnung die Umlage anhand der Einzelkosten bzw. der Deckungsbeiträge vornimmt. Jede Proportionalisierung fixer Kosten bringt notwendigerweise Unschärfen und Fehler in die Kalkulation. Nach Ansicht von MELLEROWICZ kann die Ungenauigkeit jedoch in vertretbaren Grenzen gehalten werden (vgl. Mellerowicz [1974]).

Zahlenbeispiel 9.1: Kostenträgerzeitrechnung CAR-TOON AG (Monat X)

Beispiel

Unternehmen	CAR-TOON AG						Gesamt
Bereich	Elektrik		Zubehör				
Produktgruppe			Verschleißteile		Filter		
Produkt	Einspr.-Pumpen	Anlasser	Scheibenwischer	Bremsbeläge	Luftfilter	Ölfilter	
Umsatz	224 000	195 000	140 000	80 000	66 000	35 000	740 000
– Rabatte, Skonti	6 000	5 000	4 000	1 000	1 000	1 000	18 000
– Vertriebseinzelkosten	3 000	2 000	1 000	1 000	1 000	1 000	9 000
= Nettoerlös	215 000	188 000	135 000	78 000	64 000	33 000	713 000
– Materialgrenzkosten	51 000	59 000	24 000	30 000	21 000	22 000	207 000
– Fertigungsgrenzkosten	70 000	48 000	22 000	15 000	12 000	10 000	177 000
= Deckungsbeitrag I							
absolut	94 000	81 000	89 000	33 000	31 000	1 000	329 000
in % von Nettoerlös	43,7 %	43,1 %	65,9 %	42,3 %	48,4 %	3,0 %	46,1 %
– Produktfixe Kosten	35 000	40 000	17 000	25 000	15 000	19 000	151 000
in % von DB I	37,2 %	49,4 %	19,1 %	75,8 %	48,4 %	1 900 %	45,9 %
= Deckungsbeitrag II	59 000	41 000	72 000	8 000	16 000	–18 000	178 000
Σ DB II	100 000		80 000		–2 000		
– Produktgruppenfixkosten			12 000		11 000		23 000
in % von DB II			15,0 %				12,9 %
= Deckungsbeitrag III	100 000		68 000		–13 000		155 000
Σ DB III	100 000		55 000				
– Bereichsfixe Kosten	40 000		15 000				55 000
in % von DB III	40,0 %		27,3 %				35,5 %
= Deckungsbeitrag IV	60 000		40 000				100 000
Σ DB IV	100 000						
– Unternehmensfixe Kosten	70 000						70 000
in % von DB IV	70,0 %						70,0 %
= Deckungsbeitrag V (Periodenergebnis)	30 000						30 000

Progressive Kalkulation

Die **progressive Kalkulation** ermittelt den Angebotspreis und ist eine echte Stückkostenrechnung. Die prozentualen Zuschlagssätze ergeben sich aus einer progressiven Betriebsergebnisrechnung, in der ausgehend von den Einzelkosten über mehrere Fixkostenzuschläge die Vollkosten sowie in einem weiteren Schritt der Selbstkostenpreis errechnet werden können (vgl. Ebert [1997]).

Einschränkungen

Im Gegensatz zur retrograden Kalkulation werden die Stückkosten explizit errechnet. Die stufenweise Fixkostendeckungsrechnung ist jedoch nicht ohne weiteres geeignet, steuerrechtlich zulässige bilanzielle Wertansätze für Halb- und Fertigfabrikate zu liefern (vgl. Mellerowicz [1974]). Material- und Fertigungsgemeinkosten müßten in diesem Fall erst gesondert ermittelt werden.

Retrograde Kalkulation

Die **retrograde Kalkulation** ermittelt demgegenüber ausgehend von den Erlösen in mehreren Stufen den Erfolg pro Leistungseinheit und ist eher als Stückerfolgsrechnung denn als Kalkulationsform zu verstehen (vgl. Ebert [1997]).

Entsprechend dem Tragfähigkeitsprinzip – nicht etwa nach dem Verursachungsprinzip – werden die Fixkosten jeder Stufe auf den unmittelbar vorausgehenden Deckungsbeitrag bezogen. Die erforderlichen prozentualen Zuschlagssätze können für jede Schicht aus der Gesamterfolgsrechnung entnommen werden.

Einschränkungen

Da die retrograde Kalkulation einen bekannten Marktpreis voraussetzt, eignet sie sich bevorzugt für die Nachkalkulation (vgl. Ebert [1997]). Die errechneten Stückerfolge sind aufgrund der nicht verursachungsgerechten Fixkostenverrechnung mit Vorsicht zu interpretieren und haben nur Gültigkeit für die zugrunde gelegte Absatzmenge (vgl. Kilger [1987], S. 355).

Beispiel

Zahlenbeispiel 9.2: Progressive und retrograde Kalkulation

Stückpreise und Stückkosten (vgl. Zahlenbeispiel 9.1)

Produkt	Preis	Absatz	Rabatte	Vertriebs-EK	Mat.-EK	Fert.-EK
Einspritzpumpen	160,00	1 400	4,29	2,14	36,43	50,00
Anlasser	130,00	1 500	3,33	1,33	39,33	32,00
Scheibenwischer	14,00	10 000	0,40	0,10	2,40	2,20
Bremsbeläge	16,00	5 000	0,20	0,20	6,00	3,00
Luftfilter	12,00	5 500	0,18	0,18	3,82	2,18
Ölfilter	10,00	3 500	0,29	0,29	6,29	2,86

Progressiv:

Produkt	Anlasser		Scheibenwischer	
	%	DM	%	DM
Einzelkosten		72,66		4,70
+ Produktfixkosten % von Einzelkosten[a)]	36,7	26,67	36,2	1,70
Σ 1		99,33		6,40
+ Produktgruppenfixkosten % von Einzelkosten[b)]			12,9	0,61
Σ 2				7,01
+ Bereichsfixkosten % von Einzelkosten[c)]	17,17	12,48	9,38	0,44
Σ 3		111,81		7,45
+ Unternehmensfixkosten % von Einzelkosten[d)]	17,81	12,94	17,81	0,84
Σ 4		124,75		8,29
+ Gewinnzuschlag (brutto)		5,25		5,71
= Preis		130,00		14,00

zu [a)]: (40 000 : 109 000) × 100 = 36,7 %; (17 000 : 47 000) × 100 = 36,2 %
zu [b)]: (12 000 : 93 000) × 100 = 12,9 %
zu [c)]: (40 000 : 233 000) × 100 = 17,17 %; (15 000 : 160 000) × 100 = 9,38 %
zu [d)]: (70 000 : 393 000) × 100 = 17,81 %

Retrograd:

Produkt	Anlasser %	Anlasser DM	Luftfilter %	Luftfilter DM
Nettopreis[a)] – Einzelkosten[b)]		126,67 72,66		11,82 6,18
= Deckungsbeitrag I – Produktfixkosten in % von DB I	49,4	54,01 26,68	48,4	5,64 2,73
= Deckungsbeitrag II – Produktgruppenfixkosten in % von DB II		27,33		2,91 negativ
= Deckungsbeitrag III – Bereichsfixkosten in % von DB III	40,0	27,33 10,93		
= Deckungsbeitrag IV – Unternehmensfixkosten in % von DB IV	70,0	16,40 11,48		
= Nettoergebnis		4,92		

zu [a)]: Nettopreis = Preis – Rabatte
zu [b)]: Einzelkosten = Mat.-EK + Fert.-EK + Vertriebs-EK

Das Produkt »Luftfilter« hat zwar selbst noch einen positiven DB II, die Produktgruppe »Filter« jedoch weist bereits auf dieser Stufe einen Verlust aus. Eine Fortführung der Stückergebnisrechnung für diese Produkte erübrigt sich deshalb.

Unterschied

Das Beispiel »Anlasser« zeigt den grundsätzlichen Unterschied zwischen progressiver und retrograder Kalkulation. Nach progressiver Berechnung bleibt ein Nettogewinn nach Rabattabzug von 5,25 – 3,33 = 1,92 DM übrig, während die retrograde Berechnung bei unveränderter Datenlage zu einem Nettogewinn von 4,92 DM führt. Dieser Unterschied ist auf die verschiedenen Zuschlagsbasen (Einzelkosten vs. Deckungsbeiträge I–IV) zurückzuführen. Das heißt auf der Grundlage der Einzelkosten wird das Produkt Anlasser mit verhältnismäßig höheren Fixkostenanteilen belastet als auf Grundlage der Deckungsbeiträge.

D. Zusätzliche Differenzierungsmöglichkeiten im Rahmen der stufenweisen Fixkostendeckungsrechnung

Weitere Differenzierungsmöglichkeiten:

In einem zusätzlichen Auswertungsschritt wird bisweilen nach den Kriterien

- zeitliche Beeinflußbarkeit (Abbaufähigkeit) bzw.
- Ausgabewirksamkeit

der Fixkosten unterschieden. Diese weitergehende Differenzierung wirkt sich bereits innerhalb der Kostenartenrechnung aus.

– nach Ausgabewirksamkeit

Nach MELLEROWICZ, AGTHE und RIEBEL sind insbesondere die ausgabewirksamen fixen Kosten entscheidungsrelevant. Unterschieden werden nach diesem Kriterium üblicherweise folgende Kategorien:

- kurzfristig ausgabewirksam: Frist 1 Monat (z.B. Gehälter),
- mittelfristig ausgabewirksam: Frist 1–3 Monate (z.B. Mieten, Zinsen),

- langfristig ausgabewirksam: Frist über 3 Monate (z.B. Vermögensteuer),
- nicht ausgabewirksam: z.B. kalkulatorische Abschreibungen.

– nach Abbaufähigkeit

In konsequenter Fortführung dieses Gedankens wird vermehrt eine Differenzierung nach der Abbaufähigkeit vorgeschlagen (vgl. Kilger [1987]; Seicht [1997]). Dabei wird i.d.R. wie folgt unterschieden:

- kurzfristig abbaufähig: innerhalb von 3 Monaten (z.B. Hilfslöhne),
- mittelfristig abbaufähig: innerhalb eines Jahres (vertragliche Kündigungsfrist für viele Kostengruppen),
- langfristig abbaufähig: überschreitet ein Jahr (z.B. Kapazitätskosten),
- nicht abbaufähig: z.B. Unkündbarkeit, Abgaben.

Beurteilung

Ausgabewirksamkeit und kurzfristige Beeinflußbarkeit decken sich nur teilweise, da durchaus Fixkosten existieren, die zwar kurzfristig mit Ausgaben verbunden, jedoch innerhalb absehbarer Zeit nicht mehr disponibel sind, wie bspw. Fixkosten aufgrund vertraglicher Verpflichtungen (Mieten usw.). Das Kriterium der Abbaufähigkeit ist deshalb eher geeignet, die richtigen Informationen zu erbringen.

Die Betrachtung verengt sich unter diesem Aspekt auf die bei bestimmten Dispositionen wegfallenden Deckungsbeiträge einerseits und die wegfallenden fixen Kosten andererseits (»Stillegungsbetrachtung«, vgl. Seicht [1997], S. 207). Teileinheiten bzw. Aktivitäten sollten demgemäß dann aufrechterhalten werden, wenn zumindest die jeweils abbaufähigen fixen Kosten von den Deckungsbeiträgen gedeckt werden. Umgekehrt kann der Vorteilsvergleich bei Entscheidungsrechnungen wie Stillegung versus Weiterführung kostenmäßig nur dadurch umfassend vorgenommen werden, daß auch evtl. Sonderkosten der Entscheidung (Stillegungs- oder Abbruchkosten) im Kalkül berücksichtigt werden.

Mit der Differenzierung der Fixkosten nach der Abbaufähigkeit wird angestrebt, typische Fehler der klassischen Kostenrechnungssysteme zu vermeiden. Die Vollkostenrechnung berücksichtigt üblicherweise nicht, daß bestimmte Fixkosten nicht mehr disponibel sind (»sunk costs«), beschränkt sich also nicht auf entscheidungsrelevante Kosten. Die einfache Grenzkostenrechnung ignoriert hingegen die zeitlich gestaffelte Beeinflußbarkeit der Fixkosten.

E. Voraussetzungen und Anwendungsbereiche

Voraussetzungen

Aus Zielsetzung und Vorgehensweise der stufenweisen Fixkostendeckungsrechnung werden gleichzeitig auch bestimmte Voraussetzungen ersichtlich, die für ihre sinnvolle Anwendung erfüllt sein müssen:

- Der Anspruch der stufenweisen Fixkostendeckungsrechnung läßt sich um so eher erfüllen, je höher der Anteil derjenigen fixen Kosten ist, der den Produkten oder Produktgruppen direkt zugerechnet werden kann.
- Die Genauigkeit der Kostenzurechnung in den produktnahen Fixkostenschichten hängt ganz entscheidend davon ab, daß die Kostenstellenbildung den betrieblichen Fertigungsfluß widerspiegelt. In jeder Kostenstelle sollte nur ein Produkt bzw. eine Produktgruppe bearbeitet werden. Nur dann lassen sich einzelne Kostenstellen auch

problemlos einzelnen Produkten oder Produktgruppen zuordnen. Umgekehrt wird die Anwendung der Fixkostendeckungsrechnung fragwürdig, wenn auf mehreren Kostenstellen unterschiedliche bzw. wechselnde Produktgruppen bearbeitet werden, da in diesem Fall doch wieder willkürliche Schlüsselungen vorgenommen werden müßten (Fixkostenzuteilung anhand von Verrechnungssätzen, vgl. Mellerowicz [1974], S. 180).

Anwendungsbereich

Aufgrund dieser Voraussetzungen kann festgestellt werden, daß die stufenweise Fixkostendeckungsrechnung eher für Unternehmen mit Serienfertigung als mit Einzelfertigung geeignet ist (vgl. Ebisch/Gottschalk [1994]).

Schwächen

Schwächen dieses Verfahrens liegen grundsätzlich bereits in der praktisch bisweilen unklaren und demzufolge unscharfen Trennung zwischen variablen und fixen Kosten begründet (z.B. Fertigungslöhne, vgl. Riebel [1994]; Weber [1997]). Richtige Entscheidungen können nur auf der Basis der für die jeweilige Problemstellung entscheidungsrelevanten Kosten getroffen werden. Diese relevanten Einzelkosten sind nur ausnahmsweise mit den variablen Kosten identisch und können daneben ggf. auch fixe Kosten oder Opportunitätskosten beinhalten. Allerdings lassen sich aus einer stufenweisen Fixkostendeckungsrechnung die entscheidungsrelevanten disponiblen Fixkosten relativ schnell gewinnen.

Relative Deckungsbeiträge

Grundsätzlich ist darauf hinzuweisen, daß für Steuerungszwecke, z.B. für die Planung des Produktprogramms, absolute Deckungsbeiträge evtl. zu falschen Schlüssen verleiten. In diesem Fall ist auf **relative Deckungsbeiträge** (DB/Engpaßeinheit) abzustellen, um die Vorteilhaftigkeit einzelner Alternativen zu beurteilen (vgl. Kap. 12).

Verbundeffekte

Auch mögliche Verbundeffekte zwischen einzelnen Produkten oder Produktlinien stehen einer unreflektierten Betrachtung einzelner Informationen aus der stufenweisen Fixkostendeckungsrechnung entgegen.

Spartenbeurteilung und -steuerung

Schließlich kann auch eine **Spartenbeurteilung- und steuerung** auf der Grundlage der stufenweisen Fixkostendeckungsrechnung nur unvollkommen vorgenommen werden. Neben den Periodenkosten sind hierfür auch sog. »sunk costs« der Profit Center, also Kosten früherer Perioden, zu berücksichtigen, um das jeweils gebundene Kapital (Forschung, Anlagen, Personal usw.) adäquat zu erfassen (vgl. Kap. 20).

Statische Rechnung

Die Eignung der stufenweisen Fixkostendeckungsrechnung für Vorteilsvergleiche wird durch die Beschränkung auf die aktuelle Rechnungsperiode entscheidend beeinträchtigt. Für Investitions- und Desinvestitionsentscheidungen sind einperiodische, statische Vorteilsvergleiche grundsätzlich unzulänglich. Derartige Entscheidungen können durch die Informationen der stufenweisen Fixkostendeckungsrechnung zwar nahegelegt werden, sie sind jedoch durch dynamische, d.h. mehrperiodige Sonderrechnungen abzustützen, die den tatsächlichen Zahlungsfluß im Vorteilsvergleich berücksichtigen.

Einbezug strategischer Aspekte

Die stufenweise Fixkostendeckungsrechnung kann vor diesem Hintergrund also lediglich Anhaltspunkte dafür geben, für welche Produkte oder Sparten Entscheidungsbedarf vorliegt und Sonderrechnungen (Stillegung vs. Weiterführung einer verlustbringenden Division) erforderlich werden. Die Differenzierung nach der Abbaufähigkeit ändert nichts am statischen Charakter des Rechenverfahrens. Gerade bei grundsätzlicheren Entscheidungen sind ergänzend zudem auch strategische Aspekte (Erfolgspotentiale, Verbundeffekte, Lebenszyklen, Marktverhältnisse) zu beachten.

Abkürzungsverzeichnis

BAB	Betriebsabrechnungsbogen
DB	Deckungsbeitrag
EK	Einzelkosten
f	fix
g	gesamt
v	variabel

Kontrollfragen

1) Warum kann man die stufenweise Fixkostendeckungsrechnung gleichzeitig als mehrstufige Deckungsbeitragsrechnung bezeichnen?
2) Skizzieren Sie kurz die zur Durchführung einer stufenweisen Fixkostendeckungsrechnung erforderlichen Arbeitsschritte.
3) Nennen Sie Beispiele für Produkt-Fixkosten.
4) Nennen Sie Beispiele für Produktgruppen-Fixkosten.
5) Nennen Sie Beispiele für Kostenstellen-Fixkosten.
6) Nennen Sie Beispiele für Bereichs-Fixkosten.
7) Nennen Sie Beispiele für Unternehmens-Fixkosten.
8) Welche Auswirkungen ergeben sich beim Einsatz der stufenweisen Fixkostendeckungsrechnung auf die Kostenstellen- und Kostenträgerrechnung?
9) Liegt in der Fixkostendeckungsrechnung eine verursachungsgemäße Kostenzurechnung vor?
10) Erfolgt die Kalkulation in der Fixkostendeckungsrechnung auf der Basis von Teilkosten?
11) Was versteht man unter einer Deckungsbeitragstiefenanalyse?
12) Welchen Aufbau besitzt die retrograde Kostenträgerzeitrechnung im Rahmen der Fixkostendeckungsrechnung?
13) Eignet sich die in der Fixkostendeckungsrechnung als progressive Rechnung konzipierte Stückkostenrechnung für die Preiskalkulation?
14) Inwiefern können Fixkosten nach ihrer zeitlichen Beeinflußbarkeit bzw. ihrer Ausgabewirksamkeit untersucht werden?
15) Durch welche organisatorischen Maßnahmen kann die Aussagefähigkeit der stufenweisen Fixkostendeckungsrechnung im Unternehmen verbessert werden?
16) Beurteilen Sie die Eignung der stufenweisen Fixkostendeckungsrechnung zur Steuerung verschiedener Produktbereiche im Unternehmen.
17) Welchen Informationsgehalt haben die in der Fixkostendeckungsrechnung ermittelten Gewinne?

Literaturhinweise

Agthe, K. (1959): Stufenweise Fixkostendeckung im System des Direct Costing, in: Zeitschrift für Betriebswirtschaft 1959, S. 404–418.

Agthe, K. (1963): Kostenplanung und Kostenkontrolle im Industriebetrieb, Baden-Baden 1963.

Ahlert, D./Franz, K.-P. (1992): Industrielle Kostenrechnung, 5. Aufl., Düsseldorf 1992.

Ebert, G. (1997): Kosten- und Leistungsrechnung – Mit einem ausführlichen Fallbeispiel, 8. Aufl., Wiesbaden 1997.

Ebisch, H./Gottschalk, J. (1994): Preise und Preisprüfungen bei öffentlichen Aufträgen einschließlich Bauaufträge, 6. Aufl., München 1994.

Haberstock, L. (1982): Grundzüge der Kosten- und Erfolgsrechnung, 3. Aufl., München 1982.

Kilger, W. (1987): Einführung in die Kostenrechnung, 3. Aufl., Wiesbaden 1987.

Mellerowicz, K. (1974): Kosten und Kostenrechnung , Band II, Verfahren, 5. Aufl., Berlin 1974.

Riebel, P. (1994): Einzelkosten- und Deckungsbeitragsrechnung, 7. Aufl., Wiesbaden 1994.

Schweitzer, M./Küpper, H.-U. (1998): Systeme der Kosten- und Erlösrechnung, 7. Aufl., München 1998.

Seicht, G. (1997): Moderne Kosten- und Leistungsrechnung – Grundlagen und praktische Gestaltung, 9. Aufl., Wien 1997.

Wahle, O. (1989): Kostenrechnung II für Studium und Praxis – Ist- und Normalkostenrechnung, 3. Aufl., Bad Homburg vor der Höhe 1989.

Weber, J. (1997): Einführung in das Rechnungswesen II – Kostenrechnung, 5. Aufl., Stuttgart 1997.

10. Kapitel: Relative Einzelkosten- und Deckungsbeitragsrechnung

A. Konzeption der relativen Einzelkostenrechnung

Definition relativer Einzelkosten

Die Kostenrechnung hat nicht nur die Aufgabe, Informationen für die betrieblichen Planungs-, Steuerungs- und Kontrollaufgaben bereitzustellen, sondern darüber hinaus auch einen wichtigen Beitrag zu leisten bei der Fundierung betrieblicher Entscheidungen (entscheidungsorientierte Kostenrechnung). Eine konsequente Interpretation und Weiterentwicklung des entscheidungsorientierten Kostenbegriffs stammt von RIEBEL. Kosten, die durch eine bestimmte Entscheidung ausgelöst werden, sind nur auf diejenigen Bezugsobjekte zu verrechnen, die durch die betreffende Entscheidung unmittelbar beeinflußt werden. Der Begriff »Einzelkosten«, der sich in der Vollkostenrechnung auf alle einem Kostenträger direkt zurechenbaren Kosten bezieht, wird von RIEBEL im Hinblick auf verschiedene Entscheidungsobjekte relativiert. Einzelkosten sind demnach »Kosten (Ausgaben), die einem – sachlich und zeitlich genau abzugrenzenden – Bezugsobjekt eindeutig zurechenbar sind, weil sowohl die Kosten (Ausgaben) als auch das Bezugsobjekt auf einen gemeinsamen dispositiven Ursprung zurückgehen. ... Dieser Begriff ist **relativ** (Hervorhebung durch den Verf.), so daß er bei der Anwendung auf konkrete Fälle näher gekennzeichnet werden muß, und zwar durch die Angabe des Bezugsobjekts und/oder der Bezugsperiode, z.B. als Auftrags-Einzelkosten, Produktgruppen-Einzelkosten im Monat X« (Riebel [1994], S. 762).

Schlußfolgerungen

Aus dieser Definition können folgende Schlußfolgerungen getroffen werden:

1. Im Gegensatz zur »klassischen« Grenzkostenrechnung (einstufiges und mehrstufiges Direct Costing) verzichtet die relative Einzelkostenrechnung auf die Ermittlung von Grenzkosten mit Hilfe einer Kostenauflösung. Jegliche Schlüsselung von Grenzkosten wird als Verstoß gegen das Verursachungsprinzip abgelehnt. Durch den Verzicht auf eine Schlüsselung können die erfaßten Kostenwerte gleichzeitig für verschiedene Bezugsobjekte und alternative Rechnungszwecke ausgewertet werden (zweckneutrale Kostenerfassung und -speicherung).
2. Die relative Einzelkostenrechnung erfaßt nur ausgabenwirksame (pagatorische) Kosten. Kalkulatorische Wertansätze, z.B. Zinsen auf das gebundene Kapital, werden nicht berücksichtigt.
3. Die relative Einzelkostenrechnung basiert auf einem entscheidungsorientierten Kostenbegriff: »Kosten sind die durch die Entscheidung über das betrachtete Objekt ausgelösten zusätzlichen ... Ausgaben (Auszahlungen)« (Riebel [1994], S. 427).
4. Damit eine fortlaufende Erfassung und Auswertung der Kosten trotz der Heterogenität der betrieblichen Entscheidungen wirtschaftlich durchgeführt werden kann, muß zur Realisierung der relativen Einzelkostenrechnung aus Gründen der Praktikabilität ein Rechenwerk geschaffen werden, das zunächst sämtliche Kosten und Erlöse unabhängig vom Kontext einer bestimmten Entscheidungssituation erfaßt. Eine

solche sog. »Grundrechnung« (vgl. ausführlich Riebel [1994], S. 149 ff.) muß zweckneutral sein und sich darauf beschränken, alle Kosten- und Leistungsdaten so zu erfassen, daß diese im Hinblick auf die Vielzahl möglicher betrieblicher Entscheidungen flexibel ausgewertet werden können.

B. Aufbau der Grundrechnung

Grundrechnung

Die Grundrechnung ist als kombinierte Kostenarten-, Kostenstellen- und Kostenträgerrechnung ähnlich wie ein Betriebsabrechnungsbogen (BAB) aufgebaut. Sie weist die Kosten entsprechend ihrer Zugehörigkeit zu vorab festgelegten Zurechnungsobjekten (Bezugsgrößen) aus. Dabei werden die einzelnen Kostenarten nach verschiedenen Kostenkategorien differenziert.

Grundrechnungen lassen sich für beliebige Abrechnungsperioden erstellen. Den möglichen Aufbau und Inhalt einer Grundrechnung verdeutlicht beispielhaft die folgende Abbildung 10.1.

Grundrechnung der Erlöse

Analog zu der in Abbildung 10.1 dargestellten Vorgehensweise wären in einer Grundrechnung der Erlöse alle Umsätze und in einer Grundrechnung der Potentiale alle verfügbaren Nutzungspotentiale und Bestände systematisch zu erfassen (vgl. ausführlich Riebel [1994]). Die Grundrechnung dient somit der zweckneutralen Zusammenstellung von allen erforderlichen Basisdaten für später getrennt durchzuführende Standard- oder Sonderauswertungen.

Technische Umsetzung

Technisch läßt sich eine Grundrechnung am zweckmäßigsten in Form einer relationalen Datenbank aufbauen. Diese Form der Datenspeicherung erlaubt später den wahlfreien Zugriff auf die Attribute der eingegebenen Datensätze mit unterschiedlichsten Selektionskriterien.

Identitätsprinzip

Die gesammelten und gespeicherten Kostendaten werden zur Beurteilung verschiedener Entscheidungen herangezogen. Für jede Entscheidung sind diejenigen (Einzel-) Kosten bzw. Erlöse auszuweisen, die durch die betrachtete Entscheidung jeweils direkt ausgelöst wurden. Die Kosten bzw. Erlöse sind immer so zuzurechnen, daß »der Werteverzehr auf dieselbe Disposition zurückgeführt werden kann wie die Existenz des jeweiligen Kalkulationsobjektes« (= Identitätsprinzip) (Riebel [1994], S. 286). Dies setzt den Aufbau entsprechender Bezugsgrößenhierarchien voraus.

I. Aufbau von Bezugsgrößenhierarchien

Bezugsgrößen

Die relative Einzelkostenrechnung läßt – wie bereits erwähnt wurde – eine Schlüsselung von Kosten auf die Kostenträger nicht zu. Um alle Kosten des Unternehmens als Einzelkosten erfassen und damit die angestrebte direkte Zurechnung von (relativen) Einzelkosten für verschiedene Kalkulationsobjekte, z.B. Produkte, Aufträge, Lieferanten und Vertriebswege, verwirklichen zu können, sind geeignete Bezugsgrößen erforderlich. Zur Erreichung einer möglichst hohen Genauigkeit sind alle Kostenarten, soweit es wirtschaftlich vertretbar ist, auf der jeweils untersten Ebene auszuweisen, »an der man sie gerade noch als Einzelkosten erfassen kann« (Riebel [1994], S. 239).

Bei der Darstellung der Vollkostenrechnung (vgl. Kap. 4) wurde bereits deutlich,

	0		I	II	III	IV	V	VI	VII	VIII	IX	X	XI	XIII	XIV	XV	XVI	XVII	XVIII	XIX	XX
	Kostenkategorien und Kostenarten ↓	Zurechnungsobjekte (Bezugsgrößen) →	Kostenstellen							Kostenträger										Kostenträger insgesamt	Gesamtsumme
			Produktionsstellen			Vertriebsstellen		Sonstige		Produktgruppe a						Produktgruppe b insg.	eigene Produkte Σ	Handelsware Artikelgruppe			
			P_A	P_B	P_C	V_A	V_B	U	Σ	a_1	a_2	a_3	a_4	a_5	Gr. a			ah	bh		
1	ausgabennahe Kosten / Periodeneinzelkosten / kurzfristig («automatisch») variable Kosten / absatzbedingte variable Kosten	Provisionen	-	-	-	-	-	-	-	22	25	8	71	30	-	261	417	57	73	547	547
2		Umsatzsteuer	-	-	-	-	-	-	-	28	32	11	92	39	-	410	612	18	22	652	652
3		Σ umsatzabhängige Kosten	-	-	-	-	-	-	-	50	57	19	163	69	-	671	1029	75	95	1199	1199
4		Ausgangsfrachten	-	-	-	288	-	-	288	-	-	-	-	-	-	-	-	-	-	-	288
5		K. d. Auftragsabwickl.	-	-	-	29	41	-	70	-	-	-	-	-	-	-	-	-	-	-	70
6		Σ v. mehr. Fakt. abhäng. absatzbed. variable K.	-	-	-	317	41	-	358	-	-	-	-	-	-	-	-	-	-	-	358
7		Σ	-	-	-	317	41	-	358	50	57	19	163	69	-	671	1029	75	95	1199	1557
8	erzeugungsb. Kosten	Rohstoffe (Wareneinsatz*)	-	-	-	-	-	-	-	304	440	66	1471	737	-	3725	6743	1297	1508	9548	9548
9		Packstoffe	-	-	-	-	-	-	-	22	17	-	54	31	-	396	520	-	-	520	520
10		Σ	-	-	-	-	-	-	-	326	457	66	1525	768	-	4121	7263	1297	1508	10068	10068
11		Σ	-	-	-	317	41	-	358	376	514	85	1688	837	-	4792	8292	1372	1603	11267	11625
12	kurzfristig nichtvariable Kosten	Energie, Betriebsstoffe	19	169	42	44	73	40	387	-	-	-	-	-	-	-	-	-	-	-	387
13		Büromaterial	-	-	-	41	52	36	129	-	-	-	-	-	-	-	-	-	-	-	129
14		Reisespesen	-	-	-	59	86	37	182	-	-	-	-	-	-	-	-	-	-	-	182
15		Porti, Telefongebühren	-	-	-	92	132	64	288	-	-	-	-	-	-	-	-	-	-	-	288
16		Löhne, einschl. Sozialabgaben	431	1167	526	28	34	46	2232	-	-	-	-	-	-	-	-	-	-	-	2232
17		Gehälter, einschl. Sozialabgaben	56	137	38	197	202	201	831	-	-	-	-	-	-	-	-	-	-	-	831
18		Steuern, Beitr., Gebühren	-	-	-	-	-	241	241	-	-	-	-	-	-	-	-	-	-	-	241
19		Σ	506	1473	606	461	579	665	4290	-	-	-	-	-	-	-	-	-	-	-	4290
20		Σ	506	1473	606	778	620	665	4648	376	514	85	1688	837	-	4792	8292	1372	1603	11267	15915
21	Periodengemeinkosten	Fremdreparaturen	62	169	64	8	12	20	335	-	-	-	-	-	-	-	-	-	-	-	335
22		Werbekosten	-	-	-	40	55	30	125	-	-	-	-	-	101	75	176	-	-	176	301
23		Beratungs- und Prüfungskosten	-	22	-	-	17	42	81	-	-	-	-	-	33	-	33	-	-	33	114
24		Σ	62	191	64	48	84	92	541	-	-	-	-	-	134	75	209	-	-	209	750
25		Σ	568	1664	670	826	704	757	5189	376	514	85	1688	837	134	4867	8501	1372	1603	11476	16665
26	ausgabenferne Periodengemeinkosten	Abschreibungen	118	111	34	57	70	52	442	-	-	-	-	-	-	-	-	-	-	-	442
27		Rückstellungen	-	-	-	-	-	20	20	-	-	-	-	-	-	-	-	-	-	-	20
28		Σ	118	111	34	57	70	72	462	-	-	-	-	-	-	-	-	-	-	-	462
29	Gesamtkosten		686	1775	704	883	774	829	5651	376	514	85	1688	837	134	4867	8501	1372	1603	11476	17127
30	Σ Periodengemeinkosten		180	302	98	105	154	164	1003	-	-	-	-	-	134	75	209	-	-	209	1212
31	Σ ausgabennahe, kurzfristig nicht variable Periodeneinzel- und -gemeinkosten		568	1664	670	509	663	757	4831	-	-	-	-	-	134	75	209	-	-	209	5040

* bei Handelsware

Abb. 10.1: Beispiel einer Grundrechnung der relativen Einzelkostenrechnung
(Quelle: Riebel [1994], S. 167)

Einzelkosten der Produkteinheit

daß sich für verschiedene Ausbringungseinheiten (z.B. Stück, Liter, Meter, Tonne) die Rohstoffkosten als **Einzelkosten der Produkteinheit** jeweils direkt zurechnen lassen.

Einzelkosten der Produktgruppe

Kosten, die bezogen auf die einzelne Produkteinheit Gemeinkosten darstellen, z.B. die Kosten einer Werbekampagne, sind für ein anderes, hierarchisch weiter gefaßtes Bezugsobjekt durchaus wieder direkt zurechenbar und stellen damit (relative) Einzelkosten dar. Die Kosten der Markteinführung oder einer Werbekampagne könnten somit als **Einzelkosten der Produktgruppe** aufgefaßt werden.

Einzelkosten des Produktbereichs

Kosten eines Bereichsleiters würden sich einer einzelnen Produktgruppe nicht mehr als Einzelkosten, sondern nur noch als Gemeinkosten zurechnen lassen. Erweitert man jedoch die Hierarchie der Bezugsgrößen, so können die Kosten eines Bereichsleiters gleichwohl als **Einzelkosten des Produktbereichs** ausgewiesen werden.

Einzelkosten des Produktionsprogrammes

Zuletzt erhält man, über weitere zusätzlich mögliche Zusammenfassungen produktbezogener Einzelkosten, die **Einzelkosten des Produktionsprogramms**. Hierunter würden die Kosten des Vorstands und zentraler Dienststellen, z.B. Personalabteilung, Betriebsarzt und Kasino, erfaßt werden.

Die gezeigte produktbezogene Hierarchisierung der relativen Einzelkosten wird im Prinzip auch bei der stufenweisen Fixkostendeckungsrechnung angewendet (vgl. Kap. 9). Die relative Einzelkostenrechnung unterscheidet sich von dieser jedoch dadurch, daß die Strukturierung der Kosten nicht nur auf eine (produktbezogene) Dimension beschränkt bleibt, sondern parallel auf unterschiedliche Arten von Bezugsobjekten ausgedehnt bzw. angewendet werden kann.

Sachbezogene Bezugsgrößen

Beispielsweise wäre eine Systematisierung verschiedener Bezugsgrößen anhand des Realgüterstroms in einem Unternehmen von der Beschaffung der Produktionsfaktoren bis zur Lieferung an die jeweiligen Empfänger denkbar. Eine beispielhafte Zusammenstellung dieser sog. sachbezogenen Bezugsgrößen zeigt die folgende Abbildung 10.2.

Für eine Zusammenfassung der auf einzelne Artikel, Aufträge, Gebiete etc. bezogenen Beiträge zur stufenweisen Abdeckung gemeinsamer Kosten (Ausgaben) bieten sich alternative Bezugsgrößenhierarchien an (vgl. Riebel [1994], S. 407), wie Abbildung 10.2 andeutet.

Zur Vermeidung von Schlüsselungen sind nicht nur sachbezogene, sondern auch zeitliche Bezugsgrößenhierarchien erforderlich.

Zeitbezogene Bezugsgrößen

Die Zielsetzung der relativen Einzelkostenrechnung, auf eine Schlüsselung von Kosten völlig zu verzichten, bezieht sich auch auf Kosten, die nicht mehr einer einzigen Periode, sondern nur noch mehreren Perioden gemeinsam zugerechnet werden können. Damit Kosten auch in zeitlicher Hinsicht ungeschlüsselt erfaßbar und ausweisbar sind, gilt es, neben den bereits dargestellten sachbezogenen Bezugsgrößenhierarchien zusätzlich die Zuordnung der Kosten anhand einer »zeitbezogenen« Bezugsgrößenhierarchie vorzunehmen.

Eine zeitbezogene Bezugsgrößenhierarchie könnte z.B. folgendes Aussehen haben (vgl. Riebel [1994], S. 94):

Tageseinzelkosten

Als kleinste Bezugsgröße werden **Tageseinzelkosten** angeführt, z.B. Stromkosten in den einzelnen Abteilungen.

Monatseinzelkosten

Auf der nächsten Stufe werden **Monatseinzelkosten** ausgewiesen. Hierunter fallen zum einen alle Tageseinzelkosten und zum anderen diejenigen Kosten, die sich nicht mehr den einzelnen Tagen, jedoch noch einem einzelnen Monat exakt zuordnen lassen,

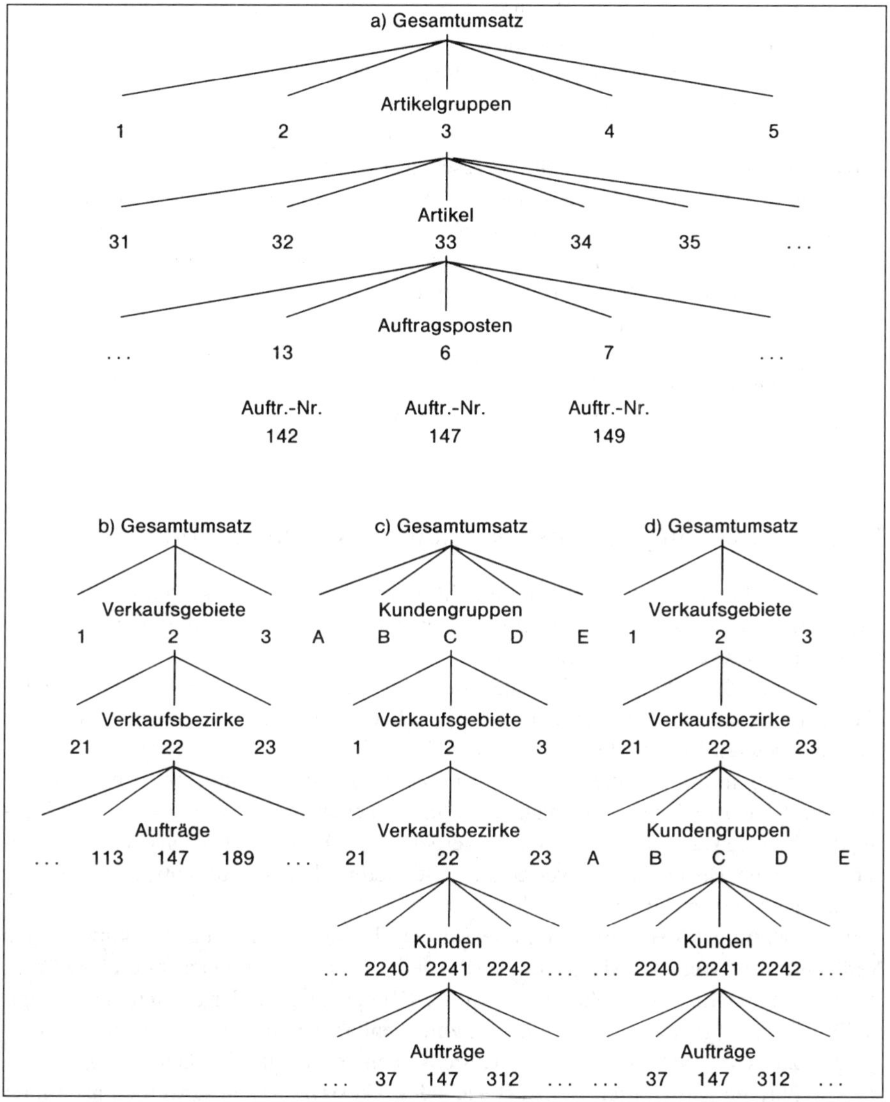

Abb. 10.2: Systematisierung sachbezogener Bezugsgrößenhierarchien
(Quelle: Riebel [1994], S. 179)

z.B. die Kosten einer mit zwei Wochen zum Monatsende kündbaren Aushilfe.

Quartals- und Jahreseinzelkosten

Neben den **Quartalseinzelkosten**, z.B. Kosten eines sechs Wochen zum Quartalsende kündbaren Angestellten, sind schließlich noch **Jahreseinzelkosten**, z.B. Tantiemen des Vorstands, darstellbar.

Gemeinkosten »geschlossener« Perioden

Eine Zusammenfassung von Einzelkosten über die Jahresperiode hinaus ist in der relativen Einzelkostenrechnung nicht vorgesehen. Kosten, die infolge mehrjähriger Bindungsdauern entstehen, z.B. Zahlungen für mehrjährige Lizenzverträge, werden in einer »überjährigen Zeitablaufrechnung« (Riebel [1994], S. 97) gesammelt und mit Beginn und Ende ihrer Bindungsdauer in der Grundrechnung als »Gemeinkosten geschlossener Perioden« (Riebel [1994], S. 96) erfaßt.

Gemeinkosten »offener« Perioden

Bei Gütern, die im Unternehmen über mehrere Perioden hinweg genutzt werden können, z.B. Maschinen, Gebäude, ist im allgemeinen nur der Beginn, jedoch nicht das genaue Ende der Nutzungsdauer bekannt. In diesen Fällen bleibt das Ende der Bindungsdauer offen, und die zugehörigen Kosten werden als »Gemeinkosten offener Perioden« (Riebel [1994], S. 92) ausgewiesen.

II. Klassifizierung der Kostenarten nach Kostenkategorien

Es wurde bereits angedeutet, daß mit Hilfe der relativen Einzelkostenrechnung eine Auswertung der erfaßten Kostenwerte für verschiedene Bezugsobjekte und alternative Rechnungszwecke erreicht werden soll.

Klassifizierung

Damit bei dieser Form der Deckungsbeitragsrechnung die Kosten in unterschiedlichen Zusammenfassungen den Erlösen gegenübergestellt werden können, klassifiziert man die erfaßten Kostenarten nach verschiedenen Kategorien.

Bezüglich ihres Verhaltens gegenüber den Hauptbestimmungsfaktoren (Produktmengen, Sortenwechsel, Kundenaufträge) unterscheidet man Leistungskosten und Bereitschaftskosten. Die Leistungskosten werden anhand von produktions- und/oder absatzbezogenen Bezugsgrößen verrechnet, die Bereitschaftskosten entsprechend ihrer zeitraumbezogenen Zurechenbarkeit.

Leistungskosten

Die **Leistungskosten** umfassen alle Kosten, die sich unmittelbar bei kurzfristigen Veränderungen von Art, Menge und Erlös der tatsächlich erzeugten und abgesetzten Leistungen ändern. Dazu gehören nur das Fertigungsmaterial, der erzeugungsabhängige Teil der Energiekosten, die eindeutig zurechenbaren Sondereinzelkosten der Fertigung und des Vertriebs sowie evtl. in Kostenstellen erfaßte unechte Gemeinkosten.

Bereitschaftskosten

Alle übrigen Kostenarten stellen **Bereitschaftskosten** dar. Diese werden nach ihrer Zurechenbarkeit auf die betrachteten Abrechnungsperioden unterteilt. Man unterscheidet hierbei:

- Periodeneinzelkosten, die man unmittelbar einer Abrechnungsperiode zurechnen kann, z.B. Gehälter, Mieten,
- Gemeinkosten »geschlossener« Perioden, die unregelmäßig anfallen und sich nur mehreren Abrechnungsperioden gemeinsam eindeutig zurechnen lassen, z.B. Instandhaltungsaufwendungen, Urlaubsgeld,
- Gemeinkosten »offener« Perioden, die auf einmaligen oder unregelmäßigen Ausgaben beruhen, mit deren Hilfe man a priori zeitungebundene Nutzungspotentiale schafft, z.B. Forschungsaufwendungen, Weiterbildung von Mitarbeitern. Gleiches gilt

auch für die Abschreibungen, da die Nutzungsdauer eines Anlageguts erst nach dessen Ausmusterung eindeutig bestimmt werden kann (vgl. Riebel [1994], S. 91 f.).

Behandlung von Lohneinzelkosten

Lohneinzelkosten, die in den »klassischen« Verfahren des einstufigen und mehrstufigen Direct Costing als Kostenträgereinzelkosten und (beschäftigungs-)proportionale Kosten verrechnet werden, gelten kurzfristig nicht als variabel, da die rechtlichen Verhältnisse am Arbeitsmarkt »eine Anpassung im Personalbereich an kurzfristige Schwankungen verbieten oder unwirtschaftlich erscheinen lassen« (Riebel [1994], S. 169). Lohneinzelkosten zählen in der relativen Einzelkostenrechnung also nicht zu den Leistungskosten (variable Kostenträgereinzelkosten), sondern werden als Bereitschaftskosten ausgewiesen.

Die einzelnen Kostenkategorien sind im Überblick noch einmal in der folgenden Abbildung 10.3 zusammengefaßt.

C. Durchführung der Erfolgsrechnung (Deckungsbeitragsrechnung)

Vorgehensweise

Die Erfolgsrechnung vollzieht sich in der Weise, daß von den Erlösen ausgehend sukzessiv die auf den einzelnen Stufen jeweils direkt zurechenbaren relativen Einzelkosten zum Abzug gebracht werden. Der formale Aufbau der Erfolgsrechnung auf Basis relativer Einzelkosten entspricht damit weitgehend dem retrograden Kalkulationsschema der mehrstufigen Deckungsbeitragsrechnung auf Grenzkostenbasis (mehrstufiges Direct Costing, vgl. Kap. 9).

Die Bedeutung der Deckungsbeiträge kommt auch in der Definition von RIEBEL zum Ausdruck:

Deckungsbeitrag

Der Deckungsbeitrag ist eine »durch eine bestimmte Maßnahme ausgelöste Erfolgsänderung. Rechnerisch ermittelt als Überschuß der Einzelerlöse über die Einzelkosten eines sachlich und zeitlich abzugrenzenden Kalkulationsobjekts, mit dem dieses zur Deckung variabler und fixer Gemeinkosten und zum (Total-)Gewinn beiträgt« (Riebel [1994], S. 759 f.).

Für eine Vielzahl von laufend durchzuführenden und/oder fallweise zu treffenden betrieblichen Entscheidungen stellt die Ermittlung von Deckungsbeiträgen wichtige Ausgangsinformationen für die betriebswirtschaftliche Analyse zur Verfügung. Ist der Deckungsbeitrag für ein Entscheidungsobjekt positiv, so führt die Realisierung der betrachteten Handlungsalternative ceteris paribus zu einer Erhöhung des Unternehmenserfolgs. Folglich ist die betrachtete Alternative durchzuführen.

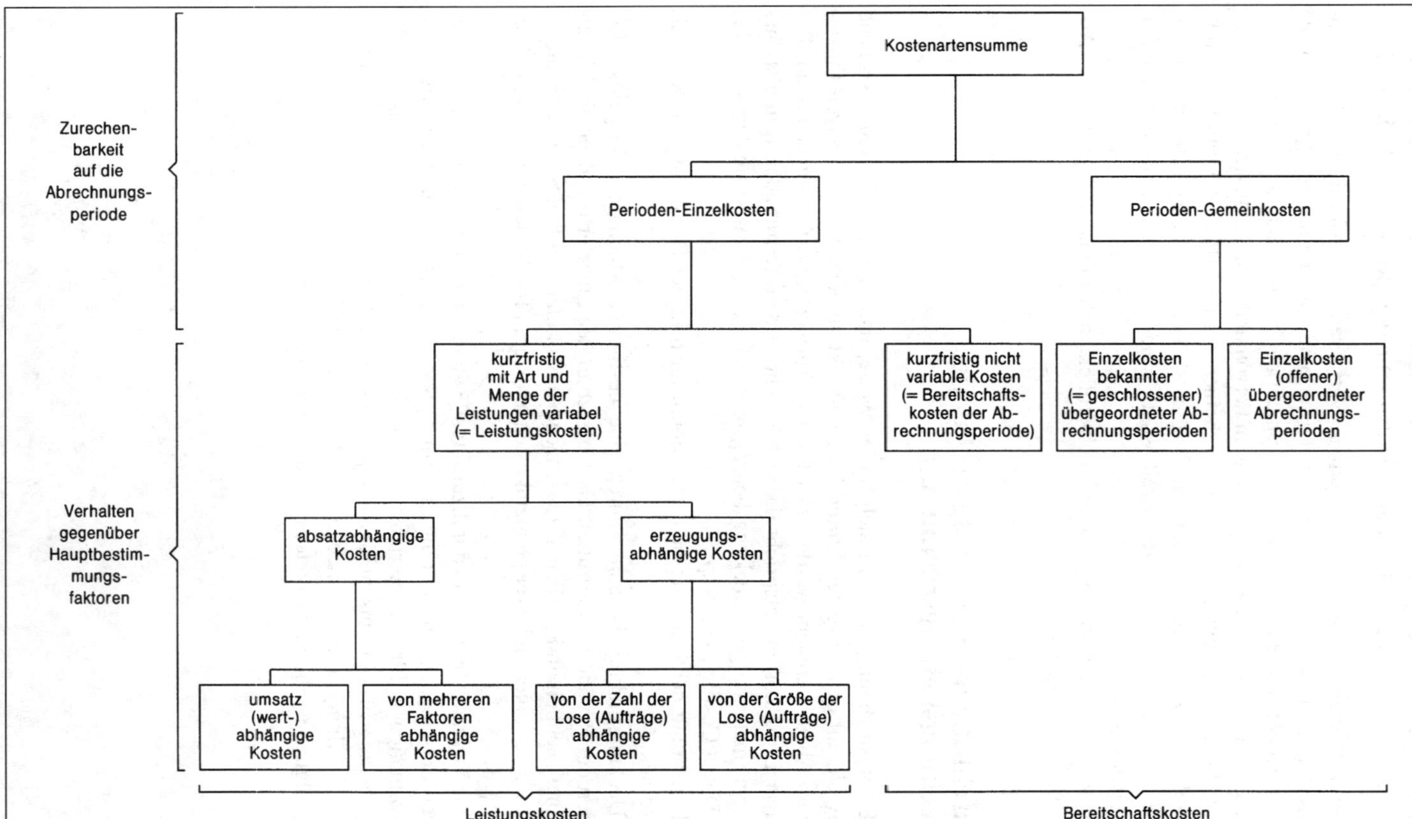

Abb. 10.3: Gliederung der Kostenarten in Kostenkategorien (in Anlehnung an: Riebel [1994], S. 151)

Den Grundaufbau einer Deckungsbeitragsrechnung mit Hilfe von Periodeneinzelkosten zeigt schematisch die folgende Abbildung 10.4:

Grundaufbau einer Deckungsbeitragsrechnung

(1)		Bruttoerlöse
(2)	–	Mehrwertsteuer
(3)	–	Rabatte, Boni
(4)	–	Preisabhängige Vertriebseinzelkosten der Produkte (Vertreterprovisionen, Kundenskonti, Lizenzen)
(5)	**=**	**Nettoerlöse I**
(6)	–	Mengen- und wertabhängige Vertriebseinzelkosten der Produkte (Zölle, Ausgangsfrachten, Transportversicherung)
(7)	**=**	**Nettoerlöse II**
(8)	–	Stoffkosten (soweit Produkteinzelkosten) (beschäftigungsabhängige Materialkosten, z.B. Rohstoffe, Verpackung, Sondereinzelkosten der Fertigung, z.B. Werkzeuge, Modelle, Entwicklungs- und Versuchskosten)
(9)	**=**	**Deckungsbeitrag I**
(10)	–	Variable Löhne (soweit Produkteinzelkosten) (Fertigungs- und Hilfslöhne incl. Nebenkosten)
(11)	**=**	**Deckungsbeitrag II (über die variablen Einzelkosten)**
(12)		Summe der Deckungsbeiträge II aller Produkte der Produktgruppe (oder einer Abteilung)
(13)	–	Direkte Kosten der Produktgruppe und/oder der Abteilung
(14)	**=**	**Deckungsbeitrag III über die direkten Produktgruppen- und/oder Abteilungseinzelkosten**

Abb. 10.4: Mehrfach gestufte Erfolgsrechnung mit relativen Einzelkosten (in Anlehnung an: Riebel [1994], S. 189)

Vergleich mit stufenweiser Fixkostendeckungsrechnung

Mit der Zeile (9) enden die beschäftigungsabhängigen Leistungskosten. Diese enthalten in der RIEBELschen Systematik nur die kurzfristig variablen Periodeneinzelkosten. Durch den Verzicht auf die Schlüsselung der Grenzgemeinkosten ist der »absolute Deckungsbeitrag« in der relativen Einzelkostenrechnung stets größer als in der traditionellen Teilkostenrechnung mit einer Kostenauflösung, wie sie auch bei der in Kap. 9 dargestellten stufenweisen Fixkostendeckungsrechnung angewendet wird. Gleichwohl sind die Parallelen und die Ähnlichkeit der relativen Einzelkostenrechnung mit der stufenweisen Fixkostendeckungsrechnung offensichtlich: Beide verwenden ein retrogrades Kalkulationsschema. Während in der mehrstufigen Deckungsbeitragsrechnung eine Schichtung des Fixkostenblocks vorgenommen wird, erfolgt in der RIEBELschen Einzelkostenrechnung eine Gliederung und Zurechnung der relativen Einzelkosten. Die von RIEBEL vorgeschlagene Methode ist jedoch insofern konsequenter, als auf jegliche Schlüsselung von Kosten verzichtet wird, so daß auch variable Gemeinkosten nicht auf einzelne Leistungseinheiten verteilt werden.

Bis zur Zeile (11) (Deckungsbeitrag II) kann das retrograde Kalkulationsschema wahlweise auf einen Artikel, einen Kundenauftrag, eine Fertigungskostenstelle oder eine Abrechnungsperiode bezogen werden. Ab Zeile (12) ist die retrograde Kalkulation für einen Artikel oder Kundenauftrag nicht mehr sinnvoll. Der Deckungsbeitrag III über die direkten Produktgruppen- und/oder Abteilungseinzelkosten (Zeile (14)) zeigt, wieviel das Kalkulationsobjekt (Kostenträger bzw. Kostenbereich) insgesamt an Einzelkosten verursacht hat und ob noch ein positiver Deckungsbeitrag zur Abdeckung der Perioden-Gemeinkosten vorhanden ist.

Unternehmens-individuelle Umsetzung

Die Zeilen (1) bis (14) in Abbildung 10.4 enthalten die gesamten Perioden-Einzelkosten. Alle Kosten, die sich nicht mehr im Rahmen der Perioden-Einzelkosten direkt zurechnen lassen, werden als Periodengemeinkosten (»Einzelkosten offener Perioden« bzw. »Mehrperioden-Einzelkosten«) ausgewiesen. Die weitere Fortführung der relativen Einzelkosten- bzw. Deckungsbeitragsrechnung hängt von den jeweiligen betrieblichen Gegebenheiten und den sich daraus ergebenden relevanten Fragestellungen ab. Einheitliche, allgemein verbindliche Mustergliederungen können nicht erstellt werden. Die Unternehmenspraxis muß das o.a. Schema im Hinblick auf die jeweils zu lösenden Problemstellungen entsprechend modifizieren (vgl. Eisele [1993]; Mayer/Liessmann/Mertens [1997]).

D. Anwendungsprobleme der relativen Einzelkostenrechnung

I. Konzeptionelle Schwächen

Kritik

Durch die Zurechnung der Kosten auf Zeitabschnitte erhält man »ein Gefüge von ineinander geschachtelter Periodenrechnungen unterschiedlicher Länge (Monats-, Quartals-, Jahresrechnungen usw.)« (Wahle [1989], S. 218).

Für die einzelnen Abrechnungsperioden können daher keine spezifischen Betriebserfolge, sondern nur sog. »Periodenbeiträge« ermittelt werden. Der Betriebserfolg ist in der RIEBELschen Systematik genau genommen nur für die Gesamtlebensdauer des Unternehmens (Totalperiode) darstellbar (vgl. Kilger [1988]).

Es erscheint problematisch, ob die aus theoretischer Sicht zu Recht erhobene Forderung nach Anwendung des Identitätsprinzips auch allgemein praktikabel ist. Die zutreffende Bestimmung der relevanten Bezugsgrößen dürfte sicher nicht immer möglich sein.

Kalkulation und Preisbildung

Da sowohl eine eindeutige Periodisierung aller Bereitschaftskosten im Rahmen der relativen Einzelkostenrechnung fehlt, als auch eine geschlossene, vertikalisierte Zurechnung der Kosten auf das einzelne Produkt nicht vorgenommen wird, ist eine produktbezogene Kalkulation und Preisbildung nicht möglich (vgl. Ebert [1997]; Eisele [1993]).

Abschreibungen u. Vorleistungen

Abschreibungen auf das betriebliche Investment und Vorleistungskosten, z.B. für Forschung und Entwicklung, Mitarbeiterqualifikation, Änderung der Organisation, erreichen heute in vielen Unternehmen ein erhebliches Volumen. Die relative Einzelkostenrechnung weist diese Kosten als »Gemeinkosten offener Perioden« ohne fest definierte Bezugsgröße aus, da es nicht möglich sei, die Nutzungsdauer vorab zu ermitteln (vgl. Riebel [1994], S. 92). Durch dieses Vorgehen ist die Bereitschaft zur Übernahme von Verantwortung für evtl. Abweichungen bei den verursachenden Bereichen eher als gering einzuschätzen.

II. Beurteilung der technischen Realisierungsmöglichkeiten

Realisierbarkeit

Ein gravierender Kritikpunkt an der relativen Einzelkostenrechnung lautet, daß das Konzept aufgrund seiner Mehrdimensionalität und seiner differenzierten Kostenzuordnung mit vertretbarem Aufwand nicht zu realisieren sei. KILGER ist sogar der Auffassung, daß die relative Einzelkostenrechnung für die praktische Anwendung nicht geeignet sei (vgl. Kilger [1993], S. 86).

Relationale Datenbanken

Bezüglich dieser Aussage ist folgendes anzumerken: Die Realisierung flexibler Auswertungsmöglichkeiten für eine »zweckneutral« aufgebaute Grundrechnung erfordert den Einsatz relationaler Datenbanken. Ein gravierender Nachteil bei der Durchführung bestimmter Abfragen aus der Grundrechnung ist bislang der teilweise erhebliche Zeitbedarf. Dieser kann jedoch künftig durch die sich weiter abzeichnenden Fortschritte in der informationstechnologischen Entwicklung deutlich reduziert werden. Auch die benötigten großen Speicherkapazitäten werden bei Fortsetzung der bisherigen Preisentwicklung in absehbarer Zeit zu vertretbaren Kosten zur Verfügung stehen.

Integration in Betriebsdatenerfassung

Die Daten der Grundrechnung (Kostenerfassungsdatei) können ohne hohe zusätzliche Kosten aus den vorhandenen Systemen der Betriebsdatenerfassung (BDE) durch die Schaffung entsprechender Schnittstellen aufgebaut werden. Um Beziehungen zwischen verschiedenen Bezugsgrößenhierarchien herzustellen, können über entsprechende Zuordnungsattribute auch Verknüpfungen zwischen den Datensätzen in der Kostenerfassungsdatei (Grundrechnung) und anderen Systemdateien (z.B. Stücklistendatei, Montagedatei, Vertragsdatei) durchgeführt werden.

Unter diesen Aspekten sind die künftigen Anwendungsmöglichkeiten der relativen Einzelkostenrechnung positiver einzuschätzen.

Kontrollfragen

1) Erläutern Sie den Begriff »relative Einzelkosten«.
2) Werden kalkulatorische Kosten in der relativen Einzelkostenrechnung berücksichtigt?
3) Beschreiben Sie die wesentlichen Merkmale der Grundrechnung.
4) Was versteht Riebel unter dem Identitätsprinzip?
5) Welche Aufgabe besitzen Bezugsgrößenhierarchien im System der relativen Einzelkosten- und Deckungsbeitragsrechnung?
6) Nennen Sie Beispiele für Einzelkosten der Produkteinheit.
7) Nennen Sie Beispiele für Einzelkosten der Produktgruppe.
8) Nennen Sie Beispiele für Einzelkosten des Produktbereichs.
9) Nennen Sie Beispiele für Einzelkosten des Produktprogramms.
10) Warum plädiert Riebel für die Verwendung von verschiedenen Bezugsgrößenhierarchien bei der Erfassung der betrieblichen Kosten?
11) Wodurch lassen sich sachbezogene und zeitbezogene Bezugsgrößenhierarchien voneinander unterscheiden?
12) Nennen Sie Beispiele für Tageseinzelkosten.
13) Nennen Sie Beispiele für Monatseinzelkosten.
14) Nennen Sie Beispiele für Quartalseinzelkosten.
15) Nennen Sie Beispiele für Jahreseinzelkosten.
16) Wodurch unterscheiden sich nach Riebel ›Gemeinkosten geschlossener Perioden‹ von ›Gemeinkosten offener Perioden‹?
17) Vergleichen Sie die Unterscheidung zwischen Leistungs- und Bereitschaftskosten bei Riebel mit der Einteilung in beschäftigungsvariable und -fixe Kosten.
18) Erläutern Sie den Aufbau einer Deckungsbeitragsrechnung mit Hilfe von Periodeneinzelkosten.
19) Vergleichen Sie den Aufbau der Deckungsbeitragsrechnung nach Riebel mit der traditionellen Deckungsbeitragsrechnung im Rahmen einer Teilkostenrechnung.
20) Ist eine produktbezogene Kalkulation mit der relativen Einzelkosten- und Deckungsbeitragsrechnung möglich?
21) Wie beurteilen Sie die praktischen Realisierungsmöglichkeiten der relativen Einzelkosten- und Deckungsbeitragsrechnung?

Literaturhinweise

Ebert, G. (1997): Kosten- und Leistungsrechnung – Mit einem ausführlichen Fallbeispiel, 8. Aufl., Wiesbaden 1997.

Eisele, W. (1993): Technik des betrieblichen Rechnungswesens, 5. Aufl., München 1993.

Kilger, W. (1988): Offene Probleme der Plankosten- und Deckungsbeitragsrechnung, in: Scheer, A.-W. (Hrsg.) (1988): Grenzplankostenrechnung – Stand und aktuelle Probleme, Hans Georg Plaut zum 70. Geburtstag, Wiesbaden 1988, S. 83–104.

Kilger, W. (1993): Flexible Plankostenrechnung und Deckungsbeitragsrechnung, Bearbeitet durch Kurt Vikas, 10. Aufl., Wiesbaden 1993.

Mayer, E./Liessmann, K./Mertens, H. W. (1997): Kostenrechnung – Grundwissen für den Controllerdienst, 7. Aufl., Stuttgart 1997.

Riebel, P. (1994): Einzelkosten- und Deckungsbeitragsrechnung, 7. Aufl., Wiesbaden 1994.

Wahle, O. (1989): Kostenrechnung II für Studium und Praxis – Ist- und Normalkostenrechnung, 3. Aufl., Bad Homburg vor der Höhe 1989.

11. Kapitel: Break-even-Analyse

A. Grundlagen

Fragestellungen

In Zeiten konjunkturell bedingter Beschäftigungsschwankungen ist es für die Unternehmensleitung besonders wichtig, einen möglichst klaren Überblick über die strukturellen Rentabilitätszusammenhänge des Unternehmens und seiner wichtigsten Produkte zu bekommen. Folgende Fragen sind beispielsweise zu klären:

- Welche Auswirkungen haben Absatzschwankungen auf den Gewinn der Produkte?
- Bei welcher Kapazitätsauslastung geraten die einzelnen Produkte des Unternehmens in die »roten Zahlen«?
- Wo beginnt die Gefahr von Kassenverlusten, d.h. bei welchem Beschäftigungsgrad werden z.B. die Abschreibungen nicht mehr verdient?
- Welche Gewinnchancen sind bei einer erstrebenswerten Vollauslastung der Produktionskapazitäten zu erwarten?
- Wo liegen bei den einzelnen Produkten die wichtigsten Ansatzpunkte für rentabilitätssteigernde Maßnahmen?

Das ist eine Auswahl an möglichen Fragestellungen, auf die sich mit Hilfe von Break-even-Analysen (Gewinnschwellenanalysen, Ermittlung der Verlustgrenze) sowohl für das laufende Geschäftsjahr als auch für einen vorausschauenden Planungszeitraum eine schnelle Antwort geben läßt. Break-even-Analysen geben einen Überblick über Umsätze, Kosten, Gewinne und Verluste für alternative Beschäftigungsgrade. Sie sind ein besonders anschauliches Hilfsmittel für die Steuerung und Überwachung des Unternehmens und seiner Produkte.

Ausgangsdaten

Um für ein Produkt oder eine Produktgruppe eine Break-even-Analyse erarbeiten zu können, müssen folgende Ausgangsdaten bekannt sein:

1. Der Preis (p) pro verkaufte Einheit (Stück, l, kg, t, km usw.). Dabei sollten vom Bruttoverkaufspreis die Erlösminderungen, wie Rabatte und Boni, sowie Erlösschmälerungen, wie Frachten zum Kunden und Vertreterprovisionen, abgezogen werden.
2. Die variablen Kosten (k_v) pro produzierte Einheit (Stück, l, kg, t usw.). Hierzu gehören alle Kosten, die sich an die Schwankungen des Produktionsvolumens relativ kurzfristig anpassen bzw. anpassen lassen (z.B. die Kosten der Roh-, Hilfs- und Betriebsstoffe sowie des Energieverbrauchs in den Produktionsabteilungen).
3. Die fixen Kosten (K_f) pro Periode (Monat, Quartal, Jahr). Hierzu gehören alle Kosten, deren Höhe nicht von kurzfristigen Veränderungen des Produktionsvolumens beeinflußt wird (z.B. Gehälter, zeitabhängige Abschreibungen, Versicherungen, Mieten, Pachten).
4. Die Menge (x) der verkauften Einheiten (Stück usw.) pro Periode (Monat, Quartal, Jahr). Diese Größe wird bei der Break-even-Analyse nicht konstant gehalten, sondern sie kann bis zur Gesamtkapazität als obere Grenze variieren.

Wenn für ein Produkt diese Ausgangsdaten bekannt sind, lassen sich Umsatz, Gesamtkosten und Gewinn bzw. Verlust für verschiedene Absatzmengen formelmäßig wie folgt darstellen:

Ausgangsgleichungen

$$\begin{aligned} \text{Umsatz (U)} &= (p \times x) \\ \text{Kosten (K)} &= (k_v \times x) + K_f \\ \text{Gewinn (= U – K)} &= (p \times x) - (k_v \times x) - K_f \end{aligned}$$

Von diesen Grundlagen und Formeln ausgehend werden nachfolgend die Wirkungsweise der Break-even-Analyse und ihre Anwendungsmöglichkeiten an einem einheitlichen Zahlenbeispiel demonstriert.

B. Break-even-Analyse für die Einproduktbetrachtung

Ausgehend von der Gewinngleichung

$$\begin{aligned} \text{Gewinn} &= \text{Umsatz} - \text{Kosten} \\ &= (p \times x) - (k_v \times x) - K_f \end{aligned}$$

lassen sich zwei grundsätzliche Analyseformen unterscheiden, das **Umsatz-Gesamtkosten-Modell** und das **Deckungsbeitrags-Modell**.

I. Umsatz-Gesamtkosten-Modell

Break-even-Punkt

Der Schnittpunkt der Umsatzlinie mit der Gesamtkostenlinie ist der sogenannte »Break-even-Punkt« oder Gewinnschwellenpunkt. Der Break-even-Punkt bezeichnet den Punkt, an dem die Umsätze die Gesamtkosten decken, also weder ein Gewinn erzielt wird noch ein Verlust entsteht.

Beispiel

Beispiel:
Die Rentabilitätsaussichten eines Produkts bei unterschiedlichen Beschäftigungsgraden werden zunächst einmal zahlenmäßig in Tabellenform dargestellt. Es werden folgende Ausgangsdaten angenommen:

Preis pro verkaufte Einheit (p)	= 5 000,– DM
Variable Kosten pro produzierte Einheit (k_v)	= 3 000,– DM
Fixkosten pro Jahr (K_f)	= 15 Mio. DM
Menge der verkauften Einheiten (x) pro Jahr	≤ 10 000 St.

Bei sinkendem Absatz ist also mit einem schnellen Rückgang des Gewinns zu rechnen. Bei einem Absatzvolumen zwischen 8 000 und 6 000 Stück pro Jahr ist ein Unterschreiten der Gewinnschwelle zu erwarten (vgl. Tab. 11.1).

Aus diesem einfachen Beispiel lassen sich auf einen Blick mehrere betriebswirtschaftliche Zusammenhänge ableiten (vgl. Abb. 11.1):

Aussagen

- Die Umsatzlinie erreicht erst bei einem relativ hohen Beschäftigungsgrad die Gesamtkostenlinie und damit den Break-even-Punkt. In unserem Beispiel ist einfach ab-

Umsatz-Gesamtkosten-Modell (in Millionen DM)

Absatz (x) Tsd. Stück	Umsatz (x × p)	Gesamtkosten ($x \times k_v$)	K_f	($x \times k_v$) + K_f	Ergebnis
10	50	30	15	45	+ 5
8	40	24	15	39	+ 1
6	30	18	15	33	− 3
4	20	12	15	27	− 7
2	10	6	15	21	− 11
0	0	0	15	15	− 15

Tab. 11.1: Umsatz-Gesamtkosten-Modell

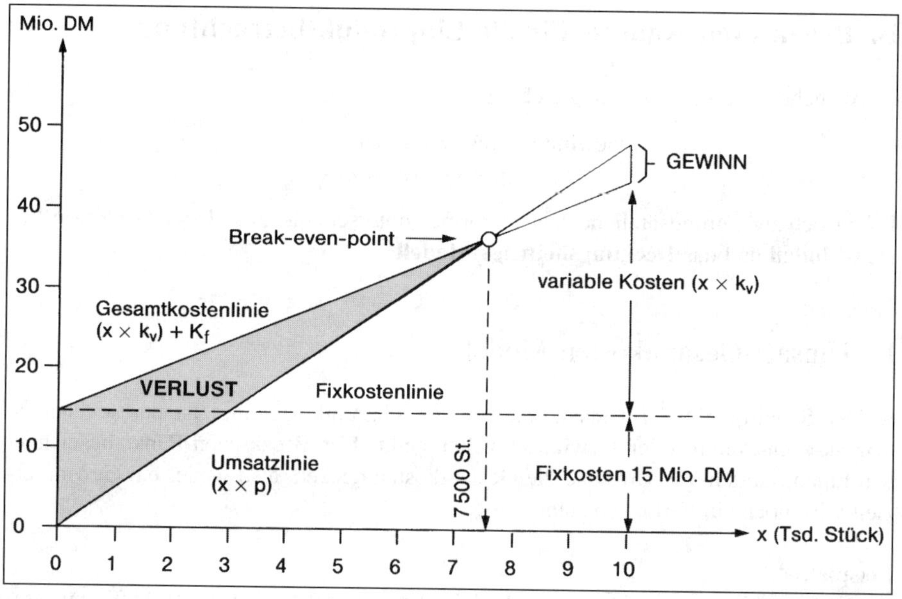

Abb. 11.1: Umsatz-Gesamtkosten-Modell

zulesen, daß bei einer Absatzmenge von 7 500 Stück kein Gewinn erwirtschaftet wird und auch kein Verlust entsteht.

- Sobald das Absatzvolumen links vom Break-even-Punkt liegt, sind die Gesamtkosten höher als der Umsatz, es entsteht also ein Verlust. Das Diagramm zeigt übersichtlich, wie empfindlich Produktergebnisse auf rückläufige Umsätze und Absatzmengen reagieren.
- Erst dann, wenn das Absatzvolumen rechts vom Break-even-Punkt liegt, ist ein positives Produktergebnis, d.h. ein Gewinn, zu erwarten.

II. Deckungsbeitrags-Modell

Die eingangs erwähnte Gewinngleichung *Deckungsbeitrags-Modell*

$$\text{Gewinn} = (p \times x) - (k_v \times x) - K_f$$

läßt sich umformen zu

$$\begin{aligned}\text{Gewinn} &= (p - k_v) \times x - K_f \\ &= \text{Deckungsbeitrag} - \text{Fixkosten}\end{aligned}$$

Da für die Gewinnschwelle definitionsgemäß gilt Gewinn = 0, ergibt sich unmittelbar aus der Gleichung

$$\text{Gewinn} = \text{Deckungsbeitrag} - \text{Fixkosten}$$

die Beziehung

$$\text{Deckungsbeitrag} = \text{Fixkosten}$$

Wenn man mit Deckungsbeiträgen rechnet, kann die Gewinn- bzw. Verlustkalkulation bei unterschiedlichen Beschäftigungsgraden weiter vereinfacht werden: *Beispiel*

Deckungsbeitrags-Modell (in Mio. DM)

Absatz (x) Tsd. Stück	Deckungsbeitrag $(p - k_v) \times x$	Fixkosten K_f	Ergebnis
10	20	15	+ 5
8	16	15	+ 1
6	12	15	– 3
4	8	15	– 7
2	4	15	– 11
0	0	15	– 15

Tab. 11.2: Deckungsbeitrags-Modell

Mit diesen Daten können die Rentabilitätszusammenhänge eines Produkts wie in Abbildung 11.2 dargestellt analysiert werden.

Folgende Aussagen können anhand des in Abbildung 11.2 dargestellten Deckungsbeitrags-Modells getroffen werden:

Aussagen

- Die Fixkostenlinie liegt bei allen Absatzmengen in der Höhe von 15 Mio. DM.
- Die Deckungsbeitragslinie beginnt im Nullpunkt und erreicht bei einer Absatzmenge von 10 000 Stück den Wert von 20 Mio. DM.
- Der Break-even-Punkt wird also erreicht, wenn die Deckungsbeitragslinie die Fixkostenlinie (bei 7 500 Stück) schneidet.

Durch diese, auf zwei Parameter – Deckungsbeitrag und Fixkosten – verdichtete Darstellung werden zwei Vorteile erzielt: *Vorteile*

(1) Das Diagramm läßt sich noch leichter lesen und ist in seiner Struktur einprägsamer als das Umsatz-Gesamtkosten-Modell, und

(2) die Anwendungsmöglichkeiten für die Praxis lassen sich wesentlich erweitern, ins-

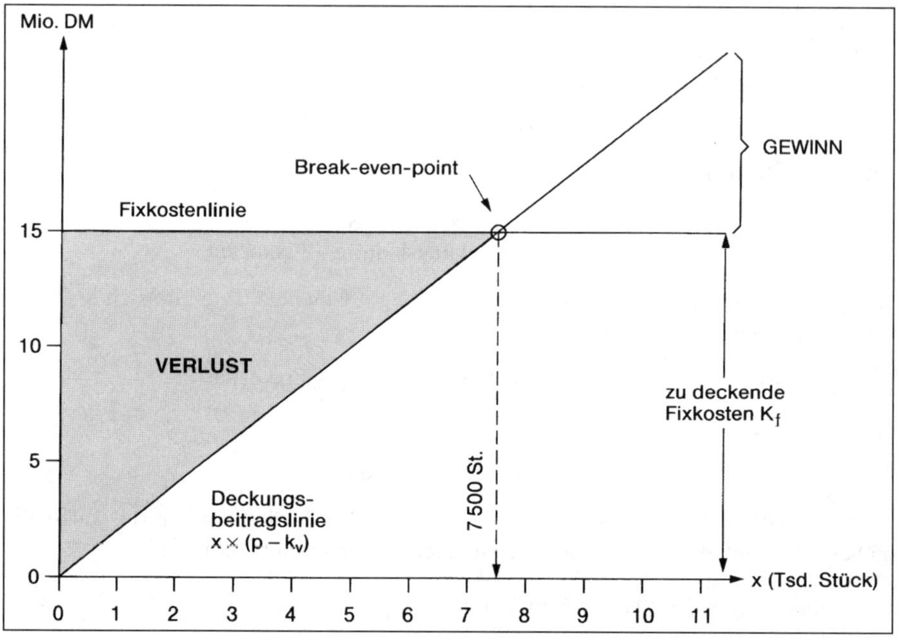

Abb. 11.2: Deckungsbeitrags-Modell

besondere im Hinblick auf die Untersuchung von Mengen-, Kosten- und Preisänderungen.

C. Break-even-Analyse als Instrument zur Untersuchung von Mengen-, Kosten- und Preisänderungen

Das im letzten Abschnitt erläuterte Break-even-Diagramm gibt in Kombination mit den dort erläuterten Formeln eine Vielzahl von Informationsmöglichkeiten. Zur Veranschaulichung der Anwendungsmöglichkeiten sollen auf den folgenden Seiten einige praxisorientierte Fragestellungen mit Hilfe der Formeln und des Break-even-Diagramms erläutert und beantwortet werden.

I. Mengenänderungen

Kostendeckung

(1) Kostendeckung

Welche Mengen müssen mindestens verkauft werden, um alle Kosten zu decken?

Um alle Kosten eines Produkts zu decken, muß der Deckungsbeitrag so hoch sein, daß daraus alle Fixkosten gedeckt werden können.

Mit Hilfe der Formeln läßt sich folgende Lösung finden:

$$x \times (p - k_v) = K_f$$

$$x = \frac{K_f}{(p - k_v)} = \frac{15\,000\,000}{2\,000} = 7\,500 \text{ Stück } (= x_{BEP})$$

In nachfolgender Abbildung 11.3 läßt sich die rechnerisch ermittelte Lösung einfach ablesen, wenn man vom Schnittpunkt der Deckungsbeitragslinie mit der Fixkostenlinie (Break-even-Punkt) ein Lot auf die Mengenskala fällt. Bei einem Absatz von mindestens 7 500 Stück können betriebliche Verluste vermieden werden.

(2) Ausgabendeckung

Ausgabendeckung

Welche Mengen müssen mindestens verkauft werden, um alle Ausgaben zu decken (dabei wird vereinfachend angenommen, daß der Cash Flow nur Gewinne und Abschreibungen enthält)?

Da Abschreibungen für das Unternehmen Kosten darstellen, aber keine Ausgaben sind, muß der Deckungsbeitrag so hoch sein, daß daraus alle Fixkosten abzüglich der darin enthaltenen Abschreibungen (A) gedeckt werden. Bei einer Abschreibungshöhe von 5 Mio. DM läßt sich mit Hilfe der Formel folgende Lösung finden:

$$x \times (p - k_v) = K_f - A$$

$$x = \frac{K_f - A}{(p - k_v)} = \frac{10\,000\,000}{2\,000} = 5\,000 \text{ Stück}$$

In der nachfolgenden Abbildung 11.3 läßt sich die Antwort einfach auf der Mengenskala ablesen. Es ist nur erforderlich, unterhalb der Fixkostenlinie im Abstand von 5 Mio. DM eine Hilfslinie einzuzeichnen. Vom Schnittpunkt dieser »Fixkosten-Ausgabenlinie« mit der Deckungsbeitragslinie (Cash-Punkt) ist ein Lot auf die Mengenskala zu fällen. Bei einem Absatz von 5 000 Stück sind alle laufenden Ausgaben gedeckt, wenn man von Investitionen und Lagerbestandsveränderungen absieht.

(3) Zielvorgaben

Zielvorgaben

Welche Absatzmenge muß mindestens erreicht werden, um einen Periodengewinn von 8 Mio. DM zu erreichen?

Ausgehend von der Gleichung

$$\text{Gewinn} = x \times (p - k_v) - K_f$$

ergibt sich mit den Daten des Beispiels folgende Rechnung:

$$\begin{aligned} 8\,000\,000 &= x \times (5\,000 - 3\,000) - 15\,000\,000 \\ 23\,000\,000 &= x \times 2\,000 \\ x &= 11\,500 \text{ Stück} \end{aligned}$$

Dieser Betrag kann in der nachfolgenden Abbildung 11.3 in Höhe des angestrebten Periodengewinns von 8 Mio. DM auf der Abszisse (Mengenskala) abgelesen werden.

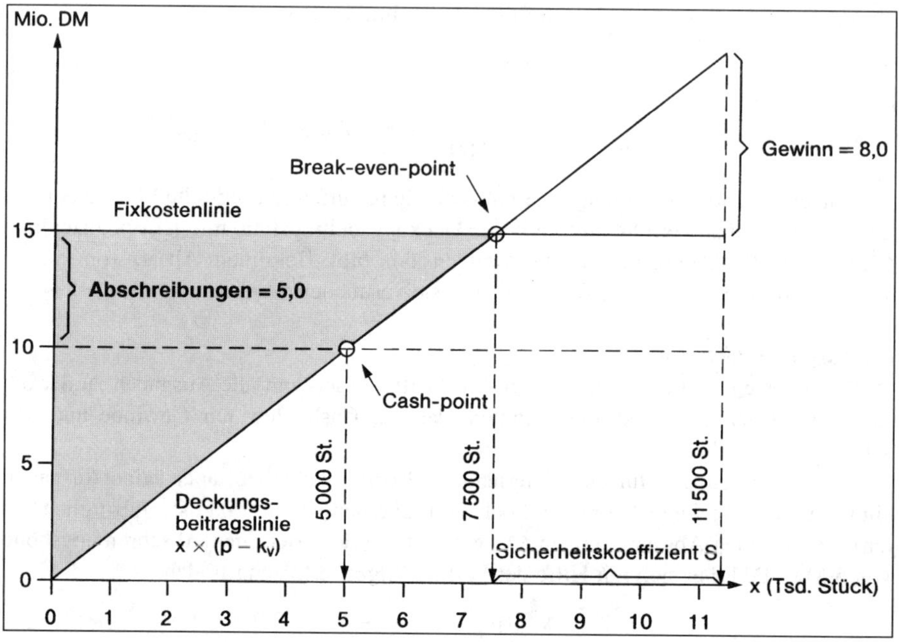

Abb. 11.3: Mengenänderungen im Break-even-Diagramm

Sicherheits-koeffizient

(4) Sicherheitskoeffizient

Um wieviel Prozent darf die Kapazitätsauslastung höchstens sinken, wenn ein Verlust vermieden werden soll?

Bei einer Absatzmenge x_{Ist} von 11 500 Stück sollen die Kapazitäten im folgenden voll ausgelastet sein. Der »Break-even-Punkt« und damit die Verlustgrenze liegt bei 7 500 Stück.

Damit ergibt sich der Sicherheitskoeffizient S wie folgt:

$$S = \frac{x_{Ist} - x_{BEP}}{x_{Ist}} \times 100$$

$$= \frac{11\,500 - 7\,500}{11\,500} \times 100 = 34{,}8\ \%$$

Die Absatzmenge bei Vollauslastung von 11 500 Stück kann um 34,8 % unterschritten werden, ehe die Verlustgrenze für das betreffende Produkt erreicht wird.

Grundsätzlich gilt: Je größer der Sicherheitskoeffizient S, um so besser ist das Unternehmen gegen die Möglichkeit eines Verlusts abgesichert.

Kapazitätsgrad

(5) Kapazitätsgrad

Teilt man den bei einer bestimmten Absatzmenge erzielten Gesamt-Deckungsbeitrag durch die fixen Kosten, so erhält man den Kapazitätsgrad KG:

$$KG = \frac{\text{Deckungsbeitrag}}{\text{fixe Kosten}}$$

Für eine Absatzmenge von 11 500 Stück ergibt sich beispielhaft folgender Kapazitätsgrad:

$$KG = \frac{11\,500 \times (5\,000 - 3\,000)}{15\,000\,000} = 1{,}53$$

Der Kapazitätsgrad drückt die Angemessenheit der vorhandenen Kapazität im Verhältnis zur vorhandenen Marktsituation aus. Im angeführten Beispiel bedeutet dies, daß aufgrund der herrschenden Marktsituation mit der vorhandenen Kapazität die Erzeugnisse kostenmäßig so produziert werden können, daß die anfallenden Fixkosten 1,53fach gedeckt werden. Ergibt sich ein Kapazitätsgrad von KG = 1, so heißt dies, daß die entstandenen Fixkosten bezüglich der Marktsituation gerade noch zu vertreten sind, der Break-even-Punkt also noch erreicht wird. Der Kapazitätsgrad ist somit eine wichtige Meßzahl, die relativ einfach die Angemessenheit der Fixkosten bezüglich der Marktsituation ausweist. Veränderungen sind der Ursache nach zu analysieren, damit entsprechende Anpassungsmaßnahmen rechtzeitig eingeleitet werden können.

II. Kostenänderungen

Neben den dargestellten Mengenänderungen können auch durch Abweichungen gegenüber den geplanten Kosten neue Ansatzpunkte für rentabilitätsverbessernde Maßnahmen erforderlich werden.

(1) Analyse der Fixkosten

Analyse der Fixkosten

Bei der Analyse des Fixkostenblocks sollte sowohl das »Verantwortungsprinzip« als auch die mehr oder weniger exakte Möglichkeit einer produktspezifischen Zuordnung der Fixkosten berücksichtigt werden.

Beispielhaft soll für die Fixkosten in Höhe von 15 Mio. DM folgende Aufteilung angenommen werden:

(a) Produktfixkosten	
Personalkosten Produktionsabteilungen	2,5 Mio. DM
Instandhaltungsetat Produktionsabteilungen	0,5 Mio. DM
Abschreibungen Produktionsabteilungen	5,0 Mio. DM
Forschungskosten für Produkt	1,0 Mio. DM
Werbekosten für Produkt	1,0 Mio. DM
Insgesamt vom Produkt verursachte und damit echt zurechenbare Fixkosten	10,0 Mio. DM
(b) Anteilige Fixkosten	
Kosten des Vertriebs	1,5 Mio. DM

Verwaltungskosten der Bereiche	1,0 Mio. DM
Verwaltungskosten des Unternehmens	2,5 Mio. DM
Insgesamt dem Produkt nur über Schlüssel zurechenbare anteilige Fixkosten	5,0 Mio. DM
(c) Gesamtfixkosten	15,0 Mio. DM

Die Eintragung dieser Planzahlen in ein Break-even-Diagramm sollte zumindest diese Zweiteilung des Fixkostenblocks berücksichtigen (vgl. Abb. 11.4). Eine weitere Unterteilung nach Verantwortungsgesichtspunkten kann bei der Anwendung des Break-even-Diagramms als Diskussionsgrundlage von Vorteil sein.

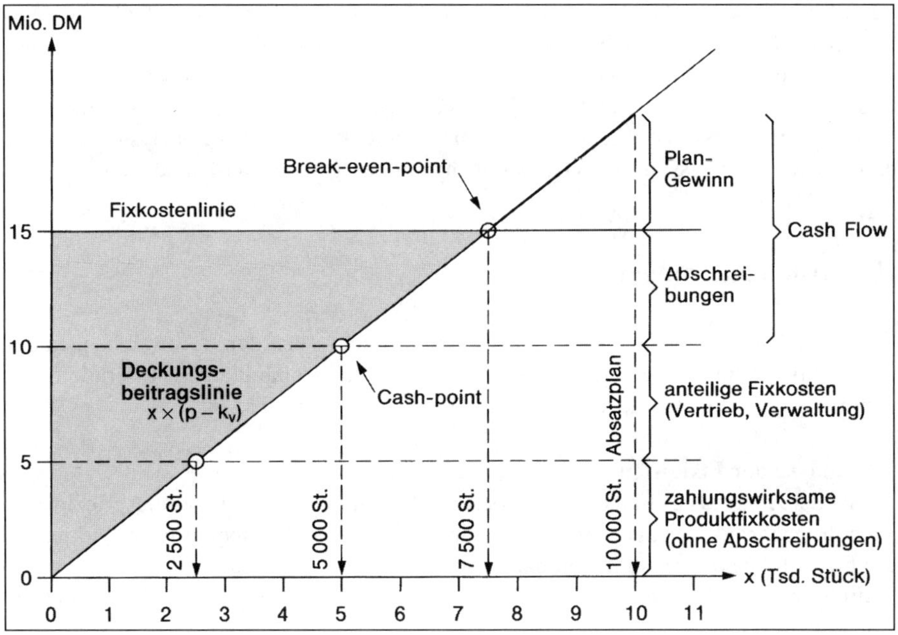

Abb. 11.4: Analyse der Fixkosten

Unter Berücksichtigung der bereits bekannten Ausgangsdaten können für das Beispiel verschiedene Aussagen getroffen werden:

Ausgangsdaten:

x	Absatzplan	10 000 Stück
p	Nettoerlös	5 000,– DM/Stück
k_v	Variable Produktionskosten	3 000,– DM/Stück
$p - k_v$	Deckungsbeitrag	2 000,– DM/Stück
$x \times (p - k_v)$	Deckungsbeitrag bei 10 000 St.	20,0 Mio. DM

Ergebnisse:

Aussagen

- 2 500 St. Absatz decken alle durch das Produkt direkt verursachten Ausgaben (ohne Investitionen und Veränderungen des Umlaufvermögens).
  Die Deckungsbeitragslinie schneidet die zu den direkt zurechenbaren Fixkosten (ohne Abschreibungen) gehörende Linie bei einem Absatz von 2 500 Stück.

$$\text{Kontrolle:} \quad \frac{5\,000\,000}{2\,000} = 2\,500 \text{ Stück}$$

- 5 000 St. Absatz decken alle Ausgaben (Cash-point). Im Diagramm sind zu dem Block der Fixkosten in den Produktionsabteilungen die übrigen Fixkosten für Verkauf, Werbung, Forschung sowie Verwaltung (ohne Abschreibungen) aufaddiert worden. Damit läßt sich der notwendige Absatz zur Deckung aller laufenden Ausgaben mit 5 000 Stück angeben. Alle Deckungsbeiträge oberhalb dieser Linie sorgen demnach für einen positiven Kassenbestand.

$$\text{Kontrolle:} \quad \frac{10\,000\,000}{2\,000} = 5\,000 \text{ Stück}$$

- 7 500 St. Absatz decken alle Kosten (Break-even-Punkt). Bei einem Absatz von 7 500 Stück erreicht die Deckungsbeitragsdiagonale die Horizontale der Gesamtfixkosten von 15 Mio. DM und damit den Break-even-Punkt.

$$\text{Kontrolle:} \quad \frac{15\,000\,000}{2\,000} = 7\,500 \text{ Stück}$$

(2) Prognose der Verteuerung

Prognose der Verteuerung

Welche Absatzmengen müssen z.B. in 3 Jahren verkauft werden, um trotz Verteuerungen keine Verluste ausweisen zu müssen?

Die Antwort auf diese Frage soll – modellmäßig vereinfacht – in zwei Alternativen gesucht werden:

Alternative A:

In 3 Jahren insgesamt 30 % Lohnerhöhung, keine Preisveränderungen.

Alternative B:

In 3 Jahren insgesamt 30 % Lohnerhöhung, 20 % Erhöhung der Rohstoffpreise und 20 % Erhöhung der Verkaufspreise.

Es wird zunächst folgender Anteil der Personalkosten angenommen:

- bei den Fixkosten (K_f) 60 % Personalkosten
- bei den variablen Kosten (k_v) 33 % Personalkosten

Demnach werden sich die Deckungsbeiträge pro Stück ($p - k_v$) und die Fixkosten K_f pro Jahr wie folgt entwickeln (vgl. Tab. 11.3).

Zusätzlich zu der Fixkosten- und Deckungsbeitragslinie des Ausgangsjahres sind die beiden Alternativen A und B (nach 3 Jahren) im Break-even-Diagramm eingezeichnet (vgl. Abb. 11.5).

	Ausgangs-jahr	Nach 3 Jahren A	B
	TDM	TDM	TDM
p = Preis pro verkauftes Stück	5,0	5,0	6,0
k_v = Variable Kosten pro Stück			
– Personalkosten 33 %	1,0	1,3	1,3
– Materialkosten 67 %	2,0	2,0	2,4
– k_v Gesamt 100 %	3,0	3,3	3,7
$(p - k_v)$ = Deckungsbeitrag pro Stück	2,0	1,7	2,3
K_f = Fixkosten pro Jahr			
– Personalkosten 60 %	9 000	11 700	11 700
– Sonstige Kosten 40 %	6 000	6 000	6 000
– K_f Gesamt 100 %	15 000	17 700	17 700

Tab. 11.3: Deckungsbeiträge und Fixkosten bei Verteuerung

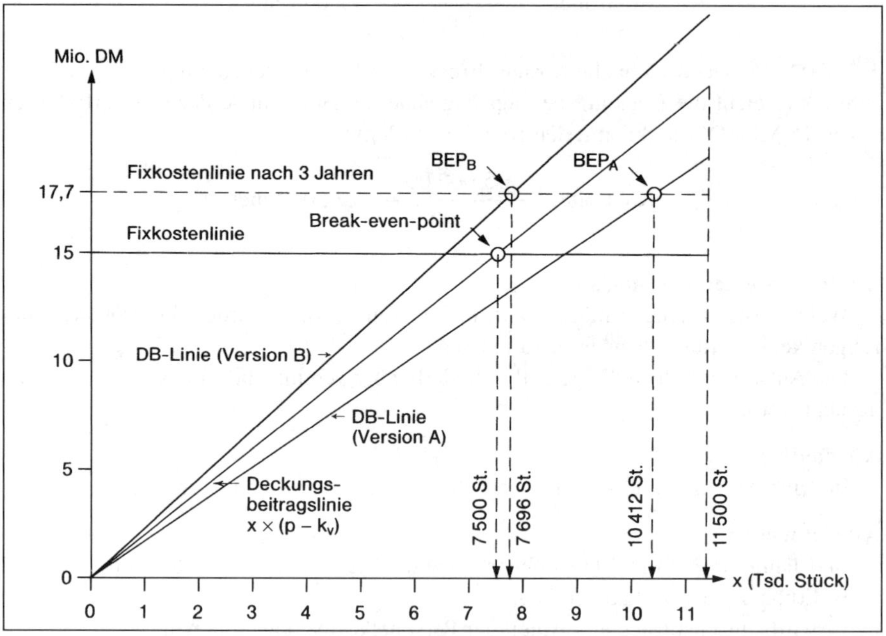

Abb. 11.5: Prognose der Verteuerung

Aussagen

Anhand der Darstellung in Abbildung 11.5 lassen sich u.a. folgende Aussagen ableiten:

- **Alternative A (nur Lohnerhöhung):**
  Der Break-even-Punkt verschiebt sich nach rechts. Während im Ausgangsjahr der Break-even-Punkt noch bei einer Absatzmenge von 7 500 Stück lag, müßten drei Jah-

re später (verursacht durch die Lohnerhöhungen) bereits 10 412 Stück (ca. 40 % mehr) verkauft werden, um alle Kosten zu decken.

- **Alternative B (Lohn- und Preiserhöhung):**
  Bei der angenommenen 30 %igen Lohnverteuerung reicht eine 20 %ige Erhöhung der Verkaufspreise bei gleicher Verteuerung der Rohstoffpreise knapp aus, um den Break-even-Punkt in etwa auf der Höhe des Absatzvolumens im Ausgangsjahr zu halten (7 696 Stück anstatt früher 7 500 Stück).

III. Preisänderungen

(1) Verkaufspreissenkung und -erhöhung

Verkaufspreissenkung

Wie weit muß der Absatz mindestens gesteigert werden, um z.B. nach einer 10 %igen **Senkung des Verkaufspreises** keine Gewinneinbuße zu erleiden?

Um dieses »Mindestziel« zu erreichen, müßte der Deckungsbeitrag nach der Senkung des Verkaufspreises mindestens so hoch sein wie vorher. Bei einem Absatzplan von 10 000 Stück vor der Preissenkung ergibt sich folgende Lösung:

$$\text{Deckungsbeitrag}_{\text{neu}} = \text{Deckungsbeitrag}_{\text{alt}}$$

$$x \times (5\,000 \times 0{,}9 - 3\,000) = 10\,000 \times (5\,000 - 3\,000)$$

$$x = \frac{10\,000 \times 2\,000}{4\,500 - 3\,000}$$

$$= \frac{20\,000\,000}{1\,500} \approx 13\,334 \text{ Stück}$$

Der Absatz müßte nach der Preissenkung also um mindestens 33,3 % auf 13 334 Stück gesteigert werden, um einen Gewinnrückgang zu verhindern. Da die Kapazitätsgrenze der Produktion gegenwärtig bei 11 500 Stück liegt, müßte eine Investition zur Kapazitätserweiterung durchgeführt werden (mit der Folge weiter steigender Fixkosten, die dann wiederum eine Ausweitung der Absatzmenge erfordern, um einen Gewinnrückgang zu vermeiden).

Verkaufspreiserhöhung

Wie weit darf der Absatz höchstens zurückgehen, um nach einer 10 %igen **Verkaufspreiserhöhung** keine Gewinneinbuße zu erleiden?

In Anlehnung an obiges Beispiel ergibt sich folgende Rechnung:

$$\text{Deckungsbeitrag}_{\text{neu}} = \text{Deckungsbeitrag}_{\text{alt}}$$

$$x \times (5\,000 \times 1{,}1 - 3\,000) = 10\,000 \times (5\,000 - 3\,000)$$

$$x = \frac{10\,000 \times 2\,000}{5\,500 - 3\,000}$$

$$= \frac{20\,000\,000}{2\,500} = 8\,000 \text{ Stück}$$

Der Absatz darf also gegenüber der ursprünglichen Verkaufsmenge in Höhe von 10 000 Stück um höchstens 20 Prozent zurückgehen, wenn kein Gewinnrückgang eintreten soll.

(2) Prognose der Verkaufspreise

Prognose der Verkaufspreise

Welche Absatzmengen sind erforderlich, um bei Marktpreisen zwischen 4 000,– DM und 6 000,– DM jeweils einen konstanten Gewinn in Höhe von 5 Mio. DM ausweisen zu können?

Zur Beantwortung dieser Frage ist es nur erforderlich, für verschiedene Verkaufspreise die Deckungsbeiträge bei einer Absatzmenge von x = 10 000 Stück zu errechnen und, ausgehend von diesen »Hilfspunkten«, verschiedene Deckungsbeitragslinien im Diagramm einzutragen.

Beispiel:

Preisänderung	p	k_v	$(p - k_v)$	$x \times (p - k_v)$
– 20 %	4 000	3 000	1 000	10 Mio.
– 10 %	4 500	3 000	1 500	15 Mio.
0	5 000	3 000	2 000	20 Mio.
+ 10 %	5 500	3 000	2 500	25 Mio.
+ 20 %	6 000	3 000	3 000	30 Mio.

Tab. 11.4: Berechnung preispolitischer Optionen

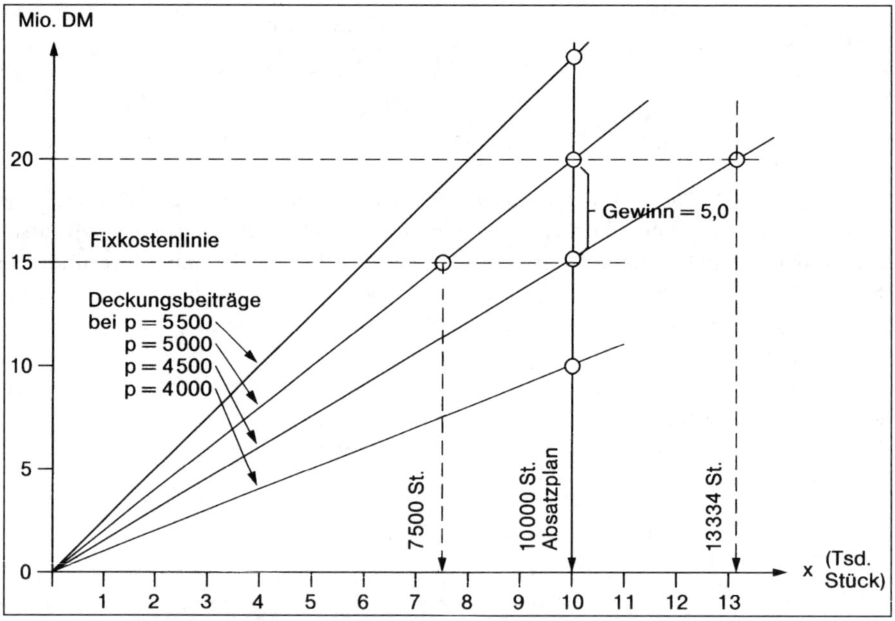

Abb. 11.6: Darstellung preispolitischer Optionen

»Deckungsbeitrags-Spinne«

Für die preispolitischen Überlegungen eines Unternehmens dürfte ein modifiziertes Break-even-Diagramm mit der durch die Veränderung der Verkaufspreise entstandenen »Deckungsbeitrags-Spinne« sicherlich eine wertvolle Hilfe bzw. Ergänzung sein.

Für den allgemeineren Fall einer gleichzeitigen Variation von Verkaufspreisen p und Absatzmengen x erhält man sog. Deckungsbeitragsisoquanten. Während die in Abbildung 11.6 eingezeichneten Deckungsbeitragslinien jeweils feste Stück-Deckungsbeiträge enthalten, stellen die Deckungsbeitragsisoquanten den geometrischen Ort aller Preis-Mengen-Kombinationen dar, die zu einem bestimmten Gesamt-Deckungsbeitragsniveau führen (vgl. dazu auch die beiden folgenden Kap. 12 und 13).

Deckungsbeitragsisoquanten

(3) Plan-Ist-Kontrolle

Plan-Ist-Kontrolle

Ob die tatsächlichen Preise über oder unter dem Plan liegen, sollte monatlich und kumulativ systematisch überprüft werden. Hierbei sollten jeweils folgende Fragen beantwortet werden:

- Wie groß sind die Abweichungen gegenüber dem Plan?
- Wo liegen deren Ursachen?
- Welche Maßnahmen sind zweckmäßig, um auch bei negativen Plan-Ist-Abweichungen den Jahresplan noch realisieren zu können?

Beispiel

Für die vom Vertrieb zu verantwortende Preisstellung soll beispielsweise für die ersten drei Quartale des Planjahres folgende Entwicklung angenommen werden:

	Absatzmenge		Ist-Deckungsbeitrag pro Stück			Deckungsbeitrag Mio. DM	
Quartal	Plan	Ist	p	k_v	$(p - k_v)$	Plan[a)]	Ist
I	3 000	3 500	4 750	3 000	1 750	6,00	6,125
II	1 500	2 000	4 500	3 000	1 500	3,00	3,000
III	2 500	3 500	4 500	3 100	1 400	5,00	4,900
Summe	7 000	9 000				14,00	14,025

zu [a)]: Der Plan-Deckungsbeitrag beträgt wie oben 2 000,– DM.

Tab. 11.5: Plan-Ist-Kontrolle

Dem Vertrieb ist es im angegebenen Beispiel offensichtlich gelungen, mit Preiszugeständnissen sowohl den Absatzplan um 2 000 Stück bzw. 28 % zu überschreiten als auch eine Verbesserung der Deckungsbeiträge um 25 000,– DM zu erreichen.

Eine interessante Information ergibt sich, wenn man in das Break-even-Diagramm neben den Plan-Deckungsbeiträgen noch eine Ist-Deckungsbeitragslinie einzeichnet.

Aussagen

Aus diesem Plan-Ist-orientierten Break-even-Diagramm lassen sich folgende Aussagen erkennen (vgl. Abb. 11.7):

- Die Ist-Deckungsbeitragslinie verläuft unterhalb der Plan-Deckungsbeitragslinie. Also sind die Deckungsbeiträge pro Stück $(p - k_v)$ niedriger als geplant, wahrscheinlich infolge Verkaufspreisreduzierung.
- Die kleinen »Hilfskreise« liegen im Ist rechts vom Plan. Also ist mengenmäßig mehr verkauft worden als geplant. Die Größenordnung läßt sich an der Abszisse ablesen.
- Die kleinen »Hilfskreise« liegen im Ist etwas höher als geplant. Also ist der Ist-Deckungsbeitrag höher als geplant. Die Größenordnung läßt sich an der Ordinate ablesen.

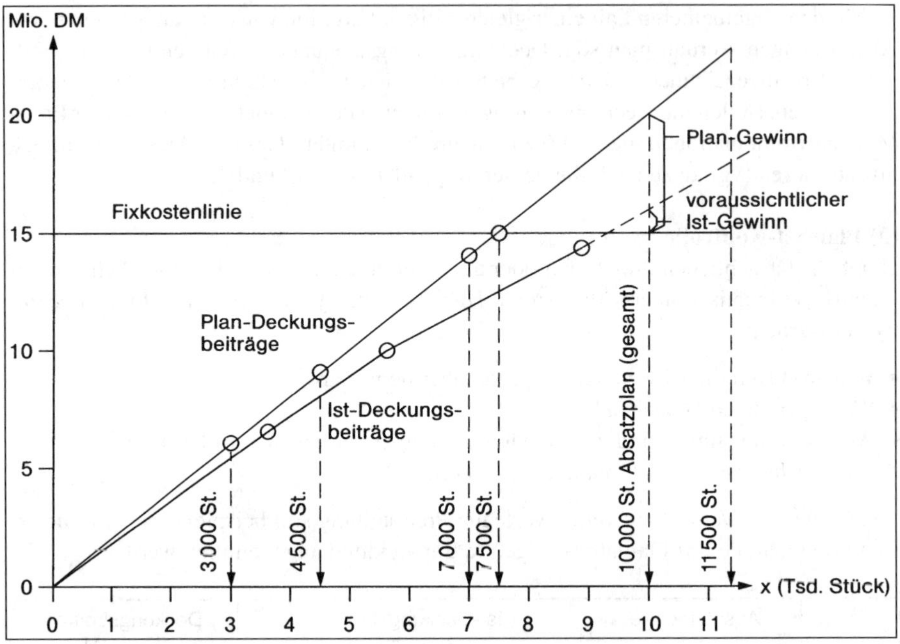

Abb. 11.7: Plan-Ist-Kontrolle

- Eine Verlängerung der Ist-Deckungsbeitragslinie bis zur Kapazitätsgrenze läßt erwarten, daß bei der in den letzten Monaten erreichten Preis-Kosten-Relation $(p - k_v)$ selbst bei voller Kapazitätsauslastung die Fixkosten nur knapp überschritten werden können.
- Die positive Aussage der Zahlentabelle war gefährlich. Die Rentabilität des Produkts gerät bereits in Gefahr. Maßnahmen zu einer Verbesserung der weiteren Entwicklung sind dringend erforderlich!

IV. Ansatzpunkte notwendiger Maßnahmenpläne

In welcher Richtung sollten in den nächsten Jahren gezielte Maßnahmen durchgeführt werden, um die Rentabilität der Produkte weiterhin erhalten bzw. verbessern zu können? Grundsätzlich können die Ansatzpunkte für rentabilitätserhaltende bzw. -steigernde Maßnahmen in vier Richtungen liegen:

Absatzsteigerung

(1) Absatzsteigerung (x)

Eine Absatzsteigerung wird zu einer Erhöhung der Deckungsbeiträge $x \times (p - k_v)$ führen. Die Auswirkungen auf den Gewinn sind auch bei verschiedenen Annahmen über die Entwicklung der Verkaufspreise in Break-even-Diagrammen leicht abzulesen. Zu berücksichtigen ist nur, von welcher Menge an eine Kapazitätserweiterung erforderlich wird, die dann zu einer Erhöhung des Fixkostenblocks führt (Fixkostensprung).

(2) Verbesserung der Deckungsbeiträge pro Stück ($p - k_v$)

Deckungsbeiträge pro Stück

Der zweite Ansatzpunkt zur Rentabilitätssicherung und -verbesserung liegt im Bereich der Deckungsbeiträge pro Stück. Zu prüfende Möglichkeiten wären im einzelnen:

- Verkaufspreisverbesserung durch Anhebung der Verkaufspreise bzw. durch Verbesserung der Qualität der Erzeugnisse, die Einführung von Innovationen usw.
- Senkung der variablen Kosten durch Rationalisierungsmaßnahmen beim Rohstoff- und Energieverbrauch, durch technologische arbeitssparende Verbesserungen usw.

Die Verbesserung der Deckungsbeiträge pro Stück wird dazu führen, daß die Deckungsbeitragslinie steiler wird. Maßnahmen in dieser Richtung sind von um so größerer Bedeutung für die Sicherung der Produktrentabilität, je geringer die Chancen für eine Ausweitung der Absatzmengen einzuschätzen sind.

(3) Fixkostensenkung (K_f)

Fixkostensenkung

Die Fixkosten beruhen in vielen Unternehmen auf einem hohen Personalkostenanteil. Unter dem Einfluß steigender Lohn- und Gehaltstarife haben die Fixkosten ausgesprochen starke Wachstumsraten. Dadurch wird der Break-even-Punkt vergleichsweise schnell und konsequent nach rechts in Richtung immer größerer Absatzmengen gedrängt.

Maßnahmen gegen das wachsende Fixkostenniveau sind also insbesondere bei Produkten ohne große Wachstumschancen und mit geringen Möglichkeiten zur Steigerung der Deckungsbeiträge pro Stück unvermeidlich. Häufige Ansatzpunkte sind hier Maßnahmen zur Verringerung der Fertigungstiefe, d.h. Verzicht auf Eigenfertigung und Übergang auf verstärkten Zukauf (Make-or-buy-Entscheidung).

(4) Kapazitätseinschränkung – Desinvestition

Defensivstrategien

Wenn trotz aller Maßnahmenüberlegungen in Richtung der drei vorgenannten Ansatzpunkte kein positives Produktergebnis zu erwarten ist, müssen Defensivstrategien in Erwägung gezogen werden.

Wie das Break-even-Diagramm deutlich macht, müssen dabei zwei Aspekte gesondert berücksichtigt werden:

- Eine rasche und kurzfristige Stillegung führt zu einer Verringerung der Deckungsbeiträge und damit zu einer Vergrößerung der Verluste.
- Ein »Rückzug« aus einem Produktengagement sollte möglichst mit einem konsequenten Fixkostenabbau (bei konstant gehaltenen Deckungsbeiträgen) beginnen, um eine übermäßige Ergebnisbelastung vermeiden zu können.

Überblick

Einen modellmäßigen Überblick über die vier skizzierten Ansatzpunkte zur Einleitung schwerpunktmäßiger Maßnahmen gibt folgende vereinfachte Break-even-Darstellung:

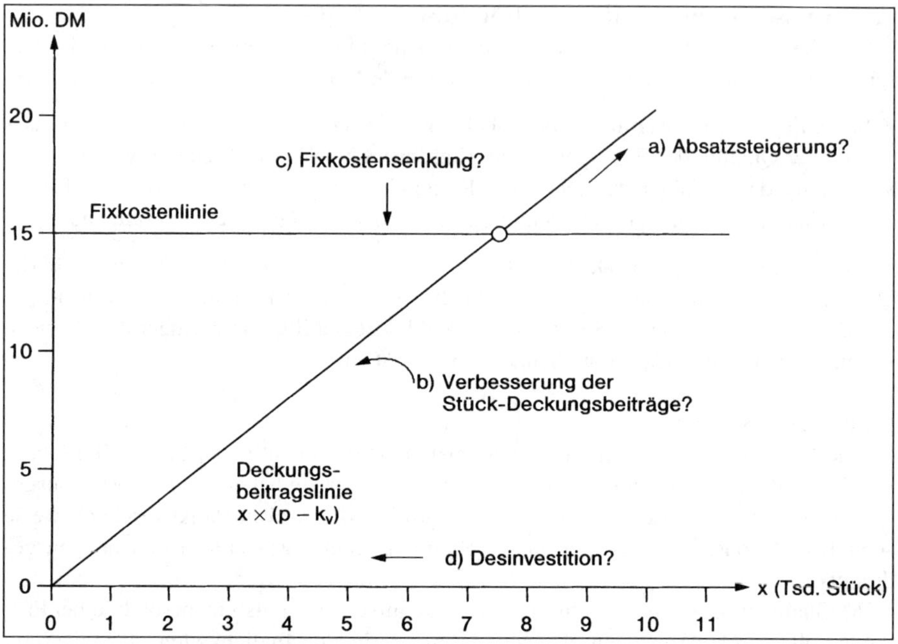

Abb. 11.8: Ansatzpunkte von Schwerpunktmaßnahmen

Bei jedem Produkt und bei jeder Produktgruppe werden sich voneinander abweichende Ausgangs- und Entwicklungsdaten auch unterschiedlich

- auf die Break-even-Struktur auswirken, und damit auch
- individuelle Schwerpunkte bei den zur Rentabilitätssicherung notwendigen Maßnahmen erfordern.

Anwendungsbereiche

So gesehen kann die Anwendung der Break-even-Technik ganz besonders bei mittel- und langfristigen Steuerungsüberlegungen ein wertvolles Hilfsmittel für die Unternehmensleitung werden, um

- Engpässe und Schwächen der Produkte klar zu erkennen,
- die Notwendigkeit und die Größenordnung rentabilitätssteigernder Maßnahmen überzeugend darzustellen und
- mit Hilfe der Break-even-Diagramme die verantwortlichen Führungskräfte des Unternehmens bezüglich produktivitätssteigernder Aktivitäten zu motivieren.

D. Break-even-Analyse für die Mehrproduktbetrachtung

I. Grundmodell und Anwendungsbeispiel

Die Darstellungsformen und die Interpretation von Gewinnschwellendiagrammen sind für ein Mehrproduktunternehmen in der Durchführung etwas aufwendiger als die Analyse im Einproduktfall. Anhand eines Beispiels sollen die verschiedenen Anwendungsmöglichkeiten demonstriert werden.

Beispiel

Beispiel:

Ein Unternehmen plant die Produktion von vier Produkten A, B, C und D. Das Unternehmen rechnet mit folgenden Absatz-, Umsatz- und Kostenzahlen:

	1	2	3	4	5	6	7	8
Produkt	Absatzmenge	Preis	Umsatz	Var. Kosten		Deckungsbeitrag		$\frac{DB}{U}$
				pro Stück	insges.	pro Stück	insges.	
A	100 000	1,20	120 000	1,00	100 000	0,20	20 000	17 %
B	20 000	7,00	140 000	3,00	60 000	4,00	80 000	57 %
C	30 000	3,00	90 000	1,00	30 000	2,00	60 000	67 %
D	50 000	1,00	50 000	0,20	10 000	0,80	40 000	80 %
	200 000	2,00	400 000	1,00	200 000	1,00	200 000	50 %
					– Fixkosten		– 160 000	
					= Gewinn		40 000	

Tab. 11.6: Break-even-Analyse im Mehrproduktfall

Heterogene Produktvarianten

Da es sich um heterogene Produktvarianten handelt, ist es nicht möglich, eine Break-even-Absatzmenge für das Gesamtsortiment zu ermitteln. Auf der Abszisse eines Gewinnschwellendiagramms kann daher nur der Umsatz abgetragen werden.

Die einfachste Darstellung einer Break-even-Analyse erhält man, indem man von den Spaltensummen des Zahlenbeispiels in Tabelle 11.6 ausgeht und in eine Graphik überträgt (vgl. Abb. 11.9):

Die Umsatzkurve ergibt sich dabei als Winkelhalbierende. Der Anstieg der Gesamtkostenkurve bestimmt sich durch den Quotienten aus Spaltensumme 5 und Spaltensumme 3, der die durchschnittlichen variablen Stückkosten des Gesamtunternehmens bezogen auf den Umsatz wiedergibt. Diese belaufen sich im Beispiel auf 0,50 DM.

Der Break-even-Umsatz (U_{BEP}) kann nun im Schnittpunkt von Umsatz- und Gesamtkostenkurve auf der Abszisse abgelesen werden (U_{BEP} = 320 000,– DM).

Die Herleitung des Break-even-Umsatzes U_{BEP} läßt sich wie folgt erklären:

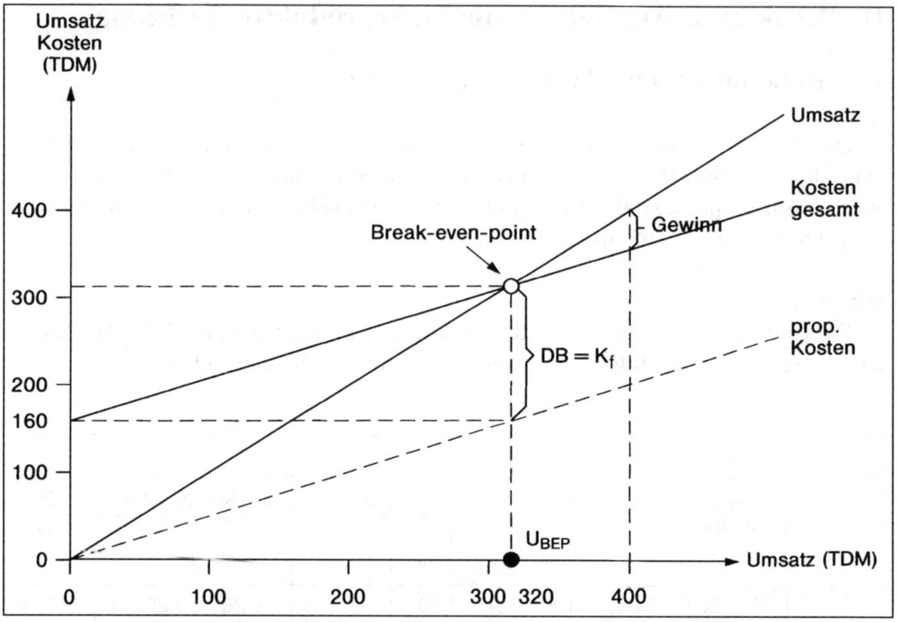

Abb. 11.9: Gewinnschwellendiagramm im Mehrproduktfall

Für den Einproduktfall ergibt sich der Break-even-Umsatz aus der Multiplikation der Bestimmungsgleichung für die Break-even-Menge x_{BEP} mit dem Preis:

$$x_{BEP} = \frac{K_f}{p - k_v}$$

$$U_{BEP} = p \times x_{BEP} = p \times \frac{K_f}{p - k_v}$$

zwei Umformungsmöglichkeiten

$$U_{BEP} = \frac{K_f}{1 - \frac{k_v}{p}} \qquad U_{BEP} = \frac{K_f}{\frac{d}{p}}$$

Bei mehreren Produkten müssen die stückbezogenen Größen (Stückpreise, Stück-Deckungsbeiträge und variable Stückkosten) jeweils mit den Mengen x_i (i = 1, ..., n) der einzelnen Produkte im Sortiment gewichtet werden. Entsprechend ergibt sich der Break-even-Umsatz U_{BEP} je nach gewählter Umformungsmöglichkeit zu

$$U_{BEP} = \frac{K_f}{1 - \frac{\sum_{i=1}^{n} k_{vi} \times x_i}{\sum_{i=1}^{n} p_i \times x_i}} = \frac{K_f}{1 - \frac{K_v}{U}} = \frac{K_f}{1 - \frac{Øk_v}{Øp}}$$

oder

$$U_{BEP} = \frac{K_f}{\frac{\sum_{i=1}^{n} d_i \times x_i}{\sum_{i=1}^{n} p_i \times x_i}} = \frac{K_f}{\frac{DB}{U}} = \frac{K_f}{\frac{Ød}{Øp}}$$

Im Beispiel ergibt sich der Break-even-Umsatz wie folgt:

$$U_{BEP} = \frac{K_f}{\frac{Ød}{Øp}} = \frac{160\,000}{\frac{1}{2}} = 320\,000,\text{– DM}$$

Durchschnittliche Deckungsbeitragsintensität

Die Kennzahl Ød/Øp bezeichnet man als die durchschnittliche Deckungsbeitragsintensität.

Der Ausweis eines Gewinns von 40 000,– DM im vorstehenden Beispiel (siehe Tab. 11.6) kann nun leicht zu dem Schluß führen, die Produktion aller vier Erzeugnisse aufzunehmen.

Der Aussagewert dieser Schlußfolgerung muß jedoch zunächst noch zurückhaltend beurteilt werden, weil im Mehrproduktunternehmen neben dem Problem der zeitlichen Verteilung der Fixkosten noch zusätzlich das der sachlichen Verteilung auftritt. Hierzu benötigt man die Unterscheidung von Produktfixkosten und Unternehmensfixkosten, die allerdings bislang weder in der Zahlentabelle noch im Diagramm vorgenommen wurde.

II. Globale und differenzierte Fixkostenbehandlung

Um eine solche Differenzierung zu erreichen, ist es notwendig, die Umsätze und Kosten getrennt nach Produkten in der Analyse zu berücksichtigen.

Globale Fixkostenbehandlung

Unter Verzicht auf eine Unterteilung der Fixkosten in produkt- und unternehmensspezifische Komponenten (= **globale Fixkostenbehandlung**) kann eine Break-even-Analyse für Mehrproduktunternehmen auch in der nachstehenden Weise erstellt werden:

Produkt	Umsatz (DM)		Nettoergebnis
		Fixkosten	– 160 000,– DM
D	50 000,–	+ DB_D	+ 40 000,– DM
	50 000,–		– 120 000,– DM
C	90 000,–	+ DB_C	+ 60 000,– DM
	140 000,–		– 60 000,– DM
B	140 000,–	+ DB_B	+ 80 000,– DM
	280 000,–		20 000,– DM
A	120 000,–	+ DB_A	+ 20 000,– DM
	400 000,–		40 000,– DM

Tab. 11.7: Globale Fixkostenbehandlung

Das Diagramm zu dieser Rechnung (vgl. Tab. 11.7) zeigt die nachstehende Abbildung 11.10.

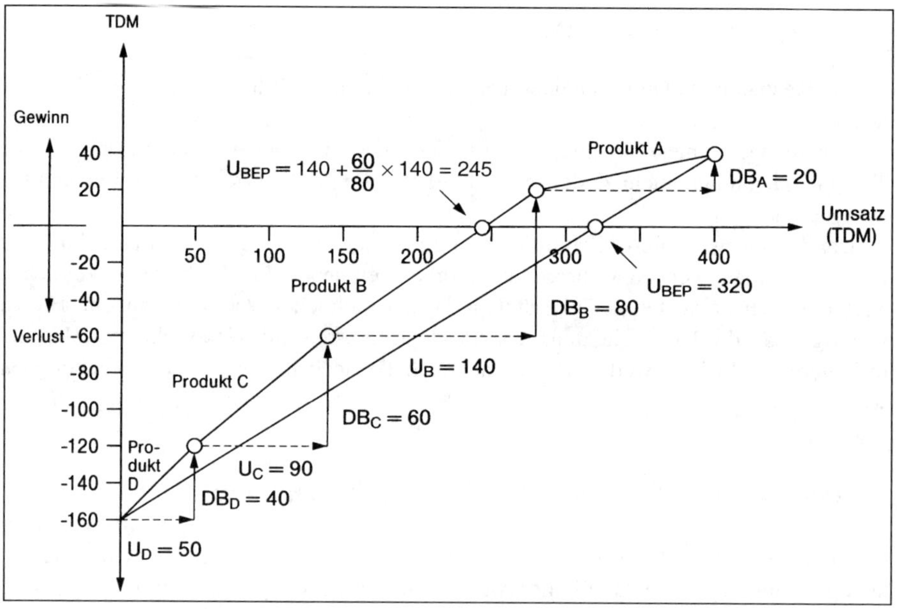

Abb. 11.10: Globale Fixkostenbehandlung

In Abbildung 11.10 werden auf der Ordinate im negativen Bereich zunächst die gesamten Fixkosten in Höhe von 160 000,– DM abgetragen, so daß bei einem Umsatz von Null in dieser Höhe ein Nettoverlust ausgewiesen wird.

Hiervon werden nun in bestimmter Reihenfolge die Deckungsbeiträge (Umsatz minus variable Kosten) der Produkte unter Berücksichtigung der jeweiligen Umsatzhöhe verrechnet. Es entsteht eine Nettogewinn- (bzw. Nettoverlust-)kurve, die entsprechend zu den unterschiedlichen erwarteten Umsätzen der einzelnen Produkte einen gebrochenen Verlauf aufweist.

Deckungsbeitragsintensität

Als Reihenfolgekriterium für die Verrechnung der produktspezifischen Deckungsbeiträge mit den Fixkosten wird i.d.R. die jeweilige Höhe des Verhältnisses von Deckungsbeitrag zu Umsatz (= Deckungsbeitragsintensität; siehe Spalte 8 von Tab. 11.6) gewählt (die Begründung hierfür ist, daß die Nettogewinnkurve dann einen degressiven Verlauf erhält und somit die Abszisse am weitesten links geschnitten wird. Andere Reihenfolgen können sich z.B. bei Kapazitätsengpässen ergeben; vgl. die Ausführungen in den folgenden Kap. 12 und 13).

Wie aus Abbildung 11.10 ersichtlich ist, ergeben sich zwei Break-even-Punkte:

(1) Durch die Produkte D, C und B mit der höchsten Deckungsbeitragsintensität wird der Break-even-Punkt bei einem Umsatz von 245 000,– DM erreicht. Dieser Break-even-Umsatz beruht auf der einschränkenden Annahme, daß Absatzeinbußen nur bei den Produkten mit dem geringsten Deckungsbeitragsniveau (hier: Produkt A) vorkommen.

(2) Der durchschnittliche Break-even-Umsatz von U_{BEP} = 320 000,– DM ergibt sich durch die Verbindungslinie von Anfangs- und Endpunkt des Deckungsbeitragslinienzugs. Diesem Break-even-Umsatz liegt die Annahme zugrunde, daß alle Produkte mengenproportional durch evtl. Absatzeinbußen betroffen werden. Der durchschnittliche Break-even-Umsatz basiert folglich auf dem vorgegebenen Produkt-Mix.

Differenzierte Fixkostenbehandlung

Anstelle einer globalen Fixkostenbehandlung kann die Break-even-Analyse nun wie folgt abgeändert werden:

Statt der gesamten Fixkosten werden auf der Ordinate zunächst nur die Unternehmensfixkosten (z.B. Kasino, Unternehmensleitung etc.) abgetragen. Bevor nun die Deckungsbeiträge (Umsatz minus variable Kosten) der einzelnen Produkte hiervon verrechnet werden, werden für jedes Produkt die produktfixen Kosten (z.B. Patentkosten, Spezialwerkzeuge etc.) vorher auf der Ordinate abgetragen. Diese sog. differenzierte Fixkostenbehandlung führt zu einer Gewinnkurve, die im Gegensatz zur Gewinnkurve bei der globalen Fixkostenbehandlung in obiger Abbildung 11.10 einen zickzackförmigen Verlauf aufweist.

Zur Erläuterung soll in Ergänzung zu dem obigen Zahlenbeispiel folgende Fixkostenaufteilung angenommen werden:

Fixkosten (gesamt):	160 000,– DM
produktfixe Kosten:	
Produkt A:	30 000,– DM
Produkt B:	40 000,– DM
Produkt C:	20 000,– DM
Produkt D:	10 000,– DM
	100 000,– DM
Unternehmensfixkosten:	60 000,– DM

Die Gewinnschwellenanalyse kann nun wie folgt vorgenommen werden:

Produkt	Umsatz (DM)		Nettoergebnis
		– Unternehmensfixkosten	– 60 000,– DM
D	50 000,–	– Produktfixkosten$_D$	– 10 000,– DM
	50 000,–	+ DB$_D$	+ 40 000,– DM
			– 30 000,– DM
C	90 000,–	– Produktfixkosten$_C$	– 20 000,– DM
	140 000,–	+ DB$_C$	+ 60 000,– DM
			10 000,– DM
B	140 000,–	– Produktfixkosten$_B$	– 40 000,– DM
	280 000,–	+ DB$_B$	+ 80 000,– DM
			50 000,– DM
A	120 000,–	– Produktfixkosten$_A$	– 30 000,– DM
		+ DB$_A$	+ 20 000,– DM
	400 000,–		40 000,– DM

Tab. 11.8: Differenzierte Fixkostenbehandlung

Die Zusammenhänge sind noch einmal in Abbildung 11.11 verdeutlicht:

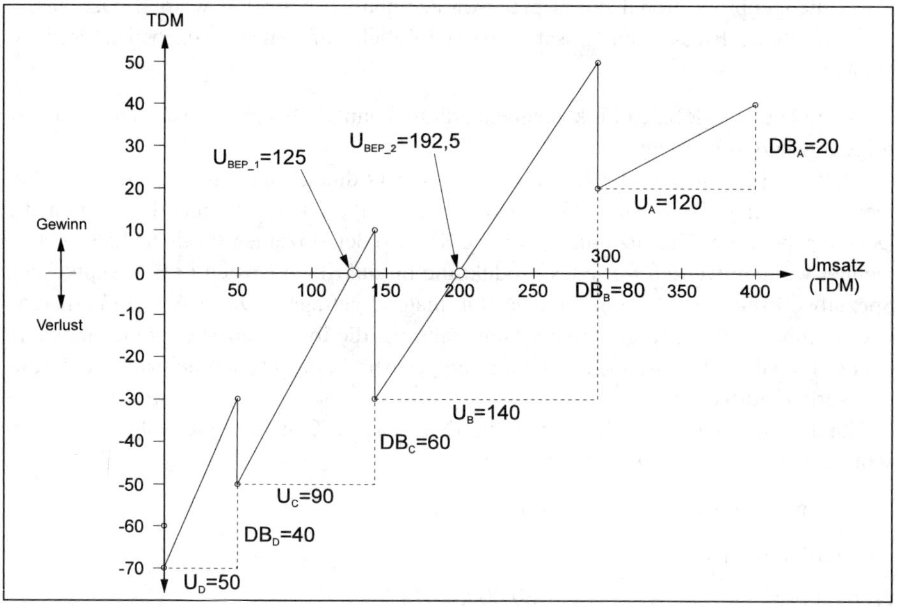

Abb. 11.11: Differenzierte Fixkostenbehandlung

Das Verfahren der differenzierten Fixkostenbehandlung kann als Ergebnis, wie im Beispiel, auch mehrere Break-even-Umsätze liefern. Die relevanten Umsätze errechnen sich wie folgt:

$$U_{BEP\_1} = 50\,000 + \frac{50\,000}{60\,000} \times 90\,000 = 125\,000,\!- \text{ DM}$$

$$U_{BEP\_2} = 50\,000 + 90\,000 + \frac{30\,000}{80\,000} \times 140\,000 = 192\,500,\text{– DM}$$

Die Darstellung macht weiter deutlich, daß der Nettogewinn auf 50 000,– DM ansteigen würde, falls Produkt A aus dem Produktspektrum gestrichen werden würde. Wegen seiner relativ hohen produktindividuellen Fixkosten von 30 000,– DM entsteht für Produkt A beim erwarteten Umsatz insgesamt ein negatives Produktergebnis von 10 000,– DM (Umsatz minus variable Kosten minus produktfixe Kosten), was Anlaß sein könnte, das Produkt nicht mehr weiter im Programm zu halten.

III. Break-even-Analyse bei variabler Produktmischung

Variabler Produkt-Mix

Wie im letzten Abschnitt gezeigt wurde, beruht die Ermittlung eines Break-even-Umsatzes U_{BEP} üblicherweise auf der Annahme eines konstanten Produkt-Mix. Jede Änderung in der Zusammensetzung des Produktspektrums führt folglich auch zu einer Änderung des Break-even-Umsatzes. Verzichtet man auf Annahme des konstanten Produkt-Mix und läßt statt dessen eine variable Produktmischung zu, so entwickelt sich aus der Break-even-Analyse eine allgemeinere Form der Entscheidungsrechnung.

Beispiel

Folgendes einfache Zahlenbeispiel für zwei Produkte A und B soll dies veranschaulichen:

	Produkt A	Produkt B
Deckungsbeitrag/St.	50,– DM	80,– DM
Fixkosten	2 000,– DM	

Falls nur **eines** der beiden Produkte hergestellt und verkauft wird, so ergeben sich jeweils folgende Break-even-Punkte:

$$x_{BEP\,A} = \frac{K_f}{d_A} = \frac{2\,000}{50} = 40 \text{ Stück } (x_B = 0)$$

$$x_{BEP\,B} = \frac{K_f}{d_B} = \frac{2\,000}{80} = 25 \text{ Stück } (x_A = 0)$$

Die Fixkosten können jedoch auch durch eine Mischung der Produktions- bzw. Absatzmengen von beiden Produkten gedeckt werden. Anstelle eines Break-even-Punkts ergibt sich dann eine Break-even-Linie, deren Endpunkte gerade die eben berechneten Werte für $x_{BEP\,A}$ und $x_{BEP\,B}$ sind.

Diese Überlegungen verdeutlicht die folgende Abbildung 11.12.

Break-even-Linie

Die Break-even-Linie bzw. die Gewinnschwellenlinie läßt sich als Menge aller Punkte auf der Verbindungsstrecke zwischen $x_{BEP\,A}$ und $x_{BEP\,B}$ beschreiben.

α sei ein Parameter, der nur Werte zwischen 0 und 1 annimmt. Damit lassen sich alle Punkte auf der Break-even-Linie durch die Linearkombination L

$$L = \alpha \times x_{BEP\,A} + (1 - \alpha) \times x_{BEP\,B}$$

darstellen.

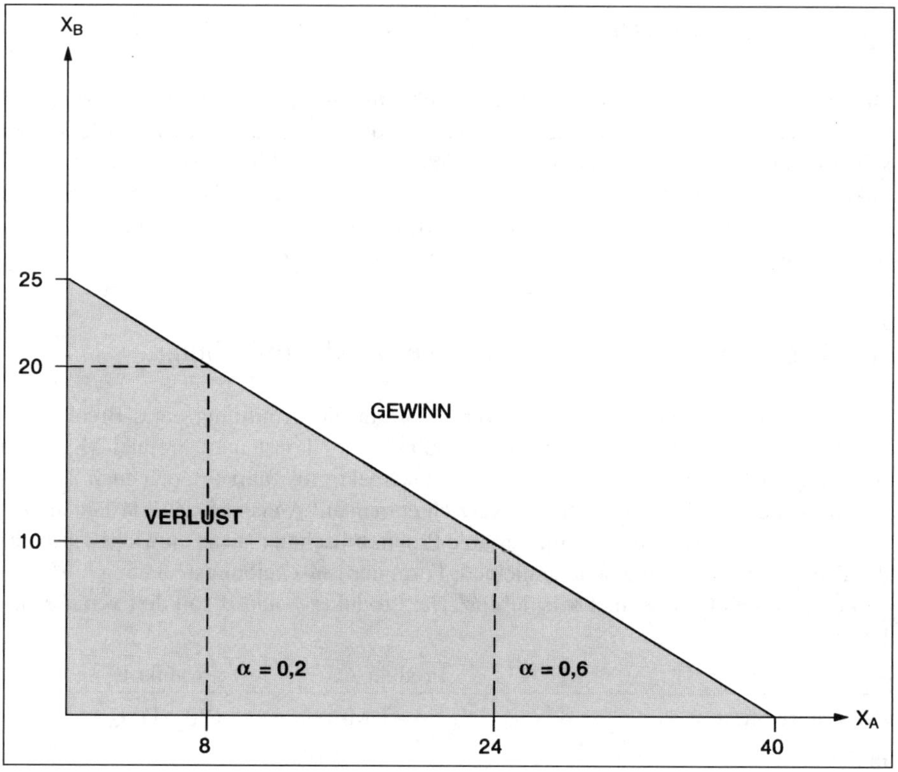

Abb. 11.12: Break-even-Analyse bei variabler Produktmischung

Die Menge M aller zulässigen Lösungspunkte ergibt sich unter Verwendung der oben ermittelten Endpunkte für die Break-even-Linie als:

$$M = \{(\alpha \times 40; (1 - \alpha) \times 25) \mid \alpha \in [0, 1]\}$$

Zum Beispiel ergibt sich für $\alpha = 0{,}2$ die Produktmengenkombination $x_{BEP\,A} = 8$ und $x_{BEP\,B} = 20$. Für $\alpha = 0{,}6$ erhält man $x_{BEP\,A} = 24$ und $x_{BEP\,B} = 10$ (vgl. Abb. 11.12).

Für alle Werte des Parameters $\alpha \in [0, 1]$ ergibt sich eine Mischung aus den beiden Produkten A und B, die gerade die angefallenen Fixkosten von $K_f = 2\,000$,– DM deckt. Die Break-even-Linie ist also eine ökonomische Nebenbedingung, oberhalb derer die gewinnbringenden Produktmengenkombinationen liegen.

Eine betrieblich vielfach relevante Fragestellung lautet: Welche Produktmengenkombination führt zum maximal möglichen Gewinn?

Optimale Produktmengenkombination

Dieser Fragestellung soll unter Fortführung des obigen Beispiels nachgegangen werden. Zusätzlich sei angenommen, daß für die Herstellung von Produkt A und Produkt B noch 500 Minuten freie Maschinenlaufzeit in der Fabrik verfügbar sind. Die Kapazitätsbeanspruchung geht aus folgender Übersicht hervor:

	Produkt A	Produkt B
Deckungsbeitrag/St.	50,– DM	80,– DM
Maschinenbelegung	5 min	10 min

Auf den ersten Blick scheint die Herstellung von Produkt B am lohnendsten zu sein, da dieses mit 80,– DM den höheren Deckungsbeitrag pro Stück aufweist.

Es könnten insgesamt 50 Stück von Produkt B hergestellt werden, so daß sich ein Gesamtdeckungsbeitrag von

$$(500 \text{ min} : 10 \text{ min/St.}) \times 80,\!– \text{ DM/St.} = 4\,000,\!– \text{ DM}$$

bei ausschließlicher Fertigung von Produkt B ergeben würde.

Die Herstellung von Produkt A beansprucht die Maschinenkapazität jedoch nur mit 5 min/St., so daß insgesamt 100 Stück von Produkt A hergestellt werden könnten. Dies würde einen Gesamtdeckungsbeitrag von

$$(500 \text{ min} : 5 \text{ min/St.}) \times 50,\!– \text{ DM/St.} = 5\,000,\!– \text{ DM}$$

erbringen.

Es ist also für das Unternehmen vorteilhafter, Produkt A herzustellen, da hier pro Minute Maschinenlaufzeit 10,– DM Deckungsbeitrag erwirtschaftet werden, während die Fertigung von Produkt B aufgrund des höheren Kapazitätsbedarfs nur zu einem Deckungsbeitrag von 8,– DM pro Minute Maschinenlaufzeit führt.

Ein Engpaß

Für den Fall, daß genau ein Produktionsengpaß vorhanden ist, kann die Zusammensetzung des gewinnmaximalen Produktionsprogramms prinzipiell über die Rangfolge der Produktdeckungsbeiträge pro Engpaßbelastung (relative Deckungsbeiträge, vgl. Kap. 12) bestimmt werden.

Mehrere Engpässe

Falls bei mehreren Produkten in mehr als einer Fertigungsstufe Kapazitätsengpässe zu berücksichtigen sind, so kann das gewinnmaximale Produktionsprogramm nur mit Hilfe mathematischer Planungsmodelle bestimmt werden. In den meisten Fällen erweist sich dabei ein linearer Ansatz als ausreichend.

Linearer Optimierungsansatz

Der Kern des linearen Ansatzes zur Mehrproduktanalyse besteht darin, die Kapazitätsbedingungen durch ein System von linearen Ungleichungen mathematisch zu erfassen. Eine Kapazitätsbeschränkung wird dabei durch zwei Parameter wiedergegeben: Zum einen durch die verfügbare Kapazität b_i, zum anderen durch die zugehörigen Belegungskoeffizienten a_{ij} der Produkte $j = 1, \ldots, n$.

Im oben angeführten Beispiel würde die Kapazitätsrestriktion wie folgt aussehen:

$$5\,x_A + 10\,x_B \leq 500$$

Geht man von m verschiedenen $(i = 1, \ldots, m)$ Restriktionen und insgesamt n $(j = 1, \ldots, n)$ Produkten aus, dann können die vorhandenen Kapazitätsschranken allgemein durch folgendes System linearer Ungleichungen wiedergegeben werden:

$$\sum_{j=1}^{n} a_{ij} \times x_j \leq b_i$$

Gemäß der Zielsetzung, das gewinnmaximale Produktionsprogramm zu ermitteln, sind nun diejenigen Ausbringungsprogramme $(x_1, \ldots, x_n)$ zu ermitteln, die alle Kapazitätsrestriktionen simultan erfüllen und gleichzeitig zu einer Maximierung der Produktdeckungsbeiträge d_j in der Zielfunktion g(x)

$$g(x) = d_1 \times x_1 + d_2 \times x_2 + \ldots + d_n \times x_n \rightarrow \max$$

führen.

Die Break-even-Analyse geht damit in das allgemeine Modell zur Deckungsbeitragsmaximierung über. Die zu diesem Modell gehörenden Anwendungsfälle und Lösungswege werden ausführlich in den Kapiteln 12 und 13 erörtert.

E. Break-even-Analyse in der externen Unternehmensanalyse

Das Break-even-Modell kann auch in der externen Unternehmensanalyse nützliche Informationen liefern. Da es sich in den seltensten Fällen um ein Einproduktunternehmen handeln wird, muß das Break-even-Modell für den Mehrproduktfall Ausgangspunkt der Analyse sein. Es gilt:

$$U_{BEP} = \frac{K_f}{1 - \frac{K_v}{U}}$$

Probleme

Eine Schwierigkeit bei der Anwendung der Break-even-Analyse im Rahmen externer Unternehmensanalysen besteht in der Notwendigkeit einer Trennung von variablen und fixen Kostenbestandteilen. Ohne Abgrenzungsprobleme und damit eindeutig kann lediglich der Materialaufwand (Position 5a der GuV nach dem Gesamtkostenverfahren: »Aufwendungen für Roh-, Hilfs- und Betriebsstoffe und für bezogene Waren« und Position 5b der GuV nach dem Gesamtkostenverfahren: »Aufwendungen für bezogene Leistungen«) als variabel klassifiziert werden, soweit dieser nicht (zu kürzende) Abschreibungen auf Vorräte enthält. Mangels näherer Anhaltspunkte sind alle anderen betriebsbedingten Aufwendungen als fix zu betrachten. Dazu zählen die Personalaufwendungen (Position 6a und 6b der GuV nach dem Gesamtkostenverfahren), die betriebsbedingten Abschreibungen auf immaterielle Anlagewerte und Sachanlagen einschließlich der außerplanmäßigen Abschreibungen (Position 7a und 7c der GuV nach dem Gesamtkostenverfahren), die sonstigen betrieblichen Aufwendungen (ohne die Liquidations- und Bewertungsverluste, Position 8 der GuV nach dem Gesamtkostenverfahren) und die sonstigen Steuern (Position 19 der GuV nach dem Gesamtkostenverfahren).

Für den eindeutig als variablen Kostenbestandteil zu klassifizierenden Materialkostenanteil M

$$M = \frac{\text{Materialaufwand}}{\text{Umsatz}}$$

ergibt sich dann die Gewinnschwellengleichung (F enthält alle als nicht variabel klassifizierten Aufwendungen):

$$U_{BEP} = \frac{F}{1 - M}$$

Diese Gewinnschwelle läßt sich auch bei Anwendung des Umsatzkostenverfahrens in vergleichbarer Weise ermitteln, da einerseits die Material- und Personalaufwendungen dem Anhang zu entnehmen sind, andererseits die allein auf steuerlichen Vorschriften beruhenden Abschreibungen in Anlage- und Umlaufvermögen unabhängig von der Wahl des GuV-Gliederungsschemas angabepflichtig sind. Die Break-even-Analyse wäre unmittelbar aus der Umsatzkostenrechnung ableitbar, wenn diese nach dem Grenzkostenprinzip durchgeführt würde.

Umsatzkostenverfahren

Infolge der erwähnten Voraussetzungen des Modells und der bei externen Analysen zusätzlichen Ungenauigkeiten kann die Benutzung dieser Break-even-Gleichung allerdings nur zu einer näherungsweisen Schätzung der Gewinnschwelle führen. Die Anwendung einer solchen Gewinnschwellenanalyse erscheint im Rahmen der Bilanzanalyse insbesondere dann relevant, wenn während des Jahres monatliche Umsatzzahlen bekanntgegeben werden. Mittels der aus der letzten GuV entnommenen Größen F und M kann dann ergänzend die Risikoentwicklung unter Zugrundelegung des Sicherheitskoeffizienten

Kritik

$$S = \frac{U_{(Monat)} - \frac{U_{BEP}}{12}}{U_{(Monat)}}$$

näherungsweise abgeschätzt werden.

F. Kritische Beurteilung der Break-even-Analyse

Folgende methodischen Einwände und Probleme sind bei der Anwendung der Break-even-Analyse zu berücksichtigen:

(1) Die Komponenten der Break-even-Analyse sind durch die Kosten und die Erlöse gegeben.
Für beide Komponenten gelten implizit folgende Prämissen:
Beide Größen lassen sich auf eine einzige, identische Einflußgröße zurückführen: Diese Einflußgröße ist die Beschäftigung (d.h. die Ausbringungsmenge). Andere mögliche Einflußfaktoren, wie produktionstechnische Größen, Beschaffungs- und Verkaufspreise, Lagerbestandsänderungen, werden damit nicht berücksichtigt. Ihr Einfluß wird als konstant, als vernachlässigbar oder als bereits indirekt (über die Beschäftigung) erfaßt unterstellt.
Die Kosten lassen sich in einen variablen (beschäftigungsabhängigen) und einen fixen (beschäftigungsunabhängigen) Teil zerlegen. Die Fixkosten sind voll mengenunabhängig, d.h. Sprünge (intervallfixe Kosten), z.B. bei Einführung von Zusatzschichten, werden in der Break-even-Analyse nicht erfaßt.
Für die variablen Kosten sowie für die Erlöse gilt eine proportionale Abhängigkeit von der Einflußgröße. Es ergeben sich somit **lineare** Funktionen für Kosten und Erlöse.

Komponenten

(2) Sämtliche Daten und Funktionen, die im Modell vorkommen, werden als sicher bekannt vorausgesetzt. Es wird also im Grundmodell der Break-even-Analyse mit ein-

Sichere Erwartungen

wertigen Erwartungen gearbeitet (zu Modellen der Break-even-Analyse mit Berücksichtigung stochastischer Parameter vgl. Coenenberg [1967]).

Gewinnstreben

(3) Gewinnstreben bildet ein vorrangiges Ziel im Zielsystem des Unternehmens, so daß eine Gewinnschwellenanalyse zweckmäßig ist.

Statik

(4) Alle Daten und Funktionen des Modells haben statistischen Charakter. Veränderungen innerhalb einer Betrachtungsperiode oder mehrperiodige Entwicklungen werden nicht berücksichtigt. Ein weiteres Problem ist darin zu sehen, daß die Fixkosten (sowohl produktspezifische Fixkosten als auch Unternehmensfixkosten) in der Praxis nicht immer eindeutig dem Betrachtungszeitraum zugerechnet werden können.

Mehrproduktbetrachtung

(5) Für die Mehrproduktbetrachtung ergeben sich noch zwei zusätzliche Einschränkungen:
Die Analyse geht von der Voraussetzung aus, daß das einmal festgelegte Verhältnis der Absatzmengen über den gesamten Umsatzverlauf hinweg gleich bleibt. Eine andere Verteilung der Absatzmengen führt zu einer Veränderung des durchschnittlichen Verkaufspreises und der durchschnittlichen variablen Kosten pro Stück und damit zu einer Verschiebung des Break-even-Punkts.

Produktionsverhältnisse

Die Wahl des Verhältnisses Deckungsbeitrag/Umsatz (= Deckungsbeitragsintensität) als Reihenfolgekriterium kann zu der Annahme führen, daß die Produkte in der dargestellten Reihenfolge auch produziert werden sollen. Diese Überlegung kann vielleicht zweckmäßig sein, wenn im Betrieb als Fertigungsverfahren eine Sukzessivproduktion vorgesehen ist, jedoch nicht, wenn die Produktionsverhältnisse auch eine Parallel-, Simultan- oder Alternativproduktion zulassen.

Eine Entscheidung über die Produktionsmenge der Erzeugnisse kann sinnvoll nur nach Maßgabe der absoluten Produktdeckungsbeiträge erfolgen oder – bei vorhandenen Engpässen – anhand von engpaßbezogenen Deckungsbeiträgen festgelegt werden (siehe hierzu das folgende Kap. 12).

Abkürzungsverzeichnis

$\varnothing d$	durchschnittlicher Deckungsbeitrag
$\varnothing k_v$	durchschnittliche variable Kosten
$\varnothing p$	durchschnittlicher Preis
A	Abschreibungen
a_{ij}	Belegungskoeffizienten
b_i	verfügbare Kapazität
d	Deckungsbeitrag/Stück
DB	Deckungsbeitrag
d_j	Produktdeckungsbeiträge
F	alle nicht als variabel klassifizierten Aufwendungen in der GuV
g(x)	Zielfunktion
K	Kosten
K_f	fixe Kosten
KG	Kapazitätsgrad
K_v	gesamte variable Kosten
k_v	variable Stückkosten
L	Linearkombination
M	Materialkostenanteil, Materialaufwand in der GuV
p	Preis
S	Sicherheitskoeffizient
U	Umsatz
U_{BEP}	Break-even-Umsatz
x_{BEP}	Absatzmenge im Break-even-point
x_i, x_j	Menge der verkauften Einheiten von Produkt i bzw. j
x_{Ist}	Absatzmenge bei Ist-Kapazitätsauslastung

Kontrollfragen

1) Welche Ausgangsdaten müssen bekannt sein, damit im Unternehmen eine Break-even-Analyse durchgeführt werden kann?
2) Wie lautet die Gleichung zur Bestimmung der Break-even-Menge?
3) Wie ist der Sicherheitskoeffizient zu interpretieren?
4) Beurteilen Sie den Aussagegehalt des betrieblichen Kapazitätsgrades.
5) Wie kann der Fixkostenblock eines Unternehmens mit Hilfe des Break-even-Modells detaillierter untersucht werden?
6) Welche Ansatzpunkte bietet das Break-even-Modell, um die Auswirkungen von Verteuerungen der betrieblichen Kosten zu analysieren?
7) Welche Ansatzpunkte bietet das Break-even-Modell, um die Auswirkungen von Änderungen der Verkaufspreise zu untersuchen?
8) Welche grundsätzlichen Maßnahmen empfiehlt das Break-even-Modell, um die Rentabilität der hergestellten Produkte zu erhalten bzw. weiter zu verbessern?
9) Was ist unter der durchschnittlichen Deckungsbeitragsintensität zu verstehen?
10) Stellen Sie die Vorgehensweise der globalen Fixkostenbehandlung im Rahmen der Break-even-Analyse von Mehrproduktunternehmen dar.
11) Wodurch unterscheiden sich globale und differenzierte Fixkostenbehandlung bei der Break-even-Analyse im Mehrproduktunternehmen?
12) Welche Informationen bietet eine Break-even-Analyse bei variabler Produktmischung?
13) Beschreiben Sie kurz die wichtigsten Anwendungsgebiete des Break-even-Modells in der externen Unternehmensanalyse.
14) Stellen Sie kurz einige der methodischen Einwände und Probleme dar, die bei Anwendung der Break-even-Analyse zu berücksichtigen sind.

Literaturhinweise

Chmielewicz, K. (1974): Gewinnschwellenanalyse (Break-Even-Analyse), in: Wirtschaftswissenschaftliches Studium 1974, S. 49–54.

Coenenberg, A. G. (1967): Die Berücksichtigung des Absatzrisikos im Break-Even-Modell, in: Betriebswirtschaftliche Forschung und Praxis 1967, S. 343–355.

Coenenberg, A. G. (1997): Jahresabschluß und Jahresabschlußanalyse, 16. Aufl., Landsberg am Lech 1997.

Kleinebeckel, H. (1976a): Break-Even-Analysen, in: Zeitschrift für betriebswirtschaftliche Forschung – Kontaktstudium 1976, S. 51–58.

Kleinebeckel, H. (1976b): Break-Even-Analysen für Planung und Plan-Ist-Berichterstattung, in: Zeitschrift für betriebswirtschaftliche Forschung – Kontaktstudium 1976, S. 117–124.

Schweitzer, M./Troßmann, E. (1986): Break-Even-Analysen: Grundmodell, Varianten, Erweiterungen, Stuttgart 1986.

12. Kapitel: Entscheidungsorientierte Kostenbewertung und Programmplanung

A. Problemstellung

Aufgabe

Die Aufgabe einer entscheidungsorientierten Kostenrechnung besteht darin, für ein Planungsproblem genau die Kosten anzugeben, die von der dort zu treffenden Entscheidung beeinflußt werden (»relevant costs«). Als relevant sind diejenigen Kosten zu bezeichnen, die von einer Entscheidung über eine betriebliche Maßnahme zusätzlich ausgelöst werden.

Die Schwierigkeit einer zutreffenden Ermittlung der relevanten Kosten ist darin begründet, daß zwischen den betrieblichen Entscheidungsvariablen einseitige oder wechselseitige Abhängigkeiten bestehen (können), deren Auswirkungen auf den Betriebserfolg untersucht und berücksichtigt werden müssen. Liegt z.B. eine in der Kapazität begrenzte Anlage vor, auf der mehrere Produkte gefertigt werden können, so führt der Einsatz des Aggregats für die Produktion eines Produkts zwangsläufig dazu, daß auf die Produktion anderer Produkte zumindest in gewissem Umfang verzichtet werden muß.

Sachliche Interdependenzen

Betriebliche Entscheidungen können durch vielfältige (sachliche) Interdependenzen beeinflußt werden:

- Maßnahmen in den Bereichen Beschaffung, Produktion und Absatz sind voneinander abhängig und beeinflussen sich gegenseitig.
- Geplante Investitionsvorhaben konkurrieren um (knappe) betriebliche Finanzmittel.
- Verschiedene Produkte des gleichen Unternehmens stehen am Markt in Konkurrenz.
- Verschiedene Produkte werden auf denselben Produktionsanlagen bzw. Maschinen gefertigt, und die Gesamtnachfrage ist größer als die verfügbare Kapazität.

B. Kostenbewertung bei Interdependenzen

In allen genannten Beispielen muß bei isolierter Betrachtung eines (Teil-)Bereichs berücksichtigt werden, daß sich für knappe Produktivfaktoren konkurrierende Verwendungsmöglichkeiten anbieten. Insofern kommt bei Vorliegen von Interdependenzen zwischen den Einsatzfaktoren der Kostenbewertung eine entscheidende Bedeutung für die Steuerung des Unternehmens zu.

I. Begriff der Opportunitätskosten

Opportunitätskosten

Bei der Entscheidungsfindung sollte immer angegeben werden können, wie groß bei Verdrängung einer Alternative zugunsten einer anderen Alternative der zwangsläufig resultierende Nutzenentgang ist. Dies geschieht mittels sog. **Opportunitätskosten**. Wenn die Opportunitätskosten der gewählten Alternative an dem Nutzen der besten nicht gewählten Verwendung gemessen werden, sind sie je nach der Zielfunktion unterschiedlich zu erklären. Im Falle der Gewinn- oder Deckungsbeitragsmaximierung ist der Nutzen als entgangener Gewinn bzw. Deckungsbeitrag, im Fall der Umsatzmaximierung als entgangener Umsatz, im Fall der Rentabilitätsmaximierung als entgangene Rentabilität zu deuten. Das Bewertungskalkül der Opportunitätskosten hängt somit von der Zielvariablen ab.

Gewinn- bzw. Deckungsbeitragsmaximierung

Die folgenden Ausführungen beschränken sich modellhaft auf den Fall der Gewinn- bzw. Deckungsbeitragsmaximierung. Dabei geht es um die grundsätzlichen Fragen der Bestimmung von Opportunitätskosten bei Vorliegen von einem oder mehreren Kapazitätsengpässen. Spezielle Anwendungen werden später in den Kapiteln zur Bestimmung von Preisuntergrenzen (vgl. Kap. 13) sowie zur Ermittlung von Verrechnungspreisen (vgl. Kap. 19) gegeben.

Beispiel

Anhand eines einfachen Zahlenbeispiels sollen drei Produkte P_i (i = 1, 2, 3) analysiert werden.

P_i	1	2	3
Preis (p_i) – var. Kosten (k_{vi})	21 13	17 10	12 8
= Deckungsbeitrag (d_i)	8	7	4
fixe Kosten (K_f)	4 000		

Stückdeckungsbeiträge

Für den Fall, daß die Produktions- bzw. Absatzmengen der Produkte x_i nicht beschränkt sind, ist das Produkt zu bevorzugen, das den höchsten Deckungsbeitrag erbringt. Im Beispiel ergibt sich damit folgende Rangordnung der Stückdeckungsbeiträge:

$$d_1 > d_2 > d_3$$

Im folgenden wird untersucht, wie sich eine Beschränkung in den Produktions- bzw. Absatzkapazitäten auf die Rangfolge der angebotenen Produkte auswirken würde.

II. Kalkulation bei Vorliegen einer Restriktion

Restriktion im Produktionsbereich

In Ergänzung zu den Daten aus obigem Beispiel sei angenommen, daß zur Herstellung der drei Produkte eine Maschine erforderlich sei, deren Kapazität (B_1) auf 2 000 Stunden begrenzt ist. Die Kapazitätsbeanspruchung durch die einzelnen Produkte (b_{1i}) und die maximal zulässigen Produktionsmengen der drei Produkte (x_i) können der folgenden Aufstellung entnommen werden:

P_i	1	2	3	B_1
b_{1i}	2	1	0,5	2 000 Std.
$\max x_i = \frac{B_1}{b_{1i}}$	1 000	2 000	4 000	

Welche Produktionsmengen sollten von den drei Produkten hergestellt werden, um das Betriebsergebnis zu optimieren?

1. Kalkulation mit Stückgewinnen

Stückgewinne

Ein naheliegender Ansatz zur Lösung des vorstehenden Engpaßproblems wäre, die Produkte in der Reihenfolge ihrer Stückgewinne (g_i), d.h. Deckungsbeiträge pro Stück abzüglich stückbezogener Fixkosten (k_{fi}), zu produzieren. Für den Fall, daß sich die gesamten Fixkosten weiterhin auf $K_f = 4\ 000$,– DM belaufen, ergibt sich folgende Rechnung:

P_i	1	2	3
d_i	8	7	4
$- k_{fi} = \frac{K_f}{\max x_i}$	$\frac{4\ 000}{1\ 000} = 4$	$\frac{4\ 000}{2\ 000} = 2$	$\frac{4\ 000}{4\ 000} = 1$
$= g_i$	4	5	3

Daraus resultiert folgende Präferenzordnung der Stückgewinne der drei Produkte:

$$g_2 > g_1 > g_3$$

Problematisch ist, daß im hier vorliegenden Fall einer Kapazitätsrestriktion weder die alleinige Betrachtung der Stückdeckungsbeiträge noch die Betrachtung der Stückgewinne zu einer richtigen Entscheidung führen würde, da durch sie das Gewinnmaximum nicht erreicht wird. Der Gewinn pro Produkt (G_i) ergibt sich im vorliegenden Beispiel vielmehr erst durch die Berücksichtigung der produktspezifischen Belegung des Kapazitätsengpasses B_1 und der dadurch begrenzten Outputmengen (B_1 / b_{1i}) der einzelnen Produkte:

$$G_i = d_i \times \frac{B_1}{b_{1i}} - K_f$$

$$\text{für } i = 1, 2, 3$$

Für die drei betrachteten Produkte ergeben sich folgende Gewinne G_i:

P_i	1	2	3
$d_i = \frac{B_1}{b_{1i}}$	$8 \times \frac{2\,000}{2} = 8\,000$	$7 \times \frac{2\,000}{1} = 14\,000$	$4 \times \frac{2\,000}{0{,}5} = 16\,000$
$- K_f$	4 000	4 000	4 000
$= G_i$	4 000	10 000	12 000

Damit erhält man folgende Präferenzordnung, die gleichzeitig auch zum betrieblichen Gewinnmaximum führt:

$$G_3 > G_2 > G_1$$

2. Kalkulation mit Opportunitätskosten

Systematisierung

Damit für kapazitätsbezogene Entscheidungsrechnungen nicht immer der Umweg über das Gewinnkalkül nötig ist, gilt es, allgemeine Kennzahlen der Förderungswürdigkeit zu entwickeln. Dies geschieht über sog. Opportunitätskosten, die man auf den betrieblichen Input (Einheit des Engpaßfaktors) bzw. den Output (Produkteinheit) beziehen kann, wie Abbildung 12.1 verdeutlicht:

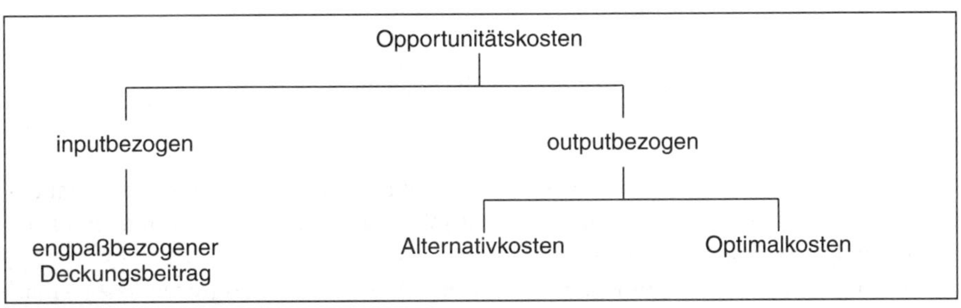

Abb. 12.1: Systematisierung der Opportunitätskosten

Die vorstehende Systematisierung wird im folgenden näher erläutert.

a) Inputbezogene Opportunitätskosten

Inputbezogene Opportunitätskosten

Wenn verschiedene Verwendungsmöglichkeiten (Produkte) um den Einsatz eines knappen Produktionsfaktors konkurrieren, geht es darum, den betreffenden Faktor j für diejenige Verwendungsmöglichkeit i einzusetzen, die je Einheit des Engpaßfaktors das beste Ergebnis erbringt. Es geht hier also darum, die Deckungsbeiträge der verschiedenen Produktalternativen auf die Einheit der Engpaßbelastung zu beziehen. Da nach der Ergiebigkeit des Inputs (Engpaßfaktors) gefragt wird, soll aus Gründen der Klarheit hier von inputbezogenen Opportunitätskosten (= Deckungsbeiträge je Einheit der Engpaßbelastung) gesprochen werden.

Aus der oben bereits eingeführten Gleichung zur Bestimmung des produktbezogenen Gewinns G_i kann man die inputbezogenen Opportunitätskosten w_{ji} auch dadurch bestimmen, daß man alle konstanten Größen, die sich zwischen den einzelnen Produktalternativen nicht unterscheiden (die keinen Index i haben), eliminiert.

Die Gleichung zur Bestimmung des produktbezogenen Gewinns lautet:

$$G_i = d_i \times x_i - K_f$$

$$= d_i \times \frac{B_j}{b_{ji}} - K_f$$

Damit ergeben sich die inputbezogenen Opportunitätskosten zu

$$w_{ji} = \frac{d_i}{b_{ji}}$$

Da im Beispiel bislang nur eine Kapazitätsrestriktion untersucht wurde, gilt folglich j = 1. Für die drei betrachteten Produkte folgt:

P_i	1	2	3
$w_{1i} = \frac{d_i}{b_{1i}}$	$\frac{8}{2} = 4$	$\frac{7}{1} = 7$	$\frac{4}{0{,}5} = 8$

Damit ergibt sich als Rangfolge der inputbezogenen Opportunitätskosten:

$$w_{13} > w_{12} > w_{11}$$

Die Rangfolge entspricht der oben durchgeführten produktbezogenen Gewinnbetrachtung. Allerdings ist letztere in ihrer praktischen Durchführung aufwendiger als die Bestimmung von inputbezogenen Opportunitätskosten.

Das Produktionsprogramm lautet: Produziere bis zur Kapazitätsgrenze das gewinnbeste Produkt (hier: P_3), d.h.

$$x_3 = \frac{B_1}{b_{13}} = \frac{2\,000}{0{,}5} = 4\,000 \text{ St.}$$

Absatzbeschränkung

Falls eine Absatzbeschränkung $X_3 < (B_1 / b_{13})$ vorliegt, so ist die freiwerdende Überschußkapazität mit dem nächstbesten Produkt (hier: P_2) auszulasten usw.

Für beispielhaft angenommene Absatzbeschränkungen $X_3 \leq 3\,000$ Stück und $X_2 \leq 1\,000$ Stück würde sich das in Abbildung 12.2 dargestellte Produktionsmengendiagramm ergeben.

Die ersten 1 500 Kapazitätseinheiten wurden mit P_3 bis zu dessen Absatzgrenze ausgelastet ($b_{13} \times X_3 = 0{,}5$ Std./St. $\times$ 3 000 St. = 1 500 Std.).

Die verbleibenden 500 Kapazitätseinheiten werden dann mit der Produktion von 500 Einheiten P_2 ausgelastet.

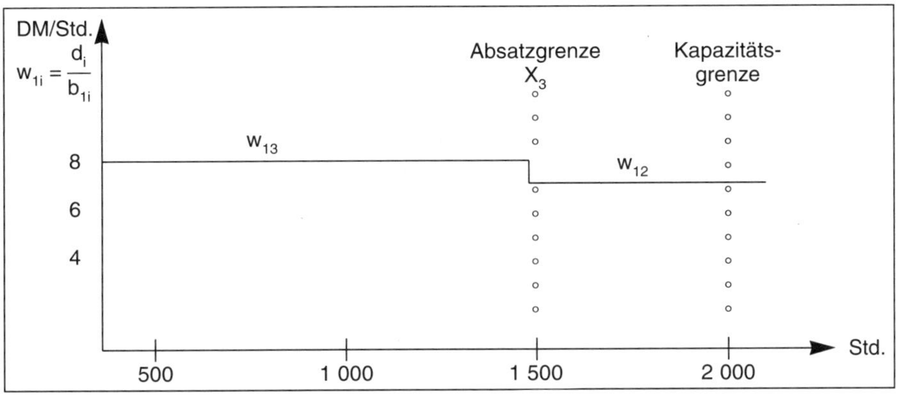

Abb. 12.2: Produktionsmengendiagramm bei Absatzbeschränkungen

»Schattenpreise«

Die Opportunitätskostenkurve gibt die zusätzlichen Deckungsbeiträge an, die bei einer Kapazitätserweiterung entstehen würden (»Schattenpreise«), solange nicht die Absatzgrenzen, z.B. $X_3 \leq 3\,000$ Stück, den Wechsel auf ein anderes Produkt bedingen.

Die Bewertung der Produktionsrestriktion an ihrer Kapazitätsgrenze (hier: B_1 = 2 000 Std.) leitet sich aus den Opportunitätskosten der zuletzt produzierten Produkteinheit (hier: P_2) ab.

b) Outputbezogene Opportunitätskosten

Outputbezogene Opportunitätskosten

Outputbezogene Opportunitätskosten liegen vor, wenn der relevante Zielbeitrag (hier: Deckungsbeitrag) nicht auf die Einheit des Engpaßfaktors (z.B. Maschinenstunden), sondern auf die Outputeinheit (Produkteinheit, im folgenden Beispiel: Stück) bezogen wird.

Je nach Bestimmung des relevanten Zielbeitrags sind zwei Fälle zu unterscheiden:

(1) Alternativkosten
(2) Optimalkosten

(1) Gewinnentgang der besten verdrängten Produktalternative als Opportunitätskosten (Alternativkosten η_i)

Zunächst soll von der Annahme unbeschränkter Absatzmöglichkeiten der Produkte 1 bis 3 ausgegangen werden. Für diesen Fall ist die knappe Kapazität, wie gezeigt wurde, ausschließlich mit P_3 zu belegen, weil auf diese Weise je Einheit des Inputfaktors der größte Ertrag erzielt werden kann. Zum gleichen Ergebnis gelangt man mit einer Ertragsanalyse der produktspezifischen Outputeinheiten.

Alternativkosten

Wenn ausschließlich P_3 gefertigt wird, so bedeutet dies infolge des Bestehens einer Engpaßkapazität, daß auf die Produktion von P_1 und P_2 verzichtet werden muß und somit ein Gewinnentgang entsteht. Der maximal je Einheit des produzierten Produkts entstehende Gewinnentgang entspricht den Opportunitätskosten des produzierten Produkts. Wird eine Einheit P_3 weniger gefertigt, so bedeutet dies eine Freisetzung von verfügbarer Kapazität in Höhe von $b_{13} = 0{,}5$ Std. Diese freigesetzte Kapazität kann wegen $b_{12} = 1$ Std. zur Herstellung einer halben Einheit des (bezüglich des engpaßbezogenen Deckungsbeitrags zweitbesten) Produkts P_2 eingesetzt werden. Damit würde zusätzlich ein Deckungsbeitrag in Höhe von $d_2 = 0{,}5$ Std. × 7,– DM/Std. = 3,50 DM erzielt. Die Opportunitätskosten in bezug auf eine Einheit des Produkts P_3 betragen also 3,50 DM. Allgemein ergeben sich die produktbezogenen Opportunitätskosten des Produkts i wie folgt:

$$\eta_i = \max_k \frac{d_k}{b_{jk}} \times b_{ji}$$

$$= \max_k w_{jk} \times b_{ji}$$

$$\text{für } i, k = 1, \ldots, n;\ i \neq k$$

Beim Rechnen mit Alternativkosten (η_i), die auf sich gegenseitig ausschließenden Alternativen – im Beispiel sind das wegen fehlender Absatzbeschränkungen die Produkte P_1, P_2 und P_3 – basieren, sind die outputbezogenen Opportunitätskosten η_i aus dem Zielbeitrag der besten, nicht mehr zum Zuge gekommenen Verwendungsmöglichkeit abzuleiten.

Für das Beispiel ergibt sich folgendes Beurteilungskalkül ($j = 1$):

$$\eta_1 = \max \{w_{12}\ ;\ w_{13}\} \times b_{1i}$$

$$= \max \{\frac{7}{1}\ ;\ \frac{4}{0{,}5}\} \times 2 = 16{,}\text{– DM}$$

$$\eta_2 = \max \{w_{11}\ ;\ w_{13}\} \times b_{12}$$

$$= \max \{\frac{8}{2}\ ;\ \frac{4}{0{,}5}\} \times 1 = 8{,}\text{– DM}$$

$$\eta_3 = \max \{w_{11}\ ;\ w_{12}\} \times b_{13}$$

$$= \max \{\frac{8}{2}\ ;\ \frac{7}{1}\} \times 0{,}5 = 3{,}50 \text{ DM}$$

P_i	1	2	3
d_i $-\ \eta_i$	8 16	7 8	4 3,5
= Opportunitäts-verlust	–8	–1	0,5

P_3 erwirtschaftet als bestes Produkt gegenüber dem nächstbesten Produkt P_2 einen Überschuß je Einheit in Höhe von 0,50 DM. Würde P_2 produziert werden, so würde sich infolge des Verzichts auf die Deckungsbeiträge pro Stunde von P_3 (1 Std. × (2 × 4,– DM/Std.) = 8,– DM) ein Opportunitätsverlust in Höhe von 1,– DM je Einheit von P_2 ergeben.

Falls P_1 anstelle von P_3 hergestellt werden würde, so würde sich infolge des Verzichts auf die während der Produktion von P_1 erzielbaren Deckungsbeiträge von P_3 (2 Std. × (2 × 4,– DM/Std.) = 16,– DM) ein Opportunitätsverlust in Höhe von 8,– DM je Einheit von P_1 ergeben.

Bei diesen produktbezogenen Opportunitätskosten wird dem jeweils zu kalkulierenden Produkt zusätzlich zu den Grenzkosten derjenige Gewinnentgang angelastet, der entstehen würde, wenn das zu kalkulierende Produkt realisiert wird und dadurch infolge knapper Kapazität auf das beste Produkt zu verzichten ist. Aus diesem Grunde können diese Opportunitätskostensätze auch als Alternativopportunitätskosten oder kurz Alternativkosten bezeichnet werden.

(2) Gewinnentgang der Optimallösung als Opportunitätskosten (Optimal-Opportunitätskosten $\in_i$)

Optimal-Opportunitätskosten

Es wird jeweils von einer optimalen Lösung ausgehend gerechnet. Bezeichnet man den Opportunitätskostensatz des Faktors j der optimalen Lösung des Produktionsplanungsproblems mit w_j^*, so ergibt sich der produktbezogene Opportunitätskostensatz $\in_i$ des Produkts i auf Basis der input- bzw. faktorbezogenen Optimal-Opportunitätskosten zu:

$$\begin{aligned} \in_i &= \max_k w_{jk} \times b_{ji} \\ &= w_j^* \times b_{ji} \\ &\text{für } i, k = 1, \ldots, n \end{aligned}$$

$\in_i$ zeigt den Deckungsbeitrag, der pro Einheit des Produkts P_i erwirtschaftet werden müßte, um das Gesamtergebnis bei Verzicht auf die Produktion des verdrängten Produkts mit dem höchsten engpaßbezogenen Deckungsbeitrag nicht zu verschlechtern.

Opportunitätsverlust

Die Differenz der Optimalkosten $\in_i$ zum Deckungsbeitrag d_i ergibt den Opportunitätsverlust oder -schaden t_i, der im Vergleich zur optimalen Lösung bei Realisierung des Produkts i entsteht:

$$t_i = d_i - \in_i$$

Beispiel

Dieses Konzept sei nun auf das Beispiel angewendet.

(a) Optimalkosten ohne Absatzrestriktion

Der Optimal-Opportunitätskostensatz $w_j^* = w_1^*$ entspricht hier dem Opportunitätskostensatz der dritten Produktalternative w_{13}. Damit gilt: $w_1^* = w_{13} = 8$,– DM/Std.

P_i	1	2	3
d_i $- \in_i = w_1^* \times b_{1i}$	8 8 × 2 = 16	7 8 × 1 = 8	4 8 × 0,5 = 4
$= t_i$	–8	–1	0

Lösung:

Nichtoptimale Lösungen zeigen einen Opportunitätsverlust (hier: P_1 und P_2). Die Opportunitätsverluste t_i zeigen, welche Verluste sich pro Einheit P_i ergeben, wenn vom Optimum P_3 abgewichen wird. Optimale Lösungen (hier: P_3) haben keinen Opportunitätsverlust (= Optimalitätskriterium der Simplexmethode).

Die drei Produktalternativen werden mit folgenden Absatzmengen produziert: x_3 = 4 000 Stück, x_2, x_1 = 0 Stück.

(b) Optimalkosten mit Absatzrestriktionen

Die Produktionskapazität sei weiterhin auf 2 000 Std. beschränkt. Zusätzlich sollen folgende Absatzrestriktionen gelten: $X_2 \leq 1\,000$ Stück und $X_3 \leq 3\,000$ Stück.

Der Optimal-Opportunitätskostensatz w_1^* entspricht hier dem Opportunitätskostensatz der zweiten Produktalternative w_{12}. Damit gilt: $w_1^* = w_{12} = 7,–$ DM/Std.

P_i	1	2	3
d_i $- \in_i = w_1^* \times b_{1i}$	8 $7 \times 2 = 14$	7 $7 \times 1 = 7$	4 $7 \times 0,5 = 3,5$
$= t_i$	–6	0	0,5

Lösung:

Das Produkt mit dem geringsten Opportunitätsverlust t_i wird bis zu seiner Absatzgrenze produziert (hier: P_3).

Falls Kapazitäten ungenutzt bleiben, sollte zusätzlich das Produkt mit dem zweitniedrigsten Opportunitätsverlust (hier: P_2) produziert werden. Entsprechend ergeben sich die Produktionsmengen zu x_3 = 3 000 Stück, x_2 = 500 Stück, x_1 = 0 Stück.

III. Kalkulation bei Vorliegen mehrerer Restriktionen

Bisher wurde in den Beispielen nur ein Engpaß betrachtet:

$$B_j, j = 1$$

Nunmehr sind Entscheidungen bei gleichzeitigem Vorliegen mehrerer Engpässe zu betrachten:

$$B_j, j = 1, \ldots, m$$

Dies soll an einem Beispiel mit zwei Kapazitätsengpässen B_1 und B_2 verdeutlicht werden:

Bezüglich Engpaß B_1 ist die Herstellung von P_3, bezüglich Engpaß B_2 ist die Herstellung von P_2 vorteilhafter. Eine einfache Rangordnung der drei betrachteten Produkte, wie sie bei Vorliegen eines Engpasses noch möglich war, kann damit nicht mehr gebildet werden.

P_i	1	2	3	B_j
b_{1i} b_{2i}	2 4	1 1	0,5 2	2 000 3 200
d_i	8	7	4	
w_{1i} w_{2i}	4 2	7 7	8 2	

Bei mehreren, gleichzeitig wirksamen Engpässen müssen die Beziehungen zwischen Engpaßbelastungen, Deckungsbeiträgen, Kapazitäten etc. in einem simultanen Modell gleichzeitig betrachtet werden.

Aus Konventionsgründen wird der Opportunitätsverlust dabei positiv definiert. Dann gilt:

$$t_i = \epsilon_i - d_i$$

Die Formel zur Bestimmung des Opportunitätsverlusts t_i muß entsprechend verallgemeinert werden:

- bei 1 Engpaß B_j, $j = 1$, gilt:

$$t_i = -d_i + w_j^* \times b_{ji}$$

- bei m Engpässen B_j, $j = 1, ..., m$, gilt:

$$t_i = -d_i + \sum_{j=1}^{m} w_j^* \times b_{ji}$$

1. Aufstellen des Simultanmodells

Für die Aufstellung des Simultanmodells gibt es zwei Ansätze, die in Abbildung 12.3 zusammengefaßt sind.

Die Problemstellungen der beiden Ansätze zur Lösung eines linearen Planungsproblems lassen sich wie folgt charakterisieren:

Primal:

Primaler Ansatz

In welchen Mengen (x_i) sollen die Produkte hergestellt werden, damit sich ein Maximum an Gewinn ergibt, wenn die dafür benötigten Produktionsfaktoren nur beschränkt in Höhe von B_j Einheiten vorhanden sind?

Dual:

Dualer Ansatz

Wie sollen die Produktionsfaktoren je Faktoreinheit bewertet werden, damit der Einsatzwert der insgesamt eingesetzten Produktionsfaktoren ein Minimum ergibt, wenn die Produktionsfaktoren nur beschränkt verfügbar sind und ein bestimmter Deckungsbeitrag je Produkteinheit erzielbar ist? Der Formulierung des Duals ist anzusehen, daß über das Dual den Engpaßkapazitäten (B_j) Werte (w_j) zugerechnet werden. Zielsetzung ist, diese zugerechneten Werte w_j, die als Knappheitspreise (Opportunitätskosten) der zugehörigen Produktionsfaktoren interpretiert werden können, zu minimieren. Die Lösung des Duals stimmt stets mit dem Ergebnis der primalen Lösung überein. Hinzu

primal		dual
Zielfunktion:	$\sum_{i=1}^{n} d_i \times x_i = G \rightarrow max$	$\sum_{j=1}^{m} B_j \times w_j = K \rightarrow min$
Nebenbedingungen:	$\sum_{i=1}^{n} b_{ji} \times x_i \leq B_j$	$\sum_{j=1}^{m} b_{ji} \times w_j \geq d_i$
Durch Einführung von Schlupfvariablen lauten die Restriktionen: $\sum_{i=1}^{n} b_{ji} \times x_i + s_j = B_j$; $j = 1, \ldots, m$; $x_i \geq 0, s_j \geq 0$		Durch Einführung von Schlupfvariablen lauten die Restriktionen: $\sum_{j=1}^{m} b_{ji} \times w_j - t_i = d_i$; $i = 1, \ldots., n$; $w_j \geq 0, t_i \geq 0$

Abb. 12.3: Primaler und dualer Ansatz in der linearen Programmierung

kommt, daß mit der Lösung des Primals zugleich die optimalen Dualwerte angegeben werden (et vice versa). Die Werte der Dualvariablen (w_j*) der optimalen Lösung werden auch als Schattenpreise bezeichnet. Es handelt sich um die Opportunitätskosten auf der Grundlage der optimalen Lösung. Die aus den Nebenbedingungen der optimalen Lösung des Duals errechneten Schlupfvariablen (t_i*) sind die Opportunitätsverluste.

Beispiel

Anhand des um eine dritte Kapazitätsrestriktion (B_3) erweiterten Beispiels soll die Zielsetzung der beiden Ansätze verdeutlicht werden:

Ausgangsdaten der Kapazitätsrestriktionen:

P_i	1	2	3	B_j
b_{1i}	2	1	0,5	2 000
b_{2i}	4	1	2	3 200
b_{3i}	1	1	1	8 000

Aufstellen des primalen und dualen Programms:

primal	dual
$8 x_1 + 7 x_2 + 4 x_3 \rightarrow max$	$2\,000 w_1 + 3\,200 w_2 + 8\,000 w_3 \rightarrow min$
$2 x_1 + 1 x_2 + \frac{1}{2} x_3 + s_1 = 2\,000$	$2 w_1 + 4 w_2 + 1 w_3 - t_1 = 8$
$4 x_1 + 1 x_2 + 2 x_3 + s_2 = 3\,200$	$1 w_1 + 1 w_2 + 1 w_3 - t_2 = 7$
$1 x_1 + 1 x_2 + 1 x_3 + s_3 = 8\,000$	$\frac{1}{2} w_1 + 2 w_2 + 1 w_3 - t_3 = 4$

Die einzelnen Schritte zur Lösung des primalen Problems mit Hilfe der Simplexmethode zeigt die folgende Abbildung 12.4:

	x_1	x_2	x_3	s_1	s_2	s_3	Lösung
s_1	2	1	$\frac{1}{2}$	1	0	0	2 000
s_2	4*	1	2	0	1	0	3 200
s_3	1	1	1	0	0	1	8 000
G	–8	–7	–4	0	0	0	0
s_1	0	$\frac{1}{2}$*	$-\frac{1}{2}$	1	$-\frac{1}{2}$	0	400
x_1	1	$\frac{1}{4}$	$\frac{1}{2}$	0	$\frac{1}{4}$	0	800
s_3	0	$\frac{3}{4}$	$\frac{1}{2}$	0	$-\frac{1}{4}$	1	7 200
G	0	–5	0	0	2	0	6 400
x_2	0	1	–1	2	–1	0	800
x_1	1	0	$\frac{3}{4}$*	$-\frac{1}{2}$	$\frac{1}{2}$	0	600
s_3	0	0	$\frac{5}{4}$	$-\frac{6}{4}$	$\frac{1}{2}$	1	6 600
G	0	0	–5	10	–3	0	10 400
	Substitutionskoeffizienten			Faktorkoeffizienten			
x_2	$\frac{4}{3}$	1	0	$\frac{4}{3}$	$-\frac{1}{3}$	0	1 600
x_3	$\frac{4}{3}$	0	1	$-\frac{2}{3}$	$\frac{2}{3}$	0	800
s_3	$-\frac{5}{3}$	0	0	$-\frac{2}{3}$	$-\frac{1}{3}$	1	5 600
G	$\frac{20}{3}$	0	0	$\frac{20}{3}$	$\frac{1}{3}$	0	14 400

Opportunitätsverluste t_i^* (unter x_1 bis x_3) — faktorbezogene Opportunitätskosten w_j^* (unter s_1 bis s_3)

Abb. 12.4: Lösung des primalen Problems

2. Interpretation des optimalen Simplextableaus

In der optimalen Lösung des primalen Problems werden 1 600 Einheiten von P_2, 800 Einheiten von P_3 und keine Einheit von P_1 hergestellt. Die Kapazitäten B_1 und B_2 werden dabei vollständig ausgeschöpft, von B_3 bleiben 5 600 Einheiten übrig. Es sind folglich nur 2 400 Einheiten von B_3 für die Produktion notwendig, d.h. es besteht ein Einsparungspotential in Höhe von 5 600 Einheiten von B_3.

Die Interpretation des ermittelten Optimaltableaus umfaßt darüber hinaus mehrere Auswertungsmöglichkeiten.

(1) Interpretation der Faktorkoeffizienten

Faktorkoeffizienten

Die Faktorkoeffizienten können als Konkurrenzzahlen interpretiert werden. Sie geben an, um wieviel die optimalen Produktionsmengen von P_2 und P_3 verändert werden müßten, damit jeweils eine Einheit der hier voll ausgelasteten Kapazitäten B_1 und B_2 freigesetzt wird. Hierzu sind folgende Überlegungen durchzuführen:

Zur Freisetzung von einer Einheit B_1 müssen 4/3 Einheiten von P_2 aufgegeben werden. Dadurch werden zunächst bei der ersten Kapazitätsrestriktion B_1 4/3 Std. (4/3 × 1 Std. Fertigungszeit von P_2) frei. Gleichzeitig werden bei der zweiten voll ausgelasteten Kapazitätsrestriktion B_2 ebenfalls 4/3 Std. frei, da die Weiterverarbeitung der aufgegebenen 4/3 Einheiten von P_2 entfällt. Die freigewordenen 4/3 Std. bei der Kapazitätsrestriktion B_2 werden zur Herstellung von 2/3 Einheiten P_3 verwendet, so daß die Kapazität von B_2 wieder voll ausgenutzt ist (die Herstellung von 1 Einheit P_3 würde bei der Kapazitätsrestriktion B_2 2 Std. erfordern). Die Mehrproduktion der 2/3 Einheiten von P_3 beansprucht bei der Kapazitätsrestriktion B_1 2/3 Std. × 1/2 Std./St. = 1/3 Std. Da ursprünglich 4/3 Std. von B_1 freigesetzt wurden, verbleibt damit eine freie Kapazität von 1 Std. bei Kapazitätsrestriktion B_1.

Zusammenfassend läßt sich festhalten: Bei einer Erweiterung (Verringerung) der Kapazität von B_1 um eine Einheit steigt (sinkt) beim optimalen Produktionsprogramm die Ausbringung von P_2 um 4/3 Einheiten, die von P_3 sinkt (steigt) dagegen um 2/3 Einheiten (an). Der optimale Deckungsbeitrag würde in diesem Fall um 20/3 DM (= 6,67 DM) auf 14 406,67 DM steigen (auf 14 393,33 DM sinken).

Bei einer Erweiterung (Verringerung) der voll ausgelasteten Kapazitäten von B_2 um eine Einheit sinkt (steigt) beim optimalen Produktionsprogramm die Ausbringung von P_2 um 1/3 Einheit, die von P_3 steigt (sinkt) um 2/3 Einheiten. Der optimale Deckungsbeitrag würde in diesem Fall um 1/3 DM (= 0,33 DM) auf 14 400,33 DM steigen (auf 14 399,67 DM sinken).

Beim Senken der Kapazität von B_3 um eine Einheit bleiben die Ausbringungsmengen von P_2 und von P_3 unverändert, da von den 8 000 verfügbaren Einheiten erst 2 400 Einheiten ausgelastet sind. Der optimale Deckungsbeitrag würde in diesem Fall weiterhin 14 400,– DM betragen.

(2) Interpretation der faktorbezogenen Opportunitätskosten w_j^*

Die unter (1) ausgeführten Überlegungen lassen sich auf den durch jede Fertigungsstunde zusätzlich erzielbaren (oder entfallenden) Deckungsbeitrag erweitern.

Faktorbezogene Opportunitätskosten

Würde bei Kapazitätsrestriktion B_1 eine Fertigungsstunde für eine beliebige, noch unbestimmte Verwendung freigegeben, so müßten, wie unter (1) gezeigt wurde, 4/3 Einheiten von P_2 aufgegeben werden. Dies würde einen entgangenen Deckungsbeitrag von 4/3 St. × 7,– DM/St. = 9,33 DM bedeuten. Um die volle Kapazitätsauslastung bei der Kapazitätsrestriktion B_2 aufrechtzuerhalten, werden 2/3 Einheiten von P_3 zusätzlich gefertigt. Dies erbringt einen zusätzlichen Deckungsbeitrag von 2/3 St. × 4,– DM/St. = 2,67 DM. Insgesamt ergibt sich ein Nettoverlust von 6,67 DM (= w_1*).

Die gleiche Überlegung kann für eine Fertigungsstunde der Kapazitätsrestriktion B_2 angestellt werden. Die Freisetzung einer Fertigungsstunde würde hier bedeuten, daß 2/3 Einheiten der Produktion von P_3 aufgegeben werden. Dies würde einen entgangenen Deckungsbeitrag von 2/3 St. × 4,– DM/St. = 2,67 DM bedeuten. Um die volle Kapazitätsauslastung bei der Kapazitätsrestriktion B_1 aufrechtzuerhalten, werden 1/3 Einheiten von P_2 zusätzlich gefertigt. Dies erbringt einen zusätzlichen Deckungsbeitrag von

1/3 St. × 7,– DM/St. = 2,33 DM. Insgesamt ergibt sich ein Nettoverlust von 0,33 DM (= w_2*).

Der in Höhe von w_j* entstehende Nettoverlust bei Wegfall einer Einheit der betreffenden Kapazitätsrestriktion B_j muß bei Neubelegung der freien Kapazitäten, z.B. durch einen Zusatzauftrag, neben den zusätzlich entstehenden variablen Kosten mindestens gedeckt werden, um eine Ergebnisverschlechterung zu vermeiden. Deshalb werden die faktorbezogenen Opportunitätskosten auch als »Schattenpreise« bezeichnet.

Grenzopportunitätskosten

Die Ermittlung der faktorbezogenen Opportunitätskosten w_j* läßt sich noch vereinfachen: Die **Grenzopportunitätskosten (Faktorkosten) w_j*** ergeben sich aus der Summe der mit den Faktorkoeffizienten multiplizierten Stückdeckungsbeiträge der Optimalprodukte P_2 und P_3.

Im einzelnen sind folgende Rechnungen durchzuführen:

$$w_1^* = \frac{4}{3} \times 7 - \frac{2}{3} \times 4 = 6{,}67 \text{ DM/Std.}$$

Interpretation von w_1*:

Bei einer Erweiterung der Kapazität des ersten Produktionsfaktors B_1 um eine Stunde dürften höchstens zusätzliche Kosten von 6,67 DM entstehen, damit sich gegenüber der ermittelten Optimallösung der gleiche Deckungsbeitrag ergibt und eine Ergebnisverschlechterung vermieden werden kann.

$$w_2^* = -\frac{1}{3} \times 7 + \frac{2}{3} \times 4 = 0{,}33 \text{ DM/Std.}$$

Interpretation von w_2*:

Bei einer Erweiterung der Kapazität des zweiten Produktionsfaktors B_2 um eine Stunde dürften höchstens zusätzliche Kosten von 0,33 DM entstehen, damit sich gegenüber der ermittelten Optimallösung der gleiche Deckungsbeitrag ergibt und eine Ergebnisverschlechterung vermieden werden kann.

$$w_3^* = 0 \times 7 + 0 \times 4 = 0{,}\text{– DM/Std.}$$

Interpretation von w_3*:

Die dritte Kapazitätsrestriktion ist mit dem optimalen Produktionsprogramm noch nicht voll ausgelastet. Von der insgesamt vorhandenen Kapazität B_3 = 8 000 Std. sind noch 5 600 Std. verfügbar. Die Opportunitätskosten von im Überfluß vorhandenen Produktionsfaktoren sind Null.

(3) Interpretation der outputbezogenen Opportunitätskosten $\in_i$

Outputbezogene Opportunitätskosten

Die **outputbezogenen Opportunitätskosten** $\in_i$ (Optimalkosten) geben an, welcher Deckungsbeitrag erwirtschaftet werden müßte, um das Gesamtergebnis nicht zu verschlechtern, wenn zu Lasten des optimalen Produktionsprogramms eine Einheit von P_i zusätzlich hergestellt wird.

$$\in_i = \sum_{j=1}^{m} b_{ji} \times w_j^*$$

Es werden die entgangenen Deckungsbeiträge beim Wegfall der Nutzung einer Kapazitätseinheit w_j* mit der Beanspruchungszeit (Belegungskoeffizient) b_{ji} des jeweiligen P_i multipliziert und über alle m betrachteten Faktoren aufsummiert.

Im einzelnen erhält man folgende Werte:

$$\in_1 = 2 \times \frac{20}{3} + 4 \times \frac{1}{3} + 1 \times 0 = 14{,}67 \text{ DM/St.}$$

Interpretation von $\in_1$:

Bei zusätzlicher Fertigung einer Einheit von P_1 zu Lasten des optimalen Produktionsprogramms entstehen Opportunitätskosten in Höhe von 14,67 DM/Stück.

$$\in_2 = 1 \times \frac{20}{3} + 1 \times \frac{1}{3} + 1 \times 0 = 7{,}\text{– DM/St.}$$

Interpretation von $\in_2$:

Bei zusätzlicher Fertigung einer Einheit von P_2 zu Lasten des optimalen Produktionsprogramms entstehen Opportunitätskosten in Höhe von 7,– DM/Stück.

$$\in_3 = 0{,}5 \times \frac{20}{3} + 2 \times \frac{1}{3} + 1 \times 0 = 4{,}\text{– DM/St.}$$

Interpretation von $\in_3$:

Bei zusätzlicher Fertigung einer Einheit von P_3 zu Lasten des optimalen Produktionsprogramms entstehen Opportunitätskosten in Höhe von 4,– DM/Stück.

Substitutionskoeffizienten

Die outputbezogenen Opportunitätskosten $\in_i$ können auch über die Substitutionskoeffizienten erklärt werden. Sie sind dann zu interpretieren als die Summe der mit den Substitutionskoeffizienten des Optimaltableaus gewichteten Stückdeckungsbeiträge d_k, die durch die Fertigung einer zusätzlichen Einheit von P_i verdrängt werden.

Die Werte der $\in_i$ ergeben sich aus folgender alternativ durchzuführenden Rechnung:

$$\in_1 = \frac{4}{3} \times 7 + \frac{4}{3} \times 4 = 14{,}67 \text{ DM}$$

$$\in_2 = 1 \times 7 + 0 \times 4 = 7{,}\text{– DM}$$

$$\in_3 = 0 \times 7 + 1 \times 4 = 4{,}\text{– DM}$$

Opportunitätsverluste

Aus der Differenz der outputbezogenen Opportunitätskosten $\in_i$ und der Deckungsbeiträge d_i ergeben sich die Opportunitätsverluste t_i. Unter Beachtung der oben zu Beginn des Abschnittes B.III. dieses Kapitels erwähnten Vorzeichenkonvention erhält man:

P_i	1	2	3
$\in_i$ $-\ d_i$	14,67 8	7 7	4 4
$=\ t_i$	6,67	0	0

Wie oben in Abschnitt B.II.2. dieses Kapitels bereits ausgeführt, zeigen nicht optimale Lösungen (hier: P_1) einen Opportunitätsverlust. Im Gegensatz dazu weisen optimale Lösungen (hier: P_2 und P_3) keine Opportunitätsverluste auf. Mit anderen Worten: Ist bei einem P_i die Summe der mit den Schattenpreisen w_j^* gewogenen Faktorbelegungen b_{ji} größer als sein Deckungsbeitrag, dann gehört dieses Produkt nicht zum optimalen Produktionsprogramm (hier: P_1). Falls der Deckungsbeitrag eines P_i mit der Summe seiner mit den Schattenpreisen gewichteten Faktorbelegungen übereinstimmt, so ist das betreffende Produkt Element der optimalen Lösung (hier: P_2 und P_3).

3. *Preistheorem der linearen Programmierung*

Preistheorem der linearen Programmierung

Die vorstehend dargestellte Interpretation der Opportunitätskosten und -verluste ergibt sich auch aus dem **Preistheorem der linearen Programmierung**, das die Zusammenhänge zwischen primaler und dualer Lösung zeigt.

Das Theorem besteht aus folgenden zwei Sätzen:

(1) Falls Primal und Dual eine optimale Lösung haben, sind diese identisch:

$$G^* \text{ (primal)} = K^* \text{ (dual)}$$

Im Beispiel erhält man:

$$G^* = \underbrace{1\,600 \times 7}_{\text{Deckungsbeitrag } P_2} + \underbrace{800 \times 4}_{\text{Deckungsbeitrag } P_3} = 14\,400,\text{– DM}$$

$$K^* = \underbrace{2\,000 \times \frac{20}{3}}_{\text{Engpaß } B_1} + \underbrace{3\,200 \times \frac{1}{3}}_{\text{Engpaß } B_2} + \underbrace{8\,000 \times 0}_{\text{Engpaß } B_3} = 14\,400,\text{– DM}$$

(2) Falls Primal und Dual eine optimale Lösung haben, erfüllen diese die folgenden Bedingungen **(a)** und **(b)**:

(a) $x_i^* \times t_i^* = 0; i = 1, \ldots, n$

Zwei Fälle erfüllen die Gleichung (a):

a1) $x_i^* \geq 0$ und $t_i^* = 0$, d.h. P_i hat keinen Opportunitätsverlust t_i^*. Es lohnt sich, P_i herzustellen, wenn dessen (absoluter) Deckungsbeitrag d_i genauso groß ist wie die Summe der mit den faktorbezogenen Opportunitätskosten (= Knappheitspreise) w_j^* aus dem Optimaltableau gewichteten Belegungskoeffizienten b_{ji}.

Im Beispiel erfüllen P_2 und P_3 diese Bedingung. Die optimalen Produktionsmengen belaufen sich auf $x_2^* = 1\,600$ Stück und $x_3^* = 800$ Stück. Die zugehörigen Opportunitätsverluste t_i^* als Differenz der outputbezogenen Opportunitätskosten $\in_i$ und der jeweiligen Stückdeckungsbeiträge d_i ergeben sich zu $t_2^* = \in_2 - d_2 = 7 - 7 = 0$ und $t_3^* = \in_3 - d_3 = 4 - 4 = 0$.

a2) $x_i^* = 0$ und $t_i^* > 0$, d.h. P_i hat einen Opportunitätsverlust t_i^*. Es lohnt sich nicht, P_i herzustellen, wenn die Summe der mit den faktorbezogenen Opportunitätskosten

(= Knappheitspreise) w_j* aus dem Optimaltableau gewichteten Belegungskoeffizienten b_{ji} des betreffenden Produkts größer ist als dessen (absoluter) Deckungsbeitrag d_i. Im Beispiel gilt dies für P_1.

Die optimale Produktionsmenge beläuft sich auf $x_1* = 0$. Der zugehörige Opportunitätsverlust t_1* als Differenz des Stückdeckungsbeitrags d_1 und der outputbezogenen Opportunitätskosten $\in_1$ ergibt sich zu $t_1* = \in_1 - d_1 = 14{,}67 - 8 = 6{,}67$.

(b) $s_j* \times w_j* = 0; j = 1, \ldots, m$

Zwei Fälle erfüllen die Gleichung (b):

b1) $w_j* \geq 0$ und $s_j* = 0$, d.h. Faktor j ist voll ausgelastet. Die faktorbezogenen Opportunitätskosten w_j* (= Knappheitspreise) weisen einen positiven Wert auf. Dies macht deutlich, daß der Wegfall einer Kapazitätseinheit zu Opportunitätsverlusten in Höhe von w_j* führen würde.

Im Beispiel trifft dies für die Kapazitätsbeschränkungen B_1 und B_2 zu. Die insgesamt verfügbaren Kapazitäten werden mit dem optimalen Produktionsprogramm voll ausgelastet. Entsprechend würden sich beim Wegfall von Kapazitätseinheiten in den beiden Faktorrestriktionen auch Opportunitätsverluste von $w_1* = 20/3$ und $w_2* = 1/3$ ergeben.

b2) $w_j* = 0$ und $s_j* > 0$, d.h. Faktor j ist nicht voll ausgelastet. Die faktorbezogenen Opportunitätskosten w_j* (= Knappheitspreise) besitzen in diesem Fall den Wert Null. Dies verdeutlicht, daß der Wegfall einer Kapazitätseinheit keine Nachteile erbringen würde.

Im Beispiel gilt dies für die Kapazitätsbeschränkung B_3. Die insgesamt verfügbare Kapazität von B_3 = 8 000 Std. ist mit dem optimalen Produktionsprogramm noch nicht voll ausgelastet. Es sind noch s_3 = 5 600 Std. verfügbar. Entsprechend ergibt sich $w_3* = 0$.

Aussagen des Preistheorems

Die Aussagen des Preistheorems werden noch einmal zusammengefaßt:

(1) Ein P_i darf nur dann in der optimalen Lösung sein, d.h. hergestellt werden, wenn sein Deckungsbeitrag mit der Summe seiner mit den Schattenpreisen gewichteten Faktorbelegungen übereinstimmt.
(2) Ist die Summe der mit den Schattenpreisen gewogenen Faktorbelegungen größer als der Deckungsbeitrag pro Produkteinheit, d.h. es liegt ein Opportunitätsverlust vor, so gehört das betreffende Produkt nicht zum optimalen Produktionsprogramm.
(3) Ist die Kapazität eines Produktionsfaktors voll ausgelastet, dann wird ihm ein positiver Knappheitspreis (Opportunitätskostensatz) zugeordnet.
(4) Ist dagegen die Kapazität eines Produktionsfaktors nicht ausgelastet, so ist der Knappheitspreis (Opportunitätskostensatz) dieses Faktors $w_j* = 0$. Der Faktor begrenzt nicht die Produktion, sondern ist noch bis zu seiner Maximalkapazität frei verfügbar.

Mittels der linearen Programmierung werden den knappen Faktoren also inputbezogene Opportunitätskosten w_j* zugeordnet. In der optimalen Lösung führen diese zum Ausweis von Opportunitätsverlusten oder -schäden t_i.

Die Anwendbarkeit der Opportunitätskosten bei mehreren Restriktionen läßt sich wie folgt zusammenfassen:

(1) Opportunitätskosten ergeben sich gemäß Dualitätssatz mit der optimalen Lösung. Ihre Kenntnis setzt also die Lösung des Problems schon voraus.
(2) Gleichwohl kann das Konzept der Opportunitätskosten nützlich sein, wenn es um nachträgliche Änderungen optimaler Programme geht. Anwendungsbereiche sind hier insbesondere die Bestimmung von Preisgrenzen (Preisunter- und Preisobergrenzen).

Auf die damit zusammenhängenden Aufgaben und Probleme wird im nächsten Kapitel 13 ausführlich eingegangen.

Abkürzungsverzeichnis

η_i	Alternativkosten des Produkts i
ϵ_i	outputbezogene Opportunitätskosten des Produkts i (Optimal-Opportunitätskosten)
B_j	Kapazitätsgrenze der j-ten Restriktion
b_{ji}, b_{jk}	Belegungskoeffizient der j-ten Restriktion des Produkts i bzw. des verdrängten Produkts k
DB	Deckungsbeitrag
d_i, d_k	Stück-Deckungsbeitrag des i-ten Produkts bzw. des verdrängten Produkts k
G	Gewinn (Zielfunktionswert primales Problem)
G_i	Gewinn des i-ten Produkts
g_i	Stückgewinn des i-ten Produkts
K	Kosten (Zielfunktionswert duales Problem)
K_f	fixe Kosten
k_{fi}	stückbezogene Fixkosten des i-ten Produkts
k_{vi}	variable Stückkosten des Produkts i
p_i	Preis des i-ten Produkts
P_i	Produkt i
s_j	Schlupfvariable (primales Problem)
t_i	Opportunitätsverlust von Produkt i bzw. Schlupfvariable (duales Problem)
w_j	auf den Faktor j bezogene Opportunitätskosten (Schattenpreis)
w_{ji}, w_{jk}	inputbezogene Opportunitätskosten bzgl. des Faktors j für das Produkt i bzw. das verdrängte Produkt k
X_i	Absatzbeschränkung des Produkts i
x_i	Produktionsmenge des i-ten Produkts

Kontrollfragen

1) Welche grundlegende Zielsetzung kennzeichnet die entscheidungsorientierte Kostenbewertung?
2) Kennzeichnen Sie die wichtigsten kurzfristigen Entscheidungsprobleme von Unternehmen.
3) Was versteht man allgemein unter Opportunitätskosten?
4) Warum führt bei Vorliegen eines Kapazitätsengpasses weder die Betrachtung von Stückgewinnen noch die Analyse der Stückdeckungsbeiträge zum Gewinnmaximum?
5) Erläutern Sie den Begriff »relativer Deckungsbeitrag«.
6) Was versteht man allgemein unter »Schattenpreisen«?
7) Was versteht man allgemein unter »Alternativkosten«?
8) Wie ist ein »Opportunitätsverlust« definiert?
9) Welche Elemente enthält ein simultanes Entscheidungsmodell zur Bestimmung des optimalen Produktions- und Absatzprogramms?
10) Bei welchen Anwendungsbedingungen sind die Zielfunktion und die Nebenbedingungen des Modells zur Bestimmung des optimalen Produktions- und Absatzprogramms linear?
11) Wie lassen sich die Dualwerte ökonomisch interpretieren?
12) Wie können die Faktorkoeffizienten des optimalen Simplextableaus interpretiert werden?
13) Wie können die faktorbezogenen Opportunitätskosten des optimalen Simplextableaus interpretiert werden?
14) Erläutern Sie das Preistheorem der linearen Programmierung.
15) Wie ist die Anwendbarkeit von Opportunitätskosten bei Vorliegen mehrerer Kapazitätsrestriktionen zu beurteilen?

Literaturhinweise

Hax, H. (1976): Kostenbewertung mit Hilfe der mathematischen Programmierung, in: Coenenberg, A. G. (Hrsg.) (1976): Unternehmensrechnung – Betriebliche Planungs- und Kontrollrechnungen auf der Basis von Kosten und Leistungen, München 1976, S. 97–112.

Kilger, W. (1993): Flexible Plankostenrechnung und Deckungsbeitragsrechnung, Bearbeitet durch Kurt Vikas, 10. Aufl., Wiesbaden 1993.

Münstermann, H. (1976): Der Opportunitätskostenkalkül als Entscheidungsmodell und seine Bedeutung für die Planungsrechnung, in: Coenenberg, A. G. (Hrsg.) (1976): Unternehmensrechnung – Betriebliche Planungs- und Kontrollrechnungen auf der Basis von Kosten und Leistungen, München 1976, S. 93–97.

Ossadnik, W. (1998): Controlling, 2. Aufl., München/Wien 1998.

13. Kapitel: Bestimmung von Preisgrenzen

A. Bedeutung und Einflußfaktoren von Preisgrenzen

Preisgrenzen sind kritische Werte, deren Überschreitung bzw. Unterschreitung ein ganz bestimmtes Handeln im Unternehmen veranlassen. Sie sind in diesem Sinne entscheidungsregelnd. *Preisgrenzen*

Hinsichtlich der Güter, für die Preisgrenzen ermittelt werden, lassen sich Preisuntergrenzen für Absatzgüter und Preisobergrenzen für Einsatzgüter unterscheiden. Die folgende Abbildung 13.1 verdeutlicht die Systematik der Preisgrenzen. *Systematisierung*

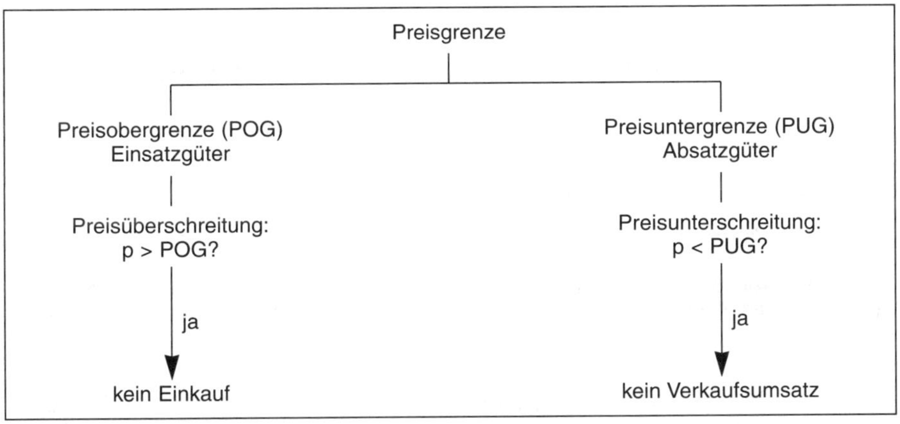

Abb. 13.1: Systematik der Preisgrenzen

Preisgrenzen sind kritische Werte im Sinne von Entscheidungswerten. Daraus folgt, daß Preisgrenzen keine absoluten Größen sein können, sondern, wie jeder Entscheidungswert, relative Größen sind, die nur in bezug auf eine gegebene Zielfunktion und ein jeweils gegebenes Entscheidungsfeld Gültigkeit haben können.

Zielfunktion

Entsprechend zu den drei unternehmerischen Ziel- und Steuergrößen Erfolgspotential, Erfolg und Liquidität (vgl. Kap. 1) kann man *Einteilung*

- strategische,
- erfolgswirtschaftliche und
- liquiditätsorientierte Preisgrenzen

unterscheiden.

Strategische Preisgrenzen sind eng mit der Marktposition und den wettbewerblichen Zielen eines Unternehmens verknüpft.

Erfolgswirtschaftliche Preisgrenzen sind Grenzwerte der Verkaufspreise, bei denen die zugehörigen Absatzmengen den Gewinn eines Unternehmens nicht verändern.

Unter liquiditätsorientierten Preisgrenzen versteht man dagegen kritische Preise, die den Bestand an liquiden Mitteln eines Unternehmens nicht verändern.

Entscheidungsfeld

Hier ist insbesondere danach zu unterscheiden, ob Kapazitäten fest gegeben sind oder als veränderlich angenommen werden. Ferner ist die zutreffende Ermittlung von Preisgrenzen davon abhängig, ob Engpässe vorliegen oder nicht.

Die nachstehende Abbildung 13.2 gibt zugleich eine Systematik der weiteren Ausführungen zu Preisuntergrenzen.

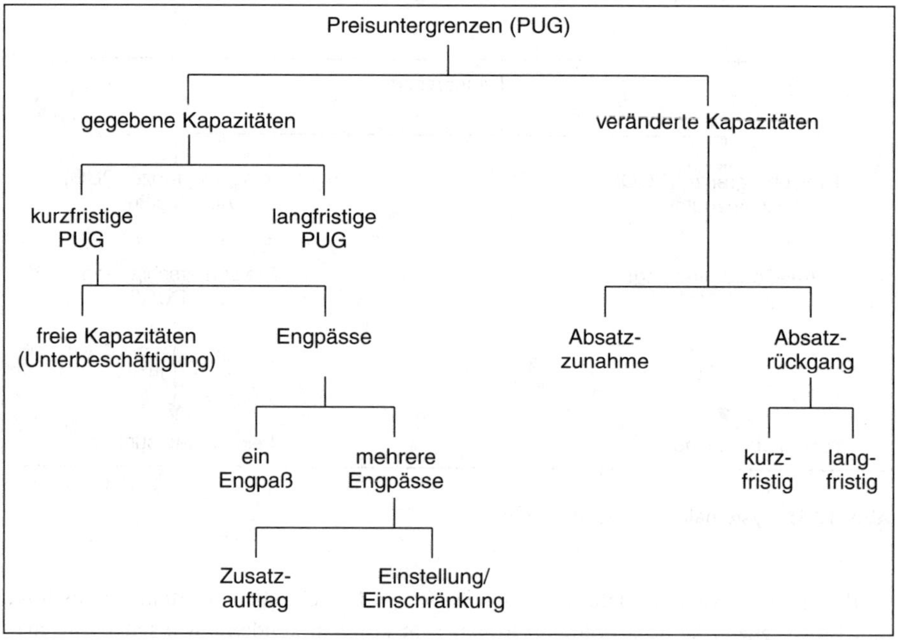

Abb. 13.2: Einteilung der Preisuntergrenzen

B. Preisuntergrenzen bei unveränderten Kapazitäten

Fragestellung

Die Problemstellung lautet: Wie hoch ist der kritische Verkaufspreis, unterhalb dessen sich die Weiterproduktion nicht lohnt bzw. unterhalb dessen sich die Annahme eines Zusatzauftrags nicht lohnt?

Für eine Beantwortung dieser Frage sind vier Fälle näher zu betrachten:

- Unterbeschäftigung,
- ein Engpaß,

- mehrere Engpässe,
- langfristige Unternehmenssituation.

I. Preisuntergrenze bei Unterbeschäftigung

Die Preisuntergrenze entspricht hier den Grenzkosten k_v (bzw. variablen Kosten):

PUG = Grenzkosten

$$PUG = k_v$$

Im Fall freier Kapazitäten wird jede Produktart produziert und abgesetzt, deren Preis nicht unter den variablen Kosten (Grenzkosten) liegt.

Preisinterdependenzen

Für den Fall, daß über die Hereinnahme von Zusatzaufträgen entschieden werden soll, ist in der Praxis häufig eine Preisinterdependenz zwischen dem Zusatzauftrag und den anderen Produkten zu berücksichtigen. Führt also z.B. ein Zusatzauftrag der Produktart i zu Preiseinbrüchen bei den Produktarten k = 1, ..., n, so muß die Preisuntergrenze um diese durch den Zusatzauftrag verursachten Erlösschmälerungen bei den anderen Produkten erhöht werden:

$$\Delta PUG_i = \frac{\sum_{k=1}^{n} x_k \times \Delta p_k}{x_z}$$

$$\text{bzw. } PUG_z = k_{vi} + \Delta PUG_i$$

mit: Δp_k = Preissenkung des k-ten Produkts
x_z = Produktionsmenge des Zusatzauftrags z

Die Ermittlung grenzkostenorientierter Preisuntergrenzen wirft einige spezifische Fragen auf, z.B.:

1) Wie sollen variable Kosten gemessen werden (zu Anschaffungspreisen oder zu Tagespreisen)?
2) Welche Kosten sind variabel? Ist die Klassifizierung kostenartenweise möglich?
3) Was geschieht, wenn Zusatzaufträge bestimmte Wiederanlaufkosten verursachen oder Stillegungskosten vermeiden helfen?

Die Beantwortung derartiger Fragen fällt leichter, wenn man die Formeln zur Ermittlung der Preisuntergrenzen verallgemeinert. Prinzipiell wird die Summe aller entscheidungsrelevanten Kosten eines Auftrags als dessen zutreffende Preisuntergrenze angesehen.

Drei Beispiele sollen die erforderlichen Überlegungen erläutern.

Beispiel

Beispiel 13.1:

Ein Unternehmen erhält Ende Januar eine Anfrage, zu welchem Preis sie bereit wäre, ein genau spezifiziertes Einzelteil in einer Menge von 100 Einheiten zu fertigen. Die Anfrage kommt von einem Unternehmen, mit der das Unternehmen keine Geschäftsverbindungen unterhält, und ist offensichtlich nur darauf zurückzuführen, daß der entsprechende Lieferant des Unternehmens wegen einer Streiksituation in Lieferschwierigkeiten geraten ist. Auch von einem besonders günstigen Preis werden keine weiteren Aufträge in der Zukunft erwartet, außer in ähnlichen Notsituationen.

Das angefragte Unternehmen ist sowohl in personeller als auch in maschineller Hinsicht unterbeschäftigt, der Zusatzauftrag könnte im nächsten Monat gefertigt werden. Die Kündigungsfrist für Arbeiter beträgt einen Monat, Kündigungen seitens der Arbeitnehmer bzw. Pensionierungen werden für den Monat Februar nicht erwartet. Die Lohnkosten sind also aufgrund der Gegebenheiten kurzfristig nicht abbaubar.

Die Fertigung der ersten 10 Einheiten des Zusatzauftrags (inklusive Gemeinkostenlöhne und soziale Abgaben) würde 30 Arbeiterstunden à 6,– DM erfordern, jede weitere Einheit würde infolge des Lernprozesses nur mehr einen Arbeitsaufwand von 2 Stunden erfordern. Für die Fertigung der ersten 10 Einheiten wären 15 Maschinenstunden, für die Fertigung weiterer Einheiten ist jeweils eine Maschinenstunde pro Einheit nötig. Die variablen Kosten je Maschinenstunde betragen 12,– DM.

Für die Fertigung des Zusatzauftrags würden 300 kg einer speziellen Legierung als Rohmaterial benötigt werden. Es stellt sich heraus, daß 400 kg dieser Legierung als Restposten eines vor 3 Jahren gefertigten Auftrags für ein anderes Unternehmen noch auf Lager liegen. Es war schon erwogen worden, diesen Restposten zum Preise von 4,– DM je kg zu verkaufen. Der damalige Anschaffungspreis des Rohmaterials war 5,– DM je kg, der gegenwärtige Anschaffungspreis wäre 5,50 DM/kg. Falls man den Zusatzauftrag nicht annimmt, würde man sich entschließen, das Material zu veräußern, da die Wahrscheinlichkeit einer weiteren Verwendung zu gering wäre.

Die Verwaltungs- und Vertriebskosten sind als völlig fix anzunehmen.

Wie hoch ist der Mindestpreis für den Auftrag?

Lösung

Lösung von Beispiel 13.1:

Lohnkosten		–
Fertigungskosten	105 Std. × 12,– DM/Std.	1 260
Materialkosten	300 kg × 4,– DM/kg	1 200
PUG		2 460

Die Lohnkosten kommen nicht in Ansatz, da sie auch bei Nichtannahme des Zusatzauftrags anfallen. Die Materialkosten sind zum Liquidationspreis von 4,– DM/kg anzusetzen, da die Liquidation der Materialbestände die relevante Alternative bei Ablehnung des Auftrags ist.

Beispiel

Beispiel 13.2:

Die Annahmen zu Beispiel 13.1 werden folgendermaßen geändert:

Für die Fertigung des Zusatzauftrags wird kein spezielles Rohmaterial, sondern ein auch für andere Produkte des Unternehmens benötigtes Material verwendet. Dieses Material liegt in für die Februar- und März-Produktion ausreichendem Umfang auf Lager. Das auf Lager liegende Material wurde zum Preise von 5,– DM angeschafft, der Tagesbeschaffungspreis ist, wie oben angeführt, 5,50 DM.

Welches ist der für eine Produkteinheit zu fordernde Mindestpreis?

Lösung von Beispiel 13.2: *Lösung*

Fertigungskosten		1 260
Materialkosten	300 kg × 5,50 DM/kg	1 650
PUG		2 910

Nunmehr sind die Materialkosten zum Wiederbeschaffungspreis von 5,50 DM/kg zu bewerten, da bei Ablehnung des Auftrags in entsprechender Höhe Wiederbeschaffungskosten gespart werden.

Beispiel 13.3: *Beispiel*

Die Angaben von Beispiel 13.1 werden unter Fortführung der Angaben von Beispiel 13.2 in folgenden Punkten geändert bzw. erweitert:

Der Zusatzauftrag umfaßt nun nicht mehr 100 sondern 1 000 Einheiten. Diese 1 000 Einheiten könnten nach Maßgabe der freien personellen Kapazität in 3 Monaten, nach Maßgabe der freien maschinellen Kapazität in 4 Monaten gefertigt werden. Das anfragende Unternehmen wäre mit einer Lieferung während der nächsten 4 Monate (Februar bis Mai) einverstanden. Falls das Unternehmen den Zusatzauftrag nicht annehmen würde, würde sie einer entsprechenden Anzahl von Arbeitnehmern per 1. März kündigen. Weitere Zusatzaufträge bis Mai werden nicht erwartet (falls dies der Fall wäre, würden Engpässe entstehen).

Per 1. April wird eine Lohnerhöhung von 10 % in Kraft treten. Der Materialpreis wird sich per 1. März um 5 % erhöhen. Ein Vorkauf des Materials ist wegen beschränktem Lagerraum nicht möglich.

Welches ist in dieser Situation der Mindestpreis pro Produkteinheit, bei dem die Annahme des Auftrags vorteilhaft zu werden beginnt?

Lösung von Beispiel 13.3: *Lösung*

Die Fertigungszeit beträgt 4 Monate (Februar bis Mai). Die Arbeitsstunden in diesem Zeitraum betragen insgesamt 2 010 Stunden. Davon entfallen auf den Februar 510 Stunden. Entscheidungsrelevant sind damit noch 1 500 Stunden.

Lohnkosten					
März	500 Std.	× 6,– DM/Std.	=	3 000	
April/Mai	1 000 Std.	× 6,60 DM/Std.	=	6 600	9 600
Fertigungskosten	1 005 Std.	× 12,– DM/Std.			12 060
Materialkosten	3 000 kg	× 5,50 DM/kg × 1,05[a)]			17 325
PUG					38 985

zu [a)]: Da das Material wiederverwendbar ist, muß die Preissteigerung von 5 % mit berücksichtigt werden.

II. Preisuntergrenze bei einem Engpaß

Die Fragen, ob ein im Programm befindliches Produkt eliminiert oder ein Produkt zusätzlich ins Programm aufgenommen oder ein im Programm befindliches Produkt forciert werden soll, können bei Vorliegen eines für mehrere Produkte gleichzeitig wirksamen Engpasses nur unter Berücksichtigung von **Opportunitätskosten** zutreffend gelöst werden. Zu den Grenzkosten muß dann noch der auf eine Einheit des Zusatzauftrags entfallene Gewinnentgang gerechnet werden, der dadurch entsteht, daß in einer Engpaßsituation ein Zusatzauftrag stets andere Produkte verdrängt.

Bei Vorliegen eines Engpasses ist die Preisuntergrenze für das Produkt i in Abhängigkeit von dem verdrängten Produkt k wie folgt zu bestimmen:

$$PUG_i = k_{vi} + b_{ji} \times w_{jk}$$

mit: $w_{jk} = \frac{d_k}{b_{jk}}$ Opportunitätskostensatz (bezogen auf eine Einheit der Engpaßbelastung des verdrängten Produkts k)

b_{ji} = Belegungskoeffizient des Zusatzauftrags i auf Maschine j

Welches Produkt k zu wählen ist, welches Produkt also aus dem Programm verdrängt wird, hängt von der Problemstellung ab. Geht es um die Preisuntergrenze für einen Zusatzauftrag, dann wählt man als zu verdrängendes Produkt dasjenige, das den niedrigsten Bruttogewinn (oder Deckungsbeitrag) pro Einheit der Engpaßbelastung erzielt.

Geht es um die Frage, ob ein derzeit hergestelltes Produkt eingestellt oder eingeschränkt werden soll, so wählt man als neu herzustellende Erzeugnisse die Produkte mit dem höchsten Bruttogewinn pro Einheit der Engpaßbelastung innerhalb oder außerhalb des Programms, die an die Stelle des voll zu eliminierenden Produkts treten.

Sind die Zusatz- oder Mindermengen so groß, daß Produktmengen mehrerer Erzeugnisse verdrängt werden, so ist der Opportunitätskostensatz als gewogener Mittelwert zu berechnen, wobei als Gewichtungsfaktoren die freigesetzten Kapazitäten der verdrängten Produkte genommen werden.

Beispiel

Beispiel 13.4:

In einer Textilfabrik stellt die Weberei den einzigen potentiellen Engpaß (j = 1) dar. Folgendes vorläufiges Produktionsprogramm der Produkte P_i (i = 1,2,3) wurde bereits festgelegt:

P_i	1	2	3
Produktionsmenge x_i	3 000	1 000	2 000
variable Kosten k_{vi}	40	30	50
Nettoverkaufspreis p_i	80	60	100
Engpaßbelastung b_{1i}	2	2	3
Engpaßbelastung insgesamt $b_{1i} \times x_i$	6 000	2 000	6 000

Die Kapazität des Engpasses beträgt insgesamt 14 000 Stunden. Nun wird dem Unternehmen die Fertigung eines Zusatzauftrags angeboten. Die variablen Kosten je Einheit (hier: P_4) wären k_{v4} = 50,– DM, die Engpaßbelastung b_{14} = 2,5 Stunden je Einheit.

Welches wäre der zu fordernde Mindestpreis, falls von P_4 in der nächsten Periode **(1)** 500 Einheiten, **(2)** 1 000 Einheiten, **(3)** 4 000 Einheiten zu fertigen wären und wenn man von potentiell langfristigen Absatznachteilen aus einer Verminderung der bisher angebotenen P_i absieht?

Lösung von Beispiel 13.4: *Lösung*

P_i	1	2	3
d_i b_{1i}	40 2	30 2	50 3
$w_{1i} = \frac{d_i}{b_{1i}}$	20	15*	16,67
$t_i = d_i - w_1^* \times b_{1i}$	10	0	5

Das zu verdrängende Grenzprodukt ist P_2, da dieses den niedrigsten engpaßbezogenen Deckungsbeitrag aufweist. Also ist $w_1^* = 15$,– DM.

Das Entscheidungskalkül über die Annahme des Zusatzauftrags läßt sich graphisch wie folgt veranschaulichen:

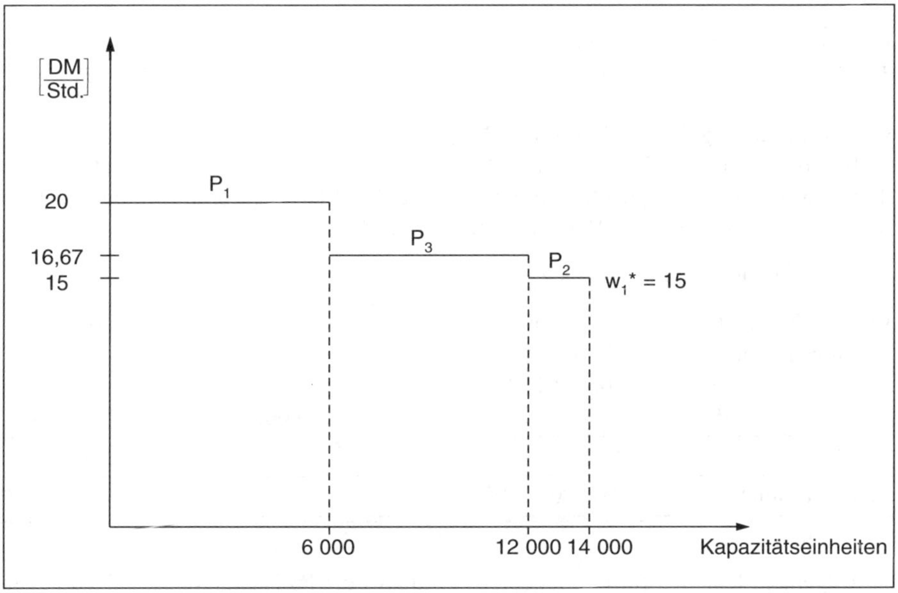

Abb. 13.3: Entscheidungskalkül bei einem Engpaß

Das zu verdrängende Produkt (hier: P_2) belegt 2 000 Kapazitätseinheiten. Die Preisuntergrenzen der Weberei bei Annahme der alternativen Zusatzaufträge von P_4 ergeben sich zu:

(1) Zusatzauftrag über 500 Stück P_4

Kapazitätsbedarf = 2,5 × 500 = 1 250 Std. ≤ 2 000 Std. ⇒ Kapazität für Zusatzauftrag von P_4 bei alleiniger Verdrängung von P_2 ausreichend!

Bestimmung der PUG pro Stück P_4:

variable Kosten k_{v4}:	500 × 50	25 000
Gewinnentgang P_2:	1 250 × 15	18 750
		43 750
PUG pro Stück P_4:	43 750 : 500	87,50

(2) Zusatzauftrag über 1 000 Stück P_4

Kapazitätsbedarf = 2,5 × 1 000 = 2 500 Std. > 2 000 Std. ⇒ freigesetzte Kapazität bei Verdrängung von P_2 noch nicht ausreichend; Verdrängung des zweitbesten Produkts P_3 erforderlich!

Bestimmung der PUG pro Stück P_4:

variable Kosten k_{v4}:	1 000 × 50		50 000
Gewinnentgang P_2:	2 000 × 15	30 000	
P_3:	500 × 16,67	8 335	38 335
			88 335
PUG pro Stück P_4:	88 335 : 1 000		88,34

(3) Zusatzauftrag über 4 000 Stück P_4

Kapazitätsbedarf = 2,5 × 4 000 = 10 000 Std. > 8 000 Std. ⇒ Kapazität bei Verdrängung von P_2 und P_3 noch nicht ausreichend; Verdrängung von P_1 mit dem bislang höchsten engpaßbezogenen Deckungsbeitrag erforderlich!

Bestimmung der PUG pro Stück P_4:

variable Kosten k_{v4}:	4 000 × 50		200 000
Gewinnentgang P_2:	2 000 × 15	30 000	
P_3:	6 000 × 16,67	100 000	
P_1:	2 000 × 20	40 000	170 000
			370 000
PUG pro Stück P_4:	370 000 : 4 000		92,50

PUG bei einem Engpaß

Allgemein läßt sich für ein beliebiges Produkt i die Preisuntergrenze bei Vorliegen eines Engpasses j und Verdrängung von k Produkten mit Hilfe der folgenden Formel ermitteln:

$$PUG_i = k_{vi} + b_{ji} \times \frac{\sum_k b_{jk} \times x_k \times w_{jk}}{\sum_k b_{jk} \times x_k}$$

III. Preisuntergrenze bei mehreren Engpässen

Die Formel zur Bestimmung der Preisuntergrenzen läßt sich nun ohne weiteres theoretisch auf den Fall mehrerer Engpässe erweitern. Wie in Kapitel 12 bereits gezeigt wurde, lassen sich Opportunitätskosten bei mehreren Engpässen nur simultan aus der optimalen Lösung des Produktionsplanungsproblems mit Hilfe der linearen Programmierung ermitteln. Dabei entsprechen die Lösungswerte der Dualvariablen den Opportunitätskosten je Einheit der Engpaßbelastung.

Der Vollständigkeit halber sei nochmals wiederholt:

Primales Programm

Primal:

Zielfunktion (Maximierung der Gewinne)

$$G = \sum_{i=1}^{n} d_i \times x_i \rightarrow \max$$

Nebenbedingungen

$$\sum_{i=1}^{n} b_{ji} \times x_i + s_j = B_j \text{ für } j = 1, \ldots, m$$

$$x_i \geq 0; \; s_j \geq 0$$

Duales Programm

Dual:

Zielfunktion (Minimierung der Kosten)

$$K = \sum_{j=1}^{m} B_j \times w_j \rightarrow \min$$

Nebenbedingungen

$$\sum_{j=1}^{m} b_{ji} \times w_j - t_i = d_i \text{ für } i = 1, \ldots, n$$

$$w_j \geq 0; \; t_i \geq 0$$

PUG bei mehreren Engpässen

Aus der letzten Gleichung des dualen Problems folgt wegen $d_i = p_i - k_{vi}$ und $t_i = 0$ (bei zutreffend gewählter PUG entstehen keine Opportunitätsverluste!) die Formel zur Bestimmung der Preisuntergrenze:

$$PUG_i = k_{vi} + \sum_{j=1}^{m} b_{ji} \times w_j^*$$

Die Ermittlung zutreffender Preisuntergrenzen bei Vorliegen mehrerer gleichzeitig wirksamer Kapazitätsrestriktionen veranschaulicht das folgende Beispiel 13.5.

Beispiel

Beispiel 13.5:

Für ein Unternehmen gilt folgende Situation: Die zwei potentiellen Engpaßabteilungen 1 und 2 haben eine Kapazität von 200 bzw. 300 Stunden. Gegenwärtig umfaßt das Produktionsprogramm die Produkte P_1 und P_2, die einen Deckungsbeitrag von d_1 = 300,– DM bzw. d_2 = 280,– DM aufweisen und die Kapazitäten in folgendem Ausmaß beanspruchen:

P_i	1	2
b_{1i} b_{2i}	2 2	1 3

Lösung

Lösung von Beispiel 13.5:

Die Ausgangsdaten führen zum Ansatz des folgenden linearen Programms:

$$\begin{aligned} 300\,x_1 + 280\,x_2 &\rightarrow \max \\ 2\,x_1 + 1\,x_2 &\leq 200 \\ 2\,x_1 + 3\,x_2 &\leq 300 \\ x_1, x_2 &\geq 0 \end{aligned}$$

Eine graphische Lösung des vorstehenden Optimierungsproblems zeigt Abbildung 13.4.

Für G = 8 400 ist die Hilfslinie der Zielfunktion z.B. durch folgende Punkte bestimmt:

$$x_2 = 0 \Rightarrow x_1 = \frac{8\,400}{300} = 28$$

$$x_1 = 0 \Rightarrow x_2 = \frac{8\,400}{280} = 30$$

Numerische Lösung zu Beispiel 13.5:

	x_1	x_2	s_1	s_2	Lösung
s_1	2*	1	1	0	200
s_2	2	3	0	1	300
G	–300	–280	0	0	0
x_1	1	$^1/_2$	$^1/_2$	0	100
s_2	0	2*	–1	1	100
G	0	–130	150	0	30 000
x_1	1	0	$^3/_4$	$-^1/_4$	75
x_2	0	1	$-^1/_2$	$^1/_2$	50
G	0	0	85	65	36 500

Opportunitätsverluste t_i^* (Spalten x_1, x_2)

faktorbezogene Opportunitätskosten w_j^* (Spalten s_1, s_2)

Die Daten aus dem Beispiel 13.5 werden bei den folgenden Erörterungen weitergeführt. Es ist zu unterscheiden zwischen der Preisuntergrenze für einen Zusatzauftrag (Abschnitt B.III.1. dieses Kap.) und der Preisuntergrenze, jenseits derer ein gefertigtes Produkt aus dem Programm genommen werden sollte (Abschnitt B.III.2. dieses Kap.).

1. Annahme eines Zusatzauftrags

Problemstellung

Für den zuerst betrachteten Fall der Ermittlung einer Preisuntergrenze für einen Zusatzauftrag sind zwei Teilaspekte gesondert zu untersuchen:

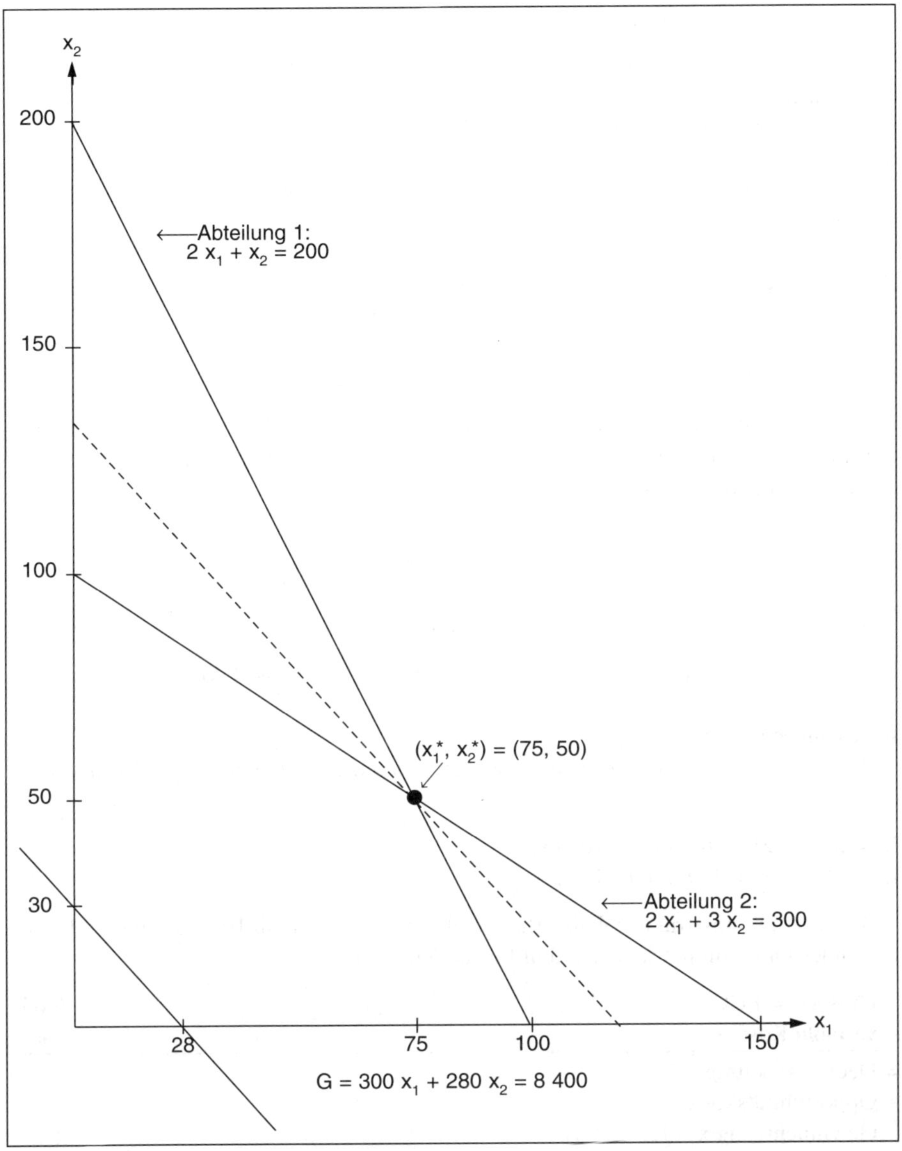

Abb. 13.4: Graphische Lösung zu Beispiel 13.5

Was passiert, wenn durch einen Zusatzauftrag

a) die vorhandenen betrieblichen Kapazitäten proportional, d.h. in gleichem Ausmaß, beansprucht werden

oder

b) die vorhandenen betrieblichen Kapazitäten nicht proportional, d.h. in unterschiedlichem Ausmaß beansprucht werden.

(a) Proportionale Kapazitätsbeanspruchung durch den Zusatzauftrag

– proportionale Kapazitätsbeanspruchung

Bei proportionaler Beanspruchung der vorhandenen betrieblichen Kapazitäten durch einen Zusatzauftrag wird die Struktur des Produktionsprogramms, d.h. das Mischungsverhältnis der hergestellten Produkte, nicht verändert. Es findet kein Basiswechsel in der optimalen Lösung des Produktionsprogramms statt, d.h. die Opportunitätskostensätze bleiben unverändert und können somit zur Ermittlung der Preisuntergrenze herangezogen werden.

Beispiel

Beispiel 13.5 (Zusatzauftrag/proportional):

variable Kosten k_v des Zusatzauftrags = 3 000,– DM
Belegungskoeffizient b_1 = 20 Std.
Belegungskoeffizient b_2 = 30 Std.

Da der Zusatzauftrag die vorhandenen Kapazitäten (B_1 = 200 Std. und B_2 = 300 Std.) mit jeweils 10 % proportional beansprucht, kann die Preisuntergrenze mit der nachstehenden Formel bestimmt werden:

$$PUG = k_v + \sum_{j=1}^{m} b_j \times w_j^*$$

Mit den Werten aus dem vorliegenden Optimaltableau ergibt sich

$$PUG = 3\,000 + 20 \times 85 + 30 \times 65 = 6\,650,\text{– DM}$$

Kontrollrechnung:

Kontrollrechnung

Durch den Zusatzauftrag werden die verfügbaren Kapazitäten proportional gemindert:

B_1 = 200 – 20 = 180 Std. (– 10 %)
B_2 = 300 – 30 = 270 Std. (– 10 %)

Die Produktionsstruktur bleibt erhalten, das Niveau sinkt um 10 %. Damit ergibt sich folgendes Opportunitätskostenkalkül für das Zusatzprodukt:

Umsatz (= PUG)	6 650
– variable Kosten	– 3 000
= Deckungsbeitrag	3 650
– Opportunitätskosten:	
Gewinnentgang x_1 (7,5 × 300)	– 2 250
(x_1^* = 75 sinkt um 10 %)	
Gewinnentgang x_2 (5 × 280)	– 1 400
(x_2^* = 50 sinkt um 10 %)	
= Opportunitätsverlust	0

Die Annahme des Zusatzauftrags ist also lohnend, wenn hierfür wenigstens 6 650,– DM erzielt werden können.

Die gleiche Kontrollrechnung kann auch unter Verwendung der Kapazitätsbelegungen des Zusatzauftrags und der Optimal-Opportunitätskosten w_j* durchgeführt werden:

p $- k_v$	6 650 3 000
= d	3 650
$- \sum_{j=1}^{m} b_j \times w_j^*$	1 700 (= 20 × 85) 1 950 (= 30 × 65)
= t	0

Ergebnis: *Ergebnis*

Die Preisuntergrenze eines Zusatzauftrags kann mittels der Opportunitätskostensätze aus dem Optimaltableau w_j* ermittelt werden, falls durch den Zusatzauftrag die vorhandenen Produktionskapazitäten proportional beansprucht werden. Die bisherige Lösung des Produktionsproblems bleibt in diesem Fall weiter gültig (Parallelverschiebung der Restriktionsgeraden in der graphischen Lösung), so daß keine neuen Opportunitätskosten bzw. Dualwerte w_j* bestimmt werden müssen.

Die Auswirkungen einer nichtproportionalen Beanspruchung der betrieblichen Kapazitäten wird im Fall (b) näher untersucht.

(b) Nichtproportionale Kapazitätsbeanspruchung durch den Zusatzauftrag

– nichtproportionale Kapazitätsbeanspruchung

Beispiel 13.5 (Zusatzauftrag/nicht proportional):

variable Kosten k_v des Zusatzauftrags = 3 000,– DM
Belegungskoeffizient b_1 = 0 Std.
Belegungskoeffizient b_2 = 120 Std.

Mit der obigen Formel würde sich bei Anwendung der ermittelten Opportunitätskosten w_j* die Preisuntergrenze ergeben zu

$$PUG = k_v + \sum_{j=1}^{m} b_j \times w_j^* = 3\,000 + 0 \times 85 + 120 \times 65 = 10\,800,\text{– DM}$$

Dieses Ergebnis ist nicht zutreffend, weil bei Annahme des Zusatzauftrags infolge der nichtproportionalen Kapazitätsbeanspruchung (Drehung der Restriktionsgeraden) ein Basiswechsel in der optimalen Lösung stattfindet. Die Opportunitätskosten w_j* der ursprünglichen Optimallösung sind nicht mehr gültig und können folglich nicht mehr zur Bestimmung der Preisuntergrenze herangezogen werden.

Für eine zutreffende Festlegung der Preisuntergrenze ist eine neue Optimierungsrechnung durchzuführen.

(b1) Neue Optimierung

Die freie Kapazität in den beiden Abteilungen ändert sich bei Annahme des Zusatzauftrags wie folgt:

$$B_1 = 200 - 0 = 200 \text{ Std.}$$
$$B_2 = 300 - 120 = 180 \text{ Std.}$$

Eine neue Optimierung mit diesen Daten ergibt folgende Lösung:

	x_1	x_2	s_1	s_2	Lösung
s_1	2	1	1	0	200
s_2	2*	3	0	1	180
G	–300	–280	0	0	0
s_1	0	–2	1	–1	20
x_1	1	$^3/_2$	0	$^1/_2$	90
G	0	170	0	150	27 000

Opportunitätsverluste t_i^* (Spalten x_1, x_2) – faktorbezogene Opportunitätskosten w_j^* (Spalten s_1, s_2)

Zur Interpretation des Optimaltableaus:

Die neue Optimallösung führt zu folgendem Ergebnis:

$$x_1^* = 90, \quad x_2^* = 0, \quad G^* = 27\,000$$

Die bisherige Lösung lautete:

$$x_1^* = 75, \quad x_2^* = 50, \quad G^* = 36\,500$$

Die Hereinnahme von einer Einheit P_2 anstelle einer Einheit von P_1 würde zu einem Opportunitätsverlust von t_2 = 170,– DM führen:

+ 280 (zusätzlicher Deckungsbeitrag von P_2)
– 450 (3/2 × 300 entgangener Deckungsbeitrag von P_1)

= –170 (Opportunitätsverlust t_2)

Die Preisuntergrenze für den Zusatzauftrag ergibt sich nun wie folgt:

variable Kosten k_v		3 000
+ Opportunitätskosten		
a) Entgangener Deckungsbeitrag x_2		
Die entgehenden Deckungsbeiträge aus der Minderproduktion von x_2 erhöhen die Preisuntergrenze:		
50 Stück × 280 DM/Stück =	14 000	
(gegenüber dem ursprünglichen Optimaltableau verändert sich x_2^* um 0 – 50 = –50 Einheiten)		

b) Zusätzlicher Deckungsbeitrag x_1 Die zusätzlichen Deckungsbeiträge aus der Mehrproduktion von x_1 verringern die Preisuntergrenze:		
15 Stück × 300 DM/Stück = (gegenüber dem ursprünglichen Optimaltableau steigt x_1* um 90 – 75 = 15 Einheiten)	–4 500	
c) Summe der Opportunitätskosten		9 500
= PUG des Zusatzauftrags		12 500

Bei dieser Preisuntergrenze wäre der Nettogewinnausfall (Preisuntergrenze – variable Kosten = 12 500 – 3 000 = 9 500,– DM) gerade kompensiert, wie ein Vergleich der Gesamtgewinne im ursprünglichen und neu ermittelten optimalen Programm zeigt (36 500 – 27 000 = 9 500,– DM).

Wie die vorstehende Rechnung verdeutlicht, setzt sich die Preisuntergrenze für den Zusatzauftrag aus den variablen Kosten und dem entgangenen Deckungsbeitrag (Minderproduktion) abzüglich des zusätzlichen Deckungsbeitrags (Mehrproduktion) zusammen. Für den hier betrachteten Fall der Bestimmung von Preisuntergrenzen bei nicht proportionaler Kapazitätsbeanspruchung kann für maximal n verschiedene zu verdrängende Produkte k allgemein formuliert werden:

PUG

$$PUG = k_v + \sum_{k=1}^{n} d_k \times (x_k{}^*{}_{(alt)} - x_k{}^*{}_{(neu)})$$

Mit den Werten des vorliegenden Beispiels erhält man

$$PUG = 3\,000 + 300 \times (75 - 90) + 280 \times (50 - 0) = 12\,500,\!- \text{ DM}$$

Diese Preisuntergrenze konnte jedoch, da sich die Basislösung infolge der nicht proportionalen Kapazitätsbeanspruchung durch den Zusatzauftrag geändert hat, nicht mehr über die ursprünglichen Opportunitätskostensätze bzw. Dualwerte ermittelt werden.

(b2) Sensitivitätsanalyse

Bei der Kalkulation von Preisuntergrenzen für Zusatzaufträge ergibt sich grundsätzlich die Frage: Wie weit darf die Belegung der vorhandenen Kapazitäten durch den Zusatzauftrag geändert werden, bevor sich eine neue Basislösung und damit neue Opportunitätskostensätze ergeben?

Parametrische Programmierung

Diese Frage kann mit Hilfe der parametrischen Programmierung beantwortet werden.

Die Beschränkung z.B. für die zweite Kapazitätsrestriktion B_2 lautet in parametrischer Darstellung:

$$2\,x_1 + 3\,x_2 + 0\,s_1 + 1\,s_2 = 300 + 1\,\lambda$$

Das ursprüngliche Optimaltableau ist damit wie folgt zu modifizieren:

x_1	1	0	$^3/_4$	$-^1/_4$	$75 - {}^1/_4\,\lambda$
x_2	0	1	$-^1/_2$	$^1/_2$	$50 + {}^1/_2\,\lambda$
G	0	0	85	65	$36\,500 + 65\,\lambda$

Die Koeffizienten vor λ stimmen jeweils mit den Koeffizienten aus der Spalte überein, die im ursprünglichen Optimaltableau zu der Schlupfvariablen s_j der betrachteten Kapazitätsrestriktion B_j gehört. Im vorliegenden Beispiel wird die zweite Kapazitätsrestriktion B_2 untersucht. Die Koeffizienten der zugehörigen Schlupfvariablen s_2, die mit den Koeffizienten vor λ übereinstimmen, sind der 4. Spalte aus dem ursprünglichen Optimaltableau zu entnehmen.

Die Basislösung im (modifizierten) Optimaltableau gilt, solange

$$x_i \geq 0;\ i = 1, \ldots, n$$

Damit ergeben sich die zulässigen Grenzwerte für λ zu

$$75 - 1/4\,\lambda \geq 0 \Rightarrow \lambda \leq 300 \text{ und}$$
$$50 + 1/2\,\lambda \geq 0 \Rightarrow \lambda \geq -100.$$

Zusammengefaßt erhält man: $-100 \leq \lambda \leq 300$.

Im zuletzt betrachteten Beispiel ist λ gleich der maximalen Kapazitätsbeanspruchung durch das Zusatzprodukt, d.h. $\lambda = -120$ Std. Da dieser Wert unterhalb des zulässigen Grenzwerts von $\lambda \geq -100$ liegt, können die Dualwerte aus dem ursprünglichen Optimaltableau nicht mehr zur Kalkulation der Preisuntergrenze verwendet werden.

- Falls die Kapazitätsbeanspruchung durch den Zusatzauftrag innerhalb der ermittelten Grenzen von λ liegt, kann die Preisuntergrenze dagegen mit den bereits vorliegenden Dualwerten kalkuliert werden:

Beispiel (a):

$\lambda = -100$ (d.h. Beanspruchung von Kapazitätsrestriktion B_2 durch Zusatzprodukt = 100 Std.)

Lösung:

$x_1 = 75 - 1/4\,\lambda = 75 - 1/4 \times (-100) = 100$
$x_2 = 50 + 1/2\,\lambda = 50 + 1/2 \times (-100) = 0$
$G = 36\,500 + 65\,\lambda = 36\,500 + 65 \times (-100) = 30\,000$,– DM

Parallelrechnung über entgangene Deckungsbeiträge:

$\Delta x_1 \times d_1 + \Delta x_2 \times d_2 = 25 \times 300 - 50 \times 280 = -6\,500$,– DM; weniger Gewinn als im ursprünglichen Optimaltableau mit $G^* = 36\,500$,– DM

$$PUG = 3\,000 + 100 \times 65 = 9\,500\text{,– DM}$$

Beispiel (b):

$\lambda = -80$ (d.h. Beanspruchung von Kapazitätsrestriktion B_2 durch Zusatzprodukt = 80 Std.)

Lösung:
$x_1 = 75 - 1/4\ \lambda = 75 - 1/4 \times (-80) = 95$
$x_2 = 50 + 1/2\ \lambda = 50 + 1/2 \times (-80) = 10$
$G = 36\,500 + 65\ \lambda = 36\,500 + 65 \times (-80) = 31\,300$,– DM

Parallelrechnung über entgangene Deckungsbeiträge:

$\Delta x_1 \times d_1 + \Delta x_2 \times d_2 = 20 \times 300 - 40 \times 280 = -5\,200$,– DM; weniger Gewinn als im ursprünglichen Optimaltableau mit $G^* = 36\,500$,–DM

$$PUG = 3\,000 + 80 \times 65 = 8\,200,\text{– DM}$$

- Wenn diese Grenzen überschritten werden, dann können die Dualwerte nicht verwendet werden. Der Zusatzauftrag muß dann in das Ausgangsmodell der linearen Optimierung mit einbezogen werden (siehe unter (b1)).

2. Produkteinschränkung bzw. -einstellung bei Preiseinbruch

Problemstellung

Die Problemstellung lautet:

Es existiert ein optimales Produktionsprogramm, das auch realisiert wird. Bei einem oder mehreren der Produkte ist vorübergehend oder dauerhaft mit einem Preiseinbruch zu rechnen. Ab welchem Preisniveau sollten diese Produkte aus dem Programm eliminiert bzw. ihre Produktion eingeschränkt werden?

Sinkt der Preis eines Produkts i auch nur geringfügig, so sind die Bedingungen des Dualitätssatzes

$$\sum_{j=1}^{m} b_{ji} \times w_j^* - t_i = d_i$$

nicht mehr erfüllt (vgl. ausführlich die Ausführungen in Kap. 12.B.III.).

Für Produkte mit Produktionsmengen $x_i \geq 0$ (diese sind Bestandteile des optimalen Produktionsprogramms) ist $t_i = 0$, d.h. die Gleichung kann umgeformt werden zu

$$d_i = p_i - k_{vi} = \sum_{j=1}^{m} b_{ji} \times w_j^*$$

Parametrische Programmierung

Aus der Tatsache, daß die Bedingungen des Dualitätssatzes nicht mehr erfüllt sind, kann noch nicht zwingend gefolgert werden, daß ein Produkt, bei dem mit Preiseinbrüchen gerechnet werden muß, nun aus dem Programm zu eliminieren ist. Wird das Planungsprogramm unter Berücksichtigung des veränderten Preises erneut durchgerechnet, dann kann sich unter Umständen zeigen, daß der Gewinn aufgrund des Preiseinbruchs zwar kleiner geworden ist, die optimale Lösung des Programms aber nicht verändert wurde. Dementsprechend sind dann auch die Opportunitätskostensätze gesunken, und die Bedingungen des Dualitätssatzes sind wieder erfüllt. Es zeigt sich, daß die Dualwerte im Sinne von Opportunitätskosten für diese Problemstellung so gut wie keinen Aussagewert haben. Es geht hier vielmehr darum, jeweils diejenigen Variationsbereiche für den Verkaufspreis des betreffenden Produkts zu berechnen, für die sich die Lösung des Programms nicht ändert. Das ist ein Problem der **parametrischen Programmierung**.

Beispiel

Beispiel 13.5 (Fortführung):

$$\begin{aligned} 300\,x_1 + 280\,x_2 &\rightarrow \max \\ 2\,x_1 + x_2 &\leq 200 \\ 2\,x_1 + 3\,x_2 &\leq 300 \\ x_1, x_2 &\geq 0 \end{aligned}$$

Annahme:

Der Stückdeckungsbeitrag d_2 von Produkt P_2 setzt sich wie folgt zusammen:

$$d_2 = p_2 - k_{v2} = 750 - 470 = 280,\text{– DM}$$

Das Optimaltableau in dem oben berechneten Beispiel 13.5 ergab sich zu:

x_1	1	0	$^3/_4$	$-^1/_4$	75
x_2	0	1	$-^1/_2$	$^1/_2$	50
G	0	0	85	65	36 500

Die Frage nach der Preisuntergrenze für P_2 im Rahmen der bestehenden Programmstruktur lautet:

In welchen Grenzen für den Deckungsbeitrag d_2 bleibt die ursprüngliche Lösung der optimalen Produktionsmengen $x_1^* = 75$ und $x_2^* = 50$ erhalten?

Zur Beantwortung dieser Frage ist der Koeffizient für den Deckungsbeitrag von x_2 in der Zielzeile des **Ausgangstableaus** um den Parameter λ zu ergänzen.

Zielfunktionszeile im Ausgangstableau:

G	–300	$-(280 + \lambda)$	0	0	0

Das **Abschlußtableau** ergibt sich damit zu:

x_1	1	0	$^3/_4$	$-^1/_4$	75
x_2	0	1	$-^1/_2$	$^1/_2$	50
G	0	$-\lambda$	85	65	36 500

Um Schlüsse über den zulässigen Bereich von λ ziehen zu können, bei dem eine Veränderung der ermittelten Lösung nicht erforderlich ist, muß man einen Wert von 0 für den Koeffizienten von x_2 in der 2. Spalte der Zielfunktionszeile der optimalen Lösung erreichen. Das geschieht, indem das λ-fache der 2. Zeile des Lösungstableaus zur neuen Zielfunktionszeile addiert wird:

G	0	0	$85 - {}^1/_2\,\lambda$	$65 + {}^1/_2\,\lambda$	$36\,500 + 50\,\lambda$

Die Bedingung, daß die Zielzeile keine negativen Zahlen aufweisen darf, ist erfüllt für

$$85 - 1/2\,\lambda \geq 0, \text{ d.h. } \lambda \leq 170, \text{ und für } 65 + 1/2\,\lambda \geq 0, \text{ d.h. } \lambda \geq -130$$

Zusammengefaßt erhält man: $-130 \leq \lambda \leq 170$

Der Deckungsbeitrag d_2 kann somit im Intervall

$$d_2 = [280 - 130, 280 + 170] = [150, 450]$$

liegen, ohne daß die optimale Lösung verändert wird.

Die Ausgangsfrage lautete, ab welchem (niedrigeren) Preisniveau die betreffenden Produkte aus dem Programm eliminiert bzw. eingeschränkt werden sollten.

Für das hier betrachtete Produkt P_2 ergibt sich bei einem Basispreis von 750,– DM unter Berücksichtigung der obigen Intervallgrenzen eine Preisuntergrenze von PUG_2 = 750 – 130 = 620,– DM. Falls dieser Preis unterschritten wird, wird eine andere Produktmischung optimal. Hier im Beispiel wäre x_2 dann ganz einzustellen.

Diesen letzten Gedanken verdeutlicht die ausführliche Lösung des modifizierten Beispiels 13.5 zur parametrischen Programmierung:

$$\begin{aligned} 300\,x_1 + (280 + \lambda)\,x_2 &\rightarrow \max \\ 2\,x_1 + x_2 &\leq 200 \\ 2\,x_1 + 3\,x_2 &\leq 300 \\ x_1, x_2 &\geq 0 \end{aligned}$$

Starttableau:

s_1	2*	1	1	0	200
s_2	2	3	0	1	300
G	–300	–280 – λ	0	0	0

Vorläufiges Endtableau (1):

x_1	1	1/2	1/2	0	100
s_2	0	2*	–1	1	100
G	0	–130 – λ	150	0	30 000

Zur Bestimmung einer zulässigen, optimalen Lösung ist in der 2. Spalte für den Zielfunktionskoeffizienten $-130 - \lambda$ (muß ≥ 0 sein) eine Fallunterscheidung durchzuführen.

1. Fall:

$$-130 - \lambda \geq 0, \text{ d.h. } \lambda \leq -130$$

In diesem Fall kann unmittelbar eine optimale Lösung aus dem vorläufigen Endtableau abgelesen werden:

$$\begin{aligned} x_1 &= 100 \\ x_2 &= 0 \\ G &= 30\,000 \end{aligned}$$

Falls der Preis um weniger als 130,– DM sinkt, wäre der folgende Fall 2 zu untersuchen.

2. Fall:

$$-130 - \lambda < 0, \text{ d.h. } \lambda > -130$$

Das vorläufige Endtableau (1) bekäme für $\lambda > -130$ einen negativen Zielfunktionskoeffizienten und würde damit das Optimalitätskriterium nicht mehr erfüllen.

Durch erneute Umformung ergibt sich das nachstehende Tableau.

Vorläufiges Endtableau (2):

x_1	1	0	$^3/_4$*	$-^1/_4$	75
x_2	0	1	$-^1/_2$	$^1/_2$	50
G	0	0	$85 - {^1/_2}\,\lambda$	$65 + {^1/_2}\,\lambda$	$36\,500 + 50\,\lambda$

Der Zielfunktionskoeffizient $65 + 1/2\,\lambda$ nimmt einen positiven Wert an, wenn die zuvor gestellte Bedingung $\lambda \geq -130$ erfüllt ist.

Die Bestimmung einer zulässigen Lösung ist damit von dem zweiten parametrischen Zielfunktionskoeffizienten $85 - 1/2\,\lambda$ abhängig:

$$85 - 1/2\,\lambda \geq 0, \text{ d.h. } \lambda \leq 170$$

Es ergibt sich

$$-130 \leq \lambda \leq 170$$

Falls der Preis um nicht mehr als 130,– DM sinkt und auch nicht um mehr als 170,– DM steigt, ergibt sich aus dem vorläufigen Endtableau (2) folgende Optimallösung:

$$x_1 = 75$$
$$x_2 = 50$$
$$G = 36\,500 + 50\,\lambda$$

Falls der Preis um mehr als 170,– DM steigt, müßte abschließend noch der folgende 3. Fall untersucht werden.

3. Fall:

$$85 - 1/2\,\lambda < 0, \text{ d.h. } \lambda > 170$$

Durch erneute Umformung des vorläufigen Endtableaus (2) erhält man folgendes Endtableau:

Endtableau:

s_1	$^4/_3$	0	1	$-^1/_3$	100
x_2	$^2/_3$	1	0	$^1/_3$	100
G	$^4/_3\,({^1/_2}\,\lambda - 85)$	0	0	$^{110}/_3 + {^1/_3}\,\lambda$	$28\,000 + 100\,\lambda$

Beide parametrischen Zielfunktionskoeffizienten nehmen zulässige bzw. positive Werte an, solange die zuvor geforderte Bedingung $\lambda \geq 170$ eingehalten wird.

Damit ergibt sich aus dem zuletzt ermittelten Endtableau folgende optimale Lösung:

$$x_1 = 0$$
$$x_2 = 100$$
$$G = 28\,000 + 100\,\lambda$$

Die graphische Lösung der vorstehend betrachteten Fallunterscheidungen ist noch einmal in Abbildung 13.5 zusammengefaßt.

IV. Langfristige Preisuntergrenze

Break-even-Gleichung

Langfristig muß ein Unternehmen alle Kosten decken. Für das Einproduktunternehmen kann man daraus den Schluß ziehen, daß langfristig die gesamten Vollkosten die Preisuntergrenze darstellen. Diese Bedingung läßt sich in Form der Break-even-Gleichung wie folgt darstellen (vgl. Kap. 11):

$$x \times (p - k_v) - K_f = 0$$

Langfristige PUG

Im Break-even-Modell für das Einproduktunternehmen ist die Ausbringungsmenge x einzige Einflußgröße der Kosten und Erlöse und folglich auch des Gewinns. Bei gegebener Ausbringungsmenge x und in Kenntnis der Fixkosten K_f und variablen Stückkosten k_v ergibt sich die langfristig zu erreichende Preisuntergrenze zu

$$PUG = k_v + \frac{K_f}{x}$$

Modifizierte Break-even-Gleichung

Im Mehrproduktunternehmen wäre eine solche Regel unpraktikabel, da nicht alle Fixkosten auf einzelne Produktarten zurechenbar sind. Langfristig gilt allgemein nur die modifizierte Break-even-Gleichung:

$$\sum_{i=1}^{n} x_i \times (p_i - k_{vi}) - K_f = 0$$

Differenzierte Fixkostenbehandlung

Die Gesamtheit aller produktspezifischen Deckungsbeiträge muß mindestens die fixen Kosten des Unternehmens decken. Gegebenenfalls kann diese Bedingung noch durch eine stufenweise Fixkostendeckung weiter differenziert werden.

Die Break-even-Gleichung ist, wie bereits ausgeführt, als Mindestnebenbedingung in die Modelle einzuführen. Dabei ist es unerheblich, wie die Deckungsbeiträge auf die einzelnen Produktarten verteilt sind. Entscheidend ist nur die Einhaltung der Bedingung insgesamt.

Bei gegebenen variablen Kosten und Fixkosten lassen sich mittels dieser Gleichung Kombinationen von Produktionsmengen angeben, bei denen die Gesamtkosten gerade gedeckt sind.

Dies soll anhand eines Beispiels verdeutlicht werden.

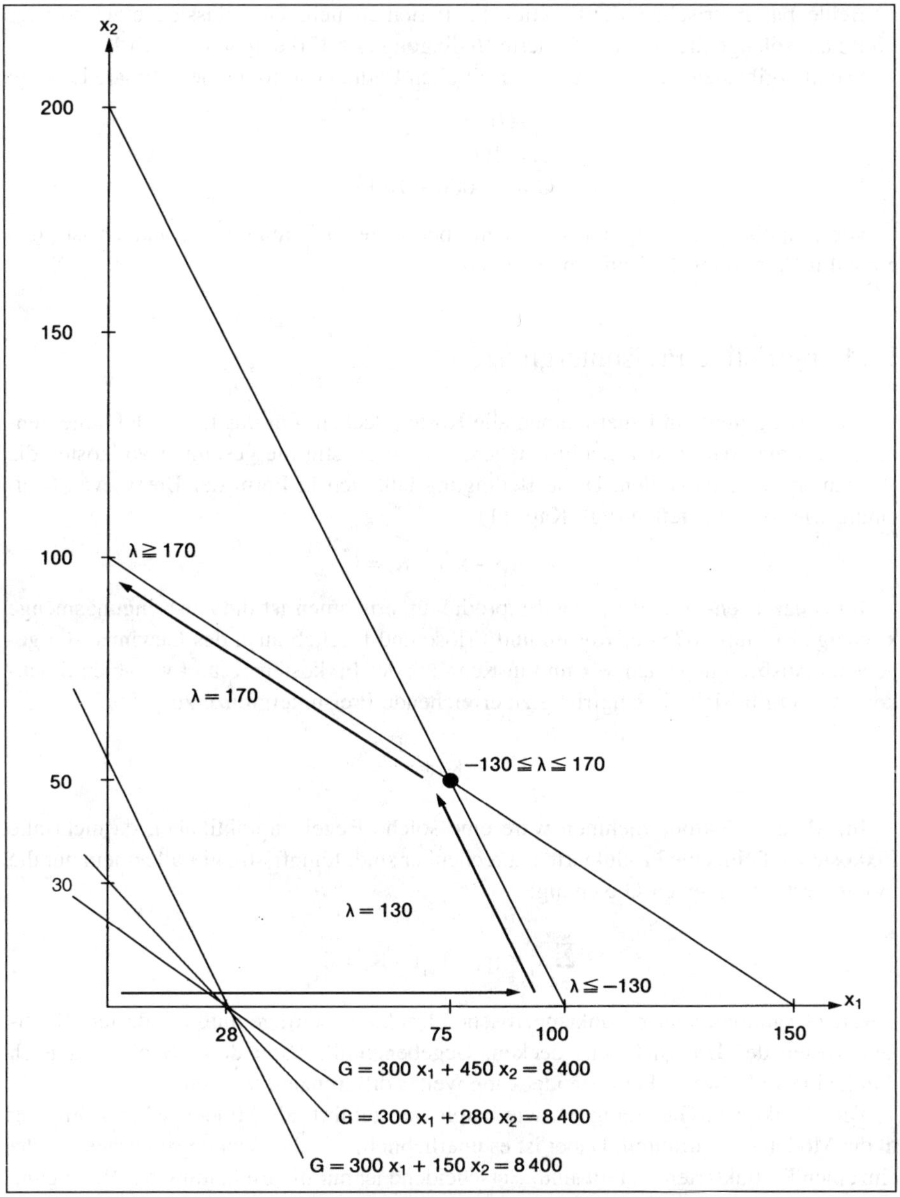

Abb. 13.5: Bestimmung von Preisuntergrenzen und parametrische Optimierung

Beispiel 13.6: *Beispiel*

In Ergänzung zum vorhergehenden Beispiel betragen die fixen Kosten K_f = 16 800,– DM

$$G = 300\ x_1 + 280\ x_2 - 16\ 800 \geq 0$$

Lösung

Durch Einsetzen in die Gewinngleichung erhält man bei Herstellung von jeweils nur einem der beiden Produkte folgende Mindestproduktionsmengen, bei denen die Gesamtkosten gerade gedeckt sind (E = Ergebnis):

$$E_1: x_1 = 56;\ x_2 = 0$$
$$E_2: x_1 = 0;\ x_2 = 60$$

Beliebige Produktmengenkombinationen, die ebenfalls zu einer Vollkostendeckung führen, ergeben sich durch Linearkombination der eben ermittelten Werte von E_1 und E_2:

$$E = \alpha \times E_1 + (1 - \alpha) \times E_2;\ \alpha \in [0, 1]$$

Erweitert man in der Zielfunktion den Koeffizienten von x_2 um einen Parameter λ, so können mit der Break-even-Gleichung die zulässigen Kombinationen von kostendeckenden Produktionsmengen wie folgt bestimmt werden:

$$G = 300\ x_1 + (280 + \lambda)\ x_2 - 16\ 800 \geq 0$$

Wegen des oben abgeleiteten Zulässigkeitsbereichs $-130 \leq \lambda \leq 170$ ergibt sich

1. $\lambda = -130$
$300\ x_1 + 150\ x_2 = 16\ 800$
$x_1 = 56$ oder $x_2 = 112$

2. $\lambda = 170$
$300\ x_1 + 450\ x_2 = 16\ 800$
$x_1 = 56$ oder $x_2 \approx 37$

Die Zusammenhänge verdeutlicht nochmals Abbildung 13.6.

C. Preisuntergrenzen bei veränderten Kapazitäten

I. Kurzfristiger Absatzrückgang

Falls die Absatzmengen von Produkten kurzfristig zugunsten anderer Produkte zurückgenommen werden sollen, wäre eine vorübergehende Stillegung der in den einzelnen Teilbereichen nicht ausgelasteten Kapazitäten erforderlich. Je nachdem, ob durch den Absatzrückgang nur ein Produkt oder mehrere Produkte betroffen sind, gelten für die Bestimmung der Preisuntergrenze alternative Entscheidungsregeln, auf die im folgenden näher eingegangen werden soll.

1. Vorübergehende Stillegung eines Bereichs, in dem nur ein Produkt gefertigt wird

Problemstellung

Der Problemstellung entsprechend sind die abbaufähigen Fixkosten sowie die möglichen Wiederanlaufkosten in die Überlegungen mit einzubeziehen:

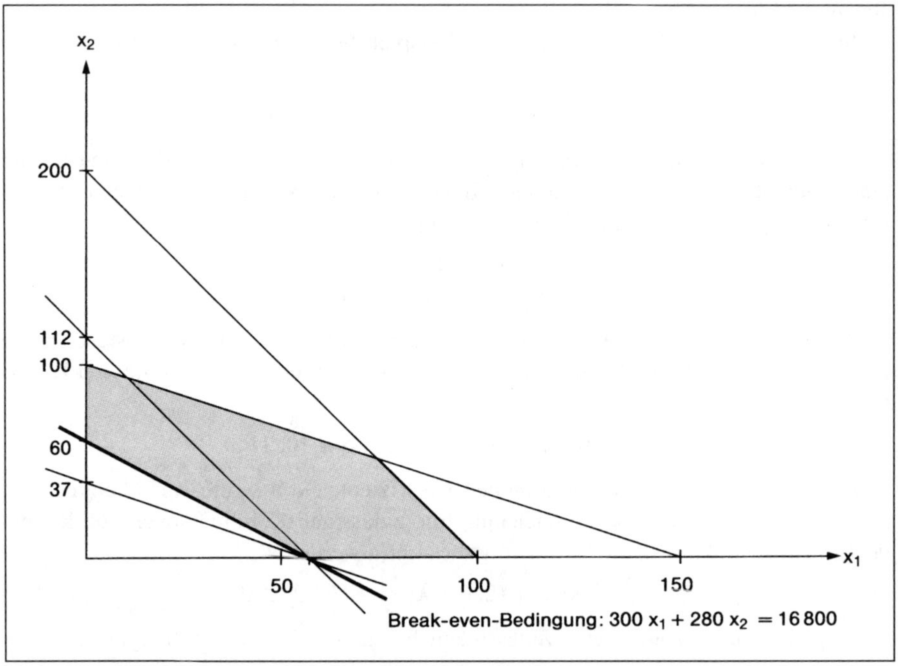

Abb. 13.6: Bestimmung von kostendeckenden Produktionsmengenkombinationen

ΔF = einsparbare Fixkosten bei vorübergehender Stillegung pro Monat (im allgemeinen intervallfixe Personal- und Wartungskosten)

K_w = fixe Wiederanlaufkosten (z.B. Mieten eines Lagerraums)

k_w = zeitabhängige Wiederanlaufkosten (z.B. Einarbeitung neuen Personals, Durchführung von Reparaturen)

z = Stillegungsdauer (in Monaten)

Es gilt folgende Entscheidungsregel:

Entscheidungsregel

Produziere weiter, falls der monatliche, bei Weiterproduktion entstehende Dekkungsbeitrag $x \times (PUG - k_v)$ wenigstens die monatlich einsparbaren Fixkosten bei Stillegung ΔF abzüglich der auf den Monat bezogenen Wiederanlaufkosten hereinbringt:

$$\underbrace{x \times (PUG - k_v)}_{\text{Weiterführung}} \geq \underbrace{\Delta F - \frac{K_w + k_w \times z}{z}}_{\text{Stillegung}}$$

PUG

Die zugehörige Preisuntergrenze PUG kann durch einfaches Umformen direkt bestimmt werden:

$$PUG = k_v + \frac{\Delta F}{x} - \frac{K_w + k_w \times z}{x \times z}$$

Bei gegebenem Preis p kann man nach z auflösen und die kritische Stillstandsdauer z' errechnen:

Kritische Stillstandsdauer

$$z' = \frac{K_w}{-(p - k_v) \times x + \Delta F - k_w}$$

Überschreitet die erwartete Rezession den Zeitraum z', so ist die Stillegung einer Aufrechterhaltung der Produktion vorzuziehen.

2. Vorübergehende Stillegung eines Bereichs, in dem mehrere Produkte gefertigt werden

Analog der Break-even-Bedingung läßt sich hier nur eine Gesamtdeckungsbeitragsgleichung (Erlösuntergrenze) angeben, die für zahlreiche Preiskombinationen der relevanten Erzeugnisse möglich ist:

Gesamtdeckungsbeitragsgleichung

$$\sum_{i=1}^{n} x_i \times (p_i - k_{vi}) \geq \Delta F - \frac{K_w + k_w \times z}{z}$$

Die Entscheidungsregel lautet:

Produziere weiter, falls die Summe der monatlichen Deckungsbeiträge bei Weiterproduktion der n stillzulegenden Produkte wenigstens die monatlich einsparbaren Fixkosten bei Stillegung abzüglich der auf den Monat bezogenen Wiederanlaufkosten erbringt.

Entscheidungsregel

3. Zusatzauftrag und Stillegung eines Produkts bei einer Kapazitätsrestriktion

Wird ein Engpaß wirksam, so können die Absatzmengen eines Produkts nur ausgeweitet werden (Zusatzauftrag), wenn die Produktionsmengen anderer Produkte entsprechend reduziert werden.

Hierbei wird man nach Möglichkeit dasjenige Produkt stillegen, dessen Deckungsbeitrag pro Engpaßbelastung am niedrigsten ist. Die entgangenen Deckungsbeiträge des verdrängten Produkts k sind bei der Bestimmung der Preisuntergrenze für den Zusatzauftrag als Opportunitätskosten zusätzlich zu berücksichtigen:

PUG bei einem Engpaß

$$PUG_z = k_{vz} - \frac{\Delta F}{x_z} + \frac{K_w + k_w \times z}{x_z \times z} + \underbrace{\frac{p_k - k_{vk}}{b_{1k}} \times b_{1z}}_{\text{Opportunitätskosten}}$$

mit:

x_z = Menge des Zusatzauftrags
p_k = Preis des verdrängten Produkts k
k_{vk} = variable Stückkosten des verdrängten Produkts k
b_{1k} = Kapazitätsbelastung/Stück des verdrängten Produkts k
b_{1z} = Kapazitätsbelastung/Stück des zusätzlich hergestellten Produkts

Da jetzt die Preisuntergrenze für den Zusatzauftrag und nicht – wie vorher – für das stillzulegende Produkt kalkuliert wird, ändern sich die Vorzeichen bei Fixkostenersparnis sowie Stillegungs- und Anlaufkosten.

Ein Beispiel soll die relevanten Überlegungen für diesen Fall der vorübergehenden Stillegung eines Produkts verdeutlichen.

Beispiel

Beispiel 13.7:

P_i	1	2	3
x_i	3 000	1 000	2 000
p_i	80	60	100
k_{vi}	40	30	50
b_{1i}	2	2	3

Gesamtkapazität B_1 = 14 000 Std./Monat

Folgender Fall ist zu untersuchen:

Die Absatzmenge von P_1 kann für z = 2 Monate vorübergehend um 1 000 Stück ausgedehnt werden. Dann sollte P_2 aufgrund des niedrigsten Deckungsbeitrags pro Einheit des Engpaßfaktors vorübergehend stillgelegt werden. Die Stillegungs- und Wiederingangsetzungskosten belaufen sich auf K_w = 1 000,– DM.

Die erzielbare Fixkosteneinsparung bei Stillegung von P_2 beträgt monatlich ΔF = 2 000,– DM.

Lösung

Lösung von Beispiel 13.7:

1) Rechnung für 2 Monate bei Stillegung von P_2 und Annahme des Zusatzauftrags für Produkt P_1:

	Variable Kosten	$= 2 \times \Delta x_1 \times k_{v1}$	$(= 2 \times 1\,000 \times 40)$	80 000
+	Gewinnentgang P_2	$= 2 \times \Delta x_2 \times d_2$	$(= 2 \times 1\,000 \times 30)$	60 000
–	Fixkostenersparnis	$= 2 \times \Delta F$	$(= 2 \times 2\,000)$	4 000
+	Stillegungs- u. Anlaufkosten			1 000
				137 000

$$PUG_1 = \frac{137\,000}{2\,000} = 68{,}50 \text{ DM}$$

2) Aus der Formel folgt direkt

$$PUG_1 = k_{v1} - \frac{\Delta F}{x_1} + \frac{K_w + k_w \times z}{x_1 \times z} + \frac{p_2 - k_{v2}}{b_{12}} \times b_{11}$$

$$= 40 - \frac{2\,000}{1\,000} + \frac{1\,000 + 0 \times 2}{1\,000 \times 2} + \frac{60 - 30}{2} \times 2$$

$$= 40 - 2 + 0{,}50 + 15 \times 2 = 68{,}50 \text{ DM}$$

In abgeänderter Form könnte man berechnen, ab welcher Preisuntergrenze die Weiterproduktion des stillgelegten Produkts P_2 dennoch sinnvoll wäre (Vorzeichen beachten!):

$$PUG_2 = k_{v2} + \frac{\Delta F}{x_2} - \frac{K_w + k_w \times z}{x_2 \times z} + \frac{p_1 - k_{v1}}{b_{11}} \times b_{12}$$

$$= 30 + \frac{2\,000}{1\,000} - \frac{1\,000 + 0 \times 2}{1\,000 \times 2} + \frac{80 - 40}{2} \times 2$$

$$= 30 + 2 - 0{,}50 + 20 \times 2 = 71{,}50 \text{ DM}$$

Nur wenn für P_2 künftig ein Preis von $PUG_2 \geq 71{,}50$ DM erzielt werden könnte (Stückpreis für P_2 bisher $p_2 = 60{,}–$ DM), wäre es lohnend, auf den Zusatzauftrag von P_1 und auf die damit verbundene Stillegung von P_2 zu verzichten (beachte: ΔF bezeichnet hier die entgangene Fixkostenersparnis).

Die zu treffende Bestimmung der Preisuntergrenze PUG, bei der die Stillegung mehrerer Produkte zugunsten der Annahme eines Zusatzauftrags vorteilhaft ist, hängt davon ab, ob die Mengenabnahmen der verdrängten Produkte proportional verlaufen oder sich stark unterschiedlich auswirken.

PUG

Werden insgesamt maximal n verschiedene Produkte verdrängt, so ist die Bestimmungsgleichung für die Preisuntergrenze des Zusatzauftrags folgendermaßen zu erweitern:

$$PUG_z = k_{vz} - \frac{\Delta F}{x_z} + \frac{K_w + k_w \times z}{x_z \times z} + \frac{\sum_{k=1}^{n} (p_k - k_{vk}) \times x_k}{\sum_{k=1}^{n} b_{1k} \times x_k} \times b_{1z}$$

mit:

x_k = Mengenabnahme des verdrängten Produkts k

Der letzte Quotient in obiger Formel gibt den gewogenen engpaßbezogenen Deckungsbeitrag der verdrängten Erzeugnisse an. In der Praxis sind aber Fälle selten, in denen mehr als zwei Produkte verdrängt werden (vgl. Kilger [1982]).

II. Langfristiger Absatzrückgang

Problemstellung

In diesem Abschnitt wird die Situation näher betrachtet, bei der über eine endgültige Stillegung der betroffenen betrieblichen Teilbereiche zu entscheiden ist. Bei endgültiger Stillegung kann den stillzulegenden Betriebsmitteln (Faktoren) nur noch der Opportunitätswert in einer u.U. möglichen Alternativverwendung zugeordnet werden. Die Restbuchwerte der Finanzbuchhaltung sind, wenn man von Steuerwirkungen oder Kapitalstrukturwirkungen absieht, bedeutungslos. Im folgenden wird vereinfachungshalber angenommen, daß die einzige Alternativverwendung in der Liquidation der Potentialfaktoren besteht. Die Weiterproduktion bedeutet dann Verzicht auf sofortigen Liquidationserlös bzw. Verzicht auf die Differenz zwischen jetzigem Liquidationserlös und niedrigerem späteren Liquidationserlös. Die Bedingung, unter der Weiterproduktion und Stillegung einander ökonomisch gleichwertig sind, läßt sich unter der vereinfachenden Annahme, daß die proportionalen Kosten gleich Ausgaben sind, und unter Verwendung der folgenden Symbole

L_n = Summe der Liquidationserlöse nach n Perioden
L_0 = Summe der Liquidationserlöse im Kalkulationszeitpunkt
t = Zeitindex
n = Restnutzungsdauer des Teilbereichs
ΔF = abbaufähige fixe Kosten pro Jahr ohne Berücksichtigung von kalkulatorischen Abschreibungen und kalkulatorischen Zinsen
i = Kalkulationszinsfuß
q = (1 + i) = Diskontierungsfaktor
x = Produktionsmenge pro Jahr

Entscheidungsregel

wie folgt formulieren:

$$L_0 = \underbrace{\sum_{t=1}^{n} \frac{(p_t - k_{vt}) \times x_t - \Delta F_t}{(1+i)^t}}_{\substack{\text{Summe der Barwerte}\\ \text{aus der Differenz von}\\ \text{Deckungsbeiträgen}\\ \text{und abbaufähigen}\\ \text{Fixkosten}}} + \underbrace{\frac{L_n}{(1+i)^n}}_{\substack{\text{Liquida-}\\ \text{tionserlös}\\ \text{nach}\\ \text{n Perioden}}}$$

Für p_t, x_t, k_{vt}, ΔF_t = konstant für t = 1, …, n kann die Formel nach p aufgelöst und damit die Preisuntergrenze PUG angegeben werden, oberhalb derer die Weiterproduktion und der Verzicht auf die Liquidation der Betriebsmittel vorteilhaft wären.

Die Herleitung der langfristigen Preisuntergrenze kann folgendermaßen geschehen:

$$L_0 = \sum_{t=1}^{n} \frac{(p_t - k_{vt}) \times x_t - \Delta F_t}{(1+i)^t} + \frac{L_n}{(1+i)^n}$$

$$L_0 = [(p - k_v) \times x - \Delta F] \times \frac{q^n - 1}{q^{n+1} - q^n} + \frac{L_n}{q^n}$$

$$\left(L_0 - \frac{L_n}{q^n}\right) \times \frac{q^{n+1} - q^n}{q^n - 1} = [(p - k_v) \times x - \Delta F]$$

daraus folgt:

$$PUG = k_v + \frac{\Delta F + \left(L_0 - \frac{L_n}{q^n}\right) \times \frac{q^{n+1} - q^n}{q^n - 1}}{x}$$

$$= k_v + \frac{\Delta F + L_0 \times \frac{q^n \times (q-1)}{q^n - 1} - L_n \times \frac{q^n \times (q-1)}{q^n \times (q^n - 1)}}{x}$$

$$= k_v + \frac{\Delta F + L_0 \times \frac{q^n \times i}{q^n - 1} - L_n \times \frac{i}{q^n - 1}}{x}$$

$$= k_v + \frac{\Delta F + L_0 \times \frac{q^n \times i}{q^n - 1} + L_n \times \frac{-i + q^n \times i - q^n \times i}{q^n - 1}}{x}$$

$$= k_v + \frac{\Delta F + L_0 \times \frac{q^n \times i}{q^n - 1} + L_n \times \frac{i \times (q^n - 1) - q^n \times i}{q^n - 1}}{x}$$

$$= k_v + \frac{\Delta F + L_0 \times \frac{q^n \times i}{q^n - 1} - L_n \times \frac{q^n \times i}{q^n - 1} + L_n \times i}{x}$$

$$= k_v + \frac{\Delta F + (L_0 - L_n) \times k\,(i, n) + L_n \times i}{x}$$

Der in der Gleichung enthaltene Ausdruck k (i, n) gibt den Annuitätenfaktor oder Wiedergewinnungsfaktor an:

$$k\,(i, n) = \frac{(1 + i)^n \times i}{(1 + i)^n - 1} = \frac{q^{n+1} - q^n}{q^n - 1}$$

Eine Stillegung kommt also nur in Frage, wenn der erzielbare Preis nicht mehr zur Deckung folgender Größen ausreicht:

- Grenzkosten,
- abbaufähige Fixkosten,
- aus den Liquidationserlösen errechneter produktbezogener Kapitaldienst $(L_0 - L_n) \times k\,(i, n)$,
- Zinsen auf den Liquidationserlös $L_n \times i$ pro Produkt.

Erlösgleichung

Für den Fall, daß in dem endgültig stillzulegenden Bereich mehrere Produkte gefertigt werden, lassen sich in Analogie zu dem Fall einer nur vorübergehenden Stillegung die Erlösgleichung und die aus ihr ableitbaren Kombinationen kritischer Preise angeben:

$$\sum_{i=1}^{n} (p_i - k_{vi}) \times x_i \geq \Delta F + (L_0 - L_n) \times k\,(i, n) + L_n \times i$$

III. Preisuntergrenzen bei steigender Absatzmenge

Problemstellung

Falls es nicht, wie eben beschrieben, zu einem Absatzrückgang kommt, sondern mit einer **kurz- oder mittelfristigen** Absatzzunahme gerechnet werden kann, wird es nicht zu Erweiterungsinvestitionen der Gesamtkapazität kommen, sondern man wird sich mit der Ausweitung personeller Teilkapazitäten begnügen. Neben den Grenzkosten sind in diesem Falle diese zusätzlichen intervallfixen Kosten je Planperiode zu berücksichtigen.

Erweiterungsinvestition

Bei **langfristiger** Absatzzunahme ist über eine Erweiterungsinvestition zu entscheiden. Sie ist nur dann durchzuführen, wenn der betriebliche Nutzen der Erweiterungsinvestition (Bruttokapitalwert) größer ist als der erforderliche Investitionsbetrag. Unter Verwendung folgender zusätzlicher Symbole

A_0 = Investitionsausgabe
ΔF = zusätzliche ausgabewirksame Fixkosten pro Jahr
n = Nutzungsdauer der Investition

Entscheidungsregel

kann diese Bedingung wie folgt formuliert werden:

$$A_0 \leq \sum_{t=1}^{n} \frac{(p_t - k_{vt}) \times x_t - \Delta F_t}{(1+i)^t} + \frac{L_n}{(1+i)^n}$$

Für k_{vt}, ΔF_t, p_t, x_t = konstant für t = 1, ..., n läßt sich aus dieser Bedingung der kritische Preis, die Preisuntergrenze je Einheit der neu zu fertigenden Produkte PUG ableiten:

PUG

$$PUG = k_v + \frac{\left(A_0 - \frac{L_n}{(1+i)^n}\right) \times k\,(i, n) + \Delta F}{x}$$

Bei mehreren Produktarten läßt sich analog der Break-even-Gleichung wieder nur eine Deckungsgleichung angeben, aus der zulässige Preiskombinationen errechnet werden können:

$$\sum_{i=1}^{n} (p_i - k_{vi}) \times x_i = \left(A_0 - \frac{L_n}{(1+i)^n}\right) \times k\,(i, n) + \Delta F$$

D. Bestimmung von Preisobergrenzen

Zu diesem Problem genügen einige wenige Ausführungen, da die Bestimmung von Preisobergrenzen im wesentlichen analog der Bestimmung von Preisuntergrenzen erfolgt. Die Problemstellung lautet wie folgt:

Problemstellung

Bis zu welchem Beschaffungspreis eines bestimmten Vorprodukts (Rohstoff, Halbfabrikat) kann die Fertigung des aus diesem Vorprodukt zu fertigenden Endprodukts aufrechterhalten bleiben?

I. Preisobergrenzenbestimmung bei Unterbeschäftigung

(1) Ohne vorübergehende Stillegung des zugehörigen Endprodukts:

$$POG = \frac{p - (k_v - a)}{b}$$

mit:

p = Absatzpreis des Produkts, das aus dem Rohstoff gefertigt wird
b = Rohstoffverbrauch je Einheit des Absatzprodukts
a = Rohstoffkosten auf Basis des alten Preises
k_v = Grenzkosten einschl. Rohstoffkosten auf Basis des alten Preises

(2) Mit vorübergehender Stillegung des Endprodukts:

$$POG = \frac{1}{b} \times \left[p - (k_v - a) - \frac{\Delta F}{x} + \frac{K_w + k_w \times z}{x \times z} \right]$$

(3) Mehrere Weiterverarbeitungsprodukte:

Falls das Vorprodukt, für dessen Beschaffung die Preisobergrenze gesucht wird, in mehrere absatzreife Endprodukte eingeht, ist die Preisobergrenze wie folgt zu bestimmen:

$$POG = \frac{\sum_{k=1}^{n} [p_k - (k_{vk} - a_k)] \times x_k}{\sum_{k=1}^{n} x_k \times b_k}$$

II. Preisobergrenzenbestimmung bei Vorliegen von Engpässen

Die Preisobergrenze verringert sich hier um den Deckungsbeitrag, den die Belegung der frei gemachten Engpaßkapazität j durch ein anderes Produkt erbringen könnte.

Folgende Symbole sollen gelten:

i = Vorprodukt
k = Endprodukt auf der Basis des Vorprodukts i
r = um die knappe Kapazität konkurrierendes Endprodukt
j = Engpaßkapazität
b_{ki} = Rohstoffeinheiten des Endprodukts k von Vorprodukt i
b_{jk} = Kapazitätskoeffizient des Endprodukts k in bezug auf Kapazität j

Damit ergibt sich die Preisobergrenze für das Vorprodukt i zu:

$$POG_i = \frac{p_k - (k_{vk} - a_k)}{b_{ki}} - \underbrace{\frac{p_r - k_{vr}}{b_{jr}}}_{= w_{jr}} \times \frac{b_{jk}}{b_{ki}}$$

$$= \frac{p_k - (k_{vk} - a_k) - w_{jr} \times b_{jk}}{b_{ki}}$$

Das folgende Beispiel 13.8 dient nochmals zur Veranschaulichung der Zusammenhänge.

Beispiel

Beispiel 13.8:

Verkaufspreis des Endprodukts p_k	300
variable Stückkosten des Endprodukts k_{vk}	200
Kapazitätskoeffizient des Endprodukts b_{jk}	0,5
Rohstoffkosten des Endprodukts a_k	100
Rohstoffeinheiten des Endprodukts b_{ki}	2
Deckungsbeitrag des konkurrierenden Produkts $d_r = p_r - k_{vr}$	400
Kapazitätskoeffizient des konkurrierenden Produkts b_{jr}	4

Lösung

Lösung von Beispiel 13.8:

$$POG = \frac{p_k - (k_{vk} - a_k) - w_{jr} \times b_{jk}}{b_{ki}}$$

$$= \frac{300 - (200 - 100) - (400 : 4) \times 0{,}5}{2}$$

$$= 75{,}– \text{ DM}$$

Das Vorprodukt darf folglich höchstens 75,– DM kosten. Liegen mehrere Engpässe vor, so kann die Bestimmung der Preisuntergrenzen im linearen Planungsmodell wieder mit Hilfe der parametrischen Programmierung vorgenommen werden. Die hierzu dargestellten Ausführungen für die Bestimmung von Preisuntergrenzen bei Vorliegen mehrerer Engpässe sind analog anwendbar (vgl. Kap. 13.B.III).

Abkürzungsverzeichnis

α	Parameter
λ	Parameter
ΔF	abbaufähige Fixkosten bei Stillegung ohne Berücksichtigung von kalkulatorischen Abschreibungen und kalkulatorischen Zinsen bzw. zusätzliche ausgabenwirksame Fixkosten
ΔF_t	abbaubare Fixkosten bei Stillegung in der Periode t
Δp_k	Preissenkung des k-ten Produkts
ΔPUG_i	Veränderung der Preisuntergrenze von Produktart i
Δx_i	Veränderung der Produktionsmenge des Produkts i
A_0	Investitionsausgabe
B_j	Kapazität des j-ten Engpaßfaktors
b_j	Belegungskoeffizient der j-ten Restriktion für einen Zusatzauftrag
b_{ji}, b_{jk}, b_{jz}	Belegungskoeffizient der j-ten Restriktion des Produkts i bzw. des verdrängten Produkts k bzw. des zusätzlich hergestellten Produkts z (Zusatzauftrag)
d_i, d_k	Stück-Deckungsbeitrag des i-ten Produkts bzw. des verdrängten Produkts k
E	Ergebnis
G	Gewinn; Zielfunktion (primales Problem)
i	Kalkulationszinsfuß
K	Kosten; Zielfunktion (duales Problem)
k (i, n)	Annuitätenfaktor bzw. Wiedergewinnungsfaktor
K_f	fixe Kosten
k_v	variable Kosten für einen Zusatzauftrag
k_{vi}, k_{vk}, k_{vz}	variable Stückkosten des i-ten Produkts bzw. des verdrängten Produkts k bzw. des zusätzlich hergestellten Produkts z (Zusatzauftrag)
k_{vt}	variable Stückkosten in der Periode t
K_W	fixe Wiederanlaufkosten
k_W	zeitabhängige Wiederanlaufkosten
L_n	Liquidationserlös nach n Perioden
L_0	Summe der Liquidationserlöse im Kalkulationszeitpunkt
n	Restnutzungsdauer eines Teilbereichs, Nutzungsdauer einer Investition
P_i	Produkt i
p_i, p_k	Preis des i-ten Produkts bzw. des verdrängten Produkts k
p_t	Preis in der Periode t
POG	Preisobergrenze
PUG	Preisuntergrenze
PUG_i	Preisuntergrenze von Produktart i
PUG_z	Preisuntergrenze des Zusatzauftrags z
q	Diskontierungsfaktor
s_j	Schlupfvariable (primales Problem)
t	Zeitindex
t_i	Opportunitätsverlust von Produkt i

w_j	auf den Faktor j bezogene Opportunitätskosten
w_{ji}, w_{jk}	inputbezogene Opportunitätskosten bzgl. des Faktors j für das Produkt i bzw. das verdrängte Produkt k
x_i, x_z	Produktionsmenge des Produkts i bzw. des Zusatzauftrags z
x_k	Menge des verdrängten Produkts k bzw. des Produkts k, bei dem der Preis gesenkt wurde
x_t	Produktionsmenge in der Periode t
z	Stillegungsdauer (in Monaten)
z'	kritische Stillstandsdauer

Kontrollfragen

1) Was versteht man allgemein unter Preisgrenzen?
2) Wodurch lassen sich Preisuntergrenzen und Preisobergrenzen gegeneinander abgrenzen?
3) Systematisieren Sie verschiedene Arten von Preisuntergrenzen.
4) Warum entspricht die Preisuntergrenze bei Unterbeschäftigung den variablen Kosten des Zusatzauftrags?
5) Wie sind Erlösschmälerungen bei anderen Produkten in der Preisuntergrenze eines Zusatzauftrags zu berücksichtigen?
6) Sollen variable Kosten der verbrauchten betrieblichen Ressourcen zu Anschaffungskosten oder zu Tagespreisen bewertet werden?
7) Definieren Sie allgemein die Preisuntergrenze bei Vorliegen einer Kapazitätsrestriktion im Unternehmen.
8) Wie ist die Preisuntergrenze zu berechnen, wenn bei Vorliegen eines Engpasses für die Annahme eines Zusatzauftrags mehrere Produkte aus dem aktuellen Produktionsprogramm verdrängt werden müssen?
9) Wie ist die Preisuntergrenze zu bestimmen, wenn mehrere Kapazitätsrestriktionen im Unternehmen zu berücksichtigen sind?
10) Wie verändert sich die Preisuntergrenze, wenn die vorhandenen betrieblichen Kapazitäten durch einen Zusatzauftrag proportional beansprucht werden?
11) Wie ist bei der Kalkulation der Preisuntergrenze zu verfahren, wenn die vorhandenen betrieblichen Kapazitäten durch einen Zusatzauftrag in unterschiedlichem Ausmaß beansprucht werden?
12) Welche Auswirkungen können sich aus der Durchführung einer Sensitivitätsanalyse auf die Kalkulation von Preisuntergrenzen für Zusatzaufträge ergeben?
13) Erläutern Sie, wie dauerhafte Rückgänge der Verkaufspreise auf die Zusammensetzung des optimalen Produktionsprogramms wirken können.
14) Wie ist die Preisuntergrenze langfristig zu bestimmen?
15) Welche Kosten müssen zusätzlich in der Preisuntergrenze berücksichtigt werden, wenn eine quantitative Anpassung der Produktionskapazitäten im Unternehmen durchgeführt wird?
16) Wie wirken steigende Absatzmengen auf die Höhe der Preisuntergrenze eines Zusatzauftrags?
17) Wie berechnet sich die Preisobergrenze bei Unterbeschäftigung oder bei Vorliegen von mehreren Engpässen im Unternehmen?

Literaturhinweise

Kilger, W. (1982): Bestimmung von Preisuntergrenzen (Teil I und II), in: Das Wirtschaftsstudium 1982, S. 162–171 und S. 219–222.

Kilger, W. (1987): Einführung in die Kostenrechnung, 3. Aufl., Wiesbaden 1987.

Kilger, W. (1993): Flexible Plankostenrechnung und Deckungsbeitragsrechnung, Bearbeitet durch Kurt Vikas, 10. Aufl., Wiesbaden 1993.

Ossadnik, W. (1998): Controlling, 2. Aufl., München/Wien 1998.

Raffée, H. (1974): Preisuntergrenzen, in: Wirtschaftswissenschaftliches Studium 1974, S. 145–151.

Reichmann, T. (1976): Die Planung von Preisgrenzen im Beschaffungsbereich der Unternehmung, in: Coenenberg, A. G. (Hrsg.) (1976): Unternehmensrechnung – Betriebliche Planungs- und Kontrollrechnungen auf der Basis von Kosten und Leistungen, München 1976, S. 153–164.

Vierter Teil: Weiterentwicklungen und Anwendungsmöglichkeiten in der Kontrollrechnung

Die Kontrollrechnung besteht in der Ermittlung und Analyse von Abweichungen zwischen geplanten, d.h. vorgegebenen, und tatsächlich entstandenen Kosten bzw. Erlösen. Aus der Analyse der Abweichungen sollen sich Ansatzpunkte zur Steigerung der Wirtschaftlichkeit des Betriebsablaufs bzw. zur Beseitigung von Unwirtschaftlichkeiten ergeben.

Soll-Ist-Vergleich

Als Ausgangspunkt der betrieblichen Kontrollrechnungen verwendet man in der Praxis üblicherweise einen **Soll-Ist-Vergleich**. Für jede Kostenstelle wird die Differenz zwischen den effektiv in einer Abrechnungsperiode angefallenen Ist-Kosten und den vorgegebenen Plan- oder Soll-Kosten detailliert nach Kostenarten je Kostenträger ermittelt und bezüglich ihrer Ursachen analysiert.

Die Festlegung der Kostenvorgaben (Soll-Werte) kann auf verschiedenen Wegen im Rahmen einer sog. **Plankostenrechnung** erfolgen. Drei Ansätze sollen im nächsten Kapitel kurz dargestellt werden.

14. Kapitel: Formen der Plankostenrechnung

Formen der Plankostenrechnung

Wird die Kostenrechnung kostenarten-, kostenstellen- und kostenträgerbezogen für eine oder mehrere künftige Geschäftsperioden durchgeführt, spricht man von einer Plankostenrechnung. Ebenso wie die Ist-Kostenrechnung kann auch die Plankostenrechnung nach dem Prinzip der Vollkostenrechnung oder der Grenzkostenrechnung durchgeführt werden. Darüber hinaus ist, je nachdem ob durch Trennung variabler und fixer Kosten Wirkungen von Beschäftigungsgradänderungen berücksichtigt werden oder nicht, zwischen starrer und flexibler Plankostenrechnung zu unterscheiden. Diese Hauptformen der Plankostenrechnung sind in Abbildung 14.1 übersichtsartig zusammengefaßt (vgl. im folgenden Haberstock [1986], S. 18 ff.).

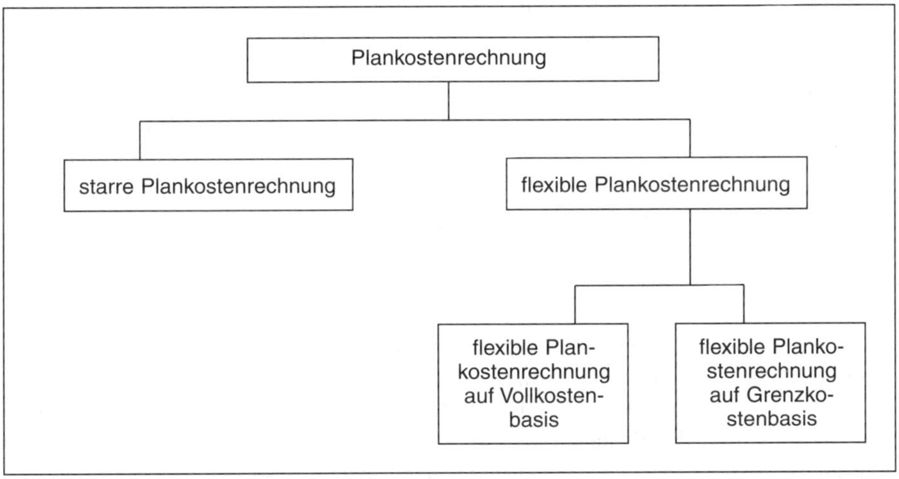

Abb. 14.1: Formen der Plankostenrechnung

A. Starre Plankostenrechnung

Vorgehensweise

Bei der **starren Plankostenrechnung** werden zunächst für jede Kostenstelle die Plankosten zu einem bestimmten Planbeschäftigungsgrad (Planausbringung, -leistung) ermittelt. Diese Plankosten werden im Zeitverlauf nicht an die Ist-Beschäftigung angepaßt, obwohl dies Voraussetzung für eine sinnvolle Kostenkontrolle wäre. Auch andere Variablen, die auf die geplante Kostenhöhe Einfluß haben, z.B. das geplante Produktionsverfahren, die geplanten Seriengrößen etc., bleiben unverändert (starr).

Verrechnete Plankosten

Der Planverrechnungssatz für jede Kostenstelle ergibt sich, indem man die Plankosten durch die Planausbringungsmenge dividiert. Er ist Grundlage der innerbetrieblichen Leistungsverrechnung, der anschließenden Kostenträgerrechnung und damit für die kurzfristige Erfolgsrechnung. Das Produkt aus Planverrechnungssatz und Ist-Beschäftigung ergibt die sog. verrechneten Plankosten. Da die starre Plankostenrechnung keine Unterscheidung zwischen fixen und variablen Kosten kennt, ist sie stets eine Vollkostenrechnung.

Beispiel

Die Anwendbarkeit der starren Plankostenrechnung zur Kostenkontrolle soll anhand des folgenden Beispiels diskutiert werden:

In einer Kostenstelle wird eine Planbeschäftigung von x_p = 20 000 Stück angenommen. Die Plankosten K_p dazu betragen 100 000,– DM. Danach ergibt sich ein Planverrechnungssatz von 5,– DM/Stück.

Tatsächlich werden in der betrachteten Abrechnungsperiode x_i = 12 000 Stück produziert. Dabei sind Ist-Kosten in Höhe von K_i = 90 000,– DM angefallen. Die auf die Kostenträger verrechneten Plankosten K_{verr} betragen folglich 12 000 × 5 = 60 000,– DM (vgl. Abb. 14.2).

Im Rahmen der Kostenstelle werden nun die Differenzen zwischen den verschiedenen Größen betrachtet. Zunächst fällt auf, daß die verrechneten Plankosten K_{verr} die Ist-Kosten K_i nicht decken, sondern um 30 000,– DM unterschreiten. Dies liegt einerseits daran, daß der in K_{verr} enthaltene Fixkostenanteil nicht den gesamten tatsächlichen Fixkosten entspricht. Die Summe der auf Basis der niedrigeren Beschäftigung x_i verrechneten Fixkostenanteile liegt also unter der auf Basis der Planbeschäftigung x_p angenommenen Verrechnung der Fixkosten. Dahinter steht die Annahme der völligen Proportionalität zwischen der Beschäftigung und den Plankosten. Dieser Zusammenhang gilt tatsächlich jedoch nur für die variablen Kosten. Andererseits kann in der Abweichung von 30 000,– DM auch eine verbrauchs- oder preisbedingte Abweichung enthalten sein. Eine Trennung dieser Ursachen von einer beschäftigungsbedingten Minderverrechnung fixer Kosten ist im System der starren Plankostenrechnung allerdings nicht möglich.

Gesamtabweichung

Der Vergleich von K_i und K_p liefert rein rechnerisch eine Kostenunterschreitung von 10 000,– DM (= **Gesamtabweichung**). Da sich jedoch K_i und K_p auf unterschiedliche Auslastungen (60 % vs. 100 %) beziehen, fließen in die Differenz der Ist- und Plankosten sowohl Kostenabweichungen aufgrund veränderter Kapazitätsauslastung als auch aufgrund besonders sparsamem oder unwirtschaftlichem Ressourceneinsatz in der betrachteten Kostenstelle ein. Aus der gebildeten Differenz lassen sich keine Rückschlüsse auf jene Kostenabweichungen ziehen, die nur von der Kostenstelle verursacht wurden.

Um solche Kostenabweichungen zu ermitteln, müßten die Plankosten unter Berücksichtigung ihrer tatsächlichen Abhängigkeit vom Beschäftigungsgrad auf die Ist-Beschäftigung umgerechnet werden. Dies erfolgt in der flexiblen Plankostenrechnung.

Vor- und Nachteile

Die Vor- und Nachteile der starren Plankostenrechnung lassen sich wie folgt zusammenfassen (vgl. Haberstock [1986], S. 20 ff.):

Einerseits ist das System einfach handzuhaben und ermöglicht eine schnelle laufende Abrechnung. Andererseits ist es jedoch für eine Kostenkontrolle nahezu unbrauchbar, da Kostenabweichungen, wie im Beispiel gezeigt wurde, nicht sinnvoll interpretiert werden können. Außerdem verstößt die Proportionalisierung der Fixkosten in der Kostenstellen- und der Kostenträgerrechnung gegen das Verursachungsprinzip der Kostenrechnung. Die Kalkulationsergebnisse sind daher nur eingeschränkt verwendbar.

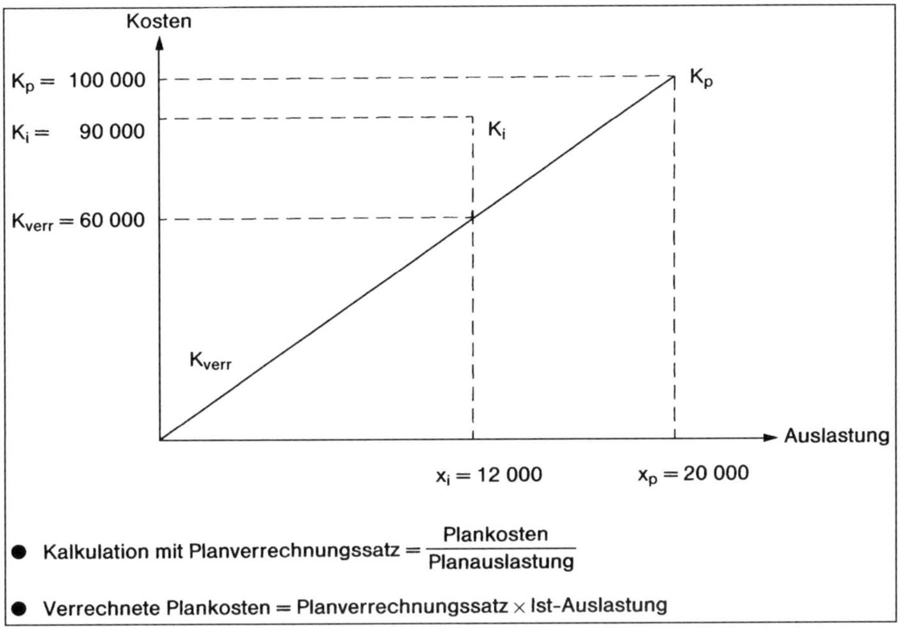

Abb. 14.2: Aufbau der starren Plankostenrechnung

B. Flexible Plankostenrechnung

Vorgehensweise

Die **flexible Plankostenrechnung** trennt fixe und variable Kosten voneinander. Dadurch ermöglicht sie es, Kostenvorgaben nicht nur für die – vorab festgelegte – Planbeschäftigung sondern auch für jeden anderen Beschäftigungsgrad zu ermitteln. Die auf diese Weise ermittelte Kostenvorgabe für die jeweilige Ist-Beschäftigung sind die Soll-Kosten. Sie entsprechen den Kosten, die unter der Annahme wirtschaftlichen Umgangs mit Ressourcen bei der jeweiligen Ist-Beschäftigung anfallen müßten.

Einfach-flexible Plankostenrechnung

Werden Soll-Kosten nur für einen einzigen Kostenbestimmungsfaktor, z.B. den Beschäftigungsgrad, ermittelt, liegt eine einfach-flexible Plankostenrechnung vor. Eine genauere Kostenplanung und -kontrolle ist möglich, wenn die Soll-Kosten auch in Abhängigkeit von allen anderen Kostenbestimmungsfaktoren, z.B. Seriengröße, Produktmix, Ausbeutegrad, errechnet werden können, d.h. als Funktion nicht nur der Beschäftigung sondern aller die Kosten beeinflussenden Faktoren. In diesem Fall spricht man von einer voll-flexiblen bzw. mehrfach-flexiblen Plankostenrechnung.

Mehrfach-flexible Plankostenrechnung

Die folgenden Ausführungen gelten prinzipiell für die mehrfach-flexible Plankostenrechnung. Aus Gründen der Anschaulichkeit wurde jedoch bei den Beispielen nur ein einziger Kostenbestimmungsfaktor, der Beschäftigungsgrad, berücksichtigt.

I. Flexible Plankostenrechnung auf Vollkostenbasis

Kostenkontrolle

Bei diesem System werden in der Kostenstellenrechnung als Maßstab der Kostenkontrolle die Soll-Kosten verwendet. In der Kostenträgerrechnung hingegen finden für Zwecke der Kalkulation nur die verrechneten Plankosten Verwendung, die wie bei der starren Plankostenrechnung ermittelt werden.

Beispiel

Zur Veranschaulichung dieses Vorgehens wird das obige Zahlenbeispiel fortgeführt (vgl. Abb. 14.3):

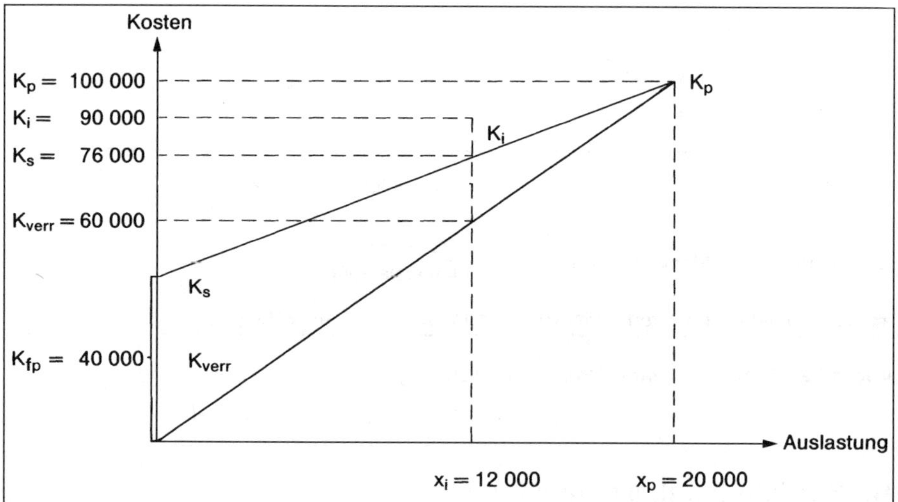

- Soll-Kosten = fixe Plankosten + variable Plankosten × $\frac{\text{Ist-Auslastung}}{\text{Planauslastung}}$
- Kalkulation mit Planverrechnungssatz = $\frac{\text{Plankosten (fix + variabel)}}{\text{Planauslastung}}$
- Verrechnete Plankosten = Planverrechnungssatz × Ist-Auslastung

Abb. 14.3: Aufbau der flexiblen Plankostenrechnung auf Vollkostenbasis

Die Plankosten K_p setzen sich in dem Beispiel zusammen aus fixen Plankosten K_{fp} in Höhe von 40 000,– DM und variablen Plankosten K_{vp} in Höhe von 60 000,– DM. Die variablen Kosten für die tatsächlich produzierten 12 000 Stück betragen 36 000,– DM. Da sich definitionsgemäß nur die variablen Kosten bei Beschäftigungsschwankungen ändern, ergeben sich Soll-Kosten K_s in Höhe von 40 000 + 36 000 = 76 000,– DM.

Variator

Der Anteil der variablen Plankosten an den gesamten Plankosten kann als absolute Zahl (hier: 60 000,– DM) oder als relative Zahl ausgedrückt werden. Der relative Ausdruck wird als **Variator** bezeichnet. Der Variator gibt an, wieviel Prozent der geplanten Gesamtkosten sich proportional mit Beschäftigungsschwankungen verändern. Statt einer prozentualen Schreibweise wird für den Variator meist die Zahl 10 als Basis verwendet.

Danach ist der Variator einer voll variablen Kostenart stets 10, und der Variator fixer Kosten beträgt 0.

Im obigen Zahlenbeispiel ergeben sich folgende Werte:

$$\text{Variator} = \frac{K_{vp}}{K_p} \times 10 = \frac{60\,000}{100\,000} \times 10 = 6$$

Ein Variator von 6 besagt, daß sich bei einer zehnprozentigen Beschäftigungsänderung die Kosten insgesamt nur um 6 % verändern. Im Beispiel liegt die Ist-Beschäftigung mit 12 000 Stück um 40 % unter der Planbeschäftigung von 20 000 Stück. Folglich müssen die zugehörigen Soll-Kosten um

$$40\,\% \times \frac{6}{10} = 24\,\%$$

unter den Plankosten der Basisbeschäftigung in Höhe von K_p = 100 000,– DM liegen.

Die Soll-Kosten belaufen sich folglich auf

$$K_s = 100\,000 - 0{,}24 \times 100\,000 = 76\,000{,}\text{– DM}.$$

Selbstverständlich können die Soll-Kosten statt mittels eines Variators auch aufgrund einer Kostenfunktion ermittelt werden, in die fixe und variable Kosten getrennt eingehen:

$$K_s = K_{fp} + K_{vp} \times \frac{x_i}{x_p} = 40\,000 + 60\,000 \times \frac{12\,000}{20\,000} = 76\,000{,}\text{– DM}$$

Preis-/Verbrauchsabweichung

Die Differenz zwischen Ist- und Soll-Kosten – hier: $K_i - K_s$ = 90 000 – 76 000 = 14 000,– DM – wird **Preis-/Verbrauchsabweichung** genannt. Sie ist auf Veränderungen der Marktpreise der Einsatzfaktoren und/oder auf unwirtschaftlichen Ressourceneinsatz zurückzuführen. Um bestimmen zu können, wer im Unternehmen in welchem Ausmaß für die Verbrauchsabweichung verantwortlich ist, muß sie nach weiteren Kostenbestimmungsfaktoren differenziert werden, d.h. müssen Teilabweichungen gebildet werden (s. unten Abschnitt C).

Beschäftigungsabweichung

Die Differenz zwischen K_s und K_{verr} – hier: in Höhe von 76 000 – 60 000 = 16 000,– DM – wird **Beschäftigungsabweichung** genannt. Sie beruht auf einer von der Planbeschäftigung abweichenden Kapazitätsauslastung. So führt etwa eine Unterschreitung der Planbeschäftigung dazu, daß die Fixkosten nicht vollständig auf die Kostenträger verrechnet werden. Der nicht verrechnete Anteil der Fixkosten bildet die Beschäftigungsabweichung.

Budgetabweichung

Die Differenz zwischen K_{verr} und K_p – hier: in Höhe von 60 000 – 100 000 = –40 000,– DM – kann als **Budgetabweichung** bezeichnet werden, die als Verrechnungsabweichung den Unterschied der gesamten Kosten (variabel und fix) zwischen der Ist-Beschäftigung und der Planbeschäftigung zeigt.

Vor- und Nachteile

Der Vorteil der flexiblen Plankostenrechnung auf Vollkostenbasis gegenüber der starren Plankostenrechnung ist, daß sie über die Ermittlung der Soll-Kosten eine aussagefähige Kostenkontrolle ermöglicht.

Mit der starren Plankostenrechnung hat sie den Nachteil gemeinsam, daß in der Kostenträgerrechnung die Fixkosten proportionalisiert werden. Das heißt, es werden keine

Grenzkosteninformationen auf Kostenträgerebene ermittelt, die für kurzfristige Entscheidungen erforderlich sind.

II. Flexible Plankostenrechnung auf Grenzkostenbasis

Vorgehensweise

Bei dieser Methode werden sowohl in der Kostenstellen- als auch in der Kostenträgerrechnung fixe und variable Kosten getrennt (vgl. im folgenden Haberstock [1986], S. 30 ff.). Die innerbetriebliche Leistungsverrechnung und die Kostenträgerstückrechnung erfolgen ausschließlich auf der Grundlage von variablen Kosten (vgl. Kap. 5). Die Fixkosten werden von den Kostenstellen direkt in die Kostenträgerzeitrechnung übernommen. Folglich entsprechen die verrechneten Plankosten in der flexiblen Plankostenrechnung auf Grenzkostenbasis den variablen Soll-Kosten K_{vs}. Eine Beschäftigungsabweichung ist in diesem System unbekannt.

Beispiel

Abbildung 14.4 verdeutlicht die Besonderheiten der **Grenzplankostenrechnung** anhand des obigen Zahlenbeispiels:

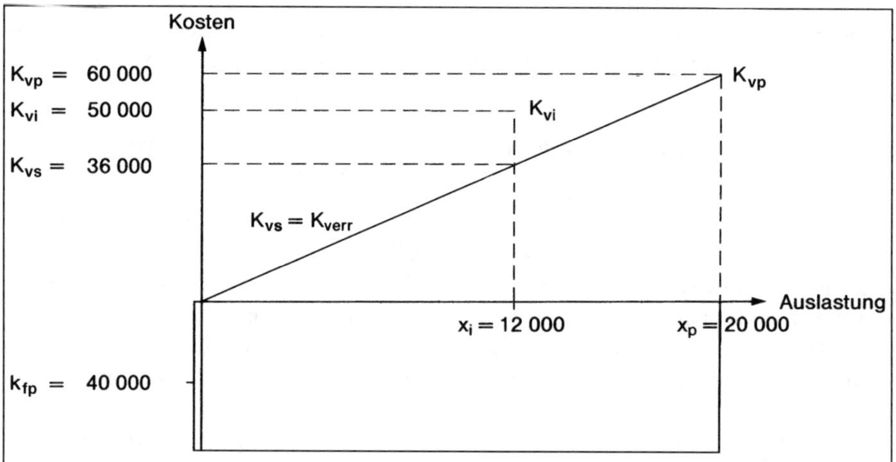

- Soll-Kosten = variable Plankosten × $\frac{\text{Ist-Auslastung}}{\text{Planauslastung}}$
- Kalkulation mit variablem Planverrechnungssatz = $\frac{\text{variable Plankosten}}{\text{Planauslastung}}$
- Verrechnete Plankosten = variabler Planverrechnungssatz × Ist-Auslastung

Abb. 14.4: Aufbau der flexiblen Plankostenrechnung auf Grenzkostenbasis

Die Preis-/Verbrauchsabweichung ergibt sich wie in der flexiblen Plankostenrechnung auf Vollkostenbasis auch in der Grenzplankostenrechnung durch den Vergleich der Ist-Kosten mit den Soll-Kosten. Auch an der Vorgehensweise der anschließenden Abweichungsanalyse ändert sich nichts (s. unten Abschnitt C).

In der Kostenkontrolle werden die fixen Kosten und die variablen Kosten getrennt betrachtet. Als Planverrechnungssatz werden nun die variablen Kosten von 3,– DM/Stück angesetzt. Bei einer Ist-Beschäftigung von 12 000 Stück werden damit insgesamt variable Soll-Kosten von 36 000,– DM den Produkten verursachungsgerecht zugerechnet. Unterstellt man im Beispiel, daß die Ist-Fixkosten den Plan-Fixkosten entsprechen, so belaufen sich die variablen Ist-Kosten auf $K_i - K_p = 90\,000 - 40\,000 = 50\,000$,– DM. Die Preis-/Verbrauchsabweichung ergibt sich dann allein aus der Differenz der variablen Ist-Kosten und variablen Soll-Kosten: $K_{vi} - K_{vs} = 50\,000 - 36\,000 = 14\,000$,– DM.

Beurteilung

Wie die flexible Vollplankostenrechnung ermöglicht die Grenzplankostenrechnung eine aussagefähige Kostenkontrolle. Im Gegensatz zu ihr liefert sie keine verrechneten Vollkosten auf Ebene der Kostenträgerstückrechnung, bietet aber die für kurzfristige Entscheidungen relevanten Grenzkosten je Kostenträger (vgl. Kap. 11, 12 und 13).

Vergleich der Systeme

Die folgende Abbildung 14.5 faßt abschließend nochmals die wichtigsten Gemeinsamkeiten und Unterschiede der verschiedenen Systeme der Plankostenrechnung zusammen:

Kriterium	starre PKR	flexible PKR auf VK-Basis	flexible PKR auf GK-Basis
• Ermittlung echter Planwerte für die Planbezugsgröße	ja	ja	ja
• Jährliche Anpassung an veränderte Datenkonstellationen	ja	ja	ja
• Laufende Anpassung der Planwerte an Veränderungen des Kostenbestimmungsfaktors Beschäftigung, d.h. Kenntnis der Soll-Kosten	nein	ja	ja
• Trennung in fixe und variable Kostenbestandteile in der Kostenstellenrechnung	nein	ja	ja
• Ermittlung von Verbrauchsabweichungen	nein	ja	ja
• Ermittlung von Beschäftigungsabweichungen	nein	ja	nein
• Eignung zur Kostenkontrolle	nein	gut	sehr gut
• Trennung in fixe und variable Kostenbestandteile in der Kostenträgerrechnung (Kalkulation)	nein	nein	ja
• Verrechnung der Fixkosten auf die Kostenträger	ja	ja	nein
• Kalkulationsergebnisse für kurz- und langfristige Entscheidungen (relevante Kosten) verwendbar	nein	nein	ja

Abb. 14.5: Gemeinsamkeiten und Unterschiede von Systemen der Plankostenrechnung (in Anlehnung an: Haberstock [1986], S. 37)

C. Abweichungsanalyse

Die typische Vorgehensweise bei der Abweichungsanalyse läßt sich in zwei Hauptabschnitte gliedern:

Errechnung

- **Errechnung** von Abweichungen durch Gegenüberstellung der absoluten Beträge von Ist- und Soll-Kosten in der betreffenden Kontrollperiode. Dies erfolgt in den einzelnen Kostenstellen möglichst differenziert nach Kostenarten je Kostenträger.

Auswertung

- **Auswertung** der festgestellten Abweichungen bezüglich ihrer Ursachen und Verantwortlichkeit, um künftig möglichst eine Wiederholung von Kostenüberschreitungen verhindern zu können.

Probleme

Sowohl die Errechnung als auch die Auswertung der ermittelten Abweichungen beinhalten aber in der betrieblichen Praxis Probleme.

Zum einen ist es erforderlich, die verschiedenen Einflußgrößen, die eine Abweichung gegenüber den Planwerten bewirkt haben (Preise, Mengen, Produktmix etc.), durch getrennte **Errechnung** abzuspalten und zu quantifizieren. Nur so wird es später möglich sein, im Anschluß an die Abweichungsanalyse auch geeignete Maßnahmen zur Verbesserung der Wirtschaftlichkeit bzw. zur Absicherung erreichter Vorteile treffen zu können.

Zum anderen wird es bei der ursachengerechten **Auswertung** der festgestellten Abweichungen in der Praxis durchaus vorkommen, daß mehrere Abweichungen gleichzeitig nebeneinander auftreten. In diesem Fall können Abweichungsüberschneidungen (d.h. Abweichungen zweiten, dritten etc. Grades) entstehen, denen nicht mehr eindeutig eine Abweichungsursache zugewiesen werden kann.

Ehe die Errechnung und Auswertung verschiedener Spezialabweichungen im einzelnen dargestellt und erläutert wird (vgl. auch Kap. 15), sollen

- eine grundsätzliche Einteilung zur Systematisierung von Abweichungen vorgestellt und
- die Behandlung von Abweichungsüberschneidungen aufgrund ihrer Schlüsselrolle für eine verursachungsgerechte Abweichungsanalyse verdeutlicht werden.

Dabei wird im Prinzip von einer flexiblen Plankostenrechnung auf Grenzkostenbasis ausgegangen. Eine flexible Plankostenrechnung auf Vollkostenbasis liefert bzgl. zu berechnender Abweichungen die gleichen Ergebnisse mit dem Unterschied, daß auf dem Analyseweg dorthin die Fixkosten jeweils in den einzelnen Kostengrößen mit enthalten sind.

I. Systematik der Abweichungen

Soll-Ist-Vergleich

Zur Aufdeckung von Unwirtschaftlichkeiten im Prozeß der betrieblichen Leistungserstellung werden für eine bestimmte Kontrollperiode die tatsächlich entstandenen Kosten (Ist-Kosten) mit den Kosten verglichen, die bei wirtschaftlichem Verhalten hätten entstehen sollen (Plan- bzw. Soll-Kosten).

Plankosten vs. Ist-Kosten

In den **Plankosten** sind bestimmte Vorstellungen und Annahmen bezüglich der Planpreise, Planmengen, Plankapazitäten, Planbeschäftigung mit den geplanten Prozeßbedingungen etc. verarbeitet worden. Demgegenüber spiegeln sich in den **Ist-Kosten** die tatsächlichen betrieblichen Gegebenheiten wider, also Ist-Preise, Ist-Mengen, Ist-Kapazitäten, Ist-Beschäftigung mit den Ist-Prozeßbedingungen (wie z.B. Ist-Seriengrößen, Ist-Fertigungszeit, Ist-Intensität etc.).

Ist-Kosten und Plankosten stimmen nur dann überein, wenn sämtliche Ist-Daten mit den entsprechenden Plandaten übereinstimmen. Falls sich in der Kontrollperiode Veränderungen gegenüber den Plandaten ergeben haben (z.B. gegenüber der Auslastung), resultieren daraus unmittelbar Abweichungen zwischen Ist- und Plankosten.

Gesamtabweichung

Eine erfolgreiche Wirtschaftlichkeitskontrolle setzt im Grunde voraus, daß die Gesamtdifferenz zwischen Ist- und Plankosten, die sog. **Gesamtabweichung,** die alle Abweichungen zwischen vorgegebenen und effektiven Kostenbestimmungsfaktoren enthält, in solche Teilabweichungen zerlegt wird, die nur noch auf jeweils einen Kostenbestimmungsfaktor zurückzuführen sind.

Aufspaltung

Durch die Aufspaltung der Gesamtabweichung in einzelne Teilabweichungen werden zum einen Kompensationseffekte zwischen Über- und Unterschreitung einzelner Plandaten vermieden. Zum anderen kann dadurch untersucht werden, ob die einzelnen Teilabweichungen durch unwirtschaftliches Verhalten hervorgerufen wurden oder ob sie Konsequenzen von unternehmensexternen Datenänderungen sind.

Effizienz- vs. Effektivitätsabweichungen

Im ersten Falle indizieren die Abweichungen die Notwendigkeit von Maßnahmen zur Steigerung der operativen Effizienz in den Kostenstellen. Im zweiten Fall sind strategische Maßnahmen, z.B. bezüglich Technologie, Kapazität oder Standort, erforderlich, um sich an veränderte Datenlagen anzupassen. Es geht nicht um die operative Effizienz der Kostenstellen (»die Dinge richtig tun«) sondern um die Effektivität des Betriebs (»die richtigen Dinge tun«). Man kann deshalb im ersten Fall auch von Effizienzabweichungen, im zweiten Fall von Effektivitätsabweichungen sprechen.

Veränderung der variablen Kosten

Die kostenstellenorientierte Abweichungsanalyse zielt insbesondere auf die Erfassung der sog. Effizienzabweichungen. Deshalb werden vor der eigentlichen Abweichungsanalyse i.a. diejenigen Teilabweichungen abgespalten, die nicht auf »innerbetrieblichen Unwirtschaftlichkeiten« beruhen und folglich auch nicht von den jeweiligen Kostenstellenleitern zu verantworten sind. Es handelt sich insbesondere um die Beeinflussung der Vorgabewerte durch Beschäftigungsschwankungen, die vorweg von der Gesamtabweichung abgespalten wird. Die Plankosten gelten für eine bestimmte Planbeschäftigung, während sich die Ist-Kosten aus der effektiven (höheren oder niedrigeren) Ist-Beschäftigung ergeben haben. Aus Gründen der Vergleichbarkeit zwischen Soll- und Ist-Werten müssen die geplanten Gesamtkosten bei Planbeschäftigung auf die geplanten Gesamtkosten, die sich bei effektiver Ist-Beschäftigung ergeben würden, umgerechnet werden. Hierdurch erhält man dic bereits bekannten Soll-Kosten. Da diese, wie die Plankosten, nur bei wirtschaftlichem Verhalten erreichbar sind, ist die Differenz zwischen Plan- und Soll-Kosten ebenfalls nicht auf »innerbetriebliche Unwirtschaftlichkeiten« zurückzuführen, sondern beinhaltet lediglich eine **Veränderung der variablen** (Plan-)**Kosten** aufgrund der notwendigen Anpassung der Vorgabewerte an die eingetretenen Beschäftigungsschwankungen.

Teilabweichungen

Die aus der Gesamtabweichung abgespaltenen **Teilabweichungen** lassen sich zum einen in die Preisabweichung und zum anderen in die globale Verbrauchsabweichung (Mengenabweichung) differenzieren. Die globale Verbrauchsabweichung setzt sich ihrerseits wiederum aus einer Reihe von sog. Spezialabweichungen zusammen (vgl. z.B. Haberstock [1986], S. 313 ff.; Kilger [1993], S. 627 ff.; Vormbaum/Rautenberg [1985],

S. 232 ff.). Hierbei sind z.B. die Ausbeute-, Mix-, Intensitätsabweichung etc. zu nennen, die in den folgenden Ausführungen und Beispielen benutzt werden.

Restabweichung

Da aus Gründen der Praktikabilität und Wirtschaftlichkeit eine Abspaltung von Spezialabweichungen nicht für alle denkbaren Kostenbestimmungsfaktoren vorgenommen werden kann, werden hier als sog. **Restabweichung** die verbliebenen, nicht mehr näher analysierten Bestandteile der Mengenabweichung zusammengefaßt.

Vorgehensweise

Die nachfolgende Abbildung 14.6 verdeutlicht nochmals die Vorgehensweise bei der Aufspaltung der Gesamtabweichung in die einzelnen Teilabweichungen.

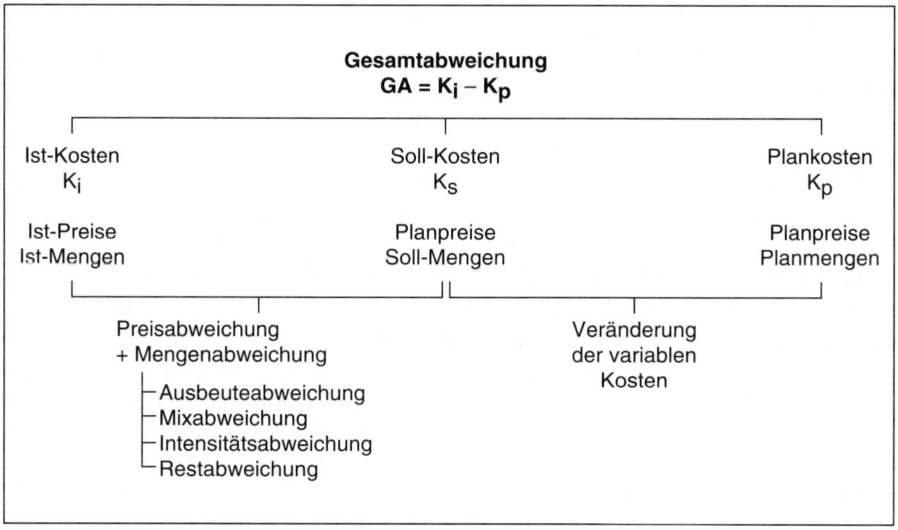

Abb. 14.6: Systematisierung von Teilabweichungen

II. Behandlung von Abweichungsüberschneidungen

1. Entstehung von Abweichungsüberschneidungen

Abweichungsüberschneidungen

Ein spezielles Problem bei der Durchführung von Abweichungsanalysen ergibt sich aus der Tatsache, daß Kosten das Produkt aus Faktormengen und Faktorpreisen sind und demzufolge eine multiplikative Verknüpfung zwischen den untersuchten Kostenbestimmungsfaktoren besteht (vgl. Kilger [1993], S. 172). Hieraus resultieren **Abweichungsüberschneidungen** oder Abweichungen höheren (zweiten, dritten, ..., n-ten) Grades, je nach Anzahl der multiplikativ miteinander verknüpften Kostenbestimmungsfaktoren, denen nicht mehr eindeutig eine bestimmte Abweichungsursache zugewiesen werden kann.

Für den Fall, daß mehrere Abweichungen nebeneinander auftreten, die additiv verbunden sind, entstehen bezüglich der Auswertung keine besonderen Probleme, da sich keine Abweichungsüberschneidungen ergeben. Hierbei handelt es sich z.B. um Abweichungen der Fixkosten, die grundsätzlich additiv mit Abweichungen der variablen Kosten verknüpft werden. Diese Art von Verknüpfung führt nicht zu Abweichungsüberschneidungen, wenn eine Fixkostenabweichung keine Auswirkungen auf die Abweichung der variablen Kosten hat (vgl. Haberstock [1986], S. 270). Eine weitere Möglichkeit der additiven Verknüpfung ergibt sich bei voneinander unabhängigen Kostenarten innerhalb einer Kostenstelle (vgl. Ewert/Wagenhofer [1997], S. 353).

Ein Beispiel soll das Problem der Abweichungsüberschneidung verdeutlichen. Dabei wird von dem einfachen Fall ausgegangen, daß zwei Kostenbestimmungsfaktoren das Ergebnis beeinflussen, die beide mit ihrem effektiven den geplanten Wert übersteigen. Natürlich sind noch weitere Fälle (z.B. beide effektiven Werte liegen unterhalb der geplanten Werte) denkbar (vgl. Jakoby/Schmitz [1996], S. 4 ff.).

Beispiel 14.1:

Beispiel

Für ein PC-Gehäuse wird je eine Blende benötigt, die lt. Plan 20,– DM kosten soll. Für 100 PC-Gehäuse wurden im vergangenen Monat 110 Blenden zu einem Ist-Preis von 25,– DM verbraucht.

Aus diesen Daten läßt sich folgende Gesamtabweichung (GA) als Differenz zwischen Ist- und Plankosten ermitteln:

	Ist	Plan
Preis	25	20
Menge	110	100

$$\begin{aligned} GA = K_i - K_p &= p_i \times x_i - p_p \times x_p \\ &= 25 \times 110 - 20 \times 100 \\ &= 2\,750 - 2\,000 \\ &= 750,\text{– DM} \end{aligned}$$

Da die Gesamtabweichung allein noch keinen Aufschluß über die Ursachen gibt, die zur Überschreitung des geplanten Budgets geführt haben, wird diese üblicherweise in eine Mengen- und eine Preisabweichung weiter aufgespalten.

Hierbei gilt wie bisher (I):

$$K_i = p_i \times x_i \text{ und } K_p = p_p \times x_p$$

Für die Ist-Mengen und Ist-Preise sollen die beiden folgenden Gleichungen verwendet werden (II):

$$p_i = p_p + \Delta p \text{ und } x_i = x_p + \Delta x$$

Mit (I) und (II) läßt sich die Gesamtabweichung ermitteln zu:

$$\begin{aligned} GA &= K_i - K_p \\ &= p_i \times x_i - p_p \times x_p \\ &= (p_p + \Delta p) \times (x_p + \Delta x) - p_p \times x_p \\ &= p_p \times \Delta x + \Delta p \times x_p + \Delta p \times \Delta x \\ &\quad\;\; (1) \quad + \quad (2) \quad + \quad (3) \end{aligned}$$

Die Gesamtabweichung setzt sich aus der Mengenabweichung (1), der Preisabweichung (2) und der durch die multiplikative Verknüpfung von Mengen- und Preisänderungen entstandenen Abweichung zweiten Grades oder Sekundärabweichung (3) zusammen.

Abbildung 14.7 soll die vorstehenden Ausführungen graphisch veranschaulichen:

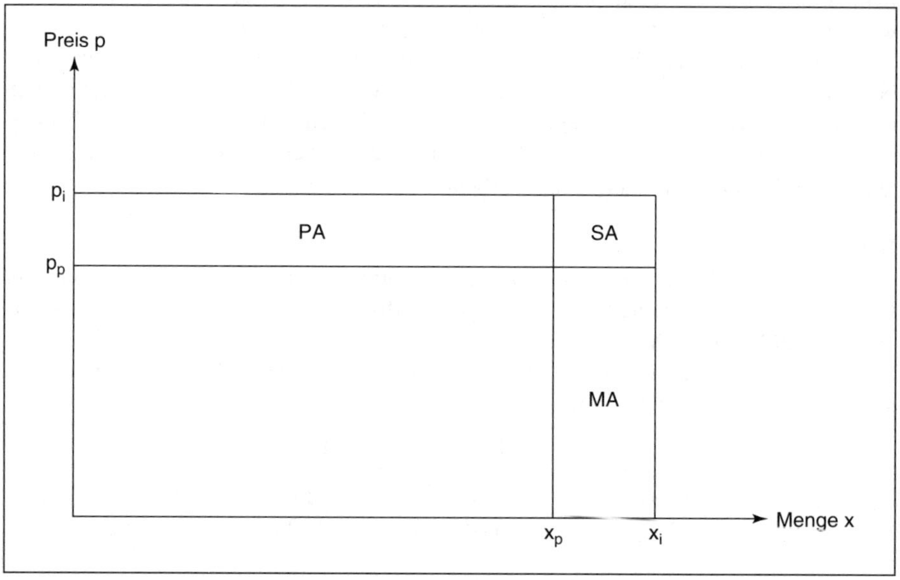

Abb. 14.7: Aufspaltung der Gesamtabweichung in Primär- und Sekundärabweichungen

Die Gesamtabweichung in Höhe von 750,– DM verteilt sich folgendermaßen auf die drei voneinander isolierten Abweichungen:

$$\begin{aligned} GA &= p_p \times \Delta x + \Delta p \times x_p + \Delta p \times \Delta x \\ &= 20 \times 10 + 5 \times 100 + 5 \times 10 \\ &= \quad 200 \quad + \quad 500 \quad + \quad 50 \\ & \qquad (1) \quad + \quad (2) \quad + \quad (3) \end{aligned}$$

Die Mengenabweichung (1) beträgt demnach 200,– DM, und die Preisabweichung (2) beläuft sich auf 500,– DM. Lediglich die Sekundärabweichung (3) in Höhe von 50,– DM kann keiner bestimmten Abweichungsursache zugeordnet werden. Der oben dargestellte einzelne Ausweis der Teilabweichungen exkl. der Sekundärabweichung (Primärabweichung) wird als differenzierter Ansatz bezeichnet.

Im folgenden sollen die verschiedenen Konzepte für eine systematische Einbeziehung der Sekundärabweichungen in die Abweichungsanalyse näher untersucht und erläutert werden.

2. Konzepte für die Verrechnung von Abweichungsüberschneidungen

Als Konzepte der Verrechnung aller Kostenabweichungen, die nicht einem einzelnen Kostenbestimmungsfaktor (z.B. Menge oder Preis einer Kostenart) zugerechnet werden können, unterscheidet man die proportionale, die symmetrische, die alternative, die kumulative, die differenziert-alternative und die differenzierte Abweichungsverrechnung.

a) Proportionale und symmetrische Abweichungsverrechnung

Proportionale Abweichungsverrechnung

Das Konzept der **proportionalen Abweichungsverrechnung** sieht vor, die Sekundärabweichung proportional zur Höhe der Teilabweichungen auf die Primärabweichungen zu verteilen. Die von der Mengenabweichung (MA) und Preisabweichung (PA) jeweils zu tragenden »Anteile« der Sekundärabweichung (SA) können mit den nachstehenden Formeln ermittelt werden:

$$MA_{neu} = MA \times \left(1 + \frac{SA}{MA + PA}\right) \text{ und}$$

$$PA_{neu} = PA \times \left(1 + \frac{SA}{MA + PA}\right)$$

Dabei gilt: $MA = p_p \times \Delta x$ und $PA = \Delta p \times x_p$.

Für das oben erwähnte Beispiel ergibt sich folgende Aufteilung der Sekundärabweichung auf die Mengen- bzw. Preisabweichung:

$$MA_{neu} = 200 \times \left(1 + \frac{50}{200 + 500}\right) = 214{,}29 \text{ DM und}$$

$$PA_{neu} = 500 \times \left(1 + \frac{50}{200 + 500}\right) = 535{,}71 \text{ DM}$$

Addiert man die beiden Ergebnisse, so ergibt sich die Gesamtabweichung in Höhe von 750,– DM.

Symmetrische Abweichungsverrechnung

Die **symmetrische Abweichungsverrechnung** verteilt die Sekundärabweichung zu gleichen Teilen auf die Preis- bzw. Mengenabweichung (vgl. Link [1987]). Dies hat für das obige Beispiel zur Folge, daß sowohl der Preis- als auch der Mengenabweichung jeweils 25,– DM der Sekundärabweichung zugerechnet werden.

Kritik

Beurteilung:

Die proportionale und die symmetrische Aufteilung der Sekundärabweichung kann nicht als verursachungsgerecht angesehen werden, sondern beruht auf einer willkürlichen Zuordnung der Sekundärabweichung. Beide Methoden gelten deshalb nicht als empfehlenswert.

b) Alternative Abweichungsverrechnung

Alternative Abweichungsverrechnung

Die Verfahren einer alternativen Verrechnung der Sekundärabweichung gehen von der Annahme aus, daß nur bei jeweils einem Kostenbestimmungsfaktor, also beispielsweise entweder bei Mengen oder bei Preisen, eine Abweichung zwischen geplanten und tatsächlich angefallenen Werten auftritt. Für alle übrigen Kostenbestimmungsfaktoren werden die tatsächlich eingetretenen Ist-Werte (Ist-Bezugsbasis) bzw. die geplanten Werte (Plan-Bezugsbasis) berücksichtigt (vgl. z.B. Kilger [1993], S. 174 f.; Möller [1985], S. 81 f.). Entsprechend der jeweiligen Annahme werden die Abweichungen alternativ für jeden Kostenbestimmungsfaktor errechnet. Jede ermittelte Einzelabweichung (z.B. Mengenabweichung) gibt an, welche Mehr- oder Minderkosten ceteris paribus dadurch entstanden sind, daß der betreffende Kostenbestimmungsfaktor (hier: Verbrauchsmenge) tatsächlich anders als nach der Vorgabe gewirkt hat.

Alternative Abweichungsverrechnung auf Ist-Bezugsbasis

Im Beispiel ergeben sich somit nach der **alternativen Abweichungsverrechnung auf Ist-Bezugsbasis** die Mengenabweichung und die Preisabweichung wie folgt:

Mengenabweichung (Planmenge und Ist-Menge zu Ist-Preisen, d.h., Menge variiert)

$$\begin{aligned} MA &= p_i \times (x_i - x_p) \\ &= (p_p + \Delta p) \times (x_i - x_p) \\ &= (p_p + \Delta p) \times \Delta x \\ &= p_p \times \Delta x + \Delta p \times \Delta x \end{aligned}$$

Preisabweichung (Ist-Mengen zu Planpreisen und Ist-Preisen, d.h., Preis variiert)

$$\begin{aligned} PA &= (p_i - p_p) \times x_i \\ &= (p_i - p_p) \times (x_p + \Delta x) \\ &= \Delta p \times (x_p + \Delta x) \\ &= \Delta p \times x_p + \Delta p \times \Delta x \end{aligned}$$

Aus den beiden Formeln ist unmittelbar zu erkennen, daß die Sekundärabweichung ($SA = \Delta p \times \Delta x$) sowohl in der Mengenabweichung als auch in der Preisabweichung enthalten ist und damit doppelt verrechnet wird.

Graphisch wird dieser Sachverhalt in der folgenden Abbildung 14.8 dargestellt.

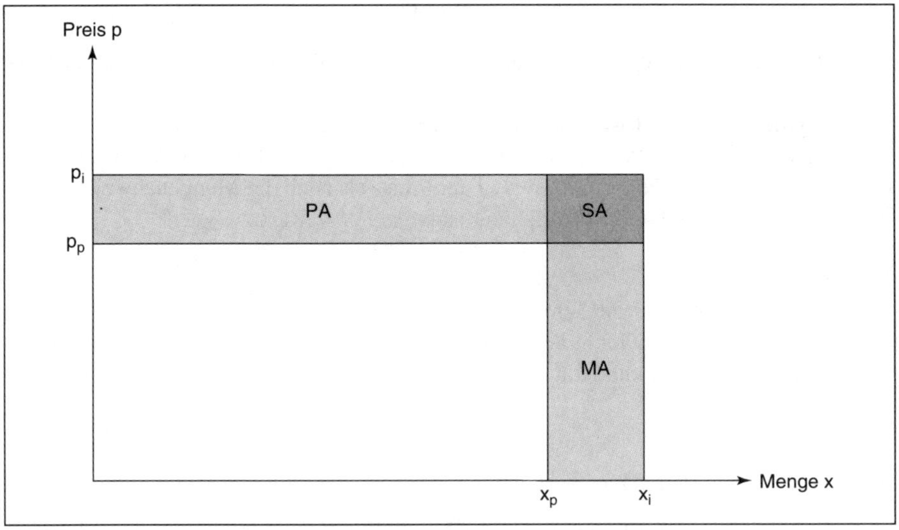

Abb. 14.8: Alternative Abweichungsverrechnung auf Ist-Bezugsbasis

Damit ist die Sekundärabweichung einmal zuviel in der Gesamtabweichung als Summe von Mengen- und Preisabweichung enthalten.

Dies zeigt auch die Fortführung des obigen Zahlenbeispiels:

$$\begin{aligned} MA &= p_i \times x_i - p_i \times x_p \\ &= 25 \times 110 - 25 \times 100 \\ &= 250,\text{– DM} \end{aligned}$$

$$PA = p_i \times x_i - p_p \times x_i$$
$$= 25 \times 110 - 20 \times 110$$
$$= 550,\text{– DM}$$

Die Gesamtabweichung, die sich ursprünglich auf 750,– DM belaufen hatte, wird jetzt um 50,– DM zu hoch ausgewiesen. Dieser Betrag resultiert aus der bereits erwähnten Doppelverrechnung der Sekundärabweichung.

Für die alternative Abweichungsverrechnung auf Ist-Bezugsbasis gilt also in diesem Beispiel:

$$MA + PA > GA \text{ und}$$
$$MA + PA = GA + SA$$

Alternative Abweichungs-verrechnung auf Plan-Bezugs-basis

Nach der **alternativen Abweichungsverrechnung auf Plan-Bezugsbasis** ergeben sich für die Mengenabweichung und die Preisabweichung:

Mengenabweichung (Planmenge und Ist-Menge zu Planpreisen, d.h., Menge variiert)

$$MA = p_p \times (x_i - x_p)$$
$$= p_p \times \Delta x$$

Preisabweichung (Planmengen zu Planpreisen und Ist-Preisen, d.h., Preis variiert)

$$PA = (p_i - p_p) \times x_p$$
$$= \Delta p \times x_p$$

Aus den beiden Formeln ist unmittelbar zu erkennen, daß die Sekundärabweichung weder in der Mengenabweichung noch in der Preisabweichung enthalten ist und damit nicht verrechnet wird.

Graphisch wird dieser Sachverhalt in der folgenden Abbildung 14.9 dargestellt.

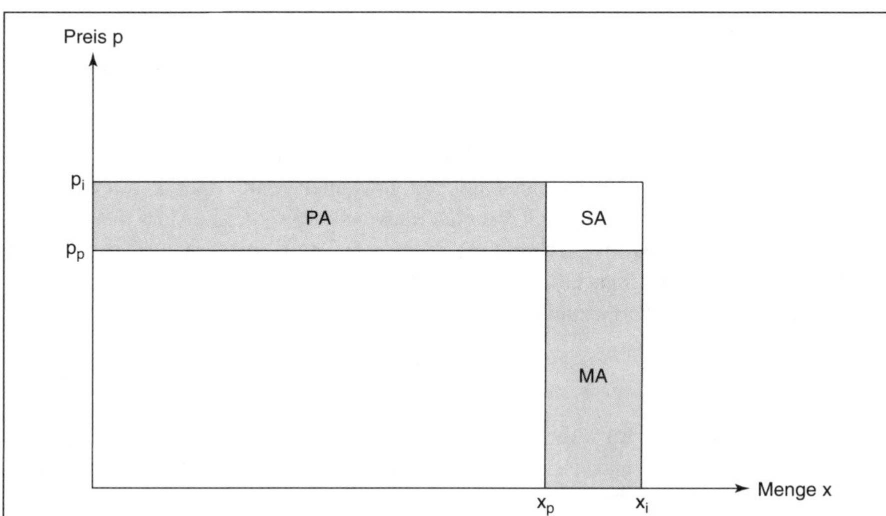

Abb. 14.9: Alternative Abweichungsverrechnung auf Plan-Bezugsbasis

Damit ist die Sekundärabweichung nicht in der Gesamtabweichung als Summe von Mengen- und Preisabweichung enthalten.

Dies zeigt auch die Fortführung des obigen Zahlenbeispiels:

$$\begin{aligned} MA &= p_p \times x_i - p_p \times x_p \\ &= 20 \times 110 - 20 \times 100 \\ &= 200,\!- \text{ DM} \end{aligned}$$

$$\begin{aligned} PA &= p_i \times x_p - p_p \times x_p \\ &= 25 \times 100 - 20 \times 100 \\ &= 500,\!- \text{ DM} \end{aligned}$$

Die Gesamtabweichung, die sich ursprünglich auf 750,– DM belaufen hatte, wird jetzt um 50,– DM zu niedrig ausgewiesen. Dieser Betrag resultiert aus der bereits erwähnten Nichtverrechnung der Sekundärabweichung.

Für die alternative Abweichungsverrechnung auf Plan-Bezugsbasis gilt also in diesem Beispiel:

$$MA + PA < GA \text{ und}$$
$$MA + PA = GA - SA$$

Kritik

Beurteilung:

Das Verfahren der alternativen Abweichungsverrechnung auf Ist-Bezugsbasis beinhaltet bereits in seinen Grundannahmen einen Widerspruch, da es zum einen unterstellt, daß für den jeweils nicht betrachteten Kostenbestimmungsfaktor nur die tatsächlichen Daten vorliegen bzw. die tatsächlichen Daten mit den geplanten Daten übereinstimmen, zum anderen jedoch bei der Betrachtung dieses Kostenbestimmungsfaktors Abweichungen zwischen Plan- und Ist-Werten zuläßt. Darüber hinaus ist die alternative Abweichungsverrechnung auf Ist-Bezugsbasis aufgrund der dargestellten Doppelerfassung der Sekundärabweichung und den damit verbundenen Abstimmungsschwierigkeiten für die Kostenkontrolle in der Praxis nicht als Grundlage zu empfehlen.

Das Verfahren der alternativen Abweichungsverrechnung auf Plan-Bezugsbasis hat demgegenüber den Vorteil, daß keine willkürliche Verrechnung der Sekundärabweichung vorgenommen wird, da jeweils der nicht betrachtete Kostenbestimmungsfaktor mit seinem Planwert berücksichtigt wird. Es wird also nicht die Ineffizienz eines Kostenbestimmungsfaktors mit der eines anderen gewichtet. Man erhält also jeweils Einzelabweichungen, die frei von einer Sekundärabweichung sind. Dies löst nicht das Zuordnungs- und das damit verbundene Verantwortungsproblem für die Sekundärabweichung, ist jedoch als Grundform zur Berechnung einer Teilabweichung, als reine Primärabweichung, zu bezeichnen.

c) Kumulative Abweichungsverrechnung

Kumulative Abweichungsverrechnung

Die Besonderheit der **kumulativen Abweichungsanalysemethode** ist im Gegensatz zur alternativen Vorgehensweise die jeweilige Beibehaltung eines einmal von Ist auf Plan umgestellten Kostenbestimmungsfaktors. Die sukzessive Umstellung der Kostenbestimmungsfaktoren von Ist auf Plan wird in Anlehnung an KILGER als kumulatives Vorgehen bezeichnet (vgl. Kilger [1993], S. 176).

Für den in der Reihenfolge ersten Kostenbestimmungsfaktor wird, falls erforderlich, eine Abweichung zwischen Ist- und Planwerten errechnet, während alle anderen Kostenbestimmungsfaktoren mit ihren Ist-Werten ausgewiesen werden. Zur Ermittlung der in der Reihenfolge nächsten Abweichung wird die planmäßige Wirkung der ersten Einflußgröße nicht wieder ausgeschaltet, sondern es erfolgt vielmehr eine Beibehaltung (Kumulierung) der Planwerte von bereits analysierten Kostenbestimmungsfaktoren. Nur für den jeweils aktuell untersuchten Faktor werden Abweichungen zwischen Ist- und Planwerten ermittelt.

Reihenfolge

Um die Folgen der Abweichungsinterdependenzen im Rahmen der kumulativen Abweichungsanalysemethode rechentechnisch sinnvoll zu berücksichtigen, erscheint es zweckmäßig, die Teilabweichungen nacheinander in einer genau definierten Reihenfolge abzuspalten. Die Reihenfolge ist dabei so festzulegen, daß eine unter dem Aspekt der Kostenkontrolle weniger aussagefähige Abweichung, z.B. die Preisabweichung, zuerst errechnet und abgespalten wird, da hier der Anteil sekundärer bzw. höhergradiger Abweichungen am größten ist (vgl. Vormbaum/Rautenberg [1985], S. 214).

Falls in der Abweichungsanalyse nur zwei Kostenbestimmungsfaktoren untersucht werden, wird die Sekundärabweichung in voller Höhe bei dem jeweils zuerst untersuchten Faktor erfaßt. Handelt es sich bei den betrachteten Kostenbestimmungsfaktoren z.B. um Preis und Menge einer bestimmten Kostenart, so wird abhängig von der Reihenfolge die Sekundärabweichung (SA) entweder ganz der Mengenabweichung oder ganz der Preisabweichung zugerechnet.

Der Gedanke der kumulativen Abweichungsanalyse soll wieder anhand der Daten aus dem obigen Beispiel verdeutlicht werden.

(1) Zuordnung der Sekundärabweichung in Abhängigkeit von der Abspaltungsreihenfolge der Kostenbestimmungsfaktoren

Preisabweichung

Die Preisabweichung enthält die Ist- und Planwerte für die Preise sowie die Ist-Mengen der übrigen Kosteneinflußgrößen.

$$\begin{aligned} PA &= (p_i - p_p) \times x_i \\ &= \Delta p \times (x_p + \Delta x) \\ &= \Delta p \times x_p + \Delta p \times \Delta x \\ &= \Delta p \times x_p + SA \end{aligned}$$

Wie leicht zu erkennen ist, entspricht dieser erste Schritt im Rahmen der kumulativen Abweichungsanalyse der alternativen Abweichungsanalyse auf Ist-Bezugsbasis für den gerade untersuchten Kostenbestimmungsfaktor.

Mengenabweichung

Die Mengenabweichung enthält die Ist- und Planwerte für die Verbrauchsmengen sowie die Planpreise, nachdem die Preise im ersten Schritt bereits als Kostenbestimmungsfaktoren analysiert wurden.

$$\begin{aligned} MA &= p_p \times (x_i - x_p) \\ &= p_p \times \Delta x \end{aligned}$$

Es ist auch hier sofort ersichtlich, daß der letzte Schritt der kumulativen Abweichungsanalyse (hier die Abspaltung der Mengenabweichung) mit der alternativen Abweichungsanalyse auf Plan-Bezugsbasis identisch ist.

Addiert man die Preisabweichung und die Mengenabweichung, so ergibt sich, nachdem die Sekundärabweichung nur einmal (hier: in der Preisabweichung) verrechnet wird, exakt die oben bereits dargestellte Formel für die Gesamtabweichung:

$$\begin{aligned} PA + MA &= (\Delta p \times x_p + \Delta p \times \Delta x) + p_p \times \Delta x \\ &= \Delta p \times x_p + p_p \times \Delta x + SA \\ &= GA \end{aligned}$$

Im Beispiel ergeben sich für den Fall, daß die Preisabweichung vor der Mengenabweichung abgespalten wird, folgende Werte:

$$\begin{aligned} PA &= \Delta p \times x_p + \Delta p \times \Delta x \\ &= 5 \times 100 + 5 \times 10 \\ &= 550,\text{– DM} \end{aligned}$$

$$\begin{aligned} MA &= p_p \times \Delta x \\ &= 20 \times 10 \\ &= 200,\text{– DM} \end{aligned}$$

Gegenüber den Ausgangswerten (MA = 200,– DM, PA = 500,– DM) zeigt sich, daß die Preisabweichung als zuerst abgespaltene Einzelabweichung bei der kumulativen Abweichungsverrechnung in voller Höhe die Sekundärabweichung von 50,– DM enthält.

Die folgende Abbildung 14.10 verdeutlicht dieses Ergebnis:

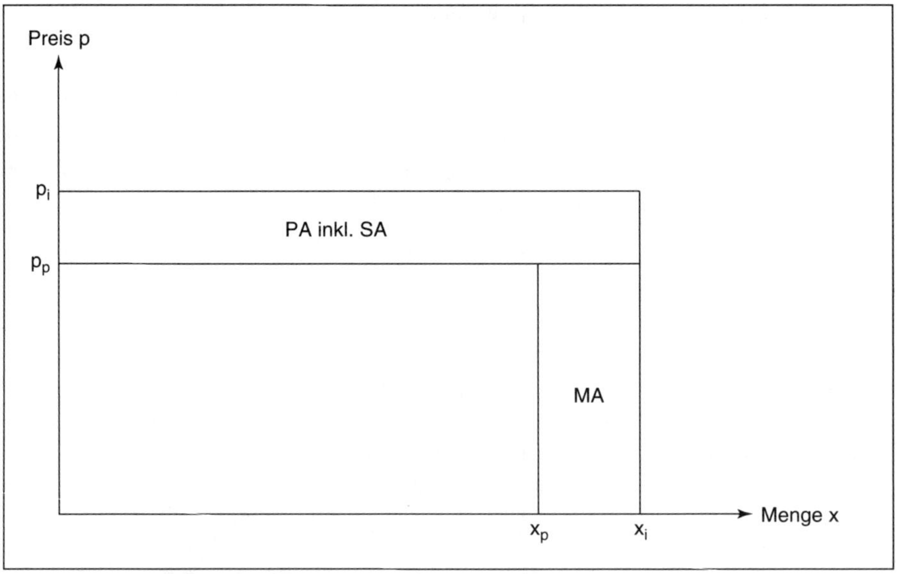

Abb. 14.10: Kumulative Abweichungsanalyse (Abspaltung der Preis- vor der Mengenabweichung)

Änderung der Reihenfolge

Die Änderung der Abspaltungsreihenfolge zeigt, daß immer der zuerst abgespaltenen Teilabweichung die Sekundärabweichung in voller Höhe zugerechnet wird, da dieser Schritt mit der Vorgehensweise der alternativen Abweichungsanalyse auf Ist-Bezugsbasis identisch ist. Nunmehr enthält die Mengenabweichung die Ist- und Planwerte für die Verbrauchsmengen sowie die Ist-Preise der übrigen Kosteneinflußgrößen.

$$\begin{aligned} MA &= p_i \times (x_i - x_p) \\ &= (p_p + \Delta p) \times \Delta x \\ &= p_p \times \Delta x + \Delta p \times \Delta x \\ &= p_p \times \Delta x + SA \end{aligned}$$

Die Preisabweichung enthält die Ist- und Planwerte für die Preise sowie die Planmengen, nachdem die Verbrauchsmengen im ersten Schritt bereits als Kostenbestimmungsfaktor analysiert wurden.

$$\begin{aligned} PA &= (p_i - p_p) \times x_p \\ &= \Delta p \times x_p \end{aligned}$$

Im Beispiel ergeben sich für den Fall, daß die Mengenabweichung vor der Preisabweichung abgespalten wird, folgende Werte:

$$\begin{aligned} MA &= p_p \times \Delta x + \Delta p \times \Delta x \\ &= 20 \times 10 + 5 \times 10 \\ &= 250,\text{– DM} \end{aligned}$$

$$\begin{aligned} PA &= \Delta p \times x_p \\ &= 5 \times 100 \\ &= 500,\text{– DM} \end{aligned}$$

Gegenüber den Ausgangswerten (MA = 200,– DM, PA = 500,– DM) zeigt sich, daß die Mengenabweichung als zuerst abgespaltene Einzelabweichung bei der kumulativen Abweichungsverrechnung in voller Höhe die Sekundärabweichung von 50,– DM enthält.

Auch die folgende Abbildung 14.11 verdeutlicht dies:

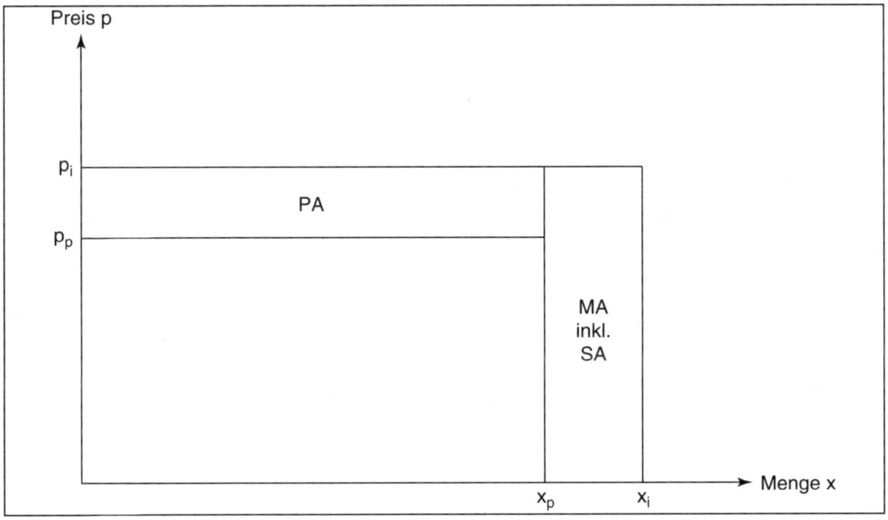

Abb. 14.11: Kumulative Abweichungsanalyse (Abspaltung der Mengen- vor der Preisabweichung)

(2) Praktische Vorgehensweise bei der kumulativen Abweichungsanalyse

Vorgehensweise

Das Ziel der Abweichungsanalyse ist das Aufdecken von Unwirtschaftlichkeiten im Rahmen des betrieblichen Wertschöpfungsprozesses. Bei Anwendung der kumulativen Abweichungsanalyse zur Ermittlung von Teilabweichungen enthalten die jeweils zuerst abgespaltenen Teilabweichungen den Großteil der Abweichungen höheren Grades. Eine Vorgehensweise, bei der die Restabweichung, die die Input-Mengenabweichung und alle anderen nicht betrachteten Kostenbestimmungsfaktoren enthält, im Rahmen der stufenweisen Ermittlung von Teilabweichungen zuletzt abgespalten wird, ist in Abbildung 14.12 dargestellt. Eine gesonderte Behandlung verdient die Veränderung der variablen Kosten, die sich aus der gegenüber der Planung veränderten Output-Menge und der damit verbundenen Änderung der Input-Menge ergibt. Da diese Veränderung i.d.R. von keiner betrieblichen Kostenstelle beeinflußt werden kann, wird sie im allgemeinen separat abgespalten.

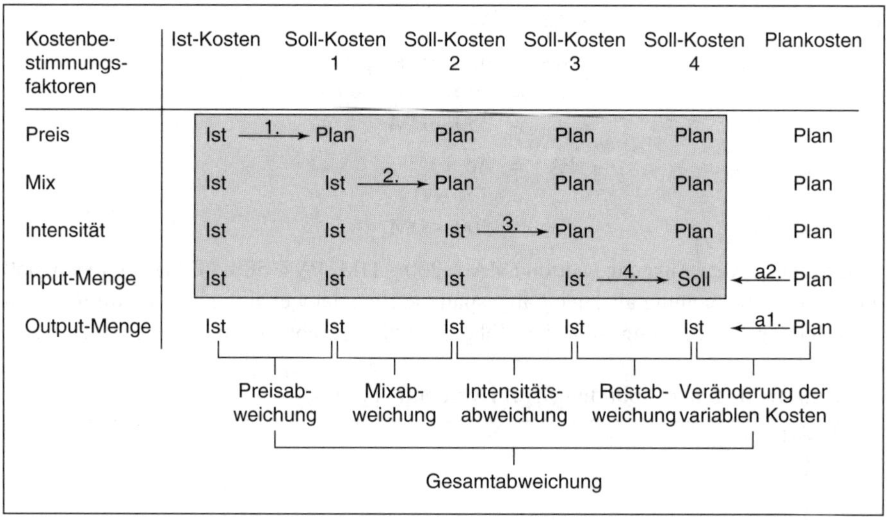

Abb. 14.12: Kumulative Aufspaltung der Gesamtabweichung in der Grenzplankostenrechnung

Echte Verbrauchsabweichung

Wie Abbildung 14.12 zeigt, wird im ersten Schritt der kumulativen Abweichungsanalysemethode die Preisabweichung (1.) abgespalten. Als zweite Teilabweichung wird im hier gewählten Beispiel die Mixabweichung ermittelt (2.). Die dritte Teilabweichung ist die Intensitätsabweichung (3.). Als vierte Abweichung wird die Restabweichung von der Gesamtabweichung abgespalten (4.). In der Abbildung 14.12 taucht bei der Ermittlung der Veränderung der variablen Kosten (a1., a2.) – beim für die Restabweichung relevanten Kostenbestimmungsfaktor Input-Menge – der Begriff »Soll« auf, der den planmäßigen Input bezogen auf die Ist-Output-Menge ausdrückt. Die Restabweichung kann als »echte Verbrauchsabweichung« bzw. als Input-Mengenabweichung interpretiert werden, wenn keine weiteren, wesentlichen Kostenbestimmungsfaktoren zu erkennen sind (vgl. Kilger [1993], S. 177).

Zuordnung von Abweichungen höheren Grades

Die Zuordnung der Abweichungen höheren Grades zu den einzelnen Teilabweichungen ergibt sich folgendermaßen:

Für die zweite (hier die Mixabweichung) und alle weiteren Abweichungen, die abgespalten werden, reduzieren sich die höhergradigen Abweichungen entsprechend kombinatorischer Zusammenhänge (ohne Reihenfolge, ohne Zurücklegen). Dabei fallen alle Abweichungen höheren Grades heraus, die mit dem zuvor abgespaltenen Kostenbestimmungsfaktor in Zusammenhang stehen. Es verbleiben in der jetzt abgespaltenen Abweichung diejenigen Abweichungen höheren Grades, die zwischen dem jetzt abgespaltenen und allen weiteren noch abzuspaltenden Kostenbestimmungsfaktoren bestehen.

Bei zwei Kostenbestimmungsfaktoren tritt die Abweichung höheren Grades in Form einer sog. Sekundärabweichung auf. Bei drei (vier etc.) zu untersuchenden Kostenbestimmungsfaktoren treten entsprechend noch zusätzliche Tertiärabweichungen (Quartärabweichungen etc.) auf. In Abhängigkeit von der Anzahl der Kostenbestimmungsfaktoren erhöht sich die der ersten Teilabweichung zugerechnete Anzahl der Sekundär-, Tertiär- und höherwertigeren Abweichungen gemäß Tabelle 14.1:

Anzahl der Kostenbestimmungsfaktoren	Sekundärabweichung	Tertiärabweichung	Quartärabweichung	Quintärabweichung	etc.
2	1	–	–	–	–
3	2	1	–	–	–
4	3	3	1	–	–
5	4	6	4	1	–
etc.	...	...	...	...	...

Tab. 14.1: In Abhängigkeit von der Anzahl der Kostenbestimmungsfaktoren der ersten Teilabweichung zugerechnete Abweichungen höheren Grades

Die Abweichungen höheren Grades werden den Teilabweichungen entsprechend der Reihenfolge ihrer Ermittlung zugeordnet. Die Anzahl der Kostenbestimmungsfaktoren, die noch mit ihren Ist-Werten in die Berechnung einer Abweichung eingehen, determinieren den Betrag der Abweichungen höheren Grades. Dies bedeutet, daß alle Abweichungen höheren Grades, die durch den im Augenblick untersuchten Kostenbestimmungsfaktor und den noch mit ihren Ist-Werten eingehenden Kostenbestimmungsfaktoren tangiert werden, nur der jetzt zu untersuchenden Abweichung zugerechnet werden. Eine nachfolgend abzuspaltende Abweichung enthält keine der zuvor schon zugerechneten Abweichungen höheren Grades, da der Kostenbestimmungsfaktor für die zuvor abgespaltene Abweichung mit seinem Planwert beibehalten wird. Folglich sind diejenigen Abweichungen mit einem größeren Betrag an Abweichungen höheren Grades belastet, bei denen mehrere Kostenbestimmungsfaktoren mit Ist-Werten einfließen. Die zuletzt ermittelte Abweichung ist am wenigsten von Abweichungen höheren Grades beeinflußt, so daß dieser Abweichungsbetrag weitestgehend der betreffenden Kostenstelle zugerechnet werden kann.

Reihenfolge

Die Reihenfolge bei der Abspaltung der zu den einzelnen Kostenbestimmungsfaktoren gehörenden Teilabweichungen ist nicht fest vorgegeben. Es kann betriebs-, bereichs- bzw. abteilungsspezifisch entschieden werden, welche Teilabweichung am unverfälschtesten, d.h. weitgehend ohne Sekundärabweichung bzw. Abweichungen höheren Grades, ausgewiesen werden soll. Würden in der linken Spalte von Abbildung 14.12 z.B. die Kostenbestimmungsfaktoren Intensität und Mix vertauscht, so würde folglich auch die Intensitäts- vor der Mixabweichung aus der Gesamtabweichung abgespalten werden. Die Reihenfolge der abzuspaltenden Kostenbestimmungsfaktoren ist jeweils entsprechend zur vorherrschenden Zielsetzung anzupassen.

Die in Abbildung 14.12 vorgestellte Vorgehensweise der kumulativen Aufspaltung der Gesamtabweichung für die Grenzplankostenrechnung kann um die Analyse der Fixkosten einer Vollplankostenrechnung erweitert werden. Dabei kann zwischen den letzten Soll-Kosten (hier: Soll-Kosten 4) und den Plankosten eine weitere Spalte für die verrechneten Plankosten eingefügt werden. Abbildung 14.13 zeigt die durch die zusätzliche Aufnahme der Proportionalisierung der Fixkosten gewonnene Aufspaltung der Veränderung der variablen Kosten in die Beschäftigungs- und die Budgetabweichung (siehe auch Abschnitt B.I. dieses Kap.). Im weiteren lassen sich andere Teilabweichungen sinnvoll zusammenfassen. So können im hier dargestellten Beispiel die Mix-, die Intensitäts- und die Restabweichung zur globalen Verbrauchsabweichung aufsummiert werden.

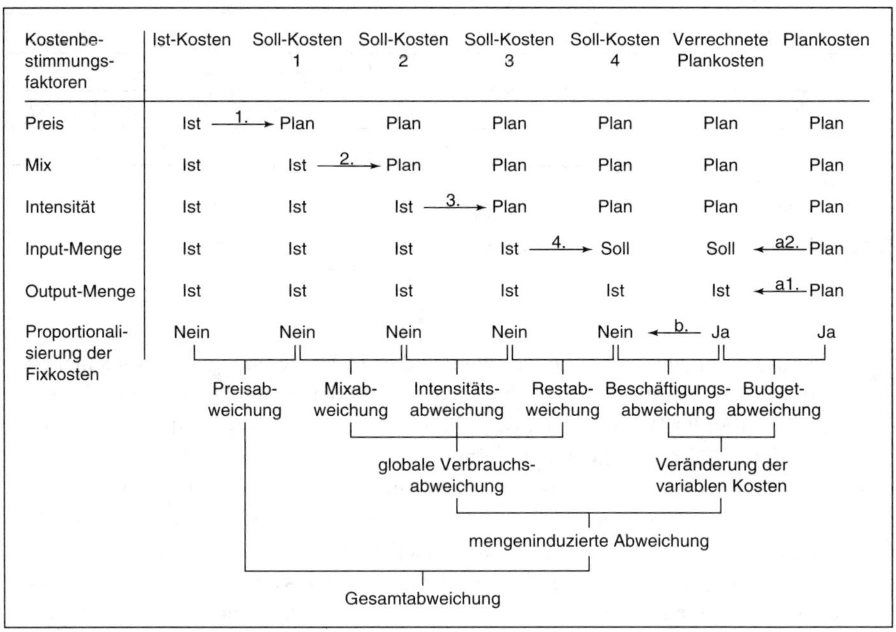

Abb. 14.13: Kumulative Aufspaltung der Gesamtabweichung in der Vollplankostenrechnung

Aufstellung des Schemas

Die drei wesentlichen Schritte für die Aufstellung des Schemas bei kumulativer Abweichungsverrechnung lauten nochmals kurz zusammengefaßt:

- Der aktuell betrachtete Kostenbestimmungsfaktor variiert (Ist-/Planwerte),
- bereits analysierte Kostenbestimmungsfaktoren werden mit Planwerten beibehalten,
- noch zu untersuchende Kostenbestimmungsfaktoren werden mit Ist-Werten ausgewiesen.

Ein Beispiel nicht nur für die kumulative Kostenabweichungsanalyse sondern auch für die kumulative Umsatzabweichungsanalyse wird in Kapitel 15 ausführlich dargestellt.

Beurteilung:

Kritik

Wie bereits betont wurde, ist die Reihenfolge der abgespaltenen Teilabweichungen im Rahmen der Abweichungsanalyse entscheidend für die Verrechnung der Abweichungen höheren Grades und damit ausschlaggebend für die Höhe der ausgewiesenen Einzelabweichungen. Auch die kumulative Abweichungsverrechnung ist damit i.e.S. noch keine verursachungsgerechte Lösung. Sie läßt sich aber nach Zweckmäßigkeitsüberlegungen so gestalten, daß die jeweils für Kontrollzwecke am meisten interessierende Abweichung zuletzt abgespalten wird, da diese dann weitgehend frei von Einflüssen der Abweichungsüberschneidungen ist. Falls nur zwei Kostenbestimmungsfaktoren (z.B. Preise und Verbrauchsmengen einer bestimmten Kostenart) betrachtet werden, kann man das Reihenfolgeproblem in der Weise lösen, daß zunächst die Preisabweichung ermittelt und ihr damit die Sekundärabweichung zugerechnet wird. Dieser Reihenfolge der Verrechnung der Sekundärabweichung liegt der Gedanke zugrunde, daß die zu kontrollierenden Kostenstellen nur für die Verbrauchsmenge eines Einsatzfaktors verantwortlicht gemacht werden können. Preisschwankungen gehen als weitgehend exogen bedingter Kosteneinflußfaktor nicht zu Lasten des betreffenden Kostenstellenleiters. Bei der Anwendung der kumulativen Abweichungsverrechnung ist für den Fall, daß die Preisabweichung zuerst abgespalten wird, allerdings zu beachten, daß Mengenüberschreitungen im Betrieb de facto nicht mit Planpreisen sondern zu Ist-Preisen bewertet werden (müssen). Eine Mengenabweichung, z.B. Materialmehrverbrauch, kann damit in Form von Nacharbeitungskosten oder Überstundenzuschlägen auch eine Preisabweichung verursachen, so daß letztere nicht automatisch als exogener Kosteneinflußfaktor angesehen werden darf.

d) Differenziert-alternative Abweichungsverrechnung

Differenziert-alternative Abweichungsverrechnung

Anhand von Abbildung 14.12 läßt sich zunächst auch die Vorgehensweise der **differenziert-alternativen Abweichungsanalysemethode** beschreiben (vgl. im folgenden Jakoby/Schmitz [1996], S. 13 ff.). Die Restabweichung (4.) wird ermittelt, indem nur ein Kostenbestimmungsfaktor, die (Input-)Menge, von Plan auf Ist umgestellt wird, während alle anderen (bis auf die exogen bestimmte Ist-Output-Menge) Einflußfaktoren mit Planwerten in die Rechnung eingehen. Abweichungen höheren Grades treten dabei nicht auf, da keine multiplikative Verknüpfung von »Ist-Kostenbestimmungsfaktoren« vorliegt. Nun können alternativ nacheinander statt der Rest- auch die Mix- oder die Intensitätsabweichung als Differenz zwischen Soll-Kosten 3 und Soll-Kosten 4 berechnet werden, ohne daß Abweichungen höheren Grades in diesen Teilabweichungen vorhanden sind, weil alle anderen Kostenbestimmungsfaktoren weiterhin mit Planwerten angesetzt werden. Um die jeweiligen einem Kostenbestimmungsfaktor zugerechneten Abweichungen höheren Grades separat ausweisen zu können, wird nun für jeden zu untersuchenden Kostenbestimmungsfaktor – vergleichbar dem ersten Schritt der kumulativen Abweichungsanalysemethode – ausgehend von den Ist-Werten durch Veränderung nur dieses Kostenbestimmungsfaktors auf Planbasis eine alternative Abweichungsanalysemethode (Ist-Soll-Vergleich auf Ist-Bezugsbasis) durchgeführt. Diese Abweichung enthält die Primärabweichung zuzüglich der zugerechneten Abweichungen höheren Grades. Aus der Differenz der beiden alternativen Abweichungen (einmal als Ist-Soll-Vergleich auf Plan-Bezugsbasis und einmal auf Ist-Bezugsbasis) werden dann die einem Kostenbestimmungsfaktor zugerechneten Abweichungen höheren Grades separat ausgewiesen. Abbildung 14.14 verdeutlicht am Beispiel der Mixabweichung die beschriebene Vorgehensweise für mehrere Kostenbestimmungsfaktoren:

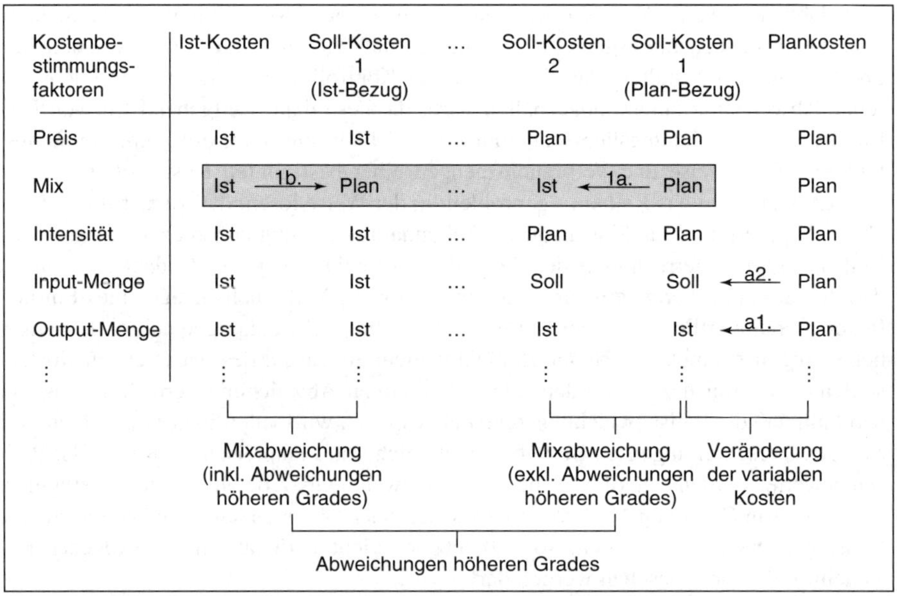

Abb. 14.14: Differenziert-alternative Abspaltung am Beispiel der Mixabweichung

Vorgehensweise

Wie Abbildung 14.14 zeigt, wird durch das Umstellen der Output-Menge von Plan auf Ist und korrespondierend der Umstellung der Input-Menge von Plan auf Soll zunächst die Veränderung der variablen Kosten (a1. und a2.) errechnet. In einem zweiten Schritt wird die Mixabweichung ermittelt. Zuerst wird dabei die von Abweichungen höheren Grades freie Mixabweichung ausgehend von den Planwerten, also von rechts nach links im Schema, bestimmt (1a.). Danach wird die Mixabweichung ausgehend von den Ist-Werten (im Schema von links nach rechts) abgespalten (1b.). Die Differenz aus den beiden Abweichungen (1b. – 1a.) zeigt die durch die Veränderung des Planmixes hervorgerufenen Abweichungen höheren Grades. Für jeden weiteren Kostenbestimmungsfaktor, z.B. Intensität, lassen sich dieselben Schritte wiederholen.

Im folgenden soll anhand der Mixabweichung der Zusammenhang von Primärabweichung und Abweichungen höheren Grades im Einproduktfall näher beleuchtet werden. Es werden folgende Abkürzungen verwendet:

ma_{ik} = Ist-Mixanteil des Einsatzfaktors k an einer Einheit des Produkts,
ma_{pk} = Plan-Mixanteil des Einsatzfaktors k an einer Einheit des Produkts,
Δma_k = $ma_{ik} - ma_{pk}$ = Abweichung zwischen Ist- und Plan-Mixanteil des Produktionsfaktors k,
x_i = Ist-Input-Menge der Einsatzfaktoren,
x_s = Soll-Input-Menge der Einsatzfaktoren,
x_p = Plan-Input-Menge der Einsatzfaktoren,
Δx = $x_i - x_s$ = Abweichung zwischen Ist- und Soll-Input-Menge der Einsatzfaktoren,
p_{ik} = Ist-Preis des Einsatzfaktors k,
p_{pk} = Planpreis des Einsatzfaktors k,
Δp_k = $p_{ik} - p_{pk}$ = Abweichung zwischen Ist- und Planpreis des Einsatzfaktors k,

für $k = 1, \ldots, m$.

Die Mixabweichung inkl. aller Abweichungen höheren Grades (1b.) läßt sich gemäß Abb. 14.14 berechnen, indem der Mix von Ist auf Plan umgestellt wird und alle anderen Kostenbestimmungsfaktoren auf Ist beibehalten werden. Bei drei Kostenbestimmungsfaktoren (Preis, Input-Menge, Mix) ergibt sich folgende Formel:

$$\sum_{k=1}^{m} p_{ik} \times ma_{ik} \times x_i - \sum_{k=1}^{m} p_{ik} \times ma_{pk} \times x_i$$

Durch Auflösung in die ihr zugrunde liegenden Abweichungskomponenten erhält man:

$$= \sum_{k=1}^{m} p_{ik} \times (ma_{ik} - ma_{pk}) \times x_i$$

$$= \sum_{k=1}^{m} (p_{pk} + \Delta p_k) \times \Delta ma_k \times (x_s + \Delta x)$$

$$= \sum_{k=1}^{m} \Delta ma_k \times (p_{pk} \times x_s + \Delta p_k \times x_s + p_{pk} \times \Delta x + \Delta p_k \times \Delta x)$$

$$= \sum_{k=1}^{m} \Delta ma_k \times p_{pk} \times x_s \qquad \text{(Primärabweichung)}$$

$$+ \sum_{k=1}^{m} \Delta ma_k \times \Delta p_k \times x_s \qquad \text{(Sekundärabweichung zwischen Preis und Mix)}$$

$$+ \sum_{k=1}^{m} \Delta ma_k \times p_{pk} \times \Delta x \qquad \text{(Sekundärabweichung zwischen Input-Menge und Mix)}$$

$$+ \sum_{k=1}^{m} \Delta ma_k \times \Delta p_k \times \Delta x \qquad \text{(Tertiärabweichung zwischen allen Kostenbestimmungsfaktoren)}$$

Werden die primäre Mixabweichung und alle Abweichungen höheren Grades zusammengefaßt, erhält man die Mixabweichung, die sich aus Schritt 1b. in Abbildung 14.14 ergibt.

Wenn nun in Schritt 1a. die Mixabweichung ohne Abweichungen höheren Grades ausgewiesen wird,

$$\sum_{k=1}^{m} p_{pk} \times ma_{ik} \times x_s - \sum_{k=1}^{m} p_{pk} \times ma_{pk} \times x_s$$

$$= \sum_{k=1}^{m} p_{pk} \times \Delta ma_k \times x_s \qquad \text{(Primärabweichung)}$$

läßt sich aus der Differenz der beiden abgespaltenen Abweichungen die Summe der diesen Kostenbestimmungsfaktor betreffenden Abweichungen höheren Grades separieren. Folglich sind so alle Daten vorhanden, die zur differenziert-alternativen Abweichungsanalysemethode notwendig sind, ohne daß alle Sekundär- und höhergradigen Abweichungen einzeln berechnet werden müssen. Zum besseren Verständnis der Vorgehensweise soll das folgende Beispiel dienen.

Beispiel

Beispiel 14.2:

Die Planzahlen eines Unternehmens beschreiben die Produktion eines Produkts mit einer Output-Menge von 1 000 Einheiten. Der Ist-Output dieses Produkts beträgt 640 Einheiten. Der Produktionskoeffizient für die Summe aller Input-Faktoren beträgt 1:1. Dazu wurde eine Input-Menge (x_i) von 650 Einheiten für alle drei Einsatzfaktoren A, B und C zusammen benötigt, wobei allerdings die Input-Menge der drei Faktoren A/B/C laut Planung (x_s) nur 640 Stück betragen sollte. Der Ist-Mix beträgt 25:40:35 gegenüber dem Plan von 30:40:30 für A/B/C. Die Faktorpreise veränderten sich gegenüber dem Plan von 2,–/3,–/4,– DM auf 3,–/2,–/4,– DM für die Inputfaktoren A/B/C.

Die Veränderung der variablen Kosten aufgrund des niedrigeren Outputs von 640 gegenüber 1 000 geplanten Einheiten soll unter Beibehaltung der sonstigen Plandaten (vgl. Abb. 14.14) als erstes abgespalten werden:

$$\begin{aligned}
\text{Veränderung der variablen Kosten} &= \text{Soll-Kosten 1 (Plan-Bezugsbasis)} - \text{Plankosten} \\
&= \sum_{k=1}^{m} p_{pk} \times ma_{pk} \times x_s - \sum_{k=1}^{m} p_{pk} \times ma_{pk} \times x_p \\
&= (2 \times 0{,}3 + 3 \times 0{,}4 + 4 \times 0{,}3) \times 640 \\
&\quad - (2 \times 0{,}3 + 3 \times 0{,}4 + 4 \times 0{,}3) \times 1\,000 \\
&= 3 \times 640 - 3 \times 1\,000 \\
&= 1\,920 - 3\,000 \\
&= -1\,080,\text{– DM}
\end{aligned}$$

Die Veränderung der variablen Kosten ist allein auf Veränderungen gegenüber der geplanten Output-Menge zurückzuführen. Sie ist daher vor einer eingehenden Kostenabweichungsanalyse von der Gesamtabweichung abzuspalten.

Mit den weiteren Zahlenangaben läßt sich die Mixabweichung inkl. aller Abweichungen höheren Grades (1b.) wie folgt berechnen:

$$\begin{aligned}
& 3 \times (0{,}25 - 0{,}3) \times 650 + 2 \times (0{,}4 - 0{,}4) \times 650 + 4 \times (0{,}35 - 0{,}3) \times 650 \\
=\ & -97{,}5 + 0 + 130 \\
=\ & 32{,}50 \text{ DM}
\end{aligned}$$

Die Mixabweichung ohne Abweichungen höheren Grades (1a.) ist weitaus höher, da z.B. der Mixanteil des Inputfaktors A abnimmt, diese Reduzierung jedoch mit dem im Vergleich zum Ist-Preis niedrigeren Planpreis des Faktors bewertet wird:

$$
\begin{aligned}
& 2 \times (0{,}25 - 0{,}3) \times 640 + 3 \times (0{,}4 - 0{,}4) \times 640 + 4 \times (0{,}35 - 0{,}3) \times 640 \\
= & -64 + 0 + 128 \\
= & 64{,}\text{– DM}
\end{aligned}
$$

Folglich ergibt sich für die Höhe der Abweichungen höheren Grades ein Wert von 32,5 – 64 = –31,50 DM.

Aus der nachfolgenden Tabelle 14.2 lassen sich sämtliche Teilabweichungen und die dazugehörigen höhergradigen Abweichungen ablesen.

(in DM)	Preis	Mix	Input-Menge
Teilabweichung incl. Abweichungen höheren Grades (1b.)	–97,5	32,5	29,5
– Teilabweichung excl. Abweichungen höheren Grades (1a.)	–64	64	30
= Abweichungen höheren Grades des Kostenbestimmungsfaktors	–33,5	–31,5	–0,5

Tab. 14.2: Ergebnisse des Beispiels zur differenziert-alternativen Abweichungsanalyse

Beurteilung: *Kritik*

Die gleichzeitige Berechnung der Abweichungen sowohl inklusive als auch exklusive der Abweichungen höheren Grades bietet die Möglichkeit für einen zusätzlichen Lerneffekt, weil sie den als Verantwortlichen betroffenen Mitarbeitern bzw. Kostenstellenleitern demonstriert, wie nur durch die von ihnen verursachte Abweichung Abweichungen höheren Grades ausgelöst werden. Nur durch die Abweichung von ihren Planvorgaben konnte der korrespondierende Effekt mit anderen Abweichungen entstehen. Diese zusätzliche Information fördert sicherlich die Transparenz bezüglich des Wirkungszusammenhangs des jeweils untersuchten Kostenbestimmungsfaktors mit den anderen Kostenbestimmungsfaktoren und stärkt somit das Bewußtsein für strukturelle Interdependenzen im Unternehmen. Dieser Erkenntnisgewinn kann nunmehr zur besseren Steuerung der Verantwortlichen bzw. deren Verhalten beitragen.

Es gilt zwar $TA_1 + TA_2 + TA_3 + \ldots + TA_n \neq GA$ unabhängig davon, ob die Teilabweichungen (TA) inklusive oder exklusive der Abweichungen höheren Grades ausgewiesen werden. Denn innerhalb des jeweils ausgewiesenen Kostenabweichungsblocks werden Abweichungen höheren Grades mehrfach oder gar nicht erfaßt, da hier eine alternative Vorgehensweise gewählt wird. Diese Vollständigkeit ist jedoch für die Aussage der Methode nicht notwendig. Eine Änderung der Reihenfolge bei der Abspaltung einzelner Teilabweichungen hat keine Auswirkung auf deren Höhe, da immer die gleiche (alternative) Vorgehensweise gewählt wird. Folglich verstößt die differenziert-alternative Vorgehensweise nur im engeren Sinne gegen das Prinzip der Vollständigkeit, das in der Literatur als wichtiges Kriterium für die Akzeptanz einer Abweichungsanalysemethode angesehen wird.

e) Differenzierte Abweichungsverrechnung

Differenzierte Abweichungsverrechnung

Der differenzierte Ausweis nicht nur von Primärabweichungen sondern auch von Abweichungen höheren Grades wird schon seit längerem unter dem Ansatz der **differenzierten** bzw. differenziert-kumulativen **Abweichungsanalysemethode** diskutiert (vgl. u.a. Blume [1981], S. 135f.; Kloock [1988]; Kloock/Bommes [1982]; Wilms [1988]). Dabei lassen sich bezüglich der Ausgestaltung bzw. des Grades der Differenzierung im Grunde zwei Extremfälle unterscheiden:

- Zum einen kann jede Primär-, Sekundär-, Tertiär- und höherwertigere Abweichung separat ausgewiesen werden (vollständig differenziert; vgl. Tab. 14.3).
- Zum anderen wird auf die explizite Aufgliederung der Abweichungen höheren Grades verzichtet, d.h., die Abweichungen höheren Grades aller Kostenbestimmungsfaktoren werden ›en bloc‹ neben den differenziert ausgewiesenen Primärabweichungen angegeben (teilweise differenziert).

In beiden Fällen wird jede Teilabweichung durch eine alternative Abweichungsanalyse auf Plan-Bezugsbasis ermittelt. Dabei ist davon auszugehen, daß in Abhängigkeit von der Bezugsbasis alle Teilabweichungen im Gegensatz zur kumulativen Abweichungsanalysemethode als Primärabweichungen, d.h. ohne Abweichungen höheren Grades, ausgewiesen werden. Im vollständig differenzierten Fall werden alle Abweichungen höheren Grades explizit ausgerechnet. Im teilweise differenzierten Fall ermitteln sich die Abweichungen höheren Grades ›en bloc‹, indem die Summe der Primärabweichungen von der Gesamtabweichung subtrahiert wird.

Im nachfolgenden Beispiel wird die vollständig differenzierte Methode angedeutet.

Beispiel

Beispiel 14.2 (Fortführung):
Nach Berechnung aller benötigten, von Abweichungen höheren Grades freien Abweichungen bleibt ein Kostenabweichungsblock übrig, der sich aus allen nicht verursachungsgerecht zurechenbaren Sekundär- und höherwertigen Abweichungen zusammensetzt. Im Beispiel läßt sich z.B. die Tertiärabweichung folgendermaßen berechnen:

$$\begin{aligned}\text{Tertiärabweichung} &= \sum_{k=1}^{m} \Delta ma_k \times \Delta p_k \times \Delta x \\ &= [(-0{,}05)\times 1 + 0\times(-1) + 0{,}05\times 0]\times 10 = -0{,}50 \text{ DM}\end{aligned}$$

Aus Tabelle 14.3 lassen sich sämtliche **Primär**-, *Sekundär*- und Tertiärabweichungen ablesen.

(in DM)	Preis	Mix	Input-Menge
Preis	**–64**	*–32*	*–1*
Mix	*–32*	**64**	*1*
Input-Menge	*–1*	*1*	**30**
Tertiärabweichung	–0,5		

Tab. 14.3: Ergebnisse des Beispiels zur differenzierten Abweichungsanalyse

Bei einem Ausweis nach der teilweise differenzierten Methode ergibt sich für alle Abweichungen höheren Grades zusammen (en bloc) ein Betrag von –32,50 DM (= –32 + (–1) + 1 + (–0,50)).

Zur Vervollständigung des Beispiels und Dokumentation der Plausibilität der Vorgehensweisen wird im folgenden die Gesamtabweichung durch die Primär- und höhergradigen Abweichungen dargestellt:

GA = Ist-Kosten – Plankosten
= drei Primärabweichungen (Preis, Mix, Input-Menge)
+ drei Sekundärabweichungen (Preis/Mix, Preis/Input-Menge, Mix/Input-Menge)
+ einer Tertiärabweichung (Preis/Mix/Input-Menge)
+ Veränderung der variablen Kosten

$$
\begin{aligned}
GA &= 3 \times 0{,}25 \times 650 + 2 \times 0{,}4 \times 650 + 4 \times 0{,}35 \times 650 \\
&\quad - (2 \times 0{,}3 \times 1\,000 + 3 \times 0{,}4 \times 1\,000 + 4 \times 0{,}3 \times 1\,000) \\
&= 1\,917{,}50 - 3\,000 \\
&= (-64) + 64 + 30 \\
&\quad + (-32) + (-1) + 1 \\
&\quad + (-0{,}50) \\
&\quad + (-1\,080) \\
&= -1\,082{,}50 \text{ DM}
\end{aligned}
$$

Beurteilung: *Kritik*

Die hier angesprochenen differenzierten Methoden sind grundsätzlich positiv zu beurteilen, da sie die Gesamtabweichung detailliert und vollständig darstellen. Dennoch lassen sich einige kritische Anmerkungen machen, die die Vorteile der differenziert-alternativen Methode gegenüber den anderen Methoden zutage treten lassen.

Ein vollständig differenzierter Ausweis aller Abweichungen höheren Grades trägt nicht unbedingt zur Überschaubarkeit bei, da diese evtl. sehr große Anzahl an einzelnen Abweichungen höheren Grades aufgrund kompensatorischer Effekte kaum zu interpretieren ist und eine zu große Anzahl an Informationen auch unter Nutzen-Kosten-Gesichtspunkten nicht unbedingt sinnvoll erscheint. Darüber hinaus ist es bei der vollständig wie bei der teilweise differenzierten Methode nicht möglich, Wirkungszusammenhänge des jeweils untersuchten Kostenbestimmungsfaktors mit den anderen Kostenbestimmungsfaktoren deutlich zu machen, da eine Zuordnung der Abweichungen höheren Grades zur jeweiligen Primärabweichung nicht problematisiert wird.

f) Zusammenfassung und Ausblick

In der Literatur wird die Verursachungsgerechtigkeit der verschiedenen Methoden zur Kostenabweichungsanalyse kontrovers diskutiert:

LINK ([1987]) bewertet die symmetrische Methode, d.h. die Verteilung der Sekundärabweichung zu gleichen Teilen auf die Preis- bzw. Mengenabweichung, als überlegene Vorgehensweise in der Abweichungsanalyse. Im Gegensatz dazu bevorzugt KLOOCK ([1988]) die differenziert-kumulative Abweichungsanalyse.

Differenzierte Abweichungs-analyse der Min-Form

Eine weitere Form der differenzierten Abweichungsanalyse, die sog. **Min-Form**, entwickelte WILMS (vgl. Kloock [1994], S. 629; Wilms [1988], S. 96 ff.). Diese Methode versucht die Problematik der kompensatorischen Wirkung von Abweichungsüberschneidungen innerhalb einer von Abweichungen höheren Grades freien Einzelabweichung zu umgehen, indem nur ›eindeutig‹ interpretierbare Abweichungen berechnet werden. Dies geschieht dadurch, daß nur »faktisch existente« Abweichungen höheren Grades bei der Analyse berücksichtigt werden, d.h., »nur solche Bestandteile in die Abweichungsanalyse einbezogen werden, die Teilmenge der realisierten und/oder der geplanten Kosten sind« (Wilms [1988], S. 97). Eine Abweichung höheren Grades wird nur berechnet, wenn mindestens zwei Einflußfaktoren in die gleiche Richtung wirken. Die bei mehreren Kostenbestimmungsfaktoren schnell sehr komplex werdende Methode wird überwiegend abgelehnt, da sie sich z.B. auch an gegenüber dem Plan nicht effizienten Ist-Werten orientiert (vgl. zu einer ähnlichen Kritik Brühl [1993], S. 338; Jakoby/Schmitz [1996], S. 22 f.; Kloock [1994], S. 637).

Fazit

Als Fazit bleibt festzuhalten, daß die grundsätzliche Vorteilhaftigkeit differenzierter Methoden zur Ermittlung von Abweichungen sicherlich nicht zu bestreiten ist. Die von der Praxis präferierte Methode ist jedoch die kumulative Abweichungsverrechnung, die keine streng verursachungsgerechte Lösung für die Verrechnung von Abweichungen höheren Grades beinhaltet. Dieser Einwand scheint allerdings – nicht zuletzt aus Praktikabilitätsgründen – dadurch entkräftet werden zu können, daß die für das Controlling einer Kostenstelle weniger aussagefähige Teilabweichung zuerst abgespalten wird und somit die für Kontrollzwecke jeweils am meisten bedeutsame Abweichung am geringsten von Verzerrungen durch Abweichungsüberschneidungen beeinflußt wird.

Im folgenden Kapitel 15 wird aus den letztgenannten Gründen die kumulative Abweichungsanalysemethode weiterverwendet.

Abkürzungsverzeichnis

Δma_k	Abweichung zwischen Ist- und Plan-Mixanteil des Einsatzfaktors k
Δp	Abweichung zwischen Ist- und Planpreis der Einsatzfaktoren
Δp_k	Abweichung zwischen Ist- und Planpreis des Einsatzfaktors k
Δx	Abweichung zwischen Ist- und Plan-Input-Menge der Einsatzfaktoren
GA	Gesamtabweichung
K_i	Ist-Kosten
K_p	Plankosten
K_{fp}	fixe Plankosten
K_s	Soll-Kosten
K_{verr}	verrechnete Plankosten
K_{vi}	variable Ist-Kosten
K_{vp}	variable Plankosten
K_{vs}	variable Soll-Kosten
m	Gesamtanzahl der betrachteten Einsatzfaktoren
MA	Mengenabweichung
ma_{ik}	Ist-Mixanteil des Einsatzfaktors k an einer Einheit des Produkts
ma_{pk}	Plan-Mixanteil des Einsatzfaktors k an einer Einheit des Produkts
p	Preis
PA	Preisabweichung
p_i	Ist-Preis der Einsatzfaktoren
p_{ik}	Ist-Preis des Einsatzfaktors k
p_p	Planpreis der Einsatzfaktoren
p_{pk}	Planpreis des Einsatzfaktors k
SA	Sekundärabweichung
TA	Teilabweichung
x	Menge
x_i	Ist-Gesamt-Input-Menge der Einsatzfaktoren
x_p	Plan-Gesamt-Input-Menge der Einsatzfaktoren
x_s	Soll-Gesamt-Input-Menge der Einsatzfaktoren

Kontrollfragen

1) Welche Formen der Plankostenrechnung lassen sich voneinander unterscheiden?
2) Verdeutlichen Sie kurz die Vorgehensweise im Rahmen einer starren Plankostenrechnung.
3) Welche Vor- und Nachteile kennzeichnen die starre Plankostenrechnung?
4) Erläutern Sie die grundsätzliche Wirkungsweise einer flexiblen Plankostenrechnung.
5) Welche Informationen beinhaltet der sog. Variator?
6) Vergleichen Sie eine flexible Plankostenrechnung auf Vollkostenbasis mit der flexiblen Plankostenrechnung auf Grenzkostenbasis.
7) Gibt es in der flexiblen Plankostenrechnung auf Grenzkostenbasis eine Beschäftigungsabweichung?
8) Welche Informationen bietet die Abweichungsanalyse im Unternehmen?
9) Kennzeichnen Sie die Teilabweichungen, die vor dem Beginn der betrieblichen Abweichungsanalyse von der Gesamtabweichung abgespalten werden sollen, da sie nicht von den jeweiligen Kostenstellenleitern zu verantworten sind.
10) Was versteht man unter den sog. ›Spezialabweichungen‹?
11) Wie ist im Rahmen der betrieblichen Abweichungsanalyse die Restabweichung zu interpretieren?
12) Wie können Sekundärabweichungen entstehen?
13) Welche Möglichkeiten gibt es, aufgetretene Sekundärabweichungen im Rahmen der betrieblichen Abweichungsanalyse zu verrechnen?
14) Wie ist die proportionale Aufteilung von aufgetretenen Sekundärabweichungen auf die ermittelten Primärabweichungen zu beurteilen?
15) Welche Nachteile kennzeichnen die alternative Verrechnung der Sekundärabweichung?
16) Welche alternativen Vorgehensweisen kennen Sie bei der kumulativen Verrechnung der Sekundärabweichung?
17) Gibt es eine verbindliche Reihenfolge für die Abspaltung der einzelnen untersuchten Teilabweichungen aus der Gesamtabweichung?
18) Wodurch zeichnen sich differenzierte Ansätze der Abweichungsanalyse aus?
19) Welche anderen Erkenntnisse liefert die differenziert-alternative Abweichungsanalysemethode?
20) Wie sind die praktischen Einsatzmöglichkeiten der verschiedenen Konzepte für die Verrechnung von Sekundärabweichungen zu beurteilen?

Literaturhinweise

Blume, E. (1981): Kostenkontrollrechnung unter Berücksichtigung mehrstufiger Fertigungsprozesse, Thun/Frankfurt am Main 1981.

Brühl, R. (1993): Methoden der Kostenkontrollrechnung unter Berücksichtigung von Abweichungen höherer Ordnung, in: Kostenrechnungspraxis 1993, S. 336–339.

Ewert, R./Wagenhofer, A. (1997): Interne Unternehmensrechnung, 3. Aufl., Berlin u.a. 1997.

Haberstock, L. (1986): Kostenrechnung II – (Grenz-) Plankostenrechnung mit Fragen, Aufgaben und Lösungen, 7. Aufl., Hamburg 1986.

Jakoby, S./Schmitz, J. (1996): Die differenziert-alternative Abweichungsanalysemethode – ein Vorschlag für eine verhaltensorientierte Abweichungsanalyse, in: Zeitschrift für Planung 1996, S. 1–25.

Kilger, W. (1993): Flexible Plankostenrechnung und Deckungsbeitragsrechnung, Bearbeitet durch Kurt Vikas, 10. Aufl., Wiesbaden 1993.

Kloock, J. (1988): Erfolgskontrolle mit der differenziert-kumulativen Abweichungsanalyse, in: Zeitschrift für Betriebswirtschaft 1988, S. 423–434.

Kloock, J. (1994): Neuere Entwicklungen des Kostenkontrollmanagements, in: Dellmann, K./Franz, K. P. (Hrsg.) (1994): Neuere Entwicklungen im Kostenmanagement, Bern u.a. 1994, S. 607–644.

Kloock, J./Bommes, W. (1982): Methoden der Kostenabweichungsanalyse, in: Kostenrechnungspraxis 1982, S. 225–237.

Link, J. (1987): Schwachpunkte der kumulativen Abweichungsanalyse, in: Zeitschrift für Betriebswirtschaft 1987, S. 780–792.

Möller, H. P. (1985): Erfolgsabweichungsanalyse mit Erfolgsfunktionen (Teil I und II), in: Das Wirtschaftsstudium 1985, S. 30–32 und S. 81–87.

Vormbaum, H./Rautenberg, H. G. (1985): Kostenrechnung III für Studium und Praxis – Plankostenrechnung, Baden-Baden/Bad Homburg vor der Höhe 1985.

Wilms, S. (1988): Abweichungsanalysemethoden der Kostenkontrolle, Bergisch-Gladbach/Köln 1988.

15. Kapitel: Ergebnisabweichungsanalyse

Kumulative Abweichungsverrechnung

Begreift man die Kosten- und Leistungsrechnung als Instrument zur Kontrolle der Wirtschaftlichkeit, so ergibt sich daraus implizit die Notwendigkeit zur Analyse von Ergebnisabweichungen. Dies würde eine Analyse von Kosten- und Erlösabweichungen als den beiden Bestandteilen einer Ergebnisabweichung erfordern. Im folgenden wird daher ein mehrstufiges Konzept zur Kontrolle (und Steuerung) des Betriebsgewinns erläutert, das sowohl eine Analyse der Kosten- als auch der Leistungsabweichungen zuläßt. Es handelt sich um eine Anwendung der kumulativen Abweichungsanalysemethode, die in Kapitel 14 Abschnitt C.II.2c) beschrieben wurde.

A. Grundsystematik der Ergebnisabweichungsanalyse

Ergebnisabweichung

Abweichungsanalysen des Betriebsergebnisses dienen der Ermittlung von Ursachen für die Abweichung zwischen dem budgetierten Plan- und dem effektiven Ist-Gewinn. Der Gewinn ergibt sich aus der Differenz von Umsatz und Kosten der betrachteten Periode. Folglich stellen auch die Umsatz- und die Kostenabweichung Bestandteile der Ergebnis(Gewinn-)abweichung dar. Sowohl der Erlös als auch die Kosten werden durch Mengen- und Preiskomponenten bestimmt, bei denen Abweichungen zwischen Ist- und Planwerten auftreten können. Die erste Hauptvariable der Ergebnisanalyse bilden die Preis- und Mengendifferenzen zwischen dem effektiv erreichten und dem geplanten Umsatz einer Periode (Umsatzabweichung). Da das Ergebnis außer der Umsatzabweichung auch noch Preis- bzw. Mengendifferenzen in den Kosten enthalten kann, stellen die Abweichungen bei den für die Ist- und Plan-Produktionsmenge verrechneten variablen und fixen Kosten die zweite Hauptvariable der Ergebnisabweichung dar (Kostenabweichung).

Systematisierung

Diese beiden Hauptabweichungen, Umsatz- bzw. Kostenabweichung, lassen sich als Basis für ein differenziertes System der Abweichungsanalyse verwenden. In Abbildung 15.1 ist der prinzipielle Aufbau eines solchen Systems, das verschiedene Analysestufen mit zunehmendem Detaillierungsgrad beinhaltet, dargestellt.

Der linke Ast von Abbildung 15.1 zeigt Abweichungen, die durch Differenzen zwischen tatsächlichen und geplanten Verkaufspreisen bzw. Unterschiede zwischen effektiven und geplanten Absatzmengen in einer Periode verursacht worden sind. Der rechte Ast beinhaltet die verschiedenen Komponenten der Kostenabweichung für den betrachteten Zeitraum. Das Schema enthält nicht sämtliche, in der Praxis denkbaren Abweichungsursachen, z.B. Rabatt- oder Skontoabweichungen. Da in der betrieblichen Praxis zum Ausgleich von Produktions- und Absatzschwankungen durchaus geplante Lagerveränderungen auftreten können, beziehen sich die einzelnen Äste des Schemas nicht zwingend auf identische Produktions- und Absatzvolumen. Die Beeinflussung der Ergebnisanalyse durch ungeplante Lagerveränderungen ist aus Gründen der Übersichtlichkeit nicht in dem Schema enthalten.

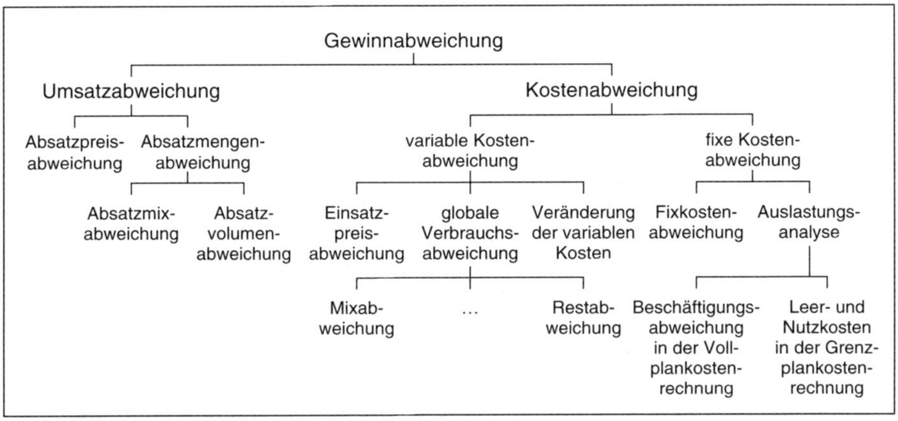

Abb. 15.1: Grundsystematik der Abweichungsanalyse

Beispiel

Damit die betriebswirtschaftlichen Auswirkungen der einzelnen Abweichungsursachen getrennt untersucht und ausgewertet werden können, sind im Text Beispielrechnungen durchgeführt, die auf den in Tabelle 15.1 dargestellten Ausgangsdaten aufbauen (alle Angaben, soweit nicht anders angegeben, in TDM).

Im einzelnen werden folgende Abkürzungen verwendet:

p_{ij} = Ist-Stückverkaufspreis des Produkts j
p_{pj} = Plan-Stückverkaufspreis des Produkts j
k_{vij} = variable Ist-Stückkosten des Produkts j
k_{vpj} = variable Plan-Stückkosten des Produkts j
db_{ij} = Ist-Stückdeckungsbeitrag des Produkts j
db_{pj} = Plan-Stückdeckungsbeitrag des Produkts j
x_{ij} = Ist-Absatzmenge des Produkts j
x_{pj} = Plan-Absatzmenge des Produkts j
x_i = Ist-Absatzvolumen
x_p = Plan-Absatzvolumen
ma_{ij} = Ist-Mixanteil des Produkts j an der Absatzmenge
ma_{pj} = Plan-Mixanteil des Produkts j an der Absatzmenge

für alle j = 1, …, n.

	Produkt A		Produkt B		Gesamt	
	Ist	Plan	Ist	Plan	Ist	Plan
Absatzvolumen	110	120	50	30	160	150
Umsatzerlöse	660 (p_{iA} = 6,– DM)	600 (p_{pA} = 5,– DM)	425 (p_{iB} = 8,50 DM)	300 (p_{pB} = 10,– DM)	1 085	900
– variable Kosten	550 (k_{viA} = 5,– DM)	480 (k_{vpA} = 4,– DM)	200 (k_{viB} = 4,– DM)	90 (k_{vpB} = 3,– DM)	750	570
= Deckungsbeitrag	110 (db_{iA} = 1,– DM)	120 (db_{pA} = 1,– DM)	225 (db_{iB} = 4,50 DM)	210 (db_{pB} = 7,– DM)	335	330
– Fixkosten der Fertigung	170	150	130	120	300	270
– sonst. Fixkosten					30	30
= Gewinn					5	30

Tab. 15.1: Ausgangsdaten der Beispielrechnungen

Bei den Beispielrechnungen im Text wird zur Vermeidung von Fehlinterpretationen bei den ermittelten Einzelabweichungen jeweils zusätzlich angegeben, ob die Abweichungen in ihrer Ergebniswirkung günstig (G) oder ungünstig (U) zu beurteilen sind.

Gewinnabweichung

Die negative **Gewinnabweichung** von 25 000,– DM wird im folgenden anhand einer möglichen Vorgehensweise zur Aufspaltung nach verschiedenen Bestimmungsfaktoren aufgegliedert. Dabei kann die Gewinnabweichung wie folgt ermittelt werden:

Gewinnabweichung = Ist-Gewinn – Plangewinn
= Ist-Umsatz – Ist-Kosten – (Planumsatz – Plankosten)
= Ist-Umsatz – Planumsatz – (Ist-Kosten – Plankosten)
= Umsatzabweichung – Kostenabweichung

Zunächst werden nun die Umsatzabweichung (Abschnitt B) und anschließend Teile der Kostenabweichung (Abschnitt C) anhand des Beispiels erläutert.

B. Umsatzabweichung

Bestandteile

Die Umsatzabweichung zeigt die Gesamtabweichung zwischen Ist- und Planumsatz. Sie ergibt sich aus der Summe von Absatzpreisabweichung (Abschnitt B.I. dieses Kap.) und Absatzmengenabweichung (Abschnitt B.II. dieses Kap.). In der Differenz zwischen Ist- und Planumsatz werden allerdings die darin enthaltenen Absatzpreis- bzw. Absatzmengenabweichungen als Abweichungsursachen noch nicht explizit ausgewiesen. Die Ermittlung der in der Umsatzabweichung enthaltenen Teilabweichungen vollzieht sich analog zu der in Kapitel 14.C. beschriebenen kumulativen Vorgehensweise. Die einzelnen Umsatzbestimmungsfaktoren können auch hier in einer für die spezifische Analyse am zweckmäßigsten erscheinenden Reihenfolge untersucht werden. Eine mögliche Vorgehensweise zur Aufspaltung der Umsatzabweichung wird in Abbildung 15.2 dargestellt.

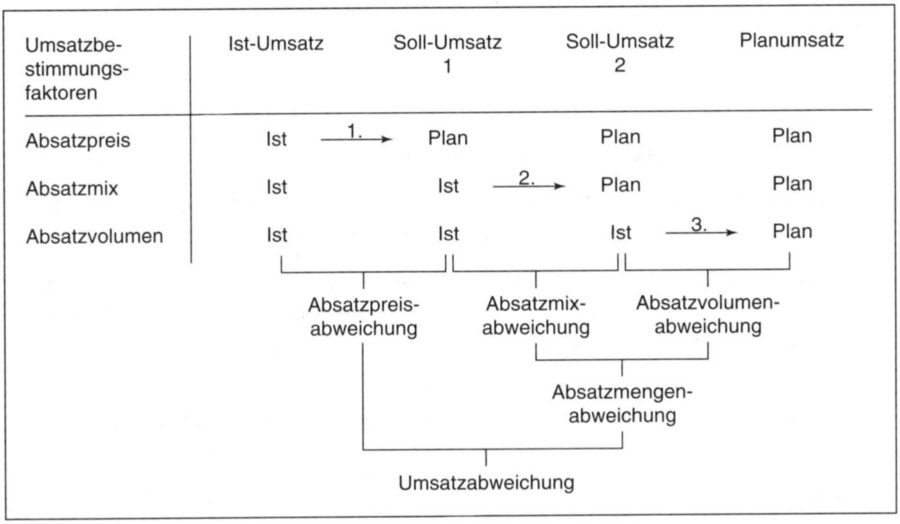

Abb. 15.2: Vorgehensweise zur Aufspaltung der Umsatzabweichung

Formeln

Die verschiedenen Umsatzniveaus können formal in folgender Weise dargestellt werden:

- Ist-Umsatz (Ist-Preis, Ist-Mix, Ist-Menge):

$$\sum_{j=1}^{n} p_{ij} \times ma_{ij} \times \sum_{j=1}^{n} x_{ij} = \sum_{j=1}^{n} p_{ij} \times ma_{ij} \times x_i = \sum_{j=1}^{n} p_{ij} \times x_{ij}$$

- Soll-Umsatz 1 (Planpreis, Ist-Mix, Ist-Menge):

$$\sum_{j=1}^{n} p_{pj} \times ma_{ij} \times \sum_{j=1}^{n} x_{ij} = \sum_{j=1}^{n} p_{pj} \times ma_{ij} \times x_i = \sum_{j=1}^{n} p_{pj} \times x_{ij}$$

- Soll-Umsatz 2 (Planpreis, Planmix, Ist-Menge):

$$\sum_{j=1}^{n} p_{pj} \times ma_{pj} \times \sum_{j=1}^{n} x_{ij} = \sum_{j=1}^{n} p_{pj} \times ma_{pj} \times x_i$$

- Planumsatz (Planpreis, Planmix, Planmenge):

$$\sum_{j=1}^{n} p_{pj} \times ma_{pj} \times \sum_{j=1}^{n} x_{pj} = \sum_{j=1}^{n} p_{pj} \times ma_{pj} \times x_p = \sum_{j=1}^{n} p_{pj} \times x_{pj}$$

Für die effektiv erreichte Absatzmenge x_i und die geplante Absatzmenge x_p gelten dabei die folgenden Zusammenhänge:

$$x_i = \sum_{j=1}^{n} x_{ij} \text{ und } x_p = \sum_{j=1}^{n} x_{pj}$$

Umsatzabweichung

Die **Umsatzabweichung** ergibt sich also aus der Differenz des realisierten und des geplanten Umsatzes:

$$\text{Umsatzabweichung} = \text{Ist-Umsatz} - \text{Planumsatz}$$
$$= \sum_{j=1}^{n} p_{ij} \times x_{ij} - \sum_{j=1}^{n} p_{pj} \times x_{pj}$$

Beispiel

Anhand des vorgegebenen Zahlenbeispiels ergibt sich folgende Umsatzabweichung:

$$\text{Umsatzabweichung} = 6 \times 110\,000 + 8{,}50 \times 50\,000 - (5 \times 120\,000 + 10 \times 30\,000)$$
$$= 1\,085\,000 - 900\,000 = 185\,000 \text{ (G)}$$

Der Ist-Umsatz liegt über dem Planumsatz, so daß sich eine für das Ergebnis positive Umsatzabweichung von 185 000,– DM ergibt, die sich aus den unterschiedlichen Umsatzabweichungen der beiden Produkte A und B wie folgt zusammensetzt:

	p_{ij}	×	x_{ij}	–	p_{pj}	×	x_{pj}		
A:	6	×	110 000	–	5	×	120 000	=	60 000 (G)
B:	8,50	×	50 000	–	10	×	30 000	=	125 000 (G)
Gesamt:									185 000 (G)

Man sieht, daß Produkt B mehr als doppelt soviel Anteil (125 000,– DM) an der positiven Umsatzabweichung hat als Produkt A (60 000,– DM).

Für die betriebswirtschaftliche Analyse sind diese Aussagen allerdings noch etwas unbefriedigend, da die Ursachen, die zum Entstehen der Umsatzabweichung(en) geführt haben, noch nicht erkennbar sind:

Aufspaltung

Eine Differenz zwischen den tatsächlich realisierten und den geplanten Verkaufspreisen wirkt sich ebenso auf das Ergebnis aus wie eine Abweichung zwischen der Ist-Absatzmenge und dem geplanten Absatz. Damit fundierte Maßnahmen zur betrieblichen Steuerung eingeleitet werden können, ist es sinnvoll, in der weiteren Analyse Preis- und Mengenkomponenten in Form der Absatzpreisabweichung einerseits bzw. der Absatzmengenabweichung andererseits getrennt zu ermitteln und auszuwerten.

Die Umsatzabweichung kann durch einfache Umformung in die beiden zuletzt genannten Teilabweichungen zerlegt werden:

$$\text{Umsatzabweichung} = \text{Ist-Umsatz} - \text{Planumsatz}$$
$$= \text{Ist-Umsatz} - \text{Soll-Umsatz 1} + \text{Soll-Umsatz 1} - \text{Planumsatz}$$
$$= \text{Absatzpreisabweichung} + \text{Absatzmengenabweichung}$$

Die Ermittlung und Auswertung von Absatzpreisabweichung und Absatzmengenabweichung wird im folgenden ausführlich dargestellt.

I. Absatzpreisabweichung

Absatzpreisabweichung

Mit der **Absatzpreisabweichung** kann berechnet werden, wie sich Unterschiede zwischen tatsächlich erzielten und geplanten Preisen für die tatsächlich verkauften Produkte auf den Umsatz der betrachteten Periode auswirken:

$$\text{Absatzpreisabweichung} = \text{Ist-Umsatz} - \text{Soll-Umsatz 1}$$

$$= \sum_{j=1}^{n} p_{ij} \times x_{ij} - \sum_{j=1}^{n} p_{pj} \times x_{ij}$$

$$= \sum_{j=1}^{n} (p_{ij} - p_{pj}) \times x_{ij}$$

Beispiel

Anhand des vorgegebenen Zahlenbeispiels ergibt sich folgende Absatzpreisabweichung:

$$\text{Absatzpreisabweichung} = 6 \times 110\,000 + 8{,}50 \times 50\,000 - (5 \times 110\,000 + 10 \times 50\,000)$$
$$= 1\,085\,000 - 1\,050\,000 \quad = \quad 35\,000 \text{ (G)}$$

Der Ist-Umsatz liegt über dem Soll-Umsatz 1, so daß sich eine für das Ergebnis positive Absatzpreisabweichung von 35 000,– DM ergibt, die sich aus den unterschiedlichen Teilabweichungen der beiden Produkte A und B wie folgt zusammensetzt:

	$(p_{ij}$	–	$p_{pj})$	×	x_{ij}		
A:	(6	–	5)	×	110 000	=	110 000 (G)
B:	(8,50	–	10)	×	50 000	=	–75 000 (U)
Gesamt:							35 000 (G)

Im Unternehmen entsteht durch die Preissteigerung bei Produkt A eine Umsatzsteigerung von 110 000,– DM. Da jedoch der Ist-Preis von Produkt B bei einem Absatz von 50 000 St. um 1,50 DM/St. unter dem Planpreis liegt, ergibt sich insgesamt nur noch eine positive Absatzpreisabweichung in Höhe von 35 000,– DM.

II. Absatzmengenabweichung

Absatzmengenabweichung

Die **Absatzmengenabweichung** erklärt den Unterschied zwischen den effektiven Ist-Absatzmengen bewertet zu Planpreisen (Soll-Umsatz 1) und dem ursprünglich budgetierten Planumsatz, der auf den zu Planpreisen bewerteten geplanten Verkaufsmengen beruht. Es gilt somit:

$$\text{Absatzmengenabweichung} = \text{Soll-Umsatz 1} - \text{Planumsatz}$$

$$= \sum_{j=1}^{n} p_{pj} \times x_{ij} - \sum_{j=1}^{n} p_{pj} \times x_{pj}$$

$$= \sum_{j=1}^{n} p_{pj} \times (x_{ij} - x_{pj})$$

Beispiel

Anhand des vorgegebenen Zahlenbeispiels ergibt sich folgende Absatzmengenabweichung:

$$\text{Absatzmengenabweichung} = 5 \times 110\,000 + 10 \times 50\,000 - (5 \times 120\,000 + 10 \times 30\,000)$$
$$= 1\,050\,000 - 900\,000 \quad = \quad 150\,000 \text{ (G)}$$

Der Soll-Umsatz 1 liegt über dem Planumsatz, so daß sich eine für das Ergebnis positive Absatzmengenabweichung von 150 000,– DM ergibt, die sich aus den unterschiedlichen Teilabweichungen der beiden Produkte A und B wie folgt zusammensetzt:

	p_{pj}	×	$(x_{ij}$	–	$x_{pj})$		
A:	5	×	(110 000	–	120 000)	=	–50 000 (U)
B:	10	×	(50 000	–	30 000)	=	200 000 (G)
Gesamt:							150 000 (G)

Im Unternehmen entsteht zunächst durch die reduzierte Absatzmenge von Produkt A ein Umsatzrückgang von 50 000,– DM. Da jedoch die Absatzmenge bei Produkt B gegenüber Plan von 30 000 auf 50 000 St. gesteigert werden kann und sich damit auch der Umsatz um 200 000,– DM erhöht, ergibt sich insgesamt eine positive Absatzmengenabweichung in Höhe von 150 000,– DM.

Mit den Daten aus dem Beispiel ergibt sich für die Umsatzabweichung folgende Rechnung, die zur Verdeutlichung der Zusammenhänge dient:

	Ist-Umsatz $p_{ij} \times x_{ij}$	Soll-Umsatz 1 $p_{pj} \times x_{ij}$	Planumsatz $p_{pj} \times x_{pj}$
A	6 × 110 000 = 660 000	5 × 110 000 = 550 000	5 × 120 000 = 600 000
B	8,50 × 50 000 = 425 000	10 × 50 000 = 500 000	10 × 30 000 = 300 000
	1 085 000	1 050 000	900 000

Absatzpreisabweichung (Ist-Umsatz – Soll-Umsatz 1): 35 000 (G)

Absatzmengenabweichung (Soll-Umsatz 1 – Planumsatz): 150 000 (G)

Umsatzabweichung: 185 000 (G)

Wenn der Gesamtumsatz eines Unternehmens aus einzeln budgetierten Teilumsätzen der verschiedenen Produkte besteht, lassen sich für relativ homogene Sortimente auch die durch Strukturveränderungen hervorgerufenen Ergebnisabweichungen als Mixabweichungen feststellen. Die Mixabweichungen können auch bei identischen Ist- und Plan-Gesamtabsatzmengen vorkommen.

Diese Effekte lassen sich durch eine Zerlegung der Absatzmengenabweichung in eine Absatzmix- und eine Absatzvolumenabweichung analysieren.

1. Absatzmixabweichung

Absatzmixabweichung

Die **Absatzmixabweichung** zeigt jenen Teil der Absatzmengenabweichung, der sich aus einer veränderten Mengenstruktur beim realisierten Absatzvolumen ergibt. Zu diesem Zweck werden die mengenmäßigen Mixabweichungen der n verschiedenen Produkte mit den budgetierten Einzelpreisen p_{pj} multipliziert.

$$\text{Absatzmixabweichung} = \text{Soll-Umsatz 1} - \text{Soll-Umsatz 2}$$

$$= \sum_{j=1}^{n} p_{pj} \times ma_{ij} \times x_i - \sum_{j=1}^{n} p_{pj} \times ma_{pj} \times x_i$$

$$= \sum_{j=1}^{n} p_{pj} \times (ma_{ij} - ma_{pj}) \times x_i$$

Die Absatzmixabweichung wird positiv (und damit für das Unternehmen günstig), wenn a) anteilig mehr Produkte verkauft werden, die einen höheren Planpreis erreichen oder b) anteilig weniger Produkte abgesetzt werden, die einen niedrigeren Planpreis aufweisen.

Umgekehrt ergibt sich eine negative (und damit für das Unternehmen ungünstige) Absatzmixabweichung, wenn a) weniger Produkte mit einem höheren Planpreis und b) mehr Produkte mit einem niedrigeren Planpreis verkauft werden.

Im Fallbeispiel ergeben sich für die Produkte A und B folgende Mixanteile: *Beispiel*

- Tatsächlicher Absatzmix:

Produkt A: $ma_{iA} = \frac{x_{iA}}{x_i} = \frac{110\,000}{160\,000} = 0{,}6875$

Produkt B: $ma_{iB} = \frac{x_{iB}}{x_i} = \frac{50\,000}{160\,000} = 0{,}3125$

- Geplanter Absatzmix:

Produkt A: $ma_{pA} = \frac{x_{pA}}{x_p} = \frac{120\,000}{150\,000} = 0{,}8$

Produkt B: $ma_{pB} = \frac{x_{pB}}{x_p} = \frac{30\,000}{150\,000} = 0{,}2$

Daraus ergibt sich für die Absatzmixabweichung:

$$\begin{aligned}\text{Absatzmixabweichung} &= 5 \times 0{,}6875 \times 160\,000 + 10 \times 0{,}3125 \times 160\,000 \\ &\quad - (5 \times 0{,}8 \times 160\,000 + 10 \times 0{,}2 \times 160\,000) \\ &= 1\,050\,000 - 960\,000 = 90\,000 \text{ (G)}\end{aligned}$$

Der Soll-Umsatz 1 liegt über dem Soll-Umsatz 2, so daß sich eine für das Ergebnis positive Absatzmixabweichung von 90 000,– DM ergibt, die sich aus den unterschiedlichen Teilabweichungen der beiden Produkte A und B wie folgt zusammensetzt:

	p_{pj}	×	$(ma_{ij}$	–	$ma_{pj})$	×	x_i		
A:	5	×	(0,6875	–	0,8)	×	160 000	=	–90 000 (U)
B:	10	×	(0,3125	–	0,2)	×	160 000	=	180 000 (G)
Gesamt:									90 000 (G)

Die positive Absatzmixabweichung in Höhe von 90 000,– DM hat zwei Ursachen: Zum einen bleibt der Absatz von Produkt A, das einen niedrigeren Planpreis pro Stück aufweist, um 10 000 St. hinter der Planung zurück (–90 000,– DM), zum anderen kann der Absatz bei Produkt B, das einen höheren Planpreis pro Stück aufweist, um 20 000 St. gegenüber der Planung gesteigert werden (180 000,– DM).

2. Absatzvolumenabweichung

Absatzvolumenabweichung

Die **Absatzvolumenabweichung** zeigt, wie sich eine Zu- oder Abnahme des gesamten Absatzvolumens bei konstanter Struktur des Produktmixes auf das Ergebnis der betrachteten Periode ausgewirkt hat. Für die Ermittlung der Absatzvolumenabweichung werden die budgetierten Preise der n verschiedenen Produkte p_{pj} mit dem Plan-Produktmixanteil und der Differenz aus realisiertem und geplantem Absatzvolumen multipliziert. Als Summe der n Teilabweichungen erhält man dann die gesamte Absatzvolumenabweichung. Die formale Ableitung kann mit folgenden Schritten vorgenommen werden:

$$\text{Absatzvolumenabweichung} = \text{Soll-Umsatz 2} - \text{Planumsatz}$$

$$= \sum_{j=1}^{n} p_{pj} \times ma_{pj} \times x_i - \sum_{j=1}^{n} p_{pj} \times ma_{pj} \times x_p$$

$$= \sum_{j=1}^{n} p_{pj} \times ma_{pj} \times (x_i - x_p)$$

Beispiel

Im Beispiel ergibt sich für die Absatzvolumenabweichung:

$$\begin{aligned}\text{Absatzvolumenabweichung} &= 5 \times 0{,}8 \times 160\,000 + 10 \times 0{,}2 \times 160\,000 \\ &\quad - (5 \times 0{,}8 \times 150\,000 + 10 \times 0{,}2 \times 150\,000) \\ &= 960\,000 - 900\,000 = 60\,000\ (G)\end{aligned}$$

Für Produkt A und B ergeben sich folgende Teilwerte:

	p_{pj}	×	ma_{pj}	×	$(x_i$	–	$x_p)$		
A:	5	×	0,8	×	(160 000	–	150 000)	=	40 000 (G)
B:	10	×	0,2	×	(160 000	–	150 000)	=	20 000 (G)
Gesamt:									60 000 (G)

Da im Beispiel das Ist-Absatzvolumen mit 160 000 St. über dem Plan-Absatzvolumen von 150 000 St. liegt, ergibt sich insgesamt eine Ergebnisverbesserung von 60 000,– DM, die sich im Verhältnis 2 zu 1 auf Produkt A und B aufteilt.

Zusammenfassung

Die Bestandteile bzw. Ursachen der Umsatzabweichung können damit wie in Abbildung 15.3 zusammengefaßt werden:

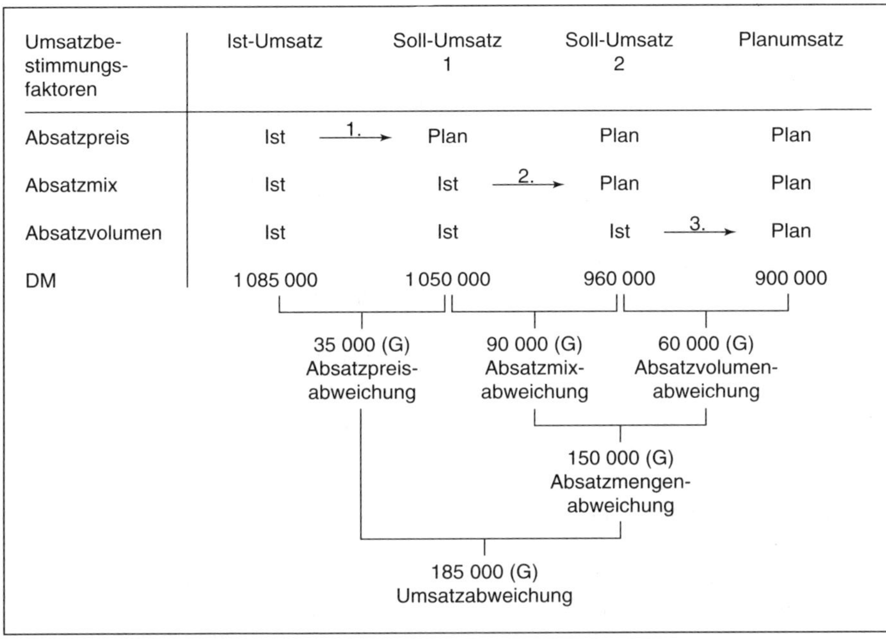

Abb. 15.3: Ergebnis der kumulativen Analyse der Umsatzabweichung

3. Deckungsbeitrags-Absatzmengenabweichung

Deckungsbeitrags-Absatzmengenabweichung

Die Gruppe der Absatzmengenabweichungen soll – da dies vor allem in der amerikanischen Literatur stark verbreitet ist (vgl. z.B. Horngren/Foster/Datar [1997], S. 583 f.; Kaplan/Atkinson [1989], S. 322 f.) – nicht nur auf Basis der Umsätze sondern ergänzend auch auf Basis der Deckungsbeiträge der betrachteten Periode untersucht und ausgewertet werden.

Diese Sonderform der Absatzmengenabweichung zeigt an Stelle der Beeinflussung des Umsatzes die Reduzierung bzw. Erhöhung des geplanten Deckungsbeitrags infolge einer Veränderung der Absatzmengen. Die Ermittlung und Interpretation vollzieht sich analog zur Umsatz-Absatzmengenabweichung:

$$\text{Deckungsbeitrags-Absatzmengenabweichung} = \sum_{j=1}^{n} db_{pj} \times x_{ij} - \sum_{j=1}^{n} db_{pj} \times x_{pj}$$

$$= \sum_{j=1}^{n} db_{pj} \times (x_{ij} - x_{pj})$$

Beispiel

Im Beispiel ergeben sich für die Deckungsbeitrags-Absatzmengenabweichung bei Produkt A und B folgende Werte:

	db_{pj}	×	$(x_{ij}$	–	$x_{pj})$		
A:	1	×	(110 000	–	120 000)	=	–10 000 (U)
B:	7	×	(50 000	–	30 000)	=	140 000 (G)
Gesamt:							130 000 (G)

Im Unternehmen entsteht zunächst durch die reduzierte Absatzmenge von Produkt A ein Ergebnisrückgang von 10 000,– DM. Da jedoch die Absatzmenge von Produkt B gegenüber Plan von 30 000 auf 50 000 St. gesteigert werden kann und sich damit auch der Deckungsbeitrag um 140 000,– DM erhöht, ergibt sich insgesamt eine positive Deckungsbeitrags-Absatzmengenabweichung und damit eine Steigerung des Ergebnisses von 130 000,– DM.

Gründe für festgestellte Abweichungen zwischen Ist- und Plan-Deckungsbeitrag können – wie gezeigt wurde – beim Absatzvolumen liegen. Wenn der Deckungsbeitrag eines Unternehmens aus verschiedenen, einzeln budgetierten Teildeckungsbeiträgen besteht, lassen sich für relativ homogene Sortimente auch die durch Strukturveränderungen hervorgerufenen Ergebnisabweichungen als Mixabweichungen feststellen. Diese Mixabweichungen können auch bei identischem Ist- und Plan-Absatzvolumen vorkommen.

Diese Effekte lassen sich durch eine Zerlegung der Absatzmengenabweichung in eine Absatzmix- und eine Absatzvolumenabweichung analysieren.

a) Deckungsbeitrags-Absatzmixabweichung

Deckungsbeitrags-Absatzmixabweichung

Die Absatzmixabweichung zeigt jenen Teil der Absatzmengenabweichung, der sich aus einer veränderten Struktur zwischen den tatsächlich abgesetzten und vorab geplanten Sortimentsanteilen ergibt. Zu diesem Zweck werden die mengenmäßigen Mixabweichungen der n verschiedenen Produkte mit den budgetierten Deckungsbeiträgen db_{pj} multipliziert.

$$\text{Deckungsbeitrags-Absatzmixabweichung} = \sum_{j=1}^{n} db_{pj} \times ma_{ij} \times x_i - \sum_{j=1}^{n} db_{pj} \times ma_{pj} \times x_i$$

$$= \sum_{j=1}^{n} db_{pj} \times (ma_{ij} - ma_{pj}) \times x_i$$

Die Absatzmixabweichung wird positiv (und damit für das Unternehmen günstig), wenn a) anteilig mehr Produkte verkauft werden, die einen höheren Plan-Deckungsbeitrag erreichen oder b) anteilig weniger Produkte abgesetzt werden, die einen niedrigeren Plan-Deckungsbeitrag aufweisen.

Umgekehrt ergibt sich eine negative (und damit für das Unternehmen ungünstige) Absatzmixabweichung, wenn a) weniger Produkte mit einem höheren Plan-Deckungsbeitrag pro Stück und b) mehr Produkte mit einem niedrigeren Plan-Deckungsbeitrag pro Stück verkauft werden.

Beispiel

Im Fallbeispiel ergeben sich für die Produkte A und B folgende Absatzmixabweichungen:

	db_{pj}	×	$(ma_{ij}$	–	$ma_{pj})$	×	x_i		
A:	1	×	(0,6875	–	0,8)	×	160 000	=	–18 000 (U)
B:	7	×	(0,3125	–	0,2)	×	160 000	=	126 000 (G)
Gesamt:									108 000 (G)

Die positive Absatzmixabweichung in Höhe von 108 000,– DM hat zwei Ursachen: Zum einen bleibt der Absatz von Produkt A, das einen niedrigeren Plan-Deckungsbeitrag pro Stück aufweist, um 10 000 St. hinter der Planung zurück (–18 000,– DM), zum anderen kann der Absatz bei Produkt B, das einen höheren Plan-Deckungsbeitrag pro Stück aufweist, um 20 000 St. gegenüber der Planung gesteigert werden (126 000,– DM).

b) Deckungsbeitrags-Absatzvolumenabweichung

Deckungsbeitrags-Absatzvolumenabweichung

Für die Ermittlung der Absatzvolumenabweichung werden die budgetierten Deckungsbeiträge db_{pj} mit dem Plan-Produktmixanteil und der Differenz zwischen realisiertem und geplantem Absatzvolumen gewichtet. Als Summe der Teilabweichungen erhält man die Absatzvolumenabweichung, die aussagt, wie sich die Veränderung der Gesamtabsatzmenge bei konstanter Struktur der Sortimentsdeckungsbeiträge auf das Ergebnis der betrachteten Periode ausgewirkt hat.

Die Absatzvolumenabweichung auf Deckungsbeitragsbasis wird mit folgender Formel berechnet:

$$\text{Deckungsbeitrags-Absatzvolumenabweichung} = \sum_{j=1}^{n} db_{pj} \times ma_{pj} \times x_i - \sum_{j=1}^{n} db_{pj} \times ma_{pj} \times x_p$$

$$= \sum_{j=1}^{n} db_{pj} \times ma_{pj} \times (x_i - x_p)$$

Beispiel

Damit ergeben sich für die Absatzvolumenabweichung bei Produkt A und B im Beispiel folgende Werte:

	db_{pj}	×	ma_{pj}	×	$(x_i$	–	$x_p)$		
A:	1	×	0,8	×	(160 000	–	150 000)	=	8 000 (G)
B:	7	×	0,2	×	(160 000	–	150 000)	=	14 000 (G)
Gesamt:									22 000 (G)

Da im Beispiel das Ist-Absatzvolumen mit 160 000 St. über dem geplanten Absatzvolumen von 150 000 St. liegt, ergibt sich insgesamt eine Ergebnisverbesserung von 22 000,– DM, die sich in etwa im Verhältnis 1 zu 2 auf Produkt A und B aufteilt.

Die Ursachen der ermittelten Deckungsbeitragsabweichung von 5 000,– DM lassen sich abschließend wie folgt zusammenfassen:

Deckungsbeitragsabweichung
5 000 (G)

Preisabweichung
–125 000 (U)

Absatzmengenabweichung
130 000 (G)

Absatzmix-abweichung
108 000 (G)

Absatzvolumen-abweichung
22 000 (G)

Deckungsbeitrags-Preisabweichung

Die in der Übersicht ausgewiesene Deckungsbeitrags-Preisabweichung in Höhe von –125 000,– DM ergibt sich analog zur bereits ermittelten Absatzpreisabweichung (vgl. oben Abschnitt B.I.) aus der folgenden Formel:

$$\text{Deckungsbeitrags-Preisabweichung} = \sum_{j=1}^{n} (db_{ij} - db_{pj}) \times x_{ij}$$

Beispiel

Da sich der Deckungsbeitrag pro Stück aus der Differenz von Verkaufspreis und variablen Stückkosten ergibt, enthält die Deckungsbeitrags-Preisabweichung evtl. aufgetretene Veränderungen (Verteuerungen bzw. Verbilligungen) zwischen den Ist- und Planwerten der beiden Größen:

	$(db_{ij}$	–	$db_{pj})$	×	x_{ij}	=	
A:	(1	–	1)	×	110 000	=	0
B:	(4,50	–	7)	×	50 000	=	–125 000 (U)
Gesamt:							–125 000 (U)

Die Deckungsbeitrags-Preisabweichung geht im Beispiel voll zu Lasten von Produkt B, bei dem sich sowohl die Absatzpreise als auch die variablen Kosten verschlechtert haben.

C. Kostenabweichung

Kostenabweichung

Nach der bislang ermittelten Umsatzabweichung, die zur Analyse des Absatzbereichs beiträgt, stellt die Kostenabweichung als zweite Hauptvariable diejenige Komponente der Ergebnisabweichung dar, die verstärkt die übrigen Unternehmensbereiche (Beschaffung, Produktion, Verwaltung) betrifft. Zur Systematisierung der Kostenabweichungsanalyse wird für die einzelnen Bereiche eine getrennte Ermittlung von Abweichungen der variablen und der fixen Kosten vorgeschlagen.

Systematisierung

Eine Systematik zur Einteilung der Kostenabweichung ist in Abbildung 15.4 zusammengefaßt:

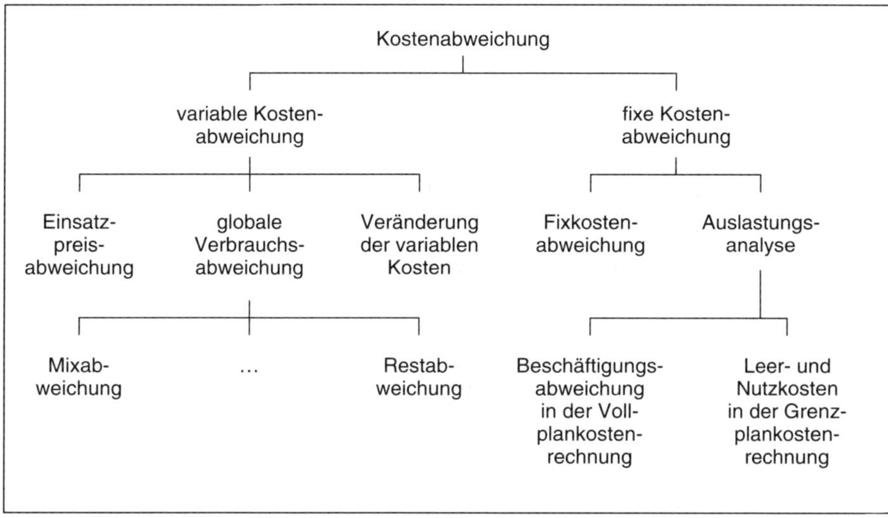

Abb. 15.4: Systematik der Kostenabweichung

Im folgenden wird die Abweichung der variablen Kosten als die näher zu analysierende »Kostenabweichung« betrachtet, um später eine Analyse der Besonderheiten der Abweichung der fixen Kosten anzuschließen. Aus Vereinfachungsgründen wird dabei bei der Kostenabweichung nur Produkt A betrachtet bzw. konkretisiert (für Produkt B gelten die Aussagen analog). Aus dem selben Grund wird aus der Gesamtheit der variablen Kosten die Kostenart Material eingehender untersucht.

I. Variable Kostenabweichung

Variable Kostenabweichung

Bei der Ermittlung der variablen Kostenabweichung (im folgenden kurz: Kostenabweichung) stellt sich zunächst das Problem der Festlegung einer geeigneten Bezugsgröße, da Produktions- und Absatzmengen der verschiedenen Produkte in einer Periode nicht zwangsläufig identisch sein müssen. Deshalb sollte auf die Absatzmenge als Bezugsgröße für die Ermittlung der Kostenabweichung verzichtet werden: Statt dessen sollten an Stelle der Absatzmenge besser die Einsatzvolumina (für die jeweilige Absatzleistung) als Bezugsgrößen Verwendung finden, damit die für das betriebliche Controlling gewünschten Abweichungen so früh wie möglich ermittelt werden können.

Zur Verfeinerung der Analyse werden – analog zur Vorgehensweise bei der Ermittlung der Umsatzabweichung – auch bei den Kosten die beiden Komponenten Preis pro Einheit des Einsatzguts (z.B. DM/St., DM/kg, DM/l, DM/Std.) und Menge des Einsatzguts (St., kg, l, Std.) getrennt betrachtet.

Für die Berechnung der Kostenabweichung bestehen je nach Informationsbedürfnis verschiedene Möglichkeiten, die im folgenden dargestellt sind. Dabei gelten für alle Formeln die nachstehenden Abkürzungen:

p_{ik} = Ist-Preis des Einsatzfaktors k
p_{pk} = Planpreis des Einsatzfaktors k
x_i = Ist-Gesamt-Input-Menge
x_s = Soll-Gesamt-Input-Menge
x_p = Plan-Gesamt-Input-Menge
x_{ik} = Ist-Einsatz des Faktors k der Ist-Beschäftigung (Ist-Verbrauch)
x_{sk} = Planeinsatz des Faktors k der Ist-Beschäftigung (Soll-Verbrauch)
x_{pk} = Planeinsatz des Faktors k der Planbeschäftigung (Planverbrauch)
ma_{ik} = Ist-Mixanteil des Einsatzfaktors k
ma_{pk} = Plan-Mixanteil des Einsatzfaktors k

für alle k = 1, …, m.

Der Einsatz des Faktors k errechnet sich dabei aus dem Produkt aus Einsatzfaktor k pro Stück und der Beschäftigungsmenge (Output-Menge).

Aufspaltung

Die Kostenabweichung zeigt die Gesamtabweichung zwischen Ist- und Plankosten. Sie ergibt sich aus der Summe von Veränderung der variablen Kosten (Abschnitt C.I.1. dieses Kap.), Einsatzpreisabweichung (Abschnitt C.I.2. dieses Kap.) und der globalen Verbrauchsabweichung (Abschnitt C.I.3. dieses Kap.). In der Differenz zwischen Ist- und Plankosten werden allerdings die darin enthaltenen Preis- und Verbrauchsabweichungen noch nicht explizit als Abweichungsursachen ausgewiesen. Eine mögliche Vorgehensweise zur weiteren Aufspaltung der Kostenabweichung wird in Abbildung 15.5 dargestellt.

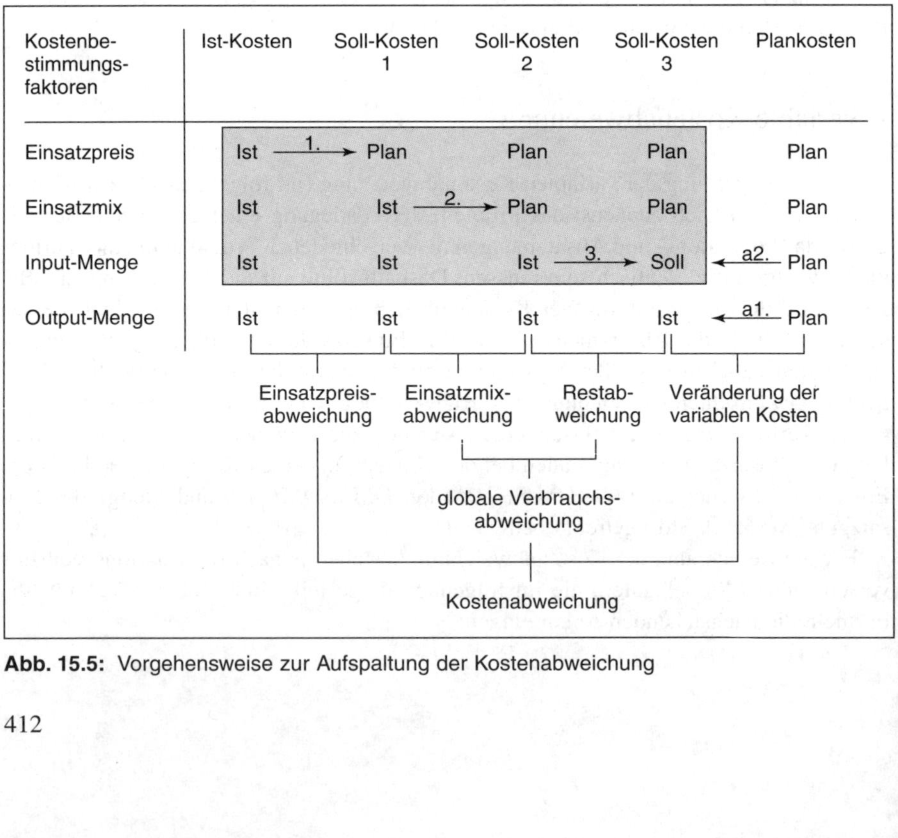

Abb. 15.5: Vorgehensweise zur Aufspaltung der Kostenabweichung

Die verschiedenen Kostenniveaus können formal in folgender Weise dargestellt werden: *Formeln*

- Ist-Kosten (Ist-Preis, Ist-Mix, Ist-Input-Menge):

$$\sum_{k=1}^{m} p_{ik} \times ma_{ik} \times \sum_{k=1}^{m} x_{ik} = \sum_{k=1}^{m} p_{ik} \times ma_{ik} \times x_i = \sum_{k=1}^{m} p_{ik} \times x_{ik}$$

- Soll-Kosten 1 (Planpreis, Ist-Mix, Ist-Input-Menge):

$$\sum_{k=1}^{m} p_{pk} \times ma_{ik} \times \sum_{k=1}^{m} x_{ik} = \sum_{k=1}^{m} p_{pk} \times ma_{ik} \times x_i = \sum_{k=1}^{m} p_{pk} \times x_{ik}$$

- Soll-Kosten 2 (Planpreis, Planmix, Ist-Input-Menge):

$$\sum_{k=1}^{m} p_{pk} \times ma_{pk} \times \sum_{k=1}^{m} x_{ik} = \sum_{k=1}^{m} p_{pk} \times ma_{pk} \times x_i$$

- Soll-Kosten 3 (Planpreis, Planmix, Soll-Input-Menge):

$$\sum_{k=1}^{m} p_{pk} \times ma_{pk} \times \sum_{k=1}^{m} x_{sk} = \sum_{k=1}^{m} p_{pk} \times ma_{pk} \times x_s = \sum_{k=1}^{m} p_{pk} \times x_{sk}$$

- Plankosten (Planpreis, Planmix, Plan-Input-Menge):

$$\sum_{k=1}^{m} p_{pk} \times ma_{pk} \times \sum_{k=1}^{m} x_{pk} = \sum_{k=1}^{m} p_{pk} \times ma_{pk} \times x_p = \sum_{k=1}^{m} p_{pk} \times x_{pk}$$

Für die effektiv verbrauchte Gesamt-Input-Menge x_i, die zu erreichende Soll-Gesamt-Input-Menge x_s und die geplante Gesamt-Input-Menge x_p gelten dabei die folgenden Zusammenhänge:

$$x_i = \sum_{k=1}^{m} x_{ik}, \; x_s = \sum_{k=1}^{m} x_{sk} \text{ und } x_p = \sum_{k=1}^{m} x_{pk}$$

Die **Kostenabweichung** ergibt sich also aus der Differenz der realisierten und der geplanten Kosten.

$$\begin{aligned}\text{Kostenabweichung} &= \text{Ist-Kosten} - \text{Plankosten}\\ &= \sum_{k=1}^{m} p_{ik} \times x_{ik} - \sum_{k=1}^{m} p_{pk} \times x_{pk}\end{aligned}$$

Die Ermittlung und Interpretation der Kostenabweichung soll anhand der Materialeinzelkosten für das Produkt A aus dem Zahlenbeispiel gezeigt werden. *Beispiel*

Die variablen Stückkosten für das Produkt A wurden mit 4,– DM geplant. Darin sind Materialeinzelkosten in Höhe von 3,– DM enthalten, die sich aus folgender Verbrauchsstruktur von drei Materialien F, G und H ergeben, die jeweils in 1 St. von Produkt A enthalten sind:

Einzelmaterial k	Bedarf pro 1 St. Output	Ist-Preis/St. p_{ik}	Planpreis/St. p_{pk}
F	5 St.	0,40 DM	0,30 DM
G	3 St.	0,35 DM	0,40 DM
H	2 St.	0,20 DM	0,15 DM

Die Ist- und die Plan-Output-Menge von Produkt A betragen wie im obigen Beispiel 110 000 bzw. 120 000 St.

Entsprechend der dargestellten Verbrauchsstruktur ergeben sich zur Herstellung der Output-Menge von Produkt A folgende Ist-, Soll- und Plan-Verbrauchsmengen für die drei Materialien:

Einzelmaterial k	Ist-Verbrauch x_{ik}	Soll-Verbrauch x_{sk}	Planverbrauch x_{pk}
F	542 800 St.	5 × 110 000 = 550 000 St.	5 × 120 000 = 600 000 St.
G	377 600 St.	3 × 110 000 = 330 000 St.	3 × 120 000 = 360 000 St.
H	259 600 St.	2 × 110 000 = 220 000 St.	2 × 120 000 = 240 000 St.
Gesamt-Input-Menge	1 180 000 St.	1 100 000 St.	1 200 000 St.

Anhand des konkretisierten Zahlenbeispiels ergibt sich nun folgende (Material-)Kostenabweichung:

$$\begin{aligned}\text{Kostenabweichung} &= 0{,}40 \times 542\,800 + 0{,}35 \times 377\,600 + 0{,}20 \times 259\,600 \\ &\quad - (0{,}30 \times 600\,000 + 0{,}40 \times 360\,000 + 0{,}15 \times 240\,000) \\ &= 401\,200 - 360\,000 \quad = \quad 41\,200 \text{ (U)}\end{aligned}$$

Die Ist-Kosten liegen über den Plankosten, so daß sich eine für das Ergebnis negative Kostenabweichung von 41 200,– DM ergibt, die sich aus den unterschiedlichen Kostenabweichungen der Einsatzfaktoren F, G und H wie folgt zusammensetzt:

	p_{ik}	×	x_{ik}	–	p_{pk}	×	x_{pk}		
F:	0,40	×	542 800	–	0,30	×	600 000	=	37 120 (U)
G:	0,35	×	377 600	–	0,40	×	360 000	=	–11 840 (G)
H:	0,20	×	259 600	–	0,15	×	240 000	=	15 920 (U)
Gesamt:									41 200 (U)

Man sieht, daß der Einsatzfaktor F den größten Anteil (37 120,– DM) an der ungünstigen Kostenabweichung hat. Bei Einsatzfaktor G liegt eine für das Ergebnis günstige Kostenabweichung (–11 840,– DM) vor.

Für die betriebswirtschaftliche Analyse ist diese Aussage allerdings noch etwas unbefriedigend, da die Ursachen, die zum Entstehen der Kostenabweichung geführt haben, noch nicht erkennbar sind:

Teilabweichungen

Damit gezielte Maßnahmen zur betrieblichen Steuerung eingeleitet werden können, ist es sinnvoll, in der Analyse die Einsatzpreisabweichung und die globale Verbrauchsabweichung der Kosten getrennt zu ermitteln und auszuwerten, nachdem die Veränderung der variablen Kosten als Korrekturgröße zur Eliminierung von Unterschieden in der Output-Menge abgezogen wurde.

Die Kostenabweichung kann durch einfache Umformung in die genannten Teilabweichungen zerlegt werden:

Kostenabweichung = Ist-Kosten – Plankosten
= Ist-Kosten – Soll-Kosten 1 + Soll-Kosten 1 – Plankosten
= (Ist-Kosten – Soll-Kosten 1) + Soll-Kosten 1 – Soll-Kosten 3 + Soll-Kosten 3 – Plankosten
= (Ist-Kosten – Soll-Kosten 1) (= Einsatzpreisabweichung)
+ (Soll-Kosten 1 – Soll-Kosten 3) (= globale Verbrauchsabweichung)
+ (Soll-Kosten 3 – Plankosten) (= Veränderung der variablen Kosten)

Die Ermittlung und Auswertung von Einsatzpreisabweichung, globaler Verbrauchsabweichung und der Veränderung der variablen Kosten wird im folgenden ausführlich dargestellt.

1. Veränderung der variablen Kosten

Veränderung der variablen Kosten

Der Bezug zu den ursprünglich geplanten Kosten, die den Planverbrauch der Einsatzfaktoren für die eigentlich geplante Ausbringungsmenge enthalten, läßt sich über die sog. Veränderung der variablen Kosten herstellen. Bei dieser Abweichung werden die flexibel budgetierten Kosten des Planeinsatzes für die Ist-Leistung (Soll-Verbrauch) mit denjenigen des Planeinsatzes für die Planleistung verglichen. Damit ergibt sich die **Veränderung der variablen Kosten** aus der Formel:

$$\text{Veränderung der variablen Kosten} = \text{Soll-Kosten 3} - \text{Plankosten}$$
$$= \sum_{k=1}^{m} p_{pk} \times x_{sk} - \sum_{k=1}^{m} p_{pk} \times x_{pk}$$
$$= \sum_{k=1}^{m} p_{pk} \times (x_{sk} - x_{pk})$$

Beispiel

Im Beispiel ergibt sich folgende Veränderung der variablen Kosten:

Veränderung der variablen Kosten = 0,30 × 550 000 + 0,40 × 330 000 + 0,15 × 220 000 – (0,30 × 600 000 + 0,40 × 360 000 + 0,15 × 240 000)
= 330 000 – 360 000 = –30 000 (G)

Diese setzt sich aus den unterschiedlichen Veränderungen der variablen Kosten der Einsatzfaktoren F, G und H wie folgt zusammen:

	p_{pk}	×	x_{sk}	–	p_{pk}	×	x_{pk}		
F:	0,30	×	550 000	–	0,30	×	600 000	=	–15 000 (G)
G:	0,40	×	330 000	–	0,40	×	360 000	=	–12 000 (G)
H:	0,15	×	220 000	–	0,15	×	240 000	=	–3 000 (G)
Gesamt:									–30 000 (G)

Man sieht, daß der Einsatzfaktor F den größten Anteil (–15 000,– DM) an der Abweichung hat.

Die Veränderung der variablen Kosten wird hier nur aus Gründen der Vollständigkeit und Systematik erwähnt. Sie ist für die betriebliche Abweichungsanalyse im allgemeinen von geringer Relevanz, da sie keine Ansatzpunkte für die Kontrolle der Wirtschaftlichkeit des betrieblichen Leistungsprozesses bietet. Die Veränderung der variablen Kosten ist eher als Indikator für die Qualität der betrieblichen Planung zu klassifizieren.

2. Einsatzpreisabweichung

Einsatzpreisabweichung

Die **Einsatzpreisabweichung** wird aus der Differenz zwischen den effektiven Ist-Kosten der betreffenden Kostenart und den mit Planpreisen bewerteten Ist-Einsatzmengen (Soll-Kosten 1) ermittelt:

$$\text{Einsatzpreisabweichung} = \text{Ist-Kosten} - \text{Soll-Kosten 1}$$

$$= \sum_{k=1}^{m} p_{ik} \times x_{ik} - \sum_{k=1}^{m} p_{pk} \times x_{ik}$$

$$= \sum_{k=1}^{m} (p_{ik} - p_{pk}) \times x_{ik}$$

Beispiel

Anhand des vorangegangenen Beispiels ergibt sich folgende Einsatzpreisabweichung:

$$\begin{aligned}\text{Einsatzpreisabweichung} &= 0{,}40 \times 542\,800 + 0{,}35 \times 377\,600 + 0{,}20 \times 259\,600 \\ &\quad - (0{,}30 \times 542\,800 + 0{,}40 \times 377\,600 + 0{,}15 \times 259\,600) \\ &= 401\,200 - 352\,820 \;=\; 48\,380\ (U)\end{aligned}$$

Aufgeteilt auf die drei Einsatzfaktoren ergibt sich:

	$(p_{ik}$	–	$p_{pk})$	×	x_{ik}		
F:	(0,40	–	0,30)	×	542 800	=	54 280 (U)
G:	(0,35	–	0,40)	×	377 600	=	–18 880 (G)
H:	(0,20	–	0,15)	×	259 600	=	12 980 (U)
Gesamt:							48 380 (U)

Bei Material G lag der Ist-Preis unter dem Planpreis. Die daraus resultierende Einsparung in Höhe von 18 880,– DM wurde jedoch durch die Verteuerungen der Materialien F und H überkompensiert, so daß aus der Einsatzpreisabweichung insgesamt eine Ergebnisverschlechterung von 48 380,– DM resultiert.

3. Globale Verbrauchsabweichung

Globale Verbrauchsabweichung

Als nächster Schritt bei der Analyse der Kostenabweichung soll die globale Verbrauchsabweichung näher analysiert werden.

Die **globale Verbrauchsabweichung** wird als Unterschied zwischen den flexibel budgetierten Kosten des Ist-Faktoreinsatzes für die Ist-Ausbringung (Soll-Kosten 1) und den flexibel budgetierten Kosten des Plan-Faktoreinsatzes für die Ist-Ausbringung (hier: Soll-Kosten 3) ermittelt.

$$\text{globale Verbrauchsabweichung} = \text{Soll-Kosten 1} - \text{Soll-Kosten 3}$$

$$= \sum_{k=1}^{m} p_{pk} \times x_{ik} - \sum_{k=1}^{m} p_{pk} \times x_{sk}$$

$$= \sum_{k=1}^{m} p_{pk} \times (x_{ik} - x_{sk})$$

Eine negative globale Verbrauchsabweichung (Ist-Faktoreinsatz kleiner als Plan-Faktoreinsatz) ist ceteris paribus für das Unternehmen vorteilhaft, eine positive Verbrauchsabweichung (Ist-Faktoreinsatz größer als Plan-Faktoreinsatz) ist für das Unternehmen ungünstig zu beurteilen.

Beispiel

Die Ermittlung und Interpretation der globalen Verbrauchsabweichung soll am Beispiel der Materialeinzelkosten für das im obigen Beispiel bereits analysierte Produkt A beispielhaft dargestellt werden. In gleicher Weise könnten natürlich auch Abweichungen für Lohneinzelkosten berechnet und ausgewertet werden (vgl. hierzu Horngren/Foster/Datar [1997], S. 871 ff.).

$$\begin{aligned}\text{globale Verbrauchs-abweichung} &= 0{,}30 \times 542\,800 + 0{,}40 \times 377\,600 + 0{,}15 \times 259\,600 \\ &\quad - (0{,}30 \times 550\,000 + 0{,}40 \times 330\,000 + 0{,}15 \times 220\,000) \\ &= 352\,820 - 330\,000 = 22\,820 \text{ (U)}\end{aligned}$$

Die globale Verbrauchsabweichung beträgt also bei den Materialeinzelkosten 22 820,– DM, d.h., für die Herstellung von Produkt A wurden mehr Einsatzfaktoren als geplant verbraucht. Sie teilt sich folgendermaßen auf:

	p_{pk}	×	$(x_{ik}$	–	$x_{sk})$		
F:	0,30	×	(542 800	–	550 000)	=	–2 160 (G)
G:	0,40	×	(377 600	–	330 000)	=	19 040 (U)
H:	0,15	×	(259 600	–	220 000)	=	5 940 (U)
Gesamt:							22 820 (U)

Dieser Mehrverbrauch von 22 820,– DM ist zum größten Teil auf Einsatzfaktor G zurückzuführen (19 040,– DM). Bei Faktor F gibt es sogar eine leichte Einsparung (–2 160,– DM).

In dem bereits eingeführten Beispiel läßt sich die Kostenabweichung am Beispiel der Materialeinzelkosten wie folgt ermitteln (Stückzahl in Tsd.):

	Ist-Kosten	Soll-Kosten 1	Soll-Kosten 3	Plankosten
	$p_{ik} \times x_{ik}$	$p_{pk} \times x_{ik}$	$p_{pk} \times x_{sk}$	$p_{pk} \times x_{pk}$
F	0,40 × 542,8 = 271 120	0,30 × 542,8 = 162 840	0,30 × 550 = 165 000	0,30 × 600 = 180 000
G	0,35 × 377,6 = 132 160	0,40 × 377,6 = 151 040	0,40 × 330 = 132 000	0,40 × 360 = 144 000
H	0,20 × 259,6 = 51 920	0,15 × 259,6 = 38 940	0,15 × 220 = 33 000	0,15 × 240 = 36 000
	401 200	352 820	330 000	360 000

Einsatzpreisabweichung 48 380 (U) — globale Verbrauchsabweichung 22 820 (U) — Veränderung der variablen Kosten -30 000 (G)

(Material-)Kostenabweichung 41 200 (U)

Für detailliertere Analysen kann die globale Verbrauchsabweichung jetzt noch weiter in eine Mixabweichung der verwendeten Einsatzfaktoren und in eine Restabweichung aufgespalten werden. Die Restabweichung enthält dabei die übrigen, nicht mehr gesondert untersuchten Kostenbestimmungsfaktoren (Ausbeute, Fertigungsintensität etc.).

a) Einsatzmixabweichung

Einsatzmixabweichung

Der Einsatzmix beschreibt im allgemeinen die Zusammensetzung der für ein Fertigprodukt benötigten Einsatzmaterialien bzw. Löhne. Die **Einsatzmixabweichung** zeigt für m verschiedene Einsatzfaktoren die Auswirkungen veränderter Strukturen im Verbrauch der jeweiligen Einsatzfaktoren. Deshalb werden die pro Einheit budgetierten Preise mit den Mixabweichungen der jeweiligen Einsatzmaterialien gewichtet, wie die folgende Formel zeigt:

$$\text{Einsatzmixabweichung} = \text{Soll-Kosten 1} - \text{Soll-Kosten 2}$$

$$= \sum_{k=1}^{m} p_{pk} \times ma_{ik} \times x_i - \sum_{k=1}^{m} p_{pk} \times ma_{pk} \times x_i$$

$$= \sum_{k=1}^{m} p_{pk} \times (ma_{ik} - ma_{pk}) \times x_i$$

Beispiel

Im Fallbeispiel ergeben sich für die Einsatzfaktoren F, G und H folgende Mixanteile:

- Tatsächlicher Einsatzmix:

$$\text{Material F: } ma_{iF} = \frac{542\,800}{1\,180\,000} = 0{,}46$$

$$\text{Material G: } ma_{iG} = \frac{377\,600}{1\,180\,000} = 0{,}32$$

$$\text{Material H: } ma_{iH} = \frac{259\,600}{1\,180\,000} = 0{,}22$$

- Geplanter Einsatzmix:

$$\text{Material F: } ma_{pF} = \frac{600\,000}{1\,200\,000} = 0{,}5$$

$$\text{Material G: } ma_{pG} = \frac{360\,000}{1\,200\,000} = 0{,}3$$

$$\text{Material H: } ma_{pH} = \frac{240\,000}{1\,200\,000} = 0{,}2$$

Daraus ergibt sich für die Einsatzmixabweichung:

Einsatzmixabweichung

$$= 0{,}30 \times 0{,}46 \times 1\,180\,000 + 0{,}40 \times 0{,}32 \times 1\,180\,000 + 0{,}15 \times 0{,}22 \times 1\,180\,000$$
$$- (0{,}30 \times 0{,}5 \times 1\,180\,000 + 0{,}40 \times 0{,}3 \times 1\,180\,000 + 0{,}15 \times 0{,}2 \times 1\,180\,000)$$
$$= 352\,820 - 354\,000 \quad = \quad -1\,180 \text{ (G)}$$

Die Soll-Kosten 1 liegen unter den Soll-Kosten 2, so daß sich eine für das Ergebnis positive Einsatzmixabweichung von 1 180,– DM ergibt, die sich aus den unterschiedlichen Teilabweichungen der Einsatzfaktoren F, G und H wie folgt zusammensetzt:

	p_{pk}	×	$(ma_{ik}$	–	$ma_{pk})$	×	x_i		
F:	0,30	×	(0,46	–	0,5)	×	1 180 000	=	–14 160 (G)
G:	0,40	×	(0,32	–	0,3)	×	1 180 000	=	9 440 (U)
H:	0,15	×	(0,22	–	0,2)	×	1 180 000	=	3 540 (U)
Gesamt:									–1 180 (G)

Die Einsatzmixabweichung wird insgesamt negativ und führt damit zu einer Ergebnisverbesserung in Höhe von 1 180,– DM, da Material F weniger eingesetzt wurde. Dem gegenüber steht ein Mehreinsatz der Faktoren G und H, deren gewichteter Preis jedoch geringer ist als der gewichtete Preis von F.

b) Restabweichung

Restabweichung

Der nach Abspaltung der Mixabweichung noch verbleibende Rest der globalen Verbrauchsabweichung wird als Restabweichung oder echte Verbrauchsabweichung bezeichnet. Der Begriff Restabweichung ist dabei zutreffender, da nicht alle Kostenbestimmungsfaktoren in Form einer eigenen Spezialabweichung analysiert werden können. Die Restabweichung (echte Verbrauchsabweichung) gilt als Ausdruck der tatsächlichen Wirtschaftlichkeit bzw. Unwirtschaftlichkeit im betrieblichen Ablauf. In der amerikanischen Literatur findet sich für die Restabweichung der Begriff der »Yield Variance« (vgl. Horngren/Foster/Datar [1997], S. 866 ff. und Kaplan/Atkinson [1989], S. 323 ff.). Diese Bezeichnung verstärkt nochmals die Interpretation der Restabweichung als eigentlichen Maßstab für die Wirtschaftlichkeit der betrieblichen Abläufe, die an eine entsprechende Ausbeute (engl. »yield«) der Einsatzfaktoren gekoppelt ist.

Die Formel zur Bestimmung der **Restabweichung** (echte Verbrauchsabweichung) lautet:

$$\text{Restabweichung} = \text{Soll-Kosten 2} - \text{Soll-Kosten 3}$$

$$= \sum_{k=1}^{m} p_{pk} \times ma_{pk} \times x_i - \sum_{k=1}^{m} p_{pk} \times ma_{pk} \times x_s$$

$$= \sum_{k=1}^{m} p_{pk} \times ma_{pk} \times (x_i - x_s)$$

Diese Abweichung wird für jede der vorhandenen (m verschiedenen) Einzelmaterial- bzw. Einzellohnarten ermittelt.

Eine Restabweichung mit negativem Vorzeichen ist für das Unternehmen als vorteilhaft anzusehen, da dann bezüglich der geplanten Struktur des Gesamtverbrauchs an Einsatzfaktoren eine Einsparung zu verzeichnen ist (Ist-Verbrauch x_i < Soll-Verbrauch x_s).

Eine Restabweichung mit positivem Vorzeichen ist für das Unternehmen als ungünstig anzusehen, da dann bezüglich der geplanten Struktur des Gesamtverbrauchs an Einsatzfaktoren ein Mehrverbrauch zu verzeichnen ist (Ist-Verbrauch x_i > Soll-Verbrauch x_s).

Beispiel

Im Beispiel ergibt sich für die Restabweichung:

Restabweichung

$$= 0{,}30 \times 0{,}5 \times 1\,180\,000 + 0{,}40 \times 0{,}3 \times 1\,180\,000 + 0{,}15 \times 0{,}2 \times 1\,180\,000$$
$$- (0{,}30 \times 0{,}5 \times 1\,100\,000 + 0{,}40 \times 0{,}3 \times 1\,100\,000 + 0{,}15 \times 0{,}2 \times 1\,100\,000)$$
$$= 354\,000 - 330\,000 = 24\,000 \text{ (U)}$$

Für die Einsatzfaktoren F, G und H ergeben sich folgende Teilwerte:

	p_{pk}	×	ma_{pk}	×	(x_i	–	x_s)		
F:	0,30	×	0,5	×	(1 180 000	–	1 100 000)	=	12 000 (U)
G:	0,40	×	0,3	×	(1 180 000	–	1 100 000)	=	9 600 (U)
H:	0,15	×	0,2	×	(1 180 000	–	1 100 000)	=	2 400 (U)
Gesamt:									24 000 (U)

Die Herstellung von Produkt A ist durch einen generell zu hohen Verbrauch gekennzeichnet. Insgesamt ergibt sich aus der Verbrauchsstruktur der drei Einsatzfaktoren eine Ergebnisverschlechterung von 24 000,– DM, deren Ursache z.B. in zu geringer Ausbeute, Schwund und weiteren, hier nicht näher analysierten Kostenbestimmungsfaktoren zu suchen ist.

Zusammenfassung

Die stufenweise Abspaltung der einzelnen Teilabweichungen im Rahmen der kumulativen Abweichungsanalyse für den Materialverbrauch bei Produkt A ist abschließend noch einmal in der folgenden Abbildung 15.6 zusammengefaßt:

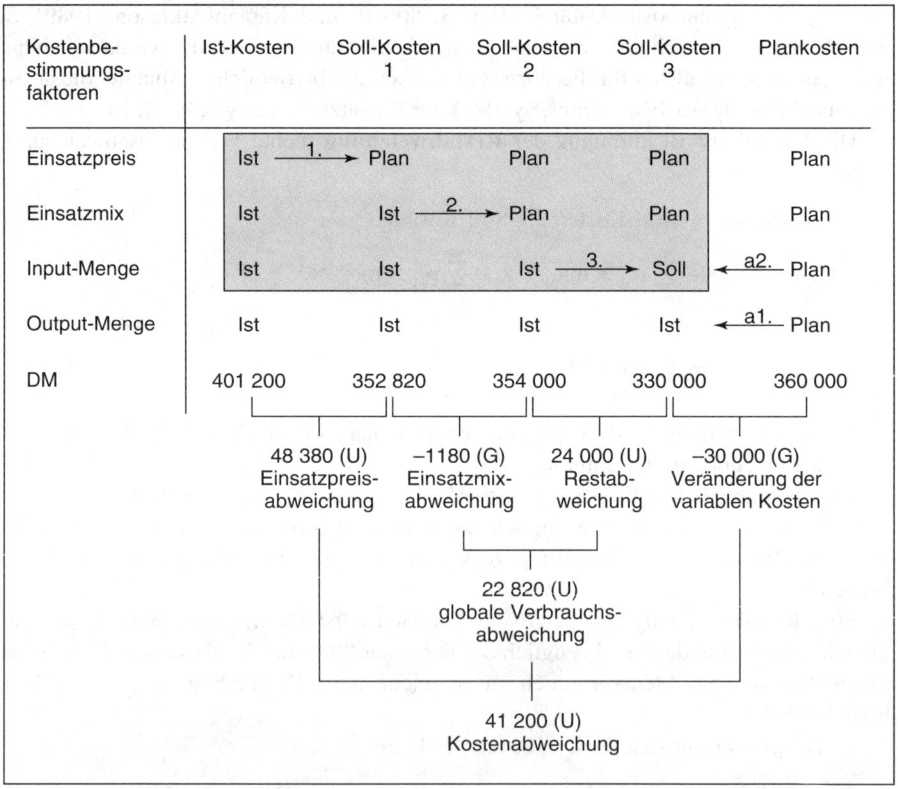

Abb. 15.6: Ergebnis der kumulativen Analyse der Materialkosten von Produkt A

II. Fixe Kostenabweichung

Fixe Kostenabweichung

Der Block der fixen Kosten kann nach verschiedenen Aspekten auf Abweichungen hin untersucht werden. Zum einen läßt sich eine ergebniswirksame Abweichung der fixen Kosten (Fixkostenabweichung) feststellen und zum anderen kann eine Auslastungsanalyse auf Basis einer Vollplankostenrechnung (Beschäftigungsabweichung) bzw. einer Grenzplankostenrechnung (Leer- und Nutzkosten) durchgeführt werden.

Dabei werden die nachstehend aufgeführten Abkürzungen verwendet:

K_{fij} = Ist-Fixkosten des Produkts j
K_{fpj} = Plan-Fixkosten des Produkts j
K_L = Leerkosten
K_{Li} = Ist-Leerkosten
K_N = Nutzkosten
K_{Ni} = Ist-Nutzkosten
p_{fij} = fixer Ist-Kostensatz des Produkts j
p_{fpj} = fixer Plan-Kostensatz des Produkts j
b_{ij} = Ist-Beschäftigung bei der Herstellung des Produkts j
b_{pj} = Planbeschäftigung bei der Herstellung des Produkts j

für alle j = 1, ..., n.

Kapazitätsplanung

Wenn die Planbeschäftigung b_{pj} entsprechend der maximalen Kapazität, d.h. b_{pj} = 100 %, der betrachteten Kostenstelle festgelegt wird **(Kapazitätsplanung),** dann entsprechen die Leerkosten genau der Beschäftigungsabweichung (vgl. ausführlich bei Haberstock [1986], S. 355; Vormbaum/Rautenberg [1985], S. 253 f.). Im folgenden wird zunächst von einer Kapazitätsplanung ausgegangen.

Fixer Plan-Kostensatz

Die Beispielrechnungen im Text beschränken sich aus Gründen der Übersichtlichkeit wiederum auf die Angaben für Produkt A (im folgenden also j = A). Für die Fertigung wurden hier produktspezifische Fixkosten in Höhe von K_{fpA} = 150 000,– DM geplant. Bei voller Kapazitätsauslastung können 120 000 St. von Produkt A hergestellt werden, wobei jeweils 1 Std. Fertigungszeit erforderlich ist.

Damit ergibt sich der fixe Plan-Kostensatz p_{fpA}, der pro Fertigungsstunde von Produkt A verrechnet werden kann, zu

$$p_{fpA} = \frac{150\,000}{120\,000} = 1{,}25 \text{ DM/Std.}$$

1. Fixkostenabweichung

Fixkostenabweichung

Zunächst kann eine **Fixkostenabweichung** zwischen den effektiv in einer Periode angefallenen Ist-Fixkosten und den hierfür vorab budgetierten Plan-Fixkosten ermittelt werden.

$$\begin{aligned}\text{Fixkostenabweichung} &= \text{Ist-Fixkosten} - \text{Plan-Fixkosten}\\ &= K_{fiA} - K_{fpA}\end{aligned}$$

Diese Abweichung ist ergebniswirksam, da sie die Differenz zwischen den verrechneten effektiven und den verrechneten budgetierten fixen Kosten enthält.

Beispiel

Im Beispiel ergibt sich für Produkt A folgende Fixkostenabweichung:

Fixkostenabweichung = 170 000 – 150 000 = 20 000 (U)

Trotz ihrer Ergebniswirkung ist diese Abweichung in der Praxis (und auch in der Literatur) selten zu finden, da meist kein Unterschied zwischen ursprünglich budgetierten und später effektiv verrechneten fixen Kosten gemacht wird (vgl. Fickert [1988], S. 56). Entweder entsprechen dann die Ist-Fixkosten aufgrund unveränderter Kapazitäten den Plan-Fixkosten oder die planmäßigen Änderungen der Kapazitäten werden durch eine Neubestimmung der Plankosten berücksichtigt. Fixkostenabweichungen treten damit nur in jenen Fällen auf, in denen planmäßige Kapazitätsänderungen im Ist anders durchgeführt werden als ursprünglich geplant oder bei ungeplanten Kapazitätsänderungen.

In der Praxis steht vielmehr die auf die jeweilige Produktionshöhe der betrachteten Periode bezogene Analyse der budgetierten Fixkosten im Vordergrund. Darauf soll im folgenden näher eingegangen werden.

2. *Beschäftigungsabweichung in der Vollplankostenrechnung*

Beschäftigungsabweichung

Die Beschäftigungsabweichung in der Vollplankostenrechnung beruht darauf, daß bei der Verteilung der fixen Kosten auf die Produkte die verrechneten Kosten nicht mehr den flexibel budgetierten Kosten entsprechen müssen, wie dies für die bisher betrachteten variablen Kosten kennzeichnend ist. Bei der Vollplankostenrechnung wird die Ausbringungsmenge der betreffenden Kostenstelle zum vollen Kostensatz bewertet. Dieser beinhaltet auch proportionalisierte Fixkosten. Damit können Unter- oder Überdeckungen zum ursprünglichen Planbudget der betrachteten Kostenstelle auftreten: Wenn die effektive Produktionshöhe die geplante überschreitet, werden zu viel fixe Kosten auf die Produkte verrechnet. Falls die effektive Produktionshöhe die geplante unterschreitet, werden zu wenig fixe Kosten auf die Produkte verrechnet.

Diese Verrechnungsunterschiede zwischen den ursprünglich budgetierten Fixkosten und den verrechneten Fixkosten zeigt die sog. **Beschäftigungsabweichung**. Diese wird als Differenz der ursprünglich geplanten fixen Kosten und den proportionalisierten (verrechneten) fixen Kosten bei der Ist-Produktionshöhe des Ist-Ergebnisses ermittelt:

$$\begin{aligned}\text{Beschäftigungsabweichung} &= b_{pA} \times p_{fpA} - b_{iA} \times p_{fpA} \\ &= (b_{pA} - b_{iA}) \times p_{fpA}\end{aligned}$$

Beispiel

Für die geplante Produktionsmenge von A in Höhe von 120 000 St. wurden 120 000 St. × 1 Std./St. = 120 000 Std. bereitgestellt. Tatsächlich wurden für die Ist-Produktionsmenge in Höhe von 110 000 St. nur 110 000 Std. benötigt. Damit kann die Beschäftigungsabweichung wie folgt berechnet werden:

Beschäftigungsabweichung = (120 000 – 110 000) × 1,25 = 12 500,– DM

Bedeutung

Die Beschäftigungsabweichung tritt nur in der Vollplankostenrechnung auf. Sie beruht auf der Proportionalisierung der fixen Kosten bezüglich der Planbeschäftigung b_{pj}. Wenn nun die Ist-Beschäftigung b_{ij} die Planbeschäftigung b_{pj} unterschreitet, werden zu wenig fixe Kosten auf die Produkte verrechnet. Die sich daraus ergebende positive Beschäftigungsabweichung (im Beispiel 12 500,– DM) zeigt folglich an, wieviel fixe Kosten tatsächlich zu wenig verrechnet worden sind, im Gegensatz zum Erreichen der

Planbeschäftigung b_{pj} bei der das gesamte Volumen der Plan-Kostensätze p_{fpj} vollständig abgedeckt worden wäre. Die Beschäftigungsabweichung hat jedoch im Gegensatz zur oben ermittelten Fixkostenabweichung keinen Einfluß auf die Höhe des Ergebnisses, da sie nicht als Unterschied zwischen den effektiven Ist-Fixkosten und den vorab budgetierten Plan-Fixkosten einer Kostenstelle definiert ist, sondern lediglich auf die Verrechnung der budgetierten Fixkosten Bezug nimmt. Werden einem Cost Center auf Basis der geplanten Vollkosten die Produkte abgenommen, d.h. Verrechnungspreise gleich Vollkosten, so hat die Beschäftigungsabweichung jedoch sehr wohl Ergebniswirkung. Sie spiegelt dann die mangelnde Effektivität des Cost Centers (vgl. Kap. 14.C.) wider.

3. Leer- und Nutzkosten in der Grenzplankostenrechnung

Leer- und Nutzkosten

Bei der Grenzplankostenrechnung tritt die Beschäftigungsabweichung nicht auf, da die Fixkosten nicht in die Planverrechnungssätze der betrachteten Kostenstelle einbezogen werden. Darauf wurde bereits in Kapitel 14 Abschnitt B.II. hingewiesen. Dennoch braucht in der Grenzplankostenrechnung nicht auf eine Analyse der Fixkosten verzichtet werden.

Üblicherweise wird der Fixkostenblock einer Kostenstelle in zwei Komponenten zerlegt, die Leer- und die Nutzkosten. Dabei gilt der Zusammenhang:

$$\text{Fixkosten} = \text{Leerkosten} + \text{Nutzkosten}$$

(1) Nutzkosten der Kostenstelle

Nutzkosten

Die Nutzkosten sind der Teil der Fixkosten, der durch die tatsächlich beanspruchte Kapazität im Verhältnis zur geplanten Kapazität ausgenutzt wird.

Die Formel zur Ermittlung der **Nutzkosten** lautet:

$$\begin{aligned} \text{Nutzkosten} &= \text{Fixkosten} \times \text{Auslastungsgrad} \\ &= K_{fpA} \times \frac{b_{iA}}{b_{pA}} \end{aligned}$$

Beispiel

Die Nutzkosten bei den Fixkosten der Fertigung von Produkt A betragen:

$$\text{Nutzkosten} = 150\,000 \times \frac{110\,000}{120\,000} = 137\,500,\text{– DM}$$

(2) Leerkosten der Kostenstelle

Leerkosten

Die Leerkosten sind der Teil der Fixkosten, der durch die tatsächlich beanspruchte Kapazität im Verhältnis zur geplanten Kapazität nicht genutzt wird.

Die Formel zur Ermittlung der **Leerkosten** lautet:

$$\begin{aligned} \text{Leerkosten} &= \text{Fixkosten} - \text{Nutzkosten} \\ &= K_{fpA} - K_{fpA} \times \frac{b_{iA}}{b_{pA}} \end{aligned}$$

$$= K_{fpA} \times \left(1 - \frac{b_{iA}}{b_{pA}}\right)$$

Beispiel

Die geplanten Fixkosten der Fertigung betrugen K_{fpA} = 150 000,– DM. Die Planbeschäftigung lag bei 120 000 Std., während die Ist-Beschäftigung nur 110 000 Std. betrug. Damit ergeben sich folgende Leerkosten:

$$\text{Leerkosten} = 150\,000 \times \left(1 - \frac{110\,000}{120\,000}\right) = 12\,500,\text{– DM}$$

Bedeutung

Bei der Grenzplankostenrechnung übernimmt der Ausweis der ermittelten Leer- und Nutzkosten der betrachteten Kostenstelle die Hinweisfunktion, die in der Vollplankostenrechnung der Beschäftigungsabweichung zugeschrieben wird. Allerdings soll nochmals der inhaltliche Unterschied zwischen beiden Rechnungen herausgestellt werden: Die separat zu ermittelnden Leerkosten geben in der Grenzplankostenrechnung einen Hinweis auf ungenutzte Kapazitäten, während die (bei Kapazitätsplanung betragsgleiche) Beschäftigungsabweichung der Vollplankostenrechnung lediglich auf Verrechnungsdifferenzen der proportionalisierten Fixkosten beruht. Hier erfolgt keine explizite Betrachtung der Leer- und Nutzkosten.

Für die Auswertung der Leerkosten bzw. der Beschäftigungsabweichung im Rahmen des betrieblichen Controlling können folgende Aspekte herangezogen werden (vgl. Haberstock [1986], S. 357):

- Üblicherweise ist der Leiter einer Kostenstelle nicht für Beschäftigungsabweichungen bzw. Leerkosten verantwortlich zu machen. Der Beschäftigungsgrad, d.h. das Verhältnis von effektiver zu geplanter Auslastung, ist eher von der Durchsetzungsfähigkeit des Vertriebs am Markt abhängig.
- Fallen über einen längeren Zeitraum hinweg Beschäftigungsabweichungen bzw. Leerkosten an, so ist dies als Auslöser für die Einleitung entsprechender kapazitätsorientierter Anpassungsprozesse zu sehen.

In Abbildung 15.7 sind nochmal die Zusammenhänge der Fixkostenanalyse in der Grenzplankostenrechnung dargestellt.

4. Besonderheiten der Engpaßplanung

Engpaßplanung

Bei einer Kapazitätsplanung sind Leerkosten und Beschäftigungsabweichung, wie bereits erwähnt, gleich. Im Fall der **Engpaßplanung**, d.h. b_{pj} < 100 %, werden die fixen Kosten auf eine kleinere Stückzahl (Engpaß) verteilt als bei der Kapazitätsplanung. Wird die Beschäftigungsabweichung in der Vollplankostenrechnung ermittelt, so ergibt sich bei einer gegenüber Plan höheren (niedrigeren) Ist-Beschäftigung eine negative (positive) Beschäftigungsabweichung, da entsprechend mehr (weniger) anteilige Fixkosten verrechnet werden. Beispielhaft kann man im Fall von Produkt A bei gegebener, maximaler Kapazität von 120 000 Std. von 100 000 Std. als Engpaß ausgehen. Dadurch ergibt sich ein fixer Plan-Kostensatz von

Beispiel

$$p_{fpA} = \frac{150\,000}{100\,000} = 1{,}50 \text{ DM/Std.}$$

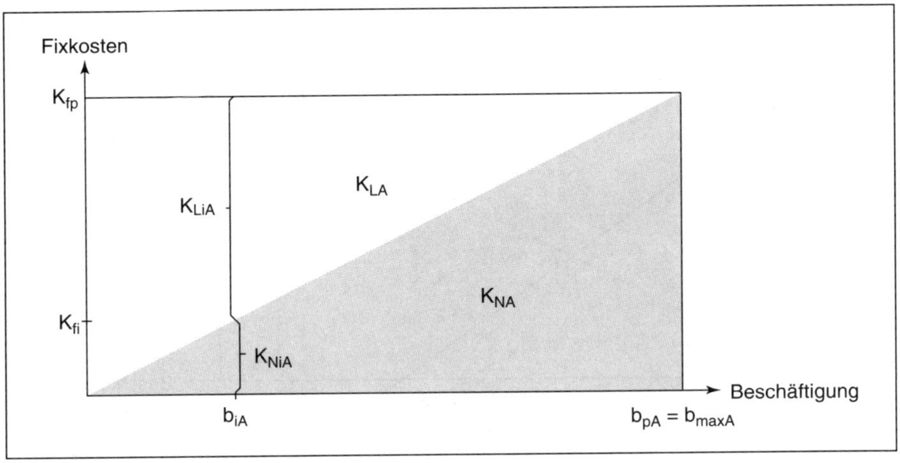

Abb. 15.7: Fixkostenanalyse in der Grenzplankostenrechnung

Bei einer Ist-Beschäftigung von 110 000 Std. ergibt sich:

Beschäftigungsabweichung = (100 000 – 110 000) × 1,50 = –15 000,– DM

In der Grenzplankostenrechnung besteht kein Unterschied zwischen Engpaß- und Kapazitätsplanung, da die Fixkosten nicht auf die Produkte verrechnet werden, sondern en bloc in die Kostenträgerrechnung eingestellt werden. Die Leerkosten können also genauso ermittelt werden wie im Fall der Kapazitätsplanung. Das heißt für das abgewandelte Beispiel:

$$\text{Leerkosten} = 150\,000 \times \left(1 - \frac{110\,000}{120\,000}\right) = 12\,500,\text{– DM}$$

Beschäftigungsabweichung vs. Leerkosten

Abbildung 15.8 zeigt für den Fall der Engpaßplanung den Unterschied zwischen der Beschäftigungsabweichung und den Leerkosten.

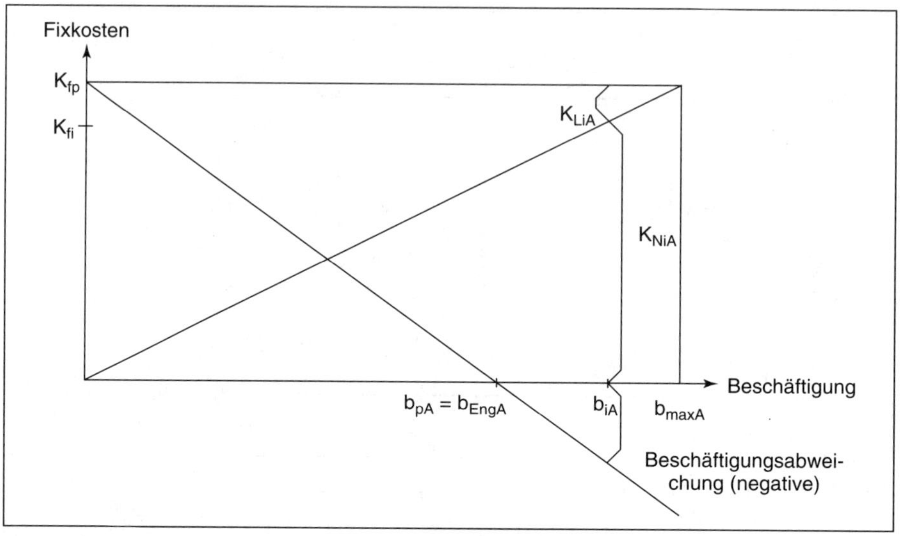

Abb. 15.8: Beschäftigungsabweichung und Leerkosten bei Engpaßplanung

Anhang: Andere Mix- und Mengenabweichungen

Alternative Darstellungsformen

Es kann auch eine andere Darstellungsform für die Absatzmixabweichung gewählt werden. Zu diesem Zweck werden die mengenmäßigen Mixabweichungen der n verschiedenen Produkte mit den Abweichungen der budgetierten Einzelpreise p_{pj} zum gewichteten durchschnittlichen Planpreis des Sortiments $Øp_p$ multipliziert (Gleichung 2):

$$\text{Absatzmixabweichung} = \sum_{j=1}^{n} p_{pj} \times (ma_{ij} - ma_{pj}) \times x_i \qquad \text{(Gleichung 1)}$$

$$= \sum_{j=1}^{n} (p_{pj} - Øp_p) \times (ma_{ij} - ma_{pj}) \times x_i \qquad \text{(Gleichung 2)}$$

Mit der Beziehung (vgl. Peles [1986], S. 326)

$$\sum_j P_j \times M_j = \sum_j P' \times M_j + \sum_j (P_j - P') \times M_j \qquad \text{(Gleichung 3)}$$

kann gezeigt werden, daß beide Darstellungsformen der Absatzmixabweichung immer zu gleichen Gesamtergebnissen führen, wenn auch die ermittelten produktspezifischen Teil-Absatzmixabweichungen betragsmäßig differieren.

Beweis:

Die oben ermittelte Formel für die Mixabweichung

$$\sum_{j=1}^{n} p_{pj} \times (ma_{ij} - ma_{pj}) \times x_i \qquad \text{(Gleichung 1)}$$

wird vereinfacht zu

$$\sum_{j=1}^{n} p_{pj} \times M_j \text{ (Gleichung 1') mit } M_j = (ma_{ij} - ma_{pj}) \times x_i$$

Mit Hilfe von Gleichung 3 wird Gleichung 1' umgeformt zu

$$\sum_{j=1}^{n} \text{Ø}p_p \times M_j + \sum_{j=1}^{n} (p_{pj} - \text{Ø}p_p) \times M_j \qquad \text{(Gleichung 4)}$$

Die Ausdrücke $\sum_{j=1}^{n} p_{pj} \times M_j$ (Gleichung 1') und $\sum_{j=1}^{n} (p_{pj} - \text{Ø}p_p) \times M_j$ (2. Summand in Gleichung 4) sind genau dann identisch, wenn der 1. Summand in Gleichung 4 $\sum_{j=1}^{n} \text{Ø}p_p \times M_j = 0$ ist.

Es gilt:

$$\sum_{j=1}^{n} \text{Ø}p_p \times M_j = \sum_{j=1}^{n} \text{Ø}p_p \times (ma_{ij} - ma_{pj}) \times x_i$$

$$= \text{Ø}p_p \times \sum_{j=1}^{n} (ma_{ij} - ma_{pj}) \times x_i$$

$$= \text{Ø}p_p \times [\sum_{j=1}^{n} ma_{ij} - \sum_{j=1}^{n} ma_{pj}] \times x_i$$

Da $\sum_{j=1}^{n} ma_{ij} = 1 = \sum_{j=1}^{n} ma_{pj}$ erhält der Inhalt der eckigen Klammer und damit auch der 1. Summand von Gleichung 4 den Wert 0; q.e.d.!

Noch eine andere Darstellungsform der Absatzmixabweichung ist denkbar, in dem Gleichung 1 weiter umgeformt wird:

$$\text{Absatzmixabweichung} = \text{Soll-Umsatz 1} - \text{Soll-Umsatz 2}$$

$$= \sum_{j=1}^{n} p_{pj} \times ma_{ij} \times \sum_{j=1}^{n} x_{ij} - \underbrace{\sum_{j=1}^{n} p_{pj} \times ma_{pj}}_{\text{Ø}p_p} \times \sum_{j=1}^{n} x_{ij}$$

$$= \sum_{j=1}^{n} (p_{pj} - \text{Ø}p_p) \times x_{ij}$$

Vergleich

Stellt man die beiden Möglichkeiten zur Berechnung der Absatzmixabweichung einander gegenüber,

$$\sum_{j=1}^{n} (p_{pj} - \text{Ø}p_p) \times (ma_{ij} - ma_{pj}) \times x_i \qquad \text{(Alternative 1)}$$

$$\sum_{j=1}^{n} (p_{pj} - \text{Ø}p_p) \times x_{ij} \qquad \text{(Alternative 2)}$$

so scheint die Bevorzugung von Alternative 1 gegenüber Alternative 2 aufgrund des höheren Aussagegehalts gerechtfertigt zu sein.

Die Absatzmixabweichung wird positiv (und damit für das Unternehmen günstig), wenn a) anteilig mehr Produkte verkauft werden, die einen höheren Preis als den durchschnittlich geplanten Sortimentspreis erreichen oder b) anteilig weniger Produkte abgesetzt werden, die einen niedrigeren Stückpreis als den durchschnittlich geplanten Sortimentspreis aufweisen.

Umgekehrt ergeben sich negative (und damit für das Unternehmen ungünstige) Absatzmixabweichungen, wenn a) weniger Produkte mit einem überdurchschnittlichen Preis pro Stück und b) mehr Produkte mit einem unterdurchschnittlichen Preis pro Stück verkauft werden.

Beispiel

Im folgenden soll die Berechnung der Absatzmixabweichungen auf Basis der geänderten Formel für das Beispiel gezeigt werden:

Produkt A: $(p_{pA} - \text{Ø}p_p) \times (ma_{iA} - ma_{pA}) \times x_i$
$= (5 - 6) \times (0{,}6875 - 0{,}8) \times 160\,000$
$= (-1) \times (-0{,}1125) \times 160\,000 = 18\,000$ (G)

Produkt B: $(p_{pB} - \text{Ø}p_p) \times (ma_{iB} - ma_{pB}) \times x_i$
$= (10 - 6) \times (0{,}3125 - 0{,}2) \times 160\,000$
$= 4 \times 0{,}1125 \times 160\,000 = 72\,000$ (G)

Gesamt: 18 000 + 72 000 = 90 000 (G)

Die positive Absatzmixabweichung in Höhe von 90 000,– DM hat zwei Ursachen: Zum einen bleibt der Absatz von Produkt A, das einen unterdurchschnittlichen Planpreis pro Stück aufweist, um 10 000 St. hinter der Planung zurück (18 000,– DM), zum anderen kann der Absatz bei Produkt B, das einen überdurchschnittlichen Planpreis pro Stück aufweist, um 20 000 St. gegenüber der Planung gesteigert werden (72 000,– DM). Es ist erkennbar, daß die gleiche Gesamt-Absatzmixabweichung auf die beiden Produkte anders umgelegt wird.

Absatzvolumenabweichung

Analog zur oben dargestellten zweiten Möglichkeit zur Berechnung der Absatzmixabweichung kann die formale Ableitung der Absatzvolumenabweichung angepaßt werden. Für die Ermittlung der Absatzvolumenabweichung werden die budgetierten Preise der n verschiedenen Produkte p_{pj} durch den gewichteten durchschnittlichen Plan-Sortimentspreis $\text{Ø}p_p$ ersetzt. Es entsteht so ein Soll-Wert, mit dem die Mengendifferenzen aus den n verschiedenen Teilumsätzen gewichtet werden. Die Verwendung des durchschnittlichen Planpreises pro Stück $\text{Ø}p_p$ dient dazu, die Veränderung des Ergebnisses zu zeigen, die sich bei einer Abweichung der Ist-Absatzmenge von der Plan-Absatzmenge ergibt:

$$\text{Absatzvolumenabweichung} = \underbrace{\sum_{j=1}^{n} p_{pj} \times ma_{pj}}_{\text{Ø}p_p} \times \sum_{j=1}^{n} x_{ij} - \underbrace{\sum_{j=1}^{n} p_{pj} \times ma_{pj}}_{\text{Ø}p_p} \times \sum_{j=1}^{n} x_{pj}$$

$$= \sum_{j=1}^{n} (\text{Ø}p_p \times x_{ij} - \text{Ø}p_p \times x_{pj})$$

$$= \sum_{j=1}^{n} \text{Ø}p_p \times (x_{ij} - x_{pj})$$

Der durchschnittliche Planpreis pro Stück $Øp_p$ ergibt sich im Beispiel auch als Quotient von geplantem Gesamtumsatz und Gesamtabsatz zu

$$Øp_p = \frac{900\,000}{150\,000} = 6,\text{– DM/St.}$$

Im Beispiel ergeben sich für die Absatzvolumenabweichung bei Produkt A und B folgende Werte: *Beispiel*

	$(x_{ij}$	–	$x_{pj})$	×	$Øp_p$		
A:	(110 000	–	120 000)	×	6	=	–60 000 (U)
B:	(50 000	–	30 000)	×	6	=	120 000 (G)
Gesamt:							60 000 (G)

Da im Beispiel die Ist-Absatzmenge mit 160 000 St. über der Plan-Absatzmenge von 150 000 St. liegt, ergibt sich insgesamt eine Ergebnisverbesserung von 60 000,– DM. Der Absatzrückgang von Produkt A (–60 000,– DM) wird durch eine Erhöhung der Absatzmenge bei Produkt B (120 000,– DM) überkompensiert. Das veränderte Ergebnis der Teilabweichung für Produkt A und Produkt B erscheint aussagekräftiger, da eine Mengenunter- bzw. -überschreitung zu einer negativen bzw. positiven Absatzvolumenabweichung führt.

Genauso wie für die Absatzmix- und die Absatzmengenabweichung können auch für die Mix- und die Restabweichung der Kosten andere Formeln angewendet werden.

Abkürzungsverzeichnis

$\varnothing p_p$	durchschnittlicher Planpreis des Sortiments
b_{Engj}	(vorgegebener) Engpaß der Kapazität
b_{ij}	Ist-Beschäftigung bei der Herstellung des Produkts j
b_{maxj}	maximale Kapazität
b_{pj}	Planbeschäftigung bei der Herstellung des Produkts j
db_{ij}	Ist-Stückdeckungsbeitrag des Produkts j
db_{pj}	Plan-Stückdeckungsbeitrag des Produkts j
G	hinsichtlich des Betriebsergebnisses günstige Beurteilung der Abweichung
K_{fij}	Ist-Fixkosten des Produkts j
K_{fp}	Plan-Fixkosten
K_{fpj}	Plan-Fixkosten des Produkts j
K_L	Leerkosten
K_{Lij}	Ist-Leerkosten des Produkts j
K_{Lj}	Leerkosten des Produkts j
K_{Nij}	Ist-Nutzkosten des Produkts j
K_{Nj}	Nutzkosten des Produkts j
k_{vij}	variable Ist-Stückkosten des Produkts j
k_{vpj}	variable Plan-Stückkosten des Produkts j
m	Gesamtanzahl der betrachteten Einsatzfaktoren
ma_{ij}	Ist-Mixanteil des Produkts j an der Absatzmenge
ma_{ik}	Ist-Mixanteil des Einsatzfaktors k an einer Einheit des Produkts
ma_{pj}	Plan-Mixanteil des Produkts j an der Absatzmenge
ma_{pk}	Plan-Mixanteil des Einsatzfaktors k an einer Einheit des Produkts
n	Gesamtanzahl der betrachteten Produkte
p_{fij}	fixer Ist-Kostensatz des Produkts j
p_{fpj}	fixer Plan-Kostensatz des Produkts j
p_{ij}	Ist-Stückverkaufspreis des Produkts j
p_{ik}	Ist-Preis des Einsatzfaktors k
p_{pj}	Plan-Stückverkaufspreis des Produkts j
p_{pk}	Planpreis des Einsatzfaktors k
U	hinsichtlich des Betriebsergebnisses ungünstige Beurteilung der Abweichung
x_i	Ist-Absatzvolumen bzw. Ist-Gesamt-Input-Menge der Einsatzfaktoren
x_{ij}	Ist-Absatzmenge des Produkts j
x_{ik}	Ist-Einsatz des Faktors k der Ist-Beschäftigung (Ist-Verbrauch)
x_p	Plan-Absatzvolumen bzw. Plan-Gesamt-Input-Menge der Einsatzfaktoren
x_{pj}	Plan-Absatzmenge des Produkts j
x_{pk}	Planeinsatz des Faktors k der Planbeschäftigung (Planverbrauch)
x_s	Soll-Gesamt-Input-Menge der Einsatzfaktoren
x_{sk}	Planeinsatz des Faktors k der Ist-Beschäftigung (Soll-Verbrauch)

Kontrollfragen

1) Erläutern Sie wichtige Bestandteile der Analyse von Ergebnisabweichungen.
2) Wie ist die Umsatzabweichung definiert?
3) Welche Teilabweichung der Umsatzabweichung enthält bei kumulativer Verrechnung die Sekundärabweichung?
4) Wie kann die Absatzvolumenabweichung weiter aufgespalten werden?
5) Wie ist eine positive (negative) Absatzmixabweichung zu interpretieren?
6) Skizzieren Sie die erforderlichen Schritte bei der formalen Ableitung der Absatzvolumenabweichung.
7) Kann die Absatzvolumenabweichung auch auf der Basis von Deckungsbeiträgen anstatt auf der Basis von Umsätzen untersucht und ausgewertet werden?
8) Wie können Kostenabweichungen grundsätzlich systematisiert werden?
9) In welche Teilabweichungen kann die Einzelkostenabweichung aufgespalten werden?
10) Welche Teilabweichung der Einzelkostenabweichung enthält bei kumulativer Abweichungsanalyse die Sekundärabweichung?
11) Beurteilen Sie den Aussagegehalt der Restabweichung.
12) Wie können Gemeinkostenabweichungen systematisiert werden?
13) Zeigen Sie, wie die Fixkostenabweichung in der Plankostenrechnung auf Vollkostenbasis bestimmt werden kann.
14) Worin besteht der Zusammenhang zwischen Leerkosten und Nutzkosten?
15) Wie beurteilen Sie den Aussagegehalt der Beschäftigungsabweichung und der Leerkosten im Rahmen des betrieblichen Controlling?
16) Nach welchen Aspekten können die fixen Kosten auf Abweichungen hin untersucht werden?
17) Gibt es einen Unterschied in der Grenzplankostenrechnung zwischen Engpaß- und Kapazitätsplanung?
18) Definieren Sie die Begriffe Plankosten, verrechnete Plankosten, Soll-Kosten, Ist-Kosten, Nutzkosten und Leerkosten.

Literaturhinweise

Fickert, R. (1988): Analyse von Erfolgsabweichungen, in: Die Unternehmung 1988, S. 41–61.

Haberstock, L. (1986): Kostenrechnung II – (Grenz-) Plankostenrechnung mit Fragen, Aufgaben und Lösungen, 7. Aufl., Hamburg 1986.

Horngren, C. T./Foster, G./Datar, S. M. (1997): Cost Accounting – A Managerial Emphasis, 9. Aufl., Englewood Cliffs, New Jersey 1997.

Kaplan, R. S./Atkinson, A. A. (1989): Advanced Management Accounting, 2. Aufl., Englewood Cliffs, New Jersey 1989.

Peles, Y. C. (1986): A Note on Yield Variance and Mix Variance, in: The Accounting Review 1986, S. 325–329.

Vormbaum, H./Rautenberg, H. G. (1985): Kostenrechnung III für Studium und Praxis – Plankostenrechnung, Baden-Baden/Bad Homburg vor der Höhe 1985.

16. Kapitel: Kostenkontrolle für Projekte

A. Problemstellung

Die starke Zunahme finanzieller Vorleistungen bei der Entwicklung neuer Produkte und die gleichzeitige Verkürzung der marktlichen Produktlebenszyklen stellen nicht zuletzt auch an das betriebliche Rechnungswesen neue Anforderungen. Zum einen nimmt die Bedeutung vorgelagerter (Forschung und Entwicklung) und nachgelagerter (Vertrieb/Service) Wertschöpfungsstufen zu Lasten der Bedeutung der Fertigung immer mehr zu. Zum anderen muß sich die traditionell auf die Produktion materieller Güter ausgerichtete Denkweise des Rechnungswesens darüber hinaus an die spezifischen Probleme der Erstellung immaterieller Güter anpassen. Speziell der Bereich Forschung und Entwicklung steht hier aufgrund seiner existentiellen Schlüsselrolle für das Unternehmen seit einigen Jahren verstärkt im Mittelpunkt des Interesses.

Wegen der erhöhten Unsicherheit ist bei Entwicklungsprojekten die Gefahr von Plan-Ist-Abweichungen in besonderem Maße gegeben. Gerade hier muß sich deshalb die Projektleitung durch geeignete Instrumente bzw. Maßnahmen laufend davon überzeugen können, daß die durch die Planung festgelegten Soll-Größen eingehalten werden. Einer Abweichungsanalyse, die sich auf Kosten und Leistung bezieht, kommt daher gerade im Entwicklungsmanagement eine wichtige Steuerungsfunktion zu. In diesem Kapitel soll das Problem der Kostenkontrolle im Hinblick auf ein projektbegleitendes Controlling erörtert werden. Es wird gezeigt, daß sich das Gedankengut der Systeme einer starren und flexiblen Plankostenrechnung (vgl. Kap. 14) für das Controlling im Entwicklungsbereich nutzbar machen läßt.

B. Kostenorientierte Abweichungsanalysen in Forschung und Entwicklung

I. Isolierte Budgetanalyse

Das grundlegende Problem der Abweichungsanalyse im Entwicklungsbereich ist das bislang nur unbefriedigend gelöste Problem der Output-Messung. Trotz vielfältiger Ansätze ist es noch nicht gelungen, ein verbindliches und verursachungsgerechtes System von Maßgrößen zur Leistungsmessung zu entwickeln.

Budgetkontrolle

Um das Problem der Leistungsmessung zu umgehen, wird in der Praxis vielfach eine einfache Projektkostenkontrolle in Form der Budgetkontrolle eingesetzt. Hier erfolgt der Soll-Ist-Vergleich durch eine Gegenüberstellung der bis zum Berichtszeitpunkt angefallenen Ist-Kosten (IK) mit den für diesen Termin geplanten Budgetkosten (BK). Die Differenz zwischen beiden Größen wird als negative (Ist-Kosten kleiner als Budgetkosten, d.h. Einsparung) oder positive (Ist-Kosten größer als Budgetkosten, d.h. Überziehung) Gesamtabweichung (GA) ausgewiesen:

Gesamtabweichung

$$GA = IK - BK$$

Projektstrukturplanung

Die Gliederungstiefe der Abweichungsanalyse hängt davon ab, welche Form und Detaillierung das Kostenbudget aufweist, d.h., ob es sich um ein globales Projektbudget handelt, das die Gesamtkosten summarisch schätzt und auf die Projektdauer verteilt, oder ob der Kostenverbrauch detailliert nach Kostenarten und Projektkostenstellen geplant wurde. Die Abweichungsanalyse kann entlang den Ebenen der Projektstrukturplanung (PSP) bis auf die Ebene einzelner Arbeitspakete heruntergebrochen werden.

Preisabweichung

Die so ermittelte Gesamtabweichung (GA) ist, wie in der gewöhnlichen Plankostenrechnung, zunächst um die Bestandteile zu bereinigen, die nicht dem Projektleiter anzulasten sind. Dabei handelt es sich zum einen um die Abweichung, die sich durch die Differenz zwischen Plan- und Ist-Preisen ergibt. Aufgrund des hohen Personalkostenanteils im Entwicklungsbereich ist sie zum großen Teil auf die nicht erwartete Inflation bei Lohn- und Gehaltskosten zurückzuführen. Nicht darunter fällt jedoch die Abweichung, die sich aus der Verwendung qualitativ anderer als der geplanten Arbeitskräfte ergibt (z.B. höhere Gehälter durch die Verwendung höherqualifizierter interner oder externer Arbeitskräfte).

Change-order-Kosten

Die zweite zu bereinigende Abweichungsursache sind Abweichungen, die durch Veränderungen der geforderten Produktleistung seitens des Auftraggebers, sog. Change-order-Kosten, entstanden sind. Hier sind die Budgetkosten als Bezugsgröße für das Projekt-Controlling entsprechend anzupassen.

Voraussetzungen

Voraussetzung für die Durchführung jeder Abweichungsanalyse ist die Übereinstimmung von Planungs- und Kontrolleinheiten. Die Erfassung der Ist-Kosten muß daher zumindest die gleiche Gliederungstiefe aufweisen wie die zugrundeliegende Planung der Budgetkosten. Wurde beispielsweise das Arbeitspaket als Planungsebene gewählt, so sind die Ist-Kosten ebenfalls auf Arbeitspaketebene zu ermitteln.

Diese an sich einfache Forderung stößt jedoch immer wieder auf Schwierigkeiten. Die Möglichkeit der kostenträgerweisen Kostenerfassung ist durch die Vergabe von Auftragsnummern bereits im Rahmen der Planung zu gewährleisten. Der Nummernschlüssel kann sich dabei am Schlüssel des Projektstrukturplans orientieren, oder es wird, vor allem bei tiefer Gliederung, eine fortlaufende Numerierung der Aufträge durchgeführt. Die Zuordnung zum korrespondierenden Projektstrukturplan-Element erfolgt dann über eine Zuordnungstabelle.

II. Informationswert der Budgetanalyse

Anwendungsbereich

In der Regel steht bei einer Überwachung der Kosten das Verhältnis von Kostenanfall zu dem bis zum betrachteten Zeitpunkt geleisteten Output im Mittelpunkt der Betrachtung. Nur für den Fall, daß die Kosten in begrenzten Zeiträumen anfallen sollen, kann der Budgetkontrolle ein gewisser Informationswert zugesprochen werden. Das gleiche gilt für den Fall, daß aus der Analyse des Kostenartenverbrauchs auf eine falsche Verwendung von Ressourcen geschlossen werden kann.

Informationswert

Darüber hinaus ist der Informationswert der Budget-Abweichungsanalyse für die Projektsteuerung sehr beschränkt. Ihr entscheidender Nachteil liegt darin, daß die verstrichene Kalenderzeit als Ausgangspunkt der Kostenkontrolle herangezogen wird. Damit wird unterstellt, daß der Ist-Leistungsstand sich immer entsprechend dem geplanten Leistungsstand entwickelt. Unter dieser Prämisse wäre die Kostenabweichung als Mehr- oder Minderverbrauch bei gegebenem Leistungsstand sinnvoll interpretierbar. In der Regel ist diese Voraussetzung jedoch nicht erfüllt. Entwicklungskosten pro Zeiteinheit sind in erster Linie kapazitätsabhängige und nicht outputabhängige Kosten. Leistungs- und Zeitverzögerungen werden daher bei einer solchen retrospektiven Betrachtungsweise erst mit großer zeitlicher Verzögerung bei einem rein budgetorientierten Berichtswesen aufgedeckt.

Interpretierbarkeit

Ein weiterer wesentlicher Nachteil der reinen Budgetanalyse entspringt der Tatsache, daß eine ermittelte Soll-Ist-Differenz nicht eindeutig interpretierbar ist. Eine negative Gesamtabweichung und damit eine Budgetunterschreitung kann sowohl implizieren, daß das Projekt wesentlich effizienter als geplant voranschreitet, als auch, daß Schwierigkeiten zu einem Zeitverzug geführt haben. Mit anderen Worten, es kann nicht ermittelt werden, ob der Budgetverbrauch dem Leistungsfortschritt entspricht.

C. Integrierte Kosten- und Leistungsanalyse

Die mangelnde Interpretierbarkeit der festgestellten Abweichungen im Rahmen der Budgetkontrolle entspricht im Grunde der bekannten Problematik der starren Plankostenrechnung. Auch dort ist eine Abweichung nur unter der Voraussetzung interpretierbar, daß die Ist-Beschäftigung gleich der Planbeschäftigung ist, d.h., daß die »Ist-Bezugsgröße pro Zeiteinheit« gleich der »Plan-Bezugsgröße pro Zeiteinheit« ist. Unter dieser Prämisse kann man die Kosten (K) statt als Funktion des Outputs (X) auch als Funktion der Zeit (t) darstellen:

$$K = f_1(X) = f_2(t)$$

Bezeichnet man den Fortschritt in der Leistungserstellung als Output des Entwicklungsprozesses, so ist die oben dargestellte Budgetanalyse im Grunde nichts anderes als eine starre Plankostenrechnung mit dem Problem der nicht analysierbaren Vermischung von Wert- und Mengenkomponenten innerhalb der gemeldeten Abweichung.

I. Aufspaltung der Gesamtabweichung

Soll-Kosten

Ziel für das Projekt-Controlling muß es daher sein, ähnlich wie bei der flexiblen Plankostenrechnung durch die Einführung sogenannter Soll-Kosten die Gesamtabweichung in eine Mengen- und eine Wertkomponente aufzuspalten.

Bezeichnet man die Ist-Kosten als die tatsächlich angefallenen Kosten bezogen auf den realisierten Projektstand und die Budgetkosten als die geplanten Kosten bezogen auf den geplanten Projektstand, so sind die Soll-Kosten als die geplanten Kosten bezogen auf den realisierten Projektstand zu verstehen.

Im Überblick sind die Gemeinsamkeiten und Unterschiede dieser drei Kostenkategorien in Abbildung 16.1 zusammengestellt.

	Ist-Kosten	Soll-Kosten	Budgetkosten
Wertniveau	effektiv	geplant	
Projektstatus	realisiert		geplant

Abb. 16.1: Gegenüberstellung von Ist-, Soll- und Plankosten

Durch einfache arithmetische Umformung läßt sich die Gesamtabweichung (GA) unter Einbeziehung der Soll-Kosten (SK) wie folgt aufspalten:

$$\begin{aligned} GA &= IK - BK \\ &= IK - SK + SK - BK \\ &= \underbrace{(IK - SK)}_{\text{Wertkomponente}} + \underbrace{(SK - BK)}_{\text{Mengenkomponente}} \end{aligned}$$

Kosten- und Leistungsvarianz

Die Wertkomponente (Kostenvarianz) zeigt an, ob – bezogen auf den realisierten Projektstand – mehr oder weniger Kosten als geplant angefallen sind (Realisationsfehler). Sie ist damit ein Maßstab für die Wirtschaftlichkeit der Projektdurchführung. Die Mengenkomponente (Leistungsvarianz) erklärt den Teil der Gesamtabweichung, der durch einen von der Planung abweichenden Projektfortschritt, d.h. ein gegenüber der Planung schnelleres oder langsameres Fortschreiten des Projekts, bedingt wird (Planungsfehler). Da definitionsgemäß nach Abschluß des Projekts die Soll-Kosten gleich den Budgetkosten sind, ist diese Aufspaltung natürlich nur während des Projektablaufs sinnvoll.

Korrekturen

Vor Beginn der Analyse muß, wie bei der isolierten Budgetanalyse, die Gesamtabweichung zunächst um die exogen bedingten Abweichungen bereinigt werden. Im folgenden wird, falls nicht gegenteilig angemerkt, von der bereits um exogene Einflußfaktoren bereinigten Gesamtabweichung ausgegangen.

II. Messung des Projektfortschritts

Realisierungsgrad

Die integrierte Kosten- und Leistungsanalyse strebt eine Aufspaltung der Gesamtabweichung in Mengen- und Wertkomponenten an. Hierzu wurden die Soll-Kosten als zusätzliche Größe neben den Ist- und Plankosten eingeführt. Da die Soll-Kosten geplante Kosten für den realisierten Projektstand darstellen, benötigt man zu ihrer Ermittlung einen Maßstab für den Fortschritt in der Leistungserstellung.

Eine direkte Messung dieses bislang erreichten Realisierungsgrades stößt in der Praxis aus mehreren Gründen auf Schwierigkeiten:

Das Sachziel in der Entwicklung ist keine einheitliche Größe, sondern besteht aus einer Mehrzahl von i.d.R. miteinander konkurrierenden Kriterien (Qualität, Leistungsumfang, Zeit, Kosten). Dies veranschaulicht Abbildung 16.2.

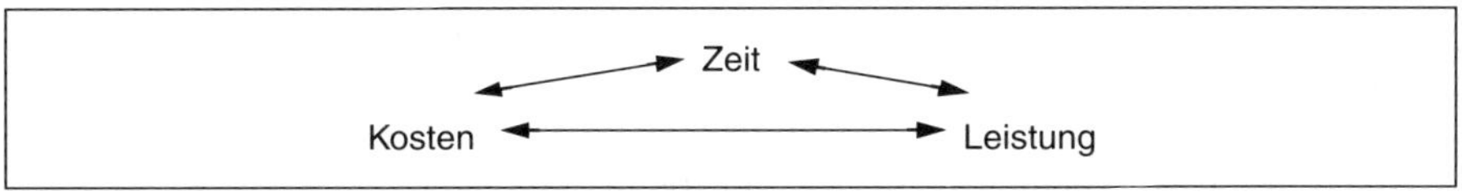

Abb. 16.2: Ziele von F&E-Projekten

In welchem Ausmaß vor allem die technischen Ziele (Leistungsumfang, Qualität) erfüllt werden, kann oft erst nach Ende des Projekts ermittelt werden. Dies führt dazu, daß eine Fortschrittsmessung anhand der Zielkriterien (bislang) nicht möglich ist.

Auch die direkte Schätzung des Realisierungsgrades durch die Projektverantwortlichen hat sich als durchweg erfolglos erwiesen. Bei einer Vielzahl von Projekten stellte man fest, daß sich die Urteile der Beteiligten über den Stand des Projekts oft als krasse Fehlurteile erwiesen. Viele Projektleiter scheinen sich entsprechend dem 90 %-Syndrom zu verhalten, bei dem über weite Teile der Laufzeit das Projekt als bereits zu 90 % fertiggestellt gemeldet wird.

Arbeitspakete

Um das Problem der direkten Fortschrittsmessung in der Entwicklung zu vereinfachen, wird vorgeschlagen, den Sachfortschritt des Projekts über den Abarbeitungsgrad der zur Lösung notwendigen Einzelschritte (Arbeitspakete, Meilensteine) zu ermitteln. Diesem Vorgehen liegen zwei Annahmen zugrunde: zum einen, daß das Gesamtziel der Entwicklung erreicht ist, wenn alle Unterziele erfüllt sind, also die Teilaufgaben (= Arbeitspakete) mit dem geplanten Ergebnis abgeschlossen sind, zum anderen, daß die Abschätzung des Fertigstellungsgrades für ein einzelnes Arbeitspaket leichter ist als für das Gesamtprojekt. Voraussetzung für die Anwendung der integrierten Kosten-Leistungs-Überwachung ist somit die Planung von Kosten und Leistung auf Basis eines Projektstrukturplans.

Gesamt-Soll-Kosten

Die Soll-Kosten (SK) eines Projekts beinhalten definitionsgemäß die geplanten Kosten für den realisierten Projektstatus. Die Soll-Kosten eines Arbeitspakets können damit durch Multiplikation der budgetierten Gesamtkosten des Arbeitspakets (BK_i) mit dem jeweiligen Abarbeitungs- oder Realisierungsgrad (RG_i) ermittelt werden. Die Soll-Kosten für das Gesamtprojekt ergeben sich dann aus der Addition der Einzelwerte:

$$SK = \sum_{i=1}^{n} (RG_i \times BK_i)$$

Bei abgeschlossenen Arbeitspaketen ist der Realisierungsgrad RG_i gleich »1«, bei noch nicht begonnenen ist er gleich »0«.

Ansätze zur Bestimmung des Realisierungsgrades

Problematisch bleibt damit zunächst die Bestimmung des Realisierungsgrades begonnener, jedoch zum Zeitpunkt der Statusanalyse noch nicht abgeschlossener Arbeitspakete. In der Literatur existieren hierzu verschiedene Ansätze, die im folgenden kurz dargestellt und bezüglich ihrer praktischen Anwendbarkeit beurteilt werden sollen.

(1) Ein erster, sehr einfacher Ansatz zur Bestimmung des Realisierungsgrades von angearbeiteten Arbeitspaketen ist die Festlegung in Abhängigkeit von Beginn und/oder Ende der Bearbeitung. Dabei treten folgende Varianten auf:

- RG = »1« bei Beginn der Bearbeitung, d.h., bei Eröffnung des Arbeitspakets wird der volle Wert gutgeschrieben.

- RG = »0,5« bei Beginn und »1« bei Beendigung, d.h., die Hälfte des Werts wird bei der Eröffnung, der Rest bei Beendigung gutgeschrieben.
- RG = »1« bei Beendigung der Arbeit, d.h., erst nach Abschluß der Bearbeitung des Arbeitspakets wird der entsprechende Soll-Betrag kreditiert.

Dieser Ansatz ist zwar sehr einfach anzuwenden, führt aber vor allem bei umfangreicheren Projekten mit vielen Arbeitspaketen und speziell bei paralleler Bearbeitung zu wesentlichen Fehlinformationen und ist daher nur bedingt zu empfehlen.

(2) Die Ermittlung des Quotienten aus Ist-Dauer (ID) und budgetierter Dauer (BD) des Arbeitspakets zur Bestimmung des Realisierungsgrades ist ein zweiter Ansatz.

$$RG = \frac{ID}{BD}$$

Fertiggestellten Aufgaben wird wiederum ein Realisierungsgrad von »1« zugeordnet. Dieser Ansatz impliziert, daß die Leistungserstellung innerhalb eines Arbeitspakets proportional zum Zeitverbrauch erfolgt. Dies ist dann zu vertreten, wenn die betrachteten Arbeitspakete klein und mit relativ konstantem Ressourceneinsatz (in erster Linie Personal) bearbeitet werden. Da gerade F&E-Projekte durch eine nicht zu geringe Planungsunsicherheit gekennzeichnet sind, kann es passieren, daß die Ist-Dauer größer wird als die budgetierte Dauer. Dies würde zu einem Realisierungsgrad RG > 1 führen. Damit würden die Soll-Kosten in voller Höhe vor Abschluß der Bearbeitung verrechnet.

(3) Diese Nachteile können vermieden werden, wenn neben der Ist-Dauer und der budgetierten Dauer noch die voraussichtliche Restdauer (RD) zur Bestimmung des Realisierungsgrades verwendet wird:

$$RG = \frac{BD - RD}{BD}$$

Diese Darstellung hat zudem den Vorteil, daß die betrachtete Zeitperspektive um eine zukunftsorientierte Komponente erweitert wird. Wie leicht zu sehen ist, ändert sich der Realisierungsgrad bei gegebener Plandauer nur bei einer Änderung der Restdauer. Ein Anstieg der bis zur Fertigstellung benötigten Restdauer führt zu einer Verringerung des jeweiligen Realisierungsgrades.

III. Restkostenorientierte Bestimmung des Realisierungsgrades

Restkosten

Führt man den Begriff der Restkosten, d.h. der noch bis zum Abschluß des Arbeitspakets anfallenden Kosten, an Stelle der Restdauer ein, so läßt sich der Realisierungsgrad wie folgt definieren:

$$RG = \frac{BK - RK}{BK}$$

Interpretation

Die Interpretation dieser Formel bereitet keine Schwierigkeiten: Am Anfang einer Arbeitsaufgabe sind die Budgetkosten (BK) und die Restkosten (RK) gleich. Folglich ergibt sich ein Realisierungsgrad von »0«. Nach Beendigung der Arbeitsaufgabe belaufen sich die Restkosten auf »0«, woraus sich unmittelbar ein Realisierungsgrad von »1« ergibt. Wie leicht zu sehen ist, ändert sich der Realisierungsgrad bei gegebenen Budgetkosten nur bei einer Änderung der Restkosten. Ein Anstieg der Restkosten führt in diesem Fall automatisch zu einer Verringerung des Realisierungsgrades. Dieser Ansatz enthält allerdings die Prämisse, daß Kosten (und damit die Leistung) bezüglich der Zeit proportionalisiert werden. Bei kleinen Arbeitspaketen und konstantem Personaleinsatz innerhalb eines Arbeitspakets scheint der Fehler der Proportionalisierung der Kosten bzw. Leistung in bezug auf den Zeitfortschritt vernachlässigbar.

Setzt man für den Realisierungsgrad des Arbeitspakets i die Formel

$$RG_i = \frac{BK_i - RK_i}{BK_i}$$

so lassen sich die (kumulierten) Soll-Kosten für das Gesamtprojekt nun wie folgt berechnen:

Gesamtbudget-Restkosten

$$SK = \sum_{i=1}^{n} (RG_i \times BK_i) = \sum_{i=1}^{n} \frac{BK_i - RK_i}{BK_i} \times BK_i$$

$$= \sum_{i=1}^{n} (BK_i - RK_i) = \sum_{i=1}^{n} BK_i - \sum_{i=1}^{n} RK_i$$

$$= BK - RK = \text{Gesamtbudget} - \text{Restkosten}$$

Kritik

Auch dieser Ansatz kann natürlich nicht den Anspruch erheben, den Projektstand ganz realistisch wiederzugeben. Die Tatsache, daß diese Art der Leistungsmessung auch nur ein Hilfsmittel ist, wird z.B. daraus deutlich, daß die Qualität der abgeschlossenen Arbeit in den Fortschrittskennziffern nur unzureichend reflektiert wird. Ein Projekt kann in bezug auf die Zahl der abgeschlossenen Arbeitspakete durchaus im Plan sein, die Qualität und damit auch der echte Leistungsstand kann dennoch unterhalb des Plans sein. Ergänzende Informationen der Qualitätssicherung sind deshalb zur richtigen Interpretation der Ergebnisse notwendig.

Problemkreise des F&E-Controllings

Da mit den Soll-Kosten zukunftsbezogene Größen in die Analyse miteinbezogen werden, kann der Ansatz der integrierten Kosten- und Leistungsanalyse dem Entscheidungsträger wichtige Hinweise zu verschiedenen Problemkreisen innerhalb des F&E-Controllings geben.

Diese sind in Abbildung 16.3 schematisch dargestellt:

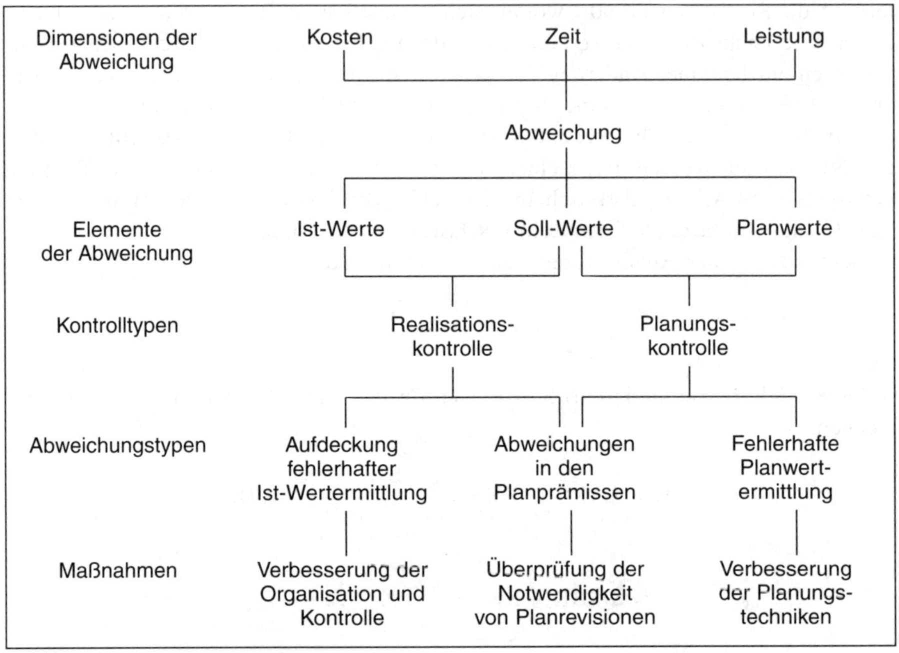

Abb. 16.3: Problemkreise des F&E-Controllings
(in Anlehnung an: Brockhoff [1994], S. 340)

D. Beispiel zur integrierten Kosten- und Leistungsanalyse

Beispiel

Das beschriebene System einer integrierten Kosten- und Leistungsanalyse wird nachfolgend anhand eines kleinen Beispiels erläutert. Es handelt sich hierbei um ein Entwicklungsprojekt mit einer Laufzeit von 39 Monaten und einem Gesamtbudget von 17 070 TDM. Der Status nach 12 Monaten soll untersucht werden. Die Verteilung der Budgetkosten ergibt sich aus der aktuellen Projektplanung, die Ist-Kosten ergeben sich aus der Aggregation der für die einzelnen Arbeitspakete angefallenen Kosten. Auf dieser Ebene werden vom verantwortlichen Bearbeiter auch die Restkosten je Arbeitspaket angegeben, die aggregiert über alle Arbeitspakete in Abbildung 16.4 wiedergegeben sind.

Die kumulierten Soll-Kosten ergeben sich aus der oben beschriebenen Formel. Für den ersten Monat errechnen sie sich beispielsweise folgendermaßen:

Gesamtbudget	17 070 TDM
Restkosten	– 16 860 TDM
Soll-Kosten	210 TDM

Daraus lassen sich nun folgende Schlußfolgerungen ziehen: Da die Soll-Kosten kleiner als die Budgetkosten sind, folgt, daß der Projektfortschritt im ersten Monat geringer als geplant ist. Da die Soll-Kosten aber den Ist-Kosten entsprechen, folgt in

Monat	Ist-Kosten	Ist-Ko. kum.	Budget-kosten	Budget-ko. kum.	Rest-kosten	Soll-Ko. kum.
1	210	210	230	230	– 16 860	210
2	210	420	250	480	– 16 660	410
3	210	630	280	760	– 16 450	620
4	220	850	310	1 070	– 16 240	830
5	220	1 070	330	1 400	– 16 020	1 050
6	310	1 380	345	1 745	– 15 740	1 330
7	320	1 700	345	2 090	– 15 390	1 680
8	310	2 010	350	2 440	– 15 260	1 810
9	310	2 320	365	2 805	– 15 130	1 940
10	400	2 720	370	3 175	– 14 950	2 120
11	350	3 070	385	3 560	– 14 450	2 620
12	370	3 440	400	3 960	– 14 000	3 070

Abb. 16.4: Tabellarische Darstellung der Kosten- und Leistungsanalyse

gleicher Weise, daß der Ist-Kostenanfall genau dem langsameren Projektfortschritt entspricht.

Die graphische Darstellung der Daten aus Abbildung 16.4 ist in Abbildung 16.5 zu sehen.

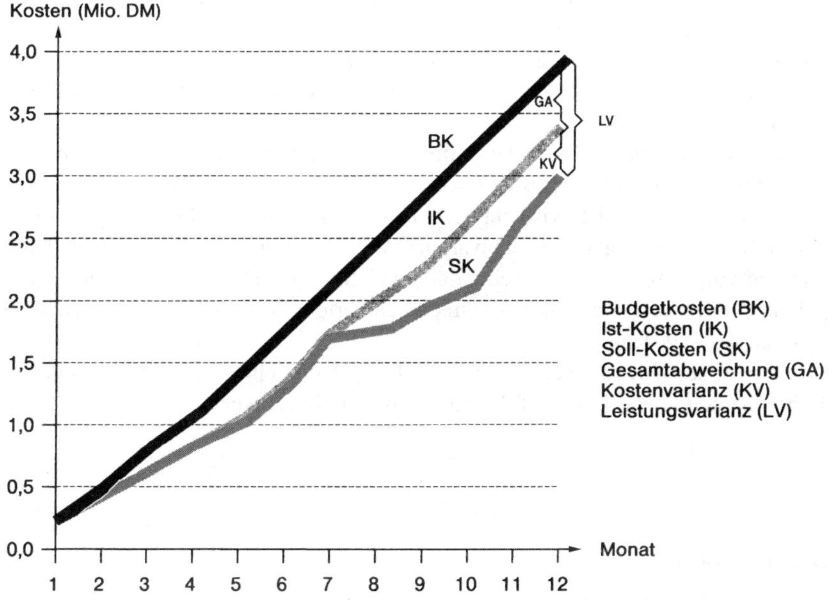

Abb. 16.5: Graphische Darstellung der integrierten Kosten- und Leistungsanalyse

Folgerungen

Aus der Darstellung in Abbildung 16.5 lassen sich nun mehrere Dinge deutlich ablesen:

- Von Projektbeginn an bleibt der Fortschritt hinter dem geplanten Ablauf zurück, die Ist-Kostenkurve verläuft zunächst jedoch weitgehend parallel zur Soll-Kostenkurve. Eine mögliche Ursache hierfür wären z.B. Kapazitätsengpässe.
- Zwischen Monat 7 und 10 laufen die Ist-Kostenkurve und die Soll-Kostenkurve scharf auseinander, d.h., die gegebenen Kapazitäten erreichen nicht das geplante Leistungsmaß, bzw. der Leistungsfortschritt ist teurer als geplant.
- Zum gegenwärtigen Zeitpunkt liegt das Projekt in bezug auf den Leistungsstatus deutlich hinter den Erwartungen zurück.
- Der erreichte Leistungsstandard ist teurer als geplant.

Kennzahlen

Sind die Soll-, Ist- und Budgetkosten bestimmt, so lassen sich die in Abbildung 16.5 gezeigten Abweichungen auch analytisch (absolut und in Prozent) bestimmen sowie Kosten- und Leistungsindizes feststellen.

Die Kennzahlen werden wie folgt definiert:

$$\begin{array}{lll} \text{Kostenvarianz:} & KV\,(DM) & = IK - SK \\ & KV\,(\%) & = KV\,(DM)/SK \\ \text{Leistungsvarianz:} & LV\,(DM) & = SK - BK \\ & LV\,(\%) & = LV\,(DM)/BK \end{array}$$

Die Kennzahlen können für eine einzelne Periode oder mit kumulierten Werten für das Projekt im Zeitablauf ausgewiesen werden.

Ein positiver Wert der Kostenvarianz signalisiert eine Unwirtschaftlichkeit im Projektfortschritt, ein negativer Wert der Leistungsvarianz weist auf einen Leistungsrückstand hin.

Sekundärabweichung

Bei der hier vorgenommenen Aufteilung der Gesamtabweichung in eine Wert- und eine Mengenkomponente tritt das Problem der Verrechnung einer Sekundärabweichung auf. Wie leicht zu zeigen ist, wird bei der integrierten Kosten- und Leistungsanalyse die Sekundärabweichung voll der Kostenvarianz (Wertkomponente) zugeschlagen. Die hier praktizierte Vorgehensweise, die Sekundärabweichung in voller Höhe auf die zuerst abgespaltene Teilabweichung zu verrechnen, entspricht der sog. kumulativen Abweichungsanalyse (vgl. Kap. 14).

Die verwendeten Kostenkategorien enthalten jeweils eine Wert- (p) und eine Mengenkomponente (x) und können folgendermaßen definiert werden:

$$\begin{aligned} IK &= p_i \times x_i \\ SK &= p_p \times x_i \\ BK &= p_p \times x_p \end{aligned}$$

Damit ergibt sich:

$$\begin{aligned} KV = IK - SK &= p_i \times x_i - p_p \times x_i = (p_i - p_p) \times x_i \\ &= \Delta p \times (x_p + \Delta x) = \Delta p \times x_p + \underbrace{\Delta p \times \Delta x}_{\text{Sekundärabweichung}} \end{aligned}$$

$$LV = SK - BK = p_p \times x_i - p_p \times x_p = (x_i - x_p) \times p_p$$

Normiert man die in den beiden Varianzen ausgewiesenen Prozentwerte auf »1«, so erhält man die folgenden beiden Indizes:

Kostenindex: KI = IK/SK
Leistungsindex: LI = SK/BK

Projektgeschichte

Für das Beispielprojekt ergibt sich damit anhand der Kennzahlen die in Abbildung 16.6 dargestellte Projektgeschichte.

Entwicklung der Kostenvarianz (KV) und des Kostenindexes (KI):

Monat	KV IK – SK	KV kum.	KV % KV/SK	KV % kum.	KI kum. IK/SK
1	0	0	0 %	0 %	100 %
2	10	10	5 %	2 %	102 %
3	0	10	0 %	2 %	102 %
4	10	20	5 %	2 %	102 %
5	0	20	0 %	2 %	102 %
6	30	50	11 %	4 %	104 %
7	– 30	20	– 9 %	1 %	101 %
8	180	200	138 %	11 %	111 %
9	180	380	138 %	20 %	120 %
10	220	600	122 %	28 %	128 %
11	– 150	450	– 30 %	17 %	117 %
12	– 80	370	– 18 %	12 %	112 %

Entwicklung der Leistungsvarianz (LV) und des Leistungsindexes (LI):

Monat	LV SK – BK	LV kum.	LV % LV/BK	LV % kum.	LI kum. SK/BK
1	– 20	– 20	– 9 %	– 9 %	91 %
2	– 50	– 70	– 20 %	– 15 %	85 %
3	– 70	– 140	– 25 %	– 18 %	82 %
4	– 100	– 240	– 32 %	– 22 %	78 %
5	– 110	– 350	– 33 %	– 25 %	75 %
6	– 65	– 415	– 19 %	– 24 %	76 %
7	5	– 410	1 %	– 20 %	80 %
8	– 220	– 630	– 63 %	– 26 %	74 %
9	– 235	– 865	– 64 %	– 31 %	69 %
10	– 190	– 1 055	– 51 %	– 33 %	67 %
11	115	– 940	30 %	– 26 %	74 %
12	50	– 890	13 %	– 22 %	78 %

Abb. 16.6: Projektgeschichte des Beispielfalls

Aus dem Vergleich der Budgetabweichung mit der Kosten- und Leistungsabweichung ist sehr gut zu sehen, daß die reine Budgetanalyse durch die in ihr enthaltene Saldierung der Kosten- und Leistungsvarianz zu Fehlinformationen führt. Erst die Aufsplittung der Gesamtabweichung in die Einzelabweichungen führt zu sinnvollen Aussagen.

Beispiel aus dem Monat 12:

Kostenabweichung (kum.):	IK – SK = 3 440 – 3 070 = 370
Leistungsabweichung (kum.):	SK – BK = 3 070 – 3 960 = –890
Gesamtabweichung:	IK – BK = 3 440 – 3 960 = –520

Die positive Kostenvarianz KV = 370 signalisiert, daß der Projektfortschritt teurer ist, als ursprünglich geplant wurde (Realisationsfehler). Unwirtschaftlichkeiten in der Realisierung des Projekts haben dazu geführt, daß die Ist-Kosten über den Soll-Kosten liegen. Die negative Leistungsvarianz LV = –890 weist auf zeitliche Verzögerungen im Projektfortschritt hin. Leistungsunterschreitungen, z.B. infolge von Kapazitätsengpässen, haben dazu geführt, daß die Soll-Kosten hinter den Budgetkosten zurückgeblieben sind.

Diese Analyseergebnisse lassen sich auch sehr einfach – wie in Abbildung 16.7 dargestellt – zu aussagefähigen Management-Graphiken zusammenfassen.

Man kann anhand dieser »Projektfieberkurven« deutlich sehen, daß die Kosten nach oben und die Leistung nach unten abweichen. Die Graphiken lassen sich auch noch so ausgestalten, daß man »Korridore« bestimmt, innerhalb derer sich das Projekt bewegen darf, ohne daß – gemäß dem Prinzip des »Management by Exception« – ein Eingreifen der Projektleitung notwendig wird.

E. Kritische Beurteilung

Vorteile

Die integrierte Kosten- und Leistungskontrolle weist gegenüber der Budgetkontrolle mehrere Vorteile auf. Die gleichzeitige Betrachtung von Kosten und Leistung ermöglicht die Aufspaltung in eine Wert- und eine Mengenkomponente und schafft damit die Voraussetzung für eine sinnvolle Interpretation und Ursachenanalyse der aufgetretenen Abweichungen. Das Verfahren erfüllt damit im wesentlichen die Forderung nach Eindeutigkeit und Interpretierbarkeit, da es Fehlinterpretationen minimiert und eine Ursachenanalyse ermöglicht. Durch die Berücksichtigung von Restkosten bzw. Restdauern im Rahmen der Bestimmung des Realisierungsgrades wird die rein retrospektive Betrachtung durch eine prospektive Analyse ersetzt, die ein wesentlich früheres Erkennen von Abweichungen zuläßt.

Praktikabilität

Die Meinungen unter Praktikern über die Einfachheit und damit die Anwendbarkeit des Systems sind geteilt. Das Problem der eventuellen Unhandlichkeit des Verfahrens ist vor allem eine Frage der Planungsdetaillierung. Bei einer sinnvollen Planungstiefe ist das Verfahren ohne große Probleme anwendbar.

Schwachpunkt

Der Schwachpunkt des Verfahrens liegt in erster Linie bei der Bestimmung des Realisierungsgrades, der Ungenauigkeiten unterworfen ist. Solange aber Maßgrößen zur direkten Ermittlung des Projektfortschritts fehlen, scheint die Anwendung der oben beschriebenen Hilfsgrößen angemessen. Mit diesem Verfahren steht der Projektleitung ein wichtiges Hilfsmittel für die Steuerung und Kontrolle von F&E-Projekten zur Verfügung.

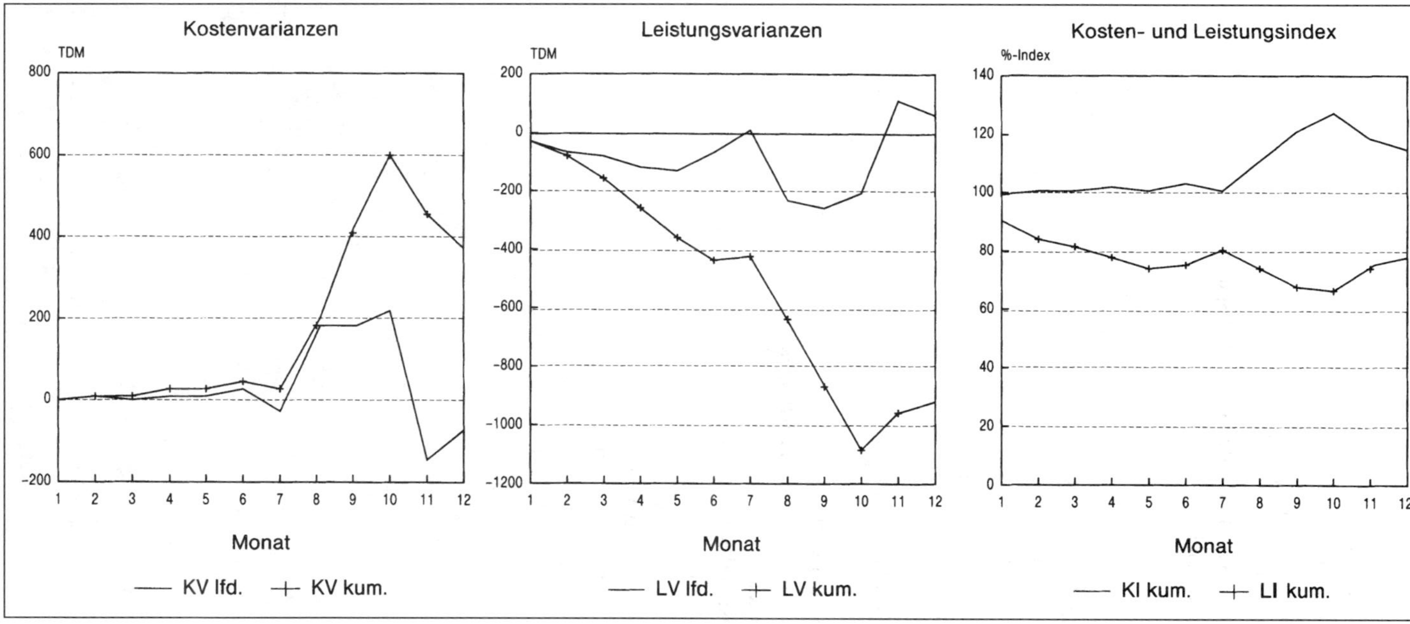

Abb. 16.7: Management-Graphiken der Projektgeschichte

Abkürzungsverzeichnis

Δp	Preisveränderung
Δx	Mengenveränderung
BD	budgetierte Dauer
BK	Budgetkosten
BK_i	budgetierte Gesamtkosten des Arbeitspakets i
GA	Gesamtabweichung
ID	Ist-Dauer
IK	Ist-Kosten
K	Kosten
KI	Kostenindex
KV	Kostenvarianz
LI	Leistungsindex
LV	Leistungsvarianz
p_i	Ist-Preis
p_p	Planpreis
PSP	Projektstrukturplan
RD	Restdauer
RG	Realisierungsgrad
RG_i	Realisierungsgrad des Arbeitspakets i
RK	Restkosten
RK_i	Restkosten des Arbeitspakets i
SK	Soll-Kosten
t	Zeit
X_i	Ist-Ausbringungsmenge
X_p	Plan-Ausbringungsmenge

Kontrollfragen

1) Begründen Sie kurz die Notwendigkeit einer Kostenkontrolle für Unternehmensprojekte, z.B. im Entwicklungsbereich.
2) Wie ist eine isolierte Budgetanalyse aufgebaut?
3) Wie beurteilen Sie den Informationswert der Budgetanalyse?
4) Welche Ansatzpunkte bieten sich, um eine projektbezogene Gesamtabweichung in aussagefähige Teilabweichungen aufzuspalten?
5) Welche Informationen beinhaltet die sog. Kostenvarianz?
6) Welche Informationen beinhaltet die sog. Leistungsvarianz?
7) Wie können die Soll-Kosten für den realisierten Status eines Projekts bestimmt werden?
8) Erläutern Sie alternative Vorgehensweisen zur Bestimmung des Realisierungsgrades eines Projekts.
9) Welche Vorteile bietet die Berücksichtigung von Restkosten bei der Bestimmung des Realisierungsgrades eines Projekts?
10) Begründen Sie die Notwendigkeit von Planungs- und Realisationskontrollen innerhalb des betrieblichen F&E-Controlling.
11) Wie wird die Sekundärabweichung im Rahmen der integrierten Kosten- und Leistungsanalyse verrechnet?
12) Was ist unter einem Kosten- bzw. Leistungsindex im Rahmen des Projekt-Controlling zu verstehen?
13) Warum kann eine negative Gesamtabweichung nicht gleichzeitig als Indikator für eine hohe Wirtschaftlichkeit des Projektfortschritts interpretiert werden?
14) Wie beurteilen Sie die Einsatzmöglichkeiten einer integrierten Kosten- und Leistungsanalyse in der Unternehmenspraxis?

Literaturhinweise

Brockhoff, K. (1994): Forschung und Entwicklung – Planung und Kontrolle, 4. Aufl., München 1994.

Coenenberg, A. G./Raffel, A. (1988): Integrierte Kosten- und Leistungsanalyse für das Controlling von Forschungs- und Entwicklungsprojekten, in: Kostenrechnungspraxis 1988, S. 199–207.

Madauss, B. (1994): Handbuch Projektmanagement, 5. Aufl., Stuttgart 1994.

Raffel, A. (1988): Abweichungsinduzierte Entscheidungsfindung zur Steuerung von Software-Entwicklungsprojekten, Frankfurt am Main 1988.

Fünfter Teil: Kostenmanagement

Abgrenzung zur traditionellen Kostenrechnung

In den letzten Jahren ist der Begriff **Kostenmanagement** verstärkt in den Fokus der betriebswirtschaftlichen Diskussion gerückt. Die Zielsetzung der traditionellen Kostenrechnung ist primär die Ermittlung der angefallenen Kosten (Ist-Kostenrechnung). Hierauf aufbauend werden Plankosten prognostiziert (Plankostenrechnung). Durch den Vergleich der Plankosten mit den Ist-Kosten können Abweichungsanalysen durchgeführt werden (Kostenkontrolle). Darüber hinaus stehen die Produkte als Bezugsobjekte im Mittelpunkt, d.h. die Weiterentwicklungen der Kostenrechnung (z.B. zunächst auch die Prozeßkostenrechnung) konzentrierten sich vornehmlich auf eine möglichst verursachungsgerechte Zurechnung der Gemeinkosten auf die Produkte (Kalkulation). Die traditionelle Kostenrechnung läßt sich demnach als primär reaktiv charakterisieren: Sie geht von festen betrieblichen Strukturen aus und dient dem Aufdecken und Analysieren bereits angefallener Kostenabweichungen. Demgegenüber besitzt das Kostenmanagement eine Gestaltungsfunktion: Sein Ziel ist die Veränderung von betrieblichen Aktivitäten unter Kostengesichtspunkten (vgl. Burger [1995], S. 4).

Management des Kostenniveaus

Charakteristischer Ansatzpunkt des Kostenmanagements ist das **Kostenniveau**. Die Frage lautet hier: Wieviel kostet die Herstellung der Produkte und wieviel dürfen sie aus der Sicht des Marktes kosten? Mit dem Instrument der Value Map (vgl. Abb. V.1) lassen sich die Ansatzpunkte des Kostenmanagements adäquat beschreiben. Die Value Map stellt den relativen Kosten (relativ zum Wettbewerb), die dem Kunden im Lebenszyklus mit dem Produkt entstehen (z.B. Kaufpreis, Betriebskosten etc.), den relativen Nutzen des Produkts gegenüber. Ist der relative Nutzen des Produkts höher als die relativen Kosten, so hat der Kunde einen hohen Netto-Nutzen (Nutzen minus Kosten). Für den umgekehrten Fall ist sein Netto-Nutzen aus dem Produkt niedriger. Die Winkelhalbierende repräsentiert ein ausgeglichenes Nutzen-/Kostenverhältnis.

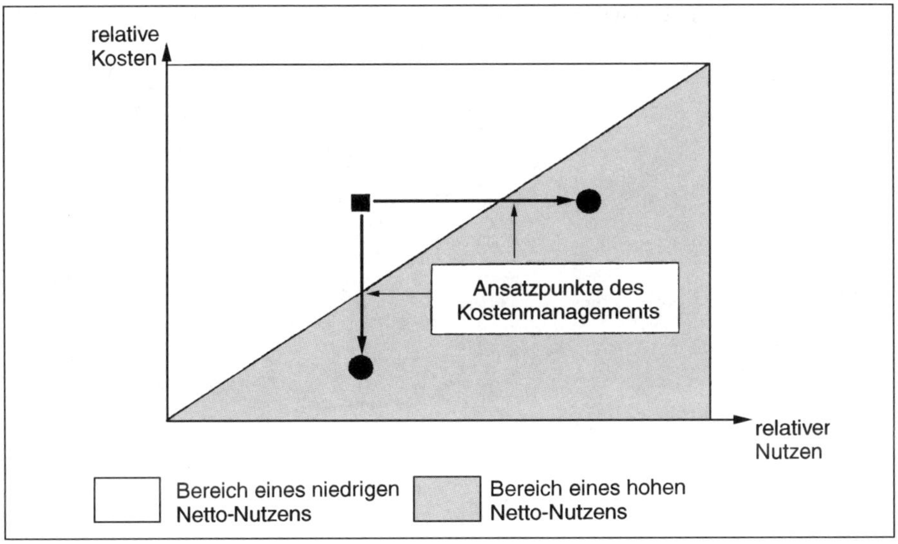

Abb. V.1: Value Map (in Anlehnung an: Schmitz [1996], S. 162)

Die Ansatzpunkte des Kostenmanagements können grob in zwei Wirkungsrichtungen aufgegliedert werden:

- Kostenoptimierung eines bestehenden Nutzenpotentials des relevanten Produkts,
- Nutzenoptimierung innerhalb bestehender Kostenstrukturen.

Diese beiden Wirkungsrichtungen sollen durch das Kostenmanagement idealerweise gleichzeitig in Angriff genommen werden, indem in Abhängigkeit von der Produktpositionierung die gesamten betrieblichen Prozesse, die für die Kostenverursachung verantwortlich sind, optimiert werden. Diese beiden Aspekte stehen im Mittelpunkt der beiden nachfolgenden Kapitel zum Target Costing/Product Life Cycle Costing und den qualitätsbezogenen Kosten und Kennzahlen.

Management des Kostenverlaufs

Ein weiterer zentraler Ansatzpunkt des Kostenmanagements ist die **Steuerung des Kostenanfalls** über den Lebenszyklus eines Produkts hinweg. Hier sind bspw. Entscheidungen zu folgenden Problemkreisen zu treffen:

- Sollen in der Entwicklungsphase bereits Vorkehrungen für die spätere Entsorgung des Produkts getroffen werden?
- Soll das Produkt so konzipiert werden, daß positive Beiträge zum Gesamtergebnis v.a. durch das Servicegeschäft nach dem Kauf zustandekommen?
- Wieviel soll im Vorfeld in die Zuverlässigkeit des Produkts investiert werden? Inwieweit ist die Nachsorge günstiger? In welcher Höhe fallen evtl. Opportunitätskosten an?
- Soll das Produktkonzept an die bestehenden Produktionsverhältnisse angepaßt werden oder sollen neue, auf das Produkt zugeschnittene Produktionsstrukturen entstehen?

Diese Fragestellungen werden ebenfalls in den beiden folgenden Kapiteln behandelt.

17. Kapitel: Target Costing und Product Life Cycle Costing

A. Gründe für den Einsatz von Kostenmanagement-Instrumenten

Frühzeitige Kostenplanung

Bereits Anfang der siebziger Jahre wurde in einer Studie von British-Aerospace nachgewiesen, daß ca. 80–90 % der Herstellkosten vor Beginn der eigentlichen Produktion des ersten Stücks festgelegt werden (vgl. im folgenden Coenenberg/Fischer/Schmitz [1994], S. 1 ff.). Aus diesem Sachverhalt wurde – zunächst vor allem in japanischen Unternehmen – der Schluß gezogen, daß Kostenziele für die späteren Herstellkosten eines Produkts schon in der Entwicklungs- und Konstruktionsphase zu setzen seien. Wie Abbildung 17.1 veranschaulicht, sinkt während des Produktlebenszyklusses die Beeinflußbarkeit der Kosten fortlaufend und nimmt gleichzeitig die Festlegung der Kosten zu. Zwar fallen die Kosten überwiegend in der Produktionsphase und den nachfolgenden Lebenszyklusphasen an, dann ist aber die Festlegung der Kosten bereits größtenteils abgeschlossen (ca. 85 %) und ihre Beeinflußbarkeit entsprechend gering.

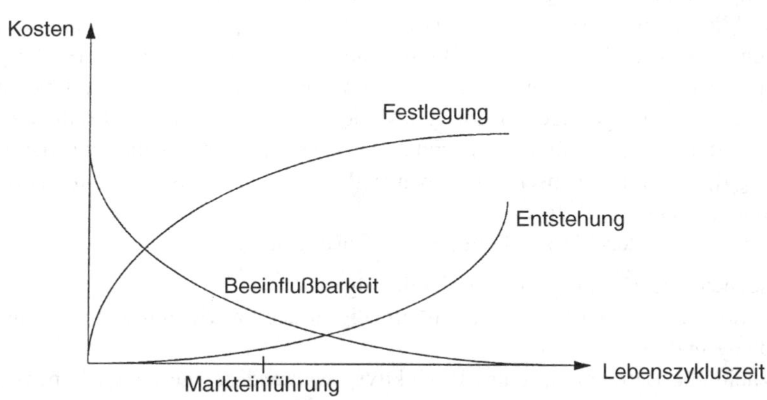

Abb. 17.1: Festlegung, Entstehung und Beeinflußbarkeit der Kosten im Produktlebenszyklus

Da die etablierten betrieblichen Kostenrechnungssysteme, unabhängig von der Verrechnungssystematik (Voll- oder Teilkostenrechnung), vielfach erst in der Produktionsphase mit der Steuerung und Kontrolle der betrieblichen Kosten, d.h. mit der Ermittlung der Herstell- bzw. Selbstkosten von Produkten, beginnen, sind zusätzliche Instrumente nötig, um Kostenziele bereits in den frühen Lebenszyklusphasen vorzugeben.

Konzepte des Kostenmanagements

Hier setzen zwei, in jüngster Zeit stark diskutierte Konzepte des Kostenmanagements an. Mit Hilfe des sog. Target Costing werden die Zielkosten eines Produkts schon am Beginn seines Entstehungszyklusses bestimmt. Um unter Beachtung dieser Soll-Vorgaben eine bestimmte Mindestrendite für den gesamten Produktlebenszyklus zu erreichen, sind zusätzlich alle während des Produktlebenszyklusses anfallenden Ein- und Auszahlungen (»Life Cycle Costing«) zu analysieren. Eine solche langfristige und marktliche Orientierung fehlt in den traditionellen Kostenrechnungssystemen.

Beispielfall

Im folgenden werden anhand eines Praxisfalls Einsatzmöglichkeiten der beiden Kostenmanagementkonzepte verdeutlicht. Der Fall enstand in Zusammenarbeit mit einem großen deutschen Konzern aus dem Bereich der Medizintechnik. Es wurde anhand der Einführung eines neuen Geräts der medizinischen Diagnostik (Magnetresonanz) versucht, die Methode des Target Costing und des Life Cycle Costing auf dieses Produkt anzuwenden. Das Modell sollte laut Planung in einer Kleinserie aufgelegt werden (insgesamt ca. 1 000 Stück). Es handelt sich um ein Produkt der »oberen Mittelklasse«, das sowohl für große Arztpraxen als auch kleine Krankenhäuser konzipiert wurde. Die grundlegende Technologie zur Entwicklung und Produktion dieses Produkts war im Unternehmen vorhanden. Die im folgenden verwendeten Beispiele gehen auf die in Zusammenarbeit mit dem Unternehmen erhobenen Daten zurück.

B. Target Costing

Target Costing

Das Konzept des **Target Costing** (jap.: »Mokuhyou Genkakeisan«) ist ein in japanischen Unternehmen entwickeltes Konzept des Kostenmanagements, das dort in die langfristige Gesamtplanung des Unternehmens eingebunden ist. Target Costing wird hauptsächlich in Industriezweigen angewendet, die komplexe, hoch technisierte Produkte entwickeln und herstellen, z.B. Automobilbau, Elektronikindustrie, Werkzeugmaschinenbau. Darüber hinaus ist Target Costing auch in der Massenfertigung sinnvoll, da gerade durch die geringe Anzahl von Modellwechseln alle in der Produktentwicklung getroffenen Entscheidungen nachhaltige Auswirkungen auf die langfristige Entwicklung des Unternehmenserfolgs haben (vgl. Franz [1993], S. 126 und das Beispiel von Tanaka [1989], S. 49 ff.).

Merkmale

Die grundlegenden Merkmale des Target Costing sind:

- konsequente Markt- und Kundenorientierung,
- Beeinflussung der Kosten schwerpunktmäßig in der Entwicklungs- und Konstruktionsphase und
- ganzheitliche Betrachtung eines Produkttyps während des gesamten Lebenszyklusses.

I. Schematische Vorgehensweise des Target Costing

Vorgehensweise

Der idealisierte Ablauf des Target Costing besteht aus folgenden Schritten (vgl. Abb. 17.2):

- In Abhängigkeit von der geplanten Positionierung eines Produkts sind mit Hilfe der Marktforschung ein potentieller Marktpreis sowie die hiermit korrespondierenden

Stückzahlen für das neue Produkt zu ermitteln. Dabei soll auch herausgefunden werden, wie wichtig einzelne Produktfunktionen für den Konsumenten sind.

- Der prognostizierte Umsatz abzüglich der geforderten Rendite, die im Target Costing meistens durch die Umsatzrendite bestimmt wird, bestimmt die sog. »allowable costs«. Die »allowable costs« enthalten alle Kosten, die während der gesamten Produktlebensdauer mit den um die geplante Rendite gekürzten Verkaufserlösen noch gedeckt werden können. Sie werden als Gesamtkosten für die erwartete Stückzahl der Produkte über den Lebenszyklus hinweg vorgegeben. HIROMOTO beschreibt die »allowable costs« als realistisch nicht erreichbar, SAKURAI hält sie zumindest für erreichbar, jedoch nur unter großen Anstrengungen (vgl. Hiromoto [1988], S. 24; Sakurai [1990], S. 253). Insgesamt lassen sich die »allowable costs« als »schärfste« Kostenziele qualifizieren. Ihre Erreichbarkeit bildet gleichzeitig die Eintrittsbarriere für den späteren Zugang in die angestrebten Märkte.
- Zur Operationalisierung der »allowable costs« für das Produkt als Ganzes ist eine Differenzierung dieses Kostenblocks nach den einzelnen Funktionen und Komponenten notwendig (Kostenspaltung).

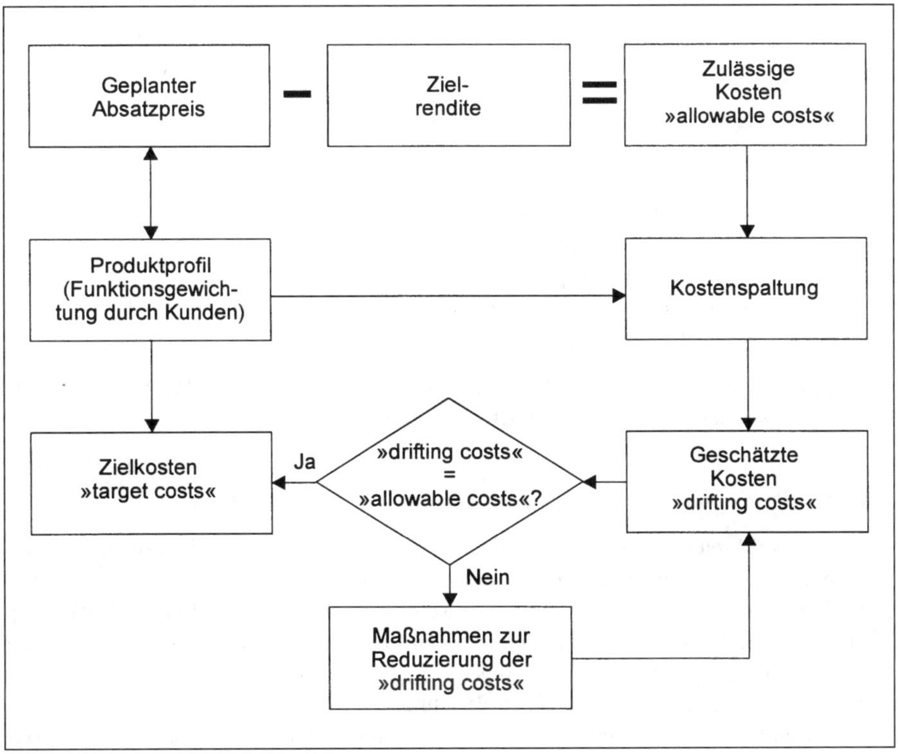

Abb. 17.2: Vorgehensweise des Target Costing (schematisch)

- Aus der Kostenprognose für die Komponenten wird unter Berücksichtigung der im Unternehmen momentan verfügbaren Lösungstechnologien schrittweise eine Kostenschätzung für das Neuprodukt abgeleitet (sog. »drifting costs«).
- Solange die geschätzten Kosten (»drifting costs«) über den als maximal zulässig erachteten Kosten (»allowable costs«) liegen, muß versucht werden, die »drifting costs« durch geeignete und ggf. wiederholt durchzuführende Maßnahmen der Kostenreduzierung an die »allowable costs« anzugleichen.

Als Ergebnis sollte ein Produktkonzept vorliegen, das über die von den Kunden gewünschten Leistungsmerkmale verfügt und gleichzeitig zu den Kosten hergestellt werden kann, die unter den marktlichen und wettbewerblichen Gegebenheiten maximal entstehen dürfen (sog. »target costs«). Mit den Zielkosten verfügt das Unternehmen über eine erste Steuerungsgröße für die Planung und Koordinierung aller Aktivitäten, die während des Produktlebenszyklusses anfallen werden.

II. Durchführung des Target Costing

Die Durchführung eines Target Costing-Prozesses wird nachfolgend anhand von acht Schritten erläutert:

1. Bestimmung der Funktions-/Eigenschaftsstruktur des Produkts,
2. Ermittlung der Preis-Absatz-Funktion,
3. Ermittlung der »allowable costs«,
4. Entwicklung eines Rohentwurfs für das Produkt,
5. Kostenschätzung der Produktkomponenten,
6. Gewichtung der Produktkomponenten,
7. Berechnung eines komponentenspezifischen Zielkostenindexes,
8. Erstellung eines Zielkostenkontrolldiagramms.

Die Schritte 1 und 2 dienen der Erarbeitung des marktorientierten Produktprofils, die Schritte 3 bis 8 der komponentenspezifischen Kostenspaltung.

Schritt 1: Bestimmung der Funktions-/Eigenschaftsstruktur des Produkts

Um die konkreten Anforderungen an das Produkt bzw. an seine Eigenschaften zu ermitteln, sind im Anschluß an die grundlegende Positionierung des Produkts etwa Expertenbefragungen oder Befragungen von Referenzkunden durchzuführen. Dies ist allerdings nur sinnvoll bei Lösungen für bereits bestehende Kundenprobleme, da der Kunde bei der Beurteilung von Lösungen von Problemen, die sich ihm derzeit noch nicht stellen, wohl überfordert ist (vgl. Büschken [1994], S. 85).

Conjoint Measurement

Als Methode der Kundenbefragung wird im allgemeinen das **Conjoint Measurement** empfohlen. Seine Besonderheit liegt darin, daß die Probanden aus der relevanten Zielgruppe nicht isoliert nach einer Funktionsausprägung befragt werden, sondern mit einer Kombination von verschiedenen Funktionsausprägungen konfrontiert werden (multivariate Methode) (vgl. im folgenden Simon [1992], S. 116 ff. und allgemein zum Conjoint Measurement z.B. Green/Srinivasan [1978], S. 103 ff. und Green/Srinivasan

[1990], S. 3 ff.). Den Befragten werden technisch und wirtschaftlich realisierbare Funktionskombinationen vorgelegt, die durch positive und negative Bewertungen der einzelnen Funktionen in eine Rangfolge gebracht werden sollen. Aus dieser Rangfolge lassen sich für jeden Befragten sog. Teilnutzenwerte zu den einzelnen Funktionen bestimmen. Die Summe der **Teilnutzenwerte** spiegelt den **Gesamtnutzen** des Produkts wider.

Beispiel

Die Produkteigenschaften und -funktionen sowie deren mögliche Ausprägungen lauten im Beispiel:

Funktionen	**Ausprägungen**
• Raumbedarf	(40, 50, 60 m^2)
• Patientendurchsatz	(5, 4, 3 Patienten/Stunde)
• Bildqualität	(hohe, mittlere, ausreichende Auflösung)
• Montagezeit	(10, 14, 18 Tage)
• Zuverlässigkeit	(2 000, 1 800, 1 600 Stunden MTbF)
• Bedienbarkeit	(leichte, mittlere, ausreichende Bedienbarkeit)
• Preis	(900, 1 100, 1 350 TDM)

Teilnutzenwerte

Die jeweiligen Gesamtbeurteilungen der Eigenschaftsausprägungen können durch die Bildung von Mittelwerten bestimmt werden. Für eine Funktion (z.B. »Raumbedarf«) werden also die Teilnutzenwerte einer Ausprägung (z.B. »40 m^2«) über alle Befragten addiert und durch die Anzahl der einbezogenen Werte dividiert. Diese Vorgehensweise birgt jedoch ein gewisses Risiko in sich: Anhand der über alle Befragten gemittelten Teilnutzenwerte der Produktfunktionen kann ein sog. »Mehrheitstrugschluß« auftreten. Dieser Effekt entsteht z.B. dann, wenn eine Hälfte der Befragten der Funktionsausprägung »Raumbedarf 40 m^2« einen niedrigen Teilnutzenwert zuordnet und die andere Hälfte einen sehr hohen Teilnutzenwert. In diesem Fall stimmt der Mittelwert mit dem Urteil keines einzigen Befragten überein. Dadurch kann es zu Fehlsteuerungen kommen. Sollten die vorliegenden Teilnutzenwerte eine solche stark polarisierende Streuung zwischen den Befragten aufweisen, ist eine Segmentierung des Markts sinnvoll.

Nutzenbereich

Aus den über alle Befragten gemittelten Teilnutzenwerten für die relevanten Eigenschaften eines Produkts kann abgeleitet werden, wie wichtig die einzelnen Produktfunktionen für die Befragten sind. Dazu wird für jede Funktion die Differenz des maximalen und minimalen Teilnutzenwerts gebildet. Diese Differenz heißt Nutzenbereich der betreffenden Produktfunktion. Er ist ein Indikator für den relativen Einfluß einer Produkteigenschaft auf die Bewertung des gesamten Produkts. Die gemittelten Nutzenwerte zu den einzelnen Funktionsausprägungen und die dazugehörigen Teilnutzenbereiche betragen im Beispiel:

	Teilnutzenwerte	**Nutzenbereich**
• Raumbedarf	(0,5; 0,3; 0,0)	(0,5 – 0,0) = 0,50
• Patientendurchsatz	(0,8; 0,6; 0,0)	(0,8 – 0,0) = 0,80
• Bildqualität	(0,93; 0,53; 0,0)	(0,93 – 0,0) = 0,93
• Montagezeit	(0,2; 0,15; 0,0)	(0,2 – 0,0) = 0,20
• Zuverlässigkeit	(0,9; 0,72; 0,0)	(0,9 – 0,0) = 0,90
• Bedienbarkeit	(0,5; 0,3; 0,0)	(0,5 – 0,0) = 0,50
• Preis	(0,9; 0,5; 0,0)	(0,9 – 0,0) = 0,90

Es wird deutlich, daß bei Funktionen mit großen Nutzenbereichen (z.B. »Bildqualität«, »Zuverlässigkeit« oder »Preis«) unterschiedliche Konfigurationen zu stark unterschiedlichen Teilnutzenwerten führen und somit der Gesamtnutzen des Produkts erheblich beeinflußt wird.

Preisbereitschaft

Wird der Preis als Funktion in das Produktprofil aufgenommen oder zu jedem Produktprofil die **Preisbereitschaft** erfragt, so besteht die Möglichkeit, die direkte Preisbereitschaft für eine Ausprägungsänderung bei den einzelnen Funktionen zu ermitteln. Folglich kann jede Änderung von Ausprägungen der einzelnen Funktionen mit einer Preisänderung bewertet werden. Dies unterstützt die Auswahl einer optimalen Produktkonfiguration. Die Preisbereitschaft für die Änderung einer Funktionsausprägung ergibt sich aus den Teilnutzenwerten der Funktion »Preis« (vgl. Abb. 17.3). Im Beispiel wird eine Preisänderung von 900 TDM auf 1 100 TDM mit einem Nutzenabschlag von 0,4 bewertet. Unterstellt man eine lineare Teilnutzenfunktion des Preises, so entspricht die Änderung eines Nutzenanteils von 0,1 einer Erlösänderung von 50 TDM. Bezogen auf das Beispiel in Abbildung 17.3 bedeutet eine Reduzierung der Bildqualität von »hohe« auf »mittlere« Auflösung, daß die Preisbereitschaft um 200 TDM sinkt.

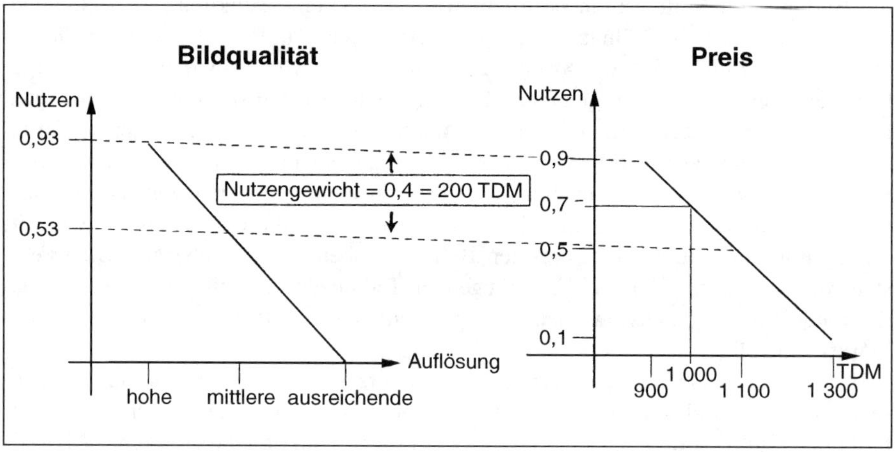

Abb. 17.3: Preisbereitschaft und Änderung einer Funktionsausprägung

Kostenwirkung

Damit die optimale Produktkonfiguration ermittelt werden kann, müssen zu jeder Änderung einer Funktionsausprägung auch die damit korrespondierenden Kostenveränderungen erfaßt werden (vgl. z.B. Bauer/Herrmann/Mengen [1994], S. 81 ff.). Der Sinn dieser Vorgehensweise besteht darin, Preisbereitschaftsänderungen durch die korrespondierenden Kostenänderungen zu relativieren. Für den Fall einer Neuproduktentwicklung ist diese Vorgehensweise jedoch problematisch, da die Kostenstrukturen erst durch den Prozeß des Target Costing gestaltet werden sollen und somit eine Prognose der notwendigen Kosten für eine Funktionsausprägungsänderung kaum möglich ist. Hier erscheint stattdessen eine eher qualitative Argumentation bezüglich der unterschiedlichen Ressourcenbeanspruchung angebracht.

Beispiel

Die verschiedenen Produktkonfigurationen werden mit ihren Teilnutzenwerten einander gegenübergestellt. Zusätzlich wird als weiteres Entscheidungskriterium die voraussichtliche Kostenwirkung einer Funktionsausprägungsänderung – ausgehend von der Minimalausprägung dieser Funktion – qualitativ berücksichtigt (vgl. Abb. 17.4).

Funktionen	**Modell 1**		**Modell 2**		**Modell 3**	
	Teilnutzenwert	Kostenwirkung	Teilnutzenwert	Kostenwirkung	Teilnutzenwert	Kostenwirkung
Raumbedarf	0,50	++	0,30	+	0,00	o
Patientendurchsatz	0,80	++	0,60	+	0,00	o
Bildqualität	0,93	++	0,93	++	0,53	+
Montagezeit	0,20	++	0,15	+	0,00	o
Zuverlässigkeit	0,90	++	0,72	+	0,72	+
Bedienbarkeit	0,50	++	0,30	+	0,00	o
Σ	3,83	++	3,00	+	1,25	o

++: starke Kostenzunahme; +: mittlere Kostenzunahme; o: keine Kostenzunahme gegenüber dem Mindeststandard

Abb. 17.4: Teilnutzenwerte und Kostenwirkungen verschiedener Diagnosegeräte

Abbildung 17.4 faßt die Teilnutzenwerte und Kostenwirkungen von drei möglichen Diagnosegeräten zusammen: Modell 1 kann als »High-end-Modell« gelten, Modell 3 dagegen als »Low-end-Modell«, Modell 2 nimmt eine Zwischenposition ein. Die Unterschiede in der Preisbereitschaft bei den einzelnen Modellen ergeben sich aus der gemittelten linearen **Teilnutzenfunktion des Preises** (vgl. Abb. 17.3; die Funktion ist ableitbar aus den Werten auf der Abszisse und aus der Steigung der Teilnutzenfunktion des Preises). Die Funktion lautet (n = Teilnutzen):

Teilnutzenfunktion

$$p(n) = 1\,350 - 500 \times n$$

Vergleich der Modelle:

Modell 1 vs. Modell 2 (Nutzendifferenz 0,83) ⇒ Preisdifferenz: **–415 TDM**
Modell 2 vs. Modell 3 (Nutzendifferenz 1,75) ⇒ Preisdifferenz: **–875 TDM**
Modell 1 vs. Modell 3 (Nutzendifferenz 2,58) ⇒ Preisdifferenz: **–1 290 TDM**

Diese Änderungen in der Preisbereitschaft sind durch die damit korrespondierenden Kostenwirkungen zu relativieren. Über die jeweils optimalen Funktionsausprägungen erhält das Modell 1 den höchsten Gesamtnutzen (3,83), der jedoch zu einer starken Kostenzunahme (++) führt. Eine Berücksichtigung dieser sich gegenseitig beeinflussenden Faktoren führte im hier behandelten Fall zur Auswahl des Modells 2 (mit einem Gesamtnutzen von 3,00). Modell 2 erfordert zwar Preiszugeständnisse gegenüber dem Modell 1 in Höhe von 415 TDM, es kann jedoch zu niedrigeren Kosten gefertigt werden (+). Die gesamten einzusparenden Kosten des Modells 2 gegenüber dem Modell 1 müßten somit mindestens 415 TDM betragen. In diesem Zusammenhang muß sichergestellt sein, daß dieser Betrag auch mit den entscheidungsrelevanten Kosten übereinstimmt. Es müssen also mindestens 415 TDM pro Stück an Kosten tatsächlich einsparbar sein. Bezogen auf das Modell 3, das zwar noch kostengünstiger zu fertigen wäre (o), beträgt die Preisdifferenz 875 TDM. Hier wäre eine mindestens ebenso große Kostenersparnis notwendig, um dieses Modell dem Modell 2 gleichwertig oder überlegen erscheinen zu lassen.

Schritt 2: Ermittlung der Preis-Absatz-Funktion

Preis-Absatz-Funktion

Der Teilnutzenwert der abgefragten Preisausprägungen wurde im Anwendungsfall bei der Auswahl der Modellkonfiguration nicht berücksichtigt. Die Festlegung des Preises soll durch eine **Preis-Absatz-Funktion** erfolgen, die mögliche Preis-/Mengenkombinationen aufzeigt. Der Preis als Funktion kann auch zur Simulation einer Preis-Absatz-Funktion benutzt werden (vgl. Simon [1992], S. 121 ff.). Hierzu wird folgendes prinzipielles Vorgehen gewählt: Für jeden einzelnen Befragten wird geprüft, bei welchem Preis der Gesamtnutzenwert (incl. des Teilnutzenwerts der Funktion Preis) des ausgewählten Produkts dazu führt, daß der Befragte ein anderes Produkt wählt. Diese Vorgehensweise bedingt, daß die Teilnutzenwerte jedes einzelnen Befragten und nicht die gemittelten Teilnutzenwerte angewendet werden. Es wird hierbei unterstellt, daß ein Kunde dann ein anderes Produkt wählt, wenn der Gesamtnutzenwert des betrachteten Produkts kleiner wird als ein anderes angebotenes Produkt. Voraussetzung ist, daß die im Panel enthaltenen Produktkonfigurationen die Wettbewerbssituation widerspiegeln, damit die potentielle Migration zu Konkurrenzprodukten simuliert werden kann (vgl. Büschken [1994], S. 82.). Eine Aggregation dieser individuellen Preis-Absatz-Funktionen führt zu einer Preis-Absatz-Funktion, die den gesamten Absatz des Produkts in Abhängigkeit von wettbewerbsorientiert gebildeten Preisen darstellt. Die erhaltene aggregierte Preis-Absatz-Funktion stellt dann ein repräsentatives Abbild des gesamten Markts dar. Durch Multiplikation mit dem Marktvolumen in Abhängigkeit von der Größe der Stichprobe (Extremfall: Vollerhebung) kann die Preis-Absatz-Funktion für den gesamten Markt gebildet werden.

Beispiel

Für das ausgewählte Diagnosegerät 2 wurde die folgende lineare Preis-Absatz-Funktion für den relevanten Preisbereich von 900 TDM bis 1 350 TDM bestimmt:

$$y(p) = 2\,000 - p$$

mit: y = Menge
p = Preis

Zur Maximierung des Ergebnisses wird die umsatzmaximale Preis-/Mengenkombination benötigt, die sich wie folgt berechnet:

$$U(p) = p \times y = p \times (2\,000 - p) = 2\,000 \times p - p^2$$

Das Maximum der Preis-Absatz-Funktion liegt bei dem Preis, für den die 1. Ableitung der Umsatzfunktion den Wert 0 annimmt:

$$U'(p) = 2\,000 - 2 \times p = 0 \Leftrightarrow p = 1\,000 \text{ TDM}$$

Die zum Preis von 1 000 TDM gehörige Menge kann mit der Preis-Absatz-Funktion bestimmt werden:

$$y(1\ 000) = 2\ 000 - 1\ 000 = 1\ 000 \text{ Stück}$$

Gesamtnutzen des Produkts

Die ausgewählte Produktkonfiguration und der zugehörige umsatzmaximale Preis führen zu folgendem Gesamtnutzen des Produkts (hier: Modell 2, vgl. auch Abb. 17.4):

	Teilnutzenwerte
• Raumbedarf	0,30
• Patientendurchsatz	0,60
• Bildqualität	0,93
• Montagezeit	0,15
• Zuverlässigkeit	0,72
• Bedienbarkeit	0,30
• Preis	0,70
Gesamtnutzen des Produkts	3,70

Ein Vergleich des Modells 2 mit den anderen beiden Modellen zeigt, daß der zusätzliche Nutzen, der sich aus der Funktion Preis ergeben darf, damit kein Wechsel zu den potentiellen Konkurrenzprodukten (Modell 1 und 3) stattfindet, beim Modell 1 höchstens –0,13 (= 3,70 – 3,83) und beim Modell 3 höchstens 2,45 (= 3,70 – 1,25) betragen darf. Ein negativer Nutzenwert bedeutet hier, daß der Preis so hoch liegen muß, daß er das Nutzenpotential der anderen Funktionen schmälert, damit Modell 2 weiterhin vorteilhaft bleibt. In absoluten Preisen ausgedrückt bedeutet dies, daß kein potentieller Käufer des Modells 2 zu den anderen beiden Modellen wechselt, solange der Preis von Modell 1 nicht unter 1 415 TDM liegt und der Preis für Modell 3 noch über 125 TDM liegt (vgl. obige Formel zur Bestimmung des Preises in Abhängigkeit vom Teilnutzenwert).

Schritt 3: Ermittlung der »allowable costs«

Allowable costs i.w.S.

Mit Hilfe der vorliegenden umsatzmaximalen Preis-/Mengenkombination können die maximal zulässigen Kosten (**»allowable costs i.w.S.«**) anhand der folgenden Rechnung bestimmt werden (die Umsatzrendite wurde für dieses Beispiel auf 10 % festgelegt):

Umsatzerlöse (1 000 Stück × 1 000 TDM/Stück)	1 000 000 TDM
– Zielrendite (10 %)	100 000 TDM
= »allowable costs i.w.S.«	900 000 TDM

Die »allowable costs i.w.S.« enthalten alle Kosten, die während der gesamten Produktlebensdauer auf Grund der Markt- und Wettbewerbssituation entstehen dürfen, um die angestrebte Rendite zu erreichen. Da es sich bei den »allowable costs i.w.S.« noch um eine stark aggregierte, wenig aussagekräftige Größe handelt, müssen sie im Unternehmen weiter differenziert werden. Zur Spaltung der gesamten »allowable costs« kann eine funktionsorientierte Vorgehensweise gewählt werden. Als Unternehmensfunktionen können z.B. Entwicklung, Herstellung, Marketing/Vertrieb, ggf. Montage/Installation und Verwaltung unterschieden werden, die jeweils produktbezogen zu bewerten sind. Für die Funktionen Entwicklung, Marketing/Vertrieb und Verwaltung wird es im allgemeinen zweckmäßig sein, die Kostenbudgets aus Erfahrungswerten zu bestimmen. Natürlich ist es auch hier opportun, Kostenbudgets nach Kostenmanagement-Gesichtspunkten vorzugeben. Im vorliegenden Fall wird das Target Costing auf die Herstellkosten (einschl. Montagekosten) beschränkt (vgl. Abb. 17.5).

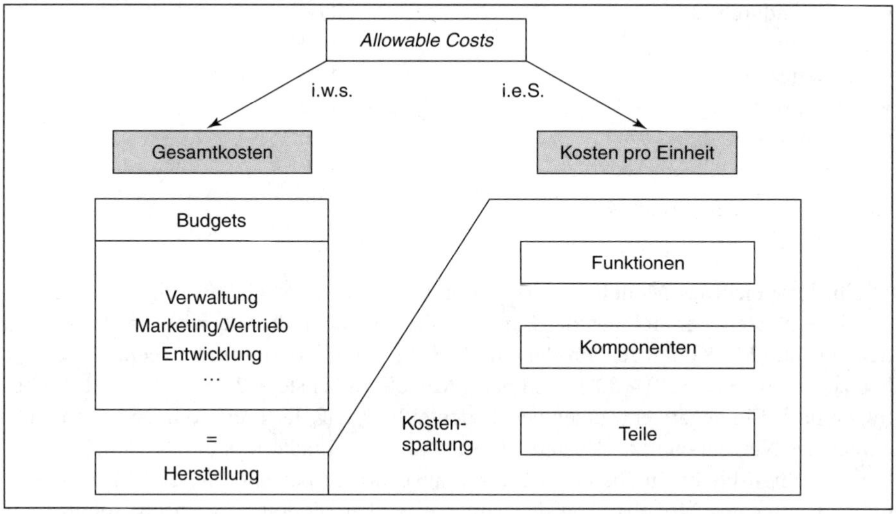

Abb. 17.5: Übergang von den gesamten »allowable costs« zu den gespaltenen »allowable costs«

Allowable Costs i.e.S.

Substrahiert man bestimmte Gemeinkostenbereiche (z.B. F&E, Marketing/Vertrieb, Verwaltung) in Form von Budgets von den »allowable costs i.w.S.«, erhält man die **»allowable costs i.e.S.«** für die Herstellung. Im Beispiel betragen die prognostizierten Gemeinkosten 400 000 TDM:

»allowable costs i.w.S.«	900 000 TDM
– Kosten der GK-Bereiche	400 000 TDM
= »allowable costs i.e.S.«	500 000 TDM

Schritt 4: Entwicklung eines Rohentwurfs für das Produkt

Produktentwurf

Nachdem die »allowable costs«, das Anforderungsprofil und dessen interne Gewichtung vorliegen, muß ein Rohentwurf des Produkts erarbeitet werden, der den o.g. Zielvorgaben bezüglich der Funktions-/Eigenschaftsstruktur genügt. Dieser Entwurf zeigt dann die für die Funktionserfüllung des Produkts notwendigen Komponenten an.

Schritt 5: Kostenschätzung der Produktkomponenten

Kostenschätzung

Für die in Schritt 4 ermittelten Komponenten werden jetzt Herstellkosten (auf Vollkostenbasis) aus der vorhandenen Kostenrechnung abgeleitet. Grundlage der Schätzung ist der jeweils vorhandene Technologiestand. Zu Beginn des Projekts können vereinfacht die Kosten der Komponenten eines evtl. vorhandenen Vorprodukts zur Kostenschätzung verwendet werden. Dabei ist der prozentuale Anteil jeder Komponente an den Gesamtkosten des Produkts zu ermitteln. Dieser Schritt zeigt jeweils die **»drifting costs«** bezogen auf eine Produkteinheit. Die Daten aus dem Fallbeispiel lauten:

	»drifting costs«	**Kostenanteile**
• Magnet	310 TDM	31 %
• Electronic Cabinet	270 TDM	27 %
• Patientenliege	30 TDM	3 %
• System Components	120 TDM	12 %
• Gradientenspule	40 TDM	4 %
• HF-Kabine	70 TDM	7 %
• Montage/Installation	160 TDM	16 %
Gesamtkosten des Produkts	1 000 TDM	100 %

Schritt 6: Gewichtung der Produktkomponenten

Nutzenanteil

Den Funktionen und ihren Gewichten (Schritt 1) werden die Komponenten (Schritt 4), welche die Funktionen realisieren sollen, in einer Matrix gegenübergestellt (vgl. Abb. 17.6). Die prozentualen Angaben in der Matrix zeigen an, durch welche Komponenten die jeweilige Funktion realisiert wird. Die Angaben sollen durch ein Team geschätzt werden, das sich aus Mitarbeitern verschiedener Funktionsbereiche (Controlling, F&E, Produktion etc.) zusammensetzt. Die Höhe der prozentualen Angaben einer Komponente richtet sich nach dem relativen Anteil der Komponente an der Realisierung der betrachteten Funktion. Zusätzlich wird die Gewichtung, die diese Funktion aus Kundensicht erhalten hat, berücksichtigt, indem sie mit diesem Anteil multipliziert wird. Werden pro Komponente die so entstandenen Produkte aus Anteil der Komponente an der Realisierung einer Funktion und Gewichtung dieser Funktion aufaddiert, so erhält man den der Komponente vom Kunden beigemessenen Anteil an der Nutzenstiftung des Gesamtprodukts. Idealerweise soll die Inanspruchnahme betrieblicher Ressourcen bei der Realisierung einer Produktfunktion dem kundenbezogenen Nutzenanteil dieser Funktion entsprechen. Damit dies überprüft werden kann, müssen aus dem Produktprofil diejenigen Funktionen eliminiert werden, die keine betrieblichen Ressourcen binden. Im vorliegenden Beispiel handelt es sich um die Funktion »Preis«. Der auf den Produktpreis entfallende Teilnutzenwert von 0,70 ist von dem Gesamtnutzenwert des ausgewählten Diagnosegeräts zu subtrahieren: 3,70 – 0,70 = 3,00. Der so ermittelte (Netto-)Produktnutzen wird auf 100 % normiert. Daraus ergeben sich folgende Nutzenanteile für die einzelnen Produktfunktionen:

		Teilnutzenwerte	Nutzenanteile
• Raumbedarf	($50\ m^2$)	0,30	10 %
• Patientendurchsatz	(4 Patienten/Stunde)	0,60	20 %
• Bildqualität	(hohe Auflösung)	0,93	31 %
• Montagezeit	(14 Tage)	0,15	5 %
• Zuverlässigkeit	(1 800 h MTbF)	0,72	24 %
• Bedienbarkeit	(mittlere Bedienbarkeit)	0,30	10 %
Gesamtnutzen des Produkts (ohne Preis)		3,00	100 %

Funktionen / Komponenten	Raumbedarf	Patientendurchsatz	Bildqualität	Montagezeit	Zuverlässigkeit	Bedienbarkeit	Nutzenanteil der Komponente
Magnet	6 %	13 %	21 %		4 %		44 %
Electronic Cabinet		6 %	7 %		8 %	5 %	26 %
Patientenliege					4 %	1 %	5 %
System Components			1 %		4 %	4 %	9 %
Gradientenspule		1 %	2 %		4 %		7 %
HF-Kabine	4 %						4 %
Montage/Installation				5 %			5 %
Nutzenanteil der Funktion	10 %	20 %	31 %	5 %	24 %	10 %	100 %

Abb. 17.6: Komponenten-/Funktionen-Matrix

Die Kostenspaltung ist nach diesem Schritt auf der Komponentenebene abgeschlossen. Jeder Komponente sind kundenorientierte »allowable costs i.e.S.« zugewiesen. Nun werden die Kosten der Komponenten ihrerseits aufgespalten. Dazu werden die festgelegten Zielkosten für eine Komponente in die Kosten der darin enthaltenen Einzelteile zerlegt. Dabei wäre es wünschenswert, bis zur Einzelteilebene eine konsequente Kundenorientierung zu gewährleisten. Dies ist allerdings häufig – so auch im vorliegenden Fall – aus Wirtschaftlichkeitsgründen nicht realisierbar.

Schritt 7: Berechnung eines komponentenspezifischen Zielkostenindexes

Zielkostenindex

Der **Zielkostenindex** errechnet sich wie folgt:

$$\text{Zielkostenindex} = \frac{\%\ \text{Nutzenanteil (Schritt 6)}}{\%\ \text{Kostenanteil (Schritt 5)}}$$

Der Zielkostenindex zeigt an, inwieweit die Idealforderung, die der Kostenspaltung zugrundeliegt, erfüllt ist. Die Idealforderung lautet (wie bereits erwähnt): Der Ressourceneinsatz für eine Komponente soll genau der Gewichtung dieser Komponente durch den Kunden entsprechen. Folglich werden jeder Funktion mit zunehmender Wertschätzung durch den Kunden auch höhere Zielkosten zugestanden. Für das Beispiel ergeben sich die folgenden Zielkostenindizes:

	Nutzenanteil in %	**Kostenanteil in %**	**Zielkostenindex**
• Magnet	44	31	1,42
• Electronic Cabinet	26	27	0,96
• Patientenliege	5	3	1,67
• System Components	9	12	0,75
• Gradientenspule	7	4	1,75
• HF-Kabine	4	7	0,57
• Montage/Installation	5	16	0,31

Schritt 8: Erstellung eines Zielkostenkontrolldiagramms

Zielkosten-kontroll-diagramm

Die in Schritt 7 erhobene Forderung, daß die Zielkostenindizes den Wert 1 besitzen sollen, ist für die praktische Umsetzung zu streng. Deshalb wird häufig als Toleranzbereich eine **»Zielkostenzone«** definiert, in der sich die einzelnen Komponenten befinden müssen (vgl. Abb. 17.7). Auf der Abszisse (x-Achse) werden die prozentualen Nutzenanteile der Komponenten (aus Schritt 6) und auf der Ordinate (y-Achse) die zugehörigen prozentualen Kostenanteile (aus Schritt 5) abgetragen. Die Winkelhalbierende zeigt die Idealforderung des Zielkostenindexes von 1 an. TANAKA definiert die Zielkostenzone mit den beiden Funktionen $y = (x^2 + q^2)^{0,5}$ und $y = (x^2 - q^2)^{0,5}$ (vgl. Tanaka [1989]).

Der Wert des Entscheidungsparameters q, der bei beiden Funktionen den Schnittpunkt mit der Abszisse bzw. Ordinate repräsentiert und somit die Breite der Zielkostenzone bestimmt, soll nach folgenden Kriterien festgelegt werden (vgl. Seidenschwarz [1993], S. 182):

- Je näher die Zielkosten für das Gesamtprodukt bei den vom Markt erlaubten Kosten festgelegt werden, umso enger sollte auch die Zielkostenzone sein, d.h. q niedriger gewählt werden.
- Je höher das Erfahrungspotential bei der Zielkostenerreichung im Unternehmen ist, umso enger kann die Zielkostenzone definiert werden.

Mit zunehmender Bedeutung einer Komponente nimmt der Toleranzbereich stetig ab. Umgekehrt wird bei Komponenten mit geringerer Wertigkeit eine größere Bandbreite in der Zielkostenzone für zulässig gehalten. Anhand ihres jeweiligen Nutzenanteils (x-Wert) und Kostenanteils (y-Wert) werden die einzelnen Komponenten in das Diagramm eingetragen (vgl. beispielhaft Abb. 17.7).

Interpretation

Ein Zielkostenindex von kleiner als 1 bedeutet, daß die Komponente oberhalb der Zielkostenindexfunktion liegt. Damit ist sie gemäß der Idealforderung »zu aufwendig«. Wenn die Komponente dabei jedoch innerhalb des Toleranzbereichs liegt, wird die Abweichung noch als wirtschaftlich vertretbar angesehen. Umgekehrt bedeutet ein Zielkostenindex größer als 1, daß die Komponente unterhalb der Zielkostenindexfunktion

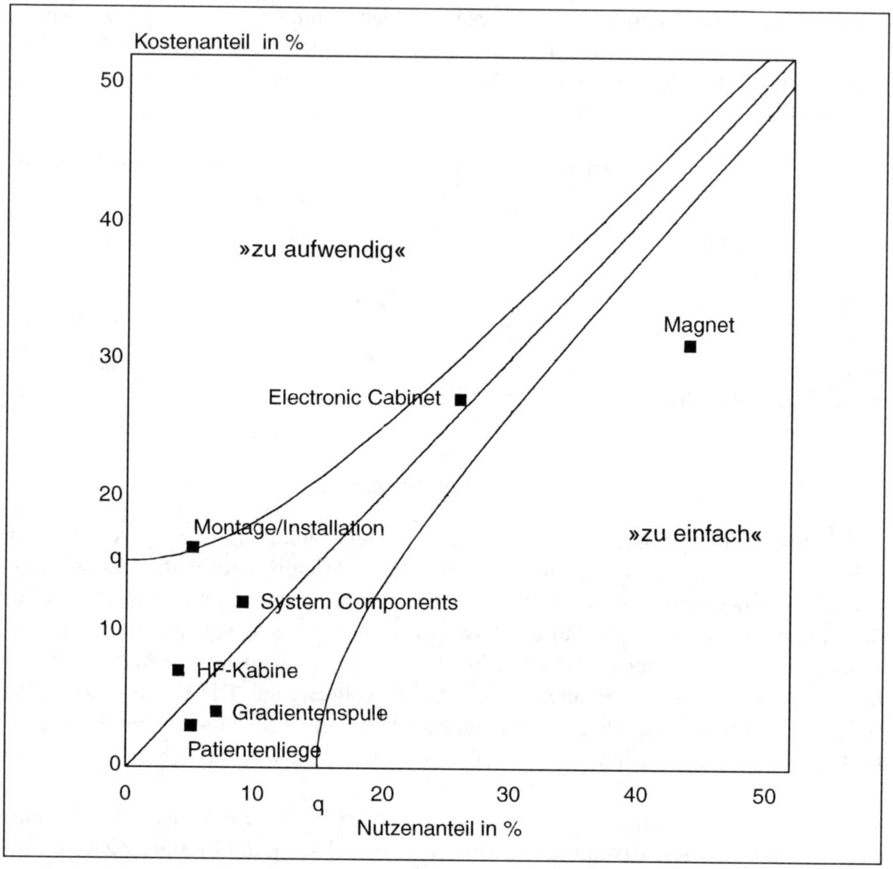

Abb. 17.7: Zielkostenkontrolldiagramm

liegt. Hier muß überprüft werden, ob die durch die Komponente realisierten Produktfunktionen noch den Anforderungen des Kunden entsprechen oder ob die Komponente zu einfach ist (vgl. zu dieser Problematik Fischer/Schmitz [1994a], S. 67).

Befinden sich Komponenten außerhalb der Zielkostenzone, so ist zu fragen, inwieweit Kostensenkungspotentiale vorhanden sind und/oder eine Verbesserung der Funktionserfüllung zu erreichen ist. Dazu müssen für die einzelnen Komponenten nicht nur die relativen Kostenanteile sondern auch die absoluten Kostenwerte in der Analyse berücksichtigt werden. Der Aussagegehalt des Zielkostenkontrolldiagramms in der bisher dargestellten Form ist diesbezüglich beschränkt, da nur die relativen Nutzenanteile und die im Zeitpunkt der Betrachtung realisierten Anteile der »drifting costs« einander gegenübergestellt werden. Um das **Zielkostenkontrolldiagramm** zu einem umfassenderen Analyseinstrument zu machen, sind im einzelnen folgende Schritte erforderlich (vgl. ausführlich Fischer/Schmitz [1994b], S. 427 ff.):

Erweitertes Zielkostenkontrolldiagramm

- Die relativen Kostenanteile der Komponenten (»drifting costs«) werden wieder in absolute Werte überführt.

- Die absoluten »drifting costs« pro Komponente werden zu den »allowable costs i.e.S.« pro Stück ins Verhältnis gesetzt.
- Die neugebildeten relativen Kostenanteile (Anteile der »drifting costs« pro Komponente an den gesamten »allowable costs i.e.S.« des Produkts) werden in das Zielkostenkontrolldiagramm eingetragen.

Für die Berechnung der neu zu bildenden Kostenanteile müssen zunächst die »allowable costs i.e.S.« pro Stück ermittelt werden:

$$\frac{\text{»allowable costs i.e.S.«}}{\text{Stückzahl}} = \frac{500\,000}{1\,000} = 500 \text{ TDM/Stück}$$

Abbildung 17.8 zeigt die Kostenanteile auf Basis der »drifting costs« bzw. »allowable costs i.e.S.« zusammen mit den Nutzenanteilen der einzelnen Produktkomponenten.

Die auf der Basis der »drifting costs« bzw. »allowable costs i.e.S.« ermittelten absoluten und relativen Kostenanteile für die einzelnen Produktkomponenten wurden in Abb. 17.9 zusammen mit den zugehörigen Nutzenanteilen in das Zielkostenkontrolldiagramm eingetragen (erweitertes Zielkostenkontrolldiagramm).

Komponente	① Nutzenanteil in %	② Kostenanteil auf Basis DC in % (■)	③ DC-Kostenanteil in TDM	④ Nutzenkonformer Kostenanteil auf Basis AC in TDM	⑤ DC-Kostenanteil auf Basis AC in % (♦)	⑥ Kostenreduktionsbedarf ③ – ④
Magnet	44	31	310	220	62	90
Electronic Cabinet	26	27	270	130	54	140
Patientenliege	5	3	30	25	6	5
System Components	9	12	120	45	24	75
Gradientenspule	7	4	40	35	8	5
HF-Kabine	4	7	70	20	14	50
Montage/ Installation	5	16	160	25	32	135
Σ	100	100	1 000	500	200	500

Abb. 17.8: Absolute und relative Kostenanteile der Komponenten auf Basis der »drifting costs« (DC) und »allowable costs i.e.S.« (AC)

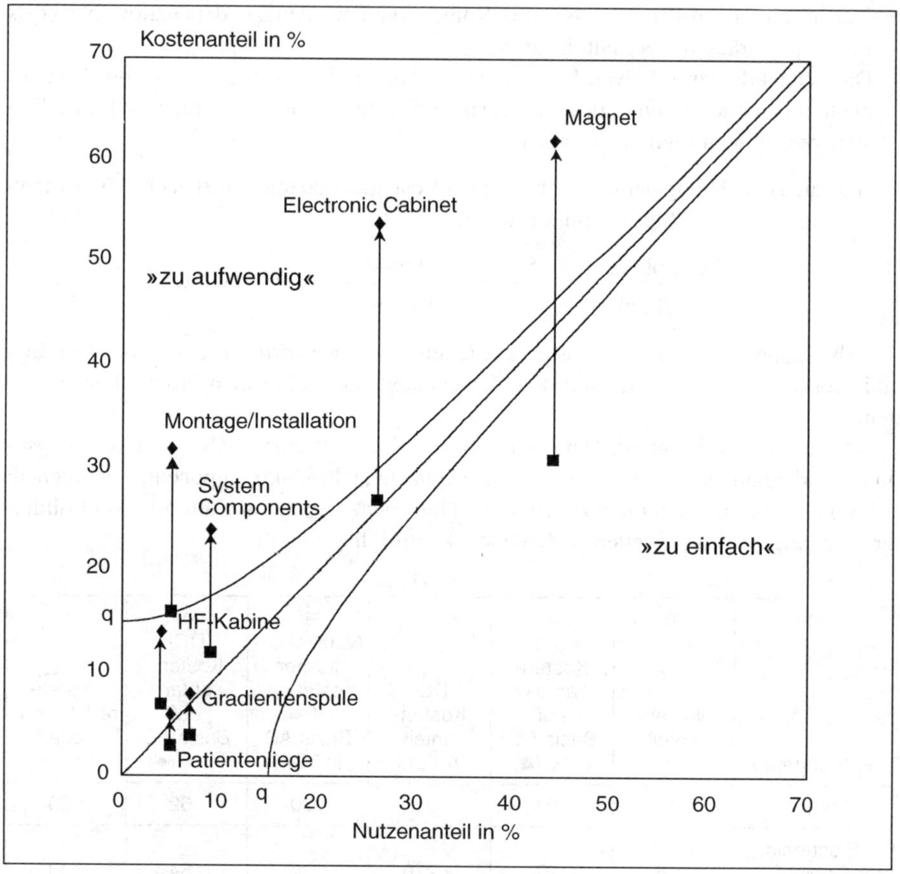

Abb. 17.9: Erweitertes Zielkostenkontrolldiagramm

Interpretation

Im Zusammenhang mit dem **erweiterten Zielkostenkontrolldiagramm** (vgl. Abb. 17.9) ist folgendes zu berücksichtigen:

- Die Ausgangspunkte (■) der Kostenpfeile entsprechen den anteiligen »drifting costs«.
- Die Endpunkte der Kostenpfeile (◆) zeigen für die einzelnen Komponenten die absoluten Anteile der »drifting costs« auf Basis der »allowable costs i.e.S.« an.
- Die Winkelhalbierende als Ideallinie der Nutzen-/Kostenrelationen repräsentiert nun für die Kostenanteile nicht mehr die »drifting costs« pro Stück sondern die »allowable costs i.e.S.« pro Stück (im Beispiel 500 TDM).
- Alle Komponenten, deren Kostenpfeile vollständig unterhalb der »Ideallinie« liegen, haben niedrigere »drifting costs« (in TDM) als »allowable costs i.e.S.« (in TDM). Hier ist ggf. zu überprüfen, ob die betreffende Komponente aus Kundensicht »zu einfach« ist. Im vorliegenden Beispiel ist dies bei keiner Komponente der Fall.

- Komponenten, deren Nutzen-/Kostenverhältnis auf Basis der »drifting costs« innerhalb der Zielkostenzone positioniert sind, können mit ihren absoluten Anteilen der »drifting costs« auf Basis der »allowable costs i.e.S.« nun oberhalb der Zielkostenzone liegen (hier z.B. Electronic Cabinet). Dies deutet auf den Sachverhalt hin, der als Schwäche des ursprünglichen Zielkostenkontrolldiagramms aufgezeigt wurde: Obwohl z.B. bei der Komponente Electronic Cabinet die relativen »drifting costs« mit 27 % nur unwesentlich von dem geforderten Nutzenanteil in Höhe von 26 % abweichen, besteht im Verhältnis zu den anteiligen »allowable costs i.e.S.« noch ein enormer Kostenreduktionsbedarf (140 TDM).
- Komponenten, die auf Basis der »drifting costs« unterhalb der »Ideallinie« positioniert wurden und nun auf Basis der »allowable costs i.e.S.« mit dem Endpunkt eines Pfeils (◆) oberhalb der »Ideallinie« liegen (hier z.B. Magnet) lassen erkennen, daß die absoluten »drifting costs« dieser Komponente im Vergleich mit den zugehörigen Absolutwerten der »allowable costs i.e.S.« zu hoch liegen, obwohl das relative Kostengewicht dieser Komponente (in % der »drifting costs«) im Vergleich mit dem Nutzenanteil bereits eine vermeintlich kostengünstige, d.h. »zu einfache Lösung« signalisiert hat.
- Wird auf der y-Achse (»Kostenanteil in %«) bei den Kostenpfeilen der Komponenten die Differenz zwischen dem Schnittpunkt mit der Ideallinie (bzw. dem zugehörigen Punkt auf der Ideallinie) und dem Endpunkt des Pfeils (◆) ermittelt, so zeigt dies exakt den notwendigen Kostenreduktionsbedarf dieser Komponente – bezogen auf die »allowable costs i.e.S.« – an. Betrachtet man z.B. die Komponente Magnet, so entspricht der Ordinatenabschnitt einem Wert von 62 – 44 = 18 %. Bezogen auf die »allowable costs i.e.S.« pro Stück in Höhe von 500 TDM ergibt sich hieraus ein Kostenreduktionsbedarf von 18 % × 500 = 90 TDM. Das gleiche Ergebnis liefert auch die Differenz der auf die Komponente Magnet anteilig entfallenden »drifting costs« und »allowable costs i.e.S.«: 310 – 220 = 90 TDM (Spalte 6 in Abb. 17.8).

Folgt man der Prämisse, daß die Kosten einer Produktkomponente dem durch diese Komponente geschaffenen anteiligen Kundennutzen entsprechen sollen, dann müssen idealerweise die Endpunkte der oben analysierten Kostenpfeile genau auf der Winkelhalbierenden im Zielkostenkontrolldiagramm liegen. Dies wird in praxi nicht immer der Fall sein, so daß eine Interpretation der im Zielkostenkontrolldiagramm dokumentierten Abstände zur sog. »Ideallinie«, auf der sich die komponentenspezifischen Nutzen- und Kostenanteile entsprechen, angebracht erscheint.

Analyse der Gesamtabweichung

Die zu untersuchende **Gesamtabweichung** (GA) ergibt sich aus der Differenz zwischen den relativen »drifting costs« einer Komponente in % von den gesamten produktbezogenen »allowable costs i.e.S.« (Spalte 5 in Abb. 17.8) und den relativen »drifting costs« einer Komponente in % von den gesamten produktbezogenen »drifting costs« (Spalte 2 in Abb. 17.8):

$$GA = dc(AC) - dc(DC)$$

mit:

dc(AC) = relative »drifting costs« einer Komponente (dc) in % von den gesamten produktbezogenen »allowable costs i.e.S.« (AC),

dc(DC) = relative »drifting costs« einer Komponente (dc) in % von den gesamten produktbezogenen »drifting costs« (DC).

Aufspaltung

Die Gesamtabweichung an sich ist schwierig zu interpretieren, da in ihr Kostenteile verrechnet werden, die unterschiedliche Basen haben, nämlich die im Kontrollzeitpunkt realisierten »drifting costs« und die angestrebten »allowable costs i.e.S.«. Durch die Einbeziehung der komponentenspezifischen »allowable costs i.e.S.« in % von den gesamten produktbezogenen »allowable costs i.e.S.« (Spalte 4 in Abb. 17.8), die den Nutzenanteilen entsprechen (Spalte 1 in Abb. 17.8), läßt sich die Gesamtabweichung in zwei Teilabweichungen aufspalten, die sich als Kosten- bzw. Nutzenabweichung interpretieren lassen:

$$\begin{aligned} GA &= dc(AC) - ac(AC) + ac(AC) - dc(DC) \\ &= \underbrace{[dc(AC) - ac(AC)]}_{\text{Kostenabweichung}} + \underbrace{[ac(AC) - dc(DC)]}_{\text{Nutzenabweichung}} \end{aligned}$$

mit:

ac(AC) = relative »allowable costs i.e.S.« einer Komponente (ac) in % von den gesamten produktbezogenen »allowable costs i.e.S.« (AC).

Vereinfacht gesprochen, repräsentiert die **Kostenabweichung** die Effizienz und die **Nutzenabweichung** die Effektivität der realisierten Produktkonfiguration. Am Beispiel der Komponente Magnet läßt sich die Gesamtabweichung folgendermaßen in die beiden Teilabweichungen aufspalten:

$$\begin{aligned} GA &= [dc(AC) - ac(AC)] + [ac(AC) - dc(DC)] \\ 31\,\% &= (62\,\% - 44\,\%) + (44\,\% - 31\,\%) \\ &= \underbrace{18\,\%}_{\text{Kostenabweichung}} + \underbrace{13\,\%}_{\text{Nutzenabweichung}} \end{aligned}$$

Für die Komponente Magnet zeigt sich, daß ihr Beitrag zum gesamten Produktnutzen noch zu gering ist (positive Nutzenabweichung). Gleichzeitig sind die zum gegenwärtigen Zeitpunkt benötigten Kosten jedoch um 18 %, bezogen auf die gesamten »allowable costs i.e.S.«, bzw. um 90 TDM zu hoch, d.h. die Komponente Magnet ist noch zu teuer (positive Kostenabweichung). Die folgende Abbildung 17.10 zeigt zusammenfassend alle Kosten- und Nutzenabweichungen pro Komponente.

Komponente	① DC Kosten-anteil auf Basis AC in % (◆)	② Kosten-anteil auf Basis DC in % (■)	③ Gesamt-ab-weichung ① – ②	④ Nutzen-anteil in %	⑤ Kosten-ab-weichung ① – ④	⑥ Nutzen-ab-weichung ④ – ②
Magnet	62	31	31	44	18	13
Electronic Cabinet	54	27	27	26	28	–1
Patientenliege	6	3	3	5	1	2
System Components	24	12	12	9	15	–3
Gradienten-spule	8	4	4	7	1	3
HF-Kabine	14	7	7	4	10	–3
Montage/ Installation	32	16	16	5	27	–11
Σ	200	100	100	100	100	0

Abb. 17.10: Aufspaltung der Gesamtabweichung in Kosten- und Nutzenabweichungen

Wie lassen sich negative bzw. positive Kosten- und Nutzenabweichungen grundsätzlich interpretieren?

- **Negative Kostenabweichung:** Die betreffende Komponente ist in Relation zu dem auf sie entfallenden Anteil an den »allowable costs i.e.S.« kostengünstig gestaltet (vgl. Abb. 17.10: keine Komponente).
- **Positive Kostenabweichung:** Die betreffende Komponente ist in Relation zu dem auf sie entfallenden Anteil an den »allowable costs i.e.S.« zu teuer (vgl. Abb. 17.10: alle Komponenten).
- **Negative Nutzenabweichung:** Die betreffende Komponente ist in Relation zu dem auf sie entfallenden Anteil am gesamten Produktnutzen zu aufwendig realisiert (»Over-Engineering«) (vgl. Abb. 17.10: Electronic Cabinet, System Components, HF-Kabine, Montage/Installation).
- **Positive Nutzenabweichung:** Die betreffende Komponente ist in Relation zu dem auf sie entfallenden Anteil am gesamten Produktnutzen evtl. zu einfach realisiert. Unter Umständen liegt jedoch eine »intelligente Problemlösung« vor, d.h. der angestrebte Teilnutzen wird auch bei relativ niedrigem Kostenanteil voll erfüllt (vgl. Abb. 17.10: Magnet, Patientenliege, Gradientenspule).

Da der Produktnutzen auf 100 % normiert ist, beträgt die Summe der negativen und positiven Nutzenabweichungen stets Null. Folglich führen negative Nutzenabweichungen bei bestimmten Produktkomponenten zu positiven Nutzenabweichungen bei anderen Komponenten (et vice versa).

Kostenreduktionsbedarf

Die Summe der Kostenabweichungen entspricht dem insgesamt notwendigen **Kostenreduktionsbedarf**. Dieser ergibt sich aus der Differenz von »drifting costs« und »allowable costs i.e.S.« und beträgt im Beispiel 1.000 – 500 = 500 TDM bzw. 200 – 100 = 100 %. Die »allowable costs i.e.S.« werden momentan um 100 % überschritten, d.h. die Kosten pro Diagnosegerät müssen halbiert werden. Bei allen Komponenten müssen die Kosten gesenkt werden. Hierzu trägt auch der Abbau von negativen Nutzenabweichungen bei (hier: Electronic Cabinet, System Components, HF-Kabine, Montage/Installation).

Eine weitere Variante der Auswertung des Zielkostenkontrolldiagramms erhält man, wenn die Prämisse konstanter Nutzenteilgewichte der einzelnen Komponenten aufgegeben wird. In diesem Fall verschieben sich die Nutzen-/Kostenanteile der Komponenten nicht nur in vertikaler Richtung wie im oben diskutierten Beispiel, sondern zusätzlich in horizontaler Richtung. Bei Zunahme (Abnahme) des komponentenspezifischen Nutzenteilgewichtes ergibt sich graphisch bei den in Abbildung 17.9 pro Komponente ausgewiesenen Pfeilen eine Verschiebung des Endpunkts (◆) nach rechts (nach links). Eine Verschiebung innerhalb des Nutzengefüges der Produktkomponenten kann auftreten, wenn die bisher vorhandenen Produktfunktionen durch den Kunden neu gewichtet werden oder aber völlig neue, zusätzliche Produktfunktionen gefordert werden, z. B. unter dem Aspekt der Umweltverträglichkeit eines Produkts (vgl. ausführlich Fischer/Schmitz [1994b], S. 431 f.).

III. Anwendbarkeit des Target Costing in der Unternehmenspraxis

Anwendbarkeit

Die Anwendbarkeit des Target Costing in der Unternehmenspraxis soll exemplarisch anhand der folgenden Problemfelder analysiert und beurteilt werden:

- Auswirkungen der Umsatzprognose,
- Beurteilung der verwendeten Rentabilitätsmaße,
- Festlegung von Produktstandardkosten.

1. Auswirkungen der Umsatzprognose

Statisches Konzept

Für die Aussagefähigkeit des Target Costing ist u.a. die Genauigkeit der **Umsatzprognose** entscheidend. Das System des Target Costing stellt ein weitgehend statisches Konzept dar, d.h. es wird implizit davon ausgegangen, daß sich nachträglich keinerlei Veränderungen hinsichtlich einmal festgelegter Gesamt-Zielkosten ergeben. Das schließt natürlich nicht aus, daß die »target costs« pro Stück zu Beginn der Produkteinführung höher sind als die durchschnittlichen »target costs« pro Stück. Dies wird durch spätere niedrigere »target costs« ausgeglichen, die durch den Erfolg von Rationalisierungen oder Erfahrungseffekten entstehen können.

Schwächen der Umsatzprognose

Die Umsatzprognose bezieht sich auf zwei Größen, nämlich Marktpreis und Stückzahl. Wenn mindestens eine dieser Größen falsch prognostiziert wurde, treten Fehlsteuerungen auf.

Das Ausmaß der Fehlsteuerung durch einen falsch prognostizierten Marktpreis (bei korrekt prognostiziertem Stückpreis) verdeutlicht das folgende Beispiel:

Umsatzprognose 1: 1 000 Stück à 1 000 TDM = 1 000 000 TDM
Umsatzprognose 2: 1 000 Stück à 800 TDM = 800 000 TDM
Umsatzrendite: 10 % (geforderte)

»allowable costs« Umsatzprognose 1 ↓ − »allowable costs« Umsatzprognose 2 ↓

$$\frac{900\,000}{1\,000} - \frac{720\,000}{1\,000} = 180 \text{ TDM} \leftarrow$$ Differenz der »allowable costs«/Stück

↑ Stückzahl 1 ↑ Stückzahl 2

Wie die Differenz der stückbezogenen »allowable costs« zeigt, ist das Zielkostenmanagement durch die einmal (im Zeitpunkt des Entwicklungsbeginns) festgelegte Umsatzprognose determiniert. Eine spätere Anpassung an neuere Umsatzprognosen kann zu Problemen führen, z.B. dann, wenn die Entwicklungs- und Konstruktionsarbeiten auf Grundlage der früher vorgegebenen »allowable costs« bereits begonnen haben.

Die Auswirkungen einer falschen Stückzahlprognose (bei korrekter Marktpreisprognose) demonstriert das folgende Beispiel:

Umsatzprognose 1: 1 000 Stück à 1 000 TDM = 1 000 000 TDM
Umsatzprognose 2: 800 Stück à 1 000 TDM = 800 000 TDM
Umsatzrendite: 10 % (geforderte)

»allowable costs« Umsatzprognose 1 ↓ − »allowable costs« Umsatzprognose 2 ↓

$$\frac{900\,000}{1\,000} - \frac{720\,000}{800} = 0 \text{ TDM} \leftarrow$$ Differenz der »allowable costs«/Stück

↑ Stückzahl 1 ↑ Stückzahl 2

Wie leicht zu erkennen ist, bleiben die »allowable costs« pro Stück gleich. Trotzdem impliziert die Umsatzprognose 2 zusätzliche Anstrengungen für das Unternehmen im Vergleich zur Umsatzprognose 1. Denn der Gesamtkostenblock der »allowable costs« hat sich wie auch im Beispielsfall um 180 000 TDM verringert. Folglich muß die Summe der Kostenblöcke um 180 000 TDM niedriger ausfallen, damit die »allowable costs« erreicht werden. Die Erreichung der »allowable costs« wird jedoch hier zusätzlich erschwert durch die gesunkenen Stückzahlen, da Erfahrungspotentiale wegfallen und sich der Anteil der Fixkosten an den Stückkosten erhöht.

Die beiden Beispiele zeigen, daß eine alleinige Betrachtung der »allowable costs« pro Stück zu Fehlschlüssen führen kann, da gleichlautende »allowable costs« pro Stück nicht automatisch die Notwendigkeit von Kostensenkungen ausschließen.

Die angestrebten Zielkosten müssen, wenn sie einmal erreicht sind, für den Zeitraum der Herstellung des Produkts im Unternehmen eingehalten werden (sog. »cost maintenance«). Hier kommt dem vorhandenen betrieblichen Kostenrechnungssystem die wichtige Aufgabe zu, Daten für die Kontrolle der Einhaltung von Zielkosten bereitzustellen. Wird für ein Neuprodukt die Serienfertigung begonnen, dann müssen Vorgaben für die Reduktion der Produktionskosten gemacht werden. Ansatzpunkte dafür liefert z.B. das Konzept der Erfahrungskurve. Die hierbei erforderliche periodenübergreifende Perspektive eröffnet z.B. das weiter unten beschriebene Konzept des Product Life Cycle Costing.

2. Beurteilung der verwendeten Rentabilitätsmaße

RoI vs. Umsatzrendite

Das herkömmliche System des Target Costing verwendet die **Umsatzrendite** als zentrales Rentabilitätsmaß. Es erscheint jedoch angebracht, diese durch die Rendite des investierten Kapitals (RoI) zu ergänzen. Wie die folgende Formel verdeutlicht, ist die Rendite des investierten Kapitals sowohl von der Umsatzrendite als auch von der Häufigkeit des Kapitalumschlags abhängig:

$$\text{RoI} = \frac{\text{Gewinn}}{\text{Umsatz}} \times \frac{\text{Umsatz}}{\text{Kapital}} \quad (\text{RoI} = \text{Umsatzrendite} \times \text{Kapitalumschlag})$$

Hier ist die Umsatzrendite nur eine von zwei Variablen, um den Unternehmenserfolg zu messen. Wird der Kapitalumschlag vernachlässigt, kann dies zu Fehlallokationen des betriebsnotwendigen Kapitals führen. Folglich muß die schwerpunktmäßig auf die Umsatzrendite gestützte Rentabilitätsbetrachtung des Target Costing erweitert werden.

Problematisch am RoI ist allerdings, daß er ein statisches Maß ist. Für strategische Entscheidungen ist jedoch eher die langfristige als die kurzfristige Rentabilität relevant. Diese Problematik kann durch eine Gesamtbetrachtung der mit dem Projekt verbundenen Zahlungsströme aufgehoben werden (s. auch unten Abschnitt D.).

Trotz der angeführten Kritikpunkte an der Umsatzrendite wird diese vor allem in japanischen Unternehmen als alleiniger Erfolgsmaßstab verwendet. Der zur Verzinsung des eingesetzten Kapitals erforderliche Kapitalumschlag muß dann durch andere Managementwerkzeuge erreicht werden. Grundsätzlich ist es möglich, den Kapitalumschlag durch Verringerung beliebiger Positionen der Aktiva zu erreichen, d.h. durch Reduzierung des Anlagevermögens, der Vorräte oder der Forderungen und liquiden Mittel (vgl. Franz [1993], S. 128). Eine besondere Bedeutung kommt dabei dem Bestandsmanagement, z.B. durch Just-in-Time-Maßnahmen, zu. Die Umsatzrendite ist als Erfolgsmaßstab nur dann ausreichend, wenn sie durch andere Konzepte, die den Kapitalumschlag gleichsam garantieren, ergänzt wird.

Auf zwei weitere methodische Defizite des Target Costing sei hingewiesen:

Absatzveränderungen, die sich durch Substitutionseffekte zwischen dem Neuprodukt und anderen Produkten des Unternehmens ergeben (Kannibalisierung), werden im Konzept des Target Costing nicht erfaßt. Die hieraus resultierenden Erlösschmälerungen verringern ceteris paribus den Erfolg und damit auch die Rendite des Unternehmens. Ebenfalls vernachlässigt werden solche Erlösschmälerungen, die sich ergeben, wenn es bei der Einführung des neuen Produkts aufgrund von Kapazitätsengpässen zu einer Verdrängung anderer Produkte aus dem Produktionsprogramm kommt. Die hierdurch entgehenden Deckungsbeiträge verringern ebenfalls den Erfolg und damit auch die Rendite des Unternehmens, falls sie nicht durch zusätzliche Kostenreduktionen aufgefangen werden. Eine explizite Berücksichtigung dieser entgehenden Deckungsbeiträge im Target Costing in Form von Opportunitätskosten wäre z.B. durch einen höheren Renditeabschlag bei der Ermittlung der »allowable costs« möglich.

3. Festlegung von Produktstandardkosten

Definitionsgemäß gelten die »target costs« dann als erreicht, wenn die vom Markt vorgegebenen »allowable costs« mit den im Unternehmen vorliegenden »drifting costs« übereinstimmen.

Reduzierung der drifting costs

Um dieses Ziel zu erreichen, sind im Unternehmen vielfache Reduzierungen der vorhandenen »drifting costs« erforderlich, die idealtypisch auf drei Wegen durch die Anwendung der in Abschnitt C anzusprechenden Konzepte erreicht werden können:

- Herstellung eines bereits vorhandenen (»alten«) Produkts mit neuen, wirtschaftlicheren Prozeßtechnologien,
- Herstellung eines Neuprodukts (Nachfolgeprodukt), das aufgrund seiner Konstruktionsmerkmale auch mit den vorhandenen (alten) Prozeßtechnologien wirtschaftlicher hergestellt werden kann,
- Herstellung eines Neuprodukts (Nachfolgeprodukt) unter gleichzeitiger Verwendung neuer Prozeßtechnologien im Unternehmen.

Diese Zusammenhänge systematisiert Abbildung 17.11.

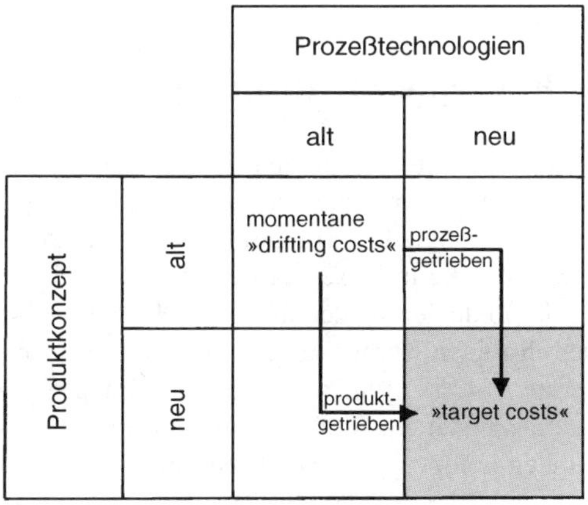

Abb. 17.11: Produkt-Prozeß-Matrix der Zielkosten

Schätzung der drifting costs

Ausgangspunkt für die Bestimmung der »drifting costs« sind die für das betreffende Produkt im Unternehmen vorliegenden Standardkosten. Wenn im Unternehmen künftig neuartige Prozeßtechnologien zur Herstellung der Produkte eingesetzt werden, können sich jedoch bei der Ableitung von Produktstandardkosten Schwierigkeiten ergeben. Falls nämlich in der betrieblichen Kostenrechnung noch keine Daten für die neuen Prozeßtechnologien vorhanden sind, ist die Schätzung der »drifting costs« für die Herstellung des Produkts durch hohe Unsicherheit gekennzeichnet. Im Vergleich hierzu ist es leichter, die »drifting costs« für ein solches neues Produkt zu schätzen, das mit Technologien hergestellt werden kann, über die im Unternehmen bereits Erfahrungen vorliegen. Hier können die Kosten der einzelnen Aktivitäten mit Erfahrungswerten aus der betrieblichen Kostenrechnung besser abgeschätzt und bewertet werden.

Identifikation von Kostentreibern

Somit ist sorgfältig zu untersuchen, welche Kostenbestandteile produkt- bzw. prozeßtechnologieabhängig sind. Hierzu müssen produkt- und prozeßtechnologieabhängige Kostentreiber identifiziert und in geeigneter Weise bewertet werden:

- Produktabhängige Kostentreiber sind z.B. Bestell-, Lagerungs-, Montage-, Prüf- und Entsorgungsvorgänge.
- Prozeßtechnologieabhängige Kostentreiber sind z.B. Rüst-, Transport-, Instandhaltungs- und Wartungsvorgänge.

Die identifizierten produkt- und prozeßtechnologieabhängigen Kostentreiber können während des Marktzyklusses auch als Bezugsgrößen in der Kalkulation verwendet werden. Als Methoden einer verfeinerten Bezugsgrößenkalkulation bieten sich die Prozeßkostenrechnung (vgl. Kap. 8) oder auch die Grenzplankostenrechnung (vgl. Kap. 5 und Kap. 9) an.

In der Kostenstellenrechnung dienen die »target costs« als Plankosten, da sie sowohl variable als auch fixe Bestandteile der Gemeinkosten enthalten. Entsprechend können als Instrument der Kostenkontrolle Abweichungsanalysen in Abhängigkeit von den einzelnen Kostenbestimmungsfaktoren durchgeführt werden (vgl. Kap. 14).

C. Ausgewählte Konzepte zur Reduzierung von Produktkosten

Konzepte zur Kostenreduzierung

Falls eine Lücke zwischen den angestrebten »allowable costs« und den bei Anwendung vorhandener Technologien erreichbaren »drifting costs« besteht, muß diese geschlossen bzw. soweit wie möglich verringert werden. Hierzu können verschiedene Konzepte eingesetzt werden, die in diesem Abschnitt beschrieben werden. Um den erreichten Fortschritt in der Reduzierung der absoluten Höhe der Kosten und auch im Verhältnis der Kosten der einzelnen Komponenten zueinander planen und kontrollieren zu können, sind die Schritte 3, 4, 5, 7 und 8 der Kostenspaltung regelmäßig zu wiederholen. Das heißt, mittels des erstellten Rohkonzepts oder Prototyps sind die anfallenden Kosten pro Produkteinheit komponentenspezifisch mit Daten aus der betrieblichen Kostenrechnung zu schätzen. Eine vollständige Wiederholung aller zur Kostenspaltung gehörenden Schritte ist nur dann notwendig, wenn sich sowohl die Umsatzprognose oder die geforderte Umsatzrendite als auch das Profil der Produktanforderungen und die Gewichtung der produktspezifischen Leistungsmerkmale ändern. Verschiebt sich jedoch nur die Umsatzprognose oder die Umsatzrendite, so hat dies Auswirkungen nur auf die absolute Höhe der Kostenziele. Ändert sich nur das Anforderungsprofil, so hat dies Wirkungen nur auf die relative Gewichtung der einzelnen Komponenten zueinander.

I. Benchmarking

Benchmarking

Das **Benchmarking** ist ein zyklischer Prozeß mit dem Ziel, Produkte, Dienstleistungen und Prozesse bzw. Methoden, die zur Erfüllung betrieblicher Funktionen bei den besten Wettbewerbern oder anderen führenden Unternehmen eingesetzt werden, mit den Praktiken im eigenen Unternehmen zu vergleichen. Damit soll evtl. notwendiger Handlungsbedarf aufgezeigt werden.

Ausgangspunkt des Benchmarking ist die Konkurrentenanalyse. Benchmarking beschränkt sich aber nicht auf den Vergleich mit den Konkurrenten, sondern versucht, Prozesse und Methoden zur Ausführung von betrieblichen Funktionen in allen Branchen, in denen »beste« prozessuale Strukturen vorherrschen, zu analysieren. Prägnante Praxisbeispiele für den Vergleich mit »Nicht-Konkurrenten« bietet das amerikanische Unternehmen Xerox:

- Vergleich mit American Express bei der Fakturierung,
- Vergleich mit Sony bezüglich der Kapitalumschlagshäufigkeit,
- Vergleich mit L.L. Bean (Versandhandelsunternehmen) in der Funktion Logistik/Vertrieb.

Die Vorgehensweise des Benchmarking läßt sich in drei Phasen (Vorbereitung, Analyse, Umsetzung) einteilen, die nachfolgend detailliert dargestellt werden (vgl. zur Methode allgemein Camp [1989]).

1. Vorbereitungsphase

a) Auswahl des Objekts für das Benchmarking

Analyse eigener Schwächen

Bei der Objektauswahl orientiert man sich daran, wo im eigenen Unternehmen die größten Schwierigkeiten liegen oder wo ein Rückstand zur Konkurrenz vermutet bzw. wahrgenommen wird und durch zusätzliche Informationen über Methoden und Prozeßabläufe eine Verbesserung möglich erscheint.

Dies trifft im Fallbeispiel für die Komponente Montage/Installation zu, die aufgrund eines nicht optimierten Ablaufs langwierig (12 Wochen) und teuer ist (16,67 % gegenüber dem Zielwert von 5 % aus der Kostenspaltung).

b) Festlegung von Leistungsbeurteilungsmaßgrößen

Finanzielle und nicht-finanzielle Maßgrößen

Es sollten sowohl finanzielle als auch nicht-finanzielle Maßgrößen benutzt werden. Nicht-finanzielle Maßgrößen haben den Vorteil, daß sie Unterschiede zwischen den betrachteten Prozeßabläufen auf der Kostentreiberebene meßbar machen. In diesem Zusammenhang bietet sich bspw. das sogenannte Half-Life-Konzept an, daß die Verbesserung der Performance eines Prozesses abbildet. Dies geschieht durch Halbwertszeiten, die angeben, in welchem konstanten Zeitraum sich das jeweilige Fehlerniveau halbiert (vgl. Kap. 18.E.).

Im Fallbeispiel dienen als finanzielle Maßgröße die Kosten der Montage/Installation, die durch das Target Costing auf 5 % des Gesamtprodukts festgelegt sind. Als nichtfinanzielle Maßgröße kann die zeitliche Dauer der Montage/Installation angeführt werden. Sie ist deshalb von großer Bedeutung, da sie den Ausfall von Einnahmen wegen fehlender Umsatzerlöse beim Kunden bestimmt. Denn erst nach Ablauf des Zeitraums für Montage/Installation kann mit der Behandlung der Patienten begonnen werden.

c) Bestimmung des Vergleichsunternehmens und Ablauferfassung

Vergleichsunternehmen

Grundsätzlich kommen zuerst die direkten Konkurrenten in Frage, besonders wenn es sich um ein Benchmarking der Kosten im Produktionsbereich handelt. Darüber hinaus müssen alle in der Durchführung bestimmter Prozesse führenden Unternehmen unabhängig von der Branche mit ins Kalkül einbezogen werden. Es muß aber nicht unbedingt ein fremdes Unternehmen als Vergleichsunternehmen benutzt werden, sondern man kann in einem divisionalisierten Unternehmen auch eine andere Division auswählen. Es können auch mehrere Unternehmen ausgewählt und aus der Kombination verschiedener Abläufe ein eigener optimierter Ablauf entwickelt werden.

Im Fallbeispiel bietet sich als Vergleichsunternehmen z.B. die vorhandene Computertomographie-Division des Unternehmens an, die ähnliche Abläufe bewältigen muß und diese durch längere Erfahrung mittlerweile gut organisiert hat.

2. Analysephase

a) Ermittlung der Leistungslücken

Vergleich mit dem eigenen Unternehmen

Anhand der Leistungsbeurteilungsmaßgrößen muß festgestellt werden, in welchen Bereichen des untersuchten Objekts das eigene Unternehmen besser, gleich gut oder schlechter als das Vergleichsunternehmen ist. Von besonderem Interesse sind die Bereiche, in denen das eigene Unternehmen schlechter ist als das Vergleichsunternehmen.

Im hier zugrundeliegenden Beispiel ergab sich im Vergleich zur Division Computertomographie u.a. eine doppelte Montage-/Installationsdauer.

b) Ursachen für die ermittelten Leistungslücken

Ursachen für Leistungsunterschiede

Hier müssen die Abläufe und Prozesse des Vergleichsunternehmens analysiert und mit den eigenen verglichen werden. Es sind Ansatzpunkte aufzuzeigen, wie die eigenen Prozeßabläufe und Methoden durch Adaption und kreative Innovation effektiver und effizienter gestaltet werden können.

Besonders auffällig war im betrachteten Fall z.B. bei der Komponente Montage/Installation die fehlende Abstimmung verschiedener Prozesse wie Baumaßnahmen beim Kunden, Eintreffen der Komponenten und Ankunft des Montageteams. Es ging viel Zeit u.a. dadurch verloren, daß bereits die Montageteams eingetroffen waren, obwohl noch nicht alle Komponenten geliefert und die Baumaßnahmen noch nicht abgeschlossen waren.

3. Umsetzungsphase

Umsetzung

Die in der Analysephase ermittelten Verbesserungspotentiale müssen in neue Leistungsstandards umgesetzt werden. Hierfür sind Aktionspläne notwendig, welche die Übernahme und Einführung neuer Praktiken regeln. Außerdem sind die Verantwortlichen für die durchzuführende Implementierung zu bestimmen. Die Kontrolle der Implementierung wird ermöglicht durch die Festlegung von Meilensteinen und Entwicklungspfaden.

Im vorliegenden Fall wurden ein Zeit- und ein Kostenziel für die Montage/Installation vorgegeben. Daraufhin wurden Netzpläne für den eigentlichen Ablauf der Montage/Installation sowie Anweisungen zur zentralen Steuerung von Baumaßnahmen und der Zusteuerung von Komponenten und Montageteams erstellt. Das Resultat dieser Maßnahmen waren ein um zwei Drittel verkürzter Zeitaufwand und eine Kostenreduktion in Höhe von gut fünf Sechsteln. Die Montageteams, bestehend aus hochbezahlten Technikern, sind nur noch für die Inbetriebnahme des Geräts verantwortlich. Der Aufbau der Anlage wird durch die transportierende Spedition erledigt. Der Magnet als größte Buy-Komponente wird direkt vom Zulieferer an den Kunden geliefert, so daß ein direkter Einbau möglich ist. Zusätzlich gingen Vorschläge zur montagefreundlichen Entwicklung des Geräts vom Benchmarking-Team an die Entwickler und Konstrukteure, die diese Vorschläge bei ihrem Vorgehen berücksichtigten und somit eine weitere Zeit- und Kostenreduktion ermöglichten.

II. Wertgestaltung

Wertanalyse vs. Wertgestaltung

Der Begriff **Wertgestaltung** wird häufig synonym gebraucht mit der Bezeichnung **Wertanalyse.** Doch gibt es einen prägnanten Unterschied zwischen diesen Konzepten. Die Wertgestaltung setzt bereits in der Entwicklungs- und Konstruktionsphase eines neu zu schaffenden Produkts an. Dagegen befaßt sich die Wertanalyse nur mit schon existierenden Produkten. Da beide Konzepte die gleiche prinzipielle Vorgehensweise haben, kann man beide Konzepte als Wertanalyse i.w.S. bezeichnen

Wertanalyse i.w.S.

Die **Wertanalyse i.w.S.** und somit auch die Wertgestaltung ist definiert als »das systematische analytische Durchdringen von Funktionsstrukturen mit dem Ziel einer abgestimmten Beeinflussung von deren Elementen (Kosten, Nutzen) in Richtung einer Wertsteigerung« (Kern/Schröder [1978], S. 375). Diese Definition macht deutlich, daß sich die Wertanalyse nicht nur auf die Senkung von Kosten bei vorgegebenen Funktionen bzw. Eigenschaften von Produkten beschränkt, sondern auch eine Veränderung dieser zur Steigerung des Werts mit einbezieht. Der Grundgedanke bei der Durchführung der Wertanalyse sollte jedoch immer lauten: »Nicht so gut wie möglich«, sondern »Nur so gut wie nötig« (Buksch/Rost [1985], S. 358). Die idealtypische Durchführung der Wertanalyse i.w.S. erfolgt in sechs Teilschritten:

1) Vorbereitende Maßnahmen (Wertanalyse-Objekt auswählen, quantitative Zielwerte festlegen, Arbeitsgruppe bilden, Ablauf planen),
2) Analysieren der Objektsituation (Informationen über das Wertanalyse-Objekt beschaffen, dieses beschreiben, die Funktionen darstellen, die Funktionskosten ermitteln und auf die kostentragenden Komponenten zuordnen),
3) Beschreiben des Soll-Zustands unter Auswertung der Informationen aus 2) (Soll-Funktionen festlegen, Kostenziele für Soll-Funktionen festlegen),
4) Entwickeln von Lösungsmöglichkeiten (vorhandene Lösungsmöglichkeiten sammeln und neue Ideen entwickeln),

5) Festlegen der Lösungen (Bewertungskriterien für die Lösungen festlegen, einzelne Lösungsmöglichkeiten bewerten, Lösungen auswählen),
6) Verwirklichen der Lösungen (Realisierung im Detail planen, Realisierung überwachen, Projekt abschließen).

Der oben beschriebene Ablauf des Target Costing enthält mit der Kostenspaltung für die Kosten des Gesamtprodukts bereits die Schritte 1) bis 3) der Wertgestaltung. Die markt- und kundenorientierte Kostenspaltung geht jedoch über die Punkte 1) bis 3) der Wertgestaltung insoweit hinaus, als sie Funktionskosten (-ziele) und Komponentenkosten (-ziele) an ihrem jeweiligen Beitrag zur Realisierung des gesamten Kundennutzens mißt. Wenn das Target Costing nicht bei einem Investitionsgut (wie hier im Fallbeispiel), sondern bei einem Konsum- bzw. Luxusgut angewendet wird, ist ergänzend eine Aufteilung der Produktfunktionen in Gebrauchsfunktionen, die zur technischen, wirtschaftlichen Nutzung erforderlich sind, und Geltungsfunktionen, z.B. Image oder Prestige, notwendig.

III. Integration von Zulieferern

Make-or-buy-Entscheidung

Nachdem in der Kostenspaltung die »allowable costs« für die einzelnen Komponenten und für die Einzelteile der Komponenten festgelegt wurden, ist zu entscheiden, welche Komponenten bzw. Einzelteile selbst hergestellt und welche zugekauft werden sollen. Wichtig ist eine frühzeitige und vollständige Festlegung speziell derjenigen Komponenten und Teile, die zugekauft werden können. Damit werden unnötige Kapazitätsengpässe beim Entwicklungs- und Konstruktionsfortschritt des Gesamtprodukts vermieden oder zumindest reduziert.

ABC-Analyse

Zur zeitlichen Steuerung des Entscheidungsprozesses kann wie folgt vorgegangen werden: Alle für einen Zukauf in Frage kommenden Teile werden anhand einer **ABC-Analyse** in A-Teile (hohe Bedeutung), B-Teile (mittlere Bedeutung) und C-Teile (geringe Bedeutung) untergliedert. Für die einzelnen Teilekategorien werden Zeitpunkte nach dem Projektbeginn festgesetzt, zu denen die endgültige Entscheidung für oder gegen Zukauf getroffen sein muß.

Die ABC-Analyse wird in Abbildung 17.12 verdeutlicht.

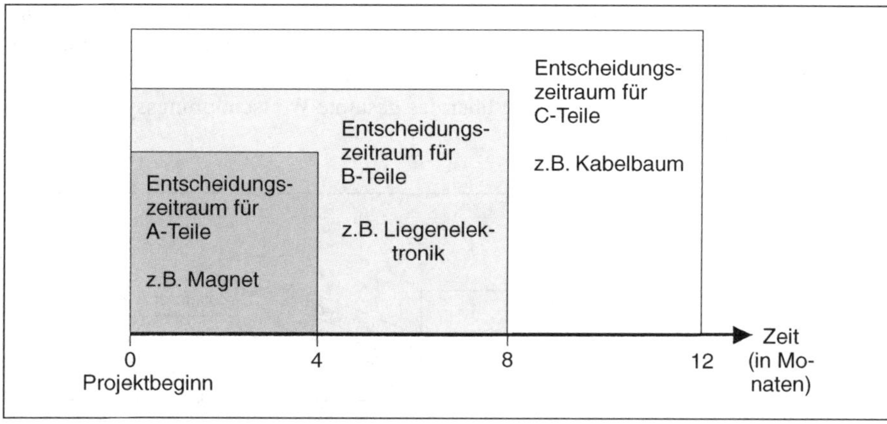

Abb. 17.12: Zeitliche Steuerung der Zukaufentscheidungen für A-, B- oder C-Teile

Die Klassifizierung in A-, B- oder C-Teile soll sich am Entwicklungs- und Konstruktionsaufwand orientieren, der zur Erreichung der benötigten Kostenreduktion im Unternehmen voraussichtlich entstehen wird und der durch die zugewiesenen »allowable costs« begrenzt ist. Der Reduktionsbedarf für die Komponente Magnet kann z.B. anhand der nachfolgend skizzierten Vorgehensweise ermittelt werden (vgl. auch Abb. 17.8):

Kosten Projektbeginn (auf Basis Vorprodukt)		»target costs« zur Produkt-einführung				Kostenreduk-tionsbedarf
↓		↓				↓
310	–	500	×	0,44	=	90
		↑		↑		
		Gesamtkosten pro Stück		zugewiesener Anteil aus Zielkosten-spaltung		

Lieferanten-einbindung

Je früher die Entscheidung für oder gegen einen Zukauf eines Teils fällt, um so länger bleibt Zeit, die angestrebten »allowable costs« zu erreichen.

Dem Zulieferer kann durch die Vorgabe von Zielkosten eine Mitverantwortung für deren Erreichung übertragen werden. Dazu erhält er das Anforderungsprofil für das von ihm zu fertigende Teil. Die Preisgrenze für sein Produkt entspricht den »allowable costs« beim bestellenden Unternehmen für dieses Teil. Dieses Vorgehen setzt eine langfristige und auf Vertrauen basierende Anbindung des Zulieferers voraus, damit dabei die spezifischen Bedürfnisse von Zulieferer und Abnehmer – nämlich Sicherheit hinsichtlich Abnahmemenge und -preis beim Zulieferer und Sicherheit bezüglich Qualitäts-,

Mengen- und Termintreue beim Abnehmer – befriedigt werden. Wenn es sich um komplexe Komponenten oder Teile handelt, ist es zweckmäßig, das Zulieferunternehmen in den gesamten Prozeß des Target Costing mit einzubeziehen.

Die Anwendung des Target Costing über das gesamte Wertschöpfungssystem veranschaulicht Abbildung 17.13.

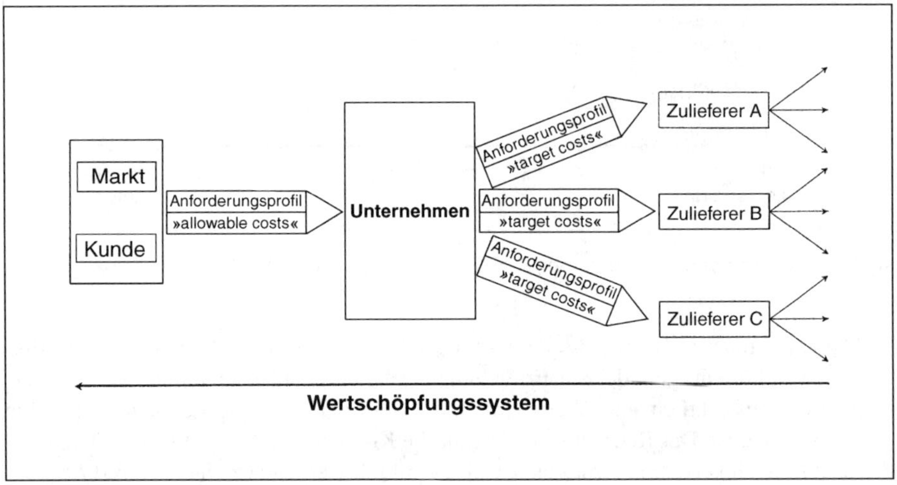

Abb. 17.13: Anwendung des Target Costing im Wertschöpfungssystem

IV. Wertzuwachskurve

Wertzuwachskurve

Die **Wertzuwachskurve** zeigt den Verlauf der Kosten der Wertschöpfung eines Produkts während dessen Durchlaufzeit an. Der Kostenfortschritt bei der Herstellung eines Produkts wird auf der Ordinate kumuliert über die auf der Abszisse ausgewiesene Herstellungszeit abgetragen. Die Fläche unterhalb der Wertzuwachskurve entspricht dem durchschnittlich gebundenen Kapital während der Durchlaufzeit der Produkte, d.h. die Fläche ist Maßstab für die Kosten der Kapitalbindung (vgl. Fischer [1993], S. 154).

Interpretation

Der hauptsächliche Nutzen der Wertzuwachskurve liegt darin, daß sie evtl. vorhandene »Schwachstellen« im logistischen System des Unternehmens transparent macht. Damit sind z.B. alle Zeitabschnitte gemeint, in denen das Produkt bzw. seine Komponenten oder Teile im Unternehmen gelagert, transportiert, sortiert etc. und damit nicht bearbeitet werden. In diesen Zeiten verläuft die Wertzuwachskurve parallel zur Achse der Herstellungszeit. Es kann jedoch nicht nur in den Zeitabschnitten, in denen die Wertzuwachskurve parallel zur Zeitachse verläuft, sondern auch dann, wenn sie nur eine schwache Steigung aufweist, vermutet werden, daß noch eliminierungsfähige Ineffizienzen in den betrieblichen Abläufen vorhanden sind. Nach empirischen Befunden beträgt der Anteil der Wertschöpfungszeit an der Durchlaufzeit lediglich ca. 10 %. Damit zeigt die Wertzuwachskurve grundsätzlich einen sprunghaften Verlauf, d.h., es gibt immer Zeitabschnitte, in denen die Wertzuwachskurve parallel zur Zeitachse verläuft. Je kleiner (bei gleicher Durchlaufzeit) die gesamte vom Unternehmen erbrachte Produktwertschöpfung ist, desto flacher ist die Steigung der Wertzuwachskurve und desto länger sind die Zeitabschnitte, in denen die Wertzuwachskurve parallel zur Abszisse verläuft. Von besonderem Interesse für mögliche Rationalisierungsmaßnahmen sind vor allem die Abschnitte der Wertzuwachskurve, in denen bereits eine hohe Wertschöpfung erreicht ist, da dann eine entsprechend hohe Kapitalbindung die Kosten des Unternehmens besonders erhöht.

Abbildung 17.14 zeigt, wie sich die Wertzuwachskurve im Zeitablauf verändern kann. Neben einer Reduzierung der Durchlaufzeit (hier: 21 Wochen) ist im betrachteten Fallbeispiel eine Senkung der Herstellkosten von ca. 500 TDM zu verzeichnen. Darüber hinaus ist eine Veränderung des Steigungsverhaltens zu erkennen. Durch einen späteren, aber steileren Anstieg der Wertschöpfung wird die Kapitalbindung verringert. *Beispiel*

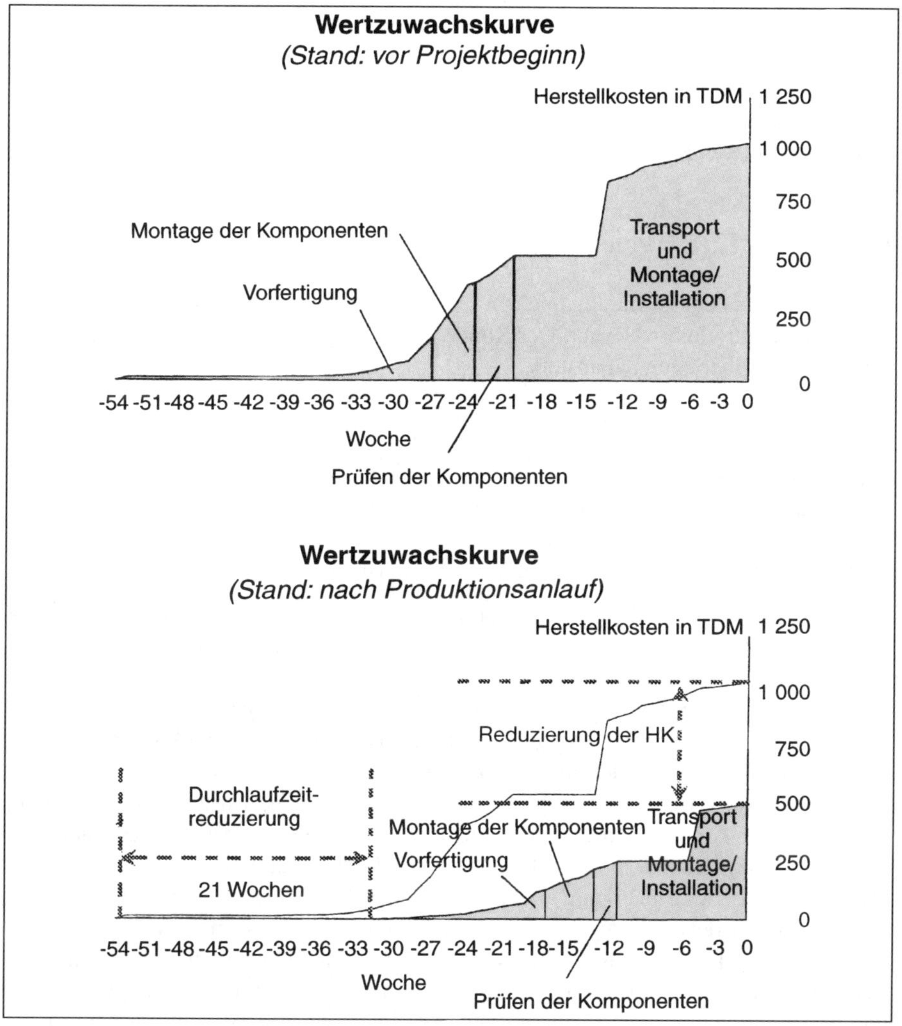

Abb. 17.14: Veränderungen der Wertzuwachskurve des Produkts

D. Product Life Cycle Costing

Produkt Life Cycle Costing

Ursprünglich wurde das Konzept des sog. »Life Cycle Costing« zur Planung von Großprojekten, wie z.B. für die Planung von Kraftwerken oder Gebäuden, verwendet. Mittlerweile wird mit diesem Konzept, wie schon an der um den Begriff »Product« erweiterten Bezeichnung erkennbar ist, auch die Wirtschaftlichkeit von Produkten analysiert und die Alternativenauswahl bei der Anschaffung großer Investitionsgüter entschieden.

Kostenbegriff

Das **Product Life Cycle Costing** versucht, sämtliche Anschaffungs- und Folgekosten eines Produkts über den Zeitraum seiner Nutzung zu erfassen und zu minimieren. Die Bezeichnung »Kosten« in dem Begriff »Life Cycle Costing« ist aber aus betriebswirtschaftlicher Sicht unpräzise. Denn gerade die Totalbetrachtung eines Produktlebenszyklusses bietet die Möglichkeit, ohne die den Kosten immanente Periodisierung auszukommen. Die hier verwendeten Rechengrößen sind vielmehr Ein- und Auszahlungen (vgl. Kap. 1, Abschnitte C., D., E.).

Je nachdem, ob die Kunden- oder Produzentenperspektive gewählt wird, treten bei Anwendung dieses Konzepts unterschiedliche Fragestellungen in den Vordergrund.

I. Product Life Cycle Costing aus Kundensicht

Kundensicht

Aus Kundensicht ist im allgemeinen die Entscheidung für oder gegen den Kauf eines einzelnen Produkts relevant. Der Kunde muß bezüglich seiner Aus- und Einzahlungen folgende Überlegungen anstellen:

- Welche Ein- und Auszahlungen (z.B. für Anschaffung, Betrieb, Wartung und Entsorgung) entstehen?
- Wann und in welcher Höhe fallen diese Zahlungen an?
- Wie lange dauert der Lebenszyklus für dieses Produkt und fallen die damit verbundenen Ein- und Auszahlungen an?
- Mit welchem Zinssatz sind die Zahlungen zu diskontieren?

Durch eine betriebswirtschaftlich fundierte Beantwortung dieser Fragen könnte jeder Kunde mit den Methoden der Investitionsrechnung die für ihn optimale Produktalternative auswählen.

Die geschilderten Überlegungen des Kunden muß der Produzent in sein Kalkül miteinbeziehen, d.h. es sind bei der Entwicklung/Konstruktion des Produkts eben nicht nur die Kosten beim Produzenten relevant, sondern auch die Kosten, die während der Nutzung beim Kunden entstehen, z.B. Kosten für Reparaturen, Wartung, Instandhaltung und Entsorgung. Diese Kosten kennzeichnen einen eigenständig zu analysierenden Konsumentenzyklus, der mit dem Kauf eines Produkts beginnt und mit dessen Verkauf, Stillegung und/oder Entsorgung endet (vgl. Ewert/Wagenhofer [1997], S. 318).

Anschaffungs- und Folgezahlungen

Besonders bedeutsam ist in diesem Zusammenhang, die gesamten Zahlungen in Anschaffungszahlungen und in evtl. notwendige Folgezahlungen zu unterteilen. Das empfiehlt sich immer dann, wenn der Kunde bestimmte Präferenzen hinsichtlich der Höhe von Anschaffungspreis (-auszahlung) bzw. Folgeauszahlungen besitzt. Für den Produzenten ergibt sich hieraus die Aufgabe einer lebenszyklusbezogenen Optimierung der

Preisstruktur zur Ausnutzung der kundenbezogenen Rendite. Im Konsumgütersektor ergibt sich für den Anbieter daraus häufig die Möglichkeit zur Realisierung einer – psychologisch bedingten – höheren Rendite. Diese Möglichkeit ist im Investitionsgüterbereich i.a. nicht gegeben, da davon auszugehen ist, daß Methoden der Investitionsrechnung angewendet werden (vgl. Simon [1992], S. 599 f.). Den Trade-off zwischen der Anschaffungsauszahlung und den Folgeauszahlungen eines Produkts aus Kundensicht stellt Abbildung 17.15 dar.

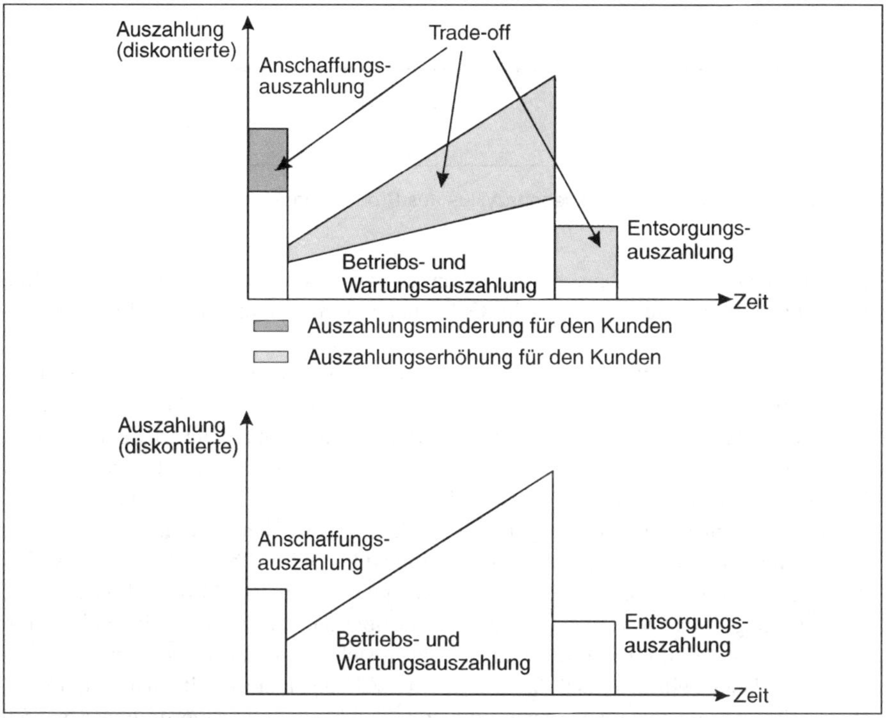

Abb. 17.15: Trade-off zwischen Anschaffungsauszahlung und Folgeauszahlungen

II. Product Life Cycle Costing aus Produzentensicht

Integrierter Produktlebenszyklus

Für den Produzenten ist die Gesamtheit aller hergestellten Produkte eines Typs über den gesamten Zyklus relevant, d.h. er orientiert sich am Konzept des marktbezogenen Produktlebenszyklusses. Dieser kann noch durch einen Entstehungszyklus und einen Nachsorgezyklus ergänzt werden (sog. **integrierter Produktlebenszyklus**, vgl. Abb. 17.16). Die gezeigten Phasen laufen zwar in der Einzelbetrachtung jedes Produkts nacheinander ab, doch über den gesamten Lebenszyklus aller Produkte hinweg betrachtet überlagern sie sich.

Mit dem Product Life Cycle Costing läßt sich untersuchen, ob durch eine Kostenerhöhung in den Phasen vor der Produkteinführung Kostensenkungen in späteren Lebenszyklusphasen erzielt werden können. Als Faustregel wird diesbezüglich genannt,

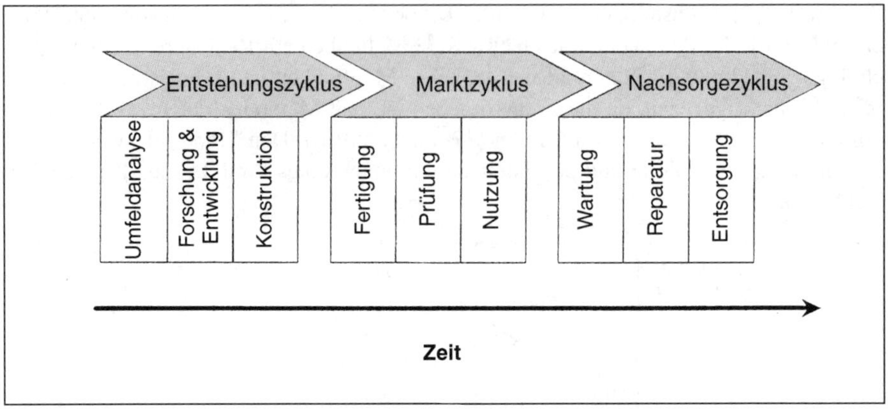

Abb. 17.16: Integrierter Produktlebenszyklus aus Produzentensicht

daß eine Kostenerhöhung um eine Geldeinheit für Produktkonzeption, -konstruktion und -entwicklung später acht bis zehn Geldeinheiten im Produktions- und Vertriebsbereich erspart.

Bewertungsmethoden

Für eine Totalbetrachtung oder einen Alternativenvergleich bietet sich z.B. die Kapitalwertmethode an. In den ersten Lebenszyklusphasen ist auch die Berechnung der Amortisationsdauer als einfacher Risikoindikator sinnvoll. Mit ihr kann beurteilt werden, ab wann die Investitionsauszahlungen durch spätere Einzahlungen gedeckt sind. Einen Überblick über die Einsatzmöglichkeiten veranschaulicht das aus unserem Anwendungsfall stammende Zahlenbeispiel in Abbildung 17.17. Der hier dargestellten Zahlungsreihe liegt ein Planungshorizont von 10 Jahren zugrunde (Marktzyklus: Jahre 4 bis 8). Bei einem Kalkulationszinssatz von i = 12 % ergibt sich ein Kapitalwert von 36,5 Mio. DM. Der interne Zinssatz beträgt r = 24,8 %, die statische Amortisationsdauer als einfacher Risikoindikator beträgt 5,4 Jahre, d.h. im Mai des Jahres 6 haben sich die Anfangsauszahlungen wieder amortisiert. Unterstellt man, daß die Ein- und Auszahlungen am Kapitalmarkt zum Zinssatz i = 12 % angelegt werden können, so beträgt die dynamische Amortisationsdauer 5,9 Jahre, reicht also bis ca. November des Jahres 6. Die Bestimmung der Amortisationsdauern sowie der internen Verzinsung erfolgte durch lineare Interpolation.

Beispiel

Kritik

Der grundlegende Vorteil des Product Life Cycle Costing liegt in der ganzheitlichen Sichtweise. Die Lebenszyklusperspektive ermöglicht eine Analyse aller Ein- und Auszahlungen, die von der Entwicklung der ersten Einheit bis zur Entsorgung der letzten Einheit eines Produkts entstehen (können). Ein weiterer Vorteil des Konzepts liegt in der Verdeutlichung implizit vorhandener Entscheidungsinterdependenzen. Zum einen stellt es die Bedeutung von Entscheidungen im Entstehungszyklus für spätere Auszahlungen und zum anderen Interdependenzen zwischen einzelnen Auszahlungen (z.B. zwischen Auszahlungen für Entwicklung und Herstellung) heraus. Die ganzheitliche Sichtweise bringt den weiteren Vorteil mit sich, daß alle mit dem Projekt verbundenen Zahlungsvorgänge dem Projekt eindeutig zugerechnet, für dieses prognostiziert und analysiert werden können. Dadurch wird vermieden, daß trotz einer Teiloptimierung in einzelnen Phasen des Projekts das Gesamtoptimum u.U. nicht erreicht wird.

TDM pro Jahr	1	2	3	4	5	6	7	8	9	10	Σ
Einzahlungen (E_t)											
Anlagenverkauf				150,00	200,00	300,00	250,00	100,00			1000,00
Auszahlungen (A_t)											
Herstellung				75,00	100,00	150,00	125,00	50,00			500,00
Entwicklung	11,00	14,00	18,00	14,00	27,00	21,00	6,00				111,00
Verwaltung	15,00	15,00	15,00	23,00	23,00	23,00	23,00	23,00	18,00	18,00	196,00
Marketing/Vertrieb				20,00	14,00	18,00	14,00	8,00			74,00
Entsorgung									10,00	9,00	19,00
(E_t – A_t) nominal	–26,00	–29,00	–33,00	18,00	36,00	88,00	82,00	19,00	–28,00	–27,00	100,00
nominal kumuliert	–26,00	–55,00	–88,00	–70,00	–34,00	54,00	136,00	155,00	127,00	100,00	100,00
(E_t – A_t) diskontiert	–26,00	–25,89	–26,31	12,81	22,88	49,93	41,54	8,59	–11,31	–9,74	36,50
diskontiert kumuliert	–26,00	–51,89	–78,20	–65,39	–42,51	7,42	48,96	57,55	46,24	36,50	36,50

Abb. 17.17: Anwendungsbeispiel für das Product Life Cycle Costing aus Produzentensicht

E. Zusammenfassung

Der beschriebene Ablauf des Target Costing und des Product Life Cycle Costing muß als zyklischer Prozeß verstanden werden. Die gesetzten Kostenziele müssen ständig überprüft und in Frage gestellt werden. Damit ist eine kontinuierliche Markt- und Kundenorientierung gegeben, die dazu beiträgt, die Wettbewerbsfähigkeit des Unternehmens nachhaltig zu sichern.

In allen Lebenszyklusphasen steht das Erreichen der aus dem Markt abgeleiteten »allowable costs« im Vordergrund. Hierzu sind Alternativenvergleiche für Investitionsentscheidungen und Entscheidungen darüber zu treffen, ob die Vermarktung eines bestimmten Produkts fortgesetzt oder abgebrochen werden soll. Werden innerhalb des Produktentwicklungsprozesses die Zielkosten zur Herstellung des Produkts erreicht, bleibt als Aufgabe für die Marktphase die Einhaltung bzw. weitere Verbesserung der einmal erreichten Zielkosten (cost maintenance).

Das Zusammenspiel von Target Costing und Product Life Cycle Costing als Instrumente des Kostenmanagements veranschaulicht Abbildung 17.18.

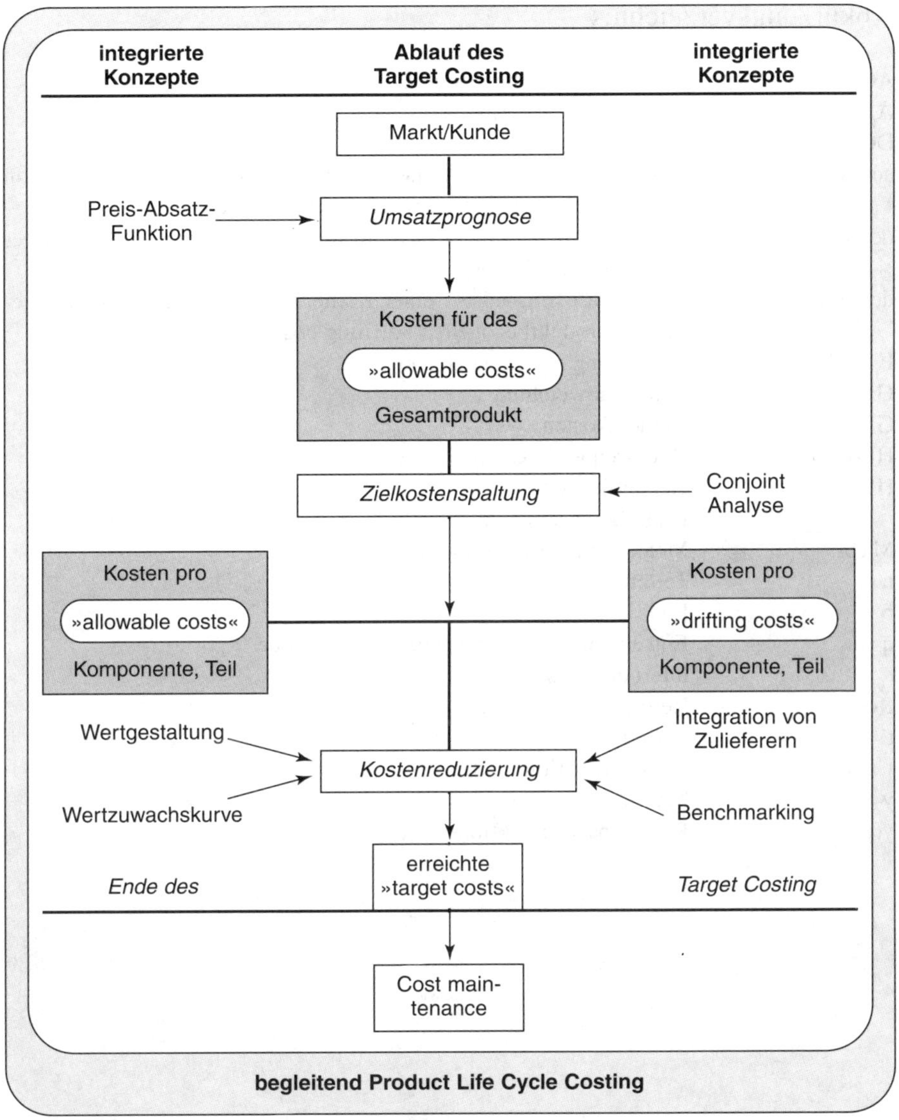

Abb. 17.18: Ansatzpunkte des Target Costing als Instrumente des Kostenmanagements

Abkürzungsverzeichnis

AC	gesamte produktbezogene allowable costs i.e.S.
A_t	Auszahlung in Periode t
DC	gesamte produktbezogene drifting costs
ac(AC)	relative »allowable costs i.e.S.« einer Komponente (ac) in % von den gesamten produktbezogenen »allowable costs i.e.S.« (AC)
dc(AC)	relative »drifting costs« einer Komponente (dc) in % von den gesamten produktbezogenen »allowable costs i.e.S.« (AC)
dc(DC)	relative »drifting costs« einer Komponente (dc) in % von den gesamten produktbezogenen »drifting costs« (DC)
E_t	Einzahlung in Periode t
GA	Gesamtabweichung
GK	Gemeinkosten
HF-Kabine	Hochfrequenz-Kabine
HK	Herstellkosten
i	Kalkulationszinssatz
MTbF	Mean Time between Failure
n	Teilnutzen
p	Preis
q	Entscheidungsparameter für Toleranzzone
r	interner Zinssatz
RoI	Return on Investment
t	Periode
U(p)	Umsatzfunktion
y	Menge
y(p)	Preis-Absatz-Funktion

Kontrollfragen

1) Worin liegt im Gegensatz zur traditionellen Kostenrechnung der aktive Aspekt des Kostenmanagements?
2) Welches sind die Ansatzpunkte des Kostenmanagements und wie lassen sich diese untergliedern?
3) Was bedeutet der Begriff des Target Costing? Wie lauten seine grundlegenden Merkmale?
4) Wie lautet die Definition der allowable costs und ihre Bedeutung für das Kostenmanagement?
5) Wie lauten die sieben Schritte zur Durchführung eines Target Costing-Projekts?
6) Wie funktioniert die Methode zur Ermittlung der Funktions-/Eigenschaftsstruktur eines Produkts und die Bewertung von Änderungen der Funktionsausprägungen? Warum ist es in diesem Zusammenhang sinnvoll von einer linearen Teilnutzenfunktion des Preises auszugehen?
7) Wie läßt sich schematisch der Teilnutzenwert des Preises ermitteln?
8) Was ist unter dem Begriff Zielkostenindex zu verstehen?
9) Wie ist ein Zielkostenkontrolldiagramm aufgebaut? Welche Aussage haben die drei möglichen Werte des Zielkostenindexes? Warum ist das Zielkostenkontrolldiagramm in dieser Form nur beschränkt aussagefähig?
10) Inwieweit kann ein erweitertes Zielkostenkontrolldiagramm die in Frage 9 angesprochenen Probleme lösen?
11) Ist es möglich aus dem erweiterten Zielkostenkontrolldiagramm den evtl. notwendigen Kostenreduktionsbedarf einer Komponente abzulesen? Wie wäre dieser ggf. feststellbar?
12) Welche Aussage ist mit Hilfe der Kosten- oder Nutzenabweichung möglich?
13) Was bedeuten die Begriffe negative Kostenabweichung und positive Nutzenabweichung?
14) Welche Schwierigkeiten können sich bei der Anwendung von Target Costing hinsichtlich der Umsatzprognose ergeben?
15) Wie lautet das Funktionsprinzip des Benchmarking? Durch welche Phasen ist das Benchmarking gekennzeichnet und wie lauten die Abläufe innerhalb dieser Phasen?
16) Was ist unter dem Begriff der Wertgestaltung zu verstehen?
17) Welche Vorteile für ein Unternehmen beinhaltet die Möglichkeit der Integration von Zulieferern?
18) Wie kann man mit Hilfe der Wertzuwachskurve Schwachstellen im logistischen System eines Unternehmens feststellen?
19) Worin liegt der Unterschied in der Betrachtung von Produktlebenszyklen aus Produzenten- bzw. Kundensicht?
20) Wie lauten die drei Zyklen des Produktlebenszyklusses aus Produzentensicht und in welche Teilphasen sind diese Zyklen zu unterteilen?

Literaturhinweise

Bauer, H. H./Herrmann, A./Mengen, A. (1994): Eine Methode zur gewinnmaximalen Produktgestaltung auf der Basis des Conjoint Measurements, in: Zeitschrift für Betriebswirtschaft 1994, S. 81–94.

Büschken, J. (1994): Conjoint-Analyse – Methodische Grundlagen und Anwendungen in der Marktforschungspraxis, in: Tomczak, T./Reinecke, S. (Hrsg.) (1994): Marktforschung, St. Gallen 1994, S. 72–89.

Buksch, R./Rost, P. (1985): Einsatz der Wertanalyse zur Gestaltung erfolgreicher Produkte, in: Zeitschrift für betriebswirtschaftliche Forschung 1985, S. 350–361.

Burger, A. (1995): Kostenmanagement, 2. Aufl., München/Wien 1995.

Camp, R. C. (1989): Benchmarking – The Search for Industry Best Practices that Lead to Superior Performance, Milwaukee, Wisconsin 1989.

Coenenberg, A. G./Fischer, T. M./Schmitz, J. (1994): Target Costing und Product Life Cycle Costing als Instrumente des Kostenmanagements, in: Zeitschrift für Planung 1994, S. 1–38.

Ewert, R./Wagenhofer, A. (1997): Interne Unternehmensrechnung, 3. Aufl., Berlin u.a. 1997.

Fischer, T. M. (1993): Kostenmanagement strategischer Erfolgsfaktoren, München 1993.

Fischer, T. M./Schmitz, J. (1994a): Marktorientierte Kosten- und Qualitätsziele gleichzeitig erreichen, in: io Management Zeitschrift 1994, Heft 10, S. 63–68.

Fischer, T. M./Schmitz, J. (1994b): Informationsgehalt und Interpretationsmöglichkeiten des Zielkostenkontrolldiagramms im Target Costing, in: Kostenrechnungspraxis 1994, S. 427–433.

Franz, K.-P. (1993): Target Costing – Konzept und kritische Bereiche, in: Controlling 1993, S. 124–130.

Green, P. E./Srinivasan, V. (1978): Conjoint Analysis in Consumer Research: Issues and Outlook, in: Journal of Consumer Research 1978, 5. Jg., Heft 9, S. 103–123.

Green, P. E./Srinivasan, V. (1990): Conjoint Analysis in Marketing Research: New Developments with Implications for Research and Practice, in: Journal of Marketing 1990, Heft 10, S. 3–19.

Hiromoto, T. (1988): Another Hidden Edge – Japanese Management Accounting, in: Harvard Business Review 1988, Heft 4, S. 22–26.

Kern, W./Schröder, H.-H. (1978): Konzept, Methode und Probleme der Wertanalyse (I), in: Das Wirtschaftsstudium 1978, S. 375–381.

Sakurai, M. (1990): Target Costing and How to Use It, in: Brinker, B. J. (Hrsg.) (1990): Emerging Practices in Cost Management, Boston, Massachusetts 1990, S. 249–260.

Seidenschwarz, W. (1993): Target Costing, München 1993.

Simon, H. (1992): Preismanagement: Analyse – Strategie – Umsetzung, 2. Aufl., Wiesbaden 1992.

Tanaka, M. (1989): Cost Planning and Control Systems in the Design Phase of a New Product, in: Monden, Y./Sakurai, M. (Hrsg.) (1989): Japanese Management Accounting – A World Class Approach to Profit Management, Cambridge, Massachusetts 1989, S. 49–71.

18. Kapitel: Qualitätsbezogene Kosten und Kennzahlen

Mit Hilfe qualitätsbezogener Kosten und Kennzahlen sind systematisch Informationen zu generieren, um die wirtschaftliche Umsetzung der Qualitätsziele innerhalb des gesamten Wertschöpfungssystems, d.h. vom Zulieferer bis zum Endkunden des Unternehmens, zu unterstützen (vgl. im folgenden Coenenberg/Fischer/Schmitz [1997], S. 73 ff.).

A. Abgrenzung qualitätsbezogener Kosten

Qualitätskostenrechnung

Die sog. **Qualitätskostenrechnung** wird als zentraler Baustein des operativen Qualitätscontrolling gesehen. Informationen über qualitätsbezogene Kosten und insbesondere ihre Einflußgrößen (z.B. Fehlerarten) tragen dazu bei, Ansatzpunkte für Verbesserungen zu erkennen und die hierfür erforderlichen Maßnahmen einzuleiten.

Traditionelle Einteilung

Die traditionelle Unterteilung der Qualitätskosten in Fehlerverhütungskosten, Prüfkosten und Fehlerkosten (vgl. Masser [1957], S. 5), die als die am weitesten verbreitete Systematik qualitätsbezogener Kosten gilt, ist in mehrfacher Hinsicht für das Qualitätscontrolling ungeeignet. Die Kritikpunkte an den traditionellen Systemen der Qualitätskostenrechnung umfassen im einzelnen folgende Aspekte:

Kritik

- Die Erfassung qualitätsbezogener Kosten anhand der drei Kategorien Fehlerverhütungs-, Prüf- und Fehlerkosten führt zu einem Kostenminimum bei einem Qualitätsgrad von unter 100 % und ist daher als nicht zielführend zu beurteilen.
- Die traditionelle Systematik zeigt nur, was ein Unternehmen an Qualitätskosten ausgeben will (interne Bestimmung), jedoch nicht, was ausgegeben werden muß, um die Wettbewerbsposition nicht zu gefährden bzw. weiter auszubauen (marktorientierte Definition durch qualitätsbezogenes Target Costing).
- Die Analyseperspektive eines traditionellen Qualitätskostensystems ist auf die Wertkette des eigenen Unternehmens und hierbei vorrangig auf die direkte Leistungserstellung gerichtet. Qualitätskostenwirkungen in den der Produktion vor- und nachgeschalteten Wertschöpfungsstufen werden nicht oder unzureichend erfaßt. Bei dem in vielen Branchen anhaltenden Trend zu verringerter Wertschöpfungstiefe sind jedoch z.B. Maßnahmen zur Sicherstellung der Qualitätsfähigkeit von Zulieferern als wichtiger Kostenbestimmungsfaktor zu qualifizieren. In gleicher Weise muß die Qualitätsfähigkeit des Unternehmens nach der Leistungserstellung, z.B. bei Vertriebs-, Service- und Wartungsleistungen, gewährleistet sein.
- Qualitätskosten werden bislang fast ausschließlich produktbezogen und (noch) nicht kundenorientiert erfaßt. Erst in jüngster Zeit wurden erste Konzepte vorgestellt, um aus Kundensicht sog. operative und strategische Fehlerfolgekosten zu bewerten.

- Bislang fehlen weitgehend Ansatzpunkte zur systematischen Steuerung der Qualitätskosten im sog. Entstehungszyklus (Forschung, Entwicklung, Design) und Nachsorgezyklus (Entsorgung, (Wieder-)Verwertung) eines Produkts (sog. qualitätsbezogenes Life Cycle Costing).
- Die bisherigen Systeme zur Erfassung von Qualitätskosten stellen überwiegend »Insellösungen« dar, d.h. sie sind eigenständige Partialkostenrechnungssysteme ohne vollständige Integration in die im Unternehmen vorhandenen Kostenrechnungssysteme. Qualität ist jedoch als integrierter Bestandteil der betrieblichen Wertschöpfung bzw. Unternehmensgesamtleistung zu sehen. Deshalb sollte der qualitätsbedingte Verzehr betrieblicher Ressourcen nicht getrennt, sondern umfassend und in die laufenden Systeme integriert dargestellt werden.

Operationalisierung der Qualität

Um die qualitätsbedingten Ressourcenverbräuche abbilden zu können, ist zunächst eine geeignete Operationalisierung der Qualität erforderlich. Zur Steuerung qualitätsbezogener Kosten bietet sich eine zweistufige Aufspaltung der Unternehmensqualität an: Ausgehend von den Kundenanforderungen werden zunächst die Merkmale der vom Unternehmen am Markt anzubietenden Leistung (Sach-/Dienstleistung) definiert. Es ist zu gewährleisten, daß die Kundenanforderungen durch die Leistungsmerkmale erfüllt werden (sog. »design quality«). Die hierfür erforderlichen Ressourcenverbräuche stellen die sog. **Übereinstimmungskosten** (gleichlautend: Konformitätskosten) dar (vgl. Wildemann [1992]).

Übereinstimmungskosten

Abweichungskosten

Während der Leistungserstellung ist der Deckungsgrad von geforderten Leistungsmerkmalen und realisierten Leistungsausprägungen zu überprüfen (sog. »conformance quality«). Falls sie nicht übereinstimmen, entstehen sog. **Abweichungskosten** (gleichlautend: Fehlleistungsaufwand, Nichtkonformitätskosten). Je geringer die Abweichungskosten, desto mehr entsprechen sich die angestrebten Merkmale und die tatsächlich realisierten Ausprägungen der Unternehmensleistung.

Systematisierung

Die Summe von Übereinstimmungs- und Abweichungskosten entspricht den gesamten qualitätsbezogenen Kosten eines Unternehmens (vgl. Abb. 18.1). Diese lassen sich definieren als die bewerteten Verbrauchsmengen derjenigen Produktionsfaktoren, die zur Erstellung von qualitätsbezogenen Leistungen im Unternehmen eingesetzt werden. Dabei sind auch sog. Opportunitätskosten (entgangene Deckungsbeiträge) zu berücksichtigen, um die Erfolgswirkungen bei Nichterreichen der vom Unternehmen verfolgten Qualitätsziele umfassend dokumentieren und analysieren zu können. Die zur Steuerung der Qualitätskosten einsetzbaren Instrumente sind in der letzten Zeile von Abbildung 18.1 genannt. Sie werden in den folgenden Abschnitten behandelt.

B. Qualitätsbezogene Zielkosten- und Lebenszykluskostenanalyse

Durch ein qualitätsbezogenes Zielkosten- und Lebenszykluskostenmanagement ist zu gewährleisten, daß die Übereinstimmungskosten markt- und wettbewerbsfähig sind.

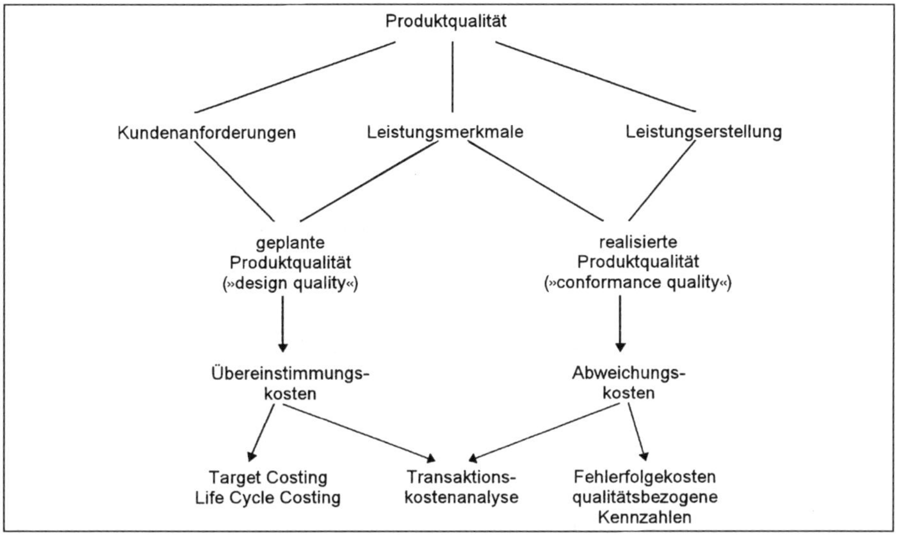

Abb. 18.1: Kategorien qualitätsbezogener Kosten

I. Qualitätsbezogenes Zielkostenmanagement

Zielkosten-management

Die Zielsetzung des **qualitätsbezogenen Zielkostenmanagements** läßt sich in folgendem Gedanken zusammenfassen: »A company must start by producing a quality product at a competitive cost« (Howell/Soucy [1987], S. 26). Zunächst werden die innerhalb eines bestimmten Zeitraums (z.B. Produkt- und/oder Kundenlebenszyklus) erwarteten Erlöse geschätzt. Wird hiervon eine unternehmensspezifisch festzulegende Zielrendite subtrahiert, so ergeben sich die unter den gegebenen Markt- und Wettbewerbsbedingungen als zulässig erachteten Gesamtkosten (»allowable costs«) (vgl. Kap. 17). Diese beinhalten den bewerteten Verzehr der zur Schaffung der geplanten Produktqualität erforderlichen Ressourcen, d.h. Kosten für externe Vorleistungen und für die interne Erstellung der betrieblichen Wertschöpfung.

Bei fest vereinbarten Verkaufspreisen führt das Auftreten von Abweichungskosten zu einer Verringerung der angestrebten Zielrendite. Unter Umständen können dadurch die Gesamtkosten nicht mehr durch die erzielten Erlöse gedeckt werden. Daraus leitet sich für jedes Unternehmen die Notwendigkeit ab, die Abweichungskosten zu minimieren. Um die angestrebte Zielrendite nicht zu gefährden, sollte deshalb im Unternehmen die Umsetzung von (externen) Marktanforderungen in interne technische Leistungsmerkmale und die damit korrespondierende Zielkostenspaltung (vgl. Kap. 17) möglichst detailliert erfolgen (vgl. Abb. 18.2).

Quality Function Deployment

Im folgenden wird konkret gezeigt, wie das **»Quality Function Deployment (QFD)«** im Rahmen des qualitätsbezogenen Zielkostenmanagements eingesetzt werden kann (vgl. Fischer/Schmitz [1994b], S. 66 f.).

Abbildung 18.3 zeigt den Zusammenhang zwischen der Komponenten-/Funktionen-Matrix im Target Costing und den Qualitätsplänen des QFD exemplarisch an der Funk-

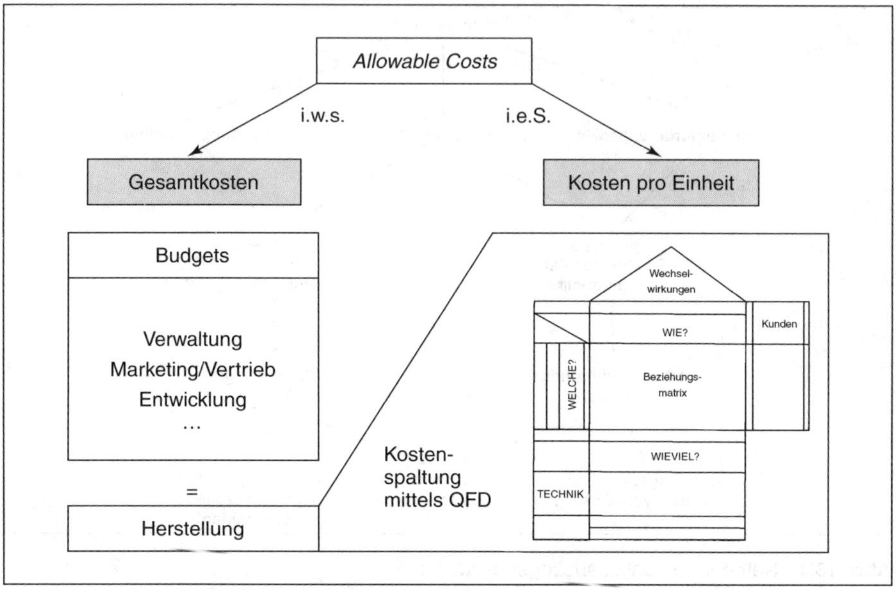

Abb. 18.2: Zielkostenspaltung mit QFD (Quelle: Fischer/Schmitz [1994b], S. 66)

tion »Bildqualität eines PC«. Mit Hilfe der sog. Komponenten-/Funktionen-Matrix wird ermittelt, daß die aus Kundensicht z.B. mit 30 % gewichtete Funktion »Bildqualität« durch die beiden Komponenten Grafikkarte und Bildschirm jeweils zu gleichen Teilen (50 % × 30 % = 15 %) realisiert wird. Die Summe der auf die einzelnen Komponenten aufgeschlüsselten Nutzenteilgewichte bildet später die Grundlage für die Aufteilung der »allowable costs« auf die einzelnen Komponenten (= Zielkostenspaltung): Der Ressourceneinsatz für eine Komponente soll genau der Gewichtung durch den Kunden für diese Komponente entsprechen (vgl. Kap. 17).

Planungsstufen

Im Gegensatz zu der einstufigen Vorgehensweise im Target Costing besteht die QFD-Methode aus vier Planungsstufen: Qualitätsplan Produkt, Qualitätsplan Konstruktion/Teile, Qualitätsplan Prozeß, Qualitätsplan Produktion. Für die Zielkostenspaltung im Target Costing werden vor allem die Ergebnisse der II. Phase des QFD »Qualitätsplan Konstruktion/Teile« benötigt. Hier werden den technischen Produktmerkmalen die zu ihrer Realisation notwendigen Komponenten gegenübergestellt. Nach Abschluß der II. Phase des QFD liegen somit Daten vor, die auf den ersten Blick mit denen der Komponenten-/Funktionen-Matrix im Target Costing vergleichbar erscheinen. Es besteht allerdings der Unterschied, daß die Kundenanforderungen nicht direkt in Produktkomponenten überführt wurden, sondern eine zusätzliche Analyse der technischen Merkmale bei den einzelnen Produktkomponenten durchgeführt wird (vgl. Abb. 18.3).

Beispiel

Im betrachteten Beispiel werden zunächst die technischen Merkmale der Funktion Bildqualität festgelegt (Matrix I). Vereinfachend sei angenommen, daß die Bildqualität jeweils zu 10 % durch die technischen Merkmale Wiederhol-Frequenz, Auflösung und Farbe und deren jeweilige Spezifikation determiniert wird. In einem zweiten Schritt (Matrix II) wird untersucht, durch welche Komponenten die technischen Spezifikatio-

Target Costing

Funktionen / Komponenten	...	Bildqualität	...	Σ
Grafikkarte	...	15%	...	15%
Bildschirm	...	15%	...	15%
...	...	...	...	...
Σ	...	30%	...	100%

Quality Function Deployment

I

technische Merkmale / Funktionen	Wiederhol-Frequenz	Auflösung	Farbe	...	Σ
Bildqualität (Spezifikation)	10% (70 Hz)	10% (1024 x 768 Pixel)	10% (ja)	...	30%
...	...	...	...	...	...
Σ	10%	10%	10%	...	100%

II

Komponenten / technische Merkmale	Grafikkarte	Bildschirm	...	Σ
Wiederhol-Frequenz	5%	5%	...	10%
Auflösung	5%	5%	...	10%
Farbe	5%	5%	...	10%
...	...	...	...	...
Σ	15%	15%	...	100%

Abb. 18.3: Verknüpfung der Komponenten-/Funktionen-Matrix und QFD
(Quelle: Fischer/Schmitz [1994b], S. 66)

nen realisiert werden können. Im Beispiel werden die drei technischen Merkmale ebenfalls zu gleichen Teilen (jeweils 5 %) durch die Komponenten Grafikkarte und Bildschirm umgesetzt, so daß sich jeweils ein Nutzenanteil von 15 % aus Kundensicht ergibt.

Die Überleitung der Kundenanforderungen in Produktkomponenten gestaltet sich im Rahmen des QFD aufwendiger als bei der traditionellen Vorgehensweise des Target Costing. Der Mehraufwand erscheint jedoch v.a. bei der Entwicklung von Neuprodukten gerechtfertigt, da hier eine detailliertere Aufspaltung der Kundenanforderungen erforderlich ist, um ein den Kundenwünschen entsprechendes Produkt wirtschaftlich herzustellen. Durch den Einsatz von QFD können die ermittelten Kundenanforderungen daraufhin untersucht werden, ob bei den zugehörigen Produktmerkmalen »direkte« Kundenwahrnehmung besteht oder nicht (Beispiel: Design versus sicherheitsgerechte Gestaltung der Fahrgastzelle im PKW). Im Fall einer »direkten« Wahrnehmung besitzt das betreffende Merkmal höhere Bedeutung, was die Zuteilung eines entsprechend größeren Anteils aus dem Zielkostenbudget rechtfertigen würde.

II. Qualitätsbezogenes Life Cycle Costing

Life Cycle Costing

Die vom Kunden geforderte Qualität der Unternehmensleistung muß nicht nur während der Beschaffung, Entwicklung und Produktion sondern auch während der nachfolgenden Nutzung und Entsorgung gewährleistet sein. Dieser Grundgedanke erfordert im Zusammenhang mit der betrieblichen Steuerung qualitätsbezogener Kosten eine doppelte Analyseperspektive: Neben den Kosten- und Erlöswirkungen im Lebenszyklus eines am Markt eingeführten Produkts **(Product Life Cycle Costing)** sollten – v.a. in Branchen mit kurzen Produktlebenszyklen (z.B. EDV) – auch die Lebenszykluskosten der Kunden von der Anbahnung bis zur Beendigung der Geschäftsbeziehung untersucht werden **(Customer Life Cycle Costing)**. Dies läßt erkennen, inwieweit durch einen Kunden verschiedene Produkte bzw. Produktgenerationen eines Unternehmens genutzt werden und welche Auswirkungen auf den Unternehmenserfolg hieraus resultieren. Im Vordergrund des Customer Life Cycle Costing stehen alle Kosten- und Erlöswirkungen der von den einzelnen Kunden getätigten oder zukünftig erwarteten entgeltpflichtigen Transaktionen mit dem Unternehmen. Im Zeitablauf unterscheidet sich die Profitabilität von produkt- und kundenbezogenem Lebenszykluskonzept (vgl. Abb. 18.4).

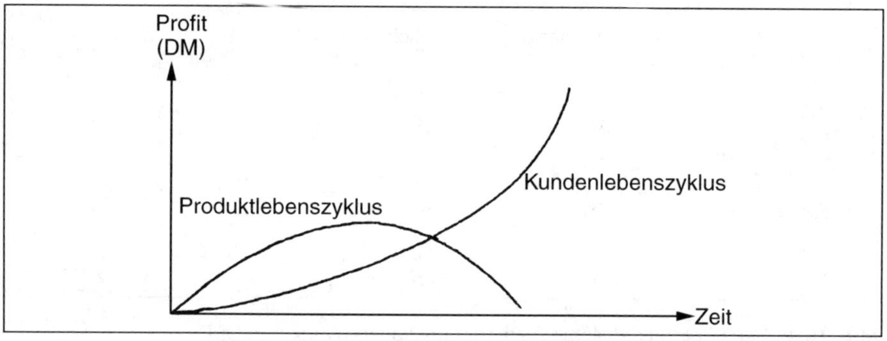

Abb. 18.4: Profitabilität im Produkt- und Kundenlebenszyklus (Quelle: Johnson [1992], S. 79)

Customer Life Cycle Costing

Wird der Kundenlebenszyklus betrachtet, so ergeben sich qualitätsrelevante Aspekte nicht nur hinsichtlich der Gestaltung der Verkaufstransaktion zwischen Unternehmen und Kunde sondern auch während der gesamten Dauer der Kundenbeziehung. Damit die Kosten möglichst vollständig erfaßt werden, sind im Customer Life Cycle Costing verschiedene Phasen zu unterscheiden:

- Die **Initiierungsphase** widmet sich der Erkennung eines Kundenproblems.
- In der **Akquisitionsphase** beschäftigt sich das Unternehmen mit der Anbahnung einer Kundenbeziehung.
- Die **Realisationsphase** führt zur Entwicklung einer Lösung des Kundenproblems.
- Zu Beginn der **Nutzungsphase** gehen die Verfügungsrechte an der Problemlösung vom Hersteller auf den Abnehmer über. In der Folgezeit kommt es mit unterschiedlicher Häufigkeit zu weiteren Kontakten (Garantiefälle, Reparaturen, Serviceleistungen).
- Bei hoher Kundenzufriedenheit kann sich eine nachhaltige **Bindungsphase** entwickeln. Im Falle geringer Kundenzufriedenheit wird sich die Dauer der Geschäftsbeziehung entsprechend verkürzen, u.U. wird sie beendet.

Kundenbezogene Rentabilitätsanalyse

Bisher sind die innerbetrieblichen Rechnungssysteme meist nicht in der Form gestaltet, daß sie erkennen lassen, wie rentabel eine Kundenbeziehung für das Unternehmen ist. Kundenbezogene Kostenanalysen richten sich, wenn sie durchgeführt werden, vorwiegend auf die Kauftransaktion (vgl. Rapp [1994], S. 45). Ausgangspunkt für eine **kundenbezogene Rentabilitätsanalyse** könnte z.B. das Umsatzpotential sein, das von einem Unternehmen mit einem Kunden realisiert werden könnte, zumindest wenn die Qualität der angebotenen Leistung den Kundenanforderungen entspricht und nicht andere Barrieren (z.B. Umzug des Kunden) eine Fortsetzung der Geschäftsbeziehung verhindern (vgl. Abb. 18.5).

Produktkategorie Branche	Potentieller Lebenumsatz/ Kunde (DM)[1]	Dauer der Kundenbeziehung (Jahre)	Realisierbarer Wert (DM)
Supermärkte[2]	350.000	4,5	39.375
Automobile	245.000	20	122.500
Bier[2]	35.000	4	3.500
Bekleidung	49.000	10	12.250
Bankbeziehung	26.250	17	11.156
Haushaltsgeräte	26.250	20	13.125
Windeln[3]	3.500	5	3.500
Wochenzeitschriften[2]	6.738	6	1.011

1) über 40 Jahre; Angaben pro Durchschnittshaushalt; $-Umrechnungskurs = 1,75 DM
2) pro Haushalt
3) bei 2 Kindern pro Haushalt

Abb. 18.5: Lebensumsätze pro Kunde (Quelle: unveröffentl. Studie der Boston Consulting Group 1993).

Die Höhe des realisierbaren Umsatzpotentials wird v.a. durch die Dauer der Kundenbeziehung determiniert. Empirischen Untersuchungen zufolge beeinflußt die Dauer der Kundenbeziehung auch deren Rentabilität. Bei länger andauernden Geschäftsbeziehungen mit einem Kunden resultiert für das Unternehmen zunehmende Profitabilität aus

- höheren Einzelumsätzen,
- gestiegener Kauffrequenz,
- geringeren kundenspezifischen Betriebskosten,
- zusätzlichen Erlösen aufgrund von Weiterempfehlungen,
- vom Kunden akzeptierten Preiserhöhungen.

Im Rahmen des Customer Life Cycle Costing sind im Unternehmen die Kosten der Abwanderung von Altkunden mit den Kosten der Neukundengewinnung zu vergleichen. Kosten der Altkundenabwanderung sind z.B. Erlösminderungen oder Aufwendungen zur Reklamationsbearbeitung. Ergänzend zu berücksichtigen sind Opportunitätskosten aufgrund von Imageeinbußen oder Marktanteilsverlusten. Kosten der Neukundengewinnung entstehen z.B. für Werbung, Beratung und Stammdatenverwaltung. Als Faustregel kann davon ausgegangen werden, daß die Kosten der Neukundengewinnung im Durchschnitt fünfmal so hoch sind wie die Kosten zur Betreuung von Altkunden (vgl. Biallo [1993], S. 41).

C. Analyse von Fehlerfolgekosten

Fehlerfolgekosten

Als Fehlerfolgekosten werden alle Kosten bezeichnet, die durch die Wirkungen von Fehlern, verstanden als Soll-Ist-Abweichung bezüglich einer Qualitätsanforderung, kurz-, mittel- und langfristig im Unternehmen entstehen. **Fehlerfolgekosten** beinhalten – im Gegensatz zu den traditionellen Fehlerkosten – nicht die Kosten der unmittelbaren Fehlerbeseitigung sondern alle zusätzlichen Erfolgswirkungen. Dies können z.B. Aufwendungen in Zusammenhang mit Produkthaftung, Erstellen von Gutachten sowie Anwalts- und Prozeßkosten sein. Gleiches gilt für Kosten zu hoher Vorratsbestände, die auf Qualitätsmängel im Unternehmen zurückzuführen sind, sowie Kapitalbindungskosten von überhöhten Vorräten, Verschrottung von Material- und Fertigerzeugnisbeständen, Kosten nicht ausgelasteter Kapazitäten, Kosten für Verwürfe von Material- und Fertigerzeugnisbeständen, Kosten von ausfallbedingten Maschinenstillstandszeiten sowie Aufwendungen für Produktänderungen (vgl. Hutchins [1992], S. 40). Ergänzend sind als Fehlerfolgekosten auch »Carry-over«-Effekte auf die Marktposition anderer Produkte und entgangene Deckungsbeiträge nach Beendigung einer Geschäftsbeziehung aufgrund von Qualitätsmängeln der Unternehmensleistung zu erfassen.

Bezüglich der Analyse von Fehlerfolgekosten besteht in der Unternehmenspraxis in besonderem Maße Handlungsbedarf. Eine Befragung von 173 Unternehmen ergab, daß nur 17 (9,8 %) der antwortenden Unternehmen Kostenelemente erfassen, die als Fehlerfolgekosten zu klassifizieren sind (vgl. Seghezzi/Fries/Reiner [1992], S. 55). Als Begründung für die fehlende Ermittlung dieser Kosten wird angeführt, daß sie vergleichsweise schwierig monetär zu bewerten sind (vgl. Albright/Roth [1992], S. 20). Aus der Nichterfassung können sich gravierende Fehlsteuerungen ergeben.

Auswirkungen von Fehlern

Das Auftreten von Fehlerfolgekosten setzt zunächst die Entstehung von Qualitätsmängeln, deren Entdecken sowie die Sanktionierung durch den Kunden voraus (vgl. Fröhling [1993a], S. 104). Da unzufriedene Kunden ihre Erfahrungen zehn bis fünfzehn weiteren Personen mitteilen, während zufriedene Kunden im Durchschnitt nur drei bis fünf anderen Personen von ihren positiven Erfahrungen berichten (vgl. Biallo [1993], S. 41), können sich die Fehlerfolgekosten auf das Dreifache der »normalen« Qualitätskosten belaufen. Zur monetären Bewertung der Fehlerfolgekosten bieten sich folgende Konzepte an:

Bewertungskonzepte

- Auf Basis der im Unternehmen erfaßten Fehlerkosten wird ein Multiplikator errechnet. Bei der Westinghouse Electric Corp. gilt z.B. das Drei- bis Vierfache der erfaßten Fehlerkosten als Anhaltspunkt für die zusätzlich aufgetretenen »hidden quality costs« (vgl. Albright/Roth [1992], S. 20 und die dort angegebene Literatur).
- Die Bewertung von Fehlerfolgekosten kann auch in einem mehrstufigen Kalkül erfolgen. Im ersten Schritt ist die zu erwartende Menge fehlerhafter Erzeugnisse zu ermitteln, die trotz Qualitätsmängelprüfung an den Kunden ausgeliefert werden (Qualitätsmängeldurchschlupf). Hierfür sind jeweils Wahrscheinlichkeiten für das Auftreten von Produktionsfehlern sowie deren unbemerkte Auslieferung an die Kunden zu schätzen. Im zweiten Schritt sind die mengen- und wertmäßigen Auswirkungen einer Entdeckung und Sanktionierung der vorhandenen Qualitätsmängel durch die Kunden zu schätzen. Die entgehenden Deckungsbeiträge (Opportunitätskosten) aufgrund zu erwartender Stornierungen künftiger Aufträge können aus den kundenspe-

zifischen Planabsatzmengen sowie dem kundenbezogenen Prüfverhalten und den damit zusammenhängenden kundenbezogenen Entdeckungswahrscheinlichkeiten der Qualitätsmängel beim Kunden abgeleitet werden. Ein Kunde wird dann das Unternehmen durch Kaufverzicht und Migration zu Wettbewerbern sanktionieren, wenn seine Qualitätsmängeltoleranzquote überschritten wurde. Die dadurch entgehenden Deckungsbeiträge können anhand des letzten erteilten Kundenauftrags (statische Ermittlung) oder anhand der Ausschöpfung des erwarteten kumulierten Auftragsvolumens der Anbieter-Kundengeschäftsbeziehung geschätzt werden (dynamische Ermittlung des Barwerts zukünftig entgehender Deckungsbeiträge aufgrund von qualitätsbedingten Kundenverlusten) (vgl. Fröhling [1993a], S. 105 ff.; Fröhling [1993b], S. 553 ff.).

- Verlustfunktion (vgl. Taguchi [1989], S. 31 ff.).

Verlustfunktion nach TAGUCHI

Im folgenden wird die Anwendung der **Verlustfunktion** zur Bestimmung von Fehlerfolgekosten dargestellt. Nach TAGUCHI entstehen Qualitätsverluste bei jeder Abweichung des Istwerts von dem vorgegebenen Zielwert eines bestimmten Merkmals, d.h. auch bei Abweichungen innerhalb vorgegebener Toleranzen. Die Verluste wachsen progressiv mit der Höhe der realisierten Abweichungen vom Zielwert an (TAGUCHI verwendet hierfür eine quadratische Funktion.). Die angestrebte Qualität gilt immer dann als erreicht, wenn weder beim Kunden noch im Unternehmen eine Qualitätsabweichung auftritt (vgl. Taguchi [1989], S. 31 ff.). L sei der Verlust, der aufgrund der Differenz zwischen dem Istwert y und dem Zielwert z eines bestimmten Leistungsmerkmals entsteht. Für den Fall, daß positive bzw. negative Abweichungen des Istwerts y vom Zielwert z möglich sind und gleichermaßen zu einem Verlust führen, läßt sich die Verlustfunktion L(y) darstellen als (vgl. Abb. 18.6)

$$L(y) = k \times (y - z)^2$$

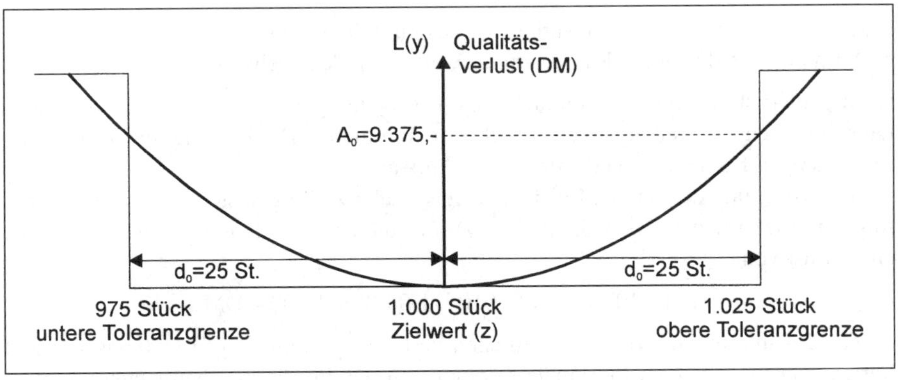

Abb. 18.6: Verlustfunktion nach TAGUCHI (Quelle: Phadke [1990], S. 20)

Mit dem **Qualitätsverlust-Koeffizienten** k werden aufgrund von Qualitätsabweichungen entstehende Verluste monetär bewertet. Zur Ermittlung von k wird der Verlust A_0 geschätzt, der an der sog. Spezifikationsgrenze des untersuchten Merkmals aufgrund von Reparaturen, Ersatzteilen, Ausfallzeiten, Transportkosten usw. entsteht. Danach wird die Differenz zwischen Zielwert und Spezifikationsgrenze d_0 des untersuchten

Merkmals ermittelt und der geschätzte Verlust durch die quadrierte Differenz dividiert (vgl. Albright/Roth [1992], S. 23; Phadke [1990], S. 21 f.):

$$k = \frac{A_0}{d_0^2}$$

Beispiel

Ein praktisches Beispiel soll die Anwendung der quadratischen Verlustfunktion zur Abschätzung von Fehlerfolgekosten verdeutlichen. Es wurde vereinbart, daß ein Kunde elektronische Bauelemente jeweils in Teillieferungen von z = 1 000 Stück erhalten soll. Ferner sei angenommen, daß von der vereinbarten Auftragsgröße höchstens um $d_0 = 25$ Stück abgewichen werden darf. Durch Lieferungen, die entweder mehr als 1 025 Stück oder weniger als 975 Stück enthalten, entstehen Fehlerfolgekosten für Rücksendung, Lagerung, Transport und Bearbeitung von A_0 = 9 375,– DM. Der Qualitätsverlust-Koeffizient k (vgl. Albright/Roth [1994], S. 23) ergibt sich damit zu

$$k = \frac{A_0}{d_0^2} = \frac{9\,375}{25^2} = 15,\text{– DM}$$

Durchschnittlicher Verlust

Die ermittelten Ausprägungen des untersuchten Merkmals (z.B. Liefermenge) stellen Realisationen einer Zufallsvariablen dar. Falls deren Verteilungsfunktion bekannt ist, kann der erwartete Verlust pro Einheit des untersuchten Merkmals ermittelt werden. Kann von einer Normalverteilung mit Erwartungswert μ und Varianz σ^2 ausgegangen werden, so ergibt sich der erwartete Verlust pro Einheit (z.B. Stück, Kundenauftrag) als **durchschnittlicher Verlust** $L_ø(y)$ zu (vgl. Phadke [1990], S. 29 f.):

$$L_ø(y) = k \times [\sigma^2 + (\mu - z)^2]$$

Die Interpretation der Formel zur Bestimmung des durchschnittlichen Verlusts $L_ø(y)$ zeigt, daß die entstehenden Qualitätsverluste durch zwei Stellhebel verringert werden können (vgl. Phadke [1990], S. 30):

- durch eine Verringerung der Varianz σ^2 des Funktionskennwerts y und
- durch eine Angleichung des Erwartungswerts μ an den Zielwert z.

Im Unternehmen dürfte es einfacher zu bewerkstelligen sein, den Einfluß der zweiten Komponente zu verringern bzw. völlig zu eliminieren. Die Beseitigung des Einflusses der ersten Komponente erfordert mehr Aufwand.

Beispiel

In Fortführung des obigen Beispiels zeigten zehn zufällig ausgewählte Lieferungen folgende Liefermengen y_i (vgl. Abb. 18.7). Für die erste Teillieferung ergibt sich z.B. ein Verlust von

$$L(1\,010) = 15 \times (1\,010 - 1\,000)^2 = 1\,500,\text{– DM}$$

Zur Bestimmung des durchschnittlichen Verlusts $L_ø(y)$ müssen Erwartungswert und Varianz der untersuchten Merkmale bekannt sein. Da für die hier betrachteten Liefermengen eine Normalverteilung angenommen wurde, ist die Stichprobenvarianz S^2 als erwartungstreue Schätzung für die Varianz σ^2 zu verwenden. Als erwartungstreue Schätzung für den Erwartungswert μ dient das arithmetische Mittel $\overline{y}$ der untersuchten Merkmalsausprägungen. Der zu erwartende Verlust einer Teillieferung kann damit im Beispiel anhand folgender Rechnung geschätzt werden:

Lieferung Nr.	Liefer-menge y	Abweichung vom Zielwert $(y_i - z)$	Quadrierte Mittelwert-abweichung $(y_i - \bar{y})^2$	Quadrierte Zielwert-abweichung $(y_i - z)^2$	Verlust pro Lieferung
1	1 010	10	9	100	1 500
2	1 025	25	324	625	9 375
3	1 015	15	64	225	3 375
4	1 005	5	4	25	375
5	992	–8	225	64	960
6	1 008	8	1	64	960
7	1 021	21	196	441	6 615
8	976	–24	961	576	8 640
9	1 007	7	0	49	735
10	1 011	11	16	121	1 815
	(ø) 1 007		(Σ) 1 800	(Σ) 2 290	(Σ) 34 350

Abb. 18.7: Daten zur Lieferung von Bauelementen

$$
\begin{aligned}
L_{ø}(y) &= k \times [S^2 + (\bar{y} - z)^2] \\
&= k \times \left[\frac{1}{n-1} \times \sum_{i=1}^{n} (y_i - \bar{y})^2 + (\bar{y} - z)^2\right] \\
&= 15 \times \left[\frac{1\,800}{9} + (1\,007 - 1\,000)^2\right] \\
&= 3\,735,\text{– DM}
\end{aligned}
$$

Grundsätzlich sollten als Fehlerfolgekosten neben den kurzfristigen Ergebniseinbußen auch langfristige Erfolgsänderungen infolge von Marktanteilsverlusten des Unternehmens berücksichtigt werden. Hierfür wäre z.B. eine Marktanteils-Reaktionsfunktion zu schätzen, die Auswirkungen von Qualitätsänderungen auf den bisherigen Marktanteil aufzeigt (vgl. Albers [1992], S. 201).

D. Qualitätsbezogene Transaktionskosten im Beschaffungs- und Absatzbereich

Transaktionskosten

Zur Erfüllung der vom Kunden gewünschten Qualitätsanforderungen trägt das gesamte Wertschöpfungssystem vom Zulieferer bis zum Endabnehmer bei. Dies erfordert, im Beschaffungs- und Absatzbereich diejenigen Kosten zu erfassen, die bei der Klärung und Vereinbarung von Qualitätsaspekten des betreffenden Leistungstauschs entstehen. Die Kosten der Information und Kommunikation für Anbahnung, Vereinbarung, Abwicklung, Kontrolle, Anpassung und Beendigung der arbeitsteiligen Erstellung einer bestimmten Leistung werden als **Transaktionskosten** bezeichnet (vgl. Benkenstein/Henke [1993], S. 80; Picot [1991], S. 344). In der traditionellen (Qualitäts-)Kostenrechnung werden Transaktionskosten bislang nicht ausgewiesen.

Anwendungsgebiete

Transaktionskostenanalysen waren bisher häufig auf die Fundierung von Make-or-Buy-Entscheidungen in Unternehmen gerichtet. Diese generelle Perspektive ist nunmehr speziell auf das Entscheidungsfeld der Eigenerstellung versus Fremdbezug von Qualitätsleistungen innerhalb der Wertkette eines Unternehmens bzw. innerhalb von Wertschöpfungspartnerschaften mehrerer Unternehmen einzuengen. Transaktionskostenorientierte Untersuchungen könnten sich im Rahmen des Qualitätscontrollings z.B. auf folgende Aspekte richten:

- Beurteilung der Wirksamkeit verschiedener Gestaltungsformen von Qualitätsaspekten in der Beziehung von Zulieferer und Abnehmer,
- Entscheidung zwischen Eigenerstellung und Fremdbezug qualitätsbezogener Leistungen,
- Gestaltung der Qualitätsorganisation im Unternehmen,
- Analyse von Kundenbeziehungen.

Systematisierung

Abbildung 18.8 verdeutlicht wesentliche Bestandteile qualitätsbezogener Transaktionskostenarten (zur Systematisierung der Bestandteile von Transaktionskosten vgl. Benkenstein/Henke [1993], S. 79 ff.). Nach der Häufigkeit ihres Auftretens sind einmalige von regelmäßig wiederkehrenden Transaktionen zu unterscheiden. Zu diesen gehören neben den direkten Tauschkosten alle Kosten, die während einer Austauschbeziehung in Form von Durchsetzungs- und Überwachungskosten anfallen. Die Transaktionskostenarten (1) bis (4) entstehen vor Vertragsabschluß (»ex ante«). Sie sind als **Übereinstimmungskosten** zu qualifizieren. Die Transaktionskostenarten (5) bis (9) entstehen nach Vertragsabschluß (»ex post«) und sind (bis auf die Transaktionskostenart (9)) folglich als qualitätsbezogene **Abweichungskosten** zu qualifizieren. Es wird deutlich, daß zwischen den ex ante-Transaktionskosten ((1) bis (4)) und den ex post-Transaktionskosten ((5) bis (8)) eine Austauschbeziehung vorliegt. Je höhere ex ante-Kosten eingegangen werden (im Extremfall sind dies die Kosten einer Integration), desto geringer sind die ex post-Kosten und umgekehrt.

Bewertung

Neben der Erfassung qualitätsbezogener Transaktionen ist deren Bewertung ein Problem. Für diesen Zweck reicht das betriebliche Kostenrechnungssystem im allgemeinen nicht aus, da die einzelnen Transaktionskostenarten i.d.R. dort nicht ausgewiesen werden. Dieses Defizit wirkt um so schwerwiegender, als heute vielfach aus dem Massengeschäft mit weitgehend standardisierten, homogenen Produkten eine Vielzahl kundenindividueller Einzelgeschäfte geworden ist. Dadurch nimmt die Häufigkeit kundenbezogener Markttransaktionen zu. Die Notwendigkeit zur Kostensenkung wird noch dadurch verstärkt, daß sich die Unternehmen häufig an neue Kundenwünsche anpassen müssen.

Fazit

Zusammenfassend gilt: Je geringer (größer) die Spezifität einer Leistung, desto höher (niedriger) wird der Standardisierungsgrad und desto geringer (höher) die zugehörigen Transaktionskosten. Um die Transaktionskosten zu minimieren, sollte für alle Qualitätsleistungen, die hohe Spezifität, strategische Relevanz und Unsicherheit aufweisen und die häufig anfallen, ein hoher Integrationsgrad gewählt werden (Tendenz zur internen Erstellung). Je standardisierter eine Qualitätsleistung, je geringer die strategische Relevanz, je weniger unsicher und häufig die Inanspruchnahme der betreffenden Qualitätsleistung, desto niedriger kann der Integrationsgrad gewählt werden (Tendenz zur externen Erstellung) (vgl. hierzu Picot [1991], S. 348 f.).

Transaktionskostenarten	einmalig	regelmäßig	Betrag (DM)
(1) Suchkosten			
• Informationssammlung	•		
• Kontaktaufnahme	•		
(2) Verhandlungskosten			
• Anfrage/Angebot	•		
• Verhandlungen	•		
• Vertragsausfertigung	•		
(3) Absicherungskosten			
• Vorgaben	•		
• FuE-/QS-Aktivitäten	•	•	
(4) Tauschkosten			
• Logistik-Aktivitäten	•	•	
(5) Kontrollkosten			
• Audit		•	
• Erstmusterprüfung	•		
• Wareneingang		•	
• Endprüfung		•	
• Reklamation		•	
(6) Anpassungskosten			
• Abruf und Bestätigung		•	
• Datenaktualisierung		•	
(7) Kosten ex post suboptimaler Vertragsbedingungen			
• Unterauslastung	•		
• Forderung nachträglicher Preisnachlässe	•		
• Umfeldunsicherheit	•		
(8) Opportunitätskosten für entgangene strategische Position			
(9) Beendigungskosten			
• Abfindungen	•		
• Entlassungen	•		
• Beglaubigungen	•		

Abb. 18.8: Qualitätsbezogene Transaktionskosten

E. Qualitätsbezogene Kennzahlen

Zweck von Qualitätskennzahlen

Qualitätskennzahlen sollen u.a. dazu beitragen, den Verbesserungsbedarf von betrieblichen Leistungsparametern (z.B. Durchlaufzeiten, Fehllieferungen) zu dokumentieren. Für die laufende Planung und Kontrolle des Verbesserungsbedarfs kann das sog. **Half-Life-Konzept** (vgl. Fischer/Schmitz [1994a], S. 196 ff.) verwendet werden.

I. Aufbau und Anwendungsmöglichkeiten des Half-Life-Konzepts

Half-Life-Konzept

»A half-life curve measures the time it takes to achieve a 50 % **improvement** in a specified performance measure« (Garvin [1993], S. 89; Hervorhebung durch den Verfasser). Gesucht ist die sog. Halbwertszeit t_H, in der sich der zu verbessernde Leistungsparameter Y_t auf 50 % seines Ausgangswerts Y_{t_0} verringert hat.

Vorgehensweise

Zur Ermittlung der individuellen Half-Life-Funktion eines Prozesses sind die folgenden Schritte durchzuführen (vgl. Fischer/Schmitz [1994a], S. 196 ff.):

1. Festlegung des zu untersuchenden Leistungsparameters,
2. Bestimmung der Maßgröße für den Prozeß (z.B. ppm),
3. Ermittlung des Fehlerniveaus zum Ausgangszeitpunkt (Y_{t_0}),
4. Bestimmung eines weiteren Meßwerts (Y_t) zu einem späteren Zeitpunkt,
5. Bestimmung der Half-Life-Funktion,
6. Ermittlung der Halbwertszeit (t_H).

Es sei angenommen, daß ein bestimmter Ausgangswert, z.B. Y_{t_0} = 1 000 Fehllieferungen mehrmals um jeweils 50 % verbessert werden kann, d.h. auf 500 Fehllieferungen, 250 Fehllieferungen, 125 Fehllieferungen usw. Dann ergibt sich das aktuelle Fehlerniveau des untersuchten betrieblichen Leistungsparameters (Y_t) in Abhängigkeit von der Anzahl i (mit $i \in R_0^+$) der bereits durchlaufenen Verbesserungs- bzw. Halbwertszyklen allgemein aus der Gleichung:

$$Y_t = \left(\frac{1}{2}\right)^i \times Y_{t_0}$$

Mit $i = \frac{t - t_0}{t_H}$ (t = Beobachtungszeitpunkt, t_0 = Ausgangszeitpunkt) erhält man:

$$Y_t = \left(\frac{1}{2}\right)^{\frac{t - t_0}{t_H}} \times Y_{t_0}$$

Beispiel

Mit einem Zahlenbeispiel soll die Anwendung des Half-Life-Konzepts demonstriert werden (vgl. Fischer/Schmitz [1995], S. 139). Ein Unternehmen stellt im Januar ($t_0 = 1$) fest, daß die Anzahl der Fehllieferungen pro Monat Y_{t_0} = 1 000 Aufträge beträgt. Im Juli (t = 7) ist die Anzahl fehlerhafter Kundenlieferungen auf Y_t = 125 gesunken.

- Wie hoch ist die Halbwertszeit t_H?

$$t_H = \frac{(t - t_0) \times \ln \frac{1}{2}}{\ln Y_t - \ln Y_{t_0}} = \frac{(7 - 1) \times \ln \frac{1}{2}}{\ln 125 - \ln 1\,000} \approx 2{,}0 \text{ Monate}$$

- Wieviele Halbwertszyklen konnte das Unternehmen realisieren?

$$i = \frac{t - t_0}{t_H} = \frac{7 - 1}{2} = \frac{\ln 125 - \ln 1\,000}{\ln \frac{1}{2}} \approx 3 \text{ Halbwertszyklen}$$

- Wieviele Fehllieferungen sind im November (t = 11) zu erwarten?

$$Y_t = \left(\frac{1}{2}\right)^{\frac{t - t_0}{t_H}} \times Y_{t_0} = \left(\frac{1}{2}\right)^{\frac{11 - 1}{2}} \times 1\,000 \approx 31 \text{ Fehllieferungen}$$

Darstellung

Wie Abbildung 18.9 zeigt, ist das Half-Life-Konzept sowohl in linearer als auch in logarithmischer Skalierung darstellbar. In der logarithmischen Darstellung wird durch eine stärkere (schwächere) Steigung der Regressionsgeraden eine kürzere (längere) Halbwertszeit des jeweils untersuchten Prozesses sofort ersichtlich.

Abhängigkeit vom Zielwert

Die beschriebene Vorgehensweise ist anzuwenden, solange das aktuelle Fehlerniveau des untersuchten Leistungsparameters einen Wert von $Y_t \neq 0$ aufweist. Wird jedoch im Rahmen einer sog. »Nullfehler-Philosophie« der Minimalwert $Y_t = 0$ angestrebt, so tritt z.B. bei der Bestimmung der Halbwertszeit t_H der Term »$\ln Y_t = \ln 0 \rightarrow$ nicht definiert« auf. Dies würde bedeuten, daß das angestrebte minimale Fehlerniveau nur in einem unendlichen Zeithorizont erreicht werden kann. Diese Problemstellung kann dadurch umgangen werden, daß ein Toleranzwert $\varepsilon = Y_{min}$ definiert wird:

- für diskrete Y_t (z.B. Kundenreklamationen, Spätlieferungen etc.) mit $\varepsilon = 1$,
- für stetige Y_t (z.B. Ausschuß, Durchlaufzeit etc.) mit $0 < \varepsilon < 1$.

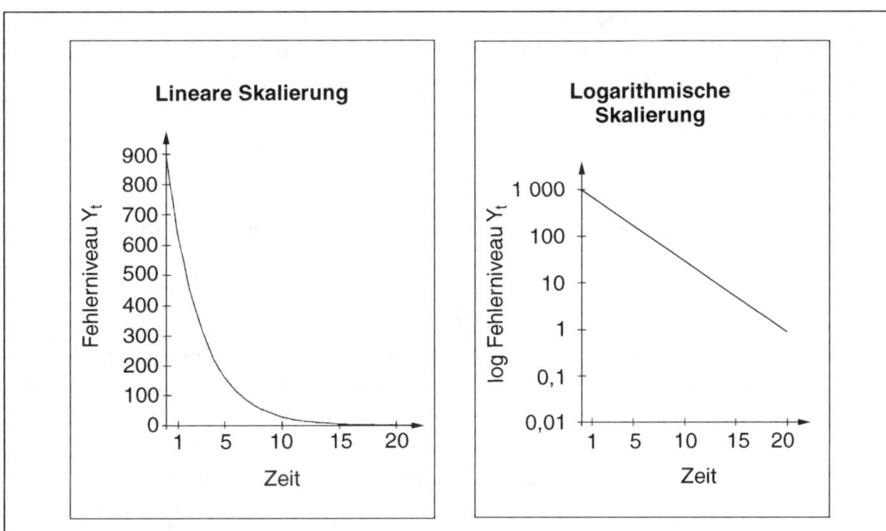

Abb. 18.9: Graphische Darstellung des Half-Life-Konzepts

Dabei ist zu berücksichtigen, daß zwischen dem Toleranzwert ε und der Anzahl der Halbwertszyklen i, die zur Erreichung des minimalen Fehlerniveaus Y_{min} notwendig sind, folgender Zusammenhang besteht: Je betragsmäßig kleiner ε gewählt wird, desto größer ist die Anzahl der zur Erreichung des minimalen Fehlerniveaus zu durchlaufenden Halbwertszyklen i.

Modifikation des Basismodells

Für Leistungsparameter, die per Definition einen Wert $Y_t = 0$ nicht erreichen können (z.B. Fertigungszeit bei der Produkterstellung), ist es sinnvoll, eine Funktion mit einem entsprechenden minimalen Zielwert $Y_{min} \neq 0$ zu modellieren. Durch eine Parallelverschiebung um den minimal erreichbaren Zielwert würde sich folgende Modifikation der o.g. Half-Life-Funktion im Basismodell ergeben (für $t \neq t_0$):

$$Y_t = \left(\frac{1}{2}\right)^{\frac{t - t_0}{t_H}} \times Y_{t_0} + Y_{min}$$

Modifikation nach Schneiderman

Neben dem beschriebenen Basismodell des Half-Life-Konzepts wird von SCHNEIDERMAN ein **modifizierter Ansatz** vorgeschlagen. Dieser beinhaltet, daß sich nicht das absolute Fehlerniveau eines betrieblichen Leistungsparameters Y_{t_0}, sondern der sog. Verbesserungsbedarf des betreffenden Leistungsparameters, der als Differenz vom Ausgangswert des betreffenden Parameters Y_{t_0} und dem angestrebten minimalen Zielwert Y_{min} definiert wird (vgl. Schneiderman [1988], S. 53), innerhalb einer konstanten Zeitspanne – der sog. Halbwertszeit t_H – halbiert. Die mathematische Formulierung des Half-Life-Konzepts des Basismodells ist somit zu ändern.

Es sei angenommen, daß ein bestimmter Ausgangswert, z.B. $Y_{t_0} = 1\,000$ Fehllieferungen bis auf einen Zielwert von $Y_{min} = 100$ Fehllieferungen verbessert werden soll. Der Verbesserungsbedarf von $(Y_{t_0} - Y_{min}) = 900$ Fehllieferungen kann mehrmals um jeweils 50 % verbessert werden, d.h. auf 450 Fehllieferungen, 225 Fehllieferungen usw. In Abhängigkeit von der Anzahl i (mit $i \in R_0^+$) der bereits durchlaufenen Verbesserungs- bzw. Halbwertszyklen ergibt sich der aktuelle Verbesserungsbedarf $(Y_t - Y_{min})$ allgemein aus der Gleichung:

$$Y_t - Y_{min} = \left(\frac{1}{2}\right)^{i} \times (Y_{t_0} - Y_{min})$$

Mit $i = \frac{t - t_0}{t_H}$ (t = Beobachtungszeitpunkt, t_0 = Ausgangszeitpunkt) erhält man:

$$Y_t - Y_{min} = \left(\frac{1}{2}\right)^{\frac{t - t_0}{t_H}} \times (Y_{t_0} - Y_{min})$$

Beispiel

Mit einem Zahlenbeispiel soll die Anwendung des Half-Life-Konzepts in der Modellierung von SCHNEIDERMAN demonstriert werden (vgl. Fischer/Schmitz [1994a], S. 199). Ein Unternehmen stellt im Januar ($t_0 = 1$) fest, daß die Anzahl der Fehllieferungen pro Monat $Y_{t_0} = 1\,000$ Aufträge beträgt. Als höchstens für zulässig erachtet werden $Y_{min} = 10$ Fehllieferungen pro Monat. Im Juli (t = 7) ist die Anzahl fehlerhafter Kundenlieferungen auf $Y_t = 134$ gesunken.

- Wie hoch ist die Halbwertszeit t_H?

$$t_H = \frac{(t - t_0) \times \ln \frac{1}{2}}{\ln (Y_t - Y_{min}) - \ln (Y_{t_0} - Y_{min})} = \frac{(7 - 1) \times \ln \frac{1}{2}}{\ln (134 - 10) - \ln (1\,000 - 10)} \approx 2{,}0 \text{ Monate}$$

- Wieviele Halbwertszyklen konnte das Unternehmen realisieren?

$$i = \frac{t - t_0}{t_H} = \frac{7 - 1}{2} = \frac{\ln(134 - 10) - \ln(1\,000 - 10)}{\ln \frac{1}{2}} \approx 3 \text{ Halbwertszyklen}$$

- Wieviele Fehllieferungen sind im November (t = 11) zu erwarten?

$$Y_t = \left(\frac{1}{2}\right)^{\frac{t - t_0}{t_H}} \times (Y_{t_0} - Y_{min}) + Y_{min} = \left(\frac{1}{2}\right)^{\frac{11 - 7}{2}} \times (134 - 10) + 10 \approx 41 \text{ Fehllieferungen}$$

Abhängigkeit vom Zielwert

Die Besonderheit des Modells von SCHNEIDERMAN liegt in der Bedeutung des angestrebten Zielwerts Y_{min}. Der Funktionsverlauf des Half-Life-Modells und damit korrespondierend die Höhe der realisierten Halbwertszeit sind abhängig von der jeweiligen Festlegung des Zielwerts. Bei Veränderung der Zielwerte ergeben sich unterschiedlich lange Halbwertszeiten für die Reduzierung auf 50 % des Ausgangsniveaus eines betrieblichen Leistungsparameters. Für den Zielwert $Y_{min} = 0$ entsprechen sich das oben diskutierte Basismodell des Half-Life-Konzepts und der von SCHNEIDERMAN vorgeschlagene modifizierte Ansatz.

Wann wird das im Beispiel beschriebene Unternehmen voraussichtlich den angestrebten Zielwert $Y_{min} = 10$ erreichen?

Die Bestimmungsgleichung der Half-Life-Funktion nach SCHNEIDERMAN enthält dann den Term $\ln(Y_t - Y_{min}) = \ln(10 - 10) = \ln 0 \rightarrow \infty$. Damit könnte der angestrebte Zielwert nur in unendlicher Zeit, d.h. in praxi nicht realisiert werden. Als Ausweg müßte wiederum eine Toleranzzone $\varepsilon = Y_t - Y_{min}$ definiert werden, mit

- $\varepsilon = 1$ für diskretes Y_t (z.B. Anzahl Fehllieferungen, Rücksendungen),
- $0 < \varepsilon < 1$ für stetiges Y_t (z.B. Prozeßausbeuten, Durchlaufzeiten).

Würde man im betrachteten Beispiel (die untersuchten Fehllieferungen sind eine diskrete Variable) z.B. die Toleranzzone $\varepsilon = |Y_t - Y_{min}| = |11 - 10| = 1$ definieren, so ergibt sich bis zum Erreichen des angestrebten Zielwerts ein Zeitbedarf von:

$$t = \frac{2 \times [\ln(11 - 10) - \ln(1\,000 - 10)]}{\ln \frac{1}{2}} + 1 \approx 21 \text{ Monate (d.h. im September des Folgejahrs)}$$

Mit den Daten aus dem obigen Beispiel würden sich für verschiedene Toleranzzonen ε folgende korrespondierende Werte für t ergeben:

$$\varepsilon = 0{,}1 \Rightarrow t = 27{,}55 \text{ Monate}$$
$$\varepsilon = 0{,}01 \Rightarrow t = 34{,}19 \text{ Monate}$$
$$\varepsilon = 0{,}001 \Rightarrow t = 47{,}48 \text{ Monate}$$

Vergleich der Modellansätze

Eine vergleichende Darstellung der beschriebenen unterschiedlichen Modellierungen des Half-Life-Konzepts zeigt Abbildung 18.10. (Anmerkung: Y_{min} ist hier sowohl als minimal erreichbares Fehlerniveau als auch als angestrebter Zielwert zu betrachten.)

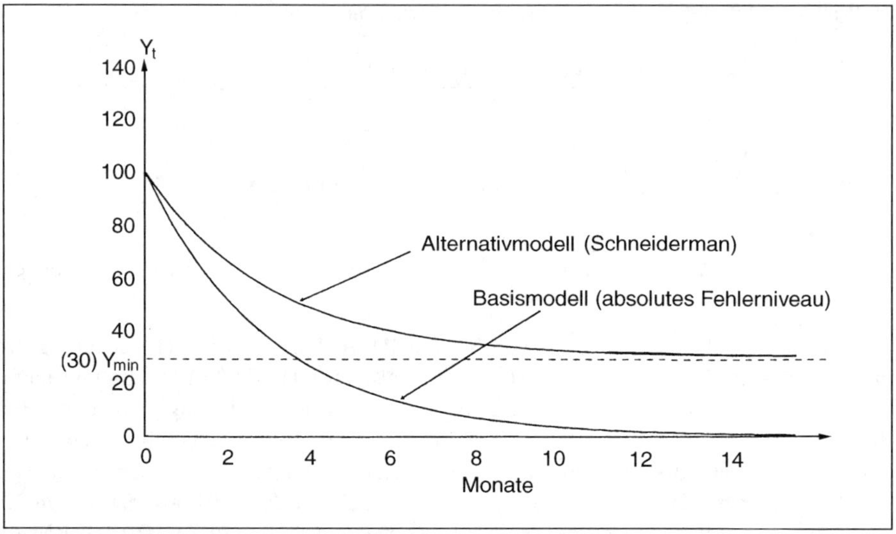

Abb. 18.10: Alternative Modellierungen des Half-Life-Konzepts

Bei näherer Betrachtung der mathematischen Herleitung des Konzepts und der beschriebenen Vorgehensweise zur Ermittlung der individuellen Half-Life-Funktion wird deutlich, daß die Halbwertszeit durch ein einziges Wertepaar (t, Y_t) bestimmbar erscheint. Um Fehlsteuerungen im Unternehmen zu vermeiden, ist es allerdings erforderlich, die ermittelte Half-Life-Funktion durch eine Regressionsrechnung zu bestätigen.

Einflußfaktoren auf die Halbwertszeit

Um die angestrebten Verbesserungen bei den einzelnen Leistungsprozessen zu erreichen, sind kleinere und mitunter auch größere Änderungen in den betrieblichen Abläufen erforderlich. Die Dauer der zu beobachtenden Halbwertszeit wird v.a. durch die organisatorischen Regelungen bezüglich der Beeinflussung des untersuchten Leistungsparameters determiniert. Als Klassifikationsmöglichkeit könnte z.B. die Anzahl und hierarchische Stellung beteiligter Organisationseinheiten herangezogen werden (vgl. Schneiderman [1988], S. 56):

- Eine einzige Organisationseinheit ist eigenständig für die Auswahl, Bewertung und Verbesserung des Leistungsparameters verantwortlich (»unifunctional project«).
- Funktionsübergreifende Projektteams sind für die Auswahl, Bewertung und Verbesserung des Leistungsparameters verantwortlich (»multi-functional project«).
- Unternehmensübergreifende Projektteams mit Mitarbeitern des Unternehmens, Zulieferern und Kunden verantworten die Auswahl, Bewertung und Verbesserung des Leistungsparameters (»cross-entity project«).

Unifunctional vs. cross-entity projects

Es ist davon auszugehen, daß »unifunctional projects« kürzere und »cross-entity projects« längere Halbwertszeiten aufgrund des geringeren bzw. entsprechend umfangreicheren Abstimmungsbedarfs zwischen den beteiligten Stellen aufweisen. Auf der Basis von 64 untersuchten Half-Life-Projekten bei Analog Devices, Inc. wurden z.B. die folgenden grundlegenden Abgrenzungskriterien identifiziert (vgl. Schneiderman [1988],

S. 57): »Unifunctional projects«, z.B. Verkürzen von Montagezeiten, zeigen eine durchschnittliche Halbwertszeit von drei Monaten, »multi-functional projects«, z.B. Verkürzen von Entwicklungszeiten, zeigen eine durchschnittliche Halbwertszeit von neun Monaten, und »cross-entity projects« zeigen eine durchschnittliche Halbwertszeit von 18 Monaten. Diese Werte stellen jedoch nur ungefähre Anhaltspunkte dar. Eine aussagefähigere Beurteilung der im Unternehmen erreichten Halbwertszeiten könnte z.B. über Benchmarking erreicht werden. Dabei müßten die betrieblichen Halbwertszeiten mit Daten von Wettbewerbern oder branchenfremden Unternehmen verglichen werden.

Half-Life-Konzept vs. Erfahrungskurvenkonzept

Das Half-Life-Konzept bietet – wie das Konzept der **Erfahrungskurve** (vgl. hierzu Kap. 7) – Ansatzpunkte, das Phänomen des Lernens in Organisationen (»Organizational Learning«) zu beschreiben. Allerdings bestehen zwischen beiden Konzepten grundlegende Unterschiede in der Erklärung von Lernfortschritten: Während das Konzept der Erfahrungskurve Lernfortschritte in Abhängigkeit vom kumulierten Produktionsvolumen bei gleichzeitiger Unabhängigkeit von der hierzu benötigten Zeit erklärt, geht das Half-Life-Konzept von der Prämisse aus, daß Lernfortschritte als abhängige Variable der Zeit bei gleichzeitiger Unabhängigkeit von der kumulierten Produktionsmenge zu sehen sind. Durch die Orientierung an Zeitparametern können sich (mit Einschränkungen) Möglichkeiten zur Verknüpfung des Half-Life-Konzepts mit der Erfahrungskurve ergeben. Allerdings ist das Half-Life-Konzept nicht auf die Output-Größe »Stückkosten« beschränkt, sondern kann, wie oben beschrieben, auf verschiedene Performance-Maße angewendet werden. Als Gemeinsamkeit der beiden Konzepte ist zu sehen, daß die ausgewiesenen Kosten- bzw. Zeitersparnisse sich nicht gleichsam »automatisch« ergeben, sondern zunächst gewissermaßen Erfolgspotentiale des Unternehmens darstellen, die durch entsprechende Maßnahmen innerhalb der betrieblichen Strukturen und Abläufe noch realisiert werden müssen. So erscheint es opportun, die Erfahrungseffekte, auf welche sich die Kostenreduktionen im Konzept der Erfahrungskurve zurückführen lassen, hinsichtlich ihrer Übertragbarkeit auf das Half-Life-Konzept zu untersuchen.

Für das Half-Life-Konzept kommen, im Gegensatz zur Kostendegression, statische Degressionseffekte nicht in Betracht, da diese nur von der in einer Periode produzierten Menge abhängen. Die Fixkostendegression ist ein stückzahlenabhängiger Mengeneffekt, und die Economies of Scale sind stückzahlenabhängige Betriebsgrößeneffekte. Die dynamischen Ursachen für die Erfahrungseffekte dagegen erklären auch die Verbesserungsrate eines Unternehmens. Der Begriff Rationalisierung ist dabei jedoch im Rahmen des Half-Life-Konzepts anders zu interpretieren als im Konzept der Erfahrungskurve. Hier sind nicht in erster Linie die durch größere Mengen ausgelösten kostengünstigeren Materialeinsätze oder Fertigungsverfahren zu nennen, sondern vielmehr rationalisiertere Abläufe, die vereinfachte und somit leichter handhabbare Tätigkeiten beinhalten. Kontinuierliche Schwachstellenanalysen der betrachteten Prozesse dienen hierzu als Hilfsmittel. Nicht die großen Technologiesprünge sondern »Continuous Improvement« im Sinne des Kaizen sind die Gründe für eine höhere Prozeßverbesserungsrate. Hieraus läßt sich erklären, wie z.B. japanische Unternehmen in verschiedenen Branchen mit teilweise geringeren (kumulierten) Produktionsmengen als ihre Wettbewerber dominierende Marktpositionen erlangt haben.

Da sich die Erfahrungskurve auf die Bestimmung von Kostensenkungspotentialen beschränkt, könnte sie als Hilfsmittel v.a. in Zusammenhang mit der Erreichung von

Kostenführerschaftsstrategien gesehen werden. Demgegenüber könnte das Half-Life-Konzept auch zur Unterstützung von zeit- und qualitätsbezogenen Differenzierungsstrategien eingesetzt werden. Je nachdem, für welchen Parameter der betrieblichen Wertschöpfung die Halbwertszeiten ermittelt werden, können systematisch für alle (kardinal) meßbaren »value driver« die erreichten kontinuierlichen Verbesserungen gemessen und analysiert werden.

Aussagefähigkeit der Konzepte

Die Aussagefähigkeit der aus beiden Konzepten gewonnenen Ergebnisse ist daran geknüpft, daß die organisatorischen Strukturen innerhalb des Unternehmens weitgehend stabil bleiben. Falls nachhaltige Änderungen der betrieblichen Abläufe, z.B. im Rahmen von Restrukturierungsprozessen, erforderlich sind, verändern sich auch die mit den beiden Konzepten jeweils erfaßten operativen Steuerungsgrößen (Kosten- und Qualitätsparameter), so daß die Halbwertszeiten- bzw. Erfahrungsraten neu festgelegt werden müssen. Die Einsatzfähigkeit beschränkt sich somit auf Prozesse, deren grundsätzliche Struktur fixiert ist und die nur kontinuierlichen Verbesserungen, d.h. Verbesserungen in kleinen Schritten, unterliegen. Ein weiteres Problem bei der Anwendung des Half-Life-Konzepts ist die Orientierung an jeweils nur einem Leistungsparameter. Dadurch wird die Ausrichtung unter Umständen zu einseitig: Gegebenenfalls werden bestehende Interdependenzen zwischen verschiedenen Maßgrößen, z.B. Zeit- und Leistungsparametern, die sich in Folge kontinuierlicher Verbesserungen ergeben können, unzureichend berücksichtigt.

II. Verknüpfung finanzieller und nicht-finanzieller Kennzahlen

Verknüpfung finanzieller und nicht-finanzieller Kennzahlen

Ausgangspunkt für eine Verknüpfung finanzieller und nicht-finanzieller Kennzahlen könnte z.B. das **Kennzahlenschema** des amerikanischen Unternehmens **Du Pont** sein. Hierbei wird die Hauptkennzahl »Return on Investment (RoI)« bis zur Ebene einzelner Vermögens-, Erlös- und Primärkostenarten hinunter aufgespalten (vgl. Kap. 20). Hier setzen nun die nicht-finanziellen Qualitätsparameter als Stellhebel an, wie z.B. die Anzahl der Fehllieferungen, Dispositionsfehler im Vorrätebereich oder die Veränderung der Prozeßausbeuten. Ein einfaches Beispiel soll diese Überlegung verdeutlichen: Erhöht (verringert) sich die Ausbeute in den einzelnen betrieblichen Leistungsprozessen, so führt dies zu einem Rückgang (Anstieg) der in den betreffenden Leistungsprozessen zusätzlich gebundenen betrieblichen Ressourcen und damit auch der betreffenden Kosten. Es ist damit unmittelbar einsichtig, daß ein Anstieg (Rückgang) der Prozeßausbeuten zu positiven (negativen) Auswirkungen auf beispielsweise den RoI des Geschäftsbereichs oder Unternehmens führt (vgl. Abb. 18.11).

Mit einer derart **modifizierten Kennzahlenpyramide** könnten im Unternehmen verschiedene durch Qualitätsschwankungen bedingte Erfolgsveränderungen simuliert werden. Ausgehend von der nicht-finanziellen »Treiberebene«, die sich z.B. in Prozeßausbeuten, Dispositionsfehlern oder Fehllieferungen dokumentieren läßt, können auf der betrieblichen »Werteebene« Szenarien entwickelt werden, die eine Worst Case- bzw. Best Case-Simulation von betrieblichen Qualitätsveränderungen und deren Auswirkungen auf den RoI ermöglichen.

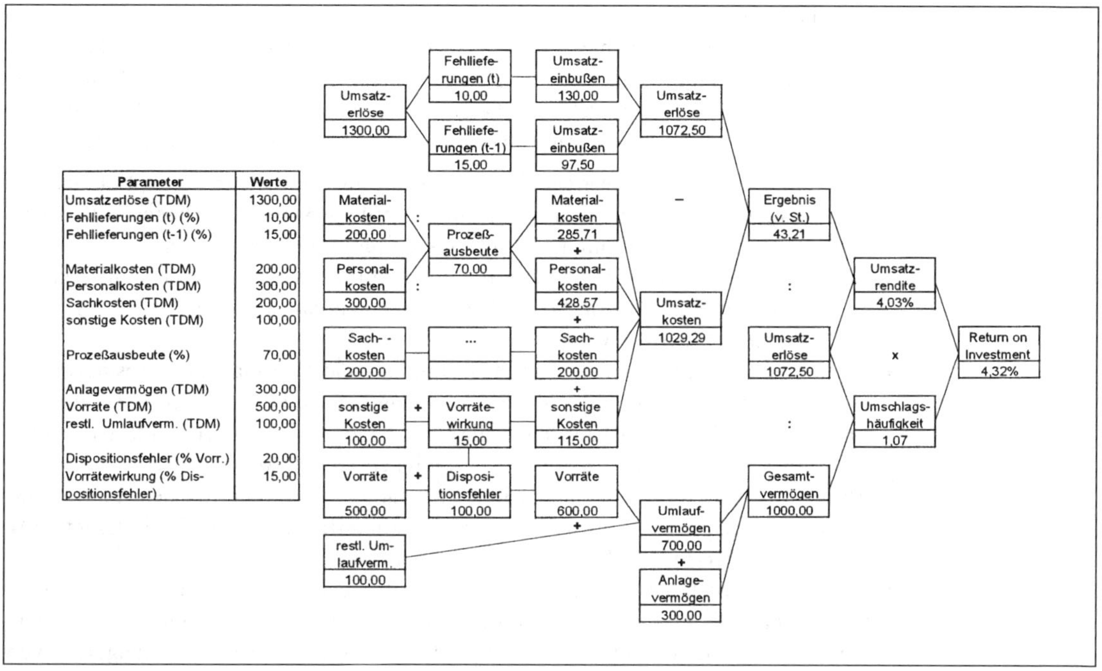

Abb. 18.11: Verknüpfung finanzieller und nicht-finanzieller Kennzahlen

Kundenorientierung der Analyse

Ausgangspunkt der Analyse qualitätsbezogener Kennzahlen sollte, wie bereits betont wurde, die Kundenperspektive sein. Folglich sollten Parameter, wie z.B. Kundenzufriedenheit, die unmittelbarer Qualitätsindikator der vom Unternehmen gebotenen Leistung sind, möglichst in das Kennzahlensystem integriert werden. Die erreichte Unternehmensposition und die relative Stellung zu den Wettbewerbern hinsichtlich der erhobenen Kennzahlen zur Kundenzufriedenheit und Kundenbindung kann für Analysezwecke zu Kundenprofilen verdichtet werden. Dabei werden für jeden Anbieter in einer bestimmten Branche bei den untersuchten Parametern (z.B. Globalzufriedenheit, Wiederwahl, Weiterempfehlung etc.) deren Abweichungen zum jeweiligen Mittelwert des Branchendurchschnitts dargestellt (vgl. Deutsche Marketing-Vereinigung e.V. (Hrsg.) [1994], S. 75). Durch die Einbindung derartiger nicht-finanzieller Qualitätskennzahlen in ein Rentabilitätskennzahlensystem wird insbesondere die Controllingperspektive einer qualitätsbezogenen Bewertung im Unternehmen erweitert. Dies erscheint vor allem unter dem Aspekt notwendig, Veränderungen der Qualitätsfähigkeit eines Unternehmens beispielsweise auch für die Schaffung gruppenbezogener Leistungsanreize zu nutzen. Erforderliche Anpassungen bzw. Ergänzungen der verwendeten Qualitätskennzahlen könnten z.B. aus den aktuellen Beurteilungskategorien von Qualitätspreisen (z.B. Malcolm Baldrige Award, European Quality Award, Bayerischer Qualitätspreis) abgeleitet werden.

Quality Performance-Index

Für die Erfüllung der betrieblichen Steuerungsaufgaben erscheint es zweckmäßig, die Veränderungen der untersuchten Leistungsmaßstäbe in geeigneter Form zu dokumentieren. In einem der Nutzwertanalyse vergleichbaren Verfahren kann ein sog. **Quality Performance-Index** für die betreffende Organisationseinheit ermittelt werden (vgl. Lee [1992], S. 62 ff.). Folgende Schritte sind hierbei durchzuführen (vgl. Abb. 18.12):

- Auswahl geeigneter nicht-finanzieller Leistungsmaßstäbe, für deren Entwicklung möglichst eindeutige organisatorische Verantwortungsbereiche vorliegen, z.B. Steuerung der Lieferfähigkeit durch ein Auftragszentrum im Unternehmen.
- Ermitteln unternehmensspezifischer Bandbreiten für die einzelnen Leistungsmaßstäbe, z.B. Lieferfähigkeit von 90–100 %. Der Maximalwert könnte dabei z.B. über Benchmarking generiert werden.
- Der Bereich zwischen den angestrebten Minimal- und Maximalwerten des jeweiligen nicht-finanziellen Leistungsparameters wird durch einen Performance-Index in Intervalle zerlegt. Zusätzlich kann auch die vom Unternehmen gewünschte Normalleistung festgelegt werden, z.B. eine Lieferfähigkeit von 95 %.
- Aktuelle Istwerte der betrachteten Leistungsparameter werden mit dem hierfür vorgesehenen Performance-Index bewertet. Der Lieferfähigkeit von 94 % könnte z.B. der Performance-Index PI = 4 zugewiesen werden.
- Falls im Unternehmen mehrere nicht-finanzielle Leistungsparameter analysiert werden, könnten die jeweils erreichten Performance-Indizes durch (subjektive) Gewichtung zu einem Gesamtindex (im Beispiel: 2,0 + 1,2 + 2,8 = 6,0) zusammengefaßt werden.

	Quality Performance-Index (QPI)	Lieferfähigkeit (%)	Lieferzeit (Std.)	Reklamationen (%)
optimal	10	100	2	0,0
	9	99	6	0,5
	8	98	10	1,0
	7	97	15	1,5
	6	96	18	2,0
normal	5	95	21	2,5
	4	94	25	3,0
	3	93	28	3,5
	2	92	30	4,0
	1	91	34	4,5
minimal	0	90	40	5,0
Istwerte		95	18	1,5
Performance-Index		5	6	7
Gewichtung		0,4	0,2	0,4
QPI (gesamt)	6,0	2,0	1,2	2,8

Abb. 18.12: Messung des Quality Performance-Indexes (QPI)

Kritik

Die praktische Anwendung der beschriebenen Vorgehensweise beinhaltet gewisse methodische Probleme und Schwächen, die z.B. auf den unterschiedlichen Skalierungen der untersuchten Leistungsparameter beruhen. Dennoch kann dieses Konzept dazu beitragen, die Bedeutung der nicht-finanziellen »Treiberebene« für den finanziellen Unternehmenserfolg nachhaltig zu betonen.

F. Implementierung qualitätsbezogener Kosten und Kennzahlen im Unternehmen

Die Qualität der vom Unternehmen angebotenen Leistung wird im Zusammenwirken mit den Zulieferern und Kunden realisiert. Eine solche horizontale Ablaufperspektive legt es nahe, die Erfüllung qualitätsbezogener Aufgaben und die damit verbundenen Kosten prozeßorientiert zu analysieren. Vor diesem Hintergrund ergeben sich bei der Festlegung der Inhalte qualitätsbezogener Kosten und Kennzahlen weitere spezifische Selektionskriterien.

I. Prozeßorientierte Analyseperspektive

Prozeßorientierte Qualitätskostenanalyse

Folgende Anwendungsschwerpunkte kennzeichnen eine **prozeßorientierte Qualitätskostenanalyse:**

- Qualität als Bestandteil betrieblicher Wertschöpfung kann explizit in der Kalkulation nachgebildet werden.
- Die Wirtschaftlichkeit qualitätssichernder Maßnahmen kann durch die Bildung innerbetrieblicher Verrechnungspreise im Rahmen der Prozeßkostenrechnung gesteigert werden.
- Durch die Leistungsmessung können aus den Prozeßkostensätzen Anregungen für die Gestaltung kontinuierlicher Prozeßverbesserungsmaßnahmen im Unternehmen gewonnen werden.

Die betrieblichen Prozesse sind fortlaufend daraufhin zu untersuchen, inwieweit sie für den zu schaffenden Kundennutzen von Bedeutung sind. Als Analyseinstrument kann hierzu die sog. **Prozeß-Wert-Analyse** eingesetzt werden (vgl. Fischer/Schmitz [1994b], S. 63). Hieraus ergeben sich Ansatzpunkte, wie die im Unternehmen ablaufenden Prozesse künftig noch effizienter gestaltet werden können. Für den Hauptprozeß »Kunden betreuen« könnten z.B. mögliche Fehlerursachen dokumentiert werden: falsche Termine, falsche Menge, falsche Ware oder Betriebsfehler. Letztere könnten wiederum weiter untersucht werden bezüglich der durch Rohmaterial, Maschinentoleranz, falsche Arbeitsanweisungen oder Werkzeug bedingten Fehler.

II. Auswertung von Kennzahlen

Auswahl von Kennzahlen

In Abhängigkeit von der Branchenzugehörigkeit und betriebsspezifischen Gegebenheiten existieren unterschiedliche qualitätsbezogene Einflußgrößen. Zur Auswahl geeigneter **Kennzahlen** sind spezifische Kriterien erforderlich, die z.B. wie folgt zusammengefaßt werden können (vgl. Thomas [1991], S. 91):

- im Unternehmen bereits verwendete Kennzahlen erheben,
- zusätzlich erforderliche Kennzahlen definieren,
- Hinterfragen jeder Kennzahl: »Führt eine Verbesserung dieser Kennzahl zu einer Leistungsverbesserung aus Kundensicht?«,
- eine Rangordnung der Kennzahlen bilden,
- pro Bereich maximal zehn Kennzahlen auswählen.

Wird dieser Methode gefolgt, so können weitere grundlegende Anforderungen an die Festlegung qualitätsorientierter Kennzahlen im Unternehmen gestellt werden. Qualitätskennzahlen sollten

- eine anerkannte Entscheidungsgrundlage bieten,
- allgemein verständlich sein,
- ebenenübergreifend anwendbar sein (d.h. auf Geschäftsbereichs-, Werks-, Abteilungs- und Kostenstellenebene),
- einheitlich interpretierbar sein,
- wirtschaftlich im Unternehmen erfaßbar und
- eindeutig beeinflußbar sein.

Das Kriterium »einheitliche Interpretierbarkeit« setzt voraus, daß auf verschiedenen Hierarchieebenen im Unternehmen Kennzahlen gleichen Inhalts implementiert werden, die z.B. auf Hauptprozeß- und Teilprozeßebene weiter verfeinert und aufgeschlüsselt werden. Das Kriterium »eindeutige Beeinflußbarkeit« erfordert, daß für jede zu realisierende Kundenanforderung gleichzeitig für die internen Leistungsträger ein entsprechender Bewertungsmaßstab definiert wird. Das Qualitätsmerkmal »Reaktionsschnelligkeit« könnte beispielsweise durch die Anzahl der von den Vertriebsmitarbeitern fristgerecht abgegebenen Angebote gemessen werden (vgl. Kordupleski/Rast/Zahorik [1994], S. 68).

Die Qualität der Unternehmensleistung sollte aus möglichst unterschiedlichen Perspektiven dokumentiert werden, z.B. aus Personal-, Organisations- und Kundenperspektive (Konzept der sog. »Balanced Scorecard«, vgl. Kap. 20). Bei der Gestaltung von Kennzahlensystemen sollten die ausgewählten Kennzahlen möglichst in der Weise verfeinert werden können, daß auch nachgeordnete, unternehmensinterne Instanzen noch ihren Beitrag bei der Realisierung kundenbezogener Qualitätsziele erkennen können.

Abkürzungsverzeichnis

μ	Erwartungswert
ε	Toleranzwert, -zone
σ^2	Varianz
A_0	Verlust (durch Fehlerfolgekosten)
d_0	Spezifikationsgrenze
i	Anzahl der durchlaufenen Verbesserungs- bzw. Halbwertszyklen
k	Qualitätsverlust-Koeffizient
L(y)	Verlustfunktion in Abhängigkeit von y
$L_{ø}(y)$	durchschnittlicher Verlust
n	Stichprobenumfang
ppm	parts per million
QFD	Quality Function Deployment
QPI	Quality Performance-Index
RoI	Return on Investment
S^2	Stichprobenvarianz
t	(Analyse-)Zeitpunkt
t_H	Halbwertszeit
t_0	Ausgangszeitpunkt
y	Istwert, Merkmalsausprägung
y_i	i-te Liefermenge
$\overline{y}$	arithmetisches Mittel der Ausprägungen von y
Y_{min}	angestrebter Zielwert (Fehlerniveau)
Y_t	Meßwert des Leistungsparameters (Fehlerniveaus) zum Zeitpunkt t
Y_{t_0}	Ausgangswert des Leistungsparameters (Fehlerniveaus)
z	Zielwert

Kontrollfragen

1) Nennen Sie die traditionellen Qualitätskostenarten!
2) Welche Kritikpunkte ergeben sich bezüglich der traditionellen Systeme der Qualitätskostenrechnung?
3) Was versteht man unter Übereinstimmungskosten?
4) Was versteht man unter Abweichungskosten?
5) Welcher Zusammenhang besteht zwischen der Komponenten-/Funktionen-Matrix im Target Costing und den Qualitätsplänen des Quality Function Deployment (QFD)?
6) Grenzen Sie Produkt- und Kundenlebenszykluskosten voneinander ab!
7) Inwiefern beeinflussen länger dauernde Geschäftsbeziehungen die Profitabilität des Unternehmens?
8) Definieren Sie Fehlerfolgekosten!
9) Welche Konzepte können zur monetären Bewertung von Fehlerfolgekosten verwendet werden?
10) Erläutern Sie wesentliche Bestandteile qualitätsbezogener Transaktionskostenarten!
11) Erläutern Sie die Grundaussage des Half-Life-Konzepts!
12) Worin besteht der wesentliche Unterschied zwischen dem Basismodell des Half-Life-Konzepts und dem von SCHNEIDERMAN modifizierten Ansatz?
13) Welche Verbindungen bestehen zwischen dem Konzept der Erfahrungskurve und dem Half-Life-Konzept?
14) Inwiefern können nicht-finanzielle Qualitätskennzahlen mit rentabilitätsorientierten Kennzahlensystemen im Unternehmen verbunden werden?
15) Welche grundlegenden Anforderungen sollten bei der Festlegung qualitätsorientierter Kennzahlen im Unternehmen berücksichtigt werden?

Literaturhinweise

Albers, S. (1992): Ursachenanalyse von marketingbedingten IST-SOLL-Deckungsbeitragsabweichungen, in: Zeitschrift für Betriebswirtschaft 1992, S. 199–223.

Albright, T. L./Roth, H. P. (1992): The Measurement of Quality Costs – An Alternative Paradigm, in: Accounting Horizons 1992, Heft 2, S. 15–27.

Albright, T. L./Roth, H. P. (1994): Managing Quality Through the Quality Loss Function, in: Journal of Cost Management 1994, 7. Jg., Heft 4, S. 20–28.

Benkenstein, M./Henke, N. (1993): Der Grad vertikaler Integration als strategisches Entscheidungsproblem, in: Die Betriebswirtschaft 1993, S. 77–91.

Biallo, H. (1993): Beschwerden – Fünfmal so teuer, in: Wirtschaftswoche 1993, Heft 16, S. 40–41.

Coenenberg, A. G./Fischer, T. M. (1996): Qualitätsbezogene Kosten und Kennzahlen, in: Wildemann, H. (Hrsg.) (1996): Controlling im TQM – Methoden und Instrumente zur Verbesserung der Unternehmensqualität, Berlin/Heidelberg 1996, S. 171–197.

Coenenberg, A. G./Fischer, T. M./Schmitz, J. (1997): Erfolgsfaktoren der Qualität und Instrumente zur Analyse qualitätsbezogener Kosten und Kennzahlen, in: Wildemann, H. (Hrsg.) (1997): Qualität und Unternehmenserfolg – Neue Lösungen und Fallbeispiele, München 1997, S. 57–95.

Coenenberg, A. G./Schmitz, J. (1996): Elemente des Qualitätscontrolling, in: Wildemann, H. (Hrsg.) (1996): Controlling im TQM – Methoden und Instrumente zur Verbesserung der Unternehmensqualität, Berlin/Heidelberg 1996, S. 11–31.

Deutsche Marketing-Vereinigung e.V. (Hrsg.) (1994): Das Deutsche Kundenbarometer 1994 – Eine Studie zur Kundenzufriedenheit in der Bundesrepublik Deutschland, Düsseldorf 1994.

Fischer, T. M./Schmitz, J. (1994a): Ansätze zur Messung von kontinuierlichen Prozeßverbesserungen – Aufbau und Anwendung des Half-Life Konzeptes im Unternehmen, in: Controlling 1994, S. 196–203.

Fischer, T. M./Schmitz, J. (1994b): Marktorientierte Kosten- und Qualitätsziele gleichzeitig erreichen, in: io Management Zeitschrift 1994, Heft 10, S. 63–68.

Fischer, T. M./Schmitz, J. (1995): Half-Life-Konzept, in: Controlling 1995, S. 139.

Fröhling, O. (1993a): Strategische Qualitätsfehlerfolgekosten – Ein Beispiel zur Ermittlung entgehender Deckungsbeiträge, in: Kostenrechnungspraxis 1993, S. 101–110.

Fröhling, O. (1993b): Zur Ermittlung von Folgekosten aufgrund von Qualitätsmängeln, in: Zeitschrift für Betriebswirtschaft 1993, S. 543–568.

Garvin, D. A. (1993): Building a Learning Organization, in: Harvard Business Review 1993, Heft 4, S. 78–91.

Howell, R. A./Soucy, S. R. (1987): Operating Controls in the New Manufacturing Environment, in: Management Accounting 1987, 69. Jg., Heft 4, S. 25 -31.

Hutchins, D. (1992): Achieve Total Quality, Cambridge 1992.

Johnson, H. T. (1992): Relevance Regained – From Top-Down Control to Bottom-Up Empowerment, New York 1992.

Kordupleski, R. E./Rast, R. T./Zahorik, A. J. (1994): Qualitätsmanager vergessen zu oft den Kunden, in: Harvard Business Manager 1994, Heft 1, S.65–72.

Lee, J. Y. (1992): How to Make Financial and Nonfinancial Data Add Up, in: Journal of Accountancy 1992, Heft 9, S. 62–66.

Masser, W. J. (1957): The Quality Manager and Quality Costs, in: Industrial Quality Control 1957, Heft 4, S. 5–8.

Phadke, M. S. (1990): Quality Engineering Using Robust Design, dt. Übersetzung von G. Liesegang u.a., München 1990.

Picot, A. (1991): Ein neuer Ansatz zur Gestaltung der Leistungstiefe, in: Zeitschrift für betriebswirtschaftliche Forschung 1991, S. 336–357.

Rapp, R. (1994): Kundenzufriedenheit durch Servicequalität, Enschede 1994.

Schmitz, J. (1996): Qualitätscontrolling und Unternehmensperformance – Eine theoretische und empirische Analyse, München 1996.

Schneiderman, A. M. (1988): Setting Quality Goals, in: Quality Progress 1988, Heft 4, S. 51–57.

Seghezzi, H. D./Fries, S./Reiner, T. (1992): Es ist noch ein weiter Weg zum Qualitätsmanagement, in: io Management Zeitschrift 1992, Heft 5, S. 52–56.

Taguchi, G. (1989): Introduction to Quality Engineering, dt. Übersetzung von W. Schweitzer/C. Baumgartner, München 1989.

Thomas, P. R. (1991): Getting Competitive, New York u.a. 1991.

Wildemann, H. (1992): Kosten- und Leistungsbeurteilung von Qualitätssicherungssystemen, in: Zeitschrift für Betriebswirtschaft 1992, S. 761–782.

Sechster Teil: Kosten- und Ergebnissteuerung in divisionalisierten Unternehmen

19. Kapitel: Verrechnungspreise

A. Bedeutung von Verrechnungspreisen

Die wissenschaftliche Auseinandersetzung mit dem Themenkomplex der Verrechnungspreise hat für die Betriebswirtschaftslehre eine sehr lange Tradition. Selbst wenn Schmalenbach schon 1903 in seiner Habilitationsschrift das Problem der zutreffenden Preise für Lieferungen und Leistungen zwischen verschiedenen Bereichen innerhalb eines Unternehmens diskutierte, handelt es sich hierbei nach wie vor um eine aktuelle betriebswirtschaftliche Fragestellung.

Dies läßt erkennen, daß die sich dahinter verbergende Problematik als nicht gelöst betrachtet werden kann. Vielmehr ergeben sich immer neue Aspekte: Wurde die Thematik lange Zeit als analytisches Problem angegangen, so treten in heutiger Zeit immer mehr organisatorische und psychologische Elemente in den Vordergrund.

Verrechnungspreise müssen vom internen Rechnungswesen ermittelt werden, um die innerhalb des Unternehmens gelieferten Produkte bzw. geleisteten Dienste zu »gerechten« Preisen zu transferieren. Allerdings resultiert diese Problematik weniger aus Entwicklungstendenzen im Rechnungswesen als vielmehr aus der Existenz bestimmter Organisationsstrukturen. Deshalb sind Verrechnungspreise immer im Zusammenhang mit der jeweils vorherrschenden Organisationsform zu diskutieren.

B. Begriffsabgrenzung

Verrechnungspreise

Verrechnungspreise gelten in der betriebswirtschaftlichen Literatur als nicht genau definiert, so daß dem großen Umfang der wissenschaftlichen Diskussion entsprechend eine ebenso große Zahl von Definitionen und Erklärungsversuchen existiert. Für SCHMALENBACH ([1909], S. 167) ist der Verrechnungspreis ein »eigenartiger Preis«, der sich durch die Bewertung der gegenseitigen Leistungen ergibt, wenn einzelne Teile eines Unternehmens »in einen rechnerischen Verkehr treten«. Daran hat sich bis heute nichts Wesentliches geändert, denn betriebliche Verrechnungspreise sind immer dann anzusetzen, wenn unternehmensinterne Lieferungen und Leistungen transferiert werden. Dabei können drei Fälle auftreten:

(a) Lieferungen zwischen einzelnen Kostenstellen,
(b) Lieferungen zwischen in sich abgeschlossenen Werken, Bereichen oder Geschäftseinheiten,
(c) Lieferungen zwischen rechtlich selbständigen Konzernunternehmen.

Konzernverrechnungspreise

Bei letzteren handelt es sich um Konzernverrechnungspreise, deren Spezifikum ihre zivilrechtliche und steuerrechtliche Relevanz ist, da sie effektiv zwischen zwei Unternehmen beglichen werden müssen.

Oft findet man Kritik an der Begriffswahl »Verrechnungspreis«, da hier keine Preise im eigentlichen Sinne vorliegen, und so werden auch andere Begriffe, wie Verrechnungswerte, Bereichsabgabepreise, Lenk- oder Lenkungspreise, Transferpreise oder Knappheitspreise, vorgeschlagen.

Definition

Hier soll unter einem **Verrechnungspreis** ein Wert verstanden werden, der bei der internen Erfassung für den Transfer von Gütern oder Dienstleistungen bzw. die Nutzung gemeinsamer Ressourcen und Märkte zwischen wirtschaftlich selbständigen Bereichen innerhalb eines Unternehmens angesetzt wird.

C. Aufgaben und Ziele von Verrechnungspreisen

Der Verrechnungspreis kann als eine »Instrumentvariable im Dienste verschiedenster Zielsetzungen« (Gschwend [1987], S. 69) gesehen werden, da der Wertansatz von den jeweils im Vordergrund stehenden Zielsetzungen abhängt.

Aufgaben

Hier werden drei Hauptaufgaben unterschieden:

(1) Abrcchnungs- und Planungsfunktion,
(2) Lenkungsfunktion,
(3) Erfolgszuweisungsfunktion.

(1) Abrechnungs- und Planungsfunktion

Abrechnungsfunktion

Die **Abrechnungsfunktion** von Verrechnungspreisen wird oft als selbstverständlich hingenommen. Gemeint ist dabei vor allem die Ermittlung von Inventurwerten für die handels- und steuerrechtliche Bilanzierung (vgl. Coenenberg [1973], S. 374), die jedes Kostenrechnungssystem und somit auch jedes Verrechnungspreissystem ermöglichen muß. Darüber hinaus sollen Betriebsabrechnung und Kalkulation vereinfacht und die Ermittlung von Preisgrenzen erleichtert werden.

Planungsfunktion

Im Rahmen der **Planungsfunktion** müssen Verrechnungspreise, sofern sie für bestimmte Zeiträume bekannt sind, Daten für die Kostenkalkulation der betrieblichen Leistungserstellung liefern, Preiskalkulationen für neu auf den Markt kommende Produkte ermöglichen sowie Entscheidungsgrundlagen für die Wahl zwischen Fremdbezug und Eigenfertigung bis hin zur Gewinnverlagerung zwischen Konzernunternehmen bereitstellen.

(2) Lenkungsfunktion

Lenkungsfunktion

Die zentrale Aufgabe, nämlich die Erreichung eines Gesamtoptimums für das Unternehmen, läßt sich aus dem betriebswirtschaftlichen Ziel der Gewinnmaximierung ableiten. Als Lenkpreise sollen Verrechnungspreise kurzfristig knappe Produktionsfaktoren, d.h. vor allem die vorhandenen Kapazitäten und die personelle Betriebsbereitschaft, aber auch Investitionsmittel, einer optimalen Nutzung zuführen und langfristig die selbständigen Teilbereiche im Hinblick auf das Gesamtunternehmensziel steuern. Ziel der Verrechnungspreise muß also sein, den Marktmechanismus auf das einzelne Unternehmen zu übertragen (pretiale Lenkung nach Schmalenbach).

EXKURS: Pretiale Lenkung nach Schmalenbach

Pretiale Lenkung

Der Begriff der pretialen Lenkung geht auf SCHMALENBACH ([1948a und 1948b]) zurück, der in seinen Ausführungen als Einleitung zur Lenkungsproblematik eine »optimale Geltungszahl« definiert als »die Zahl, die wir bei verschiedenen Gütern ansetzen müssen, um angesichts der Vielheit der Güter die richtigen Entscheidungen treffen zu können. Richtige Entscheidung ist diejenige Zahl, die den höchsten Grad der Wirtschaftlichkeit verspricht« (Schmalenbach [1948a], S. 14). Die optimale Geltungszahl wird, in starker Anlehnung an die Preistheorie, durch den Schnittpunkt von Grenzkosten- und Grenznutzenkurve wiedergegeben, wobei der Lenkpreis der pretialen Geltungszahl entsprechen muß. SCHMALENBACH versteht unter Lenkpreis einen Verrechnungspreis, »der den besonderen Zweck hat, die Maßnahmen eines Betriebes oder einer Dienststelle, insbesondere alle vorkommenden Wahlvorgänge, mit dem Ziele optimaler Wirtschaft zu beeinflussen« (Schmalenbach [1948b], S. 9). Dabei soll den einzelnen Unternehmenseinheiten Entscheidungsfreiheit gewährt werden, um diese dann an ihren Teilbereichserfolgen zu messen. Mit Hilfe des Prinzips der pretialen Lenkung soll durch die Implantierung eines der gesamtwirtschaftlichen Marktpreisbildung für Güter und Dienstleistungen ähnlichen Prozesses erreicht werden, daß die dezentralen Teilbereiche durch Optimierung ihres Gewinns das Gesamtergebnis des Unternehmens optimieren.

(3) Erfolgszuweisungsfunktion

Erfolgszuweisungsfunktion

Neben der Lenkungsfunktion stellt die Erfolgszuweisungsfunktion die zweite Hauptaufgabe der Verrechnungspreise dar. Innerhalb eines organisatorischen Rahmens, der durch selbständige Teilbereiche (Sparten, Divisionen, Geschäftsbereiche, Profit Center etc.) gekennzeichnet ist, soll durch die Wahl eines geeigneten Verrechnungspreises die Erfolgszuweisung, d.h. die Spaltung des Gesamtunternehmenserfolgs in einzelne Teilergebnisse, gewährleistet sein. Die Zuordnung des Teilerfolgs auf die Divisionen soll deren Selbständigkeit fördern und zu höherer Motivation aufgrund größerer Einflußmöglichkeiten führen. Letztendlich soll der Gewinn der einzelnen Bereiche deren Ergebnisbeitrag zum Gesamtergebnis darstellen. Wenn die Erfolgszuweisung über den reinen Motivationsaspekt hinausgehen soll, können das Gehalt der Führungsebene und auch eventuell Zulagen für alle Mitarbeiter des Bereichs an das Teilergebnis gekoppelt sein. Häufig ist auch ein an den Erfolgsausweis gekoppeltes Prämiensystem vorhanden, das allerdings ein funktionierendes Kontrollrechnungssystem bedingt. Für die Divisionen sollen trotz eventuell fehlender Marktbeziehungen sinnvolle Entscheidungen auf der Beschaffungs- wie der Absatzseite getroffen werden können, wobei bei nicht vorhandenen Marktpreisen oft nur unbefriedigende Ersatzlösungen möglich sind.

Wirtschaftlichkeitskontrolle

Mit der Erfolgszuweisungsfunktion ist die Aufgabe der **Wirtschaftlichkeitskontrolle** verbunden, die dadurch vereinfacht wird, daß die feststellbaren Abweichungen zwischen Soll und Ist ausschließlich auf Mengenabweichungen beruhen müssen, wenn die Bewertung von Soll- und Ist-Mengen der Güter mit festen Verrechnungspreisen erfolgt.

Zielantinomien

Ziel der Lenkungsfunktion ist die Erreichung eines Gesamtoptimums für das Unternehmen, die Erfolgszuweisungsfunktion führt über die Möglichkeit eigener Entscheidungen durch die Teilbereiche zu Teiloptima. Wenn zwischen den Bereichen Interdependenzen bestehen, kann dies durchaus zu Zielantinomien führen.

Zielerreichung bei der Bestimmung von Verrechnungspreisen		
Lösung / Funktion	zentral	dezentral
Lenkungsfunktion	Erreichung des Gesamtoptimums	Erreichung der Bereichsoptima, nicht jedoch des Gesamtoptimums
Erfolgszuweisungs-funktion	Bereichserfolg nicht meßbar → geringe Motivation	Bereichserfolg meßbar → hohe Motivation

Abb. 19.1: Zielerreichung bei der Bestimmung von Verrechnungspreisen

Fall A: Es liegen keine Verflechtungen vor:

In diesem Fall sind die Entscheidungen der verschiedenen Geschäftsbereiche voneinander unabhängig. Es besteht auch kein Koordinationsproblem, da eine Gewinnmaximierung in den Teilbereichen automatisch zum Gesamtoptimum führt, allerdings besteht auch keine Möglichkeit der Realisierung von Synergievorteilen.

$$\Sigma \text{ Teiloptima} = \text{Gesamtoptimum}$$

Fall B: Es sind Interdependenzen vorhanden:

Die Verflechtungen zwischen den Geschäftsbereichen können sich auf drei Ebenen ergeben:

1. Es liegen Lieferungs- und/oder Leistungsverflechtungen vor, d.h. die Bereiche sind sequentiell verknüpft.
2. Die Divisionen konkurrieren um gemeinsame knappe Ressourcen (Kapital, EDV-Service etc.).
3. Die Divisionen konkurrieren um gemeinsame Absatzmärkte.

Für diese drei Fälle könnte ein unkoordiniertes Handeln der Divisionen dazu führen, daß eine individuelle Gewinnmaximierung nicht zum potentiellen Gesamtoptimum führt, da mögliche Verbundvorteile nicht genutzt werden.

$$\Sigma \text{ Teiloptima} < \text{potentielles Gesamtoptimum}$$

Nachfolgendes Beispiel verdeutlicht, daß bei einer bestimmten Kosten- und Preisstruktur durchaus Unterschiede zwischen der Summe der Teiloptima und dem Gesamtoptimum vorliegen können:

Beispiel 19.1: *Beispiel*

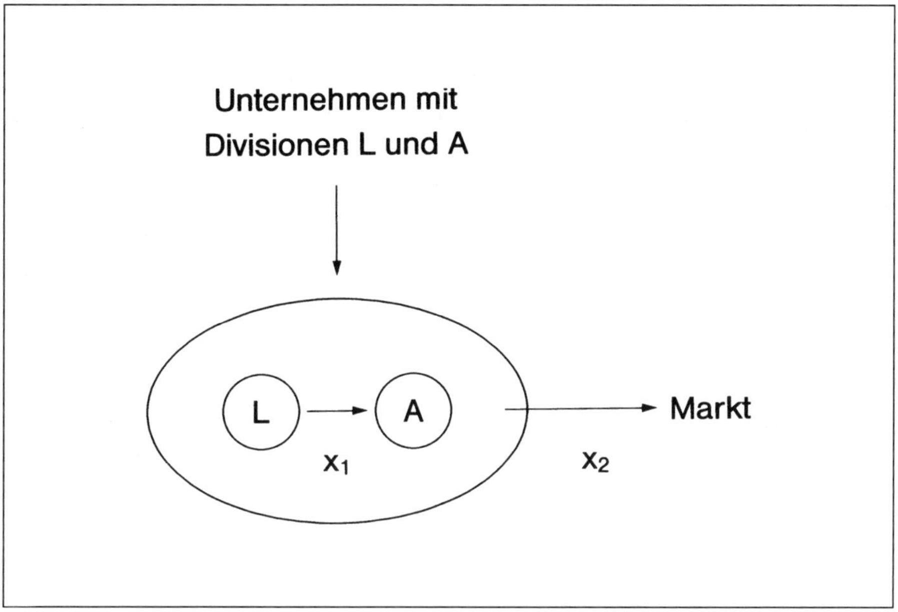

Abb. 19.2: Lieferbeziehungen der Divisionen L und A

Je Mengeneinheit x_2 wird eine Mengeneinheit x_1 benötigt.

Kosten der Lieferdivision $K_L = 1\,000 + 50\ x_1$
Kosten der Abnehmerdivision $K_A = 1\,000 + 30\ x_2$
$\text{Marktpreis}_{\text{Endprodukt}}$ (Absatzmenge) $p = f(x_2)$ sei gegeben

$x_1 = x_2$	K_L	K_A	$p\ (x_2)$	$E\ (x_2)$
100	6 000	4 000	200	20 000
200	11 000	7 000	180	36 000
300	16 000	10 000	150	45 000
400	21 000	13 000	140	56 000
500	26 000	16 000	120	60 000

1) Dezentrale Lösung *Dezentrale Lösung*

Annahme: L produziert ausschließlich für innerbetriebliche Zwecke und hat keinen Zugang zum Markt. Für x_1 wird von L autonom ein Verrechnungspreis von 80,– DM je Einheit festgesetzt.

(a) Entscheidungen der Lieferdivision L:

Kurzfristig stellt L jede beliebige Absatzmenge bereit, da der Deckungsbeitrag in jedem Falle positiv ist:

$$\text{Deckungsbeitrag pro Stück} = p - k_v = 80 - 50 > 0$$

Langfristig sollte das Ziel der Division L das Erreichen der Break-even-Menge x_0 sein:

$$x_0 = \frac{K_f}{DB} = \frac{1\,000}{80 - 50} = 33{,}33 \text{ Einheiten}$$

(b) Entscheidung der Abnehmerdivision A:

x_2	$E(x_2)$	K_A [a)]	$G(x_2)$
100	20 000	12 000	8 000
200	**36 000**	**23 000**	**13 000**
300	45 000	34 000	11 000
400	56 000	45 000	11 000
500	60 000	56 000	4 000

zu [a)]: incl. Materialkosten für x_1

Bei dieser Konstellation wird sich A für die Produktion von 200 Einheiten entscheiden. Somit stellt sich die Gewinnsituation wie folgt dar:

Entscheidung für 200 Einheiten:	
Ergebnis von L	5 000
Ergebnis von A	13 000
Gesamtergebnis	18 000

Zentrale Lösung

2) Zentrale Lösung

Die zentrale Lösung wird ermittelt, wie wenn es sich um ein Unternehmen mit zwei Produktionsabteilungen handeln würde:

x_2	$E(x_2)$	$\Sigma K_L, K_A$	$G(x_2)$
100	20 000	10 000	10 000
200	36 000	18 000	18 000
300	45 000	26 000	19 000
400	**56 000**	**34 000**	**22 000**
500	60 000	42 000	18 000

Die zentrale Lösung führt bei einer Ausbringungsmenge von 400 Mengeneinheiten zu einem Gesamtoptimum von 22 000 Geldeinheiten (GE). Somit entgeht dem Unternehmen bei dezentraler Optimierung ein Gewinn von 4 000 GE.

Fazit:

Fazit

Die dezentral getroffene Entscheidung führte nicht zum potentiellen Gesamtoptimum für das Unternehmen. Da die Kosten, die ausschließlich in der Division A anfallen, nicht beeinflußbar sind, hängt die Entscheidung der Division A zur Produktion von 200 Einheiten von der Wahl des Verrechnungspreises ab.

Bei der Differenz zwischen der Summe der Teiloptima und dem Gesamtoptimum handelt es sich um **Synergievorteile**, die durch eine gesamtbetriebliche Koordination zu sichern sind:

- Größenvorteile durch Marktmacht,
- niedrigere Produktionskosten infolge technologischer Größenvorteile,
- niedrigere Absatz- und Vertriebskosten,
- niedrigere Kapitalkosten,
- Sicherheit und Qualität der Belieferung,
- Geheimhaltung bei patentierten Produkten.

Das Ziel »Erreichung des potentiellen Gesamtoptimums« kann durch das Postulat »Dezentralisation soweit wie möglich, Zentralisation soweit wie nötig« ausgedrückt werden. In Frage kommende Transferpreise sind somit immer darauf zu überprüfen, wie sie die Lenkungs- bzw. die Erfolgszuweisungsfunktion verwirklichen.

D. Geschäftsbereichsorganisation als relevante Organisationsstruktur

Zu den weitreichendsten Entscheidungen der Unternehmensführung gehört die Wahl der Organisationsform eines Unternehmens, durch die den verschiedenen Unternehmensteilen ein verbindlicher Rahmen gegeben werden soll.

Geschäftsbereichsorganisation

Nach BÜHNER ([1996], S. 105 ff.) entstehen Organisationseinheiten durch die Zusammenfassung von Teilaufgaben des Unternehmens und die Zuordnung von Menschen und Sachmitteln. Dabei können entweder merkmalsgleiche Teilaufgaben zusammengefaßt (Zentralisation) oder getrennt (Dezentralisation) werden. Unter Geschäftsbereichsorganisation, für die oft synonym die Begriffe Spartenorganisation, Profit Center-Organisation (vgl. hierzu Frese [1990], S. 139 ff.), divisionale Organisation, Divisionalisierung etc. verwendet werden, versteht man eine Organisationsform, bei der eine Zentralisation nach Objektgesichtspunkten, d.h. nach Produkten, Kunden oder Regionen, vorgenommen wird und jeder Divisionsleiter innerhalb des Unternehmens für das Ergebnis seines Bereichs verantwortlich ist. Bei einer Geschäftsbereichsorganisation nach Produkten ist das Unternehmen in Teilbereiche zerlegt, die den gesamten betrieblichen Leistungserstellungsprozeß von der Beschaffung über die Produktion bis zum Absatz des ihnen zugeordneten Produkts umfassen (vgl. Abb. 19.3).

Voraussetzungen

Als Voraussetzungen für eine divisionale Organisationsstruktur gelten ein gewisser Geschäftsumfang (bei einer Unterteilung der Unternehmen nach Größenklassen ist eindeutig eine Tendenz in Richtung divisionalisierter Organisationsstruktur mit zunehmender Unternehmensgröße zu erkennen: vgl. hierzu Küpper/Winckler/Zhang [1990], S. 437), ein bestimmter Grad an Diversifikation sowie eine relative Unabhängigkeit der Bereiche. Die Geschäftsbereiche können juristisch selbständig und unselbständig sein,

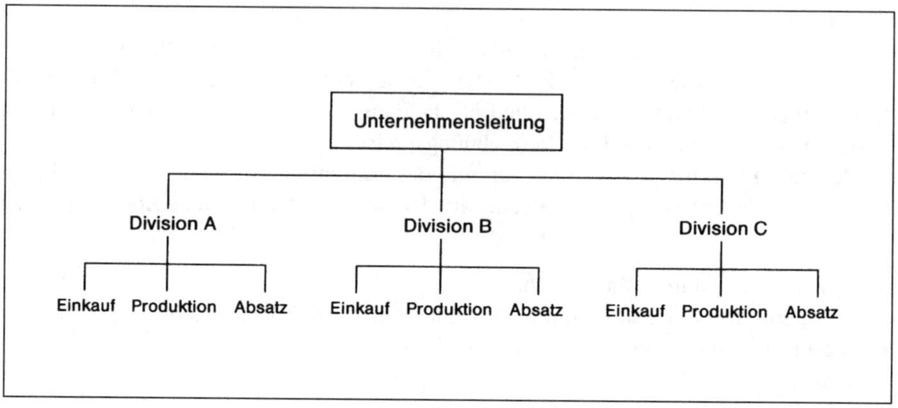

Abb. 19.3: Geschäftsbereichsorganisation

wichtig ist ihre wirtschaftliche Autonomie, d.h. sie müssen wie ein eigenes Unternehmen entscheiden und handeln können. Auch sollte die Verantwortlichkeit bezüglich des von den Geschäftsbereichen erzielten Erfolgs sichergestellt sein. Die Zentralbereiche müssen allerdings über geeignete Steuerungsmechanismen verfügen, um die Zusammenarbeit der Geschäftsbereiche effektiv gestalten zu können.

Ziele:

Die mit der Einführung einer divisionalen Organisation verfolgten Ziele können wie folgt untergliedert werden:

– Unternehmenserfolgsmaximierung

- Unternehmenserfolgsmaximierung
  Die Koordinationsaufgaben der Zentrale nehmen zu, so daß das Tagesgeschäft an erfolgsverantwortliche Divisionsleiter abgegeben wird, um strategische und langfristige Aufgaben besser wahrnehmen zu können. Durch die Konzentration auf ein Tätigkeitsgebiet werden in den Divisionen spezifische Qualifikationen besser genutzt.

– Anpassungsfähigkeit

- Anpassungsfähigkeit an Umfeldbedingungen
  Durch die Verlagerung von Kompetenzen auf die Divisionen und deren bessere Überschaubarkeit können Entscheidungen schneller getroffen werden, wodurch sowohl die strategische als auch die strukturelle Anpassungsfähigkeit steigt.

– Motivation

- Motivationseffekt
  Die den Bereichen gewährte Entscheidungsautonomie für das operative Geschäft sowie die Beteiligung an der Zielformulierung führen zu Motivationseffekten bei den Teilbereichsleitern. Die Bereiche sind selbständige »Unternehmen im Unternehmen« und tragen somit die Verantwortung für ihr Geschäft. Durch die Leitung einer Division werden Manager mit den für das Unternehmen wichtigen Erfolgskriterien vertraut gemacht.

– Erfolgszurechnung

- Erfolgszurechnung
  Aufgrund der Aufteilung in Profit Center kann eine Beurteilung der Bereiche am Spartenergebnis erfolgen. Für Abteilungen, deren direkter Erfolg aufgrund ihrer Stellung im Unternehmen schwer zu messen ist (z.B. Stabsabteilungen), müssen andere Wege zur Erfolgsmessung gefunden werden.

- Gewinnverlagerung
  Das oft in der Literatur behandelte Ziel der Gewinnverlagerung zur Minimierung der gesamten Steuerbelastung oder zur Verbesserung des Erfolgsausweises rechtlich selbständiger Teilbereiche soll hier nicht Gegenstand der Diskussion sein. Vielmehr stehen Überlegungen zur Wahl von Verrechnungspreisen zwischen rechtlich unselbständigen Abteilungen im Vordergrund. Am Ende des Kapitels wird der Problematik der Verrechnungspreise in internationalen Konzernen ein Abschnitt gewidmet.

– Gewinnverlagerung

Sofern sich diese Ziele verwirklichen lassen, stellen sie zugleich die **Vorteile** der Geschäftsbereichsorganisation dar.

Probleme

Allerdings muß auch beachtet werden, daß der Übergang zur divisionalen Organisationsform in der Regel Doppel- bzw. Mehrarbeit mit sich bringt, da in den verschiedenen Sparten oft die gleichen Funktionen eingerichtet werden (Verrichtungsdezentralisation) und dies meist gleichbedeutend mit einer Stellenvermehrung und erhöhten Personalkosten ist. Darüber hinaus ist die Gefahr von Synergieverlusten latent vorhanden.

Responsibility Center:

Je nach dem Umfang der Verantwortlichkeit können folgende Organisationseinheiten, auch Responsibility Center genannt, unterschieden werden: Cost Center, Expense Center, Revenue Center, Profit Center und Investment Center (vgl. Weilenmann [1989], S. 938, vgl. zum Profit Center-Konzept Frese [1990], S. 139 ff.).

(1) Cost Center

– Cost Center

Cost Center sind organisatorische Unternehmensteilbereiche, bei denen sich das Kontrollsystem ausschließlich auf die verursachten Kosten bezieht. Abrechnungstechnisch sind Kostenstellen Cost Center, aber auch Produktionsstätten ohne direkten Zugang zum Absatzmarkt fallen darunter. Die Verantwortlichen sind hier nur für die Effizienz der Leistungserstellung verantwortlich, die mit der Standardkostenrechnung und der Abweichungsanalyse überprüft werden kann (vgl. Kap. 14 und 15).

(2) Expense Center

– Expense Center

Die Leitung eines Expense Center ist lediglich für die angefallenen Ausgaben verantwortlich. Dies kann darauf zurückgeführt werden, daß Ausgaben leichter zu ermitteln sind als Kosten. Als Instrument zur Leistungsbemessung dient die Budgetkontrolle, wobei zu bemerken ist, daß eine Budgetunterschreitung nicht unbedingt erstrebenswert ist, da sie auch durch eine schlechte Erfüllung der Aufgaben bedingt sein kann.

(3) Revenue Center

– Revenue Center

Revenue Center sind dadurch gekennzeichnet, daß deren Leitung nur für die Erlösseite verantwortlich ist, da die Kosten zwar bei ihnen letztendlich in voller Höhe entstanden, nicht jedoch in ihrem Bereich verursacht worden sind.

– *Profit Center*

(4) Profit Center (vgl. auch Anthony/Govindarajan [1995], S. 142 ff.)

Zur Beurteilung der Leistung eines Profit Center werden sowohl die zuordenbaren Kosten als auch die Erlöse, d.h. sowohl Input als auch Output, herangezogen. Die genaue Definition ist abhängig vom Gewinnbegriff, der entweder historisch- oder tageswertorientiert, mit oder ohne außerbetriebliche Erfolge sowie vor oder nach Steuern definiert sein kann. Der Deckungsbeitrag eignet sich weniger zur Beurteilung, da er kurzfristig konzipiert ist, der Cash Flow orientiert sich an Mittelzu- bzw. -abflüssen (vgl. Weilenmann [1989], S. 939).

– *Investment Center*

(5) Investment Center (vgl. auch Anthony/Govindarajan [1995], S. 221 ff.)

Investment Center sind Bereiche mit Renditeverantwortung, d.h. auch Investitions- und Desinvestitionsentscheidungen können vom Bereichsleiter getroffen werden. Entscheidungen, die das langfristige Fremdkapital und das Eigenkapital betreffen, sind aber weiterhin bei der Unternehmensleitung angesiedelt (vgl. Abb. 19.4).

Organisationsformen	Instrumente zur Leistungsmessung
1. Cost Center Kostenorientierte Bereiche	Standardkostenrechnung Analyse der Kostenabweichungen
2. Expense Center Ausgabenorientierte Bereiche	Budgetkontrolle
3. Revenue Center Ertragsorientierte Bereiche	Analyse der Erlösabweichungen
4. Profit Center Bereiche mit Ergebnisverantwortung	Gewinn (Kosten- und Erlösabweichungen)
5. Investment Center Bereiche mit Renditeverantwortung	Return on Investment Residual Income

Abb. 19.4: Organisationsformen und Instrumente zur Leistungsmessung

Service Center

Eine Verselbständigung bezüglich aller geschäftsnotwendigen Bereiche würde wiederum dem Prinzip der Wirtschaftlichkeit widersprechen. Deshalb sind die Geschäftsbereiche durch Zentralbereiche zu ergänzen, die für die die Gesamtheit der Bereiche betreffenden Entscheidungen zuständig sind und die keine für den außerbetrieblichen Absatz bestimmten Leistungen erbringen. Hierzu zählen die Bereiche Finanzen, Controlling, Personal und Öffentlichkeitsarbeit. Eine Bündelung dieser Aufgaben führt zur Nutzung von Größendegressionseffekten und Spezialisierungsvorteilen. Diese Zentralbereiche, die Dienstleistungen für alle oder mehrere Geschäftsbereiche erbringen, sind **Service Center**, die im allgemeinen als Cost Center geführt werden. Eine derartige Ergänzung der Geschäftsbereiche entspricht dem Postulat »Dezentralisation soweit wie möglich, Zentralisation soweit wie nötig«.

Die Einführung einer Geschäftsbereichsorganisation impliziert zum einen die Schaffung kleiner Einheiten (Dekonzentration), mit deren Hilfe die gesamte Steuerung des Systems verbessert werden soll. Andererseits bedeutet Dezentralisation auch Delegation von Entscheidungskompetenzen und -verantwortung, durch die den kleineren Teileinheiten mehr Verantwortung bei ihrer Aufgabenerfüllung übertragen wird, was zu einer weiteren Verselbständigung führt.

Koordination der Teilbereiche

Eine nach Dezentralisationsgesichtspunkten ausgerichtete Organisationsform bedingt aber die **Koordination** der Teilbereiche, um das Ziel der Lenkung sinnvoll zu erfüllen. Allgemein formuliert sollen durch die Koordination Handlungen von Menschen innerhalb einer Organisation aufeinander abgestimmt werden, wobei nur in Verbindung stehende Bereiche zu koordinieren sind. Ob ein dezentralisiertes System der zunehmenden Komplexität der Anforderungen an die Unternehmensleitung Rechnung tragen kann, ist umstritten. ZIMMERMANN ([1974], S. 6) ist der Ansicht, daß mit zunehmender Dezentralisation die Möglichkeit der Existenz von Interdependenzen zunimmt. WELGE ([1975], S. 80) hingegen meint, daß bei der Verwirklichung der Profit Center-Struktur durch Decoupling horizontale Verbindungen eliminiert werden. Es dürften dann nur noch indirekte Interdependenzen existieren, da die selbständigen Divisionen um knappe Ressourcen konkurrieren.

Die Koordination der Entscheidungen kann über Verhaltensnormen erfolgen, bei denen explizite und implizite Verhaltensnormen unterschieden werden:

Explizite Verhaltensnormen

Explizite Normen stellen Regelungen dar, die für jeden Fall die Entscheidungsmodalitäten bestimmen. Allerdings werden somit die wichtigen Entscheidungen von der Zentrale getroffen, was dem Konzept der Dezentralisation widerspricht. Die Autonomie der Einheiten wird stark eingeschränkt. Da das Konzept der Divisionalisierung davon ausgeht, daß der Grad an Motivation und damit der Beitrag jeder Sparte zum Unternehmensganzen mit der Autonomie der Sparte und des Spartenmanagements wächst, sollte der Beitrag der Divisionen zum Gesamterfolg verursachungsgerecht zugerechnet werden.

Implizite Verhaltensnormen

Dieses Ziel versuchen **implizite Verhaltensnormen**, d.h. allgemeine Ziele, an denen Entscheidungen zu orientieren sind, zu erreichen. Ein mögliches Instrumentarium zur impliziten Koordination der Entscheidungen im Hinblick auf das Gesamtoptimum sind die Verrechnungspreise für Leistungs- und Lieferungstransfers und gemeinsame knappe Ressourcen, mittels derer die Erfolgszielsetzung der Sparten im Sinne des Gesamtunternehmensziels beeinflußt wird.

Aus obigen Ausführungen läßt sich unschwer die These ableiten, daß Verrechnungspreise kein Problem des internen Rechnungswesens, sondern vielmehr ein organisationspolitisches Problem sind (vgl. Albach [1974], S. 228 ff.).

Der Vorschlag, Verrechnungspreise im einzelnen durch die Zentrale festzulegen, widerläuft der Idee der Dezentralisation durch die Rückverlagerung der Entscheidungskompetenz. Allerdings können auch Kombinationen von expliziten und impliziten Normen sinnvoll sein.

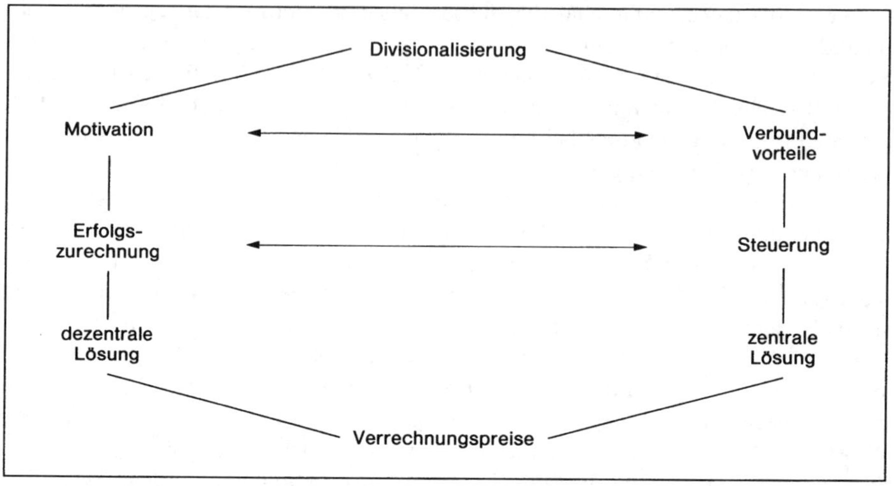

Abb. 19.5: Zentrale und dezentrale Lösung

E. Bestimmung der Verrechnungspreise

Kriterien

Nun stellt sich die Frage nach der bestmöglichen Ermittlung dieser Transferpreise zur optimalen Zielerreichung. RIEBEL/PAUDTKE/ZSCHERLICH ([1973], S. 29 ff.) führen **neun** Kriterien auf, nach denen Verrechnungspreise eingeteilt werden können:

- nach der Art des Zustandekommens,
- den sachlichen oder
- zeitlichen Orientierungsmöglichkeiten,
- den Kostengrößen,
- der Gültigkeitsdauer,
- der Einheitlichkeit bzw.
- Differenziertheit,
- der Mehrteiligkeit und
- den komplementären Verrechnungspreisarten.

Hier sollen nach der Darstellung theoretischer Verrechnungspreismodelle marktpreis- und kostenorientierte Verrechnungspreise unterschieden werden. Den nicht eindeutig zuordenbaren Verrechnungspreisarten sei der Punkt »Sonstige Verrechnungspreise« gewidmet.

I. Marktpreisorientierte Verrechnungspreise

Marktpreise

Ausgehend von der Idee der Divisionalisierung, nämlich der Verselbständigung der Abteilungen und der so gegebenen Möglichkeit, autonome Entscheidungen zu treffen, bietet sich die Wahl von Marktpreisen als Verrechnungspreise an. Die einzelne Division verhält sich somit wie ein selbständig am Markt agierendes Unternehmen, das Angebot bzw. Nachfrage an den gegebenen Preisen orientiert und sich als Mengenanpasser verhält. Durch die Verwendung von Marktpreisen wird der Marktmechanismus in geradezu idealer Weise auf das Unternehmen übertragen.

Beispiel

Im Beispiel 19.1 sei angenommen:

– Marktpreis p_1 = 80,– DM
– Kapazität L = 400 Stück

Wenn L und A unbeschränkten Marktzugang haben, führen zentrale und dezentrale Lösung zum selben Ergebnis:

Ergebnis Division L (= 400 × (80 – 50) – 1 000)	11 000
+ Ergebnis Division A (= 200 × (180 – 110) – 1 000)	13 000
= Gesamtergebnis	24 000

Bei dieser Lösung ist es prinzipiell gleichgültig, ob L und A intern oder extern liefern bzw. beschaffen, sofern dadurch keine Verbundvorteile verloren gehen. Durch die Übertragung des Marktpreises wird Äquivalenz zwischen interner und externer Lieferung hergestellt.

Voraussetzungen

Für die Realisierbarkeit dieser Übertragung muß allerdings ein **vollkommener Markt** vorherrschen, woran folgende Voraussetzungen geknüpft sind:

(a) Beide Divisionen (Liefer- und Abnehmerdivision) haben Zugang zum Markt.
(b) Es existiert ein externer Markt mit einem im relevanten Markt einheitlichen Marktpreis für die gehandelten Zwischengüter, die die internen Zwischengüter voll substituieren können.
(c) Die Marktkapazitäten sind sowohl auf der Absatz- wie auch auf der Beschaffungsseite unbeschränkt.
(d) Der Verrechnungspreis muß rechnerisch erfaßbare Verbundvorteile, die bei externer Lieferung bzw. externem Bezug entfallen, berücksichtigen. Darüber hinaus bestehen keine nicht rechnerisch erfaßbaren Verbundvorteile (wie z.B. mindere Qualität, Unsicherheit der Belieferung, Gefahr des Geheimnisverlusts etc.).
(e) Der Verrechnungspreis muß Marktpreisschwankungen angepaßt werden. Allerdings sind kurzfristig gültige Kampfpreise auf externen Märkten für die Verrechnungspreisbildung ungeeignet.

Vorteile

Der Hauptvorteil des Marktpreises als Verrechnungspreis ist, daß sowohl der Gewinn des Gesamtunternehmens optimiert wird als auch die Teilerfolge als von der jeweiligen Division erwirtschaftet betrachtet werden können. Die gewünschte Autonomie der Bereiche und die damit verbundene Kontrollierbarkeit der eigenen Erfolge wird gewährleistet. Darüber hinaus zeichnet sich der Marktpreis durch seine Objektivität und damit die geringe Manipulierbarkeit aus.

Anwendungsbereich

Generell kann gesagt werden, daß Marktpreise dann anwendbar sind, wenn sie die ökonomischen Konsequenzen alternativer (externer) Geschäfte der Divisionen ausdrücken, d.h., sie sind entgangener Erlös bei Verzicht auf ein externes Geschäft.

Wenn beide Divisionen einen unbeschränkten Zugang zum Markt haben, ist die Entscheidung für interne versus externe Lieferung bzw. Bezug für die Optimierung des Gesamtergebnisses nicht von Bedeutung. Allerdings ist zu beachten, ob Verbundvorteile nur bei interner Lieferung realisiert werden können.

Im folgenden wird anhand der fünf Voraussetzungen, ausgehend von einem Eingangsbeispiel, bei dem für beide Divisionen der unbeschränkte Marktzugang gegeben ist, untersucht, warum die oben genannten Voraussetzungen unabdingbar sind.

Beispiel

Ausgangspunkt für die Beispiele ist folgende Situation:

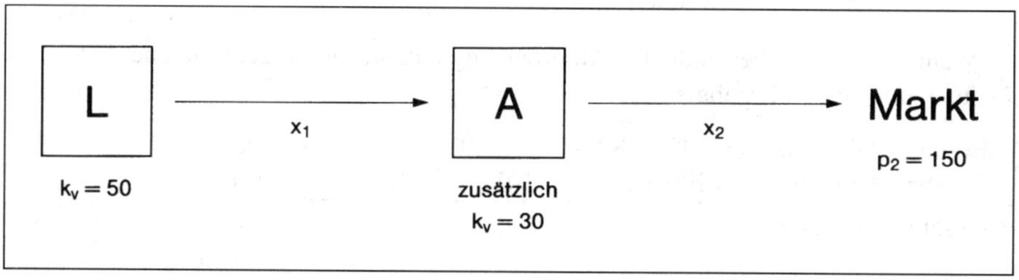

Abb. 19.6: Ausgangssituation des Beispiels

Für die Produktion von x_1 entstehen bei L variable Kosten in Höhe von 50 GE. A benötigt für die Produktion einer Einheit von x_2 eine Einheit des Vorprodukts x_1. Bei A fallen zusätzlich variable Kosten in Höhe von 30 GE an. Der Marktpreis für x_2 sei ein Datum und liege bei 150 GE.

Freier Marktzugang

1) Beide Divisionen (Liefer- und Abnehmerdivision) haben Zugang zum Markt.

Ist dieser Tatbestand erfüllt, so bleibt keine bessere Möglichkeit der Verrechnungspreisbestimmung als der Marktpreis: Wählt man einen höheren Betrag, so ist die kaufende Division benachteiligt, bei einem Transferpreis unter dem Marktpreis ist der liefernde Bereich schlechter gestellt.

Kein Marktzugang für L

(a) Die Lieferdivision hat keinen Marktzugang, die Abnehmerdivision hat Zugang zum Markt.

Da jede Division ihren Gewinn maximieren will, wird es nur zu einer Lösung, d.h. zur Produktion des Endprodukts, kommen, wenn sich der Marktpreis des Zwischenprodukts und somit dessen Verrechnungspreis zwischen den variablen Kosten der Lieferdivision und dem Marktpreis für das Endprodukt abzüglich der variablen Kosten der Abnehmerdivision bewegt.

	L	A
Variable Kosten k_v	50	30
$\text{Marktzugang}_{\text{Zwischenprodukt}}$	nein	ja
Kapazität	beliebig	beliebig
$\text{Preis}_{\text{Endprodukt}}$ (extern)		150
$\text{Preis}_{\text{Zwischenprodukt}}$ (extern)	–	130

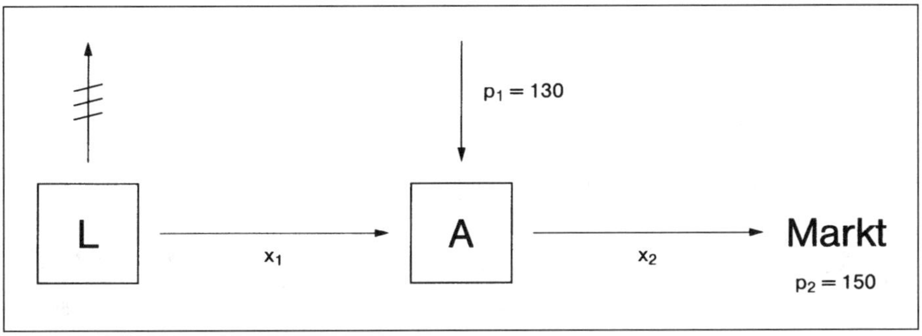

Abb. 19.7: Lieferdivision L hat keinen Marktzugang

Alternative	keine	keine
Entscheidungsregel	$p \geq 50$	$p \leq 150 - 30$
Stückdeckungsbeitrag bei $\text{Preis}_{\text{Zwischenprodukt}}$ als Verrechnungspreis	80	–10
Konsequenz	Nichtproduktion bei A $\Rightarrow$ L produziert nicht $\Rightarrow$ kein Gesamtoptimum	

Im Beispiel wird L zu jedem Preis $p > 50$ liefern, da dann ein positiver Deckungsbeitrag erzielt werden kann. A wird x_1 nur beziehen, wenn der Preis unter 120 liegt. Bei einem Preis von 130 würde das Unternehmen auf die Produktion von x_2 verzichten, obwohl insgesamt ein Deckungsbeitrag von 70 erzielt werden könnte. Jeder Preis p mit $50 \leq p \leq 120$ würde der Lenkungsfunktion gerecht werden, d.h. zum Gesamtoptimum führen und andererseits auch eine zutreffende Erfolgszuweisung auf die beiden Divisionen ermöglichen.

(b) Die Lieferdivision hat Zugang zum Markt, die Abnehmerdivision hat keinen Marktzugang.

Kein Marktzugang für A

	L	A
Variable Kosten k_v	50	30
$\text{Marktzugang}_{\text{Zwischenprodukt}}$	ja	nein
Kapazität	beliebig	beliebig
$\text{Preis}_{\text{Endprodukt}}$ (extern)		150
$\text{Preis}_{\text{Zwischenprodukt}}$ (extern)	80	–
Alternative	keine	keine
Entscheidungsregel	$p \geq 80$	$p \leq 150 - 30$
Stückdeckungsbeitrag bei $\text{Preis}_{\text{Zwischenprodukt}}$ als Verrechnungspreis	30	40
Konsequenz	Gesamtoptimum erreicht	

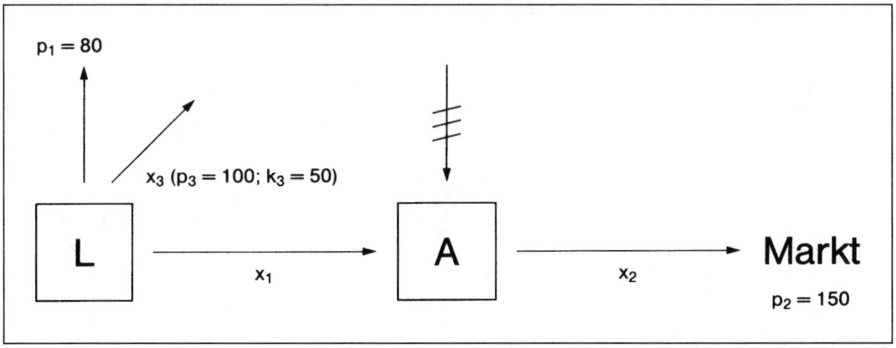

Abb. 19.8: Abnehmerdivision hat keinen Marktzugang (für (b) und (c))

In diesem Fall führt jeder Marktpreis, der die variablen Kosten der Lieferdivision übersteigt, zum Gesamtoptimum. Allerdings ist der Ergebnisbeitrag der einzelnen Abteilungen noch zu untersuchen: Liegt der Verrechnungspreis zwischen den variablen Kosten der Lieferdivision bzw. dem höheren Marktpreis für das Zwischenprodukt und dem Marktpreis für das Endprodukt abzüglich der variablen Kosten der Abnehmerdivision (im Beispiel für den Preis $80 \leq p \leq 120$), so gilt, daß eine Produktion durch die Abnehmerdivision zur Erhöhung des Gesamtoptimums führt.

Alternative für L

(c) Die Lieferdivision hat Zugang zum Markt und zusätzlich die Möglichkeit, dieselbe Menge eines anderen Produkts mit einem höheren Deckungsbeitrag herzustellen, die Abnehmerdivision hat keinen Marktzugang auf der Beschaffungsseite.

	L	A
Variable Kosten k_v	50	30
$Marktzugang_{Zwischenprodukt}$	ja	nein
Kapazität	beliebig	beliebig
$Preis_{Endprodukt}$ (extern)		150
$Preis_{Zwischenprodukt}$ (extern)	80	–
Alternative	$p_3 = 100; k_3 = 50$	keine
Entscheidungsregel	$p \geq 100$	$p \leq 150 - 30$
Stückdeckungsbeitrag bei $Preis_{Zwischenprodukt}$ als Verrechnungspreis	30	40
Konsequenz	Alternativ-$DB_L = 50$ ⇒ L produziert nicht ⇒ A kann nicht produzieren ⇒ kein Gesamtoptimum	

DB_L = Deckungsbeitrag der Lieferdivision

L wird zur Optimierung seines Bereichsergebnisses ausschließlich das alternative Produkt herstellen, da der Deckungsbeitrag beim alternativen Produkt mit 50 um 20 höher liegt. Das Gesamtoptimum wäre nur für den Fall erreicht, daß der Verrechnungspreis für das von L gelieferte Produkt größer als der Marktpreis des Alternativprodukts, aber noch kleiner als die Differenz zwischen dem Marktpreis für das Endprodukt und den variablen Kosten der Abnehmerdivision ist. Im Beispiel würde jeder Preis p mit $100 \leq p \leq 120$ die Lenkungsfunktion erfüllen und zudem eine Aufspaltung des Erfolgs ermöglichen.

Die dargestellten Situationen zeigen, daß der Marktpreis als Verrechnungspreis nur dann unkorrigiert übernommen werden kann, wenn die Voraussetzung eines Marktzugangs bei beiden Divisionen erfüllt ist. Selbst wenn in der Liefer- bzw. Abnehmerdivision Engpässe bestehen, hat dies keinen Einfluß auf die Anwendbarkeit des Marktpreises, wenn die anderen Bedingungen erfüllt sind, da auf den Markt zurückgegriffen werden kann.

2) *Es existiert ein externer Markt mit einem im relevanten Markt einheitlichen Marktpreis für die gehandelten Zwischengüter, die die internen Zwischengüter voll substituieren können.*

Einheitlicher Marktpreis

Für jeden einheitlichen Marktpreis werden sowohl die Liefer- wie auch die Abnehmerdivision ihren Gewinn maximieren, wodurch auch das Gesamtoptimum für das Unternehmen erreicht wird. Die beiden Abteilungen können wie unabhängige Unternehmen handeln, die an ihrem Teilerfolg gemessen werden können.

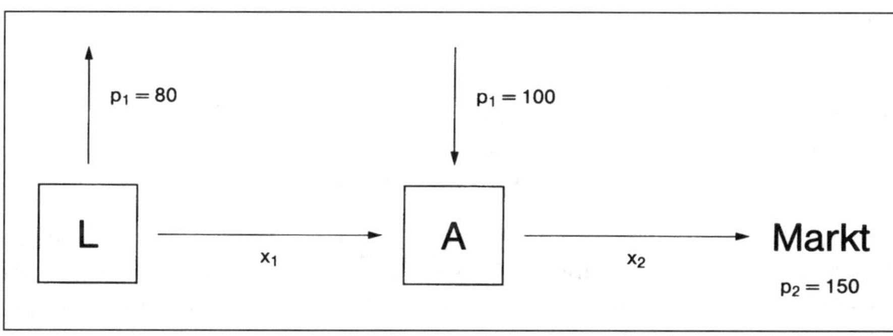

Abb. 19.9: Kein einheitlicher Marktpreis

Nun ist zu zeigen, welche Konsequenzen sich für den Verrechnungspreis ergeben, wenn die Bedingung eines einheitlichen Marktpreises nicht erfüllt ist:

Kein einheitlicher Marktpreis

(a)	L	A
Variable Kosten k_v	50	30
$\text{Marktzugang}_{\text{Zwischenprodukt}}$	ja	ja
Kapazität	beliebig	beliebig
$\text{Preis}_{\text{Endprodukt}}$ (extern)		150
$\text{Preis}_{\text{Zwischenprodukt}}$ (extern)	80	100

Alternative	keine	keine
Entscheidungsregel	$p \geq 80$	$p \leq 100$
Stückdeckungsbeitrag bei $Preis_{Zwischenprodukt}$ als Verrechnungspreis	$30 \leq x \leq 50$[a)]	$20 \leq x \leq 40$[a)]
Konsequenz	Gesamtoptimum erreicht	

zu [a)]: je nach Verrechnungspreis $80 \leq p \leq 100$

Für den Fall freier Kapazitäten bei L und A ist jeder Preis zwischen dem Marktpreis der Lieferdivision und dem der Abnehmerdivision (im Beispiel: $80 \leq p \leq 100$) für die Koordination der Bereiche anwendbar.

Kapazitätsbeschränkung bei L

(b)	L	A
Variable Kosten k_v	50	30
$Marktzugang_{Zwischenprodukt}$	ja	ja
Kapazität	beschränkt	beliebig
$Preis_{Endprodukt}$ (extern)		150
$Preis_{Zwischenprodukt}$ (extern)	80	100
Alternative	$p_4 = 90$; $k_4 = 50$	keine
Entscheidungsregel	$p \geq 90$	$p \leq 100$
Stückdeckungsbeitrag bei $Preis_{Zwischenprodukt}$ als Verrechnungspreis	$30 \leq x \leq 50$	$20 \leq x \leq 40$
Konsequenz	Alternativ-$DB_L = 40$ Gesamtopt. für $90 \leq p \leq 100$	

Hat die Lieferdivision beschränkte Kapazitäten, so wird sie nicht liefern, wenn durch die interne Lieferung ein niedrigerer Deckungsbeitrag als beim Alternativprodukt erwirtschaftet wird. Diese Aktion kann allerdings zur Suboptimierung des Gesamtgewinns führen.

Liegt der Preis für x_1 bei $p = 80$ und kann L z.B. ein Alternativprodukt x_4 zu variablen Kosten $k_4 = 50$ in gleicher Anzahl wie x_1 herstellen und zum Preis $p_4 = 90$ verkaufen, so wird sich L für x_4 entscheiden. A muß dann das Vorprodukt für 100 vom Markt beziehen, so daß der Gesamtdeckungsbeitrag bei 60 (40 + 20) liegt. Würde L x_1 an A liefern, so wäre das Gesamtoptimum von 70 erreicht.

Alternative für A

(c)	L	A
Variable Kosten k_v	50	30
$Marktzugang_{Zwischenprodukt}$	ja	ja
Kapazität	beliebig	beschränkt
$Preis_{Endprodukt}$ (extern)		150

$\text{Preis}_{\text{Zwischenprodukt}}$ (extern)	80	100
Alternative	keine	$p_5 = 60$; $k_5 = 30$
Entscheidungsregel	$p \geq 80$	$p \leq 90$
Stückdeckungsbeitrag bei $\text{Preis}_{\text{Zwischenprodukt}}$ als Verrechnungspreis	$30 \leq x \leq 50$	$20 \leq x \leq 40$
Konsequenz	Alternativ-$DB_A = 30$ Gesamtopt. für $80 \leq p \leq 90$	

DB_A = Deckungsbeitrag der Abnehmerdivision

Hat die Abnehmerdivision beschränkte Kapazitäten, so wird auch sie eine attraktivere Alternativproduktion vorziehen.

Liegt der Preis für x_1 bei $p = 100$ und kann A statt des Produkts x_2 ein Produkt x_5 für variable Kosten von $k_5 = 30$ zum Preis $p_5 = 60$ veräußern, so wird A auf den Bezug des Vorprodukts verzichten. Der Gesamtdeckungsbeitrag liegt dann bei 60 (30 + 30), im Gegensatz zum Gesamtoptimum von 70.

3) Die Marktkapazitäten sind sowohl auf der Absatz- wie auch auf der Beschaffungsseite unbeschränkt.

Unbeschränkte Marktkapazitäten

Wenn sowohl der Absatzmarkt für die Produkte der Lieferdivision unbeschränkt aufnahmefähig ist als auch die Abnehmerdivision in ihrer Bedarfsdeckung keine Einschränkungen erfährt, können die Bereiche autonome Entscheidungen treffen, die bei Erfüllung aller vorgenannten bzw. nachstehenden Bedingungen zum Gesamtoptimum führen.

Liegen Restriktionen vor, so muß versucht werden, die gesamte Produktionskapazität der Bereiche auf eine Weise auszuschöpfen, daß das Unternehmensoptimum erreicht wird.

(a) Die Marktaufnahmefähigkeit für die Lieferdivision ist beschränkt.

Beschränkte Marktaufnahmefähigkeit für L

Bei einem Verrechnungspreis über dem Marktpreis wird die Lieferdivision die interne Lieferung vorziehen, im umgekehrten Fall die Lieferung an den Markt. Die Abnehmerdivision wird sich für den Bezug entscheiden, wenn der Verrechnungspreis kleiner gleich dem Marktpreis ist und sie keine lohnendere Alternative zur Verfügung hat.

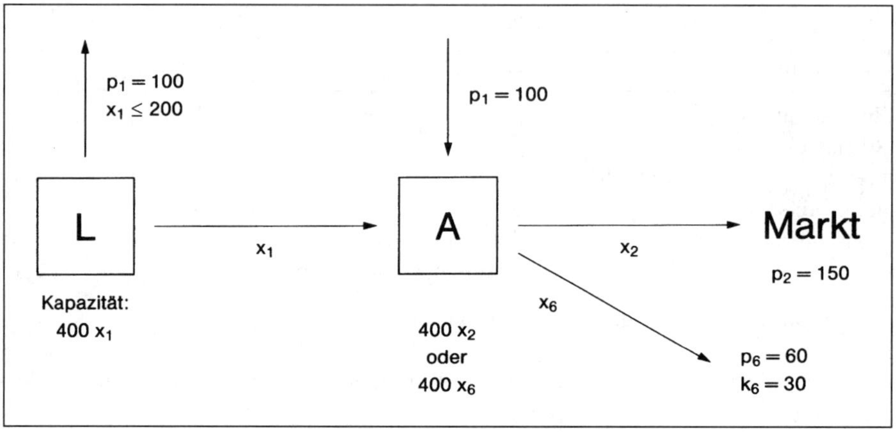

Abb. 19.10: Marktaufnahmefähigkeit für L ist beschränkt

	L	A
Variable Kosten k_v	50	30
Marktzugang$_{\text{Zwischenprodukt}}$	$x_1 \leq 200$	ja
Kapazität	400 x_1	400 x_2 oder 400 x_6
Preis$_{\text{Endprodukt}}$ (extern)		150
Preis$_{\text{Zwischenprodukt}}$ (extern)	100	100
Alternative	keine	$p_6 = 60$; $k_6 = 30$
Entscheidungsregel	$p \geq 50$	$p \leq 90$
Stückdeckungsbeitrag bei Preis$_{\text{Zwischenprodukt}}$ als Verrechnungspreis	50	20
Konsequenz	Alternativ-DB$_A$ = 30 ⇒ keine Abnahme von x_1 Gesamtopt. für $50 \leq p \leq 90$	

L kann 400 Einheiten x_1 produzieren, der Markt kann jedoch nur 200 aufnehmen. A kann 400 Einheiten von x_2 oder die gleiche Menge eines Alternativprodukts x_6 mit variablen Kosten $k_6 = 30$ und einem Marktpreis von $p_6 = 60$ herstellen.

Die zentrale Lösung sieht folgendermaßen aus:

L liefert 200 Einheiten von x_1 an den Markt und 200 Einheiten von x_1 an A, A liefert 200 Einheiten von x_2 und 200 Einheiten von x_6 an den Markt. Das Gesamtoptimum liegt dann bei einem Deckungsbeitrag von 30 000 (200 × 50 von L durch Marktlieferungen, 200 × 70 durch interne Lieferung und Produktion von x_2 und 200 × 30 durch die Produktion von x_6).

Dieses Ergebnis wird durch jeden Verrechnungspreis p mit $50 \leq p \leq 90$ erfüllt, jeder Preis größer als 50 macht eine interne Lieferung durch L lohnend, jeder Verrechnungspreis kleiner als 90 veranlaßt A zur Produktion von x_2. Wählt man den Marktpreis als Verrechnungspreis, so wird A ausschließlich x_6 produzieren und L folglich nur 200 Einheiten am Markt absetzen können. Der Gesamtdeckungsbeitrag läge bei 22 000 (200 × 50 bei L und 400 × 30 bei A).

(b) Die Bedarfsdeckungsmöglichkeiten für die Abnehmerdivision sind beschränkt.

Beschränkte Bedarfsdeckungsmöglichkeiten für A

Bei einem Verrechnungspreis unter dem Marktpreis wird die Abnehmerdivision den internen Bezug wählen, im umgekehrten Falle die Beschaffung am Markt. Für die Lieferdivision rechnet sich die interne Lieferung, wenn der Verrechnungspreis größer gleich dem Marktpreis ist und keine attraktive Wahlmöglichkeit zur Verfügung steht.

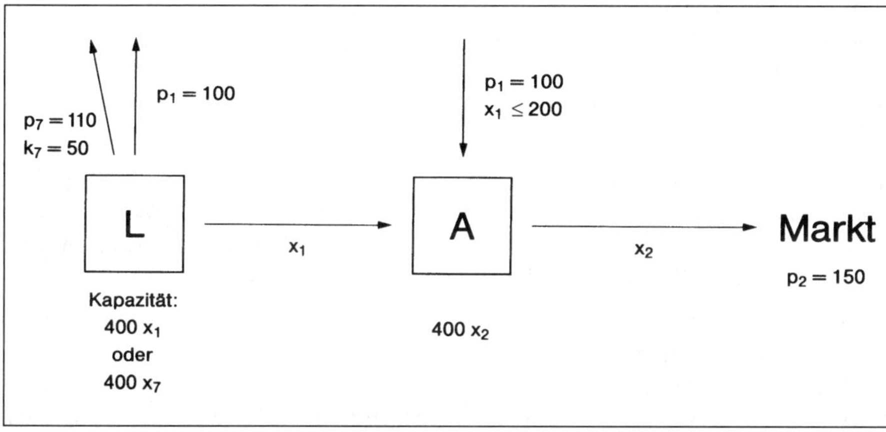

Abb. 19.11: Bedarfsdeckungsmöglichkeiten für A sind beschränkt

	L	A
Variable Kosten k_v	50	30
$\text{Marktzugang}_{\text{Zwischenprodukt}}$	ja	$x_1 \leq 200$
Kapazität	$400\ x_1$ oder $400\ x_7$	$400\ x_2$
$\text{Preis}_{\text{Endprodukt}}$ (extern)		150
$\text{Preis}_{\text{Zwischenprodukt}}$ (extern)	100	100
Alternative	$p_7 = 110$; $k_7 = 50$	keine
Entscheidungsregel	$p \geq 100$	$p \leq 100$ bzw. $p \leq 120$
Stückdeckungsbeitrag bei $\text{Preis}_{\text{Zwischenprodukt}}$ als Verrechnungspreis	50	20
Konsequenz	Alternativ-$DB_L = 60$ ⇒ keine Lieferung an A ⇒ A kann nur 200 x_2 produzieren Deckungsbeitrag für 200 x_2 entgeht Gesamtopt. für $110 \leq p \leq 120$	

L kann 400 Einheiten von x_1 bzw. alternativ von x_7 (bei variablen Kosten $k_7 = 50$ und einem Preis $p_7 = 110$) fertigen, A kann 400 Einheiten von x_2 produzieren, vom externen Markt allerdings nur 200 x_1 beziehen.

Eine zentrale Lösung führt zu folgendem Ergebnis:

L produziert 200 Einheiten von x_7 und liefert darüber hinaus 200 Einheiten von x_1 an A, mit denen A bei zusätzlichem Bezug von 200 Einheiten des Vorprodukts vom Markt 400 Einheiten von x_2 herstellt. Das Gesamtoptimum liegt bei einem Deckungsbeitrag von 30 000 (200×60 durch Produktion von x_7, 200×70 durch interne Lieferung und Produktion von x_2 und 200×20 durch Bezug vom Markt und Produktion von x_2).

Dieses Ergebnis wird durch jeden Verrechnungspreis p mit $110 \leq p \leq 120$ erreicht, jeder Preis unter 110 macht eine Produktion von x_1 durch L nicht sinnvoll, jeder Preis über 120 führt bei A zu einem Verlust. Der Marktpreis als Verrechnungspreis führt zu einem Ergebnis von 28 000 (400×60 bei L und 200×20 bei A).

Rechnerisch erfaßbare Verbundvorteile

4) *Der Verrechnungspreis muß rechnerisch erfaßbare Verbundvorteile, die bei externer Lieferung bzw. externem Bezug entfallen, berücksichtigen. Darüber hinaus bestehen keine nicht rechnerisch erfaßbaren Verbundvorteile* (wie z.B. mindere Qualität, Unsicherheit der Belieferung, Gefahr des Geheimnisverlusts etc.).

Rechnerisch erfaßbare Verbundvorteile müssen in den Verrechnungspreis einfließen, um die Koordinationsfunktion zu gewährleisten:

Wenn die Lieferdivision intern Leistungen erbringen kann, entfallen bei ihr sämtliche Absatzkosten. Andererseits kann die Abnehmerdivision Beschaffungsnebenkosten sparen, die z.B. für die Informationsgewinnung oder Transportgebühren anfallen (vgl. Borchers [1978], S. 162).

Der richtige Verrechnungspreis wird wie folgt ermittelt:

	Marktpreis
–	bei interner Lieferung entfallende Absatznebenkosten (Verkaufsförderung, Kreditrisiko etc.) von L
+	bei internem Bezug entfallende Beschaffungsnebenkosten von A
=	marktpreisorientierter Verrechnungspreis

Zur Entscheidung für eine interne Lieferung führt – wiederum bei Existenz aller übrigen Voraussetzungen – jeder Preis zwischen dem marktpreisorientierten Verrechnungspreis und dem Marktpreis.

	L	A
Variable Kosten k_v	30 (= 50 – 20)	30
$\text{Marktzugang}_{\text{Zwischenprodukt}}$	ja	ja
Kapazität	beliebig	beliebig
$\text{Preis}_{\text{Endprodukt}}$ (extern)		150
$\text{Preis}_{\text{Zwischenprodukt}}$ (extern)	100	100
Alternative	keine	keine

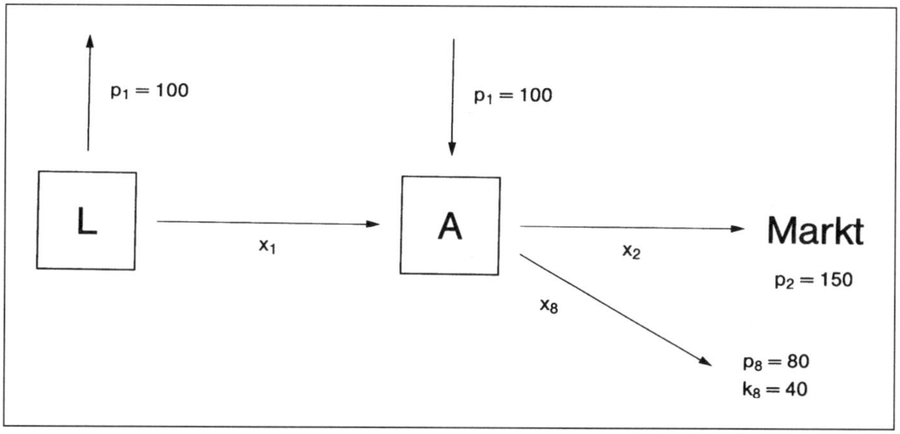

Abb. 19.12: Ermittlung des marktpreisorientierten Verrechnungspreises

Entscheidungsregel	$p \geq 100 - 20$	$p \leq 100$
Stückdeckungsbeitrag bei $\text{Preis}_{\text{Zwischenprodukt}}$ als Verrechnungspreis	70	20
Konsequenz	entspricht zentralem Optimum	

In den variablen Kosten von L sind bei interner Lieferung entfallende Absatznebenkosten in Höhe von 20 enthalten.

Für den angezeigten Fall wird das Ergebnis bei interner Lieferung, d.h. einem Verrechnungspreis p mit $80 \leq p \leq 100$, optimiert ($150 - 30 - 30 = 90$ Deckungsbeitrag pro Einheit).

Steht der Abnehmerdivision noch eine weitere Alternative zur Verfügung, so muß der Verrechnungspreis so gewählt werden, daß die Summe der Deckungsbeiträge von L und A maximiert wird:

	L	A
Variable Kosten k_v	30 (= 50 – 20)	30
$\text{Marktzugang}_{\text{Zwischenprodukt}}$	ja	ja
Kapazität	beliebig	beliebig
$\text{Preis}_{\text{Endprodukt}}$ (extern)		150
$\text{Preis}_{\text{Zwischenprodukt}}$ (extern)	100	100
Alternative	keine	$p_8 = 80$; $k_8 = 40$
Entscheidungsregel	$p \geq 100 - 20$	$p \leq 80$
Stückdeckungsbeitrag bei $\text{Preis}_{\text{Zwischenprodukt}}$ als Verrechnungspreis	70	20

Konsequenz	Alternativ-$DB_A = 40$ $\Rightarrow$ Gesamtopt. nur für p = 80 = Marktpreis – entfallende Kosten

Für das Beispiel gilt:

Solange A alternativ keinen Deckungsbeitrag über 40 erzielen kann, sollte ein Verrechnungspreis zwischen 80 und 100 gewählt werden, für jede höhere Chance sollte aus betriebswirtschaftlicher Sicht bei Fehlen nicht meßbarer Verbundvorteile eine interne Lieferung unterbleiben.

Für diese Situationen können die Bereichsergebnisse als Indikator für die Erfolgszuweisung gewählt werden.

Näher einzugehen ist auch auf den Fall, daß die Abnehmerdivision sich nur auf den Handel beschränkt, d.h., daß das Produkt ohne Weiterverarbeitung am externen Markt veräußert wird. Hier würde bei einer Orientierung an den Marktpreisen ausschließlich der Lieferdivision der Vorteil einer internen Lieferung zugeordnet. Um dies zu vermeiden und eine zutreffende Erfolgszuweisung zu gewährleisten, wird eine Aufteilung des Verbundvorteils vorgenommen (vgl. Borchers [1978]).

Marktpreis-schwankungen

5) Der Verrechnungspreis muß Marktpreisschwankungen angepaßt werden.

Ein einmal festgestellter Marktpreis kann nicht über Jahre hinweg der gültige Maßstab für die Bestimmung marktpreisorientierter Verrechnungspreise sein. Vielmehr bedarf er der Anpassung.

Zu beachten ist jedoch das Prinzip der Wirtschaftlichkeit, das durchbrochen würde, wenn jede Marktpreisänderung zu einem neuen Verrechnungspreis führen würde. Einerseits stünde der Aufwand für die Erfassung in keinem Verhältnis zu dem zu erzielenden Ergebnis, andererseits lassen stetig sich ändernde Verrechnungspreise keine sinnvolle Planung für die Liefer- bzw. die Abnehmerdivision zu, da für jeden Preis erneut eine Entscheidung über die interne Lieferung zu treffen wäre.

Schließlich ist festzustellen, daß der Marktpreis bei Geltung der genannten Voraussetzungen als Verrechnungspreis immer zur optimalen Lösung führt. Das bedeutet nicht immer, daß eine Entscheidung für eine interne Lieferung fallen wird, sondern daß das Optimum des Gesamtunternehmens erreicht wird.

(1) Lenkung und Erfolgszurechnung durch Marktpreise

Funktions-erfüllung

Bei einer Erfüllung der obenstehenden Kriterien stellen marktorientierte Verrechnungspreise ein geeignetes Hilfsmittel zur Koordination der Teilbereiche eines divisionalisierten Unternehmens dar. Darüber hinaus repräsentieren sie einen Maßstab zur zutreffenden Erfolgszuweisung und folglich zur Beurteilung der Divisionen an ihrem Ergebnis.

(2) Probleme der Umsetzung in der Praxis

Probleme

Dieser schon fast idealtypischen Form eines Verrechnungspreissystems stehen in der Realität schwere Einwände gegenüber: Die Voraussetzungen des vollkommenen Markts werden wohl in den seltensten Fällen erfüllt sein, da die hergestellten Zwischenprodukte nicht immer substituierbar sind, die wirtschaftliche Autonomie durch Liefer- und Bezugszwänge meistens beschnitten ist und sich eine atomistische Wettbewerbsstruktur in einem Unternehmen nicht aufrecht erhalten läßt. Bei Unterbeschäftigung kann der Marktpreis seine Lenkungsfunktion nicht mehr optimal erfüllen und ist auch für die Abrechnungsfunktion ungeeignet, da er nicht realisierte Gewinnbestandteile enthält, die nach dem Realisationsprinzip nicht in die externe Rechnungslegung einbezogen werden dürfen (vgl. Gschwend [1987], S. 82). Die Eindeutigkeit des Transferpreises ist dann nicht gewährleistet, wenn unterschiedliche Güter mit unterschiedlichen Preisen das Transfergut substituieren können oder wenn Rabatte, Boni und Skonti gewährt werden. Insbesondere sind folgende vier Punkte nennenswert:

Eindeutigkeit des Transferpreises

1) Es können mehrere Güter mit unterschiedlichen Preisen und spezifischen Produkteigenschaften als Substitute für das interne Zwischenprodukt in Betracht kommen, d.h., es existiert kein einheitlicher Marktpreis.

2) Oft ist der Marktpreis nur scheinbar einheitlich: Je nach Abnehmer und Abnehmerbedingungen bestehen unterschiedliche Konditionen je nach vereinbarter Menge oder Zahlungsfrist (Rabatte, Boni, Skonti etc.).

3) Der Marktpreis kann vom Angebots- und Nachfragevolumen, also auch von den Dispositionen der betroffenen Divisionen, abhängig sein: Entscheidet sich die Lieferdivision für Transfers an den externen Markt, kann der Marktpreis sinken, entscheidet sich die Abnehmerdivision für den Bezug vom externen Markt, kann der Preis steigen.

Allerdings wird nur ein Monopolist bzw. ein Oligopolist die Möglichkeit haben, durch seine Menge den Preis zu beeinflussen. Polypolisten verhalten sich grundsätzlich als Mengenanpasser. Kann ein Einfluß ausgeübt werden, so müssen die Kosten- bzw. die Absatzfunktionen der Divisionen bekannt sein, um auf Basis dieser Informationen den globaloptimalen Transferpreis zu bestimmen (vgl. das Hirshleifer-Modell, Abschnitt E.II.3. dieses Kap.). Kennt die Zentrale diese Informationen aber, dann ist fraglich, warum man dann noch einen dezentralen Entscheidungsprozeß zur Bestimmung optimaler externer und interner Lieferungen benötigt.

4) Ein weiteres Problem der Transferpreisbildung auf der Basis des Marktpreises ist gegeben, wenn die zu Punkt 4) genannten Prämissen nicht erfüllt sind. Liegen Verbundvorteile bei internem koordinierten Handeln der Divisionen vor, die sich nicht durch rechnerische Korrekturen vom Marktpreis berücksichtigen lassen, dann besteht folgendes Problem: Der Marktpreis erzeugt eine ökonomische Indifferenz zwischen internem und externem Geschäft, obwohl die Existenz potentieller Verbundvorteile eine Präferenz für interne Geschäfte aus der Sicht des Gesamtunternehmens indiziert. Bei vollständiger Autonomie und Transferpreisbildung in Höhe des Marktpreises besteht aber die Gefahr, daß die Divisionen externe Geschäfte wählen, das Gesamtunternehmen folglich der bei internem Geschäft realisierbaren Verbundvorteile verlustig geht. Man stößt hier wieder auf den potentiellen Zielkonflikt zwischen der optimalen Motivation durch höchstmögliche Autonomie der Geschäftsbereiche einerseits und der Zielsetzung der Sicherung möglicher Verbundvorteile andererseits.

Rechnerisch nicht erfaßbare Verbundvorteile

Um die Verbundvorteile zu sichern, wird auf vielfältige Weise versucht, eine Präferenz interner Geschäfte herzustellen. ALBACH ([1974], S. 234 ff.) schlägt hierzu drei Lösungsmöglichkeiten vor:

Kostenorientierte Preise

- Änderung der Verrechnungspreise

  Eine Möglichkeit im Falle großer Verbundvorteile könnte z.B. darin bestehen, von Marktpreisen abweichend auf kostenorientierte Preise überzugehen. Der Lieferdivision wird auf diese Weise eine Erstattung der entstandenen Selbstkosten plus einem angemessenen Gewinnaufschlag garantiert. Die Abnehmerdivision hat die Vorteile, langfristig in der Belieferung gesichert zu sein und von Marktpreisschwankungen weitgehend unabhängig zu sein. Allerdings wird im Falle der sonstigen Voraussetzungen für die Bildung von marktpreisorientierten Transferpreisen die Durchführung des Kostenpreisprinzips nur mit Einschränkungen der Autonomie der Geschäftsbereiche realisierbar sein.

Erfolgsbeurteilung anhand eines Indikatorensystems

- Änderung des Kontrollsystems

  Eine weitere Möglichkeit besteht darin, den Erfolgsbeurteilungsmaßstab des Kontrollsystems so zu ändern, daß die aus internen Lieferungen resultierenden Verbundvorteile allen Beteiligten spartenanteilig zugerechnet werden. Dies erfordert, daß die auf der Basis der Marktpreise als Transferpreise errechneten Spartengewinne durch ein System von Indikatoren ergänzt werden, die den Beitrag der einzelnen Sparte zur Erzielung von Verbundeffekten messen.

  Hierfür können folgende Indikatoren in Betracht kommen:

- Anteil der internen Lieferungen an den Gesamtlieferungen,
- das Verhältnis von freigesetzten Mitteln zu in Anspruch genommenen Mitteln,
- das Verhältnis der an andere Sparten abgegebenen Mitarbeiter zur Zahl der von anderen Sparten erhaltenen Mitarbeiter,
- die Zahl der für andere Sparten entwickelten Produkte und Verfahren,
- das Auftragsvolumen von Kundenaufträgen, die die Sparte hereingeholt hat, an deren Erfüllung aber auch andere Sparten beteiligt waren,
- der Anteil der Produktionskapazitäten, die für die Belieferung anderer Sparten in Anspruch genommen wurden.

Autonomiebegrenzung

- Einschränkungen in der Autonomie der Geschäftsbereiche

  Änderungen in der Autonomie der Stellen müssen auf einer Abwägung von Motivationseffekt (der mit der Dezentralisierung verbunden ist) und Verbundeffekt (der ein gewisses Maß an Zentralisierung voraussetzt) beruhen. Dominiert der Motivationseffekt eindeutig, so muß ein Höchstmaß an Autonomie gewahrt bleiben, auch wenn dadurch Verbundeffekte entfallen. Dominieren die Verbundeffekte eindeutig, dann ist eine zentrale Unternehmensführung geboten.

  Dementsprechend wird man also unterschiedliche Grade an Einschränkungen der Divisionsautonomie einführen müssen:

Meistbegünstigungsklauseln

Einschränkungen der Divisionsautonomie in relativ schwacher Form kommen praktisch vielfach in Form sogenannter Meistbegünstigungsklauseln sowie internem Liefer- bzw. Bezugszwang vor. Meistbegünstigungsklauseln besagen, daß der Abnehmerdivision der niedrigste aller in einer Periode gewährten Preise eingeräumt wird. Weiterreichende Einschränkungen liegen vor, wenn die Geschäftsbereiche einer zentralen Zielerarbeitung und Zielkontrolle unterliegen, an der diese Geschäftsbereiche entsprechend beteiligt sind. Dieses ist ein System partiell dezentraler Unternehmensführung, wie es vielfach in der Praxis verwirklicht wird.

Trotz der vorhandenen Probleme werden Marktpreise als Bezugsgröße bei der Verrechnungspreisbildung gewählt. Dahinter dürfte die Überlegung stehen, daß diese langfristig eine zutreffende Erfolgszuweisung ermöglichen und darüber hinaus die Wettbewerbsfähigkeit der einzelnen Divisionen gewährleisten. Auf jeden Fall sollte der Marktpreis die Obergrenze für die Verrechnungspreisermittlung darstellen.

II. Kostenorientierte Verrechnungspreise

Basis für diese Verrechnungspreisarten stellen die wertmäßigen Kosten dar. Diese können zeitlich in Ist-, Soll- und Plankosten sowie nach Art der Verrechnung in Teil- und Vollkosten eingeteilt werden.

Anwendungsbereich

Anwendung finden die kostenorientierten Verrechnungspreise für Güter, die am Markt nicht bewertet werden. BRUCKSCHEN ([1981], S. 237) findet sie oft in funktional gegliederten Unternehmen vor oder wenn der Transferumsatz so gering ist, daß eine korrekte Marktpreisfindung zu aufwendig wäre (zur Anwendung von Verrechnungspreisen in der Praxis vgl. Abschnitt G dieses Kap.).

Aber auch Unternehmen mit einer Profit Center-Organisation können sich aufgrund der oben dargestellten Nachteile von marktpreisorientierten Verrechnungspreisen zu ihrer Verwendung gezwungen sehen.

Vorteile

Vorteile kostenorientierter Verrechnungspreise im allgemeinen sind ihre leichte Feststellbarkeit und der geringe Verwaltungsaufwand, da die notwendigen Daten aus dem Rechnungswesen abgeleitet werden können. Auch findet keine Zurechnung nicht realisierter Gewinne statt, solange keine kostenorientierten Verrechnungspreise mit Gewinnaufschlag verwendet werden. Die Spannbreite reicht von den variablen Kosten als Minimum bis zu den Vollkosten plus Gewinnaufschlag als Maximum.

1. Vollkostenorientierte Preise

Vollkostenpreise

Ausgehend von der Idee, daß langfristig alle Kosten gedeckt sein müssen, werden die Vollkosten für die Verrechnungspreisermittlung herangezogen. Dies führt außerdem dazu, daß der Abnehmer so dasteht, wie wenn er das Zwischenprodukt selbst erstellt hätte, worin der Hauptvorteil dieser Vorgehensweise zu sehen ist.

Probleme

Ein Problem bei Vollkosten liegt in der meist nicht realisierbaren verursachungsgerechten Zurechnung der Gemeinkosten bei mehreren Produkten im Rahmen einer differenzierten Zuschlagskalkulation (vgl. hierzu die Ausführungen in Kap. 4). Ist eine leistungsproportionale Fixkostenverrechnung nicht möglich, bedeutet dies für die abnehmenden Bereiche, daß sie mit fixen Kosten belastet werden, für die sie nicht verantwortlich sind. Effizientes Verhalten wird nicht belohnt, und Ineffizienzen werden nicht bestraft.

Der entscheidendste Ablehnungsgrund für die Verrechnungspreisermittlung auf Grundlage der Selbstkosten ist allerdings die Tatsache, daß kein Gewinn ermittelt werden kann, da bestenfalls die Kosten gedeckt werden können, so daß sich dieses Verfahren nur für funktional organisierte Cost Center eignet. So stehen denn auch eher kostenrechnerische Funktionen im Vordergrund, wie z.B. Preisorientierung und Bestandsbewertung, für die die Vollkosten eine gute Informationsgrundlage darstellen.

Beispiel

Ausgehend von Beispiel 19.1 ergibt sich bei einer Planbeschäftigung von 400 (als Verkaufspreis für das Endprodukt von A wird im folgenden allerdings 150 GE angenommen) folgender Vollkostenverrechnungspreis p:

$$p = 50 + \frac{1\,000}{400} = 52{,}50$$

Ergebnis der Division L:		
Umsatz	21 000	(400 Einheiten zu p = 52,50)
– Variable Kosten	20 000	(400 Einheiten zu 50)
– Fixe Kosten	1 000	
= Ergebnis	0	(entspricht einer Kostenerstattung)

Ergebnis der Division A:		
Umsatz	60 000	(400 Einheiten zu 150)
– Materialkosten	21 000	(400 Einheiten zu p = 52,50)
– Kosten von A	13 000	(1 000 Fixkosten, 12 000 var. Kosten)
= Ergebnis	26 000	
= Gesamtergebnis	26 000	

2. Vollkosten plus Zuschlag

Vollkosten plus Zuschlag

Um Verrechnungspreise auf Vollkostenbasis mit der Profit Center-Konzeption kompatibler zu gestalten, bietet es sich an, die Vollkosten mit einem variierbaren Zuschlag zu versehen, der es dem abgebenden Bereich erlaubt, Transferleistungen mit Gewinn abzuschließen bzw. eine Mindestverzinsung für die bei der Produktion eingesetzten Investitionen zu erhalten. Die Vollkosten-plus-Zuschlag-Variante ist eine bedeutende Alternative, die dann zum Einsatz kommt, wenn ein Bereich trotz fehlender Marktpreise für interne Lieferungen und Leistungen als eigenverantwortliche Division geführt werden soll.

Nachteil

Der entscheidende Nachteil, der letztendlich zu einer Ablehnung dieser Vorgehensweise führen muß, ist die Notwendigkeit einer zentralen Festlegung des Zuschlags. Dies führt dazu, daß die Profit Center nur noch für ihre Kosten verantwortlich sind und daher nur noch als Cost Center gelten können.

Beispiel

Bei einem Gewinnaufschlag von 20 % ergibt sich ein vollkostenorientierter Verrechnungspreis von p = 52,50 + 10,50 = 63.

Ergebnis der Division L:		
Umsatz	25 200	(400 Einheiten zu p = 63)
– Variable Kosten	20 000	
– Fixe Kosten	1 000	
= Ergebnis	4 200	(20 % Gewinn)

Ergebnis der Division A:		
Umsatz	60 000	
– Materialkosten	25 200	(400 Einheiten zu p = 63)
– Kosten von A	13 000	
= Ergebnis	21 800	
= Gesamtergebnis	26 000	

Ist-Kosten vs. Standardkosten

Unabhängig davon, ob Vollkosten ohne oder mit Gewinnaufschlag verwendet werden, stellt sich die Frage, ob Ist-Kosten oder Standardkosten angesetzt werden. Ist-Kosten haben den Nachteil, daß in der Lieferdivision auftretende Unwirtschaftlichkeiten durch Kostenerstattung der Abnehmerdivison angelastet werden. Standardkosten haben deshalb insofern einen Vorteil, daß die Lieferdivision zur Wirtschaftlichkeit angehalten wird, weil Verbrauchs- und Preisabweichungen bei ihr als »Verlust« erscheinen. Abweichungen von der Standardbeschäftigung führen bei Unterbeschäftigung zu »Verlusten«, bei Überbeschäftigung zu »Gewinnen« bei der Lieferdivision. Das erscheint insoweit als Nachteil, als diese Beschäftigungsabweichungen durch die Abnehmerdivision verursacht wurden. Hat die Lieferdivision dagegen die Möglichkeit, Beschäftigungsschwankungen durch externe Geschäfte auszugleichen, ist die Zurechnung von Beschäftigungsabweichungen bei der Lieferdivision als Anreiz zur Vollbeschäftigung vorhanden und insofern als vernünftig anzusehen (vgl. hierzu auch Kap. 14).

3. Grenzkostenorientierte Preise

Grenzkostenpreise

Wenn für das Zwischenprodukt kein Markt existiert, ist der Transferpreis zu Grenzkosten der Lieferdivision anzusetzen. Diese Aussage wird wie folgt abgeleitet:

Das zu maximierende Gesamtergebnis ergibt sich als Differenz des Gesamterlöses und der Gesamtkosten. Unter Annahme linearer Erlösfunktionen ergibt sich das Optimum formal-analytisch für den Fall, daß der Preis den Grenzkosten entspricht (1. Ableitung der Gesamtergebnisfunktion gleich Null setzen und nach p auflösen). Solange der Preis größer ist als die zusätzlich entstehenden Kosten (Grenzkosten) einer zusätzlichen Mengeneinheit, lohnen sich Produktion und Absatz dieser zusätzlichen Mengeneinheit. Ziel ist also die Ermittlung der Grenzkosten.

Die Gesamtkosten des Unternehmens setzen sich aus den Kosten der Liefer- und denen der Abnehmerdivision zusammen. Für die Ermittlung des Verrechnungspreises können allerdings nur die Kosten der Lieferdivision interessieren, da auf deren Basis die Transferpreisermittlung erfolgt. Die fixen Kosten sind für die kurzfristige Maximierung des Ergebnisses nicht relevant, da sie nur eine Verschiebung der Kostenkurve, nicht jedoch eine Veränderung der Lage des Optimums bewirken, hier sind nur die Grenzkosten von Bedeutung.

Für den Einsatz von Grenzkosten zur Transferpreisermittlung spricht die Tatsache, daß für die abnehmende Division eine reale Entscheidungsgrundlage geschaffen werden soll: Durch Abnahme über den Grenzkosten wären die Grenzkosten des gesamten Unternehmens höher als die Summe der Grenzkosten der einzelnen Bereiche. Um der Lenkungsfunktion gerecht zu werden, müssen aber gleiche Ausgangsdaten vorliegen.

Lenkungs-funktion

Als Lenkpreise können Grenzkosten dann angesetzt werden, wenn folgende Voraussetzungen erfüllt sind:

1) Produkte können nicht oder nur in geringem Umfang am externen Markt abgesetzt werden

Wenn Zwischenprodukte sehr individuell angefertigt werden und nur auf einen bestimmten Fertigungstypus zugeschnitten sind, gibt es keinen oder nur einen begrenzt aufnahmefähigen Markt.

2) In der Lieferdivision liegen keine Beschäftigungsengpässe vor

Bei einer Kapazitätsbeschränkung wird die Lieferdivision nur an internen Lieferungen interessiert sein, die mindestens den Marktpreis oder den Deckungsbeitrag einer Alternative erlösen. Ein grenzkostenorientierter Verrechnungspreis bietet sich nicht an.

Unter diesen Voraussetzungen und der Annahme der Gewinnmaximierung bzw. Verlustminimierung gilt, daß eine interne Lieferung vorgenommen wird, wenn mindestens die Grenzkosten erlöst werden können (vgl. Kap. 13). Ein interner Bezug rechnet sich dann, wenn der für das Endprodukt zu erzielende Preis größer gleich der Summe aus dem Transferpreis und den Grenzkosten der Abnehmerdivision ist, d.h. der Abnehmer erzielt einen positiven Deckungsbeitrag. Unter den gegebenen Voraussetzungen erfüllen Grenzkostenpreise die Lenkungsfunktion, d.h. die Allokation der Zwischenprodukte, optimal. Innerhalb der allgemeinen Kostenrechnungsfunktion bilden Grenzkostenpreise die Basis für Bestandsbewertungen sowie für dispositive Entscheidungen (vgl. Gschwend [1987], S. 89). Für die Kalkulation geben sie die echten Mehrkosten für einen zusätzlichen internen Auftrag an. Bei Make-or-buy-Entscheidungen führen Grenzkosten zu der Entscheidung, die die Zentrale oder ein funktional gegliedertes Unternehmen bei unvollkommenem externen Markt treffen müßte.

Erfolgsermitt-lungsfunktion

Diesen Vorteilen bezüglich der Lenkungsfunktion stehen Negativa bei der Erfolgsermittlungsfunktion entgegen. Eine Lieferung zu Grenzkosten führt bei der Lieferdivision immer zu einem Verlust in Höhe der fixen Kosten. Die Abnehmerdivision kann hingegen einen Gewinn ausweisen, der nur zum Teil durch ihre Leistungen erzielt wurde.

Die Gewinnaufteilung bei Grenzkostenpreisen verdeutlicht folgendes Beispiel, bei dem die Ausgangsdaten unverändert sind:

Beispiel

A wird sich bei einer Bezugsmöglichkeit zu Grenzkosten für die Menge entscheiden, mit der sie ihren Gewinn maximieren kann. Im Beispiel sind dies 400 Einheiten. Daraus ergibt sich für die beiden Abteilungen folgende Situation:

Ergebnis der Division L:

Umsatz	20 000	(400 Einheiten zu $k_v = 50$)
– Variable Kosten	20 000	
– Fixe Kosten	1 000	
= Ergebnis	–1 000	(= fixe Kosten)

Ergebnis der Division A:

Umsatz	60 000	
– Materialkosten	20 000	(400 Einheiten zu $k_v = 50$)
– Kosten von A	13 000	
= Ergebnis	27 000	
= Gesamtergebnis	26 000	

Lösungsansätze

In diesen Fällen sollten andere Verrechnungspreise angesetzt werden oder das liefernde mit dem abnehmenden Profit Center zusammengefaßt werden. Das größte Problem besteht in der Erfassung aller relevanten Größen. Da die Profit Center nur ihre eigenen Erlös- und Kostenfunktionen kennen, muß eine zentrale Stelle die Ermittlung der Verrechnungspreise übernehmen. Diese Vorgehensweise läuft aber der Idee von eigenständigen Unternehmen im Unternehmen entgegen.

Probleme

Bei der Umsetzung in die Praxis (vgl. Kaplan/Atkinson [1989], S. 605 ff.) können folgende Probleme auftreten:

(a) Im Unternehmen muß eine Grenzplankostenrechnung eingerichtet sein.
(b) Bei nicht konstanten Grenzkosten, z.B. bei S-förmigen Kostenkurven, ergeben sich Ermittlungsprobleme bei der Bestimmung der Verrechnungspreise. Daher werden meist lineare Kostenkurven unterstellt, bei denen die Grenzkosten mit den variablen Kosten identisch sind.
(c) Die Beurteilung des liefernden Bereichs anhand der variablen Kosten kann zu deren Überschätzung führen, um kurzfristig den eigenen Erfolgsausweis zu erhöhen.
(d) Die Nichterfüllung der Erfolgszuweisungsfunktion kann in verschiedenerlei Hinsicht zu Fehlsteuerungen führen:
Die Lieferdivision wird den Einsatz eines kapitalintensiveren Verfahrens mit einem höheren Fixkostenanteil, jedoch niedrigeren variablen Kosten ablehnen, da dieses ihren Verlustausweis (Fixkostenblock) erhöht. Dies erklärt sich aus der Tatsache, daß für kurzfristige Zwecke aufgestellte Daten für langfristige Entscheidungen benutzt werden.
Darüber hinaus führt die Wahl von Grenzkostenpreisen zu einem ständigen Verlustausweis bei der Lieferdivision. In der Theorie der kurzfristigen Anpassung gibt es zwar keinen Unterschied zwischen gewinnmaximierendem und verlustminimierendem Verhalten, praktisch dürften hier aber doch durch die Erzeugung von Unzufriedenheit unterschiedliche Verhaltensimpulse ausgehen.
Auch bei der Abnehmerdivision können sich Fehlsteuerungen ergeben, denn deren Materialkosten sind bei der Verrechnung der internen Lieferung zu Grenzkosten »ein Gemisch von normalen Marktpreisen für von außen bezogene Produkte und weit niedrigeren kurzfristigen variablen Kosten, die als Verrechnungspreis für intern bezogene Produkte dienen« (Poensgen [1973], S. 511). Der abnehmende Geschäftsbereich ist der Verantwortlichkeit für die Deckung von Fixkosten eines Teils seiner Inputgüter enthoben, zum anderen wird der Materialanteil unrichtig ausgewiesen. Eine Primärkostenrechnung kann hier Abhilfe schaffen.

Lösungsansätze

Zur Lösung dieser Probleme sind zwei Fälle zu unterscheiden:

- Die Lieferdivision produziert ausschließlich intern gelieferte Produkte ohne externen Markt.

Eine solche Division hat keine Absatzautonomie, ihr kann somit auch keine Gewinnverantwortlichkeit zugebilligt werden. Es fehlt folglich die Grundlage, diese Lieferdivision als eigenen Geschäftsbereich zu führen. Produziert die Lieferdivision nur für die Abnehmerdivision, dann sollten beide zu einem einheitlichen Geschäftsbereich zusammengefaßt werden. Bedient sie mehrere Abnehmerdivisionen, dann liegt es nahe, die Lieferdivision als Service Center zu führen, dem als Cost Center lediglich Kostenverantwortlichkeit obliegt.

- Der liefernde Geschäftsbereich produziert auch für den externen Markt, und die Abnehmerdivision bezieht ebenfalls Produkte von anderen Quellen.

In diesem Fall sind die Voraussetzungen für die Führung der Liefer- und Abnehmerdivision als selbständige Geschäftsbereiche gegeben.

Abweichende Verrechnungspreise

Da die Verrechnung der internen Produkte zu Grenzkosten zu unbefriedigenden Ergebnissen führt, verbleibt als Lösungsmöglichkeit nur, einen vom (effizienten) Grenzkostenpreis abweichenden Verrechnungspreis zu setzen. Dieser sollte die beiden Hauptaufgaben von Verrechnungspreisen erfüllen:

1) Die im Grenzkostenpreis gegebene Steuerungsinformation sollte aufrecht erhalten bleiben.
2) Der Verrechnungspreis sollte zu einer »gerechten«, d.h. von beiden Seiten akzeptierten, Gewinnzurechnung führen.

Das führt zu drei weiteren Typen grenzkostenorientierter Verrechnungspreise, die in den folgenden Abschnitten 4 bis 6 behandelt werden.

Für die Bestimmung der Verrechnungspreise auf Basis der Grenzkosten wurden innerhalb der wirtschaftswissenschaftlichen Theorie Modelle entwickelt: Erste Ansätze stellen die marginalanalytischen Ansätze dar, deren Vorreiter HIRSHLEIFER ([1956]) war und auf dessen Untersuchungen im wesentlichen auch andere Theorien z.B. von RONEN und McKINNEY ([1970]) beruhen. Diese Modelle gehen von einem zweistufigen Produktionsprozeß aus, der keine Lagerung ermöglicht. Die Erlös- und Kostenfunktionen sind den autonom entscheidenden und das Ziel der Gewinnmaximierung verfolgenden Divisionsleitern bekannt.

HIRSHLEIFER-Modell

Unter der zusätzlichen Annahme, daß kein externer Markt existiert, leitet HIRSHLEIFER den optimalen Verrechnungspreis von der Zielfunktion des Gesamtunternehmens ab:

$$G = p_A \times x_A - K_A(x_A) - K_L(x_L) \text{ mit } x_A = x_L$$

mit: p_A = Preis, den die Abnehmerdivision am externen Markt erzielt
p_L = Verrechnungspreis
x_A = Absatzmenge der Abnehmerdivision
x_L = Absatzmenge der Lieferdivision
K_A = Gesamtkosten der Abnehmerdivision
K_L = Gesamtkosten der Lieferdivision

G = Gewinn des Gesamtunternehmens
GE_L = Grenzerlöse der Lieferdivision
GE_A = Grenzerlöse der Abnehmerdivision
GK_L = Grenzkosten der Lieferdivision
GK_A = Grenzkosten der Abnehmerdivision
E_L = Erlöse der Lieferdivision
E_A = Erlöse der Abnehmerdivision

Durch Ableiten und Nullsetzen dieser Funktion ergibt sich die gewinnmaximale Menge, bei der der Grenzerlös den Grenzkosten entspricht.

$$p_A = GK_A(x_A) + GK_L(x_A)$$

Der Verrechnungspreis ist nun so festzulegen, daß die auf dieser Grundlage getroffenen Entscheidungen der Bereiche den Gesamtunternehmensgewinn maximieren. Für die Bereiche gelten folgende Zielfunktionen:

Lieferdivision L: $G_L = p_L \times x_L - K_L(x_L)$
Abnehmerdivision A: $G_A = p_A \times x_A - K_A(x_A) - p_L \times x_L$

Die Zielsetzung der Gewinnmaximierung führt zu einem Verrechnungspreis p_L, der den Grenzkosten der Lieferdivision entspricht. Somit gelten folgende Optimalitätsbedingungen:

Lieferdivision L: $GE_L(x_L) = GK_L(x_L)$
Abnehmerdivision A: $GE_A(x_A) = GK_A(x_A) + GK_L(x_L)$

Unter der Voraussetzung, daß die Funktion $K_L(x_L)$ streng konvex und die Funktion $E_A(x_A) - K_A(x_A)$ streng konkav ist, werden die Optimalitätsbedingungen dann und nur dann erfüllt, wenn die gesamtoptimalen Mengen gewählt werden. Folgende Abbildung 19.13 verdeutlicht, daß nur ein einheitlicher Verrechnungspreis zum Ausgleich von Angebot und Nachfrage führt.

RONEN/ MCKINNEY-Modell

RONEN und McKINNEY ([1970], S. 103 ff.) erweitern das Modell dahingehend, daß die Bereiche als monopolistische Anbieter bzw. Nachfrager auftreten können und somit zwei Verrechnungspreise festgelegt werden. Die Nettogrenzerlösfunktion der Abnehmerdivision A wird ermittelt, indem diese angibt, wieviele Produkte sie bei verschiedenen Preisen beziehen würde. Über die Funktion der durchschnittlichen Erlöse erhält man die Nachfragefunktion von A. Die Lieferdivision L zeigt auf, wieviele Produkte sie bei verschiedenen Preisen an A liefern würde. Mit Hilfe der so ermittelbaren Grenzkostenfunktion erhält man über die variable Durchschnittskostenfunktion die Angebotsfunktion von L.

Bei Gültigkeit der oben genannten Prämissen erfüllen Verrechnungspreise auf Basis der Grenzkosten die Lenkungsfunktion. Die diesen Ansatz erweiternden Modelle (vgl. v.a. Ronen/McKinney [1970]) kommen zu dem Ergebnis, daß auch bei Existenz eines externen Markts und bei Vorliegen übereinstimmender Kauf- und Verkaufspreise die Grenzkosten die Lenkungsfunktion am besten erfüllen.

Allerdings muß die Gesamtlösung bekannt sein, um die Entscheidungen der Divisionen zu ermöglichen. Da die Bereiche meist um Ressourcen konkurrieren und teilweise auch um Märkte, stellt sich die Anwendung in der Praxis oft problematisch dar.

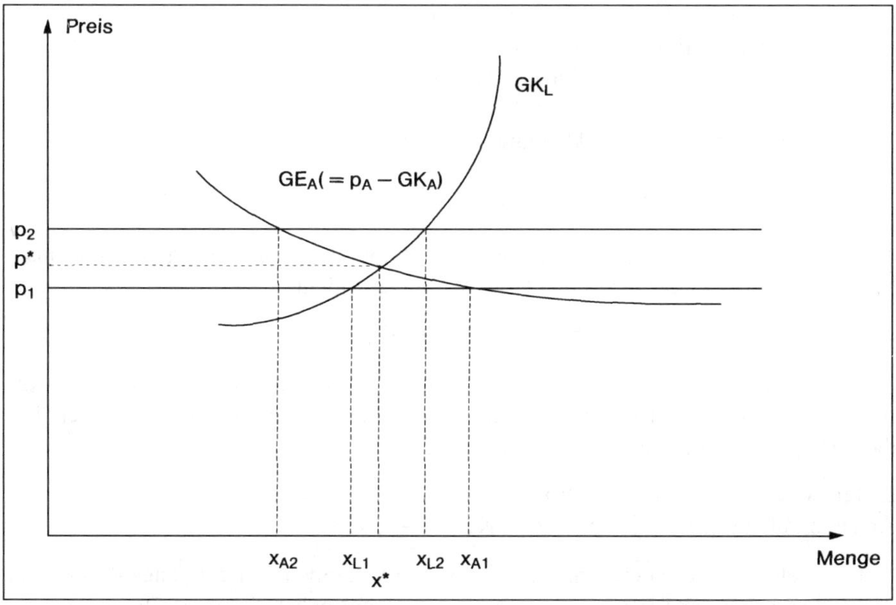

Abb. 19.13: HIRSHLEIFER-Modell

4. Variable Kosten plus Zuschlag

Variable Kosten plus Zuschlag

Aufgrund der Kritik an den Grenzkosten wird vorgeschlagen (vgl. Gschwend [1987], S. 90), durch einen Zuschlag die vernachlässigten Fixkosten und einen Gewinnanteil zu berücksichtigen. Aufgrund der unterschiedlichen Verhandlungsstärke – die liefernde Division kann unter Umständen auch am externen unvollkommenen Markt absetzen, der abnehmende Bereich hat keine Alternative, oder umgekehrt – obliegt es der Unternehmensführung, die Höhe des Zuschlags unter Berücksichtigung der Beschäftigungsauslastung festzulegen.

Bei dieser Variante werden weder die Lenkungs- noch die Erfolgszuweisungsfunktion erfüllt. Die Grenzkosten werden für die Abnehmerdivision durch den verrechneten Zuschlag intransparent. Da der Ergebniszuschlag zentral festgelegt werden muß, ist die Ergebnisverantwortlichkeit der Divisionen nicht gewährleistet.

Beispiel

Bei einem Aufschlag von 25 % auf die variablen Kosten ergibt sich in dem eingeführten Beispiel ein Verrechnungspreis von p = 50 + 12,50 = 62,50.

Ergebnis der Division L:

Umsatz	25 000	(400 Einheiten zu p = 62,50)
– Variable Kosten	20 000	
– Fixe Kosten	1 000	
= Ergebnis	4 000	

Ergebnis der Division A:

Umsatz	60 000	
– Materialkosten	25 000	(400 Einheiten zu p = 62,50)
– Kosten von A	13 000	
= Ergebnis	22 000	
= Gesamtergebnis	26 000	

5. Variable Kosten und periodische Abrechnung (Two-Step-Pricing)

Two-Step-Pricing

Eine den Zielsetzungen der Verrechnungspreise entsprechende und das Problem der Fixkostenzurechnung berücksichtigende Lösung könnte aus folgendem Verfahren bestehen (vgl. Anthony/Govindarajan [1995], S. 188 f.; Kaplan/Atkinson [1989], S. 607 f.; Poensgen [1973], S. 511 ff.):

1) Das einzelne Produkt wird zu variablen Kosten abgerechnet. Dies gewährleistet, daß die Steuerungsinformation der Grenzkosten erhalten bleibt.
2) Die Abnehmerdivision wird periodisch (z.B. monatlich) mit einem Globalbetrag für die Abdeckung von Fixkosten und Gewinn des zuliefernden Geschäftsbereichs belastet, dessen Festlegung folgenden Anforderungen genügen sollte:

- Es soll sich um einen nicht mengenabhängigen, pauschalen Belastungsbetrag handeln, damit nicht der liefernde Bereich das Risiko der Absatzentscheidungen des abnehmenden Bereichs trägt.
- Das dem Globalbetrag zugrundeliegende Mengengerüst sollte dem Anteil der Kapazität der Lieferdivision entsprechen, der für die Belieferung des abnehmenden und zu belastenden Bereichs eingerichtet wurde. Daraus folgt, daß der Globalbetrag nicht von der tatsächlichen in Anspruch genommenen Kapazität von Jahr zu Jahr abhängig sein kann. Er sollte zum Investitionszeitpunkt festgelegt werden. Neufestlegungen sollten jeweils an den Zeitpunkten erfolgen, an denen die Kapazität ab- oder aufgebaut wird.
- Die wertmäßige Höhe des Globalbetrags sollte nicht von den jeweiligen Ist-Fixkosten abhängig sein, da dies die bekannten negativen Folgen des Kostenerstattungsdenkens mit sich bringen würde. Sie sollte sich an den für die jeweilige Periode budgetierten Fixkosten zuzüglich einer Mindestrendite auf das für den anderen Bereich zusätzlich nötige Kapital orientieren. Eine Obergrenze bilden die im Falle der Selbstherstellung durch den abnehmenden Bereich anfallenden Kosten der Eigenfertigung.

Beispiel

Das dargestellte Verfahren soll anhand des bekannten Beispiels erläutert werden.

Während der Abrechnungsperiode wird von einem Verrechnungspreis in Höhe der variablen Kosten p = 50 ausgegangen. Der zu tragende Fixkostenanteil beträgt 80 % (400 bei einer Kapazität von 500) von 1 000, zudem ist eine 10 %ige Rendite auf das investierte Kapital von 1 000, d.h. 100, zu erstatten.

Ergebnis der Division L:		
Umsatz	20 000	(400 Einheiten zu p = 50)
+ Globalbetrag	900	
– Variable Kosten	20 000	
– Fixe Kosten	1 000	
= Ergebnis	–100	

Ergebnis der Division A:		
Umsatz	60 000	
– Materialkosten	20 000	(400 Einheiten zu p = 50)
– Globalbetrag	900	
– Kosten von A	13 000	
= Ergebnis	26 100	
= Gesamtergebnis	26 000	

Nachteil

Die oben unter Punkt 2) erhobene Forderung hat aber zugleich den Nachteil, daß bei Unterbeschäftigung der Abnehmerdivision die Lieferdivision die anteiligen Fixkosten gleichwohl vergütet erhält und somit kein Anreiz zu eigenen externen Auslastungsänderungen gesetzt wird.

6. Variable Kosten und Gewinnaufteilung

Gewinnaufteilung

Für Fälle, in denen keines der bisher dargestellten Verfahren als optimal beurteilt wird, kann eine Gewinnaufteilung (vgl. Anthony/Govindarajan [1995], S. 189 f.) in der Weise vorgenommen werden, daß

1) das Produkt zu variablen Kosten an die Abnehmerdivision geliefert wird und
2) nach dem Verkauf durch diese der erzielte Gewinn (Verkaufspreis abzüglich der variablen Kosten der Lieferdivision und der Kosten der Abnehmerdivision) auf die beiden Bereiche aufgeteilt wird.

Diese Vorgehensweise ist bei instabiler Nachfragesituation sinnvoll, da so der abnehmende Bereich nicht alleine das Risiko trägt. Probleme können sich allerdings bei der Kalkulation und der angemessenen Aufteilung ergeben.

Beispiel

Bei entsprechender Anwendung des obigen Beispiels ergibt sich folgende Situation:

Ergebnis der Division L:		
Umsatz	20 000	(400 Einheiten zu p = 50)
– Variable Kosten	20 000	
– Fixe Kosten	1 000	
= Ergebnis	–1 000	
Ergebnisanteil	13 500	(50 % von 27 000)

Ergebnis der Division A:

Umsatz	60 000	
– Materialkosten	20 000	(400 Einheiten zu p = 50)
– Kosten von A	13 000	
= Ergebnis	27 000	
= Ergebnisanteil	13 500	(50 % von 27 000)
= Gesamtergebnis	26 000	

III. Sonstige Verrechnungspreise

1. Knappheitspreise

Da Preise – zumindest aus theoretischer Sicht – immer das Verhältnis von Angebot und Nachfrage widerspiegeln, d.h. die Knappheit ausdrücken sollten, kann man den Knappheitspreis als den allgemeinen Fall der Verrechnungspreisbildung betrachten. Eine Systematisierung zeigt das folgende Schaubild: *Systematisierung*

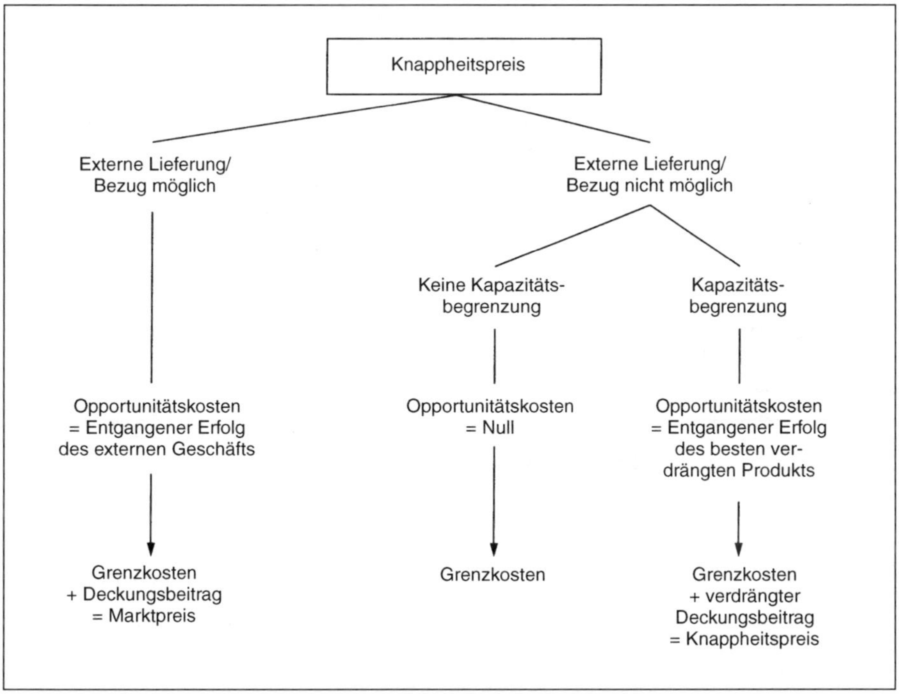

Abb. 19.14: Systematisierung der Knappheitspreise

Knappheitspreis

Unter einem Knappheitspreis versteht man einen Verrechnungspreis, der die Opportunitätskosten der Entscheidung gerade für dieses Produkt zum Ausdruck bringen soll. Ist die Alternative die Lieferung an den Markt, so bemißt sich der Verrechnungspreis am entgangenen Erfolg des externen Geschäfts, der durch den Marktpreis charakterisiert wird. Stellt die Lieferung nach außen keine Alternative dar und sind die Kapazitäten nicht beschränkt, so bemißt sich der Knappheitspreis entsprechend der Bestimmung von Preisuntergrenzen (vgl. Kap. 13). Liegen allerdings Restriktionen vor, so errechnen sich die Opportunitätskosten anhand des entgangenen Erfolgs des verdrängten Produkts, d.h., der Verrechnungspreis setzt sich aus den Grenzkosten und dem verdrängten Deckungsbeitrag zusammen.

Werden Opportunitätskosten hinzugerechnet, so tritt zum Kostenelement ein Marktelement, wodurch die Knappheitspreise zu einer Art Kombination von kosten- und marktorientierter Wertbasis werden.

Knappheitspreise im engeren Sinne sind an die Voraussetzungen der Nichtexistenz eines Markts sowie die begrenzte Verfügbarkeit der zu transferierenden Zwischenprodukte gebunden. Nach der Anzahl der vorliegenden Engpässe können sie folgendermaßen untergliedert werden:

Bei nur einem Engpaß garantiert die Verwendung des Knappheitspreises die Wahl der Alternative mit gleichem oder höherem Nutzen. Der Verrechnungspreis wird gebildet aus den Grenzkosten und dem entgangenen Deckungsbeitrag der besten Alternative.

Bei zwei oder mehreren Engpässen ist die Aufstellung eines linearen Programms zur Errechnung des Knappheitspreises erforderlich. Dieses liefert sogenannte Schattenpreise, die sowohl dezentrale als auch gewinnoptimale Entscheidungen ermöglichen (vgl. Kap. 12).

Funktionserfüllung

Der Lenkungsfunktion genügen die Knappheitspreise in vollem Umfang, zumal das Optimierungsproblem für alle Bereiche gelöst wird. Doch dem steht der Nachteil gegenüber, daß der Gewinn immer demjenigen Bereich zugeordnet wird, in dem die Restriktionen wirksam werden. Treten im liefernden und im abnehmenden Bereich Engpässe auf, so wird beiden ein Teil des Gewinns zugerechnet. Von leistungsbedingter Gewinnallokation kann allerdings keine Rede sein.

Beispiel

Beispiel 19.2:

Zwei Unternehmen L und A haben die dem folgenden Schaubild zu entnehmenden Lieferungsbeziehungen.

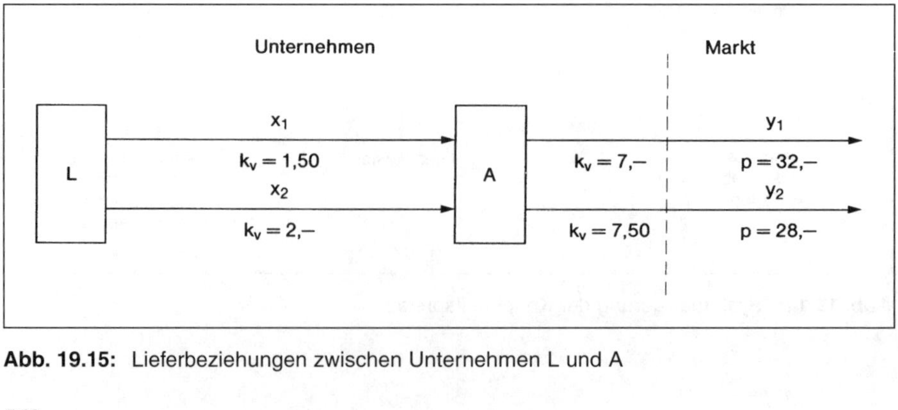

Abb. 19.15: Lieferbeziehungen zwischen Unternehmen L und A

Für die Produkte x_1 und x_2 bzw. y_1 und y_2 gilt folgende Bedarfsmatrix:

	y_1	y_2	Kapazität
x_1	6	3	360 000
x_2	2	3	keine Restriktion
Absatzmöglichkeiten	keine Restriktion	Fall 1: keine Restriktion Fall 2: $y_2 \leq 100\,000$	

Fall 1:

Keine Restriktionen auf der Absatzseite

Aus der Sicht des Gesamtunternehmens ergibt sich folgende Deckungsbeitragsrechnung der Produkte y_1 und y_2:

	y_1	y_2
Preis	32	28
– Materialkosten	13	10,50
Vorprodukt x_1: $k_v = 1{,}50$ y_1: $6 \times 1{,}50 = 9$ y_2: $3 \times 1{,}50 = 4{,}50$		
Vorprodukt x_2: $k_v = 2$ y_1: $2 \times 2 = 4$ y_2: $3 \times 2 = 6$		
– Grenzkosten der Weiterverarbeitung	7	7,50
Deckungsbeitrag	12	10

Ohne Restriktion wäre y_1 das attraktivere Produkt. Mit der Restriktion $x_1 \leq 360\,000$ muß vom engpaßbezogenen Deckungsbeitrag ausgegangen werden:

	y_1	y_2
Deckungsbeitrag Engpaßbelastung	12 6 (Einheiten)	10 3 (Einheiten)
Engpaßbezogener Deckungsbeitrag	2	3,33

Mit Restriktion ist also y_2 attraktiver. Um diese Information im Verrechnungspreis zum Ausdruck zu bringen, wird der engpaßbezogene Deckungsbeitrag des besten verdrängten Produkts den Grenzkosten zugeschlagen. Dies ist der Betrag von 3,33 DM für y_2, denn wenn die Kapazität von x_1 um eine Einheit erweitert würde, könnte mit der vermehrten Ausbringung von y_2 gerade ein Beitrag von 3,33 DM erzielt werden. Es ergeben sich folgende Transferpreise:

x_1:	Grenzkosten	1,50
	+ Opportunitätskosten	3,33
	Transferpreis	4,83
x_2:	Grenzkosten	2,–
	+ Opportunitätskosten	0
	Transferpreis	2,–

Aus Sicht der Division A ergibt sich bei diesen Transferpreisen folgende produktbezogene Deckungsbeitragsrechnung:

Division A	y_1	y_2
Preis	32	28
– Materialkosten		
x_1 (Preis = 4,83)	29	14,50
x_2 (Preis = 2,–)	4	6
– Grenzkosten der Weiterverarbeitung	7	7,50
Deckungsbeitrag	– 8	0

Division A wäre nicht interessiert, Produkt y_1 zu fertigen. Folglich würde ausschließlich y_2 hergestellt, und es ergäbe sich folgende Ergebnisrechnung:

	Menge	Deckungsbeitrag je Einheit	Deckungsbeitrag gesamt
Division L	360 000 x_1	3,33	1 200 000
	360 000 x_2	0	0
Division A	120 000 y_2	0	0
Gesamt			1 200 000

Das Gesamtergebnis wird ausschließlich der Lieferdivision zugerechnet, weil nur dort Restriktionen wirksam sind.

Fall 2:

Beschränkter Absatz am externen Markt

Im folgenden sei von einer zusätzlichen Restriktion ausgegangen:

$$y_2 \leq 100\,000$$

Da drei Einheiten von x_1 benötigt werden, um eine Einheit von y_2 herzustellen, ist der Bedarf an x_1 300 000.

Da $x_1 \leq 360\,000$ Einheiten ist, bleiben also noch 60 000 x_1 für die Produktion von y_1 übrig. Damit können 10 000 Stück von y_1 hergestellt werden. Die Opportunitätskosten fallen von 3,33 DM auf 2,– DM, denn eine marginale Veränderung der Kapazität von x_1 geht nun zugunsten von y_1 statt von y_2. Damit werden von x_1 360 000 und von x_2 320 000 (3 × 100 000 + 2 × 10 000) Einheiten sowie von y_1 10 000 und von y_2 100 000 Stück produziert. Es ergeben sich folgende Verrechnungspreise:

x_1:	Grenzkosten	1,50
	+ Opportunitätskosten	2,–
	Transferpreis	3,50

x_2:	Grenzkosten	2,–
	+ Opportunitätskosten	0
	Transferpreis	2,–

Die produktbezogene Deckungsbeitragsrechnung der Division A hat dann folgendes Aussehen:

Division A	y_1	y_2
Preis	32	28
– Materialkosten		
x_1 (Preis = 3,50)	21	10,50
x_2 (Preis = 2,–)	4	6
– Grenzkosten der Weiterverarbeitung	7	7,50
Deckungsbeitrag	0	4

Division A würde also bis zur Absatzgrenze y_2 herstellen und dann auf y_1 übergehen. Es ergäben sich folgende Ergebniszuordnungen:

	Menge	Deckungsbeitrag je Einheit	Deckungsbeitrag gesamt
Division L	360 000 x_1	2	720 000
	320 000 x_2	0	0
Division A	10 000 y_1	0	0
	100 000 y_2	4	400 000
Gesamt			1 120 000

Wie aus der Tabelle ersichtlich ist, werden die Deckungsbeiträge bei den beiden Engpässen erzielt.

Bei der Umsetzung in die Praxis ergeben sich folgende Probleme: *Probleme:*

1) Schwierigkeiten der dezentralen Ermittlung

– dezentrale Ermittlung

Der Verrechnungspreis wird aus der letzten, gerade noch bzw. gerade nicht mehr zum Zuge kommenden Verwendung der Abnehmerdivision(en) abgeleitet. Kennt man diese Grenzverwendung, dann kennt man aber auch das optimale Programm. Eine dezentrale Programmoptimierung ist dann nicht mehr erforderlich. Die Bestimmung des Verrechnungspreises setzt die Programmoptimierung voraus, die aber aufgrund der Steuerungsinformation des Verrechnungspreises erst bestimmt werden soll (vgl. Albach [1974], S. 222). Dies wird noch deutlicher im Falle mehrerer Engpässe: Hier setzt die Transferpreisbestimmung die Lösung eines linearen Programms voraus. Aufgrund dieser Tatsache kann die kurzfristige Produktionssteuerung als überflüssig gelten. Ihre Ermittlung setzt bereits die Lösung des Planungsproblems voraus.

Dekompositionsverfahren

Innerhalb der Modelle der Verrechnungspreisbildung wurde ein Lösungsvorschlag für dieses Dilemma mit dem **Dekompositionsverfahren** entwickelt, das auf der Auflösung des Zentralproblems in ein Koordinationsprogramm und mehrere Unterprogramme oder Subproblemkomponenten beruht (vgl. Bruckschen [1981], S. 163). Die Verrechnungspreise pro Einheit ergeben sich dann aus der Summe der Grenzkosten und Schattenpreise. Durch die Methode der Dekomposition wird aber das grundlegende Problem der Wahrung der Autonomie der Bereiche bei Festsetzung der Verrechnungspreise auch nicht gelöst, und so erfährt sie fast durchgehende Ablehnung und hat in der Praxis überhaupt keine Relevanz.

2) Fehlsteuerung durch nicht leistungsbedingte Erfolgszuordnung

– nicht leistungsbedingte Erfolgszuordnung

Die Zuordnung der Gewinne nach der Knappheitssituation der beteiligten Divisionen kann Anreize zur künstlichen Verknappung von Kapazitäten setzen, was aus der Sicht des Gesamtunternehmens zu suboptimalen Ergebnissen führen kann. Außerdem scheint diese Form der Gewinnaufteilung willkürlich.

Dies wird besonders deutlich, wenn im Beispiel noch der Fall 3 eingeführt wird.

Fall 3:

Veränderung der Absatzrestriktion

Für den Fall, daß y_2 = 119 990, ergibt sich für die Division A ein Erfolg von 479 960 (119 990 × 4).

Durch die Ausdehnung der Absatzgrenze des profitablen Produkts y_2 steigt der zugerechnete Erfolg von 400 000 (Fall 2) auf 479 960 (Fall 3). Würde die Absatzhöchstgrenze um 10 Einheiten weiter ausgedehnt, so würde der zugerechnete Erfolg auf 0 (Fall 1) sinken.

Das bedeutet, daß Knappheitspreise als Mittel der Ergebniszuordnung nicht sinnvoll angewendet werden können. So wird z.B. die Entscheidung der Lieferdivision für den Ersatz eines bisher genutzten Rohstoffs negativ beeinflußt, wenn der Ersatzrohstoff aufgrund geringerer Durchflußzeiten zur Milderung von Engpässen führt.

Eine Lösungsmöglichkeit kann durch die Einschränkung der Autonomie der Bereiche greifen, wie sie bereits diskutiert wurde.

2. Verrechnungspreise durch Verhandlungen

Der Preisfindung durch Verhandlungen liegt die Idee zugrunde, durch den Ausgleich von Grenzkosten und Grenznutzen der beteiligten Bereiche eine Näherungslösung an den Marktpreis zu schaffen.

Verhandlungspreise

Für die Anwendung dieses Verfahrens sind die vollständige Information der Bereiche, deren Unabhängigkeit bezüglich der Lieferungen, das Vorhandensein eines Markts als Orientierungshilfe und die Einrichtung einer Schiedsstelle im Konfliktfall erforderlich.

Voraussetzungen

Verhandlungen garantieren die Autonomie der Bereiche und somit deren Ergebnisverantwortlichkeit und zeichnen sich durch eine große Flexibilität je nach Beschäftigungslage aus.

Als Nachteil wirkt der Umstand, daß unternehmensintern ein bilaterales Monopol geschaffen wird, was leicht zu disfunktionalen Ergebnissen führen kann, wenn aufgrund monopolistischen Verhaltens, wie künstlicher Verknappung der Ressourcen, aus Ressortegoismus oder durch besseres Verhandlungsgeschick, ein Profit Center das andere übervorteilt (vgl. Kaplan/Atkinson [1989], S. 612). Dieses Konfliktpotential zwingt zur Einrichtung einer Koordinationsstelle (als Aufgaben einer zentralen Schiedsstelle kann man die Streitschlichtung, die Überwachung von Dispositionen sowie die Neufestlegung von Verrechnungspreisregeln sehen, vgl. Anthony/Govindarajan [1995], S. 194), die bei Nichteinigung quasi ex cathedra die Verrechnungspreise festsetzen muß. Bei Verhandlungspreissystemen mit zentraler Koordinationsstelle besteht ebenso die Gefahr, daß nicht realisierte Gewinnbestandteile ermittelt werden.

Schiedsstelle

Untersucht man die Verhandlungspreise bezüglich ihrer Erfüllung der Lenkungs- und Erfolgszuweisungsfunktion, so ergibt sich aufgrund des von vornherein ungewissen Ausgangs, daß keine der Aufgaben richtig erfüllt wird.

Funktionserfüllung

3. Gewinnpooling

Zur Gruppe der pragmatisch orientierten, mehrfunktionalen Verrechnungspreise gehört das Gewinnpooling oder in ähnlicher Form das Dual Pricing System (vgl. Horngren/Foster/Datar [1997], S. 911 f.), das sowohl die Lenkungs- als auch die Erfolgsermittlungsfunktion durch folgende Vorgehensweise erfüllen will:

Gewinnpooling, Dual Pricing System

1) Die Lieferdivision erhält die durchschnittlichen langfristigen Selbstkosten (Standardkosten auf Planbeschäftigungsbasis) und eine angemessene Rendite gutgeschrieben. Diese Vorgehensweise bietet der Lieferdivision eine gute Entscheidungsbasis für die Abwägung interner und externer Lieferung.
2) Die Abnehmerdivision zahlt je Produkteinheit die Grenzkosten und wird periodisch mit einem Globalzuschlag für Fixkosten und Gewinn belastet. So erhält die Division einerseits die nötigen Steuerungsinformationen zur Programmoptimierung, und andererseits wird sie zu realistischen Kapazitätsplanungen motiviert, da eine geringere Auslastung der Lieferdivision nicht zu Ersparnissen führt.

Differenzen müßten einem Konto bei der Zentrale gutgeschrieben bzw. belastet werden (deshalb die Bezeichnung des Gewinnpoolings, das natürlich auch ein Verlustpooling sein kann).

Anwendungsbereiche in der Praxis

Nach Darstellung einer Reihe möglicher Verrechnungspreise stellt sich die Frage, wie in der Praxis im Einzelfall entschieden werden soll. ANTHONY/WELSCH/REECE ([1985], S. 551 ff.) schlagen vor, bei Existenz eines Markts den Marktpreis anzusetzen, bei Nichtvorhandensein eines Markts die Vollkosten zuzüglich eines Gewinnzuschlags und unter besonderen Bedingungen Verhandlungspreise zu wählen.

F. Verrechnungspreise in Konzernunternehmen

Konzern als Spezialform eines divisionalisierten Unternehmens

Durch die Internationalisierung der Konzerne gewann die Verrechnungspreisproblematik auch und gerade für den Transfer von Gütern zwischen Unternehmen mit Sitz in verschiedenen Ländern an Bedeutung. Der Unterschied zwischen divisionalisierten Unternehmen und Konzernen besteht darin, daß erstere nur wirtschaftlich selbständig sind, letztere jedoch sowohl wirtschaftlich als auch rechtlich als eigenständige Unternehmen agieren. Somit kann für die Betrachtung der Verrechnungspreisproblematik ein Konzern als Spezialform eines divisionalisierten Unternehmens betrachtet werden.

Konzernverrechnungspreise

Konzernverrechnungspreise zeichnen sich dadurch aus, daß sie zwischen rechtlich selbständigen Unternehmen geleistet werden und somit effektiv geschuldet werden. Während Verrechnungspreise zwischen rechtlich unselbständigen Unternehmen nur zwei Hauptfunktionen, nämlich die Lenkung und die Erfolgsermittlung, haben, können bei Konzernverrechnungspreisen verschiedene Zielsetzungen im Vordergrund stehen: Bedeutenden Rang nimmt dabei die Verlagerung von Gewinnen in Niedrigsteuerländer ein, jedoch kann auch die Umgehung von staatlichen Kontrollen oder anderen wirtschaftlichen Restriktionen als Entscheidungsgrundlage herangezogen werden.

(1) Betriebswirtschaftliche Ansätze zur Bestimmung von Konzernverrechnungspreisen

In starker Analogie zu Verrechnungspreisen in divisionalisierten Unternehmen werden marktpreis-, nutzen- und kostenorientierte Verrechnungspreise unterschieden (vgl. Kellers/Lederle [1984], S. 164).

Marktpreis

Als idealer Transferpreis gilt auch hier der **Marktpreis**, da er die Lenkungs-, Bewertungs- und Erfolgsermittlungsfunktion voll erfüllt. Sollten diese nicht vorhanden sein, so werden zwei Ermittlungsmethoden vorgeschlagen.

Kosten-plus-Methode

Die **Kosten-plus-Methode** geht von den Standard-, Herstell- oder Selbstkosten bzw. den variablen Kosten zuzüglich festgelegter Soll-Deckungsbeiträge und angemessener Zuschläge aus.

Marktpreis-minus-Methode

Die **Marktpreis-minus-Methode** zieht von den am Markt vorhandenen Preisen eine für die abnehmende Gesellschaft erforderliche Marge ab und erhält so den Verrechnungspreis. Allerdings besteht auch hier das Problem der Festlegung der Marge.

(2) Steuerrechtliche Ansätze zur Bestimmung von Konzernverrechnungspreisen

»Dealing at arm's length principle«

Bei der Bestimmung von Konzernverrechnungspreisen ist zu beachten, daß der Entscheidungsspielraum durch rechtliche Regelungen eingeengt ist. So beinhaltet § 1 AStG das »dealing at arm's length principle«, das besagt, daß Verrechnungspreise innerhalb eines Konzerns mit Preisen gegenüber Konzernfremden vergleichbar sein müssen.

Der OECD-Bericht (vgl. OECD [1987]) und ihm folgend die bundesdeutschen Verwaltungsanweisungen bzw. in den USA die Section 482 des Internal Revenue Code (vgl. zur Behandlung in den USA Anthony/Govindarajan [1995], S. 773 ff., Weiss [1997]) schlagen zur Bestimmung des Fremdpreises drei Verfahren vor, die hier in bezug auf Warenlieferungen kurz vorgestellt werden sollen (vgl. zur Verrechnungspreisproblematik in internationalen Konzernen u.a. Popkes [1989]).

Preisvergleichsmethode

Bei der **Preisvergleichsmethode** muß der Verrechnungspreis mit Preisen vergleichbar sein, die fremde Dritte am Markt ausgehandelt hätten. Das bedingt, daß es sich dann um gleichartige Güter in vergleichbarer Menge und Handelsstufe mit ähnlichen Liefer- und Zahlungsbedingungen sowie gleichem Absatzmarkt handeln muß. Einem äußeren Vergleich liegen Marktnotierungen zugrunde, ein interner Vergleich bezieht sich auf andere Verträge des Unternehmens.

Wiederverkaufsmethode

Die **Wiederverkaufsmethode** geht von dem Preis aus, den der Empfänger im Ausland von einem Dritten erhält, und subtrahiert davon einen angemessenen Gewinnaufschlag sowie noch anfallende Kosten (vgl. Kellers/Lederle [1984], S. 169). Diese Methode führt zu den sachgerechtesten Ergebnissen bei Handelsgeschäften (vgl. Popkes [1989], S. 175).

Kostenaufschlagsmethode

Die **Kostenaufschlagsmethode**, die dann zur Anwendung kommt, wenn keine Marktbeziehungen vorliegen und die Wiederverkaufspreismethode nicht angewandt werden kann, ist ein kostenorientiertes Verfahren, bei dem zu den Selbstkosten ein angemessener Gewinnzuschlag hinzugerechnet wird.

Diese drei dargestellten Vorgehensweisen stehen nicht in einer Rangfolge zueinander, sondern stehen gleichberechtigt nebeneinander.

G. Verrechnungspreise in der Praxis

Abschließend soll aufgezeigt werden, welche Formen der Verrechnungspreisbildung in der Praxis vorherrschen. Eine am Lehrstuhl für Betriebswirtschaft an der Universität Augsburg (Lehrstuhlinhaber: Prof. Dr. Coenenberg) bei 49 Unternehmen aus neun verschiedenen Branchen, auf die hier nicht im einzelnen eingegangen wird, durchgeführte Erhebung (vgl. Scholdei [1990]) ergibt folgendes Bild:

Es zeigt sich, daß vollkostenorientierte Verrechnungspreise – unabhängig von der Organisationsstruktur – vorherrschen. Marktpreise spielen insbesondere bei divisionaler Organisationsstruktur eine besondere Rolle. Grenzkostenpreise, Knappheitspreise und Sonderformen wie Gewinnpooling und doppelte Verrechnungspreise sind in der Praxis nicht bedeutsam.

Interessant ist ferner ein Blick auf die in der Praxis verfolgten Ziele der Verrechnungspreisbildung. Wie die folgende Auswertung zeigt, steht insbesondere die Meßbarkeit der Ergebnisverantwortlichkeit in der Praxis an oberster Stelle.

Organisationsform und Verrechnungspreisart

Verrechnungspreisart \ Organisationsform	funktional	divisional	Matrix	Σ
Grenzkosten	1	0	0	1
Grenzkosten plus getrennte Fixkostenumlage/Monat	1	1	2	4
Vollkosten	8	9	7	24
Vollkosten plus Gewinnaufschlag	4	5	3	12
Zwischensumme kosten-orientierte Verrechnungspreise	14	15	12	41 (57 %)
externe Marktpreise unkorrigiert	4	7	1	12
externe Marktpreise minus entfallende Beschaffungsnebenkosten	5	2	3	10
eigene Listenpreise minus entfallende Beschaffungsnebenkosten	0	1	0	1
eigene Listenpreise minus Kosten des eigenen Vertriebs	0	1	0	1
Marktpreise mit Sonderkonditionen	0	4	1	5
Zwischensumme marktpreisorientierte Verrechnungspreise	9	15	5	29 (40 %)
Knappheitspreise	0	0	0	0
Gewinnpooling	0	1	1	2
doppelte Verrechnungspreise	0	0	0	0
Zwischensumme sonstige Verrechnungspreise	0	1	1	2 (3 %)

Abb. 19.16: Zusammenhang von Organisationsform und Art des Verrechnungspreises

Im Hinblick auf die Verantwortlichkeit für die Festlegung von Verrechnungspreisen ist erwartungsgemäß in divisionalen Strukturen die Geschäftsbereichsleitung am häufigsten die zuständige Instanz. Daneben herrschen kontrollierbare Regeln als Verrechnungspreisrichtlinien vor. Die folgende Tabelle gibt hierzu ein detailliertes Bild.

Ziele der Verrechnungspreisbildung

Organisationsform / Ziele	funktional	divisional	Matrix	Σ*
Optimierung des Periodenerfolgs	7	2	3	12
optimaler Einsatz der Ressourcen	5	6	7	18
Meßbarmachung der Ergebnisverantwortlichkeit der Teilbereichsinstanzen	11	16	9	36
Gesamterfolg soll auf andere Teilbereiche aufgeteilt werden	1	2	5	8
Kosten einzelner Teilbereiche sollen auf andere verteilt werden	2	2	3	7
Faktorverbrauchskontrolle einzelner Teilbereiche	2	1	3	6
Beschleunigung der Abrechnung	1	0	0	1

* mit zahlreichen Mehrfachnennungen

Abb. 19.17: Zusammenhang zwischen Organisationsform und Zielen der Verrechnungspreisbildung

Verantwortlichkeit für Verrechnungspreisfestlegung

Organisationsform / Wer legt die Verrechnungspreise fest?	funktional	divisional	Matrix	Σ*
die Unternehmensleitung zentral	3	2	1	6
die Geschäftsbereichsleitungen durch Verhandlungen	2	12	5	19
eine Stabsstelle, die schlichtend eingreift	4	2	2	8
eine kontrollierbare Regel (Formel)	4	7	5	16
die jeweils zuständigen Vertriebsabteilungen	0	1	0	1
keine Antwort	0	0	2	2

* mit einigen Mehrfachnennungen

Abb. 19.18: Zusammenhang zwischen Organisationsform und Verantwortlichkeit für die Festlegung von Verrechnungspreisen

Schließlich sei die Frage der Gültigkeitsdauer der Verrechnungspreise anhand folgender Auswertung betrachtet:

Gültigkeits-dauer von Verrechnungs-preisen

Neufestlegung \ Organisationsform	funktional	divisional	Matrix	Σ*
pro Jahr	10	9	5	24
pro Quartal	2	1	1	4
pro Monat	1	2	1	4
für jeden Auftrag neu	1	5	2	8
wenn sich der Marktpreis für äquivalente Produkte geändert hat	7	7	6	20
wenn Kosten um einen bestimmten Prozentsatz gestiegen sind	3	4	2	9
täglich	1	0	0	1
bei Einführung von Modelländerungen bzw. wenn sich die Finanzlage des Unternehmens erheblich verändert	0	0	1	1
im Rahmen einer Rechenregel automatische gleitende Anpassung	0	0	1	1

* mit zahlreichen Mehrfachnennungen

Abb. 19.19: Zusammenhang zwischen Organisationsform und Gültigkeitsdauer der Verrechnungspreise

Die jährliche Festsetzung und die jeweilige Anpassung an Änderungen des Marktpreises äquivalenter Produkte sind vorherrschend. Vier Unternehmen überprüfen ihre Transferpreise vierteljährlich, weitere vier monatlich und ein der Mineralölindustrie angehörendes Unternehmen sogar täglich. Organisationsbedingte Unterschiede lassen sich nicht erkennen, allenfalls fällt eine gewisse Parallelität auf.

Empirische Untersuchungen

Die weiter oben beschriebene Dominanz marktpreis- und vollkostenorientierter Verrechnungspreise wird in einer Reihe von empirischen Erhebungen, die sich nicht nur auf die Bundesrepublik Deutschland, sondern auch auf andere Industrienationen beziehen, bestätigt (vgl. z.B. Gschwend [1987], S. 108 ff.; Weilenmann [1989]).

Abkürzungsverzeichnis

A	Abnehmerdivision
AStG	Außensteuergesetz
DB	Deckungsbeitrag
DB_A	Deckungsbeitrag der Abnehmerdivision
DB_L	Deckungsbeitrag der Lieferdivision
E_A	Erlöse der Abnehmerdivision
E_L	Erlöse der Lieferdivision
G	Gewinn des Gesamtunternehmens
GE_A	Grenzerlöse der Abnehmerdivision
GE_L	Grenzerlöse der Lieferdivision
GK_A	Grenzkosten der Abnehmerdivision
GK_L	Grenzkosten der Lieferdivision
K_A	Gesamtkosten der Abnehmerdivision
K_f	fixe Kosten
K_L	Gesamtkosten der Lieferdivision
K_p	geplante Kosten in Abhängigkeit von der Absatzmenge
k_v	variable Kosten
L	Lieferdivision
p_A	Preis, den die Abnehmerdivision am externen Markt erzielt
p_L	Verrechnungspreis
VP	Verrechnungspreise
x_0	Break-even-Menge
x_A	Absatzmenge der Abnehmerdivision
x_i	Vorprodukte
x_L	Absatzmenge der Lieferdivision
y_i	Endprodukte

Kontrollfragen

1) Was versteht man unter Verrechnungspreisen und unter welchen Voraussetzungen sind derartige Preise im Unternehmen relevant?
2) Welche Hauptaufgaben sind von Verrechnungspreisen zu erfüllen? In welcher Beziehung stehen diese Aufgaben zueinander?
3) Warum kann sich bei der Aufsummation der optimalen Teilbereichsergebnisse ein geringerer als der aus Gesamtunternehmenssicht erreichbare Zielrealisationsgrad ergeben?
4) Was besagt der Grundsatz: »Dezentralisation soweit wie möglich, Zentralisation soweit wie nötig«?
5) Was versteht man unter einer Geschäftsbereichsorganisation und welche Voraussetzungen müssen für eine erfolgreiche Implementierung im Unternehmen gegeben sein?
6) Welche Ziele werden üblicherweise mit der Einführung einer divisionalen Organisationsstruktur verfolgt?
7) Wie lassen sich die in einem divisionalisierten Unternehmen eingerichteten Organisationseinheiten entsprechend dem Umfang der Verantwortlichkeit der Teilbereichsleiter unterscheiden?
8) Was versteht man unter expliziten und impliziten Verhaltensnormen zur Koordinierung von Entscheidungen im Unternehmen?
9) Unter welchen Voraussetzungen erfüllen Marktpreise sowohl die Lenkungsfunktion als auch die Erfolgsermittlungsfunktion?
10) Wie sind rechnerisch erfaßbare und nicht rechnerisch erfaßbare Verbundvorteile bei der Ermittlung eines marktpreisorientierten Verrechnungspreises zu berücksichtigen?
11) Welche Probleme können sich bei der praktischen Anwendung marktpreisorientierter Verrechnungspreise ergeben und welche Lösungsansätze werden hierfür vorgeschlagen?
12) Nennen Sie die verschiedenen Varianten kostenorientierter Verrechnungspreise und deren Anwendungsbereiche!
13) Erfüllen Grenzkostenpreise sowohl die Lenkungsfunktion als auch die Erfolgsermittlungsfunktion?
14) Welche Probleme ergeben sich beim praktischen Einsatz grenzkostenorientierter Verrechnungspreise?
15) Beschreiben Sie die Vorgehensweise beim Two-Step-Pricing und die Voraussetzungen für dessen erfolgreichen Einsatz in der Praxis!
16) Erfüllen Knappheitspreise die Lenkungsfunktion und die Erfolgsermittlungsfunktion?
17) Können Verrechnungspreise durch Verhandlungen die Anforderungen an ein effizientes Verrechnungspreissystem erfüllen?
18) Welche speziellen Charakteristika und Funktionen sind für Konzernverrechnungspreise kennzeichnend?
19) Was versteht man unter dem »dealing at arm's length«-Prinzip, und welche steuerlichen Ermittlungsmethoden sollen dessen Einhaltung gewährleisten?

Literaturhinweise

Albach, H. (1974): Innerbetriebliche Lenkpreise als Instrument dezentraler Unternehmensführung, in: Zeitschrift für betriebswirtschaftliche Forschung 1974, S. 216–242.

Anthony, R. N./Govindarajan, V. (1995): Management Control Systems, 8. Aufl., Chicago u.a. 1995.

Anthony, R. N./Welsch, G. A./Reece, J. S. (1985): Fundamentals of Management Accounting, 4. Aufl., Homewood, Illinois 1985.

Borchers, W. (1978): Bereichsabgabepreis in divisionalisierten Unternehmen, in: Zeitschrift für betriebswirtschaftliche Forschung – Kontaktstudium 1978, S. 157–164.

Bruckschen, H.-H. (1981): Verrechnungspreise in Spartenorganisationen, Diss., Frankfurt am Main 1981.

Bühner, R. (1996): Betriebswirtschaftliche Organisationslehre, 8. Aufl., München 1996.

Coenenberg, A. G. (1973): Verrechnungspreise zur Steuerung divisionalisierter Unternehmen, in: Wirtschaftswissenschaftliches Studium 1973, S. 373–382.

Frese, E. (1990): Das Profit-Center-Konzept im Spannungsfeld von Organisation und Rechnungswesen, in: Ahlert, D./Franz, K.-P./Göppl, H. (Hrsg.) (1990): Finanz- und Rechnungswesen als Führungsinstrument, Wiesbaden 1990, S. 139–155.

Frese, E. (1995): Profit Center und Verrechnungspreise – Orgaisationstheoretische Analyse eines aktuellen Problems, in: Zeitschrift für betriebswirtschaftliche Forschung 1995, S. 942–954.

Gschwend, W. (1987): Die Zielproblematik des Verrechnungspreises, Diss., St. Gallen 1987.

Hirshleifer, J. (1956): On the Economics of Transfer Pricing, in: Journal of Business 1956, S. 172–184.

Horngren, C. T./Foster, G./Datar, S. M. (1997): Cost Accounting – A Managerial Emphasis, 9. Aufl., Englewood Cliffs, New Jersey 1997.

Kaplan, R. S./Atkinson, A. A. (1989): Advanced Management Accounting, 2. Aufl., Englewood Cliffs, New Jersey 1989.

Kellers, R./Lederle, A. (1984): Preisbildung zwischen Konzerngesellschaften, in: Zeitschrift für betriebswirtschaftliche Forschung 1984, S. 163–171.

Küpper, H.-U./Winckler, B./Zhang, S. (1990): Planungsverfahren und Planungsinstrumente als Instrumente des Controlling, in: Die Betriebswirtschaft 1990, S. 435–458.

OECD (Hrsg.) (1987): Verrechnungspreise und multinationale Unternehmen – Drei steuerliche Sonderprobleme – Berichte des Steuerausschusses der OECD 1984, übersetzt vom Bundesministerium der Finanzen, Köln 1987.

Poensgen, O. H. (1973): Geschäftsbereichsorganisation, Opladen 1973.

Popkes, W. B. J. (1989): Internationale Prüfung der Angemessenheit steuerlicher Verrechnungspreise, Bielefeld 1989.

Riebel, P./Paudtke, H./Zscherlich, W. (1973): Verrechnungspreise für Zwischenprodukte, Opladen 1973.

Ronen, J./McKinney, G. (1970): Transfer Pricing for Divisional Autonomy, in: Journal of Accounting Research 1970, S. 99–112.

Schmalenbach, E. (1909): Über Verrechnungspreise, in: Zeitschrift für handelswissenschaftliche Forschung 1909, 3. Jg., S. 165–185.

Schmalenbach, E. (1948a): Pretiale Wirtschaftslenkung, Band 1: Die optimale Geltungszahl, Bremen-Horn 1948.
Schmalenbach, E. (1948b): Pretiale Wirtschaftslenkung, Band 2: Pretiale Lenkung des Betriebes, Bremen-Horn 1948.
Scholdei, D. (1990): Verrechnungspreise zur Steuerung divisionaler Unternehmen, unveröffentlichte Diplomarbeit, Augsburg 1990.
Weilenmann, P. (1989): Dezentrale Führung: Leistungsbeurteilung und Verrechnungspreise; in: Zeitschrift für Betriebswirtschaft 1989, S. 932–956.
Weiss, W. (1997): Herausforderungen durch die endgültigen US-Verrechnungspreisrichtlinien – insbesondere deren Dokumentationspflichten, in: Die Betriebswirtschaft 1997, S. 252–264.
Welge, M. K. (1975): Profit-Center-Organisation, Wiesbaden 1975.
Zimmermann, E. (1974): Koordination der Investitionsentscheidungen bei divisionaler Organisationsstruktur, Bochum 1974.

20. Kapitel: Steuerungsinstrumente zur Erfolgsbeurteilung

A. Aufgaben von Instrumenten zur Steuerung von Geschäftsbereichen

Koordinationsbedarf in divisionalisierter Organisationsstruktur

Arbeitsteilige Aufgabenerfüllung erfordert vielfache Steuerungsinformationen innerhalb des Unternehmens. Dies gilt im Hinblick auf eine ergebnisorientierte Planung und Kontrolle um so mehr, je mehr Entscheidungen delegiert sind. Denn die unabhängig voneinander dezentral gefällten Entscheidungen müssen auf das Unternehmensganze ausgerichtet werden. Es besteht bei dezentraler Unternehmensführung ein erhöhter Koordinationsbedarf. Der mit dezentralisierter Unternehmensführung verbundene verstärkte Koordinationsbedarf zeigt sich in zwei potentiellen Konflikten, die fast zwangsläufig mit einer divisionalisierten Organisationsstruktur einhergehen:

Konflikte zwischen Divisionen

- Konflikte zwischen Divisionen:
  Solche Konflikte können sich immer dann ergeben, wenn

(a) Leistungstransfers zwischen Divisionen stattfinden und/oder
(b) Divisionen um gemeinsame knappe Faktoren (z.B. Investitionsmittel, Marktvolumen) konkurrieren.

Zur Schlichtung dieser Konflikte und zur Ausrichtung der Teilentscheidungen auf das gesamtbetriebliche Optimum bedarf es eines Systems effizienter Transferpreise. Dies wurde bereits in Kapitel 19 behandelt.

Konflikte zwischen Divisionen und Zentrale

- Konflikte zwischen Divisionen und Zentrale:
  Diese Konflikte, die ebenfalls ein Charakteristikum divisionaler Organisationsform darstellen, äußern sich in Konflikten zwischen lang- und kurzfristigen Unternehmenszielen (Poensgen [1973], S. 35 f.): »Die Unternehmensleitung ist für alle langfristigen Maßnahmen verantwortlich, die kurzfristige Geschäftspolitik liegt dagegen in den Händen der einzelnen Geschäftsbereichsleitungen. Durch diese Institutionalisierung getrennter Entscheidungsbefugnisse wird der daraus resultierende Zielkonflikt geradezu zum Zentralproblem der Geschäftsbereichsstruktur. Vergleichbar ist er etwa dem ›Ressortegoismus‹ bei funktionaler Organisationsstruktur. Für eine erfolgreiche Führung divisional aufgebauter Unternehmen ist deshalb die Lösung des Problems entscheidend: Wie soll die Rechnungslegung eines Geschäftsbereichs gegenüber der Unternehmensleitung gestaltet werden, damit die Geschäftsbereichsleitung motiviert wird, im Interesse des Unternehmensziels zu handeln?«

Damit wird offenbar, daß der Planungs- und Kontrollrechnung neben reinen Informationsaufgaben auch Motivationsaufgaben zukommen. Im einzelnen sind folgende Aufgabenbereiche zu nennen:

1) Bereitstellung von Informationen als Entscheidungsgrundlage für die Unternehmensführung

Informationen für die Unternehmensleitung

Die Unternehmensleitung ist an Informationen zur Unterstützung der ihr vorbehaltenen strategischen Entscheidungen, insbesondere größerer Investitions- bzw. Desinvestitionsentscheidungen, interessiert. Im allgemeinen wird man nicht verlangen können, daß das abteilungsbezogene Planungs- und Kontrollsystem diese Informationen unmittelbar liefert. Es muß dann aber gewährleistet sein, daß Auslöseinformationen, d.h. Informationen, die die Durchführung von Spezialstudien für die zu treffenden strategischen Entscheidungen auslösen, vermittelt werden. Darüber hinaus sollen Informationen geliefert werden, die zeigen, ob korrigierende Maßnahmen der Unternehmensleitung (Management by Exception) erforderlich sind.

2) Bereitstellung von Informationen als Entscheidungsgrundlage für die Divisionsleiter (Selbstinformation)

Informationen für die Bereichsleiter

Die von den Bereichsleitern benötigten Informationen hängen von der im Unternehmen verwirklichten Organisationsform ab (zur möglichen Verantwortungszuweisung vgl. die Ausführungen zur Organisationsform der Responsibility Center in Kap. 19). Bei einer Unterteilung in Investment Center werden diese Informationen unter anderem für Entscheidungen über Investitionen (controllable assets), Beschaffung und Absatz benötigt.

3) Bereitstellung von Informationen zur Beurteilung der Divisionsleiter

Informationen zur Beurteilung der Bereichsleiter

In divisionalisierten Unternehmen liegt die Entscheidungskompetenz und damit auch die Verantwortung für das operative Geschäft bei den Teilbereichsleitern. Steuerungsinstrumente im Unternehmen sollen Maßgrößen für deren Leistung liefern, die zum einen die Beurteilung durch die Unternehmensleitung ermöglichen und zum anderen für die Divisionsleiter selbst als Orientierungshilfe dienen. Im Rahmen eines Soll-

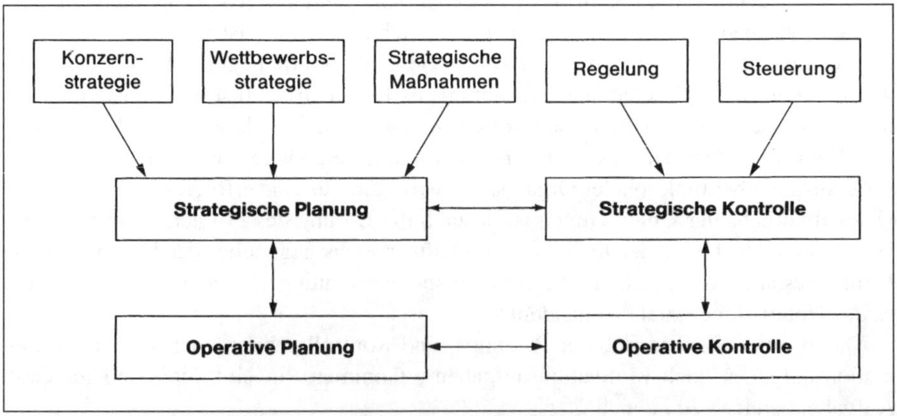

Abb. 20.1: Zusammenhang von strategischer und operativer Ebene

Ist-Vergleichs können Informationen bezüglich Planabweichungen geliefert werden, die als wichtige Steuerungshinweise nötig sind.

Strategische Planung und Kontrolle

Die **strategische Ebene** befaßt sich mit der Formulierung der Strategie und beinhaltet sowohl die strategische Planung als auch die strategische Kontrolle. Die Strategie eines Unternehmens kann in die Bereiche Unternehmens- bzw. Konzernstrategie, Wettbewerbsstrategie und strategische Maßnahmen eingeteilt werden: Innerhalb der Unternehmens- bzw. Konzernstrategie werden die Geschäftsfelder festgelegt, in denen das Unternehmen in Zukunft tätig werden will, und Synergieeffekte, insbesondere bei Liquiditätstransfers und materiellen Verflechtungen zwischen den Geschäftsbereichen, aufgezeigt. Ziel der Wettbewerbsstrategie ist die verstärkte Nutzung der Unternehmensstärken im Vergleich zum Wettbewerber. Hierzu sind die Funktionsbereiche sowie unterstützende Aktivitäten zu untersuchen, was mit Hilfe der von PORTER entwickelten Wertkette (vgl. Porter [1996], S. 62) erfolgen kann.

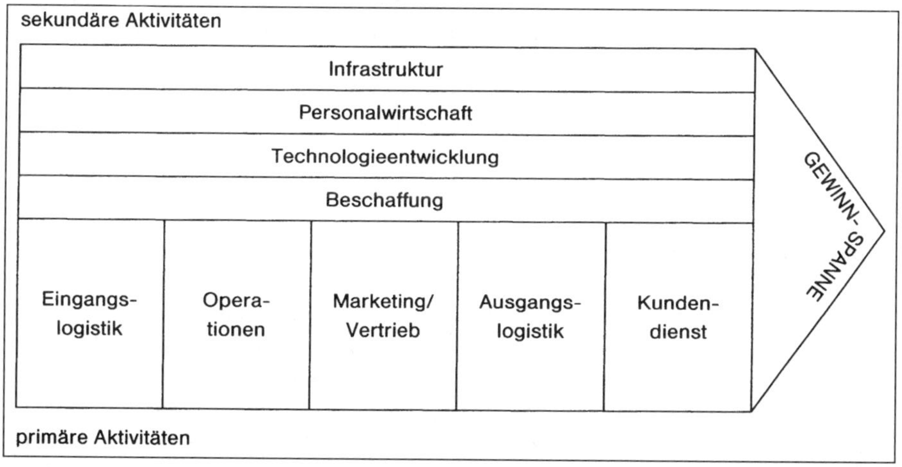

Abb. 20.2: Wertschöpfungskette

Die Steuerungsfunktion auf der strategischen Ebene wird von der strategischen Kontrolle übernommen. Strategische Kontrolle beinhaltet Regelung und Steuerung, wobei die Steuerung den Vorteil gegenüber der Regelung besitzt, den potentiellen Störungen entgegenzuwirken, bevor diese sich nachteilig auf den Realisationsprozeß ausgewirkt haben, Regelungen dagegen versuchen, die Störungen auszugleichen, nachdem sie eingetreten sind.

Operative Planung und Kontrolle

Hauptaufgabe der **operativen Ebene** ist die Steuerung des Realgüterprozesses durch eine möglichst effiziente Umsetzung der strategischen Ziele. Die operative Planung betrifft alle Funktionsbereiche des Unternehmens. Damit sich die einzelnen Einheiten selbst steuern können, müssen den Entscheidungsträgern rechtzeitig verdichtete Informationen zur Verfügung gestellt werden. Außerdem müssen Instrumente bereitgestellt werden, die bei Abweichungen eingesetzt werden können, sowie persönliche Hilfestellungen bei Abweichungen, die über den Zuständigkeitsbereich der einzelnen Entscheidungsträger hinausgehen. Dies bedeutet, daß die Durchführungsplanung, die zum einen aus der operativen Planung und damit aus Maßnahmenplänen zur Durchführung der strategischen Pläne, zum anderen aus der Jahresplanung und damit aus der Steuerung des Unternehmensbereichs durch Soll-Ist-Vergleiche besteht, grundsätzlich der Unternehmensbereichsleitung übertragen werden kann.

Management-Holding-Struktur

Eine Trennung der strategischen und der operativen Aufgaben ist besonders bei der Management-Holding-Struktur wichtig, bei der die Konzernleitung die strategische Verantwortung und die Konzernunternehmen die operative Verantwortung besitzen. Aufgabe der obersten Unternehmensleitung ist es daher, mit den einzelnen Geschäftsbereichen differenzierte und realistische Renditeziele zu vereinbaren, die in Summation der gewünschten Rendite für das Gesamtunternehmen (vgl. hierzu die Ausführungen in Abschnitt E. weiter unten) entsprechen, sowie die Realisierung dieser Renditeziele zu steuern.

Anforderungen an ein Spartenrechnungssystem

Diese Aufgaben zeigen, daß die Planungs- und Kontrollrechnung nach den Funktionen der Lenkung und der zutreffenden Erfolgszuweisung (vgl. auch die Ausführungen in Kap. 19) auszurichten ist. Die **Anforderungen**, die generell an ein effizientes Rechnungssystem der Profit Center gestellt werden, ergeben sich daraus, daß anhand von globalen Maßzahlen die Leistungsbeurteilung und Steuerung des Gesamtunternehmens erfolgen soll. Diese Anforderungen sind (vgl. Coenenberg [1995], S. 2080 ff.):

(1) Anreizverträglichkeit

Anreizverträglichkeit:

Mit dem zentralen Kriterium der Anreizverträglichkeit (vgl. Schneider [1997], S. 490 ff.) werden zwei Zwecke verfolgt.

Zum einen müssen das Beurteilungskriterium und die es beeinflussenden Faktoren die Zielstruktur des Unternehmens widerspiegeln. Diese Forderung ergibt sich aus der Notwendigkeit, die Teilentscheidungen der Geschäftsbereiche im Hinblick auf das Gesamtunternehmensziel zu koordinieren. Die Verantwortlichen sollen durch das Steuerungssystem zur (gesamt-)unternehmenszielkonformen Nutzung ihrer jeweiligen Handlungsspielräume angeleitet werden. Das setzt Kongruenz der Ziele des Gesamtunternehmens und der als Profit Center geführten Teileinheiten voraus. **Zielkongruenz** heißt, daß ein höheres (niedrigeres) Erfolgsniveau des Profit Centers einen gestiegenen (gesunkenen) Beitrag zum Gesamtergebnis spiegeln muß. Daraus folgt zwangsläufig, daß ein hierzu geeignetes Planungs- und Kontrollsystem aus den obersten Zielen der Unternehmensführung abzuleiten ist. Es muß erkennbar sein, in welcher Weise für die Zukunft geplante Handlungen sowie tatsächliches Vorgehen und Geschehen die Erreichung der obersten Ziele beeinflussen.

– Zielkongruenz

In diesem Zusammenhang stellen sich folgende Fragen:

- In welchem Verhältnis stehen die Ziele zu anderen denkbaren (nicht-ökonomischen bzw. nicht-operativen) Zielen des Unternehmens (vgl. Abschnitt B. dieses Kap.)?
- Wie sind die operativen Ergebnis- und Renditeziele mit den Zielen der anderen Führungsebenen abzustimmen (vgl. Abschnitt E. dieses Kap.)?
- Sind die betrachteten Größen ein adäquater Ausdruck des Gewinnmaximierungsstrebens (vgl. Abschnitt C.II.5. dieses Kap.)?

Zum anderen sollen die sich aus dem Principal-Agent-Verhältnis zwischen Zentrale und Profit Center ergebenden Probleme durch Sicherstellung der Informationsehrlichkeit zumindest gemildert werden. Insbesondere muß der Zusammenhang zwischen individuellem Verhalten der Mitarbeiter und dem Beurteilungskriterium im Steuerungssystem erkennbar sein und als gerecht empfunden werden. Das erfordert **Maßgenauigkeit,** d.h. Ermessensunabhängigkeit der Rechen- bzw. Zielgrößen (= Objektivität). Die Zielgrößen müssen so definiert werden, daß sie die tatsächlichen wirtschaftlichen Verhältnisse widerspiegeln, frei von Ermessensspielräumen sind und nicht zu Sachverhaltsgestaltungen veranlassen. Gleiche Sachverhalte sind identisch abzubilden und veränderte Tatbestände müssen sich in veränderten Maßgrößen zeigen (vgl. Abschnitte C. und D. dieses Kap.).

– Maßgenauigkeit

(2) Kommunikationsfähigkeit

Kommunikationsfähigkeit:

Da das Rechnungssystem auf Menschen ausgerichtet ist, muß es auf die spezifischen Eigenschaften des Menschen im Hinblick auf die Kommunikationsfähigkeit der Ergebnisse Rücksicht nehmen. Das Erfordernis der Kommunikationsfähigkeit beinhaltet zwei Unterpostulate – die Analysefähigkeit und die Verständlichkeit.

– Analysefähigkeit

Um der **Analysefähigkeit** zu genügen, muß die Planungs- und Kontrollrechnung so aufgebaut sein, daß sie die Ursachen eines eventuell geänderten Zielwerts bzw. einer Abweichung von der Zielvorgabe erkennen läßt und die Interdependenzen zwischen den einzelnen Einflußfaktoren offenlegt. Darüber hinaus sollen Konsequenzen zukünftigen Handelns abschätzbar werden. Das Beurteilungskriterium des Rechnungssystems an sich ist für die Steuerung der Einzelentscheidungen innerhalb einer Division unoperational. Es muß deshalb durch Aufstellung von Mittel-Zweck-Relationen in Unterziele zerlegt werden (vgl. Abschnitt C.II.2. dieses Kap.). Neben dieser internen Funktion besitzt die Analysefähigkeit jedoch auch eine nach außen gerichtete Aufgabe: Sie kann nämlich nicht nur die Vergleichbarkeit mit anderen Profit Centers des gleichen Konzernkreises fördern, sondern ermöglicht u.U. auch ein konzernexternes Benchmarking mit Konkurrenten oder branchenfremdem »best practice«.

– Verständlichkeit

Das Kriterium der **Verständlichkeit** erfordert eine nachvollziehbare, möglichst einfach gehaltene Ausgestaltung des Systems, damit die Ergebnisse und somit auch die zu ergreifenden Konsequenzen allgemein als verbindlich akzeptiert werden und an nachgeordnete Hierarchieebenen weitergegeben werden können. Insbesondere bei internationaler Ausrichtung des Unternehmens ist die Verständlichkeit durch Verwendung einheitlicher und allgemein geläufiger Begriffe für Rechengrößen und -mechanismen von außerordentlicher Bedeutung. Typisch deutsche Begriffsdifferenzierungen, wie bspw. die Trennung von Aufwand und Kosten, sind im internationalen Kontext eher hinderlich.

(3) Wirtschaftlichkeit

Wirtschaftlichkeit

Die Planungs- und Kontrollrechnung darf kein Selbstzweck sein, sondern muß dem grundlegenden Erfordernis der **Wirtschaftlichkeit** genügen. Dabei gilt es den zusätzlichen Nutzen aus dem Ausbau der Planungs- und Kontrollrechnung ins Verhältnis zu den zusätzlichen Kosten, z.B. für Implementation und Pflege, zu setzen. Will das Rechnungssystem Unwirtschaftlichkeiten glaubhaft in anderen Bereichen des Unternehmens aufdecken, sollte es zuerst selbst möglichst effizient gestaltet sein.

B. Zielsystem des Unternehmens

Konzeption des Zielsystems

Der Überlegung, welche Steuerungsinstrumente im Unternehmen zur Erreichung bestimmter Zielvorgaben eingesetzt werden sollen, muß die Konzeption des Zielsystems des Unternehmens vorgeschaltet sein. In der betriebswirtschaftlichen Literatur sowie in Unternehmensleitlinien und konkreten Zielfestlegungen findet man grundsätzlich mehrere Ziele, die vom Unternehmen kurz-, mittel- oder langfristig angestrebt werden (vgl. stellvertretend Meffert/Kirchgeorg [1989]).

Eine Auflistung der Unternehmensziele stellt allerdings noch keine Handlungsanweisung dar, die Informationen über Prioritäten der Zielvorgaben sowie über deren Interdependenzen gibt. Man kann zwischen übergeordneten Zielen und konkretisierten Vorgaben unterscheiden. So ist die Absicht, Gewinne zu erzielen (profitability) das übergeordnete, das Erreichen einer bestimmten Rendite das konkretisierte Ziel.

Liquidität, Erfolg, Erfolgspotential

Wie in Kapitel 1 im einzelnen ausgeführt, können die betriebswirtschaftlichen Ziele nach den angewandten Maßgrößen und der zeitlichen Reichweite drei Ebenen zugeordnet werden: Vorrangiges Ziel muß die Aufrechterhaltung der Zahlungsbereitschaft des Unternehmens zu jedem Zeitpunkt, d.h. die **Liquidität**, sein, ohne die ein Unternehmen nicht bestehen kann. Ohne **Erfolg** könnte ein Unternehmen zwar existieren, doch jedes unternehmerische Handeln wird nur dann aufrechterhalten werden, wenn von der Realisierung eines positiven Erfolgs ausgegangen werden kann. Die vorgenannten, auf der operativen Ebene der Geschäftstätigkeit anzusiedelnden Ziele sind aus mittel- und langfristiger Sicht um das strategische Ziel der Generierung und Umsetzung von **Erfolgspotentialen** zu ergänzen. Alle drei Zielgrößen stehen in wechselseitiger Beziehung zueinander, wobei sich die Zielrichtung »Erfolgspotential → Erfolg → Liquidität« als dominierend erweist (vgl. Gälweiler [1990]). Deshalb werden in folgender Übersicht mögliche Unternehmensziele bzw. Zielgrößen den Ebenen Erfolgspotential, Erfolg und Liquidität zugeordnet.

Erfolgspotential

- Beziehungen zum Umfeld,
- Erhaltung von Arbeitsplätzen,
- Erschließung neuer Märkte,
- Flexibilität,
- fortschrittliche Technologie,
- Kapazitätsauslastung,
- Konkurrenzsituation verbessern,
- Kooperation mit dem Handel,
- Marktanteil,
- Mitarbeitermotivation/ Arbeitsplatzqualität,
- Produkt- und Verfahrensinnovationen,
- Produktivitätssteigerungen,
- Produktqualität,
- Sicherung der Unternehmensexistenz,
- Sicherung der Wettbewerbsfähigkeit,
- Umweltschutz,
- Unabhängigkeit,
- Unternehmens-/Produktimage,
- Versorgung des Kunden,
- Wachstum.

Erfolg

- kurzfristige Gewinnerzielung,
- langfristige Gewinnerzielung,
- Umsatzsteigerung,
- Gemeinkostensenkung,
- Rationalisierung,
- Minimierung von Durchlaufzeiten,
- Beständereduzierung.

Liquidität

- Cash Flow,
- Deckungsgrade des Anlagevermögens,
- Verschuldungsgrad,
- Tilgungsdauer.

Interessen der Kapitalgeber

Die Bedeutung, die den einzelnen Zielen beigemessen wird, hängt sehr eng mit den Interessen der Bezugsgruppen des Unternehmens zusammen. Bei einer eher **externen Orientierung** der Unternehmenstätigkeit stehen die Anforderungen der **Kapitalgeber** im Vordergrund: Diese sind zunächst auf die Zielbereiche Erfolg und Liquidität gerichtet. So kann man annehmen, daß Eigenkapitalgeber an der Maximierung des Marktwerts des Eigenkapitals und an einer angemessenen Ausschüttung interessiert sind (= Erfolgsorientierung). Fremdkapitalgeber werden in erster Linie auf finanzwirtschaftliche Solidität als Grundlage der Zins- und Tilgungsverpflichtungen achten (= Liquiditätsorientierung). Da Grundlagen für Erfolg und Liquidität vorhandene Erfolgspotentiale sind, ist ihr Interesse indirekt auch auf die Erfolgspotentialzielsetzung gerichtet.

Im folgenden steht die operative Steuerung entsprechend der Thematik dieses Lehrbuchs im Vordergrund. Die Frage lautet: Wie muß ein erfolgsorientiertes Steuerungssystem aufgebaut sein, das den Bedingungen der Anreizverträglichkeit, der Kommunikationsfähigkeit und der Wirtschaftlichkeit entspricht. Im Anschluß daran wird – wenn auch nur kursorisch – auf den Cash Flow als Indikator der Liquidität, des Erfolgs und des Erfolgspotentials eingegangen. Schließlich wird auf die Konzepte der Gleichgewichtsrendite und der Balanced Scorecard Bezug genommen, welche als Bindeglieder zwischen strategischer, operativer und finanzwirtschaftlicher Steuerung angesehen werden können.

Die Zusammenhänge zwischen Zielsystem, Steuerungsebene und Rechnungssystem sind nochmals in Abbildung 20.3 veranschaulicht.

C. Erfolg und Rentabilität als Steuerungsinstrumente

I. Erfolg

Definition

Der Erfolg eines Unternehmens bzw. einer Division gilt als die Differenz aller Leistungen/Erträge und Kosten/Aufwendungen, die im Hinblick auf die Quellen des Zustandekommens und ihre Struktur weiter untergliedert werden können. Der Erfolg kann natürlich auch aus einem Vermögensvergleich definiert werden:

	Vermögensendwert
–	Vermögensanfangswert
+	Ausschüttungen
–	Einlagen
=	Erfolg (Gewinn/Verlust)

Diese Definition macht deutlich, daß unterschiedliche Erfolgskonzeptionen entstehen, wenn man den zugrundeliegenden Vermögensbegriff unterschiedlich festlegt.

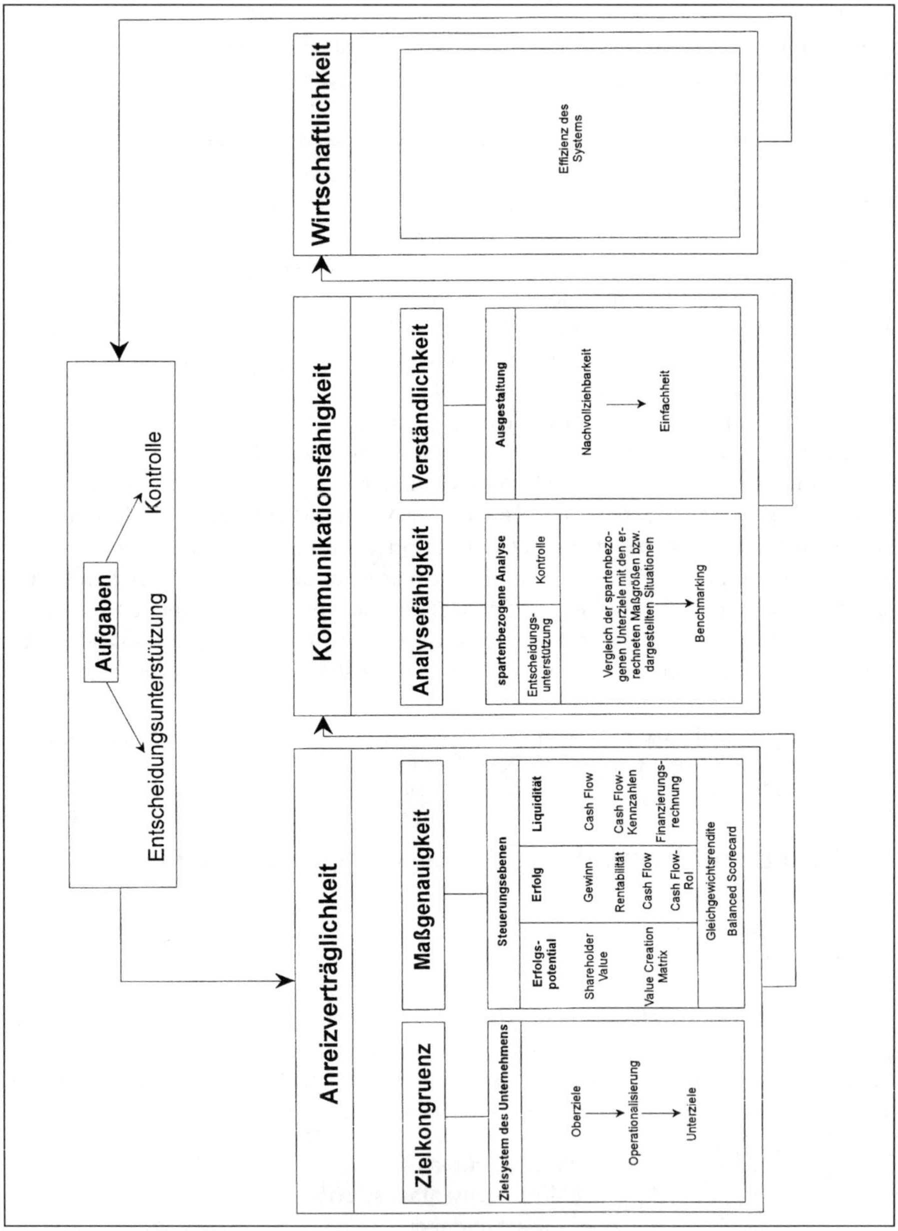

Abb. 20.3: Anforderungen an ein Rechnungssystem zur Unternehmenssteuerung

1. Erfolgskonzeptionen

Unternehmens-erhaltungs-konzeptionen

Jede Vermögensbewertung ist mit einer bestimmten **Unternehmenserhaltungskonzeption** verbunden (vgl. ausführlich Coenenberg [1997], Kap. 13).

Nach der **Konzeption der wirtschaftlichen Unternehmenserhaltung** wird das Unternehmen als Erfolgspotential gesehen, dessen Gegenwartswert zu erhalten ist. Deshalb gelten nur die Beträge, die über die notwendige **Erfolgspotentialerhaltung** hinausgehen, als Gewinn (= ökonomischer Gewinn). Bei der **Substanzerhaltung** wird davon ausgegangen, daß der mengenmäßige Reinvermögensbestand des Unternehmens, der als Indikator für die wirtschaftliche Leistungsfähigkeit des Unternehmens angesehen wird, zugrunde zu legen ist. Als Gewinn gilt entsprechend der Betrag, der über die für die Erhaltung des mengenmäßigen Vermögensbestands notwendigen Erträge hinaus erwirtschaftet wird (= gütermäßiger Gewinnbegriff). Eine weitere Ausprägung der Unternehmenserhaltung, die als die am kurzfristigsten orientierte gelten kann, ist die **Geldkapitalerhaltung**. Als Gewinn gilt hier der Betrag, der über die Erhaltung des ursprünglichen Kapitals hinausgeht. Diese Überlegungen münden in folgende Alternativen der Gewinndefinition:

1) Gewinnbegriff auf Basis des Gesamtwerts (ökonomischer Gewinn)

Ökonomischer Gewinn

Für den ökonomischen Gewinn wird das Vermögen mit dem »Gesamtwert«, d.h. mit dem Barwert aller künftigen, aus dem Vermögensbestand resultierenden und zu bewertenden Nettoeinzahlungen (den sog. »Free Cash Flows«), angesetzt. Diese Vorgehensweise sei anhand eines Beispiels veranschaulicht:

Beispiel

Beispiel 20.1:
Zunächst wird ein zeitlich begrenzt tätiges Unternehmen betrachtet, dem anschließend ein auf Dauer geplantes Unternehmen gegenübergestellt wird.

A) begrenztes Unternehmen

Fall 1:

Ende der Periode	Nettoeinnahmen = Entnahmen $e_t = E_t$	Zukunftserfolgswert Z_t	Änderungen des Zukunftserfolgswerts $W_t = Z_t - Z_{t-1}$	ökonomischer Gewinn $G_t = W_t + E_t$
0	–	531 180	–	–
1	200 000	384 298	–146 882	53 118
2	150 000	272 727	–111 571	38 429
3	300 000	0	–272 727	27 273

mit: e_t = Nettoeinnahmen im Zeitpunkt t
E_t = Entnahmen im Zeitpunkt t
Z_t = Zukunftserfolgswert im Zeitpunkt t
W_t = Änderungen des Zukunftserfolgswerts
G_t = ökonomischer Gewinn

Den Berechnungen des Zukunftserfolgswerts (= Kapitalwert der zukünftigen Nettoeinnahmen) liegt ein Kalkulationszinsfuß i von 10 % zugrunde.

In Fall 1 ist das Erfolgskapital zum Ende der Nutzungsdauer aufgezehrt. Ursache dafür sind die jährlichen Entnahmen, die den unter der Voraussetzung der Erhaltung der wirtschaftlichen Leistungsfähigkeit entnahmefähigen Betrag übersteigen. Wäre dagegen nur der ökonomische Gewinn entnommen worden, so wäre das Erfolgskapital erhalten geblieben. Dies ist in Fall 2 dargestellt: Zu Beginn der 4. Periode ist das ursprüngliche Erfolgskapital in Höhe von 531 180,– DM als Finanzanlage verfügbar, die bei Anlage zum Kalkulationszinsfuß auch in der Zukunft jährlich den ökonomischen Gewinn von 53 118,– DM erbringt.

Fall 2:

Ende der Periode	Nettoeinnahmen e_t	Zukunftserfolgswert Z_t	Änderungen des Zukunftserfolgswerts $W_t = Z_t - Z_{t-1}$	ökonomischer Gewinn = Entnahmen $G_t = E_t = W_t + E_t$
0	–	531 180	–	–
1	200 000	531 180	0	53 118
2	150 000	531 180	0	53 118
3	300 000	531 180	0	53 118

B) auf Dauer geplantes Unternehmen

Für ein auf Dauer geplantes Unternehmen läßt sich der ökonomische Gewinn wie folgt errechnen:

Fall 1:

$$E_1 = E_2 = ... = E = \text{Nettoeinnahmen} = \text{Entnahmen}$$

$$Z_1 = Z_2 = \frac{E}{i}$$

$$G_1 = E + Z_2 - Z_1 = E = i \times \frac{E}{i} = i \times Z_1$$

Fall 2:

Hier erfolgt eine explizite Planung für E_1, E_2, ..., E_n. Am Ende des Planungszeitraums soll Z gerade erhalten bleiben.

$$Z = \sum_{t=1}^{n} \frac{E_t}{(1+i)^t} + \frac{Z}{(1+i)^n}$$

$$G = i \times Z = \sum_{t=1}^{n} \frac{E_t}{(1+i)^t} \times \frac{i \times q^n}{q^n - 1}$$

= Barwert der Zahlungen im Planungszeitraum
× Wiedergewinnungsfaktor

Somit stellt der ökonomische Gewinn die Annuität aller Periodenüberschüsse im Planungszeitraum dar.

Die Kritik an diesem Konzept leitet sich aus seiner ausschließlichen **Zukunftsorientierung** ab. Im ökonomischen Gewinn spiegeln sich untrennbar vermischt die Konsequenzen von Entscheidungen und Prognosen wider. Damit wird dieses Konzept gegenüber ergebnisbeeinflussenden Interpretationen des rechenschaftslegenden Bereichs außerordentlich anfällig. Es kommt hinzu, daß es zur Fundierung künftiger Entscheidungen deshalb fraglich ist, weil der ökonomische Gewinnbegriff streng genommen die Kenntnis aller dieser Maßnahmen voraussetzt. Als operatives Steuerungsinstrument erscheint der ökonomische Gewinn deshalb wenig tauglich. Allerdings gewinnt er als Ausdruck der strategischen Effizienz unter dem Gesichtspunkt einer Geschäftswertmaximierung zunehmend Bedeutung (vgl. Kap. 1 sowie in diesem Kap. D.III.). *Kritik*

2) Gewinnbegriff auf Basis historischer Kosten (Gewinn gemäß den Grundsätzen ordnungsmäßiger Buchführung)

Pagatorischer Gewinn

Der Jahresüberschuß, der aus dem Jahresabschluß eines Unternehmens zu entnehmen ist, stellt die Differenz aller der vergangenen Periode zuzuordnenden Erträge und Aufwendungen dar, die im Rahmen oder auch außerhalb der betrieblichen Tätigkeit angefallen sind. Der historische Bezug resultiert aus dem pagatorischen Prinzip, das besagt, daß Aufwendungen nur in der Höhe erfaßt werden, in der sie tatsächlich zu Ausgaben geführt haben (z.B. Löhne und Gehälter, Abschreibungen) oder führen werden (z.B. Rückstellungen).

Kritik

Die Ermittlung des Gewinns auf Basis der historischen Kosten berücksichtigt keine inflationären Entwicklungen, die zur Erhaltung der langfristigen Existenzsicherung von Relevanz sind. Zudem handelt es sich um eine Größe, die auf Werten mit verschiedenen Bezugszeiten basiert: So werden Abschreibungen aufgrund des Anschaffungswertprinzips über die gesamte Nutzungsdauer eines Vermögensgegenstands in Abhängigkeit der Anschaffungskosten zum Kaufzeitpunkt verteilt, wohingegen z.B. Personalaufwendungen der jährlichen Teuerungsrate unterliegen. Eine sinnvolle Periodenabgrenzung ist so nicht mehr möglich, wodurch die Wertbasis an Aussagekraft verliert. Der zugrundeliegende Grundsatz der Gelderhaltung ermöglicht keine Kontrolle der Vermögenserhaltung.

3) Gewinnbegriff auf Basis von Wiederbeschaffungskosten

Substantieller Gewinn

Die Bewertung mit Wiederbeschaffungskosten ist am ehesten als Maßstab für die Erfolgswirksamkeit unternehmerischer Dispositionen geeignet. Sie setzt an der Kritik der beiden anderen Konzepte an, die entweder auf reinen Prognosedaten basieren oder ein Wertgemisch historischer Größen darstellen.

Der Gewinn läßt sich in diesem Zusammenhang in zwei Bestandteile aufspalten:

(1) Echter Umsatz bzw. Leistungsgewinn, d.h. Differenz der Erträge und Aufwendungen zu Wiederbeschaffungskosten.
(2) Bestandsgewinn (auch als Schein- oder Dispositionsgewinn bezeichnet), d.h. die Wiederbeschaffungspreissteigerungen des ruhenden (nicht verbrauchten) Vermögens während einer Periode. Der Bestandsgewinn ist der Teil des Gewinns, der zurückgelegt werden müßte (Rücklage für Substanzerhaltung), um Bestände in Zu-

kunft zu den höheren Kosten wiederbeschaffen zu können und damit die Fortführung des Unternehmens in c.p. gleichem Leistungsumfang zu gewährleisten.

Bei einer Bewertung auf Basis der Wiederbeschaffungskosten wird der ausschüttbare Gewinn bestimmt, der eine Erhaltung der Substanz des Unternehmens einbezieht und eine aktuelle Verbrauchsbewertung zugrunde legt.

2. Erfolgsspaltung

Erfolgsspaltung

Auf der Gesamtunternehmensebene kann der Jahresüberschuß nach den Kriterien »Regelmäßigkeit« und »Betriebszugehörigkeit« aufgespalten werden. Nach dem Kriterium »Regelmäßigkeit« gliedert er sich in ein ordentliches und ein außerordentliches Ergebnis, nach dem Kriterium der Betriebszugehörigkeit unterscheidet man das Betriebsergebnis und das Finanzergebnis.

Für die Leistungsbeurteilung der Divisionen kann der Teil des Erfolgs, der als ordentlicher Betriebserfolg anfällt, herangezogen werden. Zur Analyse gesamter Unternehmen besteht insofern ein Unterschied, als der Finanzerfolg aus Gesamtunternehmenssicht auch Teil der Geschäftspolitik sein kann. Da das Finanzmanagement im allgemeinen zentral organisiert ist, können den Bereichen weder Erfolge noch Mißerfolge aus Finanzanlagen zugerechnet werden.

Regelmäßigkeit / Betriebszugehörigkeit	ordentlich	außerordentlich
Betriebserfolg	Erfolg, der in den Verantwortungsbereich der Divisionen fällt und zur Steuerung verwendet werden kann	
Finanzerfolg		

3. Spartenergebnis zur Steuerung divisionalisierter Unternehmen

Responsibility Center

Nun stellt sich die Frage, wie die gezeigten Abgrenzungen zur Erfolgszuordnung sowie als Steuerungsinstrumente eingesetzt werden können. Wie in Kapitel 19 beschrieben, bestehen verschiedene Möglichkeiten der Organisation von Responsibility Center: So sind Cost Center nur für die verursachten Kosten, Profit Center für den Divisionsgewinn und Investment Center noch zusätzlich für die im Bereich getätigten Investitionen verantwortlich. Zwar können für alle Arten dieselben Kriterien herangezogen werden, doch unterscheiden sich die vom Bereich zu verantwortenden Tatbestände dem Umfang nach. Für die Ermittlung der Teilergebnisse besteht die Möglichkeit, Bilanz und Gewinn- und Verlustrechnung des Gesamtunternehmens in Teilrechnungen (vgl. Anthony/Govindarajan [1995], S. 222) aufzuspalten, die dann zur Beurteilung herangezogen werden können. Soweit keine vollständige Separierbarkeit der Bereiche gegeben ist, setzt dies zwangsläufig mehr oder weniger willkürliche Kosten- und Vermögensschlüsselungen voraus. Das wirft die Frage auf, inwieweit man – analog den Gedanken der Teilkostenrechnung (vgl. Kap. 5) – auf die Zurechnung von Kosten bzw. Vermögenspositionen über Schlüssel ganz oder teilweise verzichten sollte. Darauf wird weiter unten (vgl. Abschnitt C.II.3. dieses Kap.) näher eingegangen.

Generell stehen für die Beurteilung und Steuerung drei Möglichkeiten zur Disposition:

(1) Zeitvergleich

Zeitvergleich

Durch die Analyse der Entwicklung eines Bereichs über mehrere Perioden hinweg kann auf die Leistungsfähigkeit der Division geschlossen werden, wobei die Entwicklung des Umfelds einzubeziehen ist. Eine Betrachtung über einen Zeithorizont hinweg ist auch für die Bereinigung und Erklärung einzelner herausragender Ergebnisse von Bedeutung.

(2) Divisionenvergleich

Divisionenvergleich

Es wäre vereinfachend, von den Aussagemöglichkeiten eines Branchenvergleichs auf die Leistungsfähigkeit eines Divisionenvergleichs schließen zu wollen. Einem Vergleich mehrerer Unternehmen einer Branche kann insoweit eine Aussagekraft zugebilligt werden, als die Konstellation des Umfelds für alle identisch ist. Ein wichtiges Kriterium der Aufgliederung in Divisionen ist aber die Verschiedenartigkeit der Aufgabenfelder, so daß schon aus diesem Grund ein Vergleich innerhalb eines Unternehmens nicht zu einem sinnvollen Ergebnis führen muß. Eine Interpretationsmöglichkeit ergibt sich insoweit, als die einzelnen Divisionen mit anderen Unternehmen der ihnen zuzuordnenden Branchen verglichen werden können. Diese Vorgehensweise ermöglicht dieselben Interpretationsspielräume, wie sie bei einem Branchenvergleich möglich sind.

(3) Soll-Ist-Vergleich

Soll-Ist-Vergleich

Wird ein Bereich weder über die Zeit noch mit anderen Unternehmen seiner Branche verglichen, so kann als Steuerungsinstrument ein Soll-Ist-Vergleich eingesetzt werden. Hierfür wird von der Unternehmensleitung alleine oder durch sogenannte Zielvereinbarungen (Management by Objectives) in Zusammenarbeit mit den Bereichen eine anzustrebende Zielgröße festgelegt, an der die erreichten Ergebnisse gemessen werden. Eine Festsetzung absoluter Werte kann zu keinen sinnvollen Ergebnissen führen, da schon bei kleinen Änderungen der Konstellation die festgelegte Soll-Größe korrigiert werden müßte. So findet man diese Vorgehensweise eher bei der Bestimmung sogenannter Mindest- oder Soll-Renditen (vgl. Abschnitt E.I. dieses Kap.).

II. Rentabilität

Definition

Unter einer Rentabilitätsgröße versteht man eine Beziehungszahl, bei der eine Ergebnisgröße zu einer dieses Ergebnis maßgebend bestimmenden Einflußgröße in Relation gesetzt wird. Ziel von Unternehmen muß nach Meinung vieler Autoren in erster Linie die Erzielung von Erfolg bzw. Rentabilität sein. Aufgrund der jüngsten Diskussion über die

Umweltschutz

Einbeziehungen ökologieorientierter Ziele in das Zielsystem der Unternehmen wird auch die Meinung vertreten, Umweltschutz müsse als gleichwertiges Ziel der Erfolgserzielung gegenübergestellt werden. Um das langfristige Überleben eines Unternehmens zu sichern, wird es unter den heute vorliegenden Umständen nicht möglich sein, auf die Erwirtschaftung positiver Erfolge zu verzichten. Ökologieorientierte Ziele ersetzen das Rentabilitätsziel nicht, sondern sie treten als Zusatzbedingung neben dieses.

1. Datenbasis

Bei der Ermittlung der Ergebnisgrößen kann von der Vorgehensweise in Abschnitt C.I. ausgegangen werden.

Für den Ansatz der Vermögens- und Kapitalpositionen als maßgebliche Einflußgrößen muß in einem ersten Schritt die grundsätzliche Ermittlungsweise mit Hilfe folgender Fragen geklärt werden:

1) Wird der Brutto- oder der (durchschnittliche) Nettowert des Vermögens zugrunde gelegt?
2) Bilden Anfangs-, End- oder Durchschnittswert die Basis?
3) Soll vom Anschaffungswert oder aufgrund der Inflationswirkungen vom Wiederbeschaffungswert des Vermögens ausgegangen werden?
4) Soll die Rendite auf Basis des Gesamtvermögens oder nur von Vermögensteilen ermittelt werden?

ad 1) Wird der Brutto- oder der (durchschnittliche) Nettowert des Vermögens zugrunde gelegt?

Brutto- oder Nettowert des Vermögens

Im Schrifttum und in der Praxis findet sich häufig die Forderung, das in die Renditeberechnung einzubeziehende und somit dem Gewinnbegriff zugrundezulegende Vermögen mit dem Bruttowert, d.h. dem ursprünglichen Wert ohne Berücksichtigung von Abschreibungen, anzusetzen. Als Begründung hierfür wird ins Feld geführt, daß die Berücksichtigung von Abschreibungen den Nenner des Renditeausdrucks ständig verkleinere und damit zu Rentabilitätssteigerungen führe, die der Wirklichkeit nicht entsprächen (vgl. Solomons [1965] S. 134 ff.). Diese Argumentation sei an folgendem Beispiel verdeutlicht:

Beispiel

Beispiel 20.2:

Betrachtet sei eine Anlage mit Anschaffungskosten in Höhe von 2 500 TDM. Die Nutzungsdauer, die einer linearen Abschreibung zugrunde gelegt wird, beträgt fünf Jahre (vgl. die Tab. auf der folgenden Seite).

Kritik an Bruttomethode

Die Bruttomethode hat scheinbar gegenüber der Nettomethode Vorzüge. Ihr sind aber folgende Punkte entgegenzuhalten:

- Reparaturkosten nehmen im Zeitablauf zu, wodurch die steigende Tendenz zumindest abgeschwächt wird.
- Erlöse nehmen mit zunehmendem Alter tendenziell ab, weil neue Anlagen mit geringeren Stückkosten am Markt auf die Preise drücken.
- Erlöse sinken wegen Produktalterung.
- Anlagen werden im Beispiel nur jeweils isoliert betrachtet, tatsächlich können Abschreibungen reinvestiert werden und tragen so ihrerseits zum Erlös bei.

	Beginn des Jahres 1	Ende des Jahres				
		1	2	3	4	5
Gewinn vor Abschreibung	–	700	700	700	700	700
Bruttowert	2 500	2 500	2 500	2 500	2 500	2 500
kumulierte Abschreibung	–	500	1 000	1 500	2 000	2 500
Nettobuchwert	2 500	2 000	1 500	1 000	500	0
Nettogewinn nach Abschreibung	–	200	200	200	200	200
Bruttorendite	–	8,0 %	8,0 %	8,0 %	8,0 %	8,0 %
Nettorendite	–	10,0 %	13,33 %	20,0 %	40,0 %	∞

Im Beispiel soll eine Rendite der reinvestierten AfA-Beträge von 10 % unterstellt werden. Dann ändert sich das Beispiel, wie in der folgenden Tabelle unter A gezeigt wird.

	Beginn des Jahres 1	Ende des Jahres				
		1	2	3	4	5
A Verzinsung/Abschreibung (10 % der kumulierten Abschreibung)	–	–	50	100	150	200
Gesamtgewinn	–	200	250	300	350	400
investiertes Kapital (incl. Abschreibung)	2 500	2 500	2 500	2 500	2 500	2 500
Rendite	–	8,0 %	10,0 %	12,0 %	14,0 %	16,0 %
B Zinseszinsabschreibung a) (10 %)	–	409	450	495	545	600
b) Verzinsung der Abschreibung	–		41	86	136	191
Gewinn	–	291	291	291	291	291
Rendite	–	11,6 %	11,6 %	11,6 %	11,6 %	11,6 %

Dieses Beispiel zeigt, daß der Nettovermögenswert bei Berücksichtigung der wiederangelegten Abschreibungsgegenwerte nun zwar konstant geblieben ist, daß der Return-on-Investment aber dennoch – wenn auch in abgeschwächter Form – von Jahr zu

Jahr steigt. Die Ursache dafür liegt darin, daß mit zunehmendem Alter der Anlage immer mehr Abschreibungen reinvestiert werden und sich nun zinsbringend bemerkbar machen. Die letzten Jahre der Nutzungszeit partizipieren also in stärkerem Maße an der Wiederanlage von Abschreibungsgegenwerten. Will man diesen Effekt vermeiden und zu einer gleichmäßigen Verteilung der Wiederanlagegewinne auf die Nutzungsperioden des abzuschreibenden Anlagegegenstands kommen, dann muß man die Abschreibungen in den ersten Nutzungsdauerjahren niedriger und den letzten höher bemessen. Unter Berücksichtigung von Zinsen und Zinseszinsen ist dann diejenige Abschreibungsquote zu suchen, die zu einer von Jahr zu Jahr gleich hohen Erfolgszuteilung führt. Mit Hilfe dieser Zinseszinsabschreibung wird zugleich eine von Jahr zu Jahr konstante Rentabilität ausgewiesen (Beispiel B in vorstehender Tab.). Hier wie auch im folgenden ist zwischen der handelsrechtlich gebotenen und der für die Erfolgsbeurteilung sinnvollen Abschreibungsmethode zu unterscheiden.

Zinzeszinsabschreibung

Dieses schon von SCHMALENBACH ([1962], S. 136 ff.) vorgeschlagene Verfahren zur Berechnung von Abschreibungen unter Berücksichtigung von Zinseszinsen hat sich in der Praxis indessen nicht durchsetzen können.

Division mit wenigen (einer) Großanlage(n)

Ehe nun allerdings die Frage beantwortet werden kann, ob Berechnungen auf der Basis des Nettobuchwerts in der Praxis zu verzerrten Ergebnissen führen, muß geprüft werden, ob die in den Beispielen dargestellten Verhältnisse der Realität der Praxis entsprechen. Dies trifft in etwa zu, soweit das langfristige Vermögen eines Unternehmens oder einer Division aus nur wenigen oder gar einer Großanlage besteht. Findet zudem noch ein Entzug der Abschreibungsgegenwerte durch die Zentrale statt, weil deren Verwendung in den Kompetenzbereich der obersten Unternehmensführung fällt, so empfiehlt es sich, den Bruttowert des Vermögens zugrunde zu legen.

Division mit großem Anlagebestand

Das in den Beispielen angesprochene Problem entfällt weitgehend für Unternehmen oder Divisionen mit großem, teilbarem und in der Altersstruktur gestreutem Anlagebestand. Dort nähert sich die Rentabilität bei sonst gleichen Bedingungen durch die Reinvestition der Abschreibungen einem konstanten Wert. Einer Bemessung des Vermögens unter Berücksichtigung buchmäßig vorgenommener Abschreibungen steht hier nichts im Wege.

ad 2) Bilden Anfangs-, End- oder Durchschnittswert die Basis?

Anfangs-, End- oder Durchschnittswert des Vermögens

Bei kurzen Kontrollperioden (bis zu einem Quartal) sollte man vom Anfangsvermögen ausgehen, da zu Recht unterstellt werden kann, daß das im Laufe der Periode hinzugekommene Vermögen noch nicht am Ertragsbildungsprozeß beteiligt war. Bei längeren Kontrollperioden hingegen erscheint es empfehlenswert, vom durchschnittlichen Vermögensbestand der Kontrollperiode auszugehen. Der Endwert kommt als Bezugsgröße nicht in Betracht, da er auch Teile enthält, die erst kurzfristig im Unternehmen sind und noch keine Verzinsung erwirtschaften konnten.

ad 3) Soll vom Anschaffungswert oder aufgrund der Inflationswirkungen vom Wiederbeschaffungswert des Vermögens ausgegangen werden?

Anschaffungs- oder Wiederbeschaffungswert des Vermögens

Für die Bewertung des Vermögens auf Anschaffungswertbasis kann unmittelbar an die für die externe Bilanzierung ohnehin benötigten Daten angeknüpft werden. Allerdings führt die Bewertung zum Anschaffungswert bei Geldentwertungen insbesondere deshalb zu Verzerrungen von Rentabilitätskennzahlen, weil sich Preissteigerungen mit unterschiedlicher zeitlicher Verzögerung in den einzelnen Komponenten (Gewinn und Vermögen) bemerkbar machen:

- Steigende Preise schlagen relativ kurzfristig auf die Gewinne (preisbedingte Umsatzerhöhungen) durch, aber erst mit einer relativ großen zeitlichen Verzögerung im Wert des langfristig gebundenen Kapitals, da die Anlagen in Mehrjahresintervallen wiederbeschafft werden und dann erst die Teuerung zutage tritt. Die Folge sind steigende Rentabilitätszahlen, die ihre Ursache allein in inflationärer Preisentwicklung haben.
- Umgekehrt führen eine stagnierende Preisentwicklung bzw. eine Abschwächung der Preissteigerung unmittelbar zu verminderten Gewinnen, während der Wert des langfristig gebundenen Kapitals zunächst noch wegen der notwendigen Wiederbeschaffungen auf erhöhtem Preisniveau steigt. Die Folge ist eine sinkende Renditeentwicklung.
- Schließlich führt die Bewertung des Vermögens auf Anschaffungswertbasis zur Verzerrung der Rendite verschiedener Divisionen, wenn Unterschiede in der Altersstruktur des langfristigen Vermögens der verglichenen Divisionen bestehen, da die Anschaffungskosten des Vermögens der Division bei ungleicher Altersstruktur auf unterschiedlichen Preisniveaus fußen.

Die drei aufgeführten Mängel führen zu der Forderung, das Vermögen in der Rentabilitätsberechnung mit Wiederbeschaffungspreisen (bzw. Tagespreisen oder Indexwerten) anzusetzen. Die Vorteile der Bewertung zum Wiederbeschaffungspreis bzw. Tagespreis bzw. einem Indexwert ergeben sich aus den Nachteilen des Anschaffungswertprinzips bei Geldentwertung (vgl. hierzu auch Abschn. C.I.1. Ziffer 3 dieses Kap.).

ad 4) Soll die Rendite auf Basis des Gesamtvermögens oder nur von Vermögensteilen ermittelt werden?

Gesamtvermögen oder Vermögensteile

Zunächst stellt sich die Frage, ob die Rentabilität auf der Basis des investierten Vermögens (Aktiva) oder auf der Basis des verfügbaren Kapitals (Passiva) zu berechnen ist. Dafür ist die Zielsetzung der Rechnung ausschlaggebend: Für die Bewertung von Divisionen können sinnvollerweise nur die von den Bereichen genutzten Aktiva dienen. Die Eigenkapitalgeber (tatsächliche und potentielle) hingegen sind direkt weniger an den Investitionen des Unternehmens (Mittelverwendung) als vielmehr am von ihnen investierten Eigenkapital (Mittelherkunft) interessiert. Für die Bewertung von Divisionen wird auch eine Berechnung des investierten Kapitals der Divisionen vorgeschlagen (vgl. Anthony/Reece [1995], S. 300 ff.). Das investierte Kapital setzt sich dann aus den langfristigen Verbindlichkeiten und dem Eigenkapital (Mittelherkunft) oder den langfristigen Anlagen und dem Net Working Capital (Umlaufvermögen minus kurzfristiges Kapital) (Mittelverwendung) zusammen. Eine weitere Frage ist, ob die Rentabilität auf der Basis einer Vollkosten- und Vollvermögensrechnung oder einer Teilkosten- und Teilvermögensrechnung zu ermitteln ist. Diese Frage wird unten in Abschnitt C.II.3. erörtert.

2. *Rentabilitätskennzahlen*

Aus der Vielzahl der möglichen Kennzahlen seien die wichtigsten herausgegriffen:

Eigenkapitalrentabilität

- Eigenkapitalrentabilität (r_{EK})

$$r_{EK} = \frac{\text{Jahresüberschuß}}{\text{Eigenkapital}}$$

Die Zielgröße der Unternehmenseigner ist die Maximierung der Eigenkapitalrentabilität, die den Jahresüberschuß vor (Bruttorentabilität) oder nach Steuern (Nettorentabilität) zum eingesetzten Eigenkapital ins Verhältnis setzt. Das Eigenkapital wird hierfür folgendermaßen ermittelt (vgl. Coenenberg [1997], Kap. 10):

	Gezeichnetes Kapital
–	Ausstehende Einlagen
+	Kapitalrücklage
+	Gewinnrücklagen
+	Bilanzgewinn
–	Bilanzverlust
–	Ausschüttungsbetrag
–	Eigene Anteile
+	Eigenkapitalanteil des Sonderpostens mit Rücklagenanteil
–	Aktiviertes Disagio
=	Bilanzielles Eigenkapital

Für eine Beurteilung des Beitrags der Divisionen zur Eigenkapitalrendite ist die Ermittlung des Werts vor Steuern anzuraten, da die Bereiche die extern vorgegebenen Steuersätze nicht beeinflussen können. Da für eine exakte Bestimmung des Nenners für jeden einzelnen Bereich die Kapitalstruktur bekannt sein müßte, kann vereinfachend von der Eigenkapitalquote des gesamten Unternehmens ausgegangen werden.

Gesamtkapitalrentabilität

- Gesamtkapitalrentabilität (r_{GK})

$$r_{GK} = \frac{\text{Jahresüberschuß + Fremdkapitalzinsen}}{\text{Gesamtkapital}}$$

Aus Sicht aller Kapitalgeber ist der Gesamtertrag zu bemessen. Dieser wird ermittelt, indem zum den Eigenkapitalgebern zustehenden Jahresüberschuß die den Gläubigern zugekommenen bzw. zukommenden Zinsen addiert werden. Diese Größe ist dann dem eingesetzten Gesamtkapital gegenüberzustellen.

Leverage-Effekt

Zwischen Eigen- und Gesamtkapitalrentabilität besteht über den Verschuldungsgrad und das Verhältnis von Risiko und Rendite folgender direkter Zusammenhang, der in der Literatur als Leverage-Effekt bekannt ist:

$$GK = EK + FK$$
$$G = r_{GK} \times EK + (r_{GK} - k_{FK}) \times FK$$
$$\frac{G}{EK} = r_{EK} = r_{GK} + \frac{FK}{EK} \times (r_{GK} - k_{FK})$$

mit:
G = Gewinn
GK = Gesamtkapital
EK = Eigenkapital
FK = Fremdkapital
r_{GK} = Gesamtkapitalrentabilität
r_{EK} = Eigenkapitalrentabilität
k_{FK} = Fremdkapitalzinssatz

Die Funktion der Eigenkapitalrendite zeigt, daß diese bei zunehmender Verschuldung für jeden Fremdkapitalzins $k_{FK} < r_{GK}$ zunimmt. Allerdings geht mit der steigenden Rendite auch ein Risikozuwachs einher, der dazu führen kann, daß die Zinsforderungen der Gläubiger ab einem bestimmten Punkt aufgrund des veränderten Verschuldungsgrades des Unternehmens drastisch steigen.

Umsatzrentabilität

- Umsatzrentabilität (r_U)

$$r_U = \frac{\text{Jahresüberschuß}}{\text{Umsatzerlöse}}$$

Unabhängig vom dahinterstehenden Kapital oder Vermögen kann der Gewinn zum ihm zugrundeliegenden Umsatz ins Verhältnis gesetzt werden. Allerdings muß eine Interpretation der Größe unter Einbezug des zugrundeliegenden Stammgeschäfts betrachtet werden. So werden z.B. Dienstleistungen, Miet- und Leasingeinnahmen nicht als Umsätze, sondern als sonstige betriebliche Erträge ausgewiesen. In der Position »Sonstige betriebliche Erträge« werden jedoch auch andere Erträge verbucht, so daß umsatzähnliche Erträge nur schwer abgespalten werden können. Die Umsatzrentabilität, die auch bei der Aufgliederung von Kennzahlen in Kennzahlensystemen zur Analyse dient, soll anschließend beim Return-on-Investment diskutiert werden.

Return-on-Investment

- Return-on-Investment (RoI)

$$RoI = \frac{\text{Ergebnis vor Zinsen}}{\text{Investiertes Kapital}}$$

Die Return-on-Investment-Kennzahl entspricht – bei gleicher Abgrenzung – der Gesamtkapitalrentabilität. Im Nenner wird meist nicht vom eingesetzten Kapital (Passiva), sondern vom investierten Vermögen (Aktiva) ausgegangen. Dabei wird gelegentlich auch das gesamte Vermögen abzüglich der kurzfristigen Verbindlichkeiten als investiertes Kapital eingesetzt. Im Zähler stehen nicht Jahresüberschuß plus Fremdkapitalzinsen, sondern Ergebnis vor Zinsen, weil der RoI häufig gerade für Sparten und Bereiche errechnet wird, bei denen möglicherweise nur ein operatives (kostenrechnerisches) Ergebnis, nicht aber ein Jahresüberschuß in Form der Bilanzierung ermittelt wird.

Für sich alleine betrachtet ist die Kennzahl eine wenig aussagefähige Größe, da in ihr die unterschiedlichsten Faktoren untrennbar vermischt zusammenwirken. Es gilt deshalb, den Zielwert »Rendite« so in Zweck-Mittel-Relationen aufzugliedern, daß eine aussagekräftige Ursachenforschung sowie die Früherkennung von Fehlentwicklungen ermöglicht wird.

Aufgliederung

Eine erste Aufgliederung ergibt sich wie folgt:

$$\begin{aligned} \text{RoI} &= \frac{\text{Ergebnis vor Zinsen}}{\text{Kapital}} \times \frac{\text{Umsatz}}{\text{Umsatz}} \\ &= \frac{\text{Ergebnis vor Zinsen}}{\text{Umsatz}} \times \frac{\text{Umsatz}}{\text{Kapital}} \\ &= \text{Umsatzrendite} \times \text{Kapitalumschlag} \end{aligned}$$

Eine detaillierte Aufgliederung des Return-on-Investment ist erforderlich, um eine Planung und Kontrolle bis zu den letzten Ursachen zu ermöglichen. Das Schema in Abbildung 20.4 erlaubt Analysen in zwei Betrachtungsrichtungen:

»top down«-Betrachtung

- Die analytische Betrachtung:
  Um die Ursachen einer Rentabilitätsänderung und die dadurch notwendig gewordenen Maßnahmen zu erforschen, müssen stufenweise »from top to down« die verschiedenen Einflußfaktoren der Rendite und deren Änderungs- bzw. Beeinflussungsmöglichkeiten untersucht werden.

»bottom up«-Betrachtung

- Die synthetische Betrachtung:
  Zur Abschätzung der Auswirkungen einer getroffenen oder zu treffenden Teilentscheidung, durch die nur ein oder wenige Einflußfaktoren der Rendite geändert werden, betrachtet man, ausgehend von der geänderten Größe, »bottom up« die nachfolgenden Größen und so letztendlich die Gesamtrendite. Auf diese Weise wird es ermöglicht, alle Teilentscheidungen in bezug auf das oberste Beurteilungskriterium, nämlich die Geschäftsbereichsrendite, zu bewerten, zu steuern und zu kontrollieren. Bei der Ableitung von Maßnahmen müssen natürlich die Interdependenzen beachtet werden. So erhöht eine Senkung der Vorratsbestände ceteris paribus den Return-on-Investment, sie kann ihn aber senken, wenn mangelnde Lieferbereitschaft zu Wettbewerbsnachteilen führt.

ZVEI-Schema

In Literatur und Praxis sind vielzählige weitere Aufgliederungen des Return-on-Investment entwickelt worden. Abbildung 20.5 zeigt das Gliederungskonzept, das vom Zentralverband der Elektrotechnischen Industrie (ZVEI) vorgeschlagen wurde. Es geht von der Eigenkapitalrentabilität als oberster Kennzahl aus. Auf Spartenebene ist häufig der Sektor III nicht relevant, da er auf Kapitalstrukturkennzahlen zurückgreift.

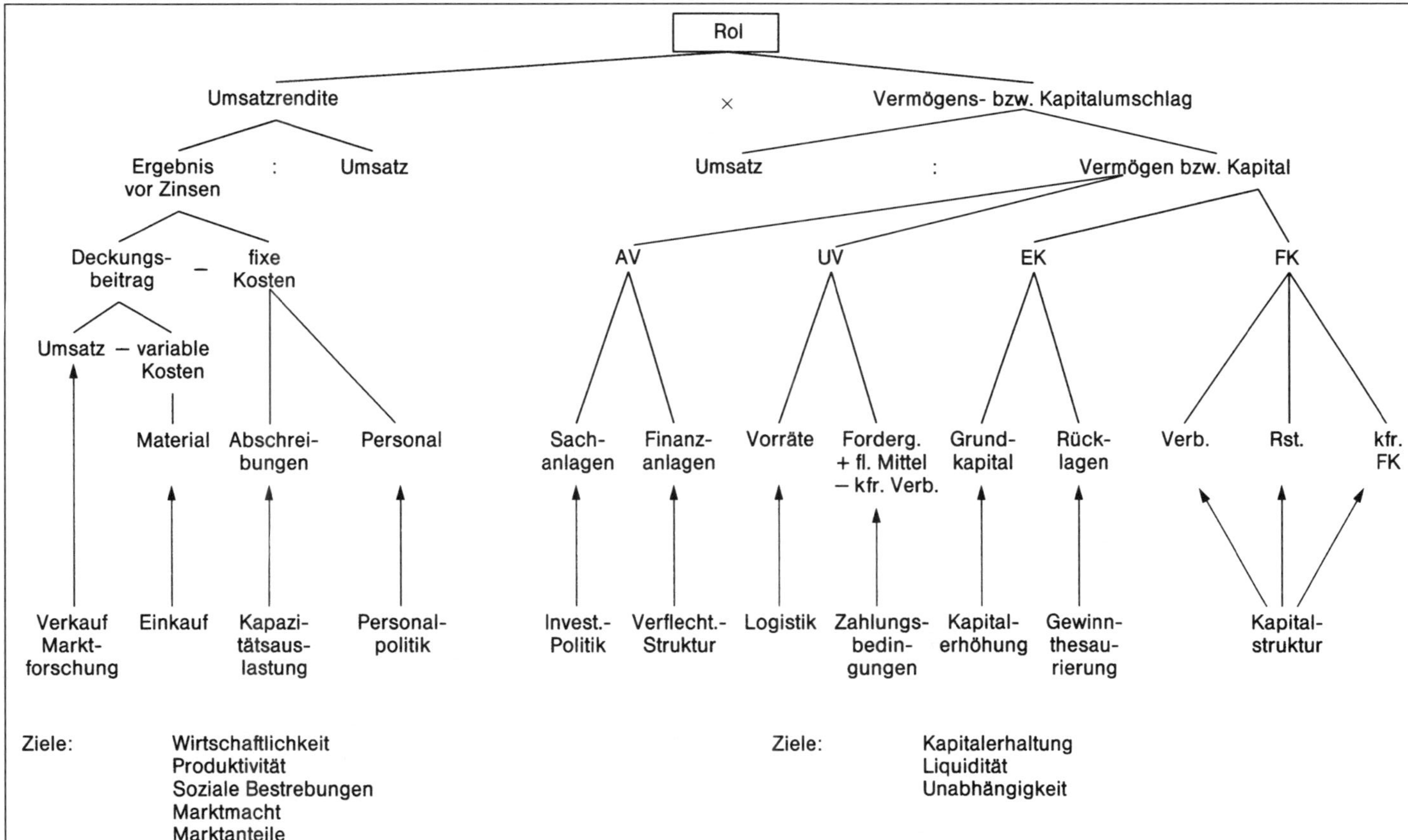

Abb. 20.4: RoI-Schema

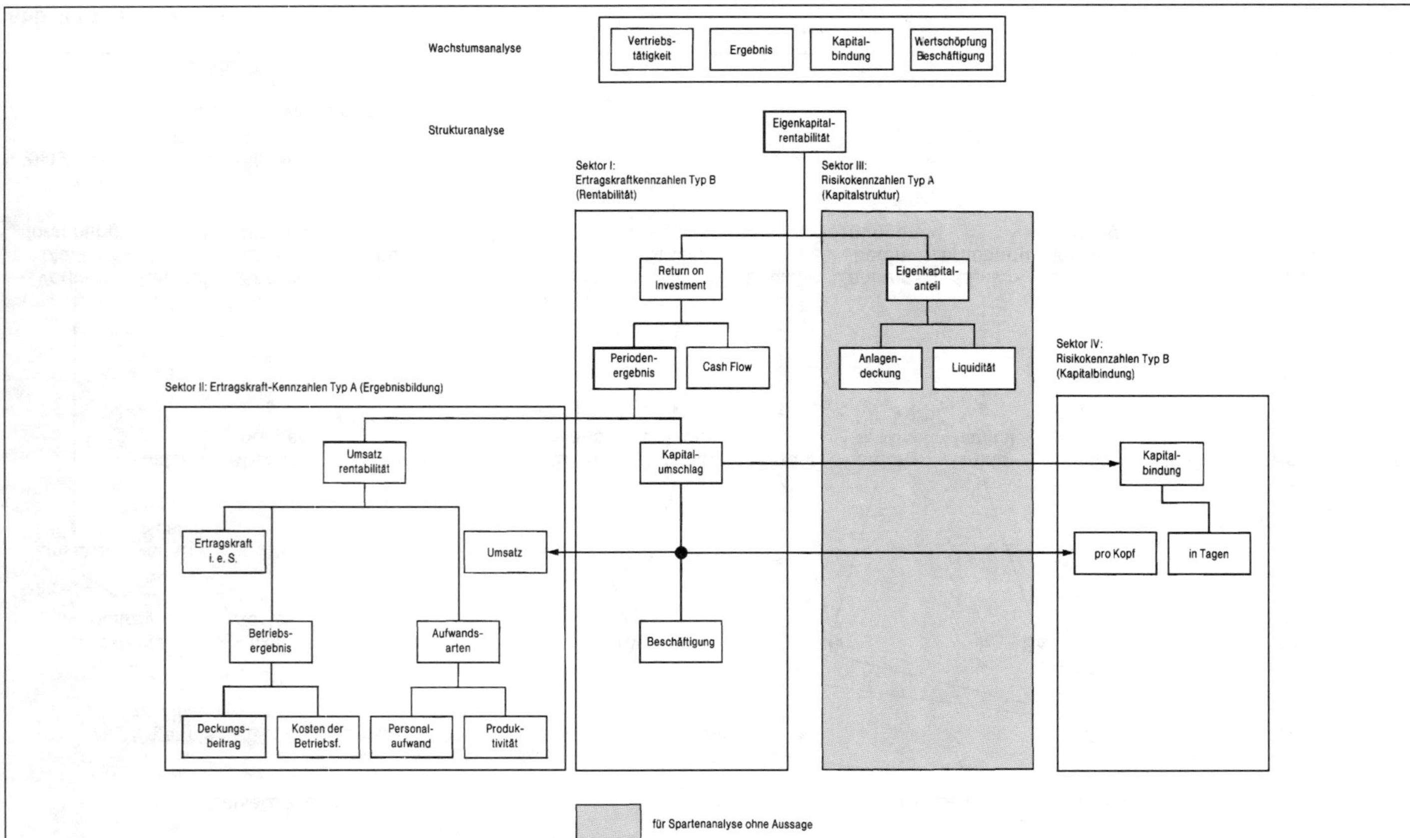

Abb. 20.5: ZVEI-Schema

3. Voll- oder Teilrentabilität als Steuerungsgröße

Voll- vs. Teilrentabilität

Analog der aus dem Bereich der Kostenrechnung bekannten Fragestellung »Vollkostenrechnung versus Teilkostenrechnung« ergibt sich auch hier die Frage, ob der Gesamtgewinn und das Gesamtvermögen oder nur ein Teilgewinn und ein Teil des Vermögens in die Analyse und Planung einzubeziehen sind. Bezüglich der Erlöse ergeben sich hier kaum Probleme, da bei divisionalisierter Unternehmensstruktur die in einer Division erzielten Erlöse i.a. auch voll dieser Division zurechenbar sind. Bezüglich der zu berücksichtigenden Kosten und des investierten Vermögens hingegen bieten sich zumindest die drei folgenden Lösungsmöglichkeiten an (vgl. u.a. Poensgen [1973], S. 280 ff.):

Kontrollierbare Kosten- und Vermögenspositionen

1) Es werden ausschließlich die von der Division kontrollierbaren Kosten und Vermögenspositionen in die Rechnung einbezogen, d.h. nur diejenigen Kosten- und Vermögensposten, deren Existenz bzw. Nichtexistenz ausschließlich von autonomen Entscheidungen des Divisionsmanagements abhängen. Die sich ergebende Renditezahl hat vor allem Aussagewert für die Entscheidungen der Division selbst und eignet sich als Kriterium für die Beurteilung der Leistungsfähigkeit der Geschäftsbereichsleitung.

Zurechenbare Kosten- und Vermögenspositionen

2) Es werden sämtliche willkürfrei und verursachungsgerecht der Division zurechenbaren Kosten und Vermögensposten in die Rechnung einbezogen. Neben den durch die Division kontrollierbaren Kosten- und Vermögenspositionen werden also auch alle direkt der Division zurechenbaren, aber von Entscheidungen der zentralen Unternehmensführung abhängigen Kosten- und Vermögenspositionen berücksichtigt. In dieser Berechnung sind somit sämtliche Kosten enthalten, die im Falle einer Aufgabe der Division als Kapitalbindung entfallen würden. Die sich ergebende Kennzahl gibt Auskunft über die Förderungswürdigkeit der Division und eignet sich deshalb als Informationsgrundlage für die Entscheidungen der obersten Unternehmensführung (bezüglich Schrumpfung oder Wachstum der Geschäftsbereiche).

Vollrentabilität

3) Schließlich besteht die Möglichkeit zur Ermittlung einer sogenannten Vollrentabilität, in der neben den verursachungsgemäß zurechenbaren Kosten- und Vermögenspositionen auch die Werte der gemeinsam genutzten Ressourcen und deren Kosten (z.B. Forschungsabteilung, zentrale Verwaltung als %-Satz vom Umsatz) mit Hilfe von mehr oder weniger willkürlichen Schlüsselgrößen auf die Geschäftsbereiche zugerechnet werden. Soweit es sich bei diesen Vermögenspositionen und Kosten um echte Divisionsgemeinpositionen handelt, kann deren Schlüsselung nur willkürlich sein. Der Aussagegehalt einer solchen Voll-Rentabilitätsrechnung ist deshalb gering einzuschätzen.

Sinnvoll erscheint es, die Möglichkeiten 1) und 2) zu kombinieren:

1) führt zum Return-on-Controllable Assets (RoCA) der Sparte,
2) führt zum RoI bzw. RiK (Rendite des investierten Kapitals), also zur Betrachtung des Kapitalinvestments in die Sparte aus der Sicht der Zentrale.

Bezieht man zusätzlich noch die Umsatzrendite (RoS – Return-on-Sales) und die Eigenkapitalrendite (RoE – Return-on-Equity) in die Betrachtung ein, so ergibt sich ein mehrschichtiges System der Rentabilitätsbetrachtung, wie in Abbildung 20.6 veranschaulicht.

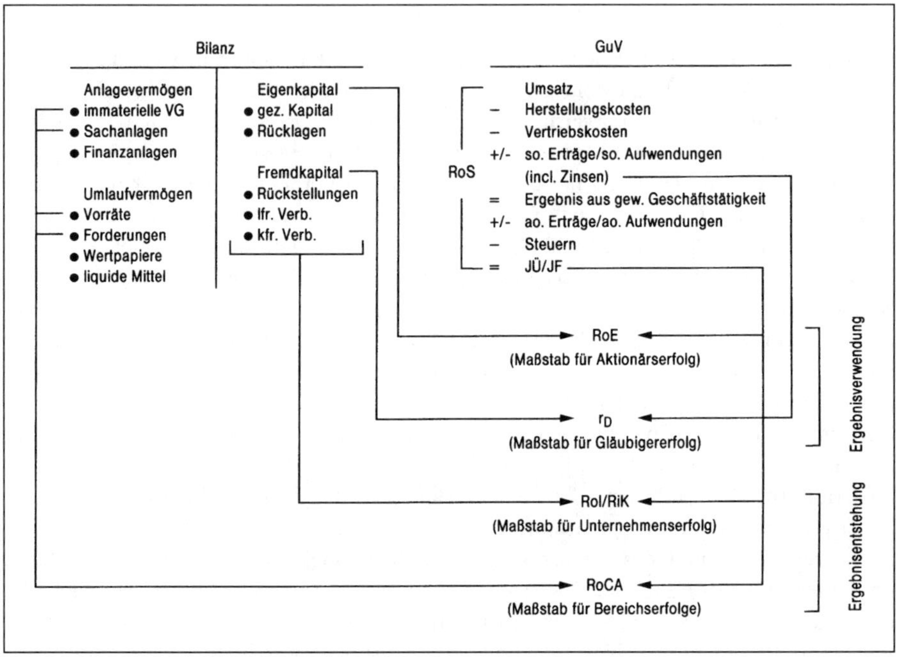

Abb. 20.6: Planungs- und Steuerungsebenen

Natürlich bestehen vielfältige Möglichkeiten der Abgrenzung von Rentabilitätskennzahlen nach dem Teilkostenprinzip. Das folgende Beispiel zeigt, wie sich das Rentabilitätskonzept mit einer stufenweisen Fixkostendeckungsrechnung (vgl. Kap. 9) verknüpfen läßt.

Die Berechnungen ergeben sich folgendermaßen:

Zeile 3: Umsatz minus variable Kosten (1–2)
Zeile 5: DB 1 minus zurechenbare fixe Kosten (3–4)
Zeile 6: DB 2 minus nicht zurechenbare fixe Kosten (5–6)
Zeile 7: Verhältnis vom DB 1 zum Umsatz (3/1)
Zeile 8: Verhältnis vom DB 1 zu den variablen Kosten (3/2)
Zeile 9: Verhältnis vom DB 2 zum Umsatz (5/1)
Zeile 11: Verhältnis vom Umsatz zum investierten Kapital (1/10)
Zeile 12: Verhältnis vom DB 1 zum investierten Kapital (3/10)
Zeile 13: Verhältnis vom DB 2 zum investierten Kapital (5/10)
Zeile 14: Verhältnis vom DB 3 zum investierten Kapital (6/10)

Beispiel: Kombinierte Return-on-Investment/Deckungsbeitrags-Rechnung

	Sparte A	Sparte B	nicht zurechenb.	Gesamt-unternehmen
1 Umsatz	2 000	4 000	–	6 000
2 Variable Kosten	1 000	1 600	–	2 600
3 Deckungsbeitrag 1 (DB 1)	1 000	2 400	–	3 400
4 Spartenspezifische fixe Kosten	800	1 400	–	2 200
5 Deckungsbeitrag 2 (DB 2)	200	1 000	–	1 200
6 Deckungsbeitrag 3 (DB 3)			1 000	200
7 Deckungsgrad 1 (DB 1/Umsatz)	50 %	60 %	–	57 %
8 Kostenwirtschaftlichkeit (DB 1/var. Kosten)	1	1,5	–	1,3
9 Deckungsgrad 2 (DB 2/Umsatz)	10 %	25 %	–	20 %
10 Gebundenes Kapital	500	2 000	1 500	4 000
11 Kapitalumschlag (Umsatz/ inv. Kapital)	4	2	–	1,5
12 DB-Rentabilität 1 (DB 1/ inv. Kapital)	200 %	120 %	–	83 %[a)]
13 DB-Rentabilität 2 (DB 2/ inv. Kapital)	40 %	50 %	–	30 %[a)]
14 DB-Rentabilität 3 (DB 3/ inv. Kapital			–	5 %

zu [a)]: geringer als beide Divisionswerte, da nicht zurechenbares Kapital des Konzerns hier einbezogen wurde.

4. Anwendungen des Return-on-Investment-Konzepts

Die Planung und Kontrolle der Geschäftsbereiche eines Unternehmens kann auf der Grundlage der oben dargestellten Maßgrößen erfolgen. Studien zur Messung der Leistung von Investment Center in den USA haben ergeben, daß die überwiegende Mehrzahl der untersuchten Unternehmen mit Investment Center-Organisation den Return-on-Investment als Beurteilungskriterium heranziehen (vgl. z.B. Reece/Cool [1978]). Deshalb soll hier von den dargestellten Maßgrößen der Return-on-Investment beispielhaft für die Darstellung der Beurteilung von Geschäftsbereichen ausgewählt werden.

1) Spartenvergleich

Spartenvergleich

Für einen **Spartenvergleich** ist die Untergliederung des RoI nach den Komponenten Umsatzrendite und Vermögens-/Kapitalumschlag besonders wichtig, da diese Parameter stark branchenabhängig sind. Im folgenden sollen auf der Grundlage der Bilanzstatistik der Deutschen Bundesbank (vgl. Deutsche Bundesbank [1989]) branchenbezogene RoI-Kennzahlen gezeigt werden.

Da die Daten als Verhältniszahlen in Prozent der Bilanzsumme bzw. des Umsatzes angegeben sind, wird immer von einem Gesamtkapital in Höhe von 100 000,– DM ausgegangen. In Abhängigkeit davon werden dann Umsatz und Jahresüberschuß vor Zinsen ermittelt. Mit Hilfe dieser drei Größen können dann die Umsatzrendite, der Kapitalumschlag und der Return-on-Investment berechnet werden.

	Chemie	Elektrotechnik	Textil	Großhandel
Umsatz	137 600	126 300	187 300	294 500
Jahresüberschuß vor Zinsen	10 870	8 588	9 927	9 424
Kapital	100 000	100 000	100 000	100 000
Umsatzrendite	7,9 %	6,8 %	5,3 %	3,2 %
Kapitalumschlag	1,38	1,26	1,87	2,95
RoI	10,9 %	8,6 %	9,9 %	9,4 %

	Baugewerbe	Ernährung	Papierindustrie	Holzverarbeitung
Umsatz	120 900	210 700	205 400	186 300
Jahresüberschuß vor Zinsen	6 650	11 378	13 967	9 501
Kapital	100 000	100 000	100 000	100 000
Umsatzrendite	5,5 %	5,4 %	6,8 %	5,1 %
Kapitalumschlag	1,21	2,11	2,05	1,86
RoI	6,7 %	11,4 %	14,0 %	9,5 %

	Verarb. Gewerbe	Kunststoff	Maschinenbau
Umsatz	163 300	198 200	134 400
Jahresüberschuß vor Zinsen	12 901	12 288	8 064
Kapital	100 000	100 000	100 000
Umsatzrendite	7,9 %	6,2 %	6,0 %
Kapitalumschlag	1,63	1,98	1,34
RoI	12,9 %	12,3 %	8,1 %

Abb. 20.7: Sparten-RoI

Das Ergebnis zeigt unter anderem, daß eine hohe Gesamtkapitalrentabilität sowohl durch die Erhöhung der Umsatzrendite als auch über die Verbesserung des Kapitalumschlags erzielt werden kann. Den Zusammenhang zwischen Umsatzrendite und Kapitalumschlag zeigt auch die folgende Abbildung 20.8, in der RoI-Isoquanten, d.h. Kurven gleicher Rendite, dargestellt werden.

2) Soll-Ist-Vergleich

Soll-Ist-Vergleich

Für die Durchführung eines **Soll-Ist-Vergleichs** muß in einem ersten Schritt der gewünschte Return-on-Investment festgelegt werden. Dieser läßt sich aus den folgenden Komponenten ermitteln (vgl. Anderson/Needles/Caldwell [1989], S. 493 f.):

- Kapitalkosten (Fremdkapitalzinsen, Verzinsung von Stamm- und Vorzugsaktien und thesaurierten Gewinnen),
- Return-on-Investment des Gesamtunternehmens,
- Return-on-Investment im Branchendurchschnitt.

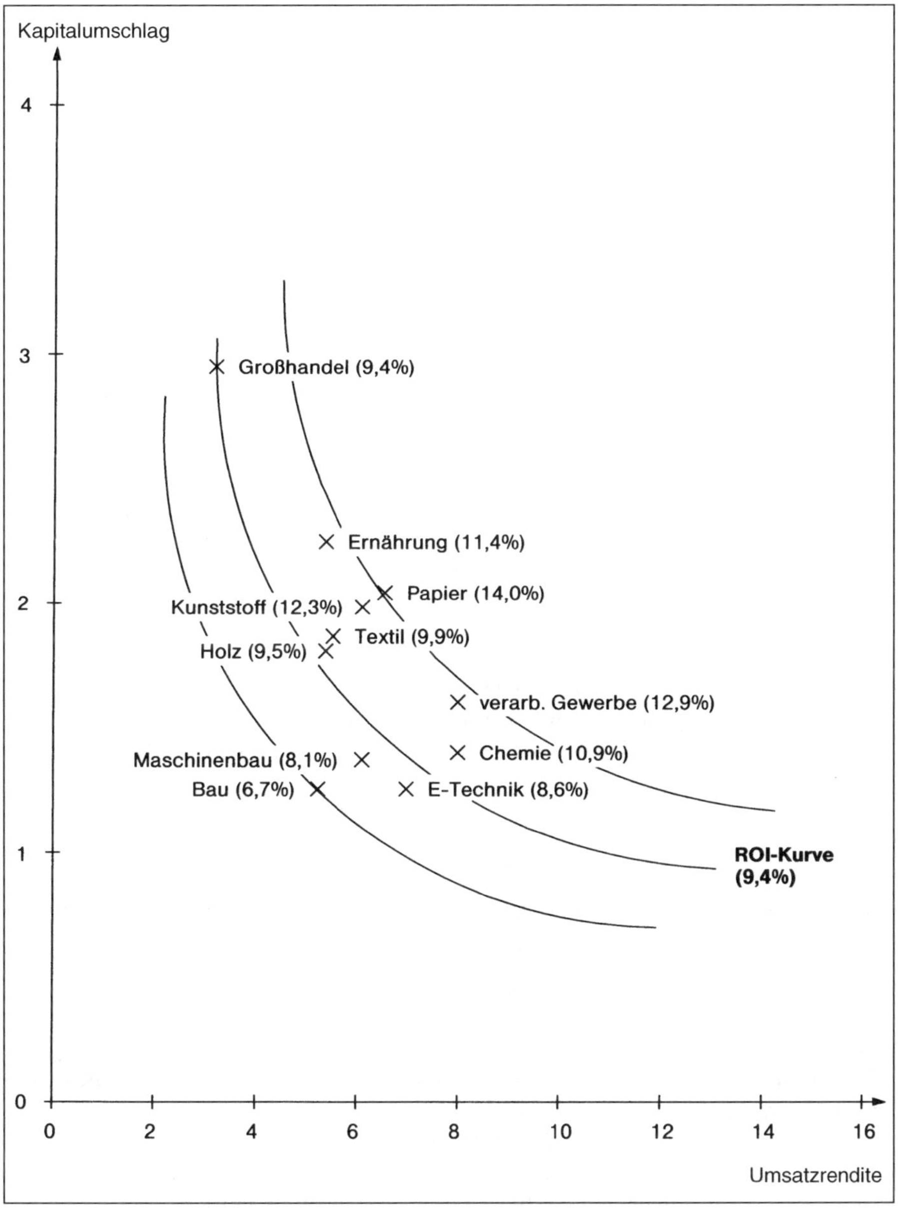

Abb. 20.8: Isoquanten

Die Differenz des geplanten und des tatsächlich erreichten Return-on-Investment kann in eine Vermögensabweichung und eine Erfolgsabweichung aufgegliedert werden. Dies sei an folgendem Beispiel verdeutlicht:

Beispiel

Beispiel 20.3:

	Soll	Ist	Abweichung
Return-on-Investment	15,0 %	10,87 %	–4,13 %
investiertes Kapital	80 000	100 000	20 000
JÜ vor Zinsen	12 000	10 870	–1 130

Die Gesamtabweichung der Rendite in Höhe von –4,13 % kann in eine Ergebnis- und eine Vermögensabweichung aufgegliedert werden.

Die Vermögensabweichung wird wie folgt errechnet:

Vermögensabweichung

Der geplante Jahresüberschuß vor Zinsen auf das geplante investierte Kapital

$$\frac{12\,000}{80\,000} \times 100 = 15\ \%$$

abzüglich des geplanten Jahresüberschusses vor Zinsen auf das tatsächlich investierte Kapital

$$\frac{12\,000}{100\,000} \times 100 = 12\ \%$$

ergibt eine negative Vermögensabweichung von 3 %.

Erfolgsabweichung

Die Erfolgsabweichung ermittelt man folgendermaßen:

Das Verhältnis des geplanten Jahresüberschusses vor Steuern zum tatsächlich investierten Kapital

$$\frac{12\,000}{100\,000} \times 100 = 12\ \%$$

abzüglich des tatsächlichen Jahresüberschusses zum tatsächlich eingesetzten Kapital

$$\frac{10\,870}{100\,000} \times 100 = 10{,}87\ \%$$

ergibt eine negative Ergebnisabweichung in Höhe von 1,13 %.

Nach der Ermittlung dieser Vermögens- und Erfolgsabweichungen sollten diese weiter analysiert werden, um deren Ursachen festzustellen (zur detaillierten Ergebnisabweichungsanalyse vgl. Kap. 15). Bei der Erfolgsabweichung sollte untersucht werden, inwieweit diese auf Änderungen der Beschäftigungslage, der Sortimentsgestaltung, der Marktpreise, der variablen und der fixen Kosten zurückzuführen ist.

»financial« vs. »operating managers«

Bei der Festlegung der Verantwortung der Bereiche für den erzielten Return-on-Investment muß zwischen den »financial« und den »operating managers« unterschieden werden. Da letztere meistenteils keinen Einfluß auf die Passivseite der Bilanz haben, sollte für deren Beurteilung von Gewinnen vor Steuern und Zinsen ausgegangen werden. »Financial managers« hingegen sind für die gezahlten Zinsen und auch die Steuerbemessungsgrundlage verantwortlich, wenn sie z.B. als Töchter einer Holding selbständig Zugang zum Kapitalmarkt haben und als rechtlich selbständige Unternehmen den Steuergesetzen unterliegen. Deshalb scheint hier eine Betrachtung nach Steuern und Zinsen geboten (vgl. Anderson/Needles/Caldwell [1989], S. 535 ff.).

3) Zielrentabilität als Basis für Preisentscheidungen

Mindestpreisbestimmung

Insbesondere bei der Planung neuer Produkte oder bei Einführung bestehender Produkte auf neuen Märkten wird man sich bei rentabilitätsorientierter Planung für Preisentscheidungen oder bei Preiswürdigkeitsbeurteilungen an der erstrebten Zielrendite orientieren. Der Mindestpreis läßt sich dann wie folgt bestimmen, wobei die Annahme gilt, daß sich das zusätzlich benötigte Umlaufvermögen auf Basis der bisherigen Relation Umlaufvermögen zu Umsatz planen läßt:

$$G = r \times (AV + UV)$$

$$G = r \times \left(AV + \frac{UV}{U} \times U\right)$$

$$U - K = r \times AV + r \times \frac{UV}{U} \times p \times x$$

$$p \times x - r \times \frac{UV}{U} \times p \times x = r \times AV + K$$

$$p \times \left(x - r \times \frac{UV}{U} \times x\right) = r \times AV + K$$

$$p = \frac{r \times AV + K}{x \times \left(1 - r \times \frac{UV}{U}\right)}$$

mit:
- AV = Anlagevermögen
- G = Gewinn
- K = (Selbst-)Kosten
- p = (Mindest-)Preis
- r = Zielrendite
- U = Umsatz
- UV = Umlaufvermögen

Wenn die Höhe des Umlaufvermögens bekannt ist, läßt sich die Formel weiter umformen zu:

$$p = \frac{r \times AV + K}{x - \frac{r \times UV}{p}}$$

$$p \times x - r \times UV = r \times AV + K$$

$$p = \frac{r \times (AV + UV) + K}{x}$$

Beispiel

Beispiel 20.4:

Dies sei anhand eines Beispiels verdeutlicht (Zahlenangaben in TDM):

Kosten der umgesetzten Leistungen (incl. F&E)	1 872
Verwaltungskosten	410
Vertriebskosten	517
Selbstkosten	2 799

Die Zielrendite auf das investierte Kapital sei 20 %.

Anlagevermögen	1 969
produzierte und abgesetzte Menge	3 Mio. St.
Relation Umlaufvermögen/Umsatz	85 %

Bei Zugrundelegen dieser Zahlen kommt man zu folgendem Ergebnis:

$$p = \frac{0{,}2 \times 1\,969 + 2\,799}{3\,000 \times (1 - 0{,}2 \times 0{,}85)} = \frac{3\,192{,}8}{2\,490} = 1{,}282 \text{ DM/St.}$$

Umsatz (3 Mio. St. × 1,282 DM/St.)	3 846
Kosten der umgesetzten Leistungen (incl. F&E)	1 872
Verwaltungskosten	410
Vertriebskosten	517
Nettoerfolg	1 048

Investiertes Kapital:	
– Anlagevermögen	1 969
– Umlaufvermögen (0,85 × 3 846)	3 269
Gesamtvermögen	5 238
20 % Rendite auf das investierte Kapital	1 048

5. *Schwächen des Return-on-Investment-Konzepts*

(vgl. Anthony/Govindarajan [1995], S. 234 ff.; Kaplan/Atkinson [1989], S. 661 ff.)

RoI vs. kalkulatorischer Gewinn

Eine Betrachtung auf Basis von Renditegrößen muß das Charakteristikum der Prozentwerte einbeziehen. Das Bewerten mit Rentabilitätskennzahlen kann – wie aus der Investitionsrechnung hinreichend bekannt ist – immer dann zu Problemen führen, wenn auf der Basis der Kennzahlen Alternativen verglichen werden. Sind die zu vergleichenden Alternativen mit unterschiedlichem Vermögens- und Kapitalvolumen ausgestattet, so impliziert die RoI-Kennzahl die Prämisse, daß der errechnete RoI auch für die Differenzinvestition gilt. Soweit diese Prämisse nicht gegeben ist, kommt es zu Fehlbewertungen aufgrund der RoI-Kennzahl. Das gilt sowohl aus der Sicht der Beurteilung und Steuerung von Divisionen durch die Zentrale als auch für die Investitionsbeurteilung und -steuerung durch den Geschäftsbereich selber. Aus dieser Problemstellung hat sich in der Literatur zur Profit Center-Rechnung die Kontroverse ergeben, ob als Beurteilungsmaßstab der RoI oder der (das) kalkulatorische Gewinn bzw. Ergebnis (residual income) zu verwenden sei.

Erfolgsbeurteilung

(1) Im folgenden wird eine **Erfolgsbeurteilung** durch die Zentrale (= Divisionenvergleich) anhand der Maßgrößen Return-on-Investment sowie kalkulatorischer Gewinn verglichen:

	Sparte A		Sparte B
I. Kapital/Vermögen	1 000		5 000
Ergebnis vor Zinsen	200	<	**750**
RoI	**20 %**	>	15 %
II. Kapitalkosten 12 %			
(a) Ergebnis	200		750
– kalk. Zinsen	120		600
= kalk. Ergebnis	80	<	**150**
(b) Ergebnis	200		750
+ Zinsen auf Diff.-Inv.	480[a)]		–
= vergleichbares Ergebnis vor Zinsen	680	<	**750**
Kapitalkosten 18 %			
(a) Ergebnis	200		750
– kalk. Zinsen	180		900
= kalk. Ergebnis	**20**	>	–150
(b) Ergebnis	200		750
+ Zinsen auf Diff.-Inv.	720[b)]		–
= vergleichbares Ergebnis vor Zinsen	**920**	>	750

zu [a)]: 12 % von (5 000 – 1 000) = 12 % von 4 000 = 480
zu [b)]: 18 % von (5 000 – 1 000) = 18 % von 4 000 = 720

Gemessen am Bruttogewinn erscheint die Division B erfolgreicher, nach der Gesamtkapitalrentabilität hingegen erscheint Division A erfolgreicher. Bei Entscheidung für die Division A muß allerdings über die Differenzinvestition entschieden werden, um eine Vergleichbarkeit zu gewährleisten. Ansonsten wird davon ausgegangen, daß die Differenzinvestition in Höhe von 4 000 ebenfalls eine Rendite von 20 % erwirtschaften kann. Dieser Anforderung wird in Teil II des Beispiels durch die Einbeziehung der Kapitalkosten Rechnung getragen. Hier zeigt sich, daß je nach der Höhe der angesetzten Kapitalkosten die Beurteilung der Divisionen und die Entscheidung über die Zuteilung von Investitionsmitteln – gemessen am Kriterium des maximalen Überschusses über die Kapitalkosten (kalkulatorisches Ergebnis) – unterschiedlich ausfallen wird. Dasselbe zeigt sich, wenn statt des Abzugs kalkulatorischer Zinskosten durch explizite Einbeziehung der Differenzinvestition ein vergleichbares Ergebnis errechnet wird.

So kann gezeigt werden, daß der Renditevergleich zwischen den Divisionen zu Fehlurteilen führen kann. Im relativen Vergleich ist der kalkulatorische Gewinn aussagefähiger. Es macht auch keinen Sinn, mit einer Nettorendite (definiert als Ergebnis nach Kapitalkosten/Kapital) zu arbeiten, da hier nur eine Nullpunktverschiebung gegenüber der Bruttorendite vorliegt. Die Divisionsbeurteilung sollte also stets anhand einer divisionsbezogenen Planrendite (= Gleichgewichtsrenditebeitrag) erfolgen.

Investitionssteuerung

(2) Unter der Zielsetzung der **Investitionssteuerung** durch die Sparte ergibt sich folgende Betrachtungsweise:

Wird eine Sparte nicht an einer vereinbarten Zielrendite oder einem budgetierten Zielergebnis, sondern an der tatsächlich erreichten Rendite im Vergleich zu allen anderen Sparten gemessen, so wird ihr die Zielsetzung der Return-on-Investment-Maximierung auferlegt. Übertragen auf die Investitionsprojektsteuerung kann dies zu gravierenden Fehlsteuerungen (Mißmotivationen) führen. Das soll anhand folgender Überlegungen veranschaulicht werden:

mit:
RoI_0 = vor Realisierung des Projekts erzielter Sparten-Return-on-Investment
ΔR = Projekt-Return-on-Investment
k = Kapitalkosten, d.h. ökonomischer Kalkulationszinsfuß

Fall 1: $RoI_0 > \Delta R > k$

Bei einer Beurteilung nach dem Return-on-Investment unterbleibt die Investition, weil die bisherige Rendite nicht erreicht werden kann, obwohl das Projekt – gemessen an den Kapitalkosten – rentabel ist.

Fall 2: $RoI_0 < \Delta R < k$

Hier liegt der umgekehrte Fall von oben vor. Das Projekt wird realisiert, da die bisherige Rendite gesteigert wird, obwohl das Projekt – gemessen an den Kapitalkosten – unrentabel ist.

Wie eine Beurteilung anhand des Return-on-Investment zu Mißmotivationen führen kann, sei mit Hilfe des folgenden Beispiels gezeigt:

Divisionserfolg:	150
Eingesetztes Kapital:	1 000

Zeitlich versetzt bieten sich folgende Projekte an:

Fall 1:

Projekt A in t:

– Erfolg	100
– erforderl. Kapital	500
– RoI	20 %

Projekt B in t + 1:

– Erfolg	300
– erforderl. Kapital	1 000
– RoI	30 %

Der Return-on-Investment steigt durch die Realisierung beider Investitionen von 15 % in t – 1 auf 16,67 % in t [(150 + 100) / (1 000 + 500)] und auf 22 % in t + 1 [(150 + 100 + 300) / (1 000 + 500 + 1 000)]. Somit werden beide Projekte verwirklicht.

Fall 2: (A und B gegenüber Fall 1 zeitlich vertauscht)

Projekt B in t:

– Erfolg	300
– erforderl. Kapital	1 000
– RoI	30 %

Projekt A in t + 1:

– Erfolg	100
– erforderl. Kapital	500
– RoI	20 %

Der Return-on-Investment steigt von 15 % in t – 1 auf 22,5 % in t [(150 + 300) / (1 000 + 1 000)] und sinkt in t + 1 auf 22 % [(150 + 300 + 100) / (1 000 + 1 000 + 500)]. Somit wird nur Projekt B verwirklicht, da Projekt A den RoI verschlechtern würde.

Dieses Beispiel kann auch auf verschiedene Divisionen bezogen werden:

Wenn die Kapitalkosten des Unternehmens 10 % betragen, der Return-on-Investment in Bereich 1 15 % und in Bereich 2 22,5 %, so müßte dasselbe Projekt A bei Zugrundelegen derselben Entscheidungskriterien einmal angenommen und einmal abgelehnt werden.

Vergleich

Zusammenfassend seien untenstehend die Vor- und Nachteile der beiden diskutierten Verfahren dargestellt:

	Return-on-Investment	kalkulatorischer Gewinn
Vorteile	• Vergleichbarkeit • Größendeflationierung • projektbezogen richtige Entscheidungen durch Vergleich mit Kapitalkosten	• richtige Entscheidung, wenn kalkulatorische Zinsen = entscheidungsbezogene Kapitalkosten • für unterschiedliche Investitionen können unterschiedliche Zinssätze angenommen werden
Nachteile	• Fehlsteuerung bei Erfolgsbeurteilung aufgrund der Wiederanlageprämisse	• direkte Vergleichbarkeit fehlt

Lang- vs. kurzfristige Erfolgsmaximierung

Unabhängig davon, ob die Leistungsfähigkeit der Divisionen anhand des Return-on-Investment bzw. des kalkulatorischen Gewinns gemessen wird, gilt bezüglich der **lang- bzw. kurzfristigen Erfolgsmaximierung** folgendes:

Die Maßgrößen sind statische, jeweils auf eine Periode bezogene Größen. Die in den Divisionen getroffenen Entscheidungen beziehen sich in ihren Auswirkungen aber nicht jeweils nur auf eine Periode, sondern führen im allgemeinen zu ökonomischen Konsequenzen für eine große Zahl von Folgeperioden (strategischer Charakter). Diese künftigen Auswirkungen getroffener Maßnahmen spiegeln sich im Return-on-Investment bzw. im kalkulatorischen Gewinn aber nur unzureichend wider.

Dies ist auf zwei Ursachen zurückzuführen:

1) Das Rechnungswesen eröffnet zwangsläufig gewisse Ermessensspielräume bei der Bewertung. Bilanzpolitische Überlegungen fließen deshalb zwangsläufig je nach Interessenlage in die Return-on-Investment-Maßgröße ein. Ein besonders wichtiger Punkt ist dabei natürlich die Gestaltung der Umlagen und der Verrechnungspreise.

Dieses Problem kann durch klare Normen und eine interne Revision gelöst werden.

2) Durch die Objektivierungsanforderungen des Rechnungswesens erfaßt dieses nur Vermögensgegenstände und Schulden sowie ausschließlich schon getätigte oder begründete Transaktionen. Reine Zukunftswerte, unterlassene Aktionen und Opportunitäten können im Rechnungswesen keinen Niederschlag finden. Das kann aus Sicht der kurzfristigen Return-on-Investment-Maximierung zu folgenden Fehlmaßnahmen führen:

Fehlmaßnahmen

- Aufwandskürzungen, die die langfristige Ertragskraft mindern (Forschung und Entwicklung, Schulung, Verkauf stilliegender Anlagen),
- Ertragsmehrungen, die zu Lasten künftiger Erträge oder Aufwendungen gehen (Preispolitik auf kurze Sicht, Qualitätsminderungen, Verkauf von Aktiva),
- Kürzung der Investitionsbasis (Unterlassen aktivierungsfähiger Investitionen, die auf Dauer positive Ergebnisse versprechen, zu geringe Lagerhaltung).

Diese insbesondere im ersten Punkt angesprochene Problematik von Aufwandskürzungen ist in der Literatur und Praxis auf verschiedene Weise aufgegriffen worden:

1) Ein in der Praxis gelegentlich zu findender Lösungsansatz besteht darin, in der internen Erfolgsrechnung zwischen operativen und strategischen Aufwendungen/Kosten zu unterscheiden, so daß ein Ergebnis vor und nach strategischen Kosten gezeigt wird. Dieser Vorschlag ist erwägenswert, da er die Transparenz der Rechnung erhöht. Die grundsätzliche Problematik wird damit jedoch nicht gelöst. Das Ergebnis vor strategischen Kosten hat keine Aussagekraft, das Ergebnis nach strategischen Kosten widerspricht der Anreizverträglichkeit.

2) Ein in der Literatur unterbreiteter Vorschlag besteht darin, die mit den »strategischen« Kosten verbundenen Ertragserwartungen in der internen Erfolgsrechnung als kalkulatorische Leistungen zu erfassen und diese im Rahmen des Wirtschaftsergebnisses durch Einstellung in eine Sonderposition »Ertragspotentiale aus selbsterstellten immateriellen Anlagen« transparent zu machen (vgl. Schneider [1997], S. 493 und S. 500 f.). Auch dieser Vorschlag erscheint problematisch, da er dem Ermessen des Profit Centers ein hohes Gewicht einräumt und damit der Anforderung der Maßgenauigkeit (Objektivität) widerspricht.

3) Ein anderer Weg besteht in der Ergänzung des auf finanzielle Größen ausgerichteten Rechnungswesens um nicht-finanzielle Kennzahlen, beispielsweise mit Hilfe einer »Balanced Scorecard« (vgl. Abschnitt E.II. dieses Kap.).

4) Schließlich bietet sich eine Integration der Erfolgs-/RoI-Steuerung in ein umfassendes strategisches, operatives und finanzielles Steuerungssystem auf Basis von Cash Flow-Größen an (vgl. Abschnitt D.II. und III. dieses Kap.).

D. Cash Flow als Steuerungsinstrument

Definition

Unter dem **Cash Flow** versteht man die aus der Betriebstätigkeit erwirtschafteten Überschüsse, die zur Innenfinanzierung von Investitionen, Schuldentilgungen und Dividendenzahlungen verwendet werden können. Zu seiner Bestimmung gibt es zwei Wege (vgl. Kap. 1.C.):

Direkte vs. indirekte Ermittlung

Bei der direkten Methode wird der Cash Flow, ausgehend vom Umsatz, durch die Differenz der finanzwirksamen Erträge und Aufwendungen berechnet, bei der indirekten Berechnungsweise wird der Jahresüberschuß um die nicht finanzwirksamen Erträge und Aufwendungen korrigiert. Der Vorteil der direkten Methode liegt darin, daß die strukturelle Zusammensetzung des Cash Flow aus Einnahmen und Ausgaben erkennbar ist. Daß der Cash Flow in der Literatur zumeist in seiner indirekten Form dargestellt wird, liegt an der Verfügbarkeit der Daten. Seine Ermittlung gestaltet sich dann wie folgt:

	Jahresüberschuß/-fehlbetrag
+	Abschreibungen
–	Zuschreibungen
+	Zunahme der Rückstellungen
–	Abnahme der Rückstellungen
=	Cash Flow

Für Zwecke der Planungs- und Kontrollrechnung scheint allerdings die direkte Ermittlungsweise geeigneter (vgl. Coenenberg [1997], Kap. 11.C.II.1):

	finanzwirksame Erträge aus der gewöhnlichen Geschäftstätigkeit (ohne sonstige betriebliche Erträge)
–	finanzwirksame Aufwendungen aus der gewöhnlichen Geschäftstätigkeit (ohne sonstige betriebliche Aufwendungen)
+	finanzwirksame Komponenten der sonstigen betrieblichen Erträge (ohne Liquidations- und Bewertungserfolge)
–	finanzwirksame Komponenten der sonstigen betrieblichen Aufwendungen (ohne Liquidations- und Bewertungserfolge)
=	Cash Flow

I. Cash Flow zur Liquiditätssteuerung

Cash Flow als Maßgröße für Finanzlage

Für die Beurteilung der finanzwirtschaftlichen Lage eines Unternehmens hat sich der Cash Flow als vorwiegend angewandtes Kriterium durchgesetzt. Empirische Untersuchungen zeigen, daß zur Klassifikation liquiditätsstarker und liquiditätsschwacher Unternehmen bereits der einfache Cash Flow (Jahresüberschuß + Abschreibungen) eine gute Trennschärfe aufweisen kann (vgl. Hauschildt/Rösler/Gemünden [1984]). Auch wenn ähnliche Ergebnisse für die Leistungsbeurteilung von Divisionen nicht vorliegen, kann doch die Schlußfolgerung gewagt werden, daß der Cash Flow durchaus als Steuerungsinstrument geeignet ist.

Dem Argument, daß eine exakte Bestimmung an der Aufschlüsselbarkeit und Zurechenbarkeit der Aufwendungen und Erträge scheitern muß, kann dadurch entgegnet werden, daß auch im internen Bereich auf die indirekte Vorgehensweise zurückgegriffen werden kann.

In zunehmendem Maße wird allerdings die Meinung vertreten, daß der liquiditätsorientierten Steuerung auch auf Geschäftsbereichsebene Bedeutung zukommt. Eine einzige Kennzahl »Cash Flow« wird dazu als unzulänglich empfunden. Vielmehr ist der Cash Flow in eine vollständige, spartenbezogene Finanzierungsrechnung zu integrieren, die ihrerseits in eine gesamtunternehmensbezogene Finanzierungsrechnung einzubetten ist (vgl. Kap. 1.C.)

II. Cash Flow zur Erfolgssteuerung

Cash Flow als Maßgröße für Ertragslage und Ertragskraft

Auch wenn der Cash Flow vorwiegend als Kriterium zur Beurteilung der Finanzlage eines Unternehmens herangezogen wird, ist dennoch die Messung von Ertragslage und Ertragskraft eines Unternehmens ein mögliches Ziel. Als retrospektiver Maßstab soll er Informationen über die Entwicklung der **Ertragslage** in der Vergangenheit liefern, als prospektiver Maßstab soll er – ausgehend von den in vergangenen Perioden erzielten Erfolgen – Aussagen über die zukünftige **Ertragskraft** der Bereiche liefern. Als Indikator für die Ertragskraft steht die Innenfinanzierungskraft im Vordergrund. Die Überprüfung soll unter der Frage stehen, ob ein Bereich über genügend Finanzmittel für Erweiterungsinvestitionen verfügt, um sein eigenes Wachstum zu finanzieren. Zu berücksichtigen ist allerdings, daß der Cash Flow nicht in seiner gesamten Höhe für Neuinvestitionen in den Bereichen eingesetzt werden kann, sondern vorher (gedanklich, nicht zeitlich) die notwendigen Ersatzinvestitionen, Schuldentilgungen sowie Dividendenzahlungen vorgenommen werden müssen. Darüber hinaus sind Investitionschancen notwendig, die erkannt und genutzt werden können. Bei divisionaler Organisationsstruktur ist vor allem ein Abwägen von Investitionschancen und -notwendigkeiten zwischen den Bereichen erforderlich.

Cash Flow-Reantabilität

Anstelle der üblicherweise angewandten Gewinngröße kann der Cash Flow im Verhältnis zum eingesetzten Kapital (Gesamtkapital, Eigenkapital, langfristig gebundenes Kapital) relativiert betrachtet werden. Diese Cash Flow-Rentabilitätsgrößen zeigen – analog zu den Gewinn-Renditezahlen –, welcher Einnahmenüberschuß mit Hilfe des eingesetzten Kapitals erzielt werden konnte.

Da der Cash Flow als ertragswirtschaftlicher Indikator über die Zukunft der Division informieren soll, können verschiedene bereichsspezifische Aufwandsarten mit dem Cash Flow verglichen werden: Die Größe »Abschreibungen/Cash Flow« zeigt an, welcher Teil des Cash Flow für Ersatzinvestitionen aufgewendet werden muß (unter der Annahme, daß die Abschreibungen der Höhe der Ersatzinvestitionen entsprechen und wieder in die jeweiligen Bereiche fließen). Die stark ertragskraftorientierte Kennzahl »Forschungs- und Entwicklungsaufwendungen/Cash Flow« informiert über die Fähigkeit einer Division, zukunftsträchtige Investitionen aus eigener Kraft zu tätigen, was vor allem für einen Vergleich der Divisionen sehr hilfreich ist. Zur Beurteilung eines Bereichs in Form eines Soll-Ist-Vergleichs kann das Verhältnis der Investitionen zum Cash Flow betrachtet werden (vgl. Ziegenbein [1995], S. 252). Der Ist-Reinvestitionsindex gibt dabei an, wieviel Prozent der von dem Geschäftsbereich erwirtschafteten Mittel wieder dort investiert wird. Der Soll-Reinvestitionsindex gibt an, wieviel aufgrund der Marktentwicklung in diesen Geschäftsbereich investiert werden sollte, unabhängig davon, ob die dafür notwendigen Mittel selbst erwirtschaftet werden. Er ergibt sich aus der strategischen Planung.

Cash Flow-Kennzahlen

Eine besondere Erfolgskennzahl stellt der sog. **»Cash Flow Return on Investment«** (CFRoI) dar (vgl. Lewis/Lehmann [1992]). Der CFRoI gibt den internen Zinsfuß wieder, mit dem ein nach bestimmten Regeln aufgebautes, theoretisches Cash Flow-Profil (vgl. Lehmann [1994], S. 90) diskontiert werden muß, damit sich für die Ein- und Auszahlungen gerade ein Barwert von null ergibt. Die grundsätzliche Gestalt des Profils ist vereinfacht in Abbildung 20.9 wiedergegeben.

Cash Flow RoI

Als Anfangsauszahlung gilt die Bruttoinvestitionsbasis, die sich überwiegend aus den Wiederbeschaffungskosten des Anlagevermögens plus Netto-Umlaufvermögen ergibt. Für die gesamte Nutzungsdauer des Sachanlagevermögens, errechnet aus histori-

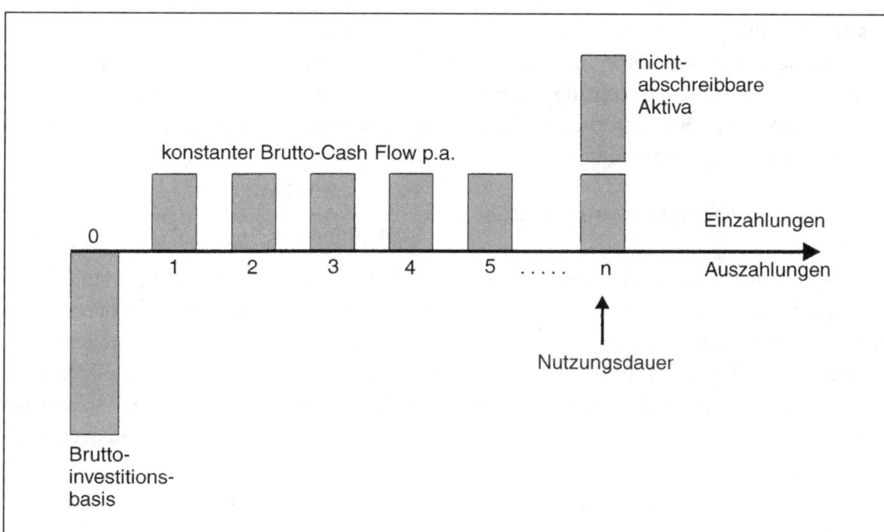

Abb. 20.9: Vereinfachtes Cash Flow-Profil bei der Berechnung des CFRoI (in Anlehnung an Lewis/Lehmann [1992], S. 9)

schen Anschaffungskosten dividiert durch die jährliche Abschreibung, werden jedes Jahr konstante Einzahlungen angenommen. Diese werden jeweils gleich dem in der analysierten Periode realisierten Brutto-Cash Flow (ein im wesentlichen um außerordentliche Komponenten und Scheingewinne bereinigter vereinfachter Cash Flow vor Zinsen) gesetzt. In der letzten Periode der Nutzungsdauer erhöht sich diese Einzahlung um den Wert der nicht-abschreibbaren Aktiva. Prinzipiell wird mit der Berechnung des CFRoI der in einer bestimmten Periode erzielte Brutto-Cash Flow in Relation zum investierten Kapital gesetzt. Für jede Bestimmung des CFRoI werden die vier das Cash Flow-Profil bestimmenden Komponenten (Bruttoinvestitionsbasis, Nutzungsdauer des Sachanlagevermögens, nicht-abschreibbare Aktiva und Brutto-Cash Flow der Periode) neu berechnet.

Obwohl in der Vorgehensweise des CFRoI Komponenten der dynamischen Investitionsrechnung enthalten sind, verhindert der Stichtagscharakter des CFRoI die Ermittlung der gesamten Wertschaffung eines Unternehmens, einer Geschäftseinheit oder eines Projekts. Durch einen Vergleich des CFRoI mit dem Kapitalkostensatz der betrachteten Einheit kann lediglich die Wertschaffung eines einzelnen Jahres ermittelt werden (vgl. Günther [1997], S. 219 f.).

III. Cash Flow zur Erfolgspotentialsteuerung

Shareholder Value

Das klassische Instrument des Cash Flow läßt sich unter Einbezug einer zukunfts- und kapitalmarktorientierten Betrachtungsweise zu einem umfassenden Steuerungsinstrument ausbauen. Mit dem insbesondere im angloamerikanischen Sprachraum diskutierten **»Shareholder Value-Ansatz«** (vgl. zu ersten konzeptionellen Ansätzen Fruhan [1979] und Rappaport [1986]) lassen sich unternehmenswertbezogene Steuerungsgrößen entwickeln, welche die »traditionellen« Steuerungsgrößen ergänzen und eine monetäre Abbildung des Erfolgspotentials des Unternehmens ermöglichen.

Grundlegender Indikator im Shareholder Value-Ansatz ist der Unternehmenswert. Aufbauend auf dem Konzept des ökonomischen Gewinns (vgl. Abschnitt C.I. dieses Kap.) ergibt sich der Unternehmenswert als Barwert prognostizierter »Freier Cash Flows« zukünftiger Perioden:

$$\text{Shareholder Value} = \sum_{j=1}^{\infty} \frac{\text{Freier Cash Flow}_j}{(1 + \text{Diskontierungszinssatz})^j}$$

Freier Cash Flow

Unter dem Freien Cash Flow versteht man dabei denjenigen ausschüttungsfähigen Cash Flow, der nicht wieder in das laufende Geschäft in Form von Investitionen in das Anlage- oder Netto-Umlaufvermögen (»Working Capital«) reinvestiert werden muß, um den zukünftigen Erfolg des Unternehmens zu sichern. Den vielfältigen in der Literatur vorgeschlagenen Berechnungsweisen des Freien Cash Flows (vgl. Übersicht bei Günther [1997], S. 112 ff.) ist in der Regel folgende grundlegende Vorgehensweise gemeinsam:

Cash Flow
– Investitionen in das Anlagevermögen
– Investitionen in das Netto-Umlaufvermögen
= Freier Cash Flow

Bei der Berechnung des Shareholder Value können zwei Methoden unterschieden werden. Beim sog. Eigenkapitalansatz (»equity approach« oder Nettoansatz) ergibt sich der Shareholder Value aus den mit dem Eigenkapitalzinssatz diskontierten Freien Cash Flows nach Zinsen. Beim sog. Gesamtkapitalansatz (»entity approach« oder Bruttoansatz) wird zunächst der Wert des Gesamtkapitals ermittelt, indem die Freien Cash Flows vor Zinsen mit dem gewichteten Gesamtkapitalkostensatz diskontiert werden, und anschließend der Marktwert des Fremdkapitals abgezogen (vgl. z.B. Ballwieser [1994], S. 1383 f.).

In bezug auf die Brauchbarkeit des Shareholder Value-Ansatzes werden in der Literatur vor allem folgende Probleme kritisch diskutiert (vgl. Ballwieser [1994], S. 1389 ff. mit weiteren Literaturhinweisen):

- Zielsetzung der Marktwertmaximierung des Eigenkapitals,
- Prognose der Cash Flows und Bestimmung des Kalkulationszinsfußes,
- grundsätzliche Rechenhaftigkeit von strategischen Entscheidungen.

Unabhängig von den genannten Schwierigkeiten ist der Shareholder Value als absolute Größe zur Erfolgssteuerung divisionalisierter Organisationseinheiten nicht geeignet. Erst in Relation zu anderen Größen können aus ihm vergleichbare unternehmenswertorientierte Erfolgskennzahlen gewonnen werden. Für Zwecke der Steuerung bietet sich die Relation zum investierten Kapital an. Je nach Grad der finanziellen Autonomie der Organisationseinheiten liegen z.B. die Relationen von Wertbeitrag einer Geschäftseinheit zu Gesamtvermögen der Geschäftseinheit oder bei rechtlich selbständigen Unternehmen von gesamtem Shareholder Value zu Nettovermögen nahe (vgl. Günther [1997], S. 247 ff.).

Value Creation Matrix

Eine anschauliche graphische Verbindung von aktuellem Periodenerfolg und langfristigem Zukunftserfolg dezentraler Organisationseinheiten ist die sog. **Value Creation Matrix** (vgl. Günther [1997], S. 366 f.; Reimann [1990], S. 129 ff.). In dieser Matrix werden monetarisierte Abbildungen von Erfolgspotentialen (Shareholder Value-Größen) Kennzahlen des Erfolgs gegenübergestellt und verschiedene Stoßrichtungen für eine unternehmenswertorientierte Steuerung des Gesamtunternehmens aufgezeigt. Als Maßzahl für den Periodenerfolg dient dabei der sog. RoI-Spread (RoI – Gesamtkapitalkosten), der Zukunftserfolg wird anhand einer Shareholder Value-Größe, z.B. Shareholder Value-Endwert-Rendite (vgl. Günther [1997], S. 383 und S. 248), bemessen. Die durch die beiden Achsen aufgespannte Matrix wird in vier Felder mit den in Abbildung 20.10 dargestellten Normstrategien unterteilt:

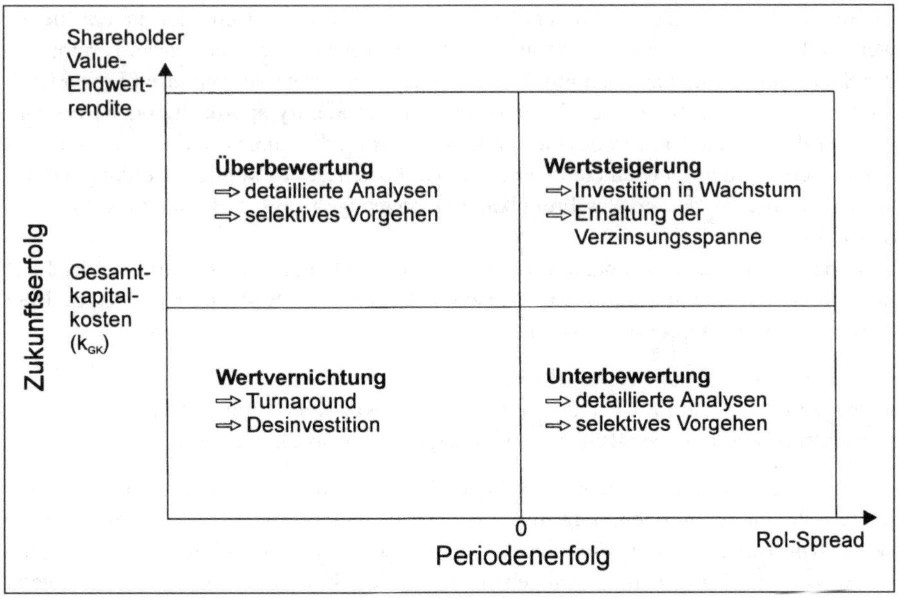

Abb. 20.10: Modifizierte Value Creation Matrix
(in Anlehnung an Günther [1996], S. 383 und Reimann [1990], S. 130)

E. Zusammenhang von Erfolgspotential, Erfolg und Liquidität

Interdependenz der Steuerungsebenen

Das Globalziel der langfristigen Existenzsicherung muß das vorrangige Ziel der Unternehmenspolitik darstellen. Dieses hängt in erster Linie von den Erfolgspotentialen des Unternehmens ab, die als Deckungsgrad zwischen den Stärken und Schwächen des Unternehmens und den Chancen und Risiken des Umfelds konkretisiert werden können.

Erfolg und Liquidität, d.h. die Erzielung positiver Erfolge sowie die Sicherung der Liquidität, sind die operativen Zielgrößen im Unternehmen, wobei sich das Erfolgsziel aus dem Auftrag der Unternehmensleitung ergibt, für die Eigenkapitalgeber ein sicheres Einkommen zu erzielen, das Liquiditätsziel hingegen auf die langfristige Sicherung der Zahlungsbereitschaft des Unternehmens abstellt, um eine Überschuldung und Zahlungsunfähigkeit zu vermeiden.

Die Erfolgspotentialziele führen zu Ergebniszielen, die ihrerseits Auswirkungen auf die Liquiditätsziele haben. Umgekehrt führen bestimmte vorgegebene Liquiditätsziele zu bestimmten Anforderungen an die Erfolgsziele, die sich ihrerseits auf die Erfolgspotentialziele auswirken.

Wegen dieser Interdependenz zwischen den Steuerungsebenen Erfolgspotential, Erfolg und Liquidität müssen diese Steuerungsebenen miteinander verknüpft werden. Zwei Ansätze, die auf eine derartige Verknüpfung zielen, werden im folgenden dargestellt: das Konzept der Gleichgewichtsrendite und das Konzept der sog. Balanced Scorecard.

I. Konzept der Gleichgewichtsrendite

Da die drei Führungsebenen Erfolgspotential, Erfolg und Liquidität interdependent sind, muß ein Zielbereich als Aufhänger der Planung angenommen werden. Die Abstimmung erfolgt dann iterativ. Welcher Bereich den Ausgangspunkt bildet, ist zum Teil Ausdruck der Werthaltung eines Unternehmens: So neigen konservativere Unternehmen eher dazu, von der finanzwirtschaftlichen Ebene auszugehen, progressivere Unternehmen rücken strategische Überlegungen in den Vordergrund.

Eine Abstimmung der verschiedenen Unternehmensziele kann über die Feststellung des finanziellen Spielraums und die Ermittlung einer Gleichgewichtsrendite erfolgen.

Finanzieller Spielraum

Die Erfassung des finanziellen Spielraums des Unternehmens dient als strategisches Instrument zur Festlegung der allgemeinen Investitions- und Finanzierungspolitik. Dabei stellt der finanzielle Spielraum die freie Verfügbarkeit über finanzielle Mittel für noch nicht getätigte Investitionen dar und wird durch ein Abwägen der unternehmerischen Zielvariablen – Wachstum, Risiko und Rendite – bestimmt. Die drei Größen bedingen einander gegenseitig, da höhere Rendite- und Wachstumschancen meistens mit einem höheren Risiko verbunden sind.

Gleichgewichtsrendite

Eine Möglichkeit zur Abstimmung der Komponenten ist die Festlegung einer **Gleichgewichtsrendite,** die als Mindestrendite von den Unternehmen bzw. Bereichen zu erwirtschaften ist. Die Gleichgewichtsrendite, deren Aufgabe es sein muß, die Zielkonflikte auszugleichen, kann definiert werden als die aus den langfristigen Planungen der Unternehmen abgeleitete Mindestverzinsung. Die Gleichgewichtsrendite als Steuerungsfaktor für die einzelnen Geschäftsbereiche ist insbesondere im Hinblick auf das Renditeziel des Gesamtunternehmens von Bedeutung. Die zentrale Unternehmensleitung muß das Investitionsportfolio so gestalten, daß die erzielten Renditen der einzelnen Geschäftsbereiche zur gewünschten Gesamtrendite des Unternehmens führen und die Bilanzstrukturwünsche und -normen erfüllt werden.

Die erforderliche Rendite muß mindestens der Höhe der von den Kapitalgebern geforderten Verzinsung ihres eingesetzten Kapitals (Eigen- und Fremdkapital) entsprechen. Für die Beurteilung von Investitionen genügt diese Ausrichtung allerdings nicht. Zum einen muß jede Investition an einer möglichen Alternativinvestition gemessen werden, soweit eine solche zur Verfügung steht. Zum anderen müssen Mindestrenditen für die Geschäftsfelder individuell festgelegt werden, da die Bereiche oft auf verschiedenen Gebieten tätig sind und unterschiedlichem Risiko unterliegen.

Als Steuerungsinstrument kann die Gleichgewichtsrendite deshalb nur als Ausgangspunkt herangezogen werden. Unter Berücksichtigung der bereichsspezifischen Situationen müssen dann die bereichsspezifischen Renditenormen festgelegt werden, an denen dann die Divisionen zu messen sind.

Ableitung von Renditezielen

Renditeziele ergeben sich in einer Art Gegenstromverfahren auf zweierlei Weise: Einerseits leitet sich das Renditeziel aus der gedanklichen Zerlegung strategischer Pläne in operative Zielgrößen ab. Andererseits stellt sich das Mindestrenditeniveau aus der Notwendigkeit der Alimentierung einer bestimmten Liquiditäts- und Finanzierungsstruktur dar. Dieser Zusammenhang ist in folgender Abbildung 20.11 veranschaulicht:

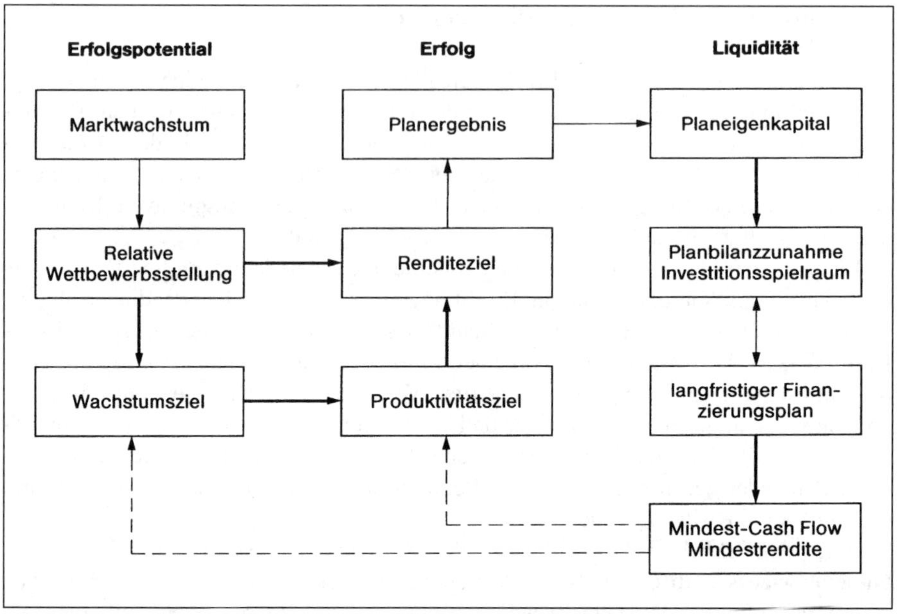

Abb. 20.11: Zusammenhang zwischen strategischer, operativer und finanzwirtschaftlicher Planung

Das Niveau der Mindestrendite hängt dabei von den Erwartungen der Kapitalgeber ab. Diese lassen sich auf zweierlei Weise quantifizieren:

(1) Man versucht, die Erwartungen der Kapitalgeber z.B. aus statistischen Daten über Risiko-Rendite-Zusammenhänge abzuleiten. Die Ermittlung der Diskontierungsrate zur Bestimmung von Geschäftswerten über eine risikofreie Rendite und eines vom Beta-Faktor abhängigen Risikozuschlags geht diesen Weg (vgl. Bühner [1990], S. 40 ff. und die dort angegebene Literatur).

(2) Man definiert die Erwartungen der Kapitalgeber durch die Bonitätskriterien, die als Anforderung an die Bilanzstruktur formuliert sind. Dieser Weg soll im folgenden etwas näher veranschaulicht werden.

Bonitätsregeln in Anlehnung an BAV

Die am weitesten verbreiteten **Bonitätsregeln,** die auch in die Finanzleitlinien vieler Unternehmen eingeflossen sind, sind in Anlehnung an die früheren Kriterien des Bundesaufsichtsamts für das Versicherungswesen (vgl. BAV [1975], S. 105) insbesondere:

1) Eigenkapital $\geq \frac{1}{3} \times$ Gesamtkapital
2) Eigenkapital $\geq 0{,}8 \times$ Anlagevermögen
3) langfristiges Kapital $\geq$ langfristiges Vermögen
4) Effektivverschuldung $\leq 3{,}5 \times$ Cash Flow

Mit Hilfe dieser oder ähnlicher Regeln läßt sich aus der operativen Planung eine Finanzstrukturplanung und daraus wieder eine Mindestrendite ableiten. Der prinzipielle Weg ist in der folgenden Darstellung 20.12 gezeigt.

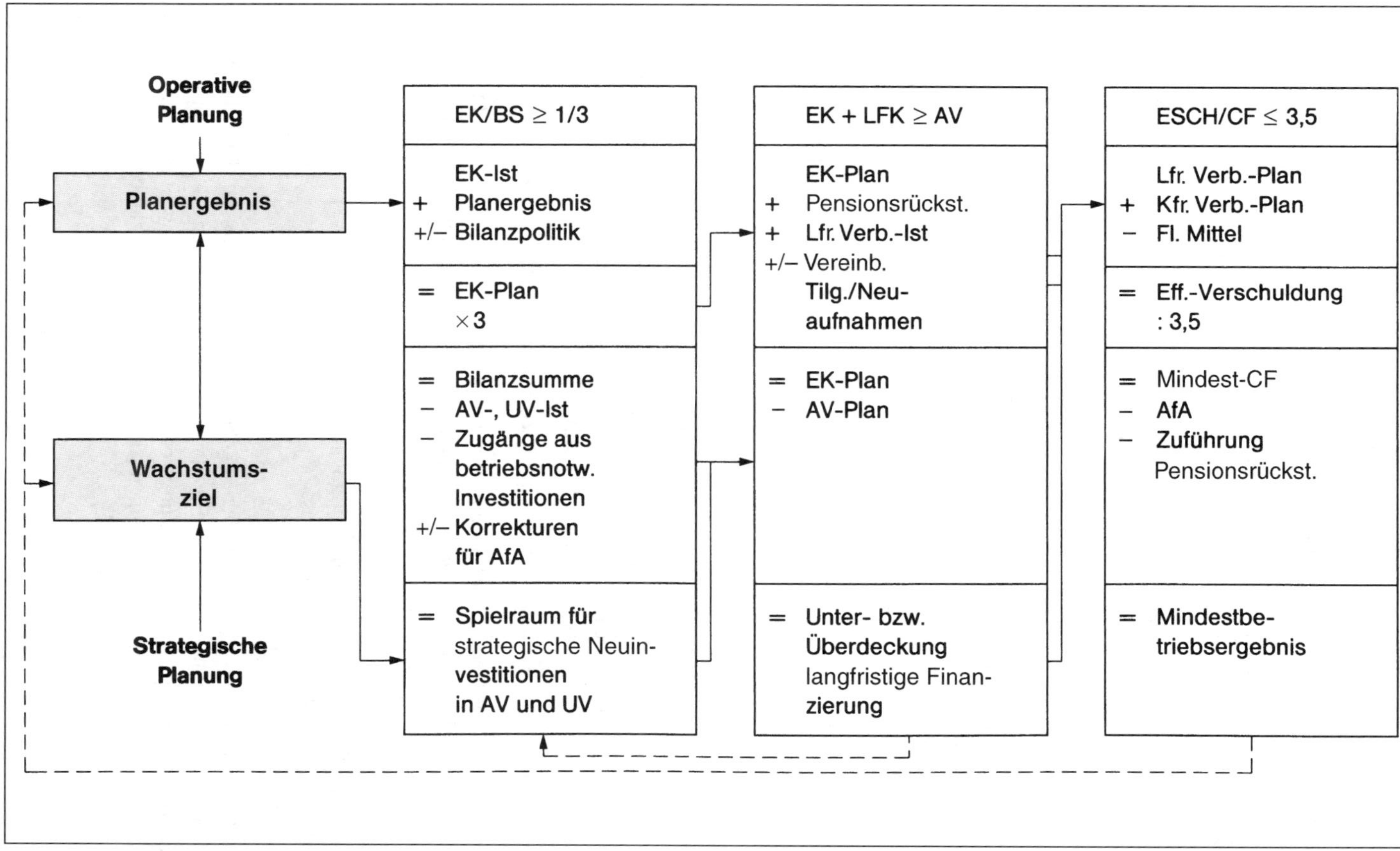

Abb. 20.12: Finanzwirtschaftliche Planung

Beispiel

Ein Zahlenbeispiel soll der Veranschaulichung dienen:

Auf der Grundlage der ermittelten Gleichgewichtsrendite läßt sich überprüfen, ob die aus der strategischen Planung abgeleiteten Wachstumsziele und die daraus resultierenden operativen Ziele erreichbar erscheinen. Denn die Mindestrendite, in Verknüpfung von zulässigem Verschuldungsgrad, Thesaurierungsquote und Fremdkapitalkosten, bestimmt das finanzierbare Wachstum.

Das finanzierbare Wachstum läßt sich wie folgt berechnen. Dabei sei der Steuereffekt zunächst vernachlässigt:

mit:
r = Planrendite (10 %)
i = Fremdkapitalzinssatz (6 %)
EK = Eigenkapital (300 Mio.)
FK = Fremdkapital (600 Mio.)
t = Thesaurierungssatz (50 %)
Δ = Prozentsatz der Eigenkapitalerhöhung (0)
W = Vermögenswachstum
V = FK/EK = Verschuldungsgrad

$$W = [(r \times (EK + FK) - i \times FK) \times t + \Delta \times EK] \times \frac{EK + FK}{EK} \times \frac{1}{EK + FK}$$

$$= r \times t + (r - i) \times t \times \frac{FK}{EK} + \Delta$$

$$= 0{,}1 \times 0{,}5 + (0{,}1 - 0{,}06) \times 0{,}5 \times 2 = 9\ \%$$

Der Steuereffekt könnte pauschal dadurch berücksichtigt werden, daß die Faktoren $r \times t$ bzw. $(r - i) \times t \times FK/EK$ jeweils noch mit $(1 - s)$ multipliziert werden, wobei s = Ertragsteuersatz. Bei s = 60 % ergäbe sich dann:

$$W = 0{,}1 \times 0{,}5 \times 0{,}4 + (0{,}1 - 0{,}06) \times 0{,}5 \times 2 \times 0{,}4 = 3{,}6\ \%$$

Maßnahmen

Man sieht, daß sich Wachstum und Rendite bei vorgegebenem Verschuldungsgrad gegenseitig bedingen. Reicht das Wachstum nicht aus, so kann eine der folgenden Maßnahmen in Betracht kommen:

- Erhöhung der Rendite,
- Erhöhung der Eigenkapitalzuführung von außen,
- Erhöhung des Verschuldungsgrades,
- Verringerung der Zinslast.

Sehr einfach kann die Planrendite angehoben werden, doch die damit bezweckte Zielerreichung steht dabei in Frage. Eine tatsächliche Verringerung der Zinslast oder eine Erhöhung der Eigenkapitalzuführung von außen kann nur insoweit realisiert werden, als die Bedingungen eines Unternehmens diese Möglichkeiten erlauben.

II. Balanced Scorecard

Die Steuerung durch finanzielle Rechnungen und Größen stößt offensichtlich in Bereichen mit strategischer Dimension (vgl. Abschnitt C.II. in diesem Kap.) auf eine »natürliche« Grenze (vgl. Coenenberg [1995], S. 2083). Erhebliche Probleme bereiten aus Sicht der Anreizverträglichkeit alle Aufwendungen, die erst langfristig zu Ertragswirkungen führen. Dazu zählen insbesondere drei Bereiche:

- F&E-Aufwendungen – zur Sicherung von Innovationen,
- Personalentwicklungsaufwendungen – zur Qualifikation der Human Resources,
- Marketingaufwendungen – zur Festigung dauerhafter Kundenbeziehungen.

Strategische Kosten

Diese »strategischen« Kosten weisen betriebswirtschaftlich den Charakter von Investitionen auf und dienen dem Aufbau von Erfolgspotentialen. Diese lassen sich im allgemeinen nicht unmittelbar in monetäre Erfolge abbilden (vgl. jedoch Ansatz des Shareholder Value in Abschnitt D.III. dieses Kap.). Die traditionelle Kontrollrechnung bedarf deshalb der Ergänzung um nicht-finanzielle Kontrollindikatoren vor allem in den drei Bereichen »Innovation«, »Human Resources« und »Kundenzufriedenheit«.

Balanced Scorecard

In der Literatur ist diese Form der gleichzeitigen Betrachtung finanzieller und nichtfinanzieller Indikatoren unter dem Begriff **»Balanced Scorecard«** bekannt geworden (vgl. Kaplan/Norton [1992]). In Abbildung 20.13 sind exemplarisch konkrete Steuerungsgrößen aufgeführt, die freilich individuell für jedes einzelne Unternehmen vor dem Hintergrund seiner Ziele und seiner Rahmenbedingungen bestimmt werden müssen. In einem weiteren Schritt kann die Balanced Scorecard des Gesamtunternehmens in spezifische Scorecards für jede Organisationseinheit aufgebrochen werden. Mit diesem Instrument gelingt es, strategische Ziele in einen Kranz von finanziellen und nichtfinanziellen Zielvorgaben zu überführen, an nachgeordnete Stellen zu kommunizieren und sie damit in den allgemeinen Planungs- und Kontrollprozeß zu integrieren (vgl. Kaplan/Norton [1996]). Anreizverträglichkeit setzt dann eine ganzheitliche und nicht nur auf finanzielle Ziele gerichtete Gestaltung des Anreizsystems voraus.

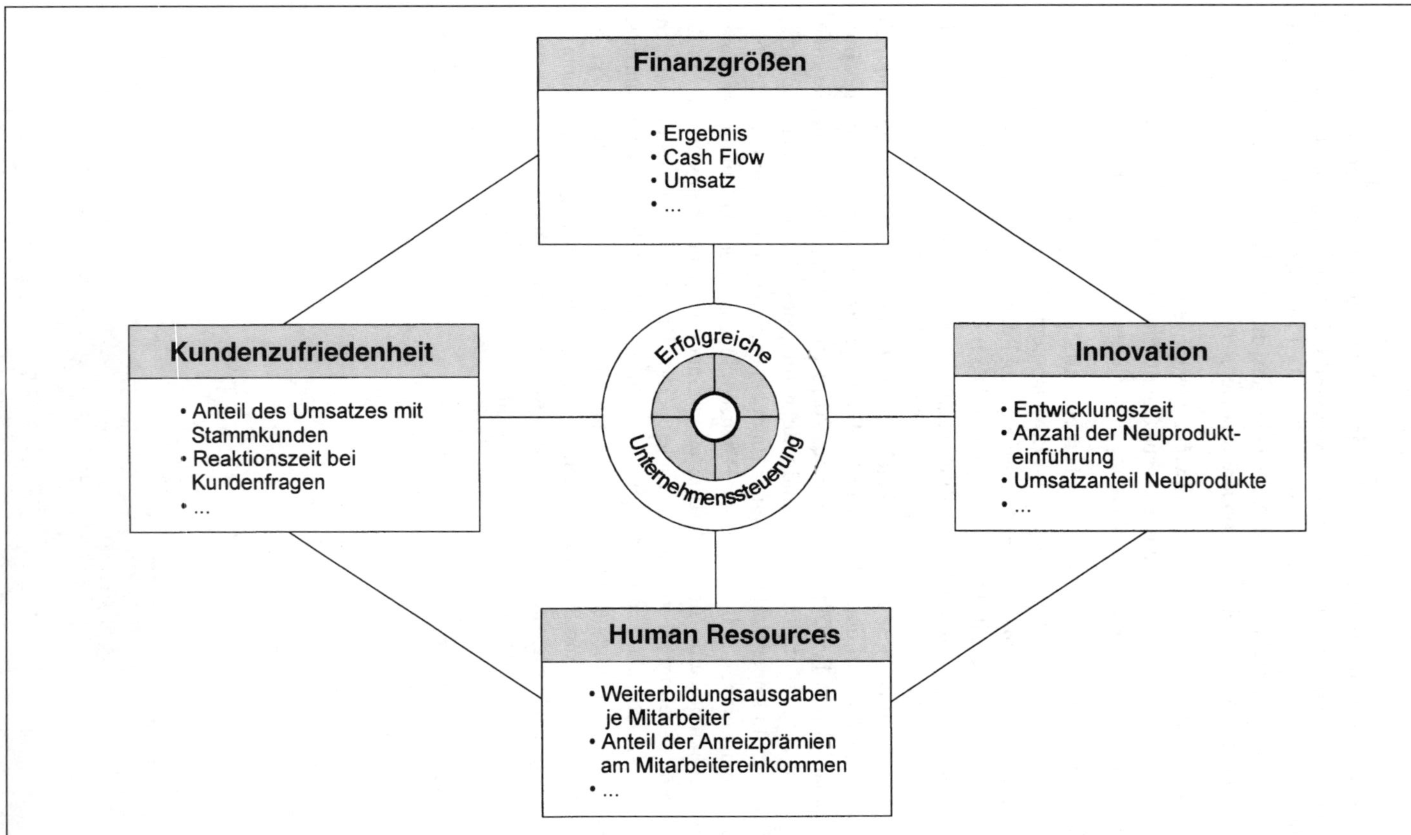

Abb. 20.13: Balanced Scorecard

Abkürzungsverzeichnis

Δ	Prozentsatz der Eigenkapitalerhöhung
ΔR	Projekt-Return-on-Investment
AfA	Absetzung für Abnutzung
AV	Anlagevermögen
BS	Bilanzsumme
CF	Cash Flow
CFRoI	Cash Flow Return on Investment
DB	Deckungsbeitrag
EK	Eigenkapital
ESCH	Effektivverschuldung
E_t	Entnahmen im Zeitpunkt t
e_t	Nettoeinnahmen im Zeitpunkt t
FK	Fremdkapital
G	Gewinn
GK	Gesamtkapital
G_t	ökonomischer Gewinn
GuV	Gewinn- und Verlustrechnung
i	Kalkulationszinssatz, Fremdkapitalzinssatz
JF	Jahresfehlbetrag
JÜ	Jahresüberschuß
K	(Selbst-)Kosten
k	Kapitalkosten, ökonomischer Kalkulationszinsfuß
k_{FK}	Fremdkapitalzinssatz
p	(Mindest-)Preis
r	Planrendite, Zielrendite
r_D	durchschnittliche Fremdkapitalzinslast
r_{EK}	Eigenkapitalrentabilität
r_{GK}	Gesamtkapitalrentabilität
RiK	Rendite des investierten Kapitals
RoCA	Return-on-Controllable-Assets
RoE	Return-on-Equity
RoI	Return-on-Investment
RoI_0	vor Realisierung des Projekts erzielter Sparten-Return-on-Investment
RoS	Return-on-Sales
r_U	Umsatzrentabilität
t	Thesaurierungssatz
U	Umsatz
UV	Umlaufvermögen
V	Verschuldungsgrad
W	Vermögenswachstum
W_t	Änderungen des Zukunftserfolgswerts
Z_t	Zukunftserfolgswert im Zeitpunkt t
ZVEI	Zentralverband der Elektrotechnischen Industrie

Kontrollfragen

1) Welche speziellen Aufgaben sind von den Instrumenten zur Steuerung von Geschäftsbereichen zu erfüllen?
2) Beschreiben Sie den Aufbau und die Anwendungsbereiche der Porter'schen Wertkette!
3) Welche Anforderungen sind an ein effizientes Spartenrechnungssystem zu stellen?
4) Wie lassen sich die betriebswirtschaftlichen Ziele eines Unternehmens untergliedern? Nennen Sie für jede Zielebene einige konkrete Einzelziele!
5) Welche verschiedenen Unternehmenserhaltungskonzeptionen lassen sich unterscheiden und wie lassen sich die darauf beruhenden Gewinnbegriffe definieren?
6) Nach welchen Kriterien erfolgt die Erfolgsspaltung und -zurechnung im Rahmen der Geschäftsbereichsbeurteilung?
7) Welche Möglichkeiten sind für die Beurteilung und Steuerung von Geschäftsbereichen anhand der Spartenergebnisse denkbar?
8) Vergleichen Sie die Brutto- und die Nettomethode im Rahmen der Rentabilitätsanalyse von Geschäftsbereichen!
9) Nennen Sie die wichtigsten Rentabilitätskennzahlen und die Vorgehensweisen zu deren Ermittlung!
10) Welche Ansätze zur Berechnung von Voll- oder Teilrentabilitäten sind denkbar? Nehmen Sie kritisch zu den verschiedenen Methoden Stellung!
11) Auf welche Weise können rentabilitätsorientierte Planungen in die Bestimmung von Mindestpreisen für neue Produkte einfließen?
12) Gehen Sie auf die wesentlichen Kritikpunkte am RoI-Konzept im Hinblick auf die Funktionen der Spartenerfolgsbeurteilung durch die Zentrale und die Investitionsbeurteilung durch die Sparte ein!
13) Welche Fehlmaßnahmen können sich aufgrund der Kurzfristigkeit und der Statik des RoI-Konzeptes ergeben?
14) Beschreiben Sie die beiden grundsätzlichen Möglichkeiten der Ermittlung des Cash Flows!
15) Kann die Maßgröße Cash Flow Informationen über die Ertragskraft eines Unternehmens liefern? Welche Kennzahlen sollen Auskunft über die ertragswirtschaftliche Lage des Unternehmens geben?
16) Welcher Cash Flow-basierte Indikator eignet sich zur Erfolgspotentialsteuerung?
17) Inwieweit kann die Ermittlung einer Gleichgewichtsrendite zu einer Koordinierung der betriebswirtschaftlichen Zielebenen Erfolgspotential, Erfolg und Liquidität beitragen?
18) Erläutern Sie die Idee der Balanced Scorecard!

Literaturhinweise

Anderson, H. R./Needles, B. E./Caldwell, J. C. (1989): Managerial Accounting, Boston 1989.

Anthony, R. N./Govindarajan, V. (1995): Management Control Systems, 8. Aufl., Chicago u.a. 1995.

Anthony, R.N./Reece, J.S. (1995): Accounting Principles, 7. Aufl., Chicago u.a. 1995.

Ballwieser, W. (1994): Adolf Moxter und der Shareholder Value-Ansatz, in: Ballwieser, W./Böcking, H.-J./Drukarczyk, J./Schmidt, R. H. (Hrsg.) (1994): Bilanzrecht und Kapitalmarkt, Festschrift zum 65. Geburtstag von Prof. Dr. Dr. h.c. Dr. h.c. Adolf Moxter, Düsseldorf 1994, S. 1377–1405.

BAV (1975): Rundschreiben R 2/75 vom 11. März 1975, in: Veröffentlichungen des Bundesaufsichtsamtes für das Versicherungswesen (BAV) 1975, S. 102–111.

Bühner, R. (1990): Das Management-Wert-Konzept, Stuttgart 1990.

Coenenberg, A. G. (1995): Einheitlichkeit oder Differenzierung von internem und externem Rechnungswesen: Die Anforderungen der internen Steuerung, in: Der Betrieb 1995, S. 2077–2083.

Coenenberg, A. G. (1997): Jahresabschluß und Jahresabschlußanalyse, 16. Aufl., Landsberg am Lech 1997.

Deutsche Bundesbank (1989): Verhältniszahlen aus den Jahresabschlüssen der Unternehmen in der Bundesrepublik Deutschland für 1986, Sonderdrucke der Deutschen Bundesbank Nr. 6, 3. Aufl., Frankfurt/Main 1989.

Fruhan, W. E. (1979): Financial Strategy – Studies in the creation, transfer and destruction of shareholder value, Homewood, Illinois 1979.

Gälweiler, A. (1990): Strategische Unternehmensführung, 2. Aufl., Frankfurt am Main/New York 1990.

Günther, T. (1997): Unternehmenswertorientiertes Controlling, München 1997.

Hahn, D. (1996): PuK – Controllingskonzepte, 5. Aufl., Wiesbaden 1996.

Hauschildt, J./Rösler, J./Gemünden, H. G. (1984): Der Cash-flow – Ein Krisensignalwert? In: Die Betriebswirtschaft 1984, S. 353–370.

Kaplan, R. S./Atkinson, A. A. (1989): Advanced Management Accounting, 2. Aufl., Englewood Cliffs, New Jersey 1989.

Kaplan, R. S./Norton, D. P. (1992): The Balanced Scorecard – Measures That Drive Performance, in: Harvard Business Review 1992, Heft 1, S. 71–79.

Kaplan, R. S./Norton, D. P. (1996): Using the Balanced Scorecard as a Strategic Management System, in: Harvard Business Review 1996, Heft 1, S. 75–85.

Lehmann, S. (1994): Neue Wege in der Bewertung börsennotierter Aktiengesellschaften – Ein Cash-flow-orientiertes Ertragswertmodell, Diss., Wiesbaden 994.

Lewis, T. G./Lehmann, S. (1992): Überlegene Investitionsentscheidungen durch CFROI, in: Betriebswirtschaftliche Forschung und Praxis 1992, S. 1–13.

Meffert, H./Kirchgeorg, M. (1989): Umweltschutz als Unternehmensziel, in: Meffert, H./Wagner, H. (Hrsg.) (1989): Arbeitspapier Nr. 50 der Wissenschaftlichen Gesellschaft für Marketing und Unternehmensführung e.V., ohne Ort 1989.

Poensgen, O. H. (1973): Geschäftsbereichsorganisation, Opladen 1973.

Porter, M. E. (1996): Wettbewerbsvorteile – Spitzenleistungen erreichen und behaupten, 4. Aufl., Frankfurt am Main 1996.

Rappaport, A. (1986): Creating Shareholder Value, New York 1986.

Reece, J. S. /Cool, W. R. (1978): Measuring investment center performance, in: Harvard Business Review 1978, Heft 3, S. 28–46 und S. 174–176.

Reimann, B. C. (1990): Managing for Value: A Guide to Value Based Strategic Management, 2. Aufl., Oxford/Cambridge 1990.

Schmalenbach, E. (1962): Die Dynamische Bilanz, 13. Aufl., Köln/Opladen 1962.

Schneider, D. (1997): Betriebswirtschaftslehre, Band 2, 2. Aufl., München 1997.

Solomons, D. (1965): Divisional Performance, Homewood, Illinois 1965.

Ziegenbein, K. (1995): Controlling, 5. Aufl., Ludwigshafen 1995.

Stichwortverzeichnis

E

F

G

L

M

N

O

P

Q

R

W

Z